适应
企业数字化业务管理
行动指南

姚安峰 著

清华大学出版社
北京

内 容 简 介

迈入21世纪为何企业的寿命更短了？面对持续浮现的机会，大型企业明显加大了对数字化的投资，却总是难以成功发展出创新的业务。

面向数字化转型时期的业务管理者和致力于创新与变革的引领者，本书总结了应对数字化时代高不确定性的十大关键管理原则，从数字化产品创新、数字化战略、组织治理、人才和组织文化五个维度展开深入讨论，深度探讨了四大关键问题：如何持续探索发现机会以更有效开展创新设计和交付？如何量化投资成效实现数据驱动决策？如何打破年度预算来动态地管理数字化投资组合并分配资源？如何发展卓越数字化人才？

本书封面贴有清华大学出版社防伪标签，无标签者不得销售。
版权所有，侵权必究。举报：010-62782989，beiqinquan@tup.tsinghua.edu.cn。

图书在版编目(CIP)数据

适应：企业数字化业务管理行动指南 / 姚安峰著. —北京：清华大学出版社，2022.1
ISBN 978-7-302-58940-2

Ⅰ. ①适… Ⅱ. ①姚… Ⅲ. ①数字技术—应用—企业管理 Ⅳ. ① F272.7

中国版本图书馆 CIP 数据核字 (2021) 第 172378 号

责任编辑：	文开琪
装帧设计：	李　坤
责任校对：	周剑云
责任印制：	丛怀宇

出版发行：清华大学出版社
网　　址：http://www.tup.com.cn, http://www.wqbook.com
地　　址：北京清华大学学研大厦A座　　邮　编：100084
社 总 机：010-62770175　　邮　购：010-62786544
投稿与读者服务：010-62776969, c-service@tup.tsinghua.edu.cn
质量反馈：010-62772015, zhiliang@tup.tsinghua.edu.cn

印 装 者：北京同文印刷有限责任公司
经　　销：全国新华书店
开　　本：178mm×230mm　　印　张：36.25　　字　数：798千字
版　　次：2022年1月第1版　　印　次：2022年1月第1次印刷
定　　价：139.00元(附赠全彩导读手册)

产品编号：091947-01

推荐序 1：在破冰中前行

陈昆德
招商银行前首席信息官（CIO）

当作者邀请我为这本数字化业务管理的新书作序时，我欣然同意了，因为这是个很有意思的话题。我个人过去四十年的工作经验主要聚焦于科技与金融行业，深刻体会到从事企业经营，需要不断地应市场、客户、竞争对手的变化而变。我感受到企业变革当中最难的莫过于数字化转型，因为数字化业务的变化速度最快，影响范围最广，与科技的关联性最大，可以说没有行业边界，因而很难找到转型的模范典型。书中提到转型需要考量的各项原则以及落地之法，还有技术上的种种新手段对数字化转型很有参考价值，相信读者可以从中获得很多新的思考。

我认为，数字化已经基本构成了现代企业生存的条件。未来，必然是高度数字化和智能化的。从互联网普及到今天，短短二十几年中，很多行业已经被颠覆，从书店到商场，从电话到相机，甚至从交通出行到买菜的方式，都和以往完全不同。新冠疫情更是一个巨大的加速器，让线下行业受到无情的打击，善于数字化运营的企业则快速发展。金融行业有着非常严格的监管要求，被迫开展数字化转型的过程也是相对迟缓和艰难的。时至今日，已经不是该不该而是如何做好转型的问题。回顾过去的十年，支付本是金融行业最难啃的业务，竞争激烈，业务复杂且科技含量高，偏偏互联网公司依靠科技投资的努力与坚持攻克了整个支付市场，带来创新的数字支付体验。从支付切入整个金融行业，是一个史无前例利用科技与数据实现创新与颠覆的过程。

战略层面上看，将科技发展的趋势放到业务战略的制定过程中非常重要！战略一般由业务最高主管制定和决策，其中是否有科技的声音呢？移动互联网出现之后，手机的能力每年大幅度进步，随着5G的推广，其连接能力的应用范围将远超以往的边界与用法；云计算的规模化、主流技术的开源、软件开发运行的网络化与服务化等，带来无限计算资源与数据存储的可能；人工智能的算法开源、云化与民主化赋能各行各业，只要有数据，就可以运用智能技术来提升客户体验和优化运营能力；用户行为快速转变，数字孪生的程度越来越高，这些都给企业带来了新的机遇。战略上的最大挑战是如何定出方向并坚定信心和加大对科技的投入。

转型落地层面上看，很多误解可以归结于数字化转型就是科技的工作，在书中作者提到过很多案例。不断地引入新技术是很多科技部门的挑战。科技部门通常是金融行业的后台之后台，在"出错会被罚，没事是正常"的企业文化之下，要建立创新文化、不断应用新技术需要跨过几道门槛，过程中必须要兼顾系统可以安全稳定运行。只有业务部门参与协作，才能实现数字化经营，科技部门要主动，部门之间的隔阂要破除。新的技术，如云计算、大数据等，给科技部门带来很大的挑战，导致整个软件工程完全改变了，从用户体验到微服务，到大数据平台，到业务部门必要的科技思维与合作等，无一不是新的挑战。开源软件使得整个科技的支持变得支离破碎，很多企业等不了科技部门的转变，干脆另外成立公司招聘新的人才。历史上从来没有过公有云这样的技术成为主流，数据中心以及运营的外包成为主流；从来没有面临过数据应用成为大多数新员工已经具备的技能，反而资深老员工仍然使用老旧技术的窘境。长远来看，我们无法左右科技行业的变化，只能快速地适应，并且将科技当作关键的武器上场参与市场竞争并用心服务好客户。

财务层面上看，科技投入以往都是费用成本，尤其是在金融行业，科技是维持记账系统运行的成本。数字化转型面临的挑战是大量增加支出，尤其是新科技的支出，这些支出很难在可见周期内达到传统投资决策所追求的投资回报（ROI）目标。运用新科技，需要大量学习，获得新的人才，需要有试错的过程，财务上的支持是首要的，然后是改变过去的考核方式，否则没有转型的可能。

组织的变革与演进上看，转型初期到成熟阶段组织会有很大的变化，科技与业务单位之间的协同，考核方式的制定，最终建立起一个协作无间的数字化运作企业。初期阶段，需要领导力发挥关键作用，给予坚决的保护和持续的投入，耐心地面对内外反对力量，吸纳融合需要的新技术人才，鼓励在创新探索阶段勇于承担创新带来的失败与损失，背后更需要有很高的技巧来管理创新的风险与资源投入。管理好焦虑情绪，持续在进退、成败的边缘应对不确定性。创新组织的转变非常艰难，尤其是更为成功的企业，其背后的官僚体制更是根深蒂固。到了一定的阶段之后，快速地复制创新的结果，吸收失败的经验并使之成为组织文化的一部分，这也很重要。

进入数字化经营阶段，组织能够保持对外界竞争和用户行为改变的敏锐度并快速调整应对，这需要成为企业的基因。

在人力资源组成部分，除了科技人才的招聘之外，数字化转型中最大的不同是，以往在银行系统设计上，主要是员工操作，因此用户体验的重要程度很低。数字化经济中，用户掌握主控权，企业所提供的服务和产品中，对用户体验旅程的设计非常关键，同时要加上数字化运营中依靠大量数据与算法协助来形成对用户的感知和洞察，进而提供个性化体验。因此，业务部门的人力资源组成中需要新增用户体验设计师与科技人员，这打破了很多金融企业的惯常思维模式。尤其是对于主管层级，学会管理和激励不同技术背景的员工，是一个很大的转变与挑战。

以上是个人在数字化转型中的一些经验与心得，期望能够为读者提供一些参考。

推荐序 2：心动不如行动

肖然
中国敏捷教练企业联盟 秘书长
Thoughtworks 全球数字化转型专家

　　全社会、全产业的数字化转型随着十四五规划的号角如期而至，自动驾驶、数字货币、智能制造、碳达峰碳中和争相登场。突如其来的全球疫情，让每个人真切感受到了数字化的力量，也坚定了我们深化数字化核心能力建设的决心。商业社会的变革加速度正在引爆一个又一个奇点，挑战着每一家企业的适应力。要想成为一流的商业组织，准确识变早已不够，主动求变才有可能成为时代的弄潮儿。

　　与作者安峰共事多年，我们坚守着一个共同的理念：实践出真知，实践促创新。在数字化转型领域，十多年涉猎产业甚广，也曾迷惘如何才能激发不同行业、不同企业落地数字化新方法和新实践。在此方面和安峰有诸多碰撞，读到此书时感到分外亲切。通读之后，令我印象深刻的是，整本书以实战提炼而来的十大原则为脉络，串联起从发现市场机会，到构建以客户为中心的产品，再到制定合理的价值度量框架，从而完成产品全生命周期持续迭代的闭环。在此基础上，又从动态投资组合管理及生机型组织打造两个关键视角切入，为陷入转型泥潭的组织提供了不同的破题思路。

　　作为一本行动指南，本书中的方法和实践都是经历不同企业数字化转型实战磨砺后的总结和提升，内容很丰富。十大原则的框架涵盖了企业业务和科技的不同视角，覆盖了从战略管理、产品管理、企业架构到人事和财务等各个职能需要考虑的革新，在很多领域都针对当下众多企业所面临的业技融合挑战给出了经验分享。作为数字化实践者，不论是科技还是业务背景，相信都能够从书中得到很多务实中肯的建议。本书没有仅仅停留在现实的经验总结，而是提出了超越行业现状的更高要求。例如多元化、规模化的企业创新孵化，高成熟度的内建质量体系，成效与效能数据驱动的管理与改进，轻量级的动态投资决策与超越预算，以人为本、目标驱动的生机型文化，这些方面即便在国内一些遥遥领先的企业也仍不成熟。本书为现代数字化企业构建面向未来的新管理模式给出了方向指引。

书中的方法，需要大家深入到自身企业场景中进行实践和适配，才能实现真正的落地。作者也提到了"道、法、术、器"的区别，相比具体方法实践，更重要的是数字化思维转变和对核心原则的坚持。这本身就是数字化时代的一大特点，在动态的商业场景中，唯有行动，才可以走向持续价值创造的康庄大道。我们是一个崇尚"事儿上练"的民族，这种文化根基成就了中国改革开放四十年的巨大成就。沿袭这样的优良传统，面对数字化转型途中的种种曲折，挑战也会成为机遇，探索终会成为机制。希望大家和我一样，通过阅读本书产生行动派的共鸣：

想，都是问题；

做，才有答案！

推荐序3：世界原本是个圆

欧红
招商银行总行信息技术部精益转型负责人

2016年4月的某一天，深圳南山科技园招行研发中心10楼大会议室，与Thoughtworks的交流活动正在进行，姚安峰作为咨询顾问分享他主导翻译的《精益企业：高效能组织如何规模化创新》一书。原书三位作者分别来自英国、加拿大和爱尔兰，有着多年大型企业或创业公司推动转型和创新的经验，书中刻画了规模化企业如何在充满不确定性的竞争中成为高效能组织，如何持续创新和快速响应，以使自己能够在市场竞争中立于不败之地。

彼时，互联网高速发展，数字技术日新月异，传统金融模式面临挑战和冲击。招行在锐意进取的田惠宇行长带领下，正在酝酿"金融科技银行"新的发展战略，这个战略毫无意外对招行科技提出了更高的要求：科技敏捷带动业务敏捷，科技要成为业务发展下半场的核动力，曾经有过辉煌历史的招行科技顿感责任重大。但2016年，自有人员近3000人的招行科技刚过CMMI 3级不到三年；敏捷Scrum只在几个相对独立的领域试点，绝大多数系统开发仍按照瀑布项目模式，业务和开发摩擦不断，同场不同频，陷入困境；看板方法刚刚在招行推广，虽说看板脱胎于"精益思想"，但并没有解决需求侧问题，且物理看板局限性也增加了流动阻碍，看板实践对持续价值交付的作用还没有很好体现；DevOps刚开始探索尝试……面对众多新思维、新方法和新实践，招行急需寻觅新的突破口，如同徘徊在十字路口，下一阶段的目标和路径在哪里，又该如何选择？

那一年安峰不过36岁，表现却相当老成持重（我也是在与他合作半年后才知道他实际年龄，有点诧异，显然性格里理性占了绝对优势）。他站在讲台上介绍《精益企业》的要点：管理不确定性、三条地平线、拓展与探索、MVP、识别价值加速流动、精益工程实践、拥抱精益思想、生机型文化……然而，现场听众的反应却比较平淡，说实话，大家都感觉大多数内容离我们太远：IT 不就是做系统开发吗？这跟是否是精益企业有什么关系？一年到头做不完的需求，哪有工夫去管发布后的结果？这不是业务部门应该思考的吗？这些实践能解决业务与 IT 的爱恨情仇吗？能推动各方朝着共同的目标携手前进吗？

2016 年，安峰作为招行敏捷试点的咨询顾问与我所在的过程改进工作组合作，虽然那次交流的反响不大，但触动了我们改进组对"精益思想"的深度思考，因为彼时我们正走入困境，感受到了大规模敏捷交付模式对既有固化组织管理的冲击，尤其涉及 IT 和业务各方复杂的交织关系，要想大规模落地敏捷产品模式，非常困难。我们必须跳出局部思维，探索其他可持续的、非颠覆式的变革之路。从《精益企业》几个关键点出发，我与安峰多次深入探讨精益思想，这条路渐渐明晰起来。精益思想源于丰田的精益生产方式，1996 年两位 MIT 教授总结并出版《精益思想》一书后，开始在各个领域掀起应用的浪潮，促使管理人员重新思考企业流程，消灭浪费，聚焦客户价值。精益思想的核心是人、过程与技术的集成，它有五个核心原则：

1. 清晰定义客户价值（Customer value）
2. 识别价值流（Value stream）
3. 管理价值持续流动（Managing value flow）
4. 以客户价值拉动生产（Pulling）
5. 不断改善，追求尽善尽美（Perfection，我更愿意称之为"持续改进"）

精益思想从一开始就站在企业级高度识别价值流，以价值驱动管理来应对不确定性，不拘泥于既定的交付范式与资源的固化（相对于 Scrum），更强调建立业务和 IT 一致的价值观和使命感，强调业务与 IT 的端到端价值流整合管理。从这个思路出发，我们总结敏捷试点、看板应用推广和 DevOps 探索等多方面的经验，结合几年来 CMMI 组织级过程改进机制，融合精益思想原则，形成了招行第一个企业级价值驱动的精益管理框架，由此开启了招行精益转型之路。在此框架下，提出了招行自己的 32 字精益原则，定义了新的端到端生命周期，改变过去"来料加工、串行等待"的项目思维，转为"价值导向、共同规划"的产品思维（这里的价值首先是客户价值），重构了过程体系文件。同时，大力培养内部精益教练和看板专家队伍，加大电子看板和 DevOps 工具链的开发投入。招行精益管理体系聚焦解决业务与 IT 如何在共同愿景和目标下，开放融合，责任共担，建立业务与 IT 的唇齿相依关系：业务侧，以业务发展愿景与目标为北极星，着重数字产品策略、投资组合管理、成效指标定义等；IT 侧，依托精益看板，着重高质、高效持续交付高价值需求；双方定期开展成效衡量和分析，及时关注市场表现及用户反馈，动态调整产品待办清单与产品演进路径，形成持续改进闭环。经过三年多努力，招行从科技自身的快速响应、持续交付的变革入手，继而扩大范围，带动业务侧产品经理转变，提升数字产品能力，完成了包括科技与业务近万人规模的精益转型，在全行营造产品思维、价值导向浓厚的精益文化。

2020年下半年，转型工作组趁热打铁，从痛点和短板出发，启动了针对重点业务领域一站式定制化解决方案和一对一的赋能服务，聚焦于落地数字产品治理机制，推动价值创造，转型开始走进深水区。回顾来时之路，颇有感慨！尽管过程中困难重重，几次想放弃几次又站起，尽管前面的路仍有很多坎坷不平（我从来都相信，所有成绩的背后都是苦难），说实话，短短3年半时间，从刚刚接触《精益企业》理念、对未来走向何方的茫然，到如今清晰的目标和路径、面向全行提供定制化赋能服务，越来越多业务部门接受精益价值观，体会到价值驱动的数字化转型对业务发展带来的成效，主动走出舒适区，与科技一起重构业务愿景和目标，寻求更广阔的发展空间——一个精益组织正在混沌中渐渐呈现出清晰的模样……

站在今天2021年时间节点上读安峰《适应》这本书，同样感触良多！这应是安峰这几年从思想方法到具体实践的总结和深度思考。在我看来，也是他2016年翻译的《精益企业》的续篇，展示了更加丰富的理论知识和实践，从多个角度、不同层次给出企业数字化转型的经验、教训，回答如何将精益企业的愿景和目标落地。转型不存在一个固定的、可复制的道路，适合的才是最好的。在看了这本书初稿后，我开玩笑说："你越来越像个老教授了！" 书中内容丰富，仿佛有说不完的感触，把他这么多年走过的路都真诚地、毫无保留地呈现给大家。是的，这世界终归是个圆，只要你坚定信念，不忘初心，无惧艰难，所谓理想，终将达成。

谨此，为推荐序。

前 言

随着新技术的发展,整个社会,尤其是我们中国,正在以快到可以显著感知的速度进入一个全新的时代,一个高度数字化、智能化和万物互联的时代。最近十年,"数字化原生"的互联网企业不再满足于线上的资讯和社交,开始走向线下,进一步重塑传统业务及其商业模式。在经历了O2O、互联网金融和智能家居的一波又一波洗礼后,各行业传统企业感觉到了前所未有的危机,同时也看到了新的业务增长机会,数字化转型成为摆在每个企业经营者面前的必答题。为了更有效地管理科技队伍,使其有效地支撑数字化业务的发展,助力企业从臃肿迟缓变得更轻快灵活,越来越多的企业开始学习和采纳更敏捷的工作方式与价值观。

从十三年前开始带领团队尝试敏捷方法,到后来实施精益管理、数字化转型,指导企业更有效地开展规模化创新并优化内部治理,我在这一过程中观察到企业的迷茫和阵痛。有一些步履蹒跚,坚持与怀疑并存,而有一些则更加成功。我观察到下面几个突出的矛盾总是一再显现,它们直接影响着企业数字化转型的成败。

矛盾一:速度更快 Vs. 质量更好

业务部门总是抱怨科技团队或供应商的速度太慢,成堆的需求积压得不到及时响应,一个看似简单的需求常常需要很长时间才能交付。科技团队在尝试采纳敏捷进行更快迭代的同时面临越来越大的质量压力，总是赶工到最后仓促上线，然后又陷入修复各种问题的火线，疲于奔命。如何破解？

矛盾二：科技敏捷 Vs. 业务不敏捷

到现在，仍然还有很多企业高管和业务并不理解什么是敏捷以及为什么要敏捷。他们对如何获取软件系统的认知还停留在购买一套功能齐全的软件套件即可这个层面。即便有些高管和业务部门听说过敏捷开发，但也认为这和自己没有关系，那是科技的事情。科技部门确实是很多组织推动敏捷的先锋，然而，一旦需要业务参与协作，希望同样以迭代、实验的方式来规划需求和发展客户时，仍然固守着传统的思维和工作方式：一份很长但没有优先级的需求规格，不接受小批次尽早交付，希望一次性获得更完整的系统，如"一声惊雷"，完全替代以前的系统。数字化转型本质上是企业业务的转型，业务与科技构成硬币的两面。业务人员如果没有数字化的思维，科技团队再快也不过是快速制造一堆无用的垃圾，甚至导致科技团队的敏捷难以持续。如何破解？

矛盾三：团队自主决策 Vs. 企业战略落地需要引导和管控

几乎所有敏捷和精益书籍中都一再强调：团队应该有更多授权，最好的产品设计和架构来自自组织的团队。要追求创新和快，团队期望有更多自主决策权，流程要简化，冗长、不创造价值的中间审批环节要去掉。这会让企业管理者感到不安全。产品负责人和开发团队负责人难道想做什么就可以做什么吗？作为企业，需要有既定的战略，战略需要有效落地。敏捷所倡导的自主性会不会导致团队如同一盘散沙，让战略浮在空中无法有效执行？如何破解？

矛盾四：团队转型的自嗨 Vs. 企业高层看不到转型的成效

在很多企业，Scrum、Kanban 和 DevOps 等各种方法在团队层面很受欢迎，各种培训和宣传搞得热火朝天。然而，这些方法的成效及其对业务发展的影响，企业高层仍然表示怀疑而态度暧昧。结果是，这些更好的工作方式和流程难以得到最广泛的支持，进入深水区后难以突破组织制度各方面的约束。如何破解？

矛盾五：持续浮现的大量机会 Vs. 企业及时把握机会来创新业务的能力有限

不断涌现的新技术、客户喜好和行业趋势的动态变化，这些给企业带了越来越多的机会。然而，绝大多数企业受限于自身无法快速掌握相应技术，或受限于组织僵化与行动缓慢，导致竞争对手或新兴颠覆者乘虚而入，抢占了先机，构成对自己的威胁。如果不尽早做出改变，机会与能力之间的差距越来越大，企业迟早会被时代所淘汰。

如何真正理解数字化技术并能有效管理？数字化业务发展需要哪些最核心的能力？应该如何去构建？在过去的十几年，经过对不同企业转型过程的观察和思考，同时结合优秀互联网企业的做法与Thoughtworks多年总结形成的思路和方法，从浅入深，从形到实，我始终致力于带领团队坚持探索和总结对上面这些问题的破解之道，希望和大家分享我们的思考和经验。能够帮助企业管理者、变革者打造更适应数字化时代的组织，提升其数字化能力，就是这本书希望实现的核心价值。它主要面向企业高管、业务人员、数字化业务管理者与科技管理者，解读数字化业务和软件开发规律，帮助建立正确的认知，帮助他们理解自身做出改变的必要性，和他们分享一些经过实证有效的方法。当然，没有任何一种方法能够放之四海而皆准，本书中谈到的也不例外。不过我相信，基于数字化时代、数字化技术和数字化人才本身的特点，仍然有一些基本原则是坚固而持久的，所有的管理方法都应当是对原则的具体实现，并在实践中得到持续创新和改进。

几年前，我翻译过Jez Humble等人所著的《精益企业》。从某种意义上讲，《适应》这本书可以说是对精益企业如何落地的更进一步思考，甚至还考虑过将书名定为"实现精益企业"。经过仔细斟酌和推敲，书名采用"适应"一词我认为更能够反映数字化时代企业所面临的最根本、最现实的压力。在几百万年的自然环境演变中，适者生存是硬道理，适应性最强的是那些新陈代谢能力更强、能更快改变自身的物种。在数字经济生态环境中，企业也是如此，产品和服务的持续创新就是企业自身的新陈代谢，必须随着客户与环境的变化迅速且恰当地调整行动决策和治理结构。所谓"变则通"，数字化领导者只有具备管理不确定性和领导变革的胆识与魄力，才有可能让企业在一波又一波的浪潮中适应并得以生存和繁荣。

打造适应力，这是一个复杂的命题，很有挑战性。要实现本书的目标，我希望努力达到一个平衡，既能面向未来、挑战现状根本问题，又不脱离实际和过度理想化，是可达到的，所有的方法或多或少在不同企业中都有过成功案例。本书重点聚焦于数字化领域的业务科技融合、面向业务和成效的动态组织治理，提供一个从数字化战略到行动落地的系统化指南，包括理念、原则与方法，一共分为四个部分。

第Ⅰ部分 "数字化时代的挑战"（第1章至第3章）

第1章分析数字化时代挑战下的技术变革与社会变革。第2章提出数字化业务发展必须具备的三项核心能力：创新、价值与快，并从软件研发管理形成历史的角度深度解读普遍沿用至今的管理方法如何阻碍着这三大能力的提升。第 3 章提出要打造高适应力数字化企业需遵循的十大管理原则，勾勒出面向未来的数字化企业愿景作为后续所有内容的铺垫。

第 II 部分 "创新想法的旅程"（第 4 章至第 11 章）

基于一个新的机会想法从被发现到交付用户获得反馈的端到端价值流，分别从机会探索、业务服务设计、产品策略、产品方案设计、架构和产品开发、频繁变化中的质量与稳定性保障，到最后衡量投资的真实价值成效，逐一介绍打造卓越数字化产品所需要的各种关键能力与落地实践。

第 III 部分 "从战略到行动"（第 12 章至第 18 章）

将视角从一个想法的创新向整个组织扩展，阐述要将创新能力和实践在企业内规模化，将数字化战略有效落地到行动，需要在整个组织层面建立的治理机制。第 12 章讨论面向业务的高响应力组织结构演进，第 13 章在此基础上继续讲解如何在组织不同层级应用目标驱动管理激活创新与组织活力。第 14 章介绍如何传递使命和愿景，制定动态战略目标与规划投资组合。第 15 章继续讨论对规划的投资组合进行动态管理与决策，建立高响应力的数字化业务治理方式。第 16 章描述如何对预算制度做出调整以支持以上治理方式。如果说前面几章更适用于有一定确定性的增长期、成熟期业务领域，那么第 17 章探讨的则是如何对不确定性更高的探索期、突破式创新进行投资和管理。第 18 章从企业架构角度讨论为支持规模化创新企业所需要的平台化战略和以平台构建生态化商业模式。

第 IV 部分 "创新的沃土"（第 19 章至第 21 章）

聚焦于人才、文化和转型。掌握并善于运用技术是数字化业务发展的基础能力，因此第 19 章讨论如何打造技术卓越的氛围，如何获取和培育优秀的技术人才。第 20 章讨论数字化企业所需要的创新文化，包括持续改进与适应性领导力等。最后的第 21 章基于我自己多年的咨询经验，分享如何开启组织变革的恰当姿势，讨论影响转型成败的关键因素，同时为变革领导者制定更高效、更成功的组织转型策略提供一些可行的建议。

目 录

第 I 部分　数字化时代的挑战

第 1 章　变化在加速　/ 5
  信息技术的加速发展　/ 9
  权力向知识与个体转移　/ 15
  思考　/ 20

第 2 章　创新、价值与快　/ 21
  创新、价值与快　/ 22
  套装软件采购　/ 25
  软件外包采购（定制软件开发服务）　/ 26
  企业内部的软件中心（内部 IT）　/ 34
  自研还是采购　/ 36
  思考　/ 40

第 3 章　数字化业务管理十大原则　/ 41
  十大原则　/ 43
  思考　/ 56

第Ⅱ部分 创新想法的旅程

第 4 章 发现机会 / 61
    什么是机会 / 61
    洞察客户，寻找问题 / 67
    洞察市场，借鉴想法 / 81
    思考 / 88

第 5 章 构建服务体系 / 89
    同理心与客户画像 / 91
    服务场景 / 93
    客户旅程 / 95
    服务创新头脑风暴 / 99
    服务蓝图 / 104
    价值链地图 / 108
    协同设计作战室 / 110
    思考 / 113

第 6 章 定义产品策略 / 114
    定义数字化产品组合 / 115
    解决方案策略 / 118
    简化的解决方案策略（非新产品的专题） / 125
    商业模式策略 / 127
    思考 / 140

第 7 章 设计和规划产品 / 141
    跨职能协作设计 / 141
    设计解决方案 / 154

    制定产品滚动规划 / 163
    思考 / 170

第 8 章 架构拥抱变化 / 171
    微服务架构 / 173
    领域驱动设计 / 175
    松耦合集成技术 / 181
    架构演进和守护 / 190
    遗留系统重构 - 绞杀者模式 / 200
    思考 / 202

第 9 章 快速迭代产品 / 203
    跨职能团队 / 203
    围绕产品进行团队管理 / 207
    专题、特性与故事：远粗近细，渐近细化 / 216
    产品待办清单 / 219
    迭代交付，价值快速流动 / 220
    思考 / 226

第 10 章 内建质量 / 227
    全员质量意识与测试的新角色 / 228
    验收标准与测试场景，围绕细粒度故事的质量协作 / 232
    守护隐性质量 / 233
    完备的自动化测试 / 235
    探索性测试 / 241

持续集成与部署流水线，高度自动化　/ 242
安全可控的发布策略　/ 249
运行稳定性保障　/ 253
思考　/ 258

第 11 章　衡量价值成效　/ 259
以 BPP 模型建立数据指标体系　/ 260

成效指标的企业价值贡献（EVC）模型　/ 268
什么是好的成效指标　/ 275
数据指标应用的技术实现　/ 279
数据驱动决策　/ 285
思考　/ 286

第Ⅲ部分　从战略到行动

第 12 章　面向业务的高响应力组织　/ 291
复杂系统管理　/ 296
面向业务建立组织结构　/ 298
领域团队内的产品团队结构　/ 311
解决跨组织协作问题　/ 316
平衡人员的稳定性与流动性　/ 318
思考　/ 321

第 13 章　上下同欲，快速机动　/ 322
使命原则　/ 322
目标驱动管理　/ 325
衡量研发效能　/ 336
有前瞻性的新技术与人才目标　/ 347
思考　/ 348

第 14 章　使命、愿景与战略规划　/ 349
使命与愿景　/ 350

动态战略目标　/ 352
可视化投资组合：精益价值树　/ 365
思考　/ 373

第 15 章　动态投资管理与决策　/ 375
价值实现团队　/ 376
专题优先级排序　/ 380
定期价值评审会议　/ 392
投资组合的可视化管理与 WIP　/ 397
项目管理与 PMO 转型　/ 400
思考　/ 407

第 16 章　动态预算出资　/ 408
超越预算思想　/ 411
专题投资与常规性投资的两种资源分配模型　/ 420
实时成本监控　/ 431

思考 / 434

第 17 章　在第三地平线孵化创新　/ 435
　　自主的全功能团队（人）/ 439
　　独立的预算（财）/ 441
　　精益的投资决策机制（事）/ 444
　　安全的环境（物）/ 456
　　共享成果的激励（利）/ 457
　　多元化创新模式 / 458
　　风险投资模式 / 462

思考 / 462

第 18 章　以平台赋能创新　/ 464
　　典型的数字化平台 / 467
　　平台的产品化管理 / 470
　　平台化架构 / 475
　　平台的生态化商业模式 / 481
　　思考 / 490

第 Ⅳ 部分　创新的沃土

第 19 章　追求技术卓越　/ 495
　　人才竞争 / 496
　　创新与技术卓越的土壤 / 502
　　平衡的内外激励 / 511
　　个人绩效评价 / 516
　　思考 / 523

第 20 章　培育生机型文化　/ 524
　　以行为塑造生机型文化 / 526
　　系统性的持续改进机制 / 534
　　适应性领导力 / 544
　　思考 / 549

第 21 章　开始转变　/ 550
　　面向领域和成效的转型策略（端到端业务切片式转型）/ 552
　　转型成功的关键因素 / 559
　　思考 / 562

第 I 部分　数字化时代的挑战

日本山梨县早川町，富士山脚下，静谧的西山温泉庆公馆（Keiunkan）内，柔和的橙色灯光一如过去的 1300 年，迎来送往着进进出出的宾客。这家酒店创立于公元 705 年，估计算得上是世界上最古老的企业，在一千多年的时间里历经动荡，经过 52 代人的传承，从农耕时代一直走到今天。在人类进入真正意义上的文明时代之后，以依靠人工（奴隶或佃农）劳作的农耕产业为主的社会经历了相当长的缓慢发展期。

从距今 300 年前开始，新的生产方式带动社会进入快速发展期，而这一系列变革的原始动力来自于科技进步。1765 年，纺织工哈格里夫斯发明了"珍妮纺纱机"。1785 年，仪器修理工瓦特的改进型蒸汽机交付给纺纱工厂，随之蒸汽轮船、锅炉等相继出现。由此，发源于英国的技术革命开创了人类的"蒸汽时代"。技术的变革更是引发了一场深刻的社会变革，机器开始替代手工极大提升了生产力，繁荣了商品生产和贸易。制造业工厂的大规模兴建需要巨额的资金，最终确立了资产阶级的社会统治地位。

1831 年，科学家法拉第发现电磁感应现象。1866 年，科学家西门子发明了发电机。19 世纪后半叶以电力和内燃机的广泛应用为代表，人类从"蒸汽时代"进入"电气时代"。电力和内燃机相对蒸汽机大大提高了能源利用效率，刺激工厂生产规模的飞跃，进而促成石油、铁路、汽车等重工业的繁荣发展。1892 年，爱迪生电灯公司和汤姆森休斯顿电气合并，成立了通用电气（GE），成为诞生于这个时代的卓越代表。历经一百多年的发展，通用电气的业务从飞机发动机、发电设备到金融服务，从医疗设备、交通到能源，在各行业以优质的技术和服务为客户创造价值。

进入 20 世纪后，1946 年，第一台计算机 ENIAC 诞生。1969 年，互联网诞生于美国开始服务于军事用途。1977年，第一台取得商业成功的个人计算机Apple II发布。计算机技术的发展促进了工厂生产的高度自动化，各行各业的生产和经营管理都在信息技术的基础上显著提升效率。比尔·盖茨创立的微软是这个时代的代表，依靠Windows系统和Office办公软件推动了计算机个人应用在全球的普及，也使得微软首次走上巅峰，成为全球市值最高的公司。

今天，人类社会正在以一种前所未有的加速度发展。日新月异的技术，尤其是近年来，互联网技术的发展及其对社会产生的影响超乎想象。

2007年，苹果公司发布以触摸方式进行操作的大屏幕iPhone手机，从此开启一个信息无处不在的移动互联时代。亚马逊的AWS云服务让计算资源可以按需获取，几百元就可以获得过去需要巨额投资才能建成的高效、稳定的企业IT基础设施。阿里巴巴的交易平台能够让小企业和个人轻松地将自己的创意和商品卖到全世界。谷歌AlphaGo①的人工智能已经能够在需要战略战术思考的围棋博弈中战胜人类顶级选手。当波士顿动力的人形机器人敏捷地跨过障碍并跳上台阶时，我们似乎窥见到了无限的未来……

新技术驱动的四次工业革命

现代学者将前面所描述的历次主要技术进步及引发的生产方式与社会变革称为第一、第二和第三次工业革命。人类社会一步步从农耕时代进入工业时代，再到信息时代。每一个时代的剧烈变革，都会孕育出一大批时代背景下的新兴

---

① 编注：Go为日文"碁"的发音转写，意为"围棋"。谷歌的围棋机器AlphaGo是第一个战胜围棋世界冠军的人工智能机器人，由谷歌旗下的DeepMind公司研发，使用的是蒙特卡洛树搜索和两套类人类龙维方式的深度神经网络，分别是"策略网络"和价值网络。

企业，而原有的很多企业则在时代浪头的拍打下衰退、消失。尽管如此，仍然能看到一些卓越企业能够快速适应变化，勇于调整自身的战略方向和治理机制，努力在新时代焕发生机。

通用电气走过百年历史，开始主动弱化曾经带来巨额利润的金融服务，从成熟的电气业务向不确定性更高的健康医疗领域拓展，并于2012年首次提出"工业互联网"概念，开始着力打造其数字化创新能力。尽管也遭遇挫折，但仍然在转型变革的道路上勇敢前行。成立于1857年的西班牙对外银行（BBVA），是一家服务于欧洲与中南美洲地区的老牌银行，它顺应围绕互联网商业模式创新和创业者社区蓬勃发展的趋势，主动从封闭走向开放，率先将老旧的核心系统云化，于2014年成立数据科学卓越中心，2017年开始将数据以开放API方式提供给社区，以自身为平台着力培育内部和外部创新生态，成为全球首家正式商业化运作的开放银行，连续三年在欧洲移动银行领域保持领先。

不仅仅传统行业面临挑战，信息时代诞生的微软在占据15年看似牢不可破的市场霸主地位后也陷入发展危机。既有产品越来越"强大"，然而越来越不被用户关注和认可，市场份额持续下降。这迫使微软从2013年开始企业战略、文化与商业模式的转型探索，放弃仍在继续带来丰厚利润的旧商业模式，投入全公司之力转向移动化办公、云计算等新的方向。经历曲折之后如今已经让市场看到了强劲复苏，2019年底再次成为全球市值最高的科技公司之一，与苹果不相上下。

关于今天和未来的100年，2017年达沃斯世界经济论坛（WEF）提出了"第四次工业革命"的概念，以此来描述正在开始的一场新变革，它用"无限可能"来描述接下来的未知世界。不同于前三次工业革命均是以技术和生产方式革新驱动的工业化进程为核心，伴随第四次工业革命而来的数字化时代是一个以信息技术为基础的新经济时代，它改变的将是我们人类自身。这种改变不仅仅是增强我们的物理能力，同样也是增强我们认知世界的方式，如何获取知识、如何交流、如何获得满足感等各个方面都可能被颠覆。这类认知方式的颠覆将成为我们工作和生活的新常态。适应这样的变化和不确定性并持续保持竞争力是每个企业和个人的必修课。

第1章

变化在加速

  信息以迅速且无处不在的方式呈现在每个人面前。头晚在伦敦街头发生的一次恐怖袭击，当天上午某经济学家针对中国房价发表了一篇文章，半小时前朋友在海边享受一顿让人垂涎的美食……这些信息多到来不及消化，生活被各种各样软件构成的系统包围甚至左右着。我们获取新闻和知识、与人沟通合作、出行旅游、购物以及完成工作，甚至使用家里的冰箱和电灯，方方面面都越来越严重地依赖于各种软件，这就是马克·安德森所说的"软件正在吞噬世界"。

  如果把视线转移到这些软件的提供者，能看到每一个行业领域都在尝试以创新的数字化手段来获取客户和服务客户。商场里，顾客人数远不如以前，但并不是因为女性爱购物的天性改变了，淘宝上，一个人气女装店可以月入上千万，一个化妆品直播间能够年销几亿，就是最好的证明。

  银行历来是所有行业中最容易赚钱的，从业者给人的印象一直是高颜值和高收入。然而近几年，如图1-1所示，金融科技创业如火如荼，从P2P、余额宝、社区融资、第三方支付、小微贷到大数据征信、开放银行，一波接一波的创新让传统银行手足无措，同时也给风险管控和金融监管带来挑战。支付宝与微信支付已经覆盖绝大部分的个人现金交易场景，转变了老百姓使用银行卡的习惯，使得中国更早进入无现金社会。由此而来的挑战是，互联网金融企业截流了传统银行的客户数据和品牌忠诚度，抢走了提供客户服务的高附加值机会，让银行显得可有可无，利润下降。花旗银行的研究报告警示，金融科技创业的威胁可能导致至少30%的银行职位消失，银行开始裁员，力求创新与变革，以免自己丧失客户而仅仅成为资金的流通管道。

图 1.1 金融科技创新服务

　　出租车行业在多年以前进入一个区域垄断的局面,人们总在抱怨打车难、打车贵而且服务差,却因为地方出租车公司的利益而得不到改善。2012 年,网约车的出现彻底打破了这一局面,将人和出租车、私家车通过移动应用连接在一起,降低了出行成本,甚至还没有出门就可以提前约好车等待自己。司机能够及时获得周围的租车需求,不再依赖于低效的人工调度,从而大大提高了车辆利用率和收益。管理低效、高抽成的出租车公司因此遭遇了极大挑战,要么关门,要么积极做出改变拥抱互联网,被迫转变经营模式。同样,观察汽车制造行业,过度饱和的汽车市场,因为特斯拉 Model 系列纯电动汽车的出现而彻底被颠覆,连一条完整生产线都没有,Model3 的首月订单就突破了 40 万辆,对此,汽车行业多年的从业者发出感叹,表示看不懂现在的游戏规则。马斯克整合汽车、电池、太阳能和无人驾驶技术,给未来的交通和能源行业展现出一幅全新的图景……中国的比亚迪、小鹏和蔚来汽车等紧随其后,在纯电动车辆的设计和销售模式上挑战传统车厂。

　　甚至可能最不起眼的垃圾回收行业都开始因为数字化而改变。2019 年 7 月 1 日《上海市生活垃圾管理条例》正式实施,如何进行垃圾分类成为市民们头疼的问题。然而,仅仅三天后,阿里就在淘宝应用上线了 AI 智能识别垃圾的功能,对着垃圾拍张照就能识别出属于哪一类垃圾（图 1.2）。不仅如此，阿里联动咸鱼开始提供免费上门回收垃圾的服务，短时间里就有 200 多万人在平台下单卖垃圾，超七成是 80 后。

图 1.2　智能识别垃圾与环保回收服务

这样的例子举不胜举，几乎每个行业的旧版图和规则都在面临数字化挑战。企业曾经依靠一项受欢迎的产品或服务就能生存几十年乃至上百年的"慢"时代已经远去。前面提到的西山温泉庆云馆、通用电气、西班牙对外银行和微软这样的例子是不同时代的佼佼者，通过以客户为中心的卓越服务与创新，以充满勇气的变革精神走过了一次次的动荡仍然散发活力。然而，还有很多企业已经销声匿迹，它们是消失在残酷现实中的绝大多数。

根据战略咨询公司创见（Innosight）2018 年的"标普 500 指数企业平均寿命预测"（图 1.3），标普 500 企业的平均寿命从 1964 年的 33 年缩短到 2017 年的 22 年，在 2000 年左右互联网浪潮袭来时一度低到只有 15 年，同时预计到 2027 年将进一步缩短到 12 年。报告同时对企业领导者发出警告："以当前的趋势，未来十年将有一半的公司退出标普 500 榜单。"零售业遭遇的颠覆性力量尤其强悍，同时金融、医疗、能源、旅游、房地产等也显现出了强劲的重组趋势。直观的对比数据反映出这个时代企业面临着数字化转型的挑战。2020 年，突如其来的全球性新冠疫情和随之而来的全球经济下滑，使得一批无法适应的企业倒了下去。这驱动着各个行业开始思考未来新的经营模式与工作方式，探索在新常态下如何持续保持发展和竞争力，其中最有共识的战略之一就是数字化。

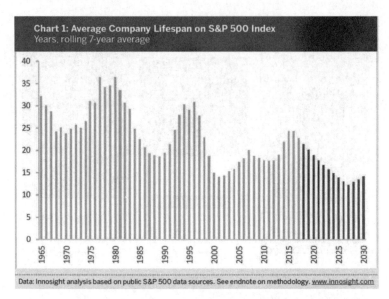

图 1.3　战略咨询公司创见的最新"标普 500"指数企业平均寿命预测

按理说，过去 100 多年来企业管理水平在不断提升，MBA 或 EMBA 课程源源不断培养出大批职业经理人，但为什么企业的寿命反而越来越短呢？与过去农耕和工业时代相比，在伴随互联网技术开始的数字化时代，企业所面临的外部环境有一个更显著的特征：不确定性。这种不确定性一方面意味着无法预知的危险可能以一种未曾设想的形式出现，威胁很可能来自一些跨界的挑战者；另一方面也意味着可能创造价值的新机会层出不穷，但难以预判和有效把握。图 1.3 中的数据趋势凸显出一个现实，在面临不确定性更高的数字化商业环境时，大多数的企业缺乏适应力。

近半个多世纪以来，因为"数字技术"和"权力转移"等新因素的出现，使得不确定性向更高层次的维度展开，深刻改变着当今企业的增长模式和竞争方式，企业需要有新的管理思维和治理措施，才能快速适应不断变化的商业环境。显然，今天绝大多数的企业及其领导者还没有为此做好准备。

信息技术的加速发展

科技是第一生产力，生产力决定生产关系。人类社会的每一次突破性进步都是因为新技术的驱动而发生，就像历史发生的多次工业革命一样。

最近半个多世纪，科技领域最引人瞩目的事件是计算机的诞生和发展，其灵魂是软件。从人类第一次相互挥手开始，信息就是将孤立个体联系起来的关键。信息是形成和传递知识及构成群体、社会和文明的基础要素。人类最早通过手势来传递信息，继而出现语言、文字、纸张，再到由电磁模拟信号承载的语音和图像，这个过程发展缓慢，经历了几千年。后来，计算机和软件技术出现，可以通过数字 0 和 1 来表达任何信息，能够以更加高效的方式进行存储、运算、传输和呈现。软件从诞生之日起，就以加速度影响着对整个社会和商业活动。"敏捷宣言"联合签署人吉姆·海史密斯（Jim Highsmith）等在《EDGE：价值驱动数字化转型》中描述了信息技术与企业业务之间关系的四个阶段（图 1.4），下面将从稍有不同的角度来展开讨论。

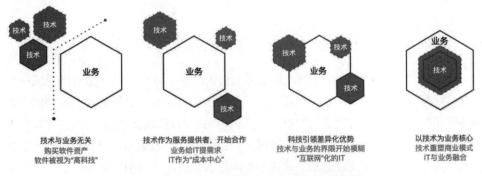

图 1.4 信息技术与企业业务关系发展的四个阶段

阶段 1：信息技术与业务无关，仅作为支持角色

开始于上世纪六七十年代，历经二三十年，信息技术从实验室到服务于军工，再到用于文字编辑、绘图、游戏等应用场景，在很有限的少数领域给人们带来帮助。那时的软件技术与企业业务基本无关，仅作为支持角色。软件的更新很慢，可以好几年才发布一个版本。

阶段 2：信息技术作为服务提供者，技术与业务开始合作

从上世纪八十年代初开始的近二十年时间里，越来越多的企业意识到可以利用信息技术来改善管理运营效率。于是，企业内部成立信息技术部门，负责根据管理者或业务部门提出的需要采购和实施软件系统。在我刚上大学那个时期，很多软件服务公司帮助企业开发实施 OA 或 MIS 系统。这些系统最初是相互分离的，后来进行流程与数据整合进一步提高管理效率，比如企业 ERP、CRM 等。在这个阶段，软件的价值虽然已经进入企业业务部门的视线，但与真正的业务（也就是如何获取客户、服务客户及其日常生活）并没有太多直接关系。企业经营者对软件价值的理解主要是一种能够帮助提升管理效率的辅助工具，而不能直接带来客户和创造价值，因此将信息技术部门视为业务后台的后台，是成本中心和非关键部门。企业的内部管理流程虽然偶有调整，比如采购、财务和人事管理等，但总的来说还比较明确，软件的更新仍然不需要很快，以几个月到一年为更新周期。

阶段 3：信息技术引领业务，带来差异化竞争优势

从 20 世纪末最后几年开始，互联网的出现改变了游戏规则，全世界变成一个"地球村"。人们获取信息和沟通的方式被前所未有的新工具所替代，典型的代表是网站和即时通信。智能手机的出现让人们与网络的连接随时随地，信息可以几乎实时送达每个人的手中。信息网络离客户如此之近，一些聪明的企业开始借助互联网作为新的渠道开展商业活动。最开始是网络营销兴起，利用互联网打广告获取客户机会；电子商务的出现让企业有了贴近全国乃至全球客户的直接销售渠道，降低了中间交易成本；移动应用逐步成为各行各业，包括银行、电信、零售甚至政府在内，为客户提供服务的首要渠道。这一阶段的变化是颠覆式的，那些更快和更善于运用网络或数字技术的企业获得了显著的差异化竞争力，数字化手段逐步成为企业开拓业务和为客户提供产品与服务的第一选择。不善于运用网络和数字技术的传统企业则开始面临巨大的压力。

这是现在多数企业正处在或正在努力进入的阶段，可以视之为"数字化时代"

的开始。多数传统企业对此仍然缺乏经验，困惑于在现有业务中应该如何有效利用这些数字技术，也不具备足够的软件研发能力和运营能力。当软件应用到营销活动和客户服务场景中时，由于营销策略和活动、客户的习惯喜好经常在变，不同地域不同人群有不同的特点，什么样的活动和服务流程最有效和吸引人都很不确定，只有在执行中学习和持续调整。这就要求软件的更新频率和响应速度大大加快，可能几周甚至几天就需要做出调整。传统企业的信息技术能力在应对这种快节奏时表现出很不适应，要么速度跟不上，要么质量难以保障。更重要的是，缺少能力去评判新想法的实际价值，导致企业的数字化投入飞速增长，却没有产生预想的显著效果。相反，那些更早更多掌握技术的领先互联网企业，可称之为"数字化原生企业"，则构建出轻巧敏捷的线上服务，让自己成为其他传统企业开展业务的依托平台，从中获取收入，甚至快速达到垄断地位。图 1.5 展示了 2010 年与 2020 年全球前十大市值最高的企业，从中可以直观感受到这个阶段互联网企业对传统企业的颠覆式影响。

市值排行	2010 年	2020 年
1	中国石油	沙特阿美石油
2	艾森克美孚石油	微软
3	微软	苹果
4	中国工商银行	亚马逊
5	沃尔玛	Alphabet
6	中国建设银行	阿里巴巴
7	必和必拓	Facebook
8	汇丰银行	腾讯
9	巴西国家石油	伯克希尔·哈撒韦
10	苹果	强生

图 1.5　2010 年与 2020 年的全球市值前十榜单企业
（数据源自普华永道 2020 年 3 月的市值统计）

阶段4：业务与数字技术深度融合，带来全新商业模式

在上一个阶段，尽管企业学会了如何用互联网和数字技术来发展业务，但仍然依托于技术继续着几十年或几百年历史的传统业务。银行用手机应用提供贷款服务来赚取利息。汽车厂家用线上渠道销售实体汽车。石油企业开始允许消费者申请数字会员卡并轻松刷卡或扫码支付，但目的还是为了卖出更多石油。另一边，互联网作为一个信息载体，单纯的线上信息服务所能创造价值的空间和形式有限，新闻、搜索引擎、即时通信、社交网络以及电子商务等线上形态虽然继续向前发展，但只是加速了信息的流通，本身并不创造有形价值。现在，在一些领域，数字技术已经开始与传统业务进一步融合，围绕网络、数据以及人、物理设施形成新的产品和服务，衍生出全新的商业模式，如共享单车、无人驾驶汽车和智能家居等，还有苹果的物品追踪器AirTag等小玩意儿。这一趋势必将在未来很长一段时间成为驱动行业和社会变革的主要动力。

业务与科技融合的变革，要么来自互联网企业主动走向线下，要么来自传统企业的数字化觉醒。在这方面，一些有远见卓识的企业已行动起来。在过去十年，通用电气开启了也许是其过去100多年历史上意义最为深远的一次变革，将其发展战略主动从金融业务占很大比重的多元化经营回归到了制造业，但不是原来的传统制造业，而是向数字化工业转型（或称为"工业互联网"）。在电力领域，通用电气在所有风机上增加传感器，利用物联网结合大数据技术可以提前30分钟预测风场的风况，从而更加智能地对电网补偿进行调节，提升安全性，输出更加稳定的电力。

再看我们身边的另一个例子：外卖。通过将快递员和网络、带GPS的移动设备相结合，加上后台基于位置数据的智能算法为快递员派单，形成了一个全新的客户服务体系。它允许客户在线下单，然后匹配到附近闲置的快递员，以最快的速度送到客户家里。更激动人心的是，从去年开始，天上飞的和地上跑的无人设备开始频频出现在我们视线里，它们能够胜任越来越复杂道路环境下的配送任务。数字技术是构成这种新服务模式的核心，它已深深地改变了我们的生活习惯和很多人的购物行为，且创造出了"骑手"这样一个庞大的新职业群体。据统计，2019年有398.7万骑手从美团获得收入，疫情期间截至2020年3月18日，新增26.1万名骑手。

数字技术深度融合商业的时代刚刚开始，随着超高速运算、大数据、虚拟现实/增强现实、物联网和人工智能等技术的逐渐成熟，必将诞生今天还无法想象的新产业。新产业将以数字技术为核心，以外部的有形实体作为外延。一些国家已经开始讨论对虚拟世界的人际关系和财产进行立法保护；机器人开始可以与人进行自然对话，甚至可以进行有限范围的战略思考和艺术创作；带有芯片的纳米级探针可以进入人体，像探险者一样去探查疾病病灶，实时将数据传回到计算机并可视化展示。未来正在到来！

从第三阶段开始，进化到第四阶段，企业提供给客户的产品和服务及其业务拓展方式对数字技术的依赖程度会越来越高，就必然会面临越来越高不确定性的商业环境。具体来说，加速发展的数字技术从以下几个方面给现代企业带来了不确定性挑战。

1. 持续涌现的新技术需要企业有更快的学习能力

数字技术本身是快速演进的，新技术新框架让人应接不暇，但并非所有都适合企业自身。在以往业务发展对数字技术依赖度较低的阶段，获取软件基本依靠采购商业套件或将软件开发外包给供应商。企业自身不掌握关键的技术，也缺少留住优秀技术人才的文化氛围。而今，越来越多企业意识到，依靠那些无法和自身利益紧密绑定的供应商资源，完全跟不上创新和市场竞争所需要的响应速度，很难让外部供应商产生对创新取得业务成功的高度责任感和动力。尤其在那些直接影响业务增长和竞争的战略性领域，对技术的理解和把控力的不足使自己处于市场劣势（这里的"技术"不仅仅指开发技术，也包括数字化产品和服务设计、数据和运营方面的专业技能）。当新技术新方法出现，企业需要很长的时间才能感知到并开始利用，但已落后于对手。

2. 软件技术的通用性和易变性让创新层出不穷

数字技术不同于以往的农业和工业技术，它是以无形的、抽象的数据和数学算法为核心，具有两个显著不同的特征：一是数字技术的通用性，它的应用和影响可以深入各行各业，因为每个行业都需要处理信息；二是易变性，相较于复杂的机器生产或建筑修造，一旦主体结构完成后就很难再进行大的修改，无形的软件产品是由代码构成的，在任何时候，即便已经成型交付给客户，仍然可以随时改头换面，进行结构调整。这种高度可变的特质结合遵循"摩尔定律"速度向前发展的微电子、光电，以及未来可能的有机物和量子技术等信息载体，进一步控制外在延伸的有形体，比如液晶显示屏、机械体、生物肌体乃至人体本身，数字技术所能创新的想象空间几乎无限。

这种通用性和易变性给各行各业的商业活动带来的是一片混沌的未来，一切皆有可能即一切皆不确定。层出不穷的新技术使得我们有可能解决很多以前无法解决的问题和痛点，产生新的渠道，以新的手段建立新型的客户关系，这都意味着大量的机会。然而这当中哪些问题真正需要且适合企业去解决？运用什么手段解决？基于这些技术，旧有的商业模式应当如何调整？采纳新技术和新模式所能创造的价值究竟有多大，回报是否值得？这一系列问题没有确定的答案，只能摸索前行。因为软件很容易修改，创业者和竞争者可能在很短时间内就可以调整原有的商业策略和产品形态，以更新和可能更好的方式去解决问题，这种易变性让创新更容易，同时也让需要应对的挑战捉摸不定，需要快速适应。

3. 数字化与全球化打破了市场竞争的区域界限和行业界限（跨界竞争）

数字化时代的多数创新都以互联网或类似的以太网技术为基础设施，由此大大削弱了曾经因为距离而产生的地域之间信息不对称。全球消费者和美国加州本地人对苹果新一代iPhone又增加了哪些新特性都一样了解；谷歌基于云的办公套件和存储服务在全球有大批忠实用户，新的特性和优化可以一瞬间发布到全球每位用户电脑中。

再加上运输工具的不断改善，依托发达的信息网络和运输网络，世界正在形成一个越来越一体化的全球市场，企业进行跨区域活动和供应链生态运转的效率都得到了极大提升，产品和服务可以更加容易地抵达全国和全世界。今天，很多行业商业活动的区域界限被打破，像阿里巴巴、腾讯或亚马逊、奈飞（Netflix）这类业务数字化程度高的企业，一旦在某个领域取得了领先优势，就容易在短时间内取得全国性乃至全球性的优势地位。受此冲击，很多过去在某个区域内具有相当优势的企业开始面临来自全国乃至全球更卓越企业的挑战。就像曾经一些省市级别的区域性有线电视运营公司，到了数字电视时代，面对有互联网基因的小米电视和腾讯视频等企业竞争，有线电视和机顶盒业务经营状况，逐步衰微。数字化时代，全球性而非区域性的市场格局使得企业要面对的竞争者变得更加多元化，创新更加活跃，竞争的方式也更难预测。

不仅是地域限制被突破，还有行业边界。很多企业原来仅仅专注于一个行业领域，要跨行业拓展非常困难。现在利用数字化技术能够更容易地以传统优势业务为核心，以开放业务能力与数据能力的方式，将自身服务向外延展到上下游，与合作伙伴形成生态效应，能够以多种商业模式服务于更全方位的客户群体，这意味着巨大的商业机会。尤其是一些能够提供基础能力的行业，像互联网、金融、物流等，当善于应用数字技术，很容易将自己的能力植入到各个行业中，打破行业限制，带来突破性变化和不确定性。

4. 数字技术的发展大大降低了创新成本

在工业时代，要将新的想法付诸实践可能需要厂房，需要原材料，意味着前期大量的资金投入。在软件技术的早期，要开发和运行一套复杂系统需要机房和极其昂贵的服务器。然而今天，很多基于软件的创新可以非常低成本地做出早期原型，甚至在深圳这样的创新之都，连硬件产品都可以以很低廉的价格找工厂快速产出批量的原型。进一步，云计算的成熟和普及让不少创新者可以用除了少量人力外几乎零成本的投入将早期的创新产品交付到用户手中，尽早投入实际市场运营。只要有好的想法，实施创新的门槛前所未有的低。那些工业时代的传统企业由厂房和资本建立起来的竞争壁垒已经坍塌，且增长和回报缓慢。那些追求高回报的资本如今对尚在早期阶段的数字化创新趋之若鹜，为创业者社区提供了足够的资金，进一步降低了创新者自己所需要付出的早期成本。

权力向知识与个体转移

著名的未来学家和社会思想家阿尔文·托夫勒（Alvin Toffler）在其三部曲之一《权力的转移》中提出了"社会权力"的概念。这里的权力不是指国家统治权力，而是一种在社会行为中能够有目的性地产生支配或影响的力量。这种"权力"关系到我们如何选择自己的工作、如何选择看什么电视、如何获得社会地位以及我们要追求什么样的梦想。近半个多世纪以来，在欧美日等发达国家以及亚洲和南美等新兴经济体中，随着历次工业革命带来的生产力提升，物质供应空前繁荣，物资与信息打破了地域藩篱向全球化流通。这些社会正在酝酿着深层次的变革，旧的社会权力结构正在解体，一个以知识和个体支配为特征的新权力体系正在逐步建立起来，如图1-6所示。

图1.6　三种社会权力之源

　　从原始社会开始一直到农耕社会，人的生存权和社会地位源自对土地等资源的占有。占有更多土地的人就能捕猎、耕种或养殖，从而获得更多食物，而土地的原始获取主要依靠武力和战争。那些没有土地的人只能作为奴隶或佃农服务于奴隶主和地主，雇佣关系基本上是终身制。奴隶主和地主通过脚链、鞭打等暴力手段来维系与奴隶和长工的关系，惩罚叛逃行为。在曾经物质极其匮乏和信息闭塞的时代，有权者大多依靠武力来行使权力，支配其他人为自己劳动。工业革命之后，随着商品经济和资本主义的繁荣，权力的来源从武力向财富转移，资本家通过金钱来雇佣他人为自己工作，创造商品，通过交易积累更多财富。在工厂和办公室里，被雇佣的员工不再受到暴力威胁，能够通过自己的技能和努力获得更高的回报来改善生活。

　　发展到今天，规则再次发生改变。当我们讨论对90后、00后年轻一代的管理时，明显感受到个体与雇主之间的关系越来越脆弱。他们在选择雇主时金钱已不是唯一考虑的因素，甚至对很多人来说已不是主要因素，因为有很多工作都可以满足自己的生活所需。而工作环境、雇主品牌、成长机会、自由度乃至工作内容是否有意思都会成为考虑因素。尤其是信息技术诞生以来，工厂的体力劳动越来越多被自动化机器替代，脑力替代体力成为主要的劳动形式。很多时候，这些脑力劳动者的创造性成果相比资本更多地决定了企业的生存和发展。结果，在雇佣关系中权力正在从财富一端逐渐向掌握知识的个体转移。如果拥有知识而又不想受雇于人，可以选择自己创业或成为自由职业者，这比以往任何时候都更常见。

放眼全球，国家之间的竞争也在遵循同样的规律发生着权力转移，从以往动辄以武力征服他国，到现在强国更多运用资本来控制弱国。进入21世纪后，国与国之间的竞争越来越聚焦于人才的竞争。今日的美国之所以还是公认的世界第一，根本原因并非它还拥有世界上最强的军队和最多的财富，而是它积累了全世界最多最聪明的人才，这些知识人才通过持续创新引领着整个世界的发展方向。同样，中国近几十年的迅速复兴很大程度上也离不开对教育的高度重视和全民投入。

可以看到，在社会的每一个层次和领域，权力都在从武力、财富向知识转移。拥有知识不是等于在学校成绩好，学位高，而是包括人们所拥有的信息、技术、数据、理论体系、想象力、创造力和世界观。知识这一权力来源相比武力和财富有不可比拟的优势：武力只能用于摧毁和惩罚，而无法用于创造和奖励，任何时候，武力的施展都隐含着巨大的成本，"伤敌一千，自损八百"是常态。财富不管再多都有可能被消耗得一干二净，并且具有排他性，竞争双方不可能同时拥有一片土地、一块黄金或一元钱。而知识不会因为使用而耗尽，使用的越多越可能"创造"出更多的新知识。更妙的是，人人都可以拥有相同的知识，没有排他性。正因为知识不会因为分享而减少，因此它是最具有民主性的权力。以前武力和财富都只掌握在少数人手里，是强者和富人的专属；而每一个人，包括弱者和穷人，只要有头脑、愿意学习，都可以掌握知识。尤其是互联网的普及，极大地消除了知识的地域和阶级壁垒，以很低的成本人人都可以迅速获得全球化的信息，获得更加全面的世界观，更加丰富和多元化的信息也激发了人们更活跃的创造力。开发者可以第一时间获得全球开源社区最新的技术，甚至参与到某开源技术的创造过程中；设计师通过网络可以随时关注全球最新颖最流行的设计风格；创业者也可以随时掌握最新的全球市场动态和商业模式趋势。

知识的这一特征加上互联网的助力，导致社会权力加速向个体转移，使得在武力和财富上落后的弱者有了产生更大影响力的可能，在"社会权力"上实现弯道超车。以前，我国关于空气污染的数据和解释权掌握在专业机构手里，人们知之甚少，至于有没有污染或污染程度如何，只有接收官方一个渠道的说法。

但当 PM2.5 这样的专业术语通过网络传播迅速被大众理解并关注，当每个人都可以拿着不同来源的污染指数进行对比讨论时，来自大众个体的声音汇集起来，最终政府改变了空气质量的发布机制，空气质量改善成为每一个地方政府工作的重要衡量指标。

社会权力从武力、财富加速向知识与个体转移是当今社会正在发生的深刻变革之一。随着物质生产和供应愈加繁荣，机器人、人工智能等技术持续发展，未来这种转移会越来越显著。这些变化直接影响着现代企业的增长和竞争方式，那些无法迅速改变和建立起相适应能力的企业将面临严峻的生存危机。基于此，企业需要解决两方面的问题。

1. 持续创新成为现代企业最重要的竞争方式

基于武力的竞争是相互打击和破坏，在今天的市场环境下，这样的情况已经很少见。基于财富的竞争则是对资源的掠夺，资源垄断型企业很难持续改善产品和服务质量。这样的企业今天和未来一直都会有，因为这是相对而言最舒服的一种企业发展方式。对于资源垄断型企业，本书讲述的所有思想和方法都意义不大。任何方法都有其局限性和适用范围，本书的内容不适用于那些依靠资源垄断来形成主要竞争力的企业。

在一个充分竞争的市场环境里，当知识成为新的权力之源，知识的特征决定了企业之间的竞争方式不再是破坏和掠夺，而是创新的竞赛，要遵循的游戏规则和以往有着天壤之别。创新来源于掌握知识且具有创造力的个人和团队，于是知识型人才就成为了企业必须要尽力去抢夺的新型"资源"。如何吸引和留住优秀人才、如何激发人才的创造力以及如何培育学习型文化，成为知识型企业管理的新课题。知识工作者的大多数工作成果是无形的，他们在工作中受到不同因素的驱策，而不仅仅是金钱，这使得对他们的激励和评价也需要有新的思路。

创新想法来源于对新技术的研究或者对客户和企业所面临问题及其内在诉求的深入洞察。企业如何才能源源不断有新的想法产生并有合适的机制落实好的想法？如何能比竞争对手更快将想法推向客户和市场验证成效？不幸的是，创新的成败往往无法准确预测，而且失败率很高。这些挑战要求企业能够提供一套让创新得以规模化孕育和发展的环境，而这恰恰是多数传统企业所不具备的能力。很多企业曾经在对的时间因为某一项或几项创新快速发展了起来,但随着企业规模扩大变得越来越臃肿,对新机会的响应变得越来越缓慢。一些企业在数字化领域自上而下投入了巨额资金,却难以孵化出成功的新业务。既有产品的功能看似越来越强大,却并没有提供出更有竞争力的客户价值,最后免不了面临被颠覆的危险。

2. 选择丰富和信息对称让市场权力向消费者倾斜

三四十年前,当国内经济刚刚开始起步的时候,家常菜可以说是千篇一律。但也没什么可抱怨的,因为菜市场卖的都是本地产的常见几种食材。但今天,大超市里有来自世界各地的食材,盒马鲜生里能随时买到以前见都没见过的各种海鲜,我们的口味变得越来越刁钻,不满足于中餐,经常也要做一做东南亚菜、西餐或日料。超市为了满足年轻人怕麻烦的心理要求,提供了净菜和配菜服务。一切都在围绕着消费者喜好和习惯而改变。

今天绝大多数人不再为温饱发愁,不再面临武力带来的安全威胁。根据马斯洛的需求层次理论,当生存与安全已经得到满足,人们会自然地开始更多关注情感、体验、尊重与自我价值实现。今天,人们对消费和生活品质的要求越来越高,不再满足于基本功能性的要求,转而进一步要求自身价值的实现和体验享受。不仅个体消费者如此,企业客户也是如此。一方面是因为面向企业产品最终的使用者也是个体,即企业员工;另一方面,企业服务的 SaaS 化趋势使得企业不再将自己捆绑在某个供应商之上,如果员工的反馈不好,可以更加容易地更换新的服务提供商。这让我想起了 Thoughtworks 公司历史上数次远程视频会议系统、差旅服务系统的更换,企业的目标已不满足于有一个能用的系统,而是关注能否真正带给员工更好的工作体验,提高工作效率。要能更好地满足客户在价值和体验上的诉求,企业必须真正站在客户的位置去体会他们的感受,而不是闭门造车,不断地堆砌功能。

掌握更多知识带来的认知水平提升使得每个人有了越来越强烈的、多样化的偏好,不再满足于千篇一律,这不仅仅体现在穿着、饮食这些基础方面,也反映在人们的沟通、学习、出行、娱乐等各个领域。发达的全球化运输网络和信息网络使得消费者有了丰富的、更好的选择。互联网的普及让用户的偏好在社群、朋友圈或社交网络上迅速传播,相互影响;原有的偏好也可能因为一些通过网络迅速传播的事件而改变,比如明星效应、社会热点事件、某个颠覆式创新掀起的热潮。对于希望吸引客户的企业来说,个体的这种选择权就像是投票,企业提供的产品和服务必须要为赢得客户投票而随时准备改变。随着供需关系中权力整体向着消费者一侧倾斜,消费者感受和喜好的多变给企业的产品和服务发展带来了很大不确定性。企业必须要有能力真正以客户为中心制定战略,快速地洞察趋势并具备应对变化的快速响应力。

思 考

1. 什么是企业的适应力?提升企业适应力的关键是什么?
2. 业务与数字技术的关系在发生变化,技术越来越成为差异化竞争力与业务的核心,并且发生在几乎每一个行业,这对现代企业的管理方式会产生哪些实质性的影响?
3. 与历史中其他的技术相比,数字技术、互联网和智能技术有哪些独特性?这些技术将对未来的商业与社会关系带来哪些变化和挑战?

第 2 章

创新、价值与快

在数字技术加速度发展和权力向知识与个体转移的大背景下,可以得出一个结论:"以客户为中心有效运用数字技术进行持续创新"是现代数字化企业具有适应力,并能够持续生存和繁荣的关键。这里谈的"创新"不应片面地理解为必须是颠覆式的,它既可以是新的产品、新的服务,也可以是将既有产品和服务扩展到新的应用场景,或做出渐进式改善,运用更好的解决方案比以往更有效地解决客户问题,创造更好的体验。无论在哪个行业哪个领域,这一关键能力对企业的重要性在未来只会比今天更甚。

这是一个最好的时代。创新的机会更多,而实施创新的成本更低,这个时代有大量的创新者和跟随者百舸争流,想要在变化中抓住自己的机会。这也是最坏的时代,没有哪一个玩家是长期安全的,不进则退。共享单车业务的门槛不低,需要改变用户出行习惯,需要巨额的设备投入,还受到各地市政法规的约束影响。即便这样,短短半年时间里就冒出几十家共享单车企业,在相同城市里面向相同的客户群。一些共享单车服务商从诞生到变卖、关门也不过半年的时间。

另一个例子是我曾经非常喜爱的云笔记应用 Evernote。该应用 2008 年一经推出,就迅速获得了大量用户的推崇,简洁清爽的界面和多媒体笔记能力以及云端多设备自动同步,是典型将新技术与传统笔记相结合产生的创新,配合在 2007 年发布的 iPhone 手机,其移动端体验简直完美。5000 万级别的用户群、5% 的付费用户比和未来云服务商的想象空间为其从资本市场获得了大笔融资,成为 2012 年估值高达 20 亿美元的著名硅谷独角兽。然而,拥有如此创新产品的企业,面临大量跟随者的模仿、接连的创新失败以及质量问题,几年之后一度传出倒闭和被迫裁员,至今仍在苦苦挣扎中。

这些以科技创新起家的企业尚且面临持续生存和发展的危机,更不用说那些缺乏创新能力、科技能力的传统行业企业。可以清楚地观察到,这几年如火如荼的金融科技变革给大型银行、新零售趋势给沃尔玛这样的大型连锁超市带来的挑战。无论今天的业务多么成功,企业都随时面临被竞争者挑战,被从未知角度杀出来的颠覆者打败的可能性。

要赢得未来,创新必不可少,可是它的成功概率很低。不确定性是创新所固有的特点,无法回避。像 Google 这样公认非常具有创新能力的企业也创造过很多失败的产品,比如 iGoogle 和谷歌阅读器等。很多公司的业务和技术管理者都表达过对此的困惑,每年数字化相关的投资非常巨大,还在持续攀升,但企业从中得到的业务增长并不显著,员工对企业内部的系统总是各种抱怨和不满。科技团队似乎一直在努力地对系统进行改进,然而站在用户和企业角度或站在市场角度,有大量的投资被浪费,甚至越来越糟。这对于企业的 CXO 是最大的难题。投资的真实效果往往在领导个人意志、逐层汇报、KPI 包装和存在各种摩擦内耗的官僚体系内被忽视和掩盖了。除非到哪一天被客户和市场抛弃,否则内部看来都是美好的。

创新、价值与快

同样是进行软件开发,有个很奇怪的现象,这个世界仿佛存在两个平行宇宙:互联网企业(或数字化原生企业)和应用数字技术的传统企业。很多传统企业将信息技术的投资视为不得不投入的一种负担!为什么这么说呢?那些科技规模小一点的公司,信息技术部门通过大量的采购和外包努力地想要满足业务提出的要求,并将业务部门当作客户一样供着,非常吃力。那些科技规模较大的公司,很多正在努力将信息技术部门和开发团队剥离出去成立独立的科技公司,变成一种乙方的身份来服务业务,能体会到他们是多么想甩掉这块累赘。"负担"换一个不那么难听的商业用语就是"成本中心",不为公司创造利润,是个花钱的主。业务部门总是抱怨公司内部科技部门的开发速度太慢,满足不了自己,期望从外面采购软件外包服务能够更便宜和更好。他们可能忘了,多年前公司之所以自建开发团队也是因为类似的原因，从外部采购太贵、太慢且不灵活。那些主要依靠外部供应商来实施软件开发的企业一样在水深火热之中。若有机会了解，会发现业务部门和技术部门之间的语言非常不通，业务不理解软件是怎么蹦出来的，总觉得就是那么简单，不就是一些代码和模块，就像堆积木一样。为什么这个功能别人都有了，而你还需要这么长时间？必须在这个时间点交付，忙不过来多加点人不就行了？反过来，技术部门则沉醉于技术和自己的降本增效目标，不关心业务提出的需求到底是为什么或有没有达成目的，能保质保量交付了就好。技术部门更关注的是每个人是不是都被充分利用，不能闲着，必须让每个人写出更多的代码。而在另一个世界里，那些更早更多掌握了技术的领先互联网企业则是一种完全不同的玩法。数字技术是他们赖以生存的手段，也是他们的核心业务。不管是市场和运营人员还是技术人员，都关注着仪表盘上最近的用户活跃增长或点击率，一旦数字下滑，大家都会很紧张。

这两个世界有着显著的差距（当然有很多的企业实际处于这两个极端之间），显然那些领先的互联网企业比其他行业的传统企业对数字化时代的不确定性有着更高的适应能力。当他们一旦开始从线上走到线下，凭借自身的软件研发优势来重塑传统业务，就会被各个行业视为"狼来了"。他们在能力上的差距主要体现在三个方面（图2.1）。

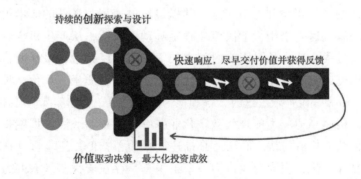

图 2.1 创新、价值与快

创新

在不确定性中开拓出新业务或显著改善现有业务，首先需要有大量的创新想法。创新不是都来自远离客户的象牙塔、实验室，而是能够激活每位员工的创造力,紧贴客户与市场不断发现创新与改进的机会。同时有能力将想法转变为高质量的产品或服务设计,既能够支撑业务发展战略,也能够有效满足客户的诉求,将业务、客户体验与技术相结合,形成有吸引力的产品和服务,并以灵活、有效的商业模式设计和运营策略将其推向市场,驱动增长。

价值

面对大量的创新想法和行动举措,能否最大化价值是形成组织治理机制和制定投资决策的最高标准。价值的分析和衡量不仅是考虑企业自身,还要有长期思维,更优先考虑是否能为客户与社会创造足够价值。对每一笔投资,从数据出发甄别其预期价值,基于综合的价值考虑来决定投资的优先级,并在上线之后根据客观数据反映的实际效果来做下一步决策,尽早放弃低价值或没有价值的想法,快速调整原有的策略,从而将组织有限的资源及时聚焦于最有价值的想法上。

快

企业组织和团队要能够对随时浮现出的、有价值的创新机会做出快速响应,随时能够开始设计实验并付诸实施,并以最快的速度、最低的成本得到价值反馈来支撑决策。这要求组织的决策过程足够动态灵活,从产生机会想法到获得反馈,这个过程不能太长,因为时间太长很可能已经错过了最佳时机,或者已经在错误的方向上走得太远。同时,快也不能以牺牲质量为代价,没有足够质量的产品和服务一定失败,这时,快和稳这一对"鱼"和"熊掌"必须要兼顾。

如果说构建高适应力的现代数字化业务有什么秘籍心法,那就是这三大核心能力:创新、价值与快。心法总是描述起来简单,但真正掌握往往意味着剧烈阵痛和自我超越,因为企业作为一个组织总是存在着太多既有的力量和惯性在阻滞着进步。本书的后续内容会陆续系统性地谈论如何在各个环节中构建这三个核心能力,范围从产品层面到组织层面。在展开之前,先谈谈造成如此困境的历史根源。

套装软件采购

回顾第 1 章描述的数字技术与企业业务关系发展的四个阶段。从第一阶段发展到第二阶段，软件系统开始服务于企业内部运营管理，从最基础的文档管理、内部审批、办公协作，到进一步管理客户信息，管理生产资料与生产过程。这些活动经过企业管理多年的发展在特定的行业里其流程和管理模式有一定的通用性，并且相对稳定。就像每一家企业的员工之间通过邮件或共享文件方式进行远程沟通的模式是相似的；每一家汽车生产企业从供应链到生产过程的基本管理流程也是相似的，显著的革新十几年才出现一次；每一家银行处理贷款和资金交易的流程是大同小异的。这个时期，各个行业里每一家企业需要的软件系统都很相似，对于如何通过软件来解决这些问题，在经过多年的积累之后，有相当成熟的解决方案。

计算机软件作为一类新兴技术，那时技术门槛还是蛮高，专业人才很少，传统行业企业显然完全不具备这样的知识。那些掌握了这些技术的人才联合行业专家可以将这些成熟解决方案变成产品来销售，从而获得高额利润。典型如微软创造的企业办公套件，IBM 开发的依托大型计算机的主机系统和银行核心系统解决方案，SAP 创造的 ERP 等。企业的这些管理流程相对稳定，不需要软件系统经常变化，以稳定可靠为主。即便采购来的软件系统部署之后，发现实际效果不理想或内部员工使用体验不够好，这对企业在客户接触面的业务活动开展影响甚小，仅仅是内部效率和成本问题，还可以忍耐等着供应商的下一个版本。软件版本一年或几个月才更新一次是可以接受的。

软件系统从汇编时代只有几千行代码，演变成一套 ERP 由上千万行代码构成，需要几十乃至几百人一起参与完成。这个时期提供行业解决方案的专业软件公司在研发过程中面临的主要矛盾是软件开发的规模化管理问题，没有太大的响应速度压力。要在如此多人参与的开发过程中有效保证质量和效率，企业需要一套管理制度。软件开发作为新兴行业在这方面没有经验积累，人们自然会想到去借鉴其他行业具有类似特征的规模化生产过程的管理模式，比如制造行业、建筑行业，看上去都有类似的从概念到设计，再到实施、质检和持续维护这样一个过程。这些被借鉴的行业都是工业时代的代表，有着长久的积累。工业时代最著名的管理思想是由现代管理之父泰勒提出的"科学管理"。这一思想伴随着第二次工业革命后大型工厂出现而萌芽。它强调标准化的流程和详细分工，强调基于准确的规格定义在各个工序之间传递信息。如果每一个环节都能严格根据规格要求高效地完成其工作并传递下去，就能够以最大化的效率交付高质量的产品。有兴趣的可以深入了解泰勒的"科学管理"思想及其背后根源的"还原论"哲学思想，有很多书籍论述。科学管理思想无疑在那个时代是伟大的，否则就不会有今天如此发达的工业，不可能出现富士康工厂里支撑全球制造的现代化流水线。每一位娴熟的员工就是标准流水线上的一个螺丝钉，以最高的效率重复完成生产过程中的一个小小环节。除了少数的设计者和管理者，谁都不知道整个产品是如何构成的。建筑行业也是类似。

于是，参考这些已有的成功管理体系，软件开发过程中的需求、设计、开发、测试和运维等主要活动被分到不同的部门完成：市场部门负责从客户收集需求，解决方案部门负责产品需求书写和架构设计，开发部门负责编码实现，测试部门负责质量保证，最后，实施和运维部门负责将产品交付给客户和支持运行中的问题。这就像一个单向流动的瀑布，每个部门负责一个环节，部门之间以规范化的文档来传递信息和产出物，每个部门负责优化自己内部的效率和输出质量。理论上，这个过程如果执行有效，每个环节都像生产车间里一样做到一丝不苟，最后应该可以交付出很好质量的软件，尽管版本的周期时间可能很长。

不过，在落地执行时还是遇到不少问题，人们发现软件的需求规格似乎不像生产制造的产品规格那样容易定义。就算那些要管理的流程是基本确定的，对于一些细节，在软件没有开发出来被看到之前，总是很难描述准确，总是不可避免地在已经开工的开发、测试阶段发生大大小小的各种变化。然后，需求传递下去也经常因为误解而使做出来的东西不符合期望。不过，最开始这个问题影响不大，毕竟主要是专业软件公司自己决定怎么做，遇到问题在范围和进度上适当做出调整还是可以接受的，交付周期长的问题可以内部消化，也不会对客户造成大的影响，只有少数由客户提出的紧急需求会给团队带来困扰。

软件外包采购（定制软件开发服务）

随着各行业的企业更深入地应用软件系统来管理生产经营过程，逐步延伸到了与业务拓展、销售与客户服务直接相关的领域。企业发现，通用性的管理系统越来越难以满足企业的要求，不同企业的这类业务流程即便大体步骤相似，很多细节管控上却各自不同，每家企业开展业务活动和服务客户的具体方式也不尽相同，需要的个性化程度越来越高，这就需要大量的定制开发。企业习惯了套装软件采购的模式，自身并没有能力修改复杂的软件系统，这样的定制需求都需要由软件供应商来完成。以往的套装软件厂商开始在既有软件产品上越来越多为企业提供定制、个性化的解决方案和交付服务；同时还产生了大批不销售套装软件产品，专门从事定制开发的软件服务型企业，称为"软件外包"。

在 2000 年左右的十几年中，"软件外包"发展迅速，一度成为一个很大的产业。中国有大量的开发人员从事"对日外包"，以至于非常多的软件从业者学习日语就为了能看懂和沟通需求。我很清楚那些对日项目的需求和设计文档写得多么详细，甚至到了伪代码层面。印度由于英语的天然优势使其发展成为全球最大的软件外包服务输出国，软件外包成为印度的国家经济支柱之一。曾经有很多企业高管和咨询公司都鼓吹"软件外包"是将来企业构建信息化能力的最佳生产模式。所谓"术业有专攻"，软件开发作为一个专业领域不是这些企业的核心业务和能力所长，没必要让内部员工来进行开发，而外包出去选择那些能够以更低价格交付需求的供应商能够得到最优化的投资回报比。现在，研发管理过程中"需求"及其描述形式"需求规格说明书"这样的名词就反映出这样一种信息传递的路径：如同汽车厂商给零配件供应商下订单一样，提出自己的需要，明确定义其规格，然后等着验货。这个阶段，和以往完全在软件公司内部进行产品开发相比，最主要的区别是需求规格的提出从以往软件公司内部转移到了客户企业，软件生产的整个价值流不再是完全在软件企业内部完成，而是由客户企业与供应商共同完成，两者之间围绕需求、成本和进度产生了采购"合同"约束。合同给软件服务供应商提出一个非常明确的目标：在特定的时间内将承诺的需求完整交付出来，通过客户验收且上线没有问题。在供应商内部，这样一个目标的达成过程是以项目方式进行管理，非常合理，因为这个合同的范围和截止时间是明确的，只要能在合理的经济效益范围内完成特定项目，就是成功。

最初，定制软件开发供应商很自然地沿用曾经在套装软件公司大量采用的瀑布式流程。但后来开始发生了改变。最关键的一个原因是，业务和技术的关系开始进入到第三个阶段：客户的信息系统越来越多涉及客户营销和服务过程，甚至涉及一些战略发展和创新领域，不确定性更高，变化越来越频繁，而且要求更快的响应速度，几个月才更新一个版本变得不可接受。这一趋势导致供应商按瀑布模式制定的大方案、长开发计划越来越不可行，浪费了大量的时间在前期需求、设计和计划上，却迟迟不能为客户创造价值；一旦大方案、长计划遭遇不确定性和变化，结果就是巨大的投资浪费和风险。于是一些软件行业专家、大牛在2001年聚在一起提出了著名的"敏捷宣言"，认为软件开发有完全不同于制造等传统行业的自身特点，不能照搬其管理模式。必须更多地关注人和沟通协作，尽早交付软件，而非依靠事无巨细的流程和文档；供应商必须与客户在项目上紧密合作而非依赖传统采购模式的一纸合同；开发模式上要拥抱变化而不是遵循一份长周期的计划。一些领先的科技企业已经采用敏捷方法来为客户交付项目，提高响应速度和降低成本。他们将项目过程分为一个个小的冲刺，在每个冲刺结束时通过演示获得客户反馈；将一个项目划分为多个更小的版本尽早上线，获得真实用户反馈。

这看似很不错，不同行业根据自己的专业分工合作，各有所长。然而，在过去的十几年，即便是那些采用敏捷开发的软件供应商，我看到在这种模式中始终存在着无法解决的下面几个问题，更不用说现实中还有大量的供应商甚至没有走到敏捷交付这一步。

问题一：目标不一致

企业进行数字化投资是想要解决自身业务问题或更好地服务于客户，提升竞争力，为客户和自身创造更大的价值。但软件外包供应商的本质目标是按承诺的项目范围交付从而收到回款，这个过程付出的成本越低则利润越高。企业的目标与供应商无关，供应商并不会真正关心企业提出的需求有没有价值，交付的产品能不能有效解决问题，产品能不能发展得更好，只要能按期交付，提出的需求越多越好，越复杂越好。一次签订长达一年甚至几年的项目合同绝对是各大供应商追逐的焦点，他们会极力游说决策者，使其相信这样做的好处，而不会为了客户的风险考虑主动提出来应该少投入一点。当我们谈到创新和价值时，一次性的数字化投资规模越大就蕴藏着越大的风险，一旦预算有了，就不会再关心价值问题，非常不精益。无论口号上"成就客户"喊得多么响亮，供应商的位置决定着它不可能真正站在企业的角度思考需求的必要性和优先级。

不断堆砌（可能无用）的功能和增加的系统复杂度导致系统运维成本上升，这正好给供应商带来了后续新的挣钱机会。由于软件系统后续所需的维护和运行支持工作难以预测且通常不连续，所以开发实施和后期维护往往是分为不同的项目，分别签订合同，甚至由不同的供应商来完成。曾经有这样一句玩笑："交付给客户的软件质量太好了是不行的，这样就没有后期维护的机会了"。

问题二：抗拒不确定性

不确定性，包括可能的需求范围变化、客户方预算调整、优先级改变导致的项目计划调整，这些都是外包供应商出于本能会抗拒的。任何变化对供应商来说都是风险，可能导致项目成本上升和利润下降。于是，供应商的项目经理总是采取各种措施来降低不确定性。

- 要求前期将需求写得尽可能详细，不接受口头沟通，必须留下依据以备后期有分歧时追溯。
- 在合同中约定可接受的潜在需求变化比例，并将这一还未发生但可能的变化带来的潜在成本想办法融入合同价格中让客户提前买单。
- 在项目过程中尽可能引导客户减少需求调整（这可是作为外包方项目经理或需求分析师的关键能力之一）。
- 即便供应商可能想到更好的解决方案，如果新的方案会显著影响项目进度和带来风险，通常不会主动提出来。
- 最后，作为保护措施，对于客户提出的较显著需求变化，需要走一个烦琐的需求变更流程，且供应商会为此收取额外的需求变更费用。由于创新的不确定性和需求提出者本身认知的局限性，软件项目中的变更总是无法避免，这就为供应商在商务策略上提供了工具。在竞标项目时，可以以比较低的价格拿下合同，而在绑定客户后通过必然会发生的需求变更追加更高溢价的费用来提高利润率。这几乎是软件外包领域一个公开的潜规则。

费用问题还是小事，真正的严重性在于，不确定性是创新的土壤，变化即意味着机会，企业需要充分利用这一点不断进行实验和调整方向。外包供应商规避不确定性和风险的倾向使得这种模式很难支持企业快速开展创新实验，这意味着可能丧失机会或者为了探索实验不得不付出不必要的高额变更成本。

问题三：响应速度慢

慢的根源也在于双方目标的不一致和供应商对不确定性及风险的规避。为了避免需求蔓延和成本不可控，确保自己的经济利益，供应商一定需要建立一个项目管理流程来管控时间、范围和成本，确保合同履行和验收通过，但没有动力为支持客户企业的探索实验而频繁调整计划。反过来，较传统思维的客户企业也希望有一个明确界定的时间和范围承诺来保障自己能够得到预想的产出，一般通过竞标的方式向供应商施加压力，使得自己可以以更低的价格得到更多的产出。从商业的角度，无论哪一方都理所当然，然而，这一切显然都无助于将软件产品做得更好。冗长的商业流程、高成本的需求变更、交付过程中客户方与供应商团队的协作不充分、频繁来回确认需求以及客户需求方不能深度参与交付过程中及时澄清细节和提供反馈，这严重拉长了新想法从提出到交付的时间，延缓了响应速度。

另一个导致响应速度慢的原因是多年瀑布式开发形成的职能化管理制度。需求、开发、测试和运维等不同职责分别由不同的部门来完成，各自都在职能内部进行局部优化。比如，要求上一个环节花更多时间准备并提交更详细的文档，而不是参与进去一起协作和贡献，然后为每个阶段之间的交接设置更多的审核环节。这显著拉长了想法从提出到交付客户之间的整个周期，在流程中形成很多等待，从全局来看结果并不是最优化的。要交付一个很简单的需求，如果不是极其紧迫的生产事故，整个流程走下来可能也需要一两个月或更长时间。

问题四：质量低

事实上，多年来软件外包采购看似专业化分工的模式并没有带来软件交付的足够高质量，反而在阻碍这个目标的达成。很多管理者看到了差强人意的质量结果，但并不真正理解导致这个问题的根因，只是归咎于供应商能力不足或不负责任。其实不是，至少不是主要因素，如图 2.2 所示。

对于外包供应商，每个项目都有明确的时间、范围和成本，只有同时保障这三个要素达成，才能满足客户需求并从中赚到钱，这是项目经理管理项目最关心的三个要素。然而，固有不确定性带来的变化让供应商项目经理不得不考虑如何腾挪并加以平衡。首先看时间，也就是交付进度和上线时间。考虑企业在激烈竞争中要抓住机会、赢得先机或者要配合市场推广等运营活动，推迟交付就可能意味着损失，因此软件项目的交付时间点可协商的弹性很小，敲定的上线时间点就必须保障。谁都不愿意听到"延期"两个字。何况，从尽早创造价值和尽早得到反馈的角度，确实也不应该随意延长时间。

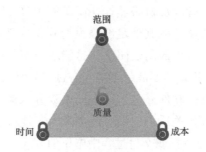

图 2.2　传统的项目管理铁三角

　　然后看成本，软件开发的最主要成本是人力。当因为无法预知的变化或干扰导致进度不理想时，客户经常会认为多加人就能解决。加人自然会降低供应商的利润，更重要的是，多数情况下为了赶短期进度而加人并没有太大帮助。这里就需要理解软件开发除"不确定性"和"易变性"之外的第三个重要特征："智力产物"，这使其显著有别于传统生产制造过程。从软件技术诞生到今天，即便有低代码开发等新技术出现，在未来很长一段时间内，软件开发都是一项需要很多知识沉淀和思考的智力活动。软件开发属于重脑力劳动，而不是像砌砖一样的重复性体力劳动。新加入的成员不了解产品和需求的背景，不熟悉现有系统的架构和设计原则，需要那些本就忙碌的资深人员花时间给新成员讲解和辅导才能快速融入。新成员加入团队通常需要努力两个月才能真正发挥出效率。如果没有人进行有效的指引，新成员最大的成就更可能是制造出一堆质量问题。更何况软件开发需要沟通协作，团队人越多，沟通和管理成本就越高，且这个成本随着人数呈指数增长。我看到过一种更糟糕的情况，有个团队，人员进进出出，变动频繁，临时赶工加几个人，一段时间后又离开了，或者换几个人。不少软件外包供应商以资源池的方式管理人员时经常发生这样的事情。项目刚开始时，供应商为了证明能力拿下项目，让客户看到的都是不错的资深人员。然而随着项目进展，后面逐步换入能力较差的人。这种时候给出的"正当"理由是为了提高资源利用率或赶进度没办法。当有些研发管理者问我，为什么他们的研发效率不高，质量提升不起来，是不是人不行？我告诉他们，这首先不是员工的问题，而是管理的问题，如果团队的稳定性像这样，研发效率不可能提高，也不可能做出高质量的优秀软件。

除了加人，项目管理中调整成本的另一个策略是加班。抛开加班费不说，加班是有隐性成本的。持续加班必然挫伤团队的士气，除非有能够让大家感受到强烈使命感的内在驱动力或其他足够强大的外在激励辅助。总的来说，成本要素也是缺乏弹性的。真正的高效团队，是能够长期合作形成凝聚力并对系统有长期知识积累的相对稳定的团队，不应当有过于频繁的人员变动。

最后来看范围，这是软件外包采购合同中双方承诺的最关键部分。前面讨论过，在传统的外包合作关系中，供应商会致力于规避变化，尽可能保持范围稳定；而企业，希望通过竞标或交付过程中施压的方式，尽可能加入更多的需求，甚至不断提出新的想法导致需求蔓延。尽管有合同的约束，但往往考虑到谋求长期的业务合作关系，所以当供应商因为客户需求变化或自身的原因遭遇进度不理想时，几乎不太可能经常和客户协商，要求他们推迟或去掉一部分需求。

在这种外包项目中，时间、范围和成本三个要素其实都不灵活。因此，在图 2.2 中，我加上了三把锁。供应商开发团队必然会想方设法保证自己的利益，当变化发生，若合同承诺的这三个要素都变不了，您认为开发团队会怎么办呢？这就需要提出软件开发的第四个重要特征"隐性质量"。业务同事不要认为最后用户验收测试通过就代表软件质量好！由于软件的易变性，软件不会像建筑一样，一旦修建完成就不再进行结构性改动，最多只是做一些内装的变化。记住，软件是用来修改的！随着创新的实验进展，业务流程和规则的调整，体验的优化，后来的人需要在原有代码基础上不断调整逻辑和修改架构。修改之前，必须先读懂和理解原有的设计，因此，软件开发人员的重要责任除了实现需求，还需要优化软件内在结构使其意图清晰、易读，这方面的好坏称为"软件的内在质量"。面对不确定性所带来的变化，当时间、范围和成本都缺乏弹性时，开发团队最容易弹性调整的就是降低质量标准！这体现在多个方面。首先，因为疏忽或测试不充分引入更多显性的外在质量问题。有些问题容易被测试手段发现，而有些问题，如果测试人员不是长期研究并充分理解该系统行为，仅仅基于对需求规格的表面理解推演出测试场景，很难考虑全面，导致一些问题遗留到生产环境，可能在未来的某一天爆炸。然后，隐性的内在质量问题：为了快速完成功能，写出来的代码很可能结构混乱、难以理解，这可能不会影响客户当前需求所要的功能，但却给将来需要阅读代码和修改软件的人带来很大困难，需要多花几倍的时间理解它，导致效率大大下降，也更容易在修改时因理解不正确、不全面而引入新的质量问题。这类低质量问题无法通过一轮轮测试活动来发现。不幸的是，在以项目管理的软件外包模式下，人们很难注意到这些隐性的质量问题。隐性质量问题影响的很可能不是当前项目，而是要在同一个系统上进行修改的未来项目。前面的项目已经成功结束了，而将来的项目评估会将重新理解、修改已腐化遗留系统的额外工作量考虑进去，提出高得多的修改预算，或者发现难以修改决定推倒重写。这就掩盖掉了隐性质量问题带来的效率下降，产生大量额外成本。未来的项目很可能换了项目经理或换了供应商，除了企业管理层看到信息技术投资持续攀升外，没有人会显著感受到其中的问题。

到此为止，我依次提出了软件的以下四个基本特征，如图 2.3 所示。这几个特征相互影响，使得软件开发过程和看上去相似的传统生产制造过程有着本质的不同，决定着对大规模软件开发的管理不能继续沿用诞生于 20 世纪工业时代的原则和方法，需要一个全新的思维。

图 2.3　软件的四个关键特征

数字化时代不确定性更高，客户需求变化在所难免，而且越来越频繁。但在软件外包项目的时间、范围和成本都因合同约束而不灵活的情况下，变化带来的压力往往转嫁到供应商身上，而供应商则通过牺牲质量来满足交付。尽管供应商都会声明保障质量，但能验收的质量只是在项目结束那一刻有限的时间里能看到的外部质量。在项目管理的关键要素中，完全没有讨论交付的软件是否有价值，随便翻阅一本关于项目管理的书（比如几年前考项目管理认证的 PMBOK）就能发现这一点。这些问题，即使软件外包供应商采用了所谓的敏捷开发，也没有得到显著改善，敏捷方法只运用在研发内部，无法解决软件外包模式下传统合同关系所存在的根本性问题。在多年的实践中，我观察到，传统的软件采购合同关系是敏捷真正能够发挥效果的巨大障碍，不彻底打破中间的隔阂而只是在开发团队内部搞敏捷，很难给业务带来显著的价值。结果，行业里一部分敏捷教练发现这些问题无解，开始热衷于激发团队个体的心灵和内在信念。这虽然没有错，但解决不了外在约束，听完热情洋溢的敏捷理念宣导和个人修炼方法之后，回到现实，依然和客户在需求范围上锱铢必较。

企业内部的软件中心（内部 IT）

随着数字技术与业务的关系进入第三阶段，一些有远见的企业高管意识到，数字技术的意义不仅仅是提升内部管理效率，它将能够带来新的商业模式和新型的客户关系，数字技术将成为未来企业竞争力的关键。企业无法完全依赖外部的供应商来达成业务目标，必须自己充分掌握相关技术，并依靠内部员工来管理关键软件和数据资产，提高信息安全性。尤其是最近十年，很多传统企业已经开始着力发展自己的科技队伍，提升软件自研能力。从无到有、从弱到强构建企业自己的数字技术能力，无疑是艰难的，但方向正确。很难想象，在数字化时代，企业依赖愿景和目标与自身不一致的外部软件供应商未来能够成为数字化领先者。不仅仅是 BATJ 这样的互联网企业，像华为、招行、平安这些转型中的传统行业企业都有自己庞大的研发队伍，而且多数是自有员工，这让他们在转向科技驱动型企业的道路上领先于其他很多同业竞争者。

遗憾的是，当软件研发从外部回到企业内部，却没有为之建立一套更加有效的研发体系，而是大多数照搬了职能化、瀑布式的项目管理模式。也许是因为最初这些企业信息技术部门的管理者不少是来自曾经的套装软件或外包软件供应商高层；也许是因为请来的管理咨询公司都是仿照已有软件公司的模式给出企业内部管理方案；也许是因为找不到其他可参考的模式来设计新的流程，这是个复杂问题。总之，结果是企业内部的软件中心与业务部门的关系就和软件外包供应商与其客户企业的关系类似，围绕需求建立起一种类似"合同"的项目，以规格说明书将需求从业务部门传递给开发团队，进行立项，将项目的时间、范围和成本锁定。如图 2.4 所示，在软件中心内部将分析设计、开发、测试、运维等按职能划分到不同部门,各自优化。目标不一致、抗拒不确定性、响应速度慢和低质量的所有问题统统予以保留。

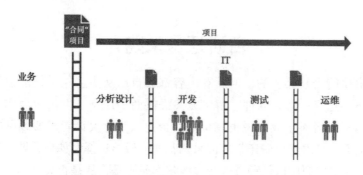

图 2.4 典型的企业软件中心与业务的关系及项目流程

软件开发主要靠人,属于智力密集型产业,软件中心的人数和办公位迅速膨胀,甚至超过了业务部门的人数。在很多高管的认知里,仍然将信息化投资视为重资源投入但不产生利润的成本中心,是非核心业务,所以考虑将其再剥离出去,以新的科技子公司来经营,这进一步坐实了其在集团内部扮演一个"外包供应商"的身份。为了进一步降低成本,在这个科技公司中也开始引入其他外包公司的人力,比重越来越高,外包人员不参与核心管理,管理通常由企业下属科技子公司的自有员工来承担。最极端的例子是,我看到国内企业有这样的软件开发部门,除了项目经理外其他成员全部来自外包公司,就像一个包工头鞭策着一群人干活。来自外包公司的员工在团队中没有主导性,缺乏归属感和企业主人翁意识,流动率很高。当这群人的比例过高时(超过三分之一),基本就很难形成一个长期稳定的团队,难以积累知识和凝聚力,根本不可能做出优秀的软件产品。和前面谈论的市场化软件外包供应商唯一不同的是,这个科技子公司主要服务于一家企业的软件交付和运维,同时这个企业的大多数软件需求和运维也只能由这一家子公司来承接。这样的企业软件中心除了信息安全的优势外,还不如以前请外部的供应商,团队缺乏同业竞争,学习能力不足。至少,第三方软件外包商为了在市场竞争中争取到不同客户的项目,更有驱动力提升自身能力,非常关注客户满意度。

数字化时代的企业,要适应更高不确定性的挑战,必须自己掌握足够的科技研发能力,以自研方式在关键方向上取得竞争力。这靠传统的项目管理模式远远不够，必须要有新的模式。相关详情将在第Ⅱ部分和第Ⅲ部分深入展开。

自研还是采购

尽管自研能力是必要的，但所有内容都靠自己从头造轮子显然也不是一个理性和经济的选择。套装软件、解决方案提供商和定制开发供应商作为外部的数字化产品提供者对企业来说也有价值。企业数字化决策者需要判断的是，新的软件系统是应该内部自研还是外部采购？如何做出选择？如果采购，以何种方式采购以及与供应商应以何种方式合作？基本原则是，从是否关系到企业的核心业务发展与竞争优势和不确定性高低两个维度进行分析和判断。

首先，要想清楚企业的战略方向和竞争优势。越是贴近核心业务发展与期望产生竞争优势的领域，越需要充分理解相关的技术，并主导其数字化产品研发。以盒马鲜生的供应链为例，虽然行业里供应链系统的解决方案已经很多，但盒马的供应链是它胜过传统超市竞争对手的核心能力，这需要通过技术创新来产生新的管理模式，因此有必要组建一个具有充分技能的团队来自主研发。在这样的领域（图 2.5 中右侧部分），如果某个新产品在业界属于开创性的，没有成熟的解决方案或商业模式（图右上角），企业需要在该领域进行探索实验，以速度获得先发优势，这样的创新一定要自研，从业务方案、用户体验设计到技术架构各方面充分掌控。如果企业暂时还不具备必要的产品设计和新技术能力，可以考虑引入最能够提供所欠缺能力的专业供应商在早期深度合作，或直接投资、收购具备能力的创业团队来获得创新人才。

如果企业战略方向的投资在行业内已经有了比较成熟的解决方案（图右下角），这种情况下，往往是企业在相关领域处于相对落后和追赶的位置。这时，最经济的策略是先采购或合作已有的解决方案或平台，快速启动。但绝不能长期依赖外来的方案，需要投入足够资源将其迅速学习、内化为企业自有能力，并主导其持续演进，甚至在必要的时候以自研替代掉原有外购部分，否则无法长期形成差异化优势并胜过竞争对手。

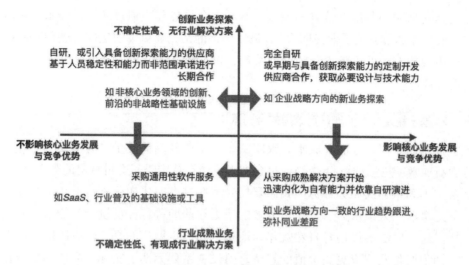

图 2.5　自研与采购决策以及供应商关系

那些不属于当前核心业务与竞争优势领域的投资，同样存在不确定性高低的差异。如果不确定性高（图左上角），像一些非战略方向的创新尝试，例如银行想要开发一款移动应用尝试直接向其客户提供汽车出行服务；旅游景点想要研发一款虚拟现实应用尝试让客户以虚拟但身临其境的方式游览景点设施；又或者那些尚处于业界前沿思想的内部管理转型探索或非战略性基础设施建设。这时，企业如果有足够能力的人，才可以自建团队进行自主探索。不过，最经济和高效的策略是引入具备创新探索能力的软件服务供应商，建立联合团队进行合作设计与开发。但是，要应对不确定性，就不能以传统方式直接将软件开发外包给供应商，也不应与供应商签订以固定需求范围为承诺、以低价为主要选择因素的传统外包采购合同，而是建立一种基于能力的长期合作伙伴关系。具体来说，从以下几方面做出改变。

1. 以能力而非价格为主要决策因素

在采购中，价格因素自然是要考虑的。但是，在很多企业的供应商采购评分表中，价格占比很高。低价只会驱动供应商投入低胜任力的员工，难以保持资源投入的稳定性，根本无法支撑企业的创新探索与快速响应。采购环节商务谈判上的胜利，会导致业务部门最终项目上的高风险，甚至失败。一些供应商会选择在采购环节报低价拿下项目,然后在合作过程中通过客户的需求变更收取高溢价或通过其他手段挽回损失,最终伤害的是企业目标的达成。选择供应商,企业需要放弃"低价者得"的选择策略,调低价格因素的占比,让专业能力的比重提高。

2. 基于稳定能力而非确定范围的合同承诺

锁定的时间、范围和成本导致团队忽视价值并降低质量。为了支持企业进行创新探索、快速迭代,不应当通过合同来承诺在特定时间交付特定的需求范围,这根本不利于达成业务目标。我们要接受现在这个时代变化不可避免的事实,而不是自欺欺人地认为通过花足够多的精力在前期进行分析设计就能消除不确定性。这一做法不仅违背自然规律,浪费时间,更糟糕的是,阻碍团队后续开放地拥抱变化及响应更高价值的想法,引发一系列无助于实际产品成功的合作问题。

需要供应商给出的首要合作承诺应该是提供稳定、有足够创新设计与技术能力的人才,能够以具备快速响应力的敏捷工作方式与客户企业一起共同探索。一个比较有效的做法是对供应商提供的人才进行能力定级,定期对供应商进行合作满意度评价,如果提供的人才能力达不到要求,就应该淘汰或降价;相反,超出预期的优秀人才也应当给予晋级提价从而保持其稳定性。甚至,需要考虑供应商与企业自身在文化方面的匹配度,以便建立融洽的团队合作。如果企业还没有这样的供应商,请花足够的精力去市场中研究和甄别。在供应商证明了其人才能力与稳定性的前提下,建议企业明确提出与其建立长期合作伙伴关系。

3. 建立一视同仁的联合团队

所谓联合团队,不是只派一名项目经理,而是要亲自参与设计与开发交付,团队人员通常各占一半。一方面自有人员充分参与产品规划与决策,承担主要的产品管理职责,另一方面学习和承接所需的技术。

在日常工作中,要注意让供应商人员感受到与己方人员无差别的责任与信任,双方作为一个团队深度合作。除了必要的信息安全要求外,在几乎所有的事情上对所有人一视同仁,信息透明,以长期的敏捷方式合作形成团队凝聚力。比如,一起参与产品创意头脑风暴,共同参与规划等集体讨论与决策,共同参与创新竞赛、团队建设、文化活动以及分享团队奖励和礼品等，形成不分彼此、具有良好内部信任和凝聚力的高绩效团队。澳洲的 REA 与 Thoughtworks 的长期合作就是很好的例子，基本所有团队都是双方人员共同构成，树立共同的团队目标；在 REA 组织的每几个月一次的全员创新竞赛活动中，双方员工可以自由联合组队，也可以任何一方单独组队。

4. 建立利益共同体

在长期紧密的合作关系基础上，管理层需要解决如何实现双方利益共同体的问题，包括在企业整体层面和团队层面。让双方拥有一致的目标和利益，努力弱化相互之间合同谈判的纠葛，而真正融合到一起，携手共同取得业务成效的最大化。为实现这个目标，在员工层面，要实现企业对合作方人员绩效评价的决定性作用，同时企业以开放的心态投资培养合作方人才，帮助其提升能力。在更高的层面，企业可以通过按业务与产品成效设立共享的奖励机制，或直接与供应商共享收益，或者通过对合作伙伴直接投资的方式来实现双方利益一致。

回到自研与采购的决策。对于那些非战略方向的低不确定性投资（图左下角），这类通常是行业已经成熟、有相对通用模式的业务管理流程或基础设施，比如支持敏捷开发的协作平台、视频会议系统、财务报销系统等，应优先选择直接采购套装软件产品或服务。现在，这些具有通用性的行业软件越来越多以在线 SaaS 服务的方式提供给企业，根据实际使用量计费。如果企业规模不大，付出比以往购买或研发一套软件系统低得多的成本就能够快速获得其能力。除非企业有志于将其划入左上方的范畴进行业界领先的新管理模式探索，支持企业转型变革，否则请控制住对套装软件进行大量定制的冲动。因为这些成熟的套装软件通常都承载着经过多年行业验证的优秀模式与实践，企业应该调整自身不合理流程来符合优秀实践，而不是将自身存在诸多问题的现状定制到软件系统中，进一步固化。过多定制还会妨碍这些产品随着供应商产品主流版本的更新换代而升级。

这个二维象限中，处于某个区域的产品或服务随着时间推移可能会改变其所在位置。例如早期不属于公司战略方向的业务探索可能在探索成功后重新确定为企业新的战略业务方向。像华为的 WeLink 产品，曾经是主要服务于内部沟通协作的工具，包括一些外购的部分。但在新冠疫情发生之后，企业看到了它的增长潜力，有望成为新的企业端服务增长点，立即将其确定为战略性产品。于是，在自主研发的基础上，开始寻找拥有它所欠缺的架构与技术人才的供应商，与其密切合作来补齐能力。那些原来不作为企业差异化竞争力存在的通用软件系统，也可能会转变为企业核心竞争力的来源。比如最初用于通用基础设施采购的私有云平台，可能在企业的开放战略下需要变成对外提供服务的关键资产，成为企业未来数字化竞争的核心。一旦这些数字产品与服务改变了其所在图中的区域，企业就需要立即调整其研发投资模式和内外人才配比。例如，加大技术投入从购买或供应商开发完全转为企业自研，或者通过投资收购合作企业及其产品。2014 年，就像苹果公司对音乐领域的投资，当音乐服务从以前的兴趣变成战略的时候，花 30 亿美元果断地收购了 Beats 耳机。

除了在左下角区域的投资建议直接采购套装软件或 SaaS 服务，不需要企业自己考虑其产品规划与发展，其他三个区域，无论是自研还是与软件服务供应商合作，都需要企业内外科技力量以敏捷方式紧密融合协作，需要企业自主把控数字化产品与服务的演进方向与关键技术，制定关键决策。

思　考

1. 除了持续创新，在现实商业环境中，还有哪些可能促成企业成功和持续发展的核心因素？为什么企业内部很难产生成功的创新（或相反）？
2. 应对数字化挑战，传统企业开始在内部自建科技团队来快速响应创新和业务变化。请思考，相比其他领域人才的管理，对数字化技术人才的管理有什么不同？

第 3 章
数字化业务管理十大原则

即便是数字原生的互联网企业,很多也是缺乏适应力的。互联网只代表一种技术、商业模式或文化基因,互联网企业并不是特定的一种模式。很多新兴互联网企业,在初创期充分利用好的点子和优秀的技术,在大风来临时趁势飞上了天。然而,一旦这阵风变小了,那些还没有长出强壮翅膀的就会掉回地面。很多创业公司从小变大之后,为了管理复杂的组织,也学着老一代科技公司建立起了内部强职能化的管理结构和项目管理流程,开始一步步变得臃肿、迟缓。企业要能长久地存活且繁荣发展,需要一对强有力的"翅膀",像苍鹰一般能在弱风甚至逆风下飞翔。一是持续的财务投资,投资可能来自外部投资人、机构,但更可持续的是来自基于合理商业模式实现的利润;二是企业经营模式上具备持续创新、价值驱动与快速响应的能力。

围绕创新、价值与快,未来的数字化企业究竟应该是什么样子?需要具备哪些技术、流程和方法?应该以什么样的治理结构来组织工作?通过研究业界的成功案例,和以咨询方式伴随着多个企业转型,我深切地意识到,每一家企业都是独一无二的,每一家企业的现状由其创立者和后续领导者、发展历史、所处的市场环境所塑造。没有一个完美的模式能够适合所有企业,也不应该有,毕竟商业环境如此复杂,每个行业都有自己的特殊性。就像"普世"的西方选举制度并不适合现在的中国,人民的幸福才是国家制度最大的价值。为实现这个目标,现阶段需要有适合中国国情的制度来支撑自身的发展。同样是成功的互联网企业,阿里和腾讯由于领导力风格差异,也因为其核心业务电商与社交的属性不同,形成了差异化的组织结构与治理方式。通信设备企业华为与金融企业招行，在数字化转型和采纳精益、敏捷方法改善其产品研发时，因为行业、既有系统架构和监管的差异，形成了不一样的运作机制。即便是同一个企业内部，像华为的通信与终端产品线和华为的信息技术部门，在软件产品研发上也采用了不一样的流程体系。Google 之所以成立 Alphabet，就是希望能够以不一样的、最合适的方式来投资和管理其主营业务和那些还处于探索期、增长期的新业务。在企业发展的不同时期，对于只有几十人的初创团队和有数千人的成熟大型企业，也很难采取同样的模式经营管理。

没有任何一种具体的管理体系、流程和方法是放之四海而皆准的，包括一些被推崇的敏捷方法，如 Scrum 或极限编程等，更不用说那些详细定义了各种角色和流程的复杂的管理框架。无法回避的事实是，很多取得持续成功的企业，比如像阿里，在多年里并没有看上去规范的敏捷开发过程，内部有一些混沌，仍然在数字化领域获得了相当成功。为什么呢？仅仅是因为领导者的英明决策吗？每个企业数字化转型的过程都应是一个基于自身特点进行创新探索的学习过程。照搬别人的流程和方法的结果往往是流于形式，难以形成能力。企业需要根据自身的特点找到一条适合自己的数字化之路。本书最后一章会进一步讨论对转型策略的一些看法。

器	客户旅程、商业模式画布、回顾会、部署流水线、精益价值树、A/B测试……
术	设计思维、Scrum、DevOps、成效衡量、领域驱动设计、平台化……
法	数字化业务管理十原则、精益思想、敏捷宣言……
道	数字技术固有特征、复杂适应系统理论、反脆弱……

图 3.1 构建数字化核心能力的道、法、术、器

如图 3.1 所示，作为一本行动指南，本书会具体描述一些推荐的、经过实践证明有效的方法。它们是可以帮助我们更好达成目标的"术"，例如设计思维和平台化。但并不意味着这就是唯一或最好的方式，方法体系会随着时代而发

展。每一项"术"在落地时会用到一些具体的工具、实践，可以称之为"器"，例如精益价值树和部署流水线，其发展变化就更快了。在这些"术"的背后，有一些更加坚固、持久的"法"是不会轻易改变的，或者称之为"原则"。本章希望在开始具体的行动之旅前，提出一系列数字化业务管理需要遵循的关键原则。这些原则是从国内外优秀互联网企业和在过去十几年里经历了轰轰烈烈数字化转型的传统企业身上学习并提炼出来的。尽管他们各自的实现方式不同，但带来成功结果的行为背后都能看到这些一致的准则。例如，企业要遵循"愿景与成效目标驱动"这一原则，那么应该选用平衡计分卡、OKR还是精益价值树，取决于企业的历史和实际条件，不能一概而论。为了实现软件的快速、持续交付，今天大多数企业采用了 Scrum 流程，也有些组织在尝试精益 Kanban 管理，未来很可能出现更好或更适应特定行业场景下的新方法。组织不必僵化地保守一种工作方式，而需要真正理解背后的"法"和原则，然后，以这些关键原则为准绳，因地制宜地进行管理创新与持续改进。进一步，在"法"的背后，还有更深刻的"道"，即那些解释相关管理领域基本规律的理论和哲学思想。例如前面章节对于数字技术四个固有特征的认知，对复杂性和不确定性管理规律的认知，诞生于上世纪八九十年代的"复杂适应系统"管理理论和"反脆弱"理论等。本书是行动指南，对这些管理理论和哲学思想会有简单提及，但更深入的学习建议阅读相关书籍。

毫无疑问，本书中建议的所有方法都遵循下面提出的十大关键原则。建议先理解，然后看看如何落地的。也许对企业现有的工作方式做出一些调整就能满足原则，那很棒。如果现在的做法完全违背原则，就先尝试实践本书介绍的方法。

十大原则

再次强调，这不是一套可以照搬或需要裁剪的具体流程框架，而是应当理解并遵循的必要原则。遵循这些原则，能够指引企业向着正确的方向构建数字化业务能力，实现创新、价值与快。这些原则之间有一定的结构关系，因此我试着将其绘制成一栋房屋的形式，形象地展现各部分的支撑关系，也便于企业内部不同职能可以从中找到自己的关注点。

图 3.2　数字化业务管理的十大原则

原则一：愿景与成效目标驱动

向企业中每个人传递清晰的愿景和面向成效的目标，并以此驱动所有决策和行动，这是追求卓越的企业领导者的首要任务。愿景与成效目标的达成既是指引也是最终结果，因此我将它置于顶端。愿景与目标能产生的影响之广，包括团队在研究客户的过程中应该关注哪一类问题，与客户之间建立何种关系，在制定投资决策时应当优先考虑哪些想法和提供多少资源，如何筛选合作伙伴，应当培育何种文化……当企业或一项业务面临关键选择时刻，愿景和目标则是影响团队做出正确选择的最高准绳。追求客户极致体验、成为行业第一、带来股东最佳投资回报、立志推动社会公平权力或营造最佳员工体验，这些不同愿景和目标会驱动着企业做出完全不同的行为抉择。

也许没有客观标准能判断什么样的愿景和目标一定是正确的，但它们需要清晰、激励人心并指导行动！反之，如果企业和各级组织没有清晰的愿景和目标，就将陷入低效的运转：所有的决策必须经过高层和高度集中式的机构来制定，而员工只能等待和听从指挥，缺少主观能动性，无法根据环境情况灵活做出应变；一线的员工面对眼前的机会无法判断什么样的行动是对公司有利的，也没有驱动力去主动发现机会；团队投入了大量工作，却少有人关心或无法衡量是否在正确的方向上真正取得了进展。以鼓舞人心的使命、愿景和可衡量目标来驱动团队和个体的行为是打造企业活力的关键，每个人内心都需要工作的意义，而不是仅仅为了赚钱。使命让我们知道为何而战，愿景告诉我们应该走向哪里。目标明确且富有意义是对人能够产生强烈内在驱动的因素，否则真正有抱负的优秀人才最终将离公司而去。

一个组织真正的目标不是赚多少钱，更不是到什么时间需要交付哪些系统！阶段性的目标是关于如何实现其愿景，是关于业务和产品的发展和竞争战略，它是方向指引，而不是具体行动。需要强调对目标达成的衡量必须是基于成效的，而不是采用工作产出量或简单的财务指标。局部职能的、基于工作产出量的目标将驱使团队和个体忽略组织真实的目的。基于财务业绩指标的目标（像传统KPI）让团队追求短期利益，忽略真正为客户创造价值。只有产品和服务交付给客户后的真实行为和反馈，实际解决问题的有效性才是能够激发创造性和评判企业真正目标达成的有效衡量标准。唯有以愿景和成效目标驱动，才有可能打破不同职能之间的墙，避免局部优化，才有可能让组织内部不同角色协作起来，减少摩擦，最高效地达成组织愿景。

原则二：以客户为中心持续设计

组织存在的首要意义是服务客户，因此，持续为客户创造价值是业务得以发展的根本。企业的投资，不管是创造新产品，改善售后服务，开展营销活动，还是培养内部人才，都应当围绕着一个终极目的：获得客户并为客户提供更满意的服务。企业当然也要获取收入，但获取合理收入只是企业能够长期持续提供服务并创造客户和社会价值的约束条件，需要考虑，但应是第二位的决策因素。

注意，这里使用的"客户"一词，而不是有些文章中使用的"用户"，因为是站在数字化业务的角度谈论创新与设计，而不只是某一个具体的硬件或软件。数字化业务是企业运用数字化技术与人、其他有形实体相结合，提供给客户的一个完整服务体系。这个体系包含提供给服务对象使用的产品触点、人和其他物理触点，也包含为支撑这些触点服务，而在企业内部打造的管理流程和系统。其中提供给外部用户、内部用户使用的软件产品本身也是服务，是构成整个服务体系的一部分。只有这个服务体系能真正有效地解决客户的问题，帮助其实现目标且带给客户令人满意的体验，该业务才可能取得持续增长。而体系中任何一个环节的失败都可能导致客户流失和业务下滑。因此，要创新和发展数字化业务，不能割裂地仅仅关注每一个数字化产品的用户，整个服务体系的设计必须以客户为中心展开，以外部客户服务价值和体验的改善来同时驱动前端触点型产品、后端内部管理型产品的数字化创新和改进。

讽刺的是，在很多企业，"以客户为中心""客户至上""客户第一"等响亮的标语常年张贴在墙上，但有谁是这么做的？员工最关心的是 KPI，但 KPI 包含了什么内容？几乎没有提到为客户带来什么，更多是企业要收入多少。在设计产品和服务时，以企业的成本效益为出发点，以方便管控为出发点而枉顾客户便利性的案例比比皆是。手机上曾有多少来自银行、航空公司、零售商的应用因为非常难用而将其卸载？是否很多应用提供了各种不需要的功能，经常弹出令人烦恼的广告，而常用的功能却要找半天，还不稳定？是否提交的反馈建议石沉大海或投诉无门？在一次培训中，我问有多少人会定期分析归类客户的投诉，有多少人做过面对面的客户访谈，有多少人去客户的工作现场体验过，得到的答案是几乎没有。

创新的源泉是客户的工作与生活！要将"以客户为中心"从标语变成真正的行为准则并不容易，这需要每一位管理者、体制设计者、产品设计人员和服务人员的思维方式发生转变。这更是一家企业和产品经营策略的转变。企业必须要转变过去产品销售导向的客户发展思路，以数字化的手段与客户建立新型的关系，经营和服务好更大范围的客户群体。在所有产品与服务的设计过程中，抓住客户目标和心理，深入研究和理解客户场景与痛点，从客户视角考虑服务过程的每个环节，致力于提升体验；从客户相关的数据中产生洞察，深入理解客户和市场，发现改进机会；基于对客户的深入理解，设计有效的运营推广措施，以有吸引力的方式接触、激励和转化更大范围的客户，持续响应客户反馈，以此实现增长；突破企业自身已有成熟业务和行业的局限，通过数字化手段将自己的核心业务更深入地植入到客户场景中去，完善服务链条；坚信让客户满意才是衡量产品与服务价值的最终标准，从客户价值角度来设置目标，衡量每一笔投资所取得的成效。

要服务好客户，产品和服务就不能一成不变，设计者必须永远抱着探索和学习的心态，不断深入地研究客户，研究市场和竞争对手，基于持续的实验和反馈积累知识。这里的知识，既包括对客户所面临问题和痛点以及内在深层次诉求的把握，对客户所在行业特点和业务逻辑的深入理解，也包括掌握客户特征和行为的数据，从数据中发现的规律和趋势。然后，善于运用所有这些知识来持续对服务体系和其中的产品做出改善，优化设计，快速响应和解决浮现出来的问题。这是一个持续的、长期的过程，而不是通过一两个项目就能达到的。

原则三：基于优先级持续交付

响应力是企业拥抱变化和应对不确定性的关键，数字化业务的响应力深度依赖于数字化产品的迭代速度。企业需要比竞争对手更快抓住机会并占领先机；设计者的想法需要尽快获得真实反馈，避免在错误的方向上过度浪费；创新实验失败或系统发生错误时要能够快速恢复，降低客户体验影响。这些都需要团队在数字化产品的研发上基于明确的优先级顺序持续交付。

所谓"持续交付"有两层含义。一层含义是频繁，指以更高的频率迭代发布产品。即从以往系统一年更新一次，到一个月、一周甚至到每天一次或每天多次将新版本交付客户。频繁意味着高吞吐地为客户创造增量价值，意味着有成熟的质量保障措施，让代码库中的软件代码随时处于健壮的可发布状态。另一层含义是响应快，从想法提出到交付给客户的周期时间要短。即价值的流动速度更快，而不是很多人误解的"同样的资源在单位时间内交付的需求更多"。周期时间反映了组织对变化的响应速度，和部署发布频率都是衡量技术效能的关键指标。要缩短周期，需要全方位的优化，例如需要团队将工作项拆分为风险更低的小批次，需要业务和技术之间、开发与运维之间更紧密的协作，减少并行，减少中间等待和任务切换，需要更平滑的交接和高水平的自动化能力等。

在追求频繁发布和短周期、高响应的同时，不能以牺牲质量为代价，足够好的质量是产品能够留住客户的前提，这一点不言而喻。为此，企业需要将质量意识和手段内建到从想法到交付的每一个环节，不能只依靠最后环节的质量检查。当组织为实现持续交付而全方位地提升管理与技术能力时，长期的开发效率，即单位时间能交付的需求量，也将稳步得到提升，但这不是首要目的。

该条原则的另一个关键点是按优先级顺序交付。基于动态优先级而非特定计划来进行管理，是提升响应力与价值的关键策略之一。如果技术和业务之间基于一份范围确定的合同和计划来组织交付，一方面当变化来临时要做出调整很困难，且流程缓慢，造成内部摩擦；另一方面，在一个大的范围内若优先级不清晰，团队最先交付的很可能不是最有价值和最需要尽早得到的，很可能不是那些最具有不确定性需要尽早验证的，而是开发人员觉得更好入手开始的，这就会带来风险。换一种方式，建立一个有着明确优先级顺序的工作清单，无论用什么形式来展示。当变化来临的时候，不需要复杂的计划调整和谈判过程，只需要简单对比新的工作项与清单中原有的工作项的优先级，插入到合适的顺序位置即可。如果团队完成了比它优先级更高的工作，立即就能开始对新加入的想法做出响应，而更低优先级的工作自然地被延迟到更晚的时间再响应。业务和技术需要一起合作，综合多方面因素排好所有工作项的优先级顺序，且随时可以基于共识做出调整。这是一个简单、流畅且动态的过程，团队承诺的是响应力与质量，而不是承诺一个难以灵活调整的需求范围。这一管理策略具有普适性，不仅适合团队的工作项交付，同样也适合战略层面的投资管理。

原则四：有适应性，价值驱动的投资策略

潜在的机会持续浮现出来，但企业的资源有限，不可能什么都做。有限的资源应该投资于哪些数字化产品能够实现收益的最大化？这是决定企业和数字化业务发展的关键决策之一。总的来说，由于创新固有的不确定性，要改善一项业务，就需要鼓励尽可能提出更多想法，让更多的想法有展示自己和试错的机会。但是不可能每个想法都试，需要基于价值进行判断，需要尽早结束那些无法带来预期成效的想法，将资源聚焦到最有可能成功的机会上。

因为无处不在的不确定性，组织的愿景和战略目标很难通过遵循一份预先的计划来实现，决定路径和投资必须是一个高度动态的过程。首先，要激励所有人提出更多的想法，就必须遵循前面第一条原则，让每个人都充分理解组织的使命、愿景和目标，能够判断什么样的想法是与组织真正的目的和方向一致的。然后，对这些想法进行恰当的优先级排序，并为部分高优先级的想法提供资源。负责实施这些想法的团队需要在有限的时间内做出一些预期的成效，否则就应该考虑调整方向或失去后续投资。更重要的是，这种投资决策的判断标准不应是一个人或一群人的主观感受，而应该是基于更加客观的、面向客户价值的成效数据，通过综合业务与技术多方的意见来达成共识，尽可能剔除掉非理性和官僚因素的影响。不需要所有决策都通过高层机构来行使，而应当将更多权力下放，让合适的决策发生在合适的层级，让最了解前线情况的人们能够灵活地

响应环境变化。

　　这一原则是整个组织在执行层面的杠杆。企业要保持高适应性，就要随时准备好调整自己，以免在可能偏离的方向上走太远，或者在单一的方向上被时代所淘汰。这需要投资决策的制定和调整更加频繁且流程简单，要在投资的广度与专注度之间找到平衡点。企业要在客户、市场环境和技术不断变化的动荡中持续发展就不能仅仅着眼于当下利润丰厚的业务，需要建立一个丰富的投资组合：既能够持续演进（evolve）现有成熟业务保持竞争力，也要投资于那些有希望的新兴业务，拓展（exploit）出企业下一步的新增长点，还要勇于投资探索（explore）未来机会并提前布局，让企业在未来到来时有可能继续保持或站上领先地位。要让数字化投资组合的回报最大化，既需要领导者卓越的眼光和判断力，也需要企业有科学的治理机制。

　　人们常常感觉，新创企业更具有创新能力，而大型企业则是臃肿和缓慢，缺乏创造力。然而事实上，大型企业在创新上比新创企业更有先天优势，因为他们往往有成熟的品牌与忠诚客户基础，有更加丰富的资金和技术积累可以同时投资于不同的领域和大量想法。相反，小型新创企业资金有限，往往孤注一掷在单一方向上。在高不确定性的外部环境下，它们是非常脆弱的。这一点在Google、Netflix、阿里和腾讯的身上尤为明显。问题是，很多大型企业在传统的治理模式下缺乏动态灵活的决策体系，缺乏培育创造性的试错环境、激励和文化氛围。如果大型企业能够解决这些问题，同时能够并行不悖地经营好处于不同创新生命周期阶段的业务（成熟期、拓展期和探索期），就可能保持强健的适应力，持续繁荣。

原则五：动态预算和出资

　　每一项行动都需要资金支持，要能将"有适应性，价值驱动的投资策略"原则有效落地，就需要改变传统的预算和出资方式。CFO往往是企业的二把手，掌控预算和出资是企业领导者落地战略的关键抓手。在大多数企业里，年度预算仍是主流的预算管理制度。每年年初，整个企业各个部门会花大量精力规划未来一年的目标，计划重要的工作事项并预测收益，提出需要多少资金投入来达到其目标。编制的预算从基层到中央预算管理委员会进行层层审批。企业通过集中的预算管控来把握正确的投资方向。但这种模式在面对越来越高不确定性的数字化时代已经严重暴露出它的不适应,进行未来一年甚至半年的预测都非常困难,浪费时间;长周期、高成本的预算编制和审批过程束缚了企业对市场变化的响应速度;创新改进带来的真实成效淹没在层层的政治动机和数字游戏中,并不能有效帮助领导者做出决策。

预算制度要更适应动态变化的环境,有必要重新审视传统预算编制要达到的目的并做出改变:设定目标、预测和资源分配。通过将三个关注点分离,让每一个目的能够更有效地达成。设定目标分为年度和季度,并且随时可以做出调整,而不是一年一次。同样,预测转变为一个持续滚动进行的活动。通过规划预测可以更有效地进行资源调配、跨组织协同和建立可持续的步调节奏,但必须要遵循远粗近细的原则,降低为此的精力投入。预测不等于一个承诺的计划,也不需要以此为依据获得预算。而是通过从战略出发的预算池分配将大饼分到各个不同领域,然后进一步按比例分到不同的投资类别,而不是直接分给具体的举措或行动。具体的资源分配则通过动态投资组合管理的动态决策机制进行,并根据反馈的可衡量成效随时调整或停止。

预算和出资变得更加灵活和动态,辅以信任,这并不意味着要弱化对成本的管理,导致支出失控。灵活和放权的同时,需要加强实际成本支出的科目设计和监控。要以更加面向业务目标和价值的维度来进行成本归属,更清晰地展现出投资收益,通过持续监控实际成本支出的趋势及时发现异常并加以干预。事实上,让下级组织和团队有更大的自主性,让他们真正担负起实现目标的权力和责任,往往可以使他们更加谨慎地对待花出去的每一分钱。原有高度集中的财务管理人员需要更贴近和理解业务,与业务团队携手合作,从财务角度给予指导,协助其实施更有效的出资管理和成本监控,为业务增长做出更多贡献。

原则六:基于能力的长期合作伙伴关系

掌握数字科技,以自研方式完成数字化产品的创新与持续演进对企业是必要的。但考虑到企业的技术能力、人力资源有限和数字化投资规模的波动性风险,要完全杜绝套装软件或软件外包采购既不可能,也不是一种理性和经济的做法。企业应当聪明地让这些外部人才和解决方案为己所用,补充能力与资源不足,加速自身的数字化建设进程。

这一原则的具体实践在上一章已经有了阐述,为了让创新、价值与快也能够在由供应商参与的产品开发中得以发挥,企业与供应商之间要改变过去传统的采购关系,需要放弃"低价者得"的选择策略,以稳定的人才能力而非需求范围为合同承诺。在供应商证明了其人才的足够能力和稳定性的前提下,企业应明确提出与其建立长期合作伙伴关系,并要求供应商采纳与自己内部一致的敏捷工作方法。不能和企业一起成长,不再能满足以上要求的供应商则应当淘汰。在具体工作中,由一定比例的自有人员与外部人员形成联合团队,以一视同仁的态度紧密协作,让供应商感受到与己方人员无差别的责任与信任。比如能够承担同等重要的工作,参与团队决策,虚心向供应商资深人员学习,并能够在平等的基础上讨论所有问题。要让来自外部的人才真正意识到(而不是仅仅作为在商务谈判上的一种策略性说辞)他们需要和企业在共同的业务目标下形成长期团队,意识到需求的频繁变化并不会带来商务上的风险,而是为了实现共同目标的机会。甚至建立起有效机制让双方能够共享业务和产品成功带来的奖励或收益。

之所以将此作为一条重要原则列出,是因为它可能决定着企业数字化转型的成败,但又不容易改变。很多企业过度依赖供应商的现状已经成为其转型成功和形成数字化竞争力的阻碍。业界的多数软件外包供应商对人员能力与稳定性的重视程度非常不够,着眼于短期利益,而用人企业的价格打压和不确定性环境下的高项目风险又让供应商无力进行人才培养,导致恶性循环。只有多数企业开始转变态度,追求建立新型的合作关系,才可能推动行业向着健康方向发展。

原则七:高响应力企业系统架构

数字化业务深度依赖于各种软件系统。业务持续处于创新和变化中,企业系统架构能够适应快速变化、持续演进从而灵活支持创新是数字化业务发展的基础能力。在数字技术与业务关系发展的第二阶段,技术主要用于支撑企业内部管理的流程提效,这个阶段对软件系统变化的响应力要求不高,大多数企业内部形成了业务与技术分属不同部门(甚至不同公司实体)的管理结构。这时候,技术部门的系统架构划分没有太多从业务结构的角度考虑,更多是从技术角度,从提高资源利用率的角度,形成了今天错综复杂的遗留系统结构,相互之间耦合度高。这导致很多想法在研发落地时会牵一发动全身,涉及很多系统、很多团队，相互协调交付的管理成本高、周期长，多个系统必须要集中在同一个时间点上线，交付质量的风险也很高。

提高企业系统架构的响应力，首要的策略就是架构解耦。这里所谓的解耦，是要确保不同的系统之间能够独立开发和测试，独立部署和运行，一个系统的失败不会导致周边系统失败。解耦不仅仅是一项技术工作，也需要业务人员的充分参与。如何合理划分系统的边界？这依赖于清晰的业务领域模型，因为只有围绕着相对独立的业务领域边界将对应的软件系统拆分开，才能尽可能减少由业务需求带来的跨团队频繁沟通和集成，才有可能让负责不同产品的团队更独立地制定计划和交付软件，从而有更快的响应速度和更低的管理成本。解耦不仅仅发生在宏观的大业务领域边界（比如银行的"零售"与"对公""借记卡"与"信用卡"之间），也应发生在一个领域内部更加微观的子领域边界（如物流领域内的"订单""库存"与"客户"之间），直到每一个独立运行的子系统都有非常内聚的单一业务职责，并与周边保持松耦合。将这样一个有独立业务能力的子系统单元称为"服务"，而拆分和解耦服务的过程称为"服务化"。

企业架构进行横向的服务化改造之后，下一步是基于业务能力的可复用性进行纵向的平台化。恰当地平台化策略有助于整合数据与资源，减少重复建设，加速创新。将变化频繁的、专属于特定业务领域的服务和应用，与相对稳定、同时被多个业务领域依赖的基础服务剥离。后者成为"平台"。平台本身也是产品，需要以产品思维进行建设，它以其他消费其服务的业务系统为客户，为其提供在组织内可以高度复用的业务能力（如支付、客户关系）、数据能力（如主数据、数据分析）或技术能力（如计算、监控）。好的平台设计不应随着前端业务的改变频繁变动，而是通过相对稳定和标准的、与技术实现无关的 API 将其能力提供给前端的业务应用，两者之间保持松耦合。当业务侧有了创新的想法，能够快速地从平台获得这些稳定的服务能力和高质量的数据，快速开展实验。

原则八：面向业务的高响应力组织

组织结构属于企业的顶层设计，是一切组织活动开展所依赖的内部环境，其重要性毋庸置疑。组织结构直接影响到企业应对外在环境变化的灵活性，影响企业内部决策链的速度，和每位员工在其中的归属。传统企业的组织结构典型的特征是层级多，职能部门之间壁垒深重。更高响应力的组织需要在纵向致力于减少从顶层经营者到一线团队之间的层级，加速信息传递和缩短决策链；在横向要致力于打破不同职能之间的信息屏障，加速信息流动和促进跨职能协作。成功的产品，一定是由参与价值创造的各个角色所构成的跨职能团队来协作完成的，团队中可能包括产品设计、营销运营、研发与运维，需要所有人齐心协力。企业应当是以这样一个个相对稳定的跨职能团队作为基本单元。

高响应力组织结构设计的第一性原则，是从合理的业务结构出发形成网状组织结构，并在业务发生显著变化时保持组织结构的灵活性。在由软件系统支撑的数字化企业中，业务领域结构、系统架构和组织结构三者之间相互影响。恰当的组织治理结构设计思路是，从清晰的业务领域结构出发，形成与业务领域、子领域结构相匹配的产品边界划分和系统架构，然后围绕业务领域与产品建立对其全生命周期负责的跨职能领域团队和产品团队。每个领域团队有自己的业务方向，能够近距离感受到客户，在业务愿景与可衡量的战略目标指引下快速决策与行动。每个产品团队则服务于产品的定位与发展策略，通过数字化产品来助力实现业务战略。各个领域团队之间和产品团队之间，以网状结构能够直接联系，而不是让管理者成为一切行动的指挥棒和枢纽，成为团队间沟通交流的过滤器。

对于业务复杂的大型组织，要拆分为完全不相关的各个领域与产品是不太可能的，总有关联与合作。也有一些战略性投资需要多领域的协同参与，例如全客户旅程的服务优化以及线上线下渠道整合。有必要在跨领域和跨产品之间建立有效的协调机制，使得企业组织的各个部分能够协作起来。进一步，随着企业系统架构从服务化走向平台化，围绕平台及其子产品形成团队结构。一个大平台也相当于一个领域，例如云平台和研发效能平台。而一个小平台则相当于一个单一产品，例如日志平台和灰度发布平台。平台化策略是一把双刃剑，弊端是形成了组织内潜在的耦合点，在推进数字化平台策略的进程中必须保持谨慎，随时关注如何通过清晰的业务职责边界、松耦合的技术架构与自助服务能力来避免耦合恶化，维持高响应力。

企业经营者需要知道，组织结构必须具有活性，不能是先入为主的僵化结构。业务在持续演变，随着企业的规模由小变大，不断地有新业务诞生和老业务下滑，有业务拆分与重组，有未来探索的业务逐步发展成为成熟业务。僵化的组织结构会成为阻碍企业向前发展的禁锢，企业高层要能发挥其卓越领导力，在恰当的时候调整结构，始终让组织结构面向业务结构，让团队能够为价值成效负责。

原则九：技术卓越

最后两条原则"技术卓越"与"生机型文化"是维持数字化企业能够长期具有发展活力与动力的支柱，没有它们，一切创新与管理机制将犹如空中楼阁。技术人才是企业构建数字化能力的关键，他们的技能专精、动力与创造力是企业真正能够蓬勃创新的源泉。

如何能够吸纳并激励优秀科技人才是很多传统企业的困惑。要提高整体的技术水平，企业不能仅仅盯着从外面人才稀缺的求职市场筛选可拿来即用的人，而应当更看重人才的可成长性，应当更关注已经在企业内部的员工，关注人才培养和激励，否则即便偶尔找到很优秀的人才也会因为内部环境的问题流失掉。很多公司发展到成熟期会陷入一种管理文化，似乎只有做管理才能够拿到高薪并受人尊重，优秀技术人才缺乏足够的上升空间，只能忐忑地转向管理岗位。在今天的企业里，脑力劳动的知识工作者与雇主的雇佣关系不再稳固，工作环境、雇主品牌、成长机会、自由度乃至工作内容是否有意思都会成为选择因素。企业管理者应该高度重视培养和激励优秀技术人才，推崇工匠精神，并为其提供足够宽广的发展空间。有了这样的企业环境，在招聘时可以更加关注候选人的学习能力与成长潜力，使其进入公司后完全可以快速成长为所需的人才。

追求技术卓越的另一层含义是关于如何解决问题。当团队面临风险和挑战时，是诉诸管理手段，比如增加管理流程或加强审核？还是致力于寻找技术途径来解决问题？例如要保障质量，首先考虑增加自动化测试进行频繁提交验证，而不是增加测试人员提高手动测试覆盖；当生产环境出现故障，要避免问题再次出现，不是通过增加更多上线流程的审批，而是经过根因分析，对存在风险的地方添加自动化测试或有效监控来解决。优先从技术出发寻找解决问题的办法，也是一种文化。

原则十：生机型文化

文化放在最后，因为它是一个企业最难以改变的部分，却最长远最深厚地影响着企业中每位员工的行为，是决定企业发展的精神内核。很多人认为文化是虚无缥缈的东西。其实不然，真正的企业文化是什么？不是新人入职培训时人力资源部讲解的文化，不是高管挂在嘴边动听的词汇，更不是挂在办公室过道走廊里的标语横幅。而是企业里大多数人如何看待使命、责任与利益，是在发现问题时如何处理，是在每一次会议中如何形成结论，是领导在每一次决策取舍过程中所表现出来的价值观，是组织和团队如何看待和处理每一次失败，对带来混乱的新事物所抱有的态度，等等。文化对企业和个人的影响是非常具体的，我们每天都能在各种沟通、合作与决策过程中体会到它的存在，并潜移默化地受其影响。

社会学家罗恩·韦斯图姆（Ron Westrum）将企业文化分为威权型、官僚型和生机型三种。数字化业务的发展与创新需要生机型文化，其关键特征包括目标驱动、责任共担、信任并验证、信息高度透明等。在生机型文化的企业中，大多数人受到使命和有意义的目标驱动，为实现目标开展协作并打破边界和常规，而不是各扫门前雪，照章办事，不会为了不担责而放弃对目标的追求。生机型文化组织也是学习型组织，致力于学习、分享和持续改进，人们不满足于现状，持续追求自我革新。

有很多企业，为了激活文化，开始建立跨团队、跨部门的社区型组织，推动知识与经验流动，促成相互的人际连接。一些企业引入竞赛机制，比如黑客马拉松和创新大赛，鼓励员工发挥创造性，勇于尝试并挑战自己。或者组建内部教练团队，致力于将外部新事物、新方法、新技术引入公司内部，推动变革与持续改进。但要想塑造生机型文化，最根本的是各级领导者，领导力与文化是相互影响的。有远见卓识的领导者必须从自身的行为模式开始反思，在日常的每一次集体讨论和每一个决策中展现出新的价值观，以坚定而稳健的姿态拥抱新事物，放弃追责个体而致力于解决根本性问题，以身作则，成为组织行为的表率。

思　考

1. 没有任何放之四海而皆准的方法和框架，一切都在发展中。如何才能使组织具备持续学习并掌握新技术、新方法并持续自我变革的能力？
2. 本章展示了数字化核心能力的道、法、术、器，您能够在每一个层次上举出更多的例子吗？
3. 在数字化业务管理需要遵循的十大原则中，针对您的公司或部门，哪一条最不匹配？如何改变现状？

第II部分 创新想法的旅程

提供能让客户满意甚至钟爱的数字化产品和服务,同时能带来足够的收益,只有这样,企业数字化业务才能持续并获得增长。但今天,要打造出这样的产品和服务并不容易,面临的不确定性比以往更大。第I部分从外部环境趋势和软件内在特征的不同角度分析了不确定性的来源,它是数字化时代商业环境所固有的特征,无法回避。团队只有具备持续创新、价值驱动与快速响应的能力,才能打造出让客户最满意的产品和服务。企业只有具备这些能力,才能产生对环境变化的足够适应力。这三项能力不是虚幻的六脉神剑,必须实实在在地植入数字化业务的创新和改进过程中,也就是从发现机会到形成解决方案并交付客户的具体工作中。

戴夫·斯诺登(Dave Snowden)提出的Cynefin认知框架,将可能面对的所有问题分为四类:简单、繁杂、复杂和混沌。复杂和混沌问题的因与果是不确定的,而软件开发与创新的问题被归为复杂问题。复杂问题的典型特点是:无法获知完备的信息,不可能准确预测行为的后果,即便同样的事情再来一遍,也会得到不同的结果。这一类问题无法通过专家分析、缜密的事前计划来预先找到正确的解决方案。更有效的应对之道是通过试探、学习和响应的方式来不断逼近正确。试探、学习到响应的过程构成一个闭环,闭环的周期越短,适应力越强,成功的概率越高。在创新的一次次迭代闭环中,价值应该是对试探和响应行为做出决策判断的最重要标准。这个过程需要业务专家和技术专家之间紧密合作。时刻保持清醒的头脑,大胆假设,小心求证,步步为营。虚心地向客户学习,向市场学习,向竞争对手学习,在学习中不断验证想法,快速加以改进。

下图示意了创新与改进的"试探、学习、响应"闭环过程及核心的原则与方法论。

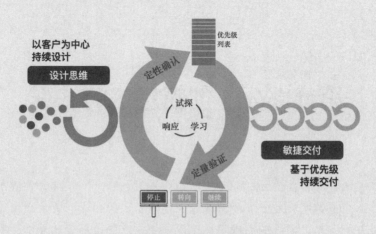

数字化创新与改进的闭环

一些人对精益创业或敏捷开发有误解:"遵循精益创业"构建-度量-学习"的闭环,是否意味着创新的第一步是开始"构建"?敏捷开发是否不需要在前期花精力分析和设计,直接开始开发?然后迭代再调整?"这显然是不合逻辑的。不仔细地分析清楚要解决的问题,假如方向都错了,一定要通过学习再来调整岂不会产生不必要的浪费?如果对未来的可能性没有一定的预判,等到高概率的变化和风险突如其来到面前时,想要快速响应可能都来不及,从而造成大量损失。我不认为是精益创业的提出者忽视了这一点,而是将前期设计活动包含在"构建"这一步,没有显性出来。精益创业或敏捷开发的思想是反对将创新和软件开发视为"繁杂"问题,以应对确定性问题的思维通过前期大量的分析设计来追求一次性完整的、正确的解决方案,反对进行大的、高风险的投资。应该以实验的心态,尽早试探客户和市场,对不确定性因素进行验证,从试探的效果中更深入理解客户和市场,进而决策如何采取下一步行动。要特别注意的是,这里的"试探"绝不是未经过思考的、随意的行动,试探本身是要经过精心设计的,目的是让试探能够带来最有价值的学习,能够更有效地指导下一步行动,提高逼近成功的概率。越是价值不确定性的投资,试探动作越应该低成本,反馈越快。

我将精心设计试探动作的过程显性化,以突出其与交付和反馈学习同等的重要性。设计过程包括准确地理解待解决的客户问题,明确产品策略,让产品及其服务从一开始就足以吸引客户,并形成一个能尽早得到反馈的短计划,设计出衡量试探动作真实效果的方式。设计过程不能花太长时间,这与需要精心设计不矛盾。后文会阐述必要的原则和方法,但需要业务领域专家、产品与体验设计、技术专家等多种职能协作完成。如果忽略对试探动作的设计,推出的产品和服务没有能力吸引客户参与尝试,或得不到必要的干系人支持,就无法获得进一步学习并做出响应的机会。

在这个创新的闭环里,相关的工作由"持续设计"与"持续交付"两类不同的活动构成,需要截然不同的思维模式。设计活动需要有感性的思维来理解客户心理,产生让人愉悦且有吸引力的产品和服务表现,同时又要求运用理性的思考来归纳出可行且合乎经济效益的方案。这里的设计不仅仅包括数字化产品本身的设计,也包括相关的服务、运营活动的设计。设计过程是较难以标准化的,想法从模糊变清晰,在碰撞和酝酿中不断完善,好的想法诞生也许只需要一秒,也许需要很久。有一句话说得好"创新来自混沌的边缘",过度追求规范与工作效率只会扼杀设计的创造力。而交付活动是完全由理性思维主导的,将明确的设计转化为良好的模型、稳健的系统。高效的交付团队需要节奏感,需要紧密协作和高度自动化水平来消除混沌。少有人同时具备并擅长这两种思维模式,所以建议由不同的人来完成。

这两类活动又是密不可分、相互依赖的。交付活动以设计成果为输入,需要准确无误地理解其想法,设计活动需要以交付成果从目标客户获得的反馈来修正自己的想法,周而复始。这样一个往复迭代的过程中,不同角色之间信息流动不畅就可能导致阻塞和返工,不必要的等待与额外流程就会拉长反馈周期。卓越的产品开发过程中"持续设计"与"持续交付"两类活动需要相融而不同。相融,意味着它们需要在目标一致的同一个团队内部发生,不同学科的人紧密协作,信息高度透明;不同,意味着由不同思维的人主导,以不同的方式进行管理和衡量。后续各章将探讨这两类活动所涉及的具体原则和方法。

第 4 章

发现机会

古语有云"水至清则无鱼",一切都风平浪静,意味着没有机会、毫无生气;相反,混沌才是创新之源。斯隆管理学院教授唐纳德·萨尔(Donald Sull)在其著作《动荡的积极面》(*The Upside of Turbulence*)中,基于同样的哲学理念剖析了如何看待不确定,并从中捕捉发展与创新的机会。数字化时代就是这样一个混沌的、不确定性高的时代,有无穷的机会等着我们去发现。

什么是机会

"机会"这个词我们再熟悉不过,个人成长需要机会,企业发展需要机会。发现机会是所有创新工作的源头。究竟什么是机会?什么不是机会?我是这么定义的:当我们发现一个问题时,如果解决它可能创造价值,就意味着我们有了一个机会。如图4.1所示,在这个定义里,对机会的思考由四个关键要素构成。

图 4.1　一个好的机会

要素一：需要被解决的问题

产品或服务只有能够有效解决问题才有意义，这是机会最核心的要素，因为它决定了投资是否能为客户创造价值！问题不能是无中生有的，必须基于今天或明天的现实。人们近距离出行时开车太贵、走路太累，因此需要自行车或平衡车这样的低能耗解决方案。互联网金融企业推出小微贷，比如花呗、微粒贷等贷款服务，之所以能够冲击银行业务抢走客户，是因为现实中很多个人和小微商户面临大额支付时手头紧张，却无法从银行借到钱，因为银行贷款的门槛很高。然而，您无法将制冷的空调卖到西伯利亚，因为那里永远不存在热的问题。一些人说，像抖音这样的产品很成功，但它好像没有解决什么问题。以前没它也没有觉得什么不好，似乎它凭空创造了需求。其实不然，它解决了人性里比较隐蔽的问题：有太多人碎片时间不知道如何利用，需要消磨，有太多人的生活枯燥无趣，需要寻求刺激。

分析问题的第一步是明确客户是谁，要解决谁的问题。对目标客群的选择及其问题的判断有可能出错：问题真的存在吗？是否是一个具有普遍性的问题？目标客户是否真正关心这个问题并愿意付出一定成本来解决？这些需要尽早验证。如今，印度的大城市空气污染仍然很严重，大量工厂和汽车排放的废气影响了人们的身体健康。这个问题显而易见，但印度并没有对污染排放严加管理或征收高额污染税，因而企业也没有动力增加成本为净化废气添置额外的设备。如果想解决废气污染带来的健康问题，以企业为目标客户生产工业废气净化装置可能就找错了对象，企业不愿意解决它；而投资生产办公室或家用的空气净化器可能有更大的机会，因为老百姓深受其害，更迫切需要解决这个问题。要准确抓住客户关心的、需要被解决的问题，就需要具备同理心，深入理解客户和他们所处的行业，能够站在客户的立场去体会他们的感受、困难和深层次需要。总之，要发现创新机会，不能等苹果砸到头上，要沉下心来仔细研究客户，观察和分析问题，从现象到本质，这需要有敏锐的洞察力。

要素二：可行的想法

我们经常说一个人"很有想法"，是指这个人对很多问题该如何应对和解决都有自己的思考。所有人都认识到全球变暖是人类未来生存的严重挑战，但绝大多数人并不知道该如何解决，因此这对绝大多数人来说就仅仅是个问题，而不是机会。那些掌握了气候或环境相关先进技术，能够为缓解全球变暖提出解决方案的企业才可能从中得到机会。今天，人们出门忘带手机就会举步维艰，我看到了这个问题，却没有一个能解决在不带手机时乘车、购物的可行想法，这显然就不是我的机会。而那些具备人脸识别等生物识别技术的团队，就可能抓住这样的机会创造价值。因此，可能解决的问题才是机会。

有些问题和想法是浅层而直接的，谁都能想到。比如，在非典时期，人们外出时急需个人保护措施，但就是到处都买不到口罩。于是，很多商家临时改造工厂，纷纷转而生产口罩，既造福了社会，也带来了可观的收入。有些想法则没有那么直接。在疫情流行时，人们必须呆在家里减少外出以降低传染风险，人们就会采用囤货的方式来解决生活必需品的问题，以往每家每户都如此。但在非典时期，那时互联网在中国刚开始普及起来，有少数聪明的商家就看到了机会，运用网站提供在线下单送货，这使得以往不温不火的新购物方式迅速普及起来。京东就是在这一动荡的过程中从线下电子商品销售开始转型成为了线上 3C 商城。

还有一些机会则更加隐蔽，需要敏锐的洞察和大胆的尝试。21 世纪初，诺基亚手机和所有其他品牌手机一样，无论盖子如何花样翻转，手机都是一个键盘加一个小小的屏幕。功能已经满足了那时候人们能想到的需求。如果问客户还有什么问题需要解决，基本得到的反馈就是关于质量、功能丰富程度和耐不耐摔。手机似乎就应该是这样的构造。然而，乔布斯却抓住了更隐蔽的问题，手机只有巴掌大，却要通过包含几十个按钮的键盘来导航和输入，每个键都很小，这是很不人性且低效的，有些厂商还在努力给手机加上电脑一样的全键盘，简直反人类。手机随身携带，人们很希望通过手机随时随地获取信息，但那个时代的手机屏幕太小能展示的信息量非常有限。每个人时常感到不方便，但也习以为常。正好在那个时期，液晶显示与触摸屏技术逐渐成熟，乔布斯率先想到应用新的技术来解决他看到的隐蔽问题，装上大屏幕，彻底淘汰键盘，带给用户用手指一划一按完成所有操作的极具吸引力的新体验。

要创新，想法自然非常重要，多多益善。可要得到好的想法很不容易，似乎好点子都来自一些绝顶聪明的人，就像是从他们脑袋里突然蹦出来的。其实不然，要得到好的想法，最重要的策略就是努力提出很多的想法，然后从中仔细筛选。众所周知,苹果零售店的装修在当年是非常有创新性的,尤其会提到店内桌椅采用的木材,与众不同。但您知道吗,当时为了找到最满意的木材来制作店内的桌子,乔布斯尝试从全世界收集和筛选了几十种不同的材质,精心挑选。因此,面对问题时,我们不能满足于只产生一个想法,应充分发挥人们的创造性思考能力,在识别机会阶段尽可能提出多种想法选项,然后进行筛选和验证。即便如此,最终被选择实施的想法是否能真正有效地解决问题并让客户满意仍然有待验证。

要素三:有潜力的市场

创新要成功并长期持续为客户创造价值,就必须能够及时带来支持业务持续运营的足够盈利。好的想法和解决方案不一定都有好的市场结果。现实的例子,共享单车在网络上被誉为中国现代四大发明之一,这个解决方案确实为短距离出行的人带来了极大的便利,大量的城市居民都习惯了共享单车代步。但最后却失败于没有一个健康的盈利模式而纷纷倒闭。

考虑市场要素的第一步是分析目标客户群的规模,企业要争取的是一个具有普遍需求的大市场还是一个垂直细分市场,或者是一个狭小的利基市场?有多大潜在规模?有可能得到多少份额?如果客户为解决问题愿意付出的成本不高,同时潜在的市场规模又不大,就要谨慎了,这可能不是一个值得投资的机会。然后,要考虑业务需要以何种方式获得收入,从每一位客户身上得到多少收入是可行的并能够带来合理的利润?虽然,在企业或外部投资的支持下,团队并不需要很快就达到盈亏平衡,但并不能因此就忽略对市场要素的思考。创新团队需要时刻清醒地预判未来可能的盈利模式和风险,时刻保持着生存的紧迫感,随时做好准备。如果创新想法对解决问题的有效性得到了足够验证,就要尽早开始着手对市场这个最具有不确定性的要素进行试探。一个成熟企业里的创新,可能的盈利模式不一定意味着直接收入,也可能是市场品牌或关联业务增长。

要素四:恰当的时机

唐纳·萨尔在他的著作中提到"公司没有固定的生命周期,但机会有。"意思是,公司只要具备足够的适应力,就可以长久不衰,然而,每一个机会总是会有从出现到过时的生命周期，企业需要不失时机地把握住。机会的生命周期通常可以分为"潜伏期""探索期""增长期""成熟期"和"衰退期"五个阶段。

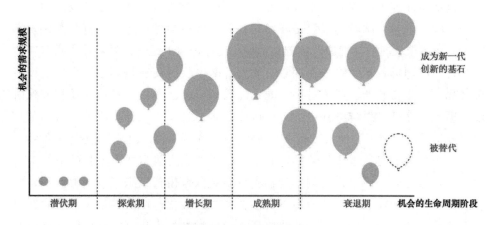

图 4.2　机会的生命周期

新机会的浮现是不确定的，难以准确预测，也可能突然就出现。就像 iPhone 应用商店的发布突然给市场带来大量移动化创新的机会。一个机会何时从一个阶段进入到下一个阶段也很模糊和不确定。就像 2020 年一场突如其来的疫情让缓慢发展已久的远程办公突然迎来爆发式的增长，立刻被很多有实力的企业列为下一步的战略方向。对时机的观察与判断很重要，一个想法是否应该现在就开始行动？应当如何行动？应当何时推向市场？何时开始收费或调整盈利模式？应当何时开始加大投资推动其从小范围培育过渡到规模化增长？需要判断机会当前处于创新生命周期的哪个阶段。

一个突破式创新的机会，在值得开始投资之前可能有或长或短的潜伏期，也可能没有。潜伏期阶段往往意味着机会所依赖的核心技术尚未成熟，虽看到潜在机会，但无法开展有意义的客户和市场探索。就像上世纪八十年代初出现的液晶显示技术，或者当下的脑机接口技术，很多人在憧憬着这些技术突破带来的未来机会，但还远没有成熟到可以实际应用。又或者是，一些能感知到的客户问题还不够突出，不够痛，没有人愿意为解决该问题付出额外成本。三十年前就已经出现了支撑软件开发的持续集成工具产品，但过于超前。当时软件开发对响应力要求不高，依靠堆人和长周期测试来保障质量仍可以接受。那时出现的持续集成工具软件只能是不为人知的免费极客工具。在潜伏期阶段，最好的策略是保持敏锐嗅觉持续观察，有实力的企业会提前开始技术准备和布局。

当技术逐渐成熟，客户痛点开始显现，就要尽早行动，开始投资于创新探索，包括验证客户问题和技术成熟度，验证解决方案有效性乃至市场潜力。从一个阶段到下一个阶段的过渡是非常模糊的，没有显性的边界！有时候探索期阶段会持续很长时间。就像区块链技术，从比特币发展起来已经热炒了很多年，然而它的应用场景却始终处在探索阶段，那么区块链现在是不是一个好的投资机会呢？企业要领先于竞争对手，既不能等到机会已经到了快速增长和成熟阶段才进入，那已经很难再获得优势；也要对可能过早进入保持谨慎，否则苦熬了很多年最后却成了为他人做嫁衣。创新者和决策者的勇气和判断力至关重要！

一个机会何时从步步为营的探索期进入需要大力投资取得增长的下一个阶段，这是另一个关键存亡时刻。若解决方案和商业模式还未得到足够验证，或者能支撑快速增长的外部环境还不具备，过早规模化有可能因为潮水般的客户负面评价或急速上升的成本导致快速死亡。而过晚规模化可能让在同样赛道竞争的对手抢了市场先机。创新业务成功规模化的时机需要考虑三个条件。

1. 经过足够验证的解决方案有效性和品质。
2. 支撑规模化的市场环境，包括足够大的客户群规模和支付意愿。
3. 支持业务规模化发展的组织运营能力。

问题、想法、市场和时机是机会的四个要素，也是在创新过程中必须面对的四大不确定性！前三个不确定性需要通过实验来逐步验证，时机的不确定性则需要创新者、决策者在动态前进的过程中时刻保持嗅觉，需要判断力。从第一天开始就必须对这四个方面的问题进行仔细思考。尽管知道现在的判断或假设不一定是正确的，但不能因此就放在一边，忽视它，因为对四个问题的思考都直接影响今天应采取的行动，包括产品与服务的设计、运营策略、技术架构的选择。对于决策者，当有人提出新的机会，一定要询问清楚对这四个问题的思考答案。

洞察力、同理心、创造性思考和判断力是识别机会的关键。那些善于观察且深具洞察力的人，当客户或环境一有风吹草动就能够敏锐地嗅出其中蕴含的机会，不需要什么特定方法，几乎是一种天生的本能。但这个发现过程太随机了。即便是这样，要把握机会真正创造出价值仍需付出极大的努力，需要天时地利人和,失败概率很高,尤其是在数字化领域。因此,依靠这种近乎本能的方式,等着聪明人的偶尔灵感闪现,不足以支撑企业的持续发展。需要有更系统性的方法来指导团队,产生很多的想法,才有可能孵化出成功的新业务或显著改善现有业务。

洞察客户,寻找问题

从寻找待解决的客户问题出发,产生解决问题的想法,是发现机会的基本策略。问题一定来自于我们所服务的客户或潜在客户,必须实事求是,而不是没有经过调查研究就断定的,为此需要深入地开展客户研究。当服务于个人消费者时,客户就是实际使用产品和服务的人;当服务于企业,那么企业作为一个具有集体意志的整体,其中的决策者、关联方和需要实际使用产品和服务的人都是需要认真研究的客户对象。

客户投诉与反馈

客户投诉与反馈是获得客户问题的最直接来源。团队从中可以感受到客户的疑惑、不满和期望,体会到客户如何看待我们的产品和服务。只需要通过归类和关键词分析就能够识别出迫切需要解决的问题,让我们更理解客户的想法,从而达到一定的研究目的。企业有必要建立简单有效的途径来广泛地收集客户投诉与反馈,这是发现机会的一笔重要投资。

收集这类反馈,较典型的是通过集中式的运维或运营团队建立服务热线、客服邮箱或其他渠道,主要目的是响应客户投诉和寻求帮助,响应系统故障,而不是为了发现机会。集中式的运维、运营团队和产品团队分属两个机构,运维支持人员或客服没有动力也没有技能对反馈进行分析,无法为产品改进和创新提供输入。客户提到的抱怨或反馈建议基本都被过滤掉了无法传导到产品团队。要从中洞察更多有价值的信息,让团队更近距离地感知客户所想,产生同理心,应考虑采用开发运维一体化(DevOps 或 BizDevOps)的工作方式,即由产品团队自己承担响应客户问题的职责。若产品设计不合理、交付质量不够好,团队能亲身感受到客户的抱怨和随之而来的压力,而不是躲在一堵遮挡风雨的墙后面,全无感受,继续在脱离客户的臆想中狂奔。在不同企业,或对于不同发展阶段的产品,开发运维一体化可以有不同的实现方式。对创新早期的产品,当初小米的 MIUI 团队,团队成员通过社区直面客户,经营核心粉丝群,及时响应问题,收集建议。对于更复杂和规模更大的产品,可以保留专门的客服热线,但客服只处理初级的问题归类和咨询应答,同时所有的反馈问题都会分流给不同的产品团队,不需要多级的运维支持层层过滤信息。团队中可能所有人都有机会参与处理客户问题,以轮岗的方式,或者由产品团队内相对固定的运营角色负责问题处理和响应。

以开发运维一体化为前提,随着技术发展,团队可以获得反馈的手段更多了。像用户社区经营、粉丝圈,或内嵌到网站和移动应用中的反馈通道,或引导客户通过公众号提交反馈。一个比较新潮的方式是在产品设备或收银条等物理介质附上二维码,用户使用过程中遇到问题随时可以扫码查看帮助或反馈问题。这些途径的好处是更便于进行数据分析,不仅方便进行归类和关键字分析,还可以基于移动应用的定位信息按地域进行统计,按反馈所使用的客户终端等个性化特征进行分类统计。这样产品负责人可以更高效直观地对反馈问题进行分析,获得更深度的洞察,进而发现机会。要深入研究客户,仅仅依靠分析客户投诉和反馈这种被动的方式远远不够,更需要主动出击。

问卷调查

问卷调查是最常见和最基础的一种主动从客户收集信息、发现问题的手段。它是一组与研究目标相关且经过精心设计的题目,通过收集特定样本群体的回答来展开分析。专业咨询公司、调查机构经常通过这种方式来进行市场和客户研究。它的优势是能够同时覆盖大量的人群,收集信息的成本相对较低,可以产生统计学意义上的研究结果。通过对反馈样本中的数据进行统计分析,比如按人口特征进行归类,可能会发现已有或潜在客群的某些特征分布,或具有某些看法、偏好的人群分布特点。也可能通过附加的开放式问题收集到一些额外的反馈建议。

以前通过短信、邮件将在线问卷链接发给被调查群体,绝大部分会被忽略掉,甚至直接被当作垃圾短信和垃圾邮件。现在,实施问卷调查的手段更加多样和高效。通过微信群、微博号类似的社交工具经营一定数量的粉丝群、客户圈子，就可以将问卷链接直接发到相应社交群里，更准确地触达被调查对象，得到更高的反馈率。也可以进一步鼓励客户分享问卷让其迅速传播到更大的潜在客户群。又或者，在客户每次使用产品结束时弹出提示邀请反馈，往往能够提高反馈率。为了避免客户因为没有耐心填写冗长的问卷而放弃，可以将大的问卷拆分为多次反馈，融入客户现有的使用场景中。就像滴滴打车，在每次使用后会随机弹出一个问题，只需要客户做简单的选择或确认，这就是在做问卷调查。

问卷要有效帮助发现问题和产生洞察，问题设计非常关键。像这样的问题"您对我们的产品是否满意？"很笼统。客户可能不知道从哪个角度来评判，或者客户对多数方面是满意的，但对个别方面有不满意，该怎么选呢？很多团队做满意度调查，得分长期在95%～98%这个小区间内波动，参考意义不大。问卷的问题通常有两类。

- 一类是针对事实的信息收集，问题就需要很具体，让用户很容易根据知晓的事实做出选择。例如"您从什么途径得知我们的产品？""是什么原因让您放弃使用？"然后提供几个选项。
- 另一类是收集客户反馈评价，问题要能激起调查对象更有依据的思考过程，避免模糊随机的答案。例如问题是"您更倾向于当下的新版本，还是以往的老版本？"并提供不同程度的多个选择：对新版本很满意、提升不明显、想退回老版本等。用来评价客户体验的净推荐值（NPS）和客户费力度（CES）都是通过问卷调查的方式进行反馈收集，能够提供比客户满意度更有参考意义的统计数据。净推荐值的问卷会问客户"您会有多大意愿推荐我们的产品或服务给您的亲朋好友？"从0～10分中选择。客户费力度问卷询问"使用产品过程中，您需要花多少力气去达到自己的目的？"并从非常费劲到非常轻松的多个选项中选择。可以进一步将使用费力的对象细分到更有针对性的使用场景。越是能与客户的感受形成共鸣的问题越能够得到有效的答案。

问卷调查也有局限性。要收集个人或企业客户的特征信息、内在诉求，想要理解更多的客户业务细节，往往因为对隐私和信息安全的担心不太容易通过问卷得到答案。研究客户不能仅满足于知道"是什么"和浅层的"为什么"，需要更深入理解客户问题的真实场景，"和谁""在什么时候""在哪里"……

需要更全面得了解客户目的与动机,这时就需要进行面对面的访谈,或前往客户行为和业务发生的现场进行实地观察研究。

客户访谈

客户访谈是运用有目的、有结构的口头交谈方式向客户了解其感受和事实的方法,是一种研究型的交谈,对有意识要获得的资料进行收集和梳理。作为一种很有效的研究方式,团队应当有计划、有策略地定期进行,而不是只在发生问题需要解决时才进行,并且要掌握一定的访谈技巧。对选择的目标对象以面对面方式进行深度交流,不仅仅提问,也包括观察其表情、举动,从细微处了解客户的态度、心理。通常情况下,访谈需要提前预约被访者时间。例如,为了探索如何提升酒店服务效率的创新机会,特意预约与酒店大堂经理和某位常住顾客进行一次访谈。这一类访谈往往时间较长,例如三十分钟到一个小时,会提前告知被访者访谈的目的,让其有心理准备。也有可能不需要预约,而是在特定类型人群出现较多的地方针对随机对象进行访谈。例如针对坐在银行营业厅里等待办业务的顾客进行一次针对服务体验的简短访谈,了解需要改善的地方。

下面是组织客户访谈的典型过程。

步骤一:确定研究目的和范围

开展客户访谈是为了做客户研究,因此,第一步要确定研究目的和范围。目的是为了改进现有产品和服务而收集反馈,还是通过深入理解客户场景和业务探索创新机会?如果是前者,通常从曾经和现有的客户中寻找访谈对象。如果目的是后者,则需要在更大的群体里寻找访谈对象。例如,要对企业某项业务进行探索,访谈对象除了业务部门和客户,可能还包括相关领域的专家、其同行或竞争者。研究范围是指访谈内容可能涉及的边界,是针对一个特定的产品,还是一项服务?是针对客户的一个生活场景,还是企业的某个业务流程?是针对整个产品各个方面还是具体的一个特性或一次改版?是针对服务的全流程,还是某一个服务环节?范围过度宽泛的、发散的交谈很难得到有深度的洞察,而范围过于狭窄的访谈能得到高价值机会的概率太小。根据研究目的,为访谈确定一个合适的范围宽度。

步骤二：识别所需访谈对象

识别合适的访谈对象，取决于业务特点和研究目的。如果面向个人消费者，可以通过人口特征来区分对象，比如年龄段、性别和教育背景等，也可以根据客户关系来区分，例如用户当前等级、已注册时间长短等，不一一列举。很多企业都有客户关系管理系统（CRM），可以通过基于标签的客户画像数据来筛选。若想要改善现有产品和服务提高忠诚度，就需要筛选出忠实客户，了解他们为什么留下来，也需要筛选出近期流失的客户，了解他们为什么离开。若目的是为了探索新机会并扩展客户群，可能需要从那些不是典型和主流的客户中筛选出代表，了解他们的关注点，他们未得到有效解决的痛点和内在动机。识别访谈对象往往要综合考虑多种因素。

图 4.3 是一个为时尚旅游快消品识别目标研究对象的示例。

客户特征 \ 客户年龄	18~25	★★ 25~35	★ 35~45	45~55	>55
熟练使用微信小程序	2	2	1	0	-1
消费购买能力	1	2	3	3	1
热衷时尚品牌	1	2	1	0	-1
热爱旅游	1	2	2	1	0
总分	5	8	7	4	-1

图 4.3　根据个体特征筛选目标研究对象

如果客户是企业，首先基于企业特征筛选目标客群，例如企业规模、行业、地域、财务状况以及现有合作关系等。如图 4.4 所示，为了研究供应链金融业务，根据所能带来的潜在价值和发展成为客户的可能性两个维度，将多组不同的企业特征要素进行排序，识别出需要最优先研究的企业对象特征，基于这些特征来锁定待研究的具体企业。

然后，进一步识别在目标企业内需要访谈的个体对象。面向企业的解决方案，通常基于用户及相关干系人的身份或角色来区分访谈对象。如图 4.5 所示，横轴"影响力"是指角色的态度和意见对该业务或产品方向及投资决策的影响力，而纵轴"利益/使用频次"是指我们提供的产品和服务对该角色的利益影响，其工作任务目标达成、个人业绩达成多大程度会依赖该产品和服务的解决方案。往往用户使用频率越高，则对其利益影响越大。

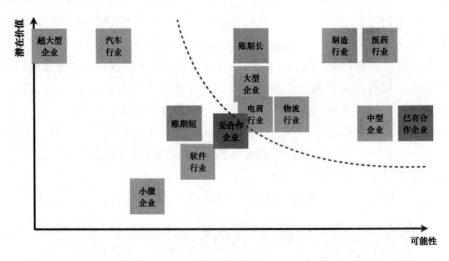

图 4.4　筛选目标企业研究对象

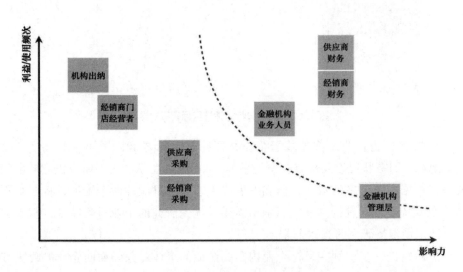

图 4.5　企业产品与服务的用户／干系人地图

研究对象的识别过程往往受限于个人的认知，靠个人很难考虑周全，建议让不同身份的相关者一起进行头脑风暴，邀请产品或服务设计、市场和运营人员或一线的服务人员等参与，往往会带来意想不到的对客户的判断。显然越右上角的越应当成为深入研究的对象，同时对其他非核心的群体也需要做少量选择性交流。

步骤三：为不同对象类别设计访谈大纲

因为客户访谈是有意图的研究性交流，不是随意聊天，每一次访谈的目的、过程和提问都需要提前设计，才能让访谈更加高效。同样的业务和产品，针对不同对象访谈的目的可能不同。例如针对企业客户的不同角色，从一线业务人员更多希望理解其业务流程和场景，收集体验上的痛点，过往使用经验；而从决策者，更多希望理解其大业务背景、战略方向，与其对齐管理目标，试探其投资决策的标准。

目的清楚了，就要设计最重要的谈话结构与问题。结构上通常遵循由浅入深的顺序。首先，从了解一些基本事实信息开始。然后，逐步展开对典型场景和过往经验的讨论，推动对话到较深入的洞察剖析。最后，在问完了所有必要的问题准备结束前，询问有没有更多的期望和补充。有时候也会打破常规，从我们提前了解的该访谈对象最关注的话题开始展开，可能更直接有效。具体问题设计则要紧紧围绕前面确定的研究目的和访谈目的。

除了访谈问题，还要提前考虑对过程进行设计，比如：开场介绍，考虑如何打破可能的冷场以及调动氛围、如何结束并表示感谢以及是否需要送一些小礼品等。这些最好也提前写下来放在大纲里。另外，为了提高沟通效率，可能也需要我们自己或请被访对象准备一些需要展示的材料和程序。

步骤四：准备环境

让访谈顺利开展，让受访者畅所欲言，需要选择合适的访谈地点、时间，需要相对舒适和有安全感的空间。例如安静、整洁的会议室，办公室的开放休息空间或外面的咖啡厅等，也可能是预约以远程会议的方式进行。

步骤五：邀约访谈

邀约想要访谈的对象也会遇到困难。最简单的是从现有的 CRM 系统中筛选数据，得到过往和现有客户的联系方式。有时需要借助朋友或合作伙伴的关系，甚至利用第三方公司与被访对象取得联系。通过电话、邮件等方式提出邀请时，需要注意恰当的话术，在邀请中讲明该访谈的目的、参与人员、如何使用谈话内容以及是否需要被访对象提前做准备等。同时，耐心与其协商访谈的时间段，保持灵活。

这些访谈准备过程和要点，可总结为图 4.6 这样的洋葱圈，由内而外，要想进行一次高效的客户访谈，每个环节都不可忽视。

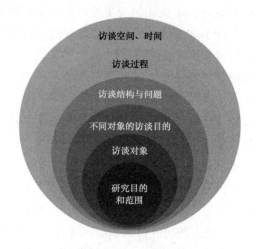

图 4.6　客户访谈准备的洋葱圈

步骤六：现场访谈

现场访谈是对研究人员的考验，很需要经验和技巧。参考前面设计的访谈过程，把握好节奏。既要鼓励被访对象畅所欲言，多讲故事，提供更多的信息，也要避免过度发散和偏离主题，访谈时间过完了却还没有问到重要的问题。尽管准备了访谈问题，但切记不要被问题所拘束，机械地按照预设——提问。要灵活应变，以准备的问题为主线，随时捕捉客户交谈中的关键信息，机敏地判断该线索是否对研究有利。如果是，就将问题适当拓展开，深挖下去，耐心倾听客户的故事；如果不是，就要及时拉回主线。此外还有下面几条建议。

- **问开放性问题**。尽量不要问"你有听说过某产品吗？""您最近使用产品有没有遇到问题？"容易将谈话带进冷场。要用开放性问题鼓励被访者叙述他的过往经历和观点。例如"请您介绍一下最近使用某产品的印象，遇到了哪些问题？"
- **不要预设立场，保持中立**。不急于评判客户表达的内容是否恰当或正确，目的是得到客户真实的想法。
- **"五个为什么"**。访谈中，不要浅尝辄止，针对对方的回答多问几个"为什么"刨根问底。客户很多时候容易直接抛出他们想要的、自认为最合适的方案建议，就像"我觉得我们应该有个系统来管……"这时候记得问为什么，理解提出这个建议背后的动机和真正要解决的本质问题。
- **捕捉话外音**。除了倾听客户语言，还要注意其表情与肢体动作，皱眉或迟疑，或欲言又止，或情绪变化，也许是需要深挖一些更有价值信息的信号。
- **争取获得量化的信息**。用户常常会回答像"总是""经常""不是特别高"这样的抽象语言，这些词语一百个人会有一百个理解。遇到这些回答时，要尽量追问尝试让对方将表述量化，虽不可能精确，但可以有类似"一半以上""十次有八次会碰到"这样的数据。
- **通过复述核实**。要习惯将被访谈者比较凌乱，不够结构化的表达快速总结复述出来，例如"通过您刚才讲的，我大概总结有这么三点，您看对不对……"，以此快速核实理解的正确性完整性，等待对方补充纠正。

步骤七：整理访谈纪要

最后，要及时以结构化的方式整理访谈纪要，当天访谈当天整理。除了原始信息要点，同步记录一些自己从中得到的感受、洞察和机会点，以免下一步汇总整理这些信息时淡忘当时的灵感。为了避免访谈后忘记关键信息，可以使用录音笔现场录音，但需要提前告知受访对象，告知录音的目的并征得对方的许可。

实地研究（情景研究）

访谈，在有限时间里被访者能够讲出来的永远只是部分信息，深度和完整度有限，而且对被访者的实际业务或服务体验并没有切身的感受。要想更进一步完整了解客户并产生同理心，就要离开办公室走到客户的真实场景中去。例如，去超市或菜市场实地观察和体验，才能切身感受到人们在购物过程中的习惯轨迹和遇到的不便；去营业厅实地观察和体验，才能感受并理解顾客与工作人员之间如何互动和完成服务过程的每一步。可以作为一个观察者仅仅进行观察和记录，也可以充当一个参与者亲身去体验。

作为观察者，需要做的是跟随研究对象，保持适当的距离，真实记录人们在特定场景下为了达成目的实际发生了什么，包括其行动步骤、工具的使用过程、停留或操作所用的时间，或是过程中说的话、发出的抱怨等事实及其原因。比如，为了探索汽车 4S 店客户服务的创新机会，设计团队在 4S 店里待了几天。期间仔细地观察客户从进店到离店的整个过程，做详细的记录，去了哪些地方，哪些地方花的时间最多，因为什么原因产生了抱怨。其中一个发现是，很多客户经常会寻求车型的对比。但宣传资料给不了足够详细和灵活的对比信息，销售人员经常也讲解不完整，且带有明显的推销意图，以至于不少客户在倾听销售人员介绍时会不耐烦，打断他们，宁可自己来回走动，慢慢研究。发现问题后，激发了团队改善服务的想法，一是需要提高销售人员的话术技巧，二是可以在每个展位提供一个类似 iPad 的设备，提供软件允许对任意两款车型进行详细和直观的比较，或者允许客户用手机拍照自动识别出车型并提供其详细配置，在手机上查看与其他车型的全方位比较。团队尝试将想法告诉客户，绝大多数人都表示期待落地。

在实地研究的过程中，除了记录，还经常对相关人员进行一些即兴访谈，进行简短的讨论，以了解客户心里的所想所感，做出特定选择和行为的动机。实地研究不是随意地、漫无目的的观察。因为眼前经过的信息量很大，如果目的不明确，很多信息就会从您的眼皮下溜走，无法及时引起注意。有一个经典例子，只有自己怀孕时，才突然发现满大街都是孕妇，平时根本没发现。在商店里观察销售过程，必须要目的明确是研究客户服务体验还是研究客户购买决策过程，这将左右您观察的焦点和获得的信息。因此，有必要为实地研究制定一份计划，其中包括待观察对象、目的和一系列观察要点。

更深入的洞察过程，莫过于以一个消费者、服务者或生产者的身份参与、融入到真实过程中。这个融入需要时间，不能浅尝辄止，要去学习和理解每一个步骤，去看、去听、去感受每一次的互动和操作，将过程和自己的体验记录下来，真正体会到客户的感受，意识到他们的不满和期待，从中发现有价值的机会。

例如，作为消费者，亲身体验购物到支付结账的过程，从中发现有待改进的地方；充当短期的外卖配送员，亲身体验整个取餐到配送的过程，发现其中最容易出错、费时的环节，体会导致送餐超时的常见原因，从而切身理解最迫切需要解决哪些问题。

为了深入理解客户，看似企业为实地研究要付出不小的成本，但对于那些不仅仅是要完成任务，而是面临真实的竞争压力，以创造最令客户满意的产品和服务为目标的团队，实地研究是必不可少的环节，任何间接反馈和讲述的信息都不如一线亲身观察和体会的信息真实可靠。

数据分析

在数字化时代，数据就是商机，是最重要的用于发现机会的资产。

原始数据采集

数据获取的途径和数据的类别非常多，有不同分类方式。如图 4.7 所示，从发现机会的角度，将需要收集的原始数据进行分类。一个数据分析型的 CRM 系统对企业有重大的意义，其中的数据源自各个具体的业务过程。

数据类别	数据子类	数据来源	示例
客户数据	客户特征数据	用户注册或填写各种表单，手动客户信息录入	能标示一个人特征的，如性别、年龄、职业、收入、住址及兴趣等
	客户行为数据	客户获取或使用产品与服务过程的记录	如客户的注册行为、点击、跳转、停留及提交等实际动作发生
	客户反馈数据	客户反馈、评价或投诉记录	如客户反馈的评论、点赞、打分、提出的问题、投诉等
业务数据	业务事件数据	业务过程的发起和关键步骤发生	如客户的一次咨询、购买，一条业务指令的触发、信息提交、驳回等，及其这些事件发生的时间、人员及相关信息
	交易达成数据	阶段性或整体业务目标达成	如订单生成、转账完成、支付完成及配送完成等其完成的客户、金额等相关信息
	过程度量数据	对业务流程完成过程的度量	如业务处理时长、成功率、频率及吞吐量等基础统计数据

图 4.7 客户研究需要收集的原始数据类别

标签与画像

尽可能精细地采集以上各类数据，尤其是关于客户的数据。通过为客户打标签能够让基于数据的客户研究更加灵活，更容易形成洞察。如图 4.8 所示，首先是基础属性标签，例如性别、年龄、兴趣、地域、职业；然后是消费行为标签，例如根据经常购买的商品类型，给其热爱化妆品还是电子产品的偏好标签；根据经常性购买金额，给其购买力高低的标签；其他还可能根据常登录的社交网站和发帖，加上体现客户社交偏好与内容偏好的标签、信用风险标签及客户关系标签等。要研究客户，标签可能千千万万，越准确和丰富的标签越能够完整勾勒出一个客户的画像，客户数据就越有价值。不仅仅是个人客户有标签，企业客户也有。不仅对客户有标签，企业销售的不同产品也有，形成产品画像。通过不断积累对客户、产品和合作伙伴等的丰富标签，形成画像，企业就能够按不同类别进行灵活的统计分析，识别规律，发现机会。

图 4.8　基础的客户标签

通过标签筛选，可以帮助要开展客户访谈的人寻找最匹配的访谈对象。也可能通过数据挖掘，发现企业现有客户中存在具有相似特征的一部分群体有着高度相似的消费行为，我们就可能据此发现一些可以拓展新业务的好机会。

数据建模分析

要从数据中识别出有待改进的不足或发现的新业务机会，需要掌握方法对数据进行分析。图4.9显示了一些基本的数据建模与分析方法。

进行数据对比分析	对数据按维度分析
・与目标值对比	・时间线性数据分析
・与行业头部代表值对比	・细分用户数据分析
・与历史值和趋势对比	・产品分类数据分析
・与均值、峰值、谷值对比	・价值漏斗数据分析
	・同期群分析
	・关联指标数据分析

图4.9 基本的数据分析方法

最简单的分析是将数据现状与期望值、阈值进行比较，从中发现差距。当客户流失率高于一个阈值，可能就需要分析根因，并立即采取行动设计新的解决方案来提升客户忠诚度。对于一个用户量庞大的产品，忠诚度或流失率的变化依靠人的感受难以及时获知，必须基于数据来衡量。其他的分析方法，针对不同指标与行业头部数据值或行业均值进行对比，发现差距，触发产生改进和创新的想法。也可以与企业的历史值、趋势作对比，或与统计的自身均值、峰值与谷值对比，及时发现数据的变化、区间分布，进而解读发生变化的原因，发现需要解决的问题。但这远远不够，只能反映出一些浅层的、滞后的问题，通过数据建模分析，我们能够挖掘出更多洞察。

建模就需要将数据按不同的维度展开。最简单和自然的维度是时间，因为所有数据都会随着时间改变。将数据在时间段上分段统计，比如每日、每月的统计，形成曲线，也就是常说的"趋势图"。像流失率数据，也许数值仍然低于阈值，但当观察到数值在数周内持续升高时，也许就应该开始分析问题根因，而不是等到超过阈值，只有这样才能更敏锐地洞察问题，尽早发现机会。假如数据显示某产品在当月产生了100笔订单，这不能说明问题。但如果将新增订单量按月份在时间上展开，看到数据在持续下降，或每当到了夏季就开始下降，或出现一些热点事件就产生波动，就能说明一些业务经营上需要解决的问题或可以抓住的机会。分析数据趋势变化与特定时间和事件的关系，能够帮助我们预测未来。

除了时间段，还可以按客群的不同属性维度对数据分解统计，这是常用的分析策略。例如，将在线教育课程的学员数据按其所在城市进行细分，发现原本认为应该是主要发展目标的一线城市客户虽然付费转化率较高，但其规模和增长速度远不如三四线城市用户。这让团队意识到，在教育资源不发达的小城市，人们对在线教育服务可能有更高的关注度和需求。如果能够在定价和产品设计上针对三四线城市年轻人进行一些创新变得门槛更低、更有吸引力，则很可能促成业务快速增长。图 4.10 列出了的一些可以用来对数据进行细分的常见维度。

维度类别		数据细分维度
面向企业（toB）	行业属性	行业分类、管制程度、环境趋势
	市场属性	规模大小、份额、排名、地域/国家
	组织属性	组织类型（政、事、企）、所有制类型、资本结构类型
	财务属性	财务健康程度、市值、账期、上市与否
	合作关系属性	已有合作与否、业务合作规模、合作时长
面向消费者（toC）	人口属性	性别、年龄段、体型、城市、地区/国家、教育水平
	社会属性	职业、收入水平、信用水平、社交方式
	设备属性	平台、设备品牌、设备型号、浏览器类型、操作系统类型
	来源属性	访问来源、搜索词、渠道、信息获取途径
	分层属性	用户角色、会员等级、收入水平、购买力
	行为属性	忠诚度/活跃度、是否注册、是否购买

图 4.10　按属性进行客户细分

当数据在不同维度的统计上表现有显著差异时，多问一些为什么，问题和机会就可能被揭示出来。而且，有时候可能需要从两个或多个不同维度对相同的数据同时进行分解，从中发现更多问题。

图 4.11 展示了一种常用的"同期群分析"方法，将数据按多维度建模：在将平均单客户营收数据按月份分解后，再按客户加入会员的时间段将其分为不同群体，进一步对平均单客户营收数据展开。从总数上看，表格中的平均单客户营收每月在持续下降，情况不妙。如果仅仅分析到这里，可能会产生一个想法：需要采取措施让每个客户都买买买。但分析进一步展开的数据，会发现每个月新加入的客户首月以及次月的营收是在持续快速上升的，从第四个月开始客户

的购买力在快速下降。因此，可能得到两个提升单客户营收的机会点：一是提升获客能力，只要每月新增客户量提速就能够达到目的；二是如何让加入平台三个月以上的老客户保持购买力或提升对他们的持续吸引力。

	1月	2月	3月	4月	5月
月新增客户	1000	1000	1000	1000	1000
总客户数	1000	2000	3000	4000	5000
平均单客户营收	5.3元	4.7元	4.5元	4.4元	3.9元
1月加入客户	5.3元	3.4元	3.2元	2.5元	1.2元
2月加入客户		6元	3.9元	3.2元	2.1元
3月加入客户			6.5元	4.4元	3.5元
4月加入客户				7.4元	5元
5月加入客户					8.1元

图 4.11 从同期群分析中产生洞察

数据分析方法还有很多，就不一一举例了。价值漏斗转化分析、长漏斗分析、用户行为轨迹跟踪以及热点地图等，都能够帮助我们从数据规律中发现问题。一旦发现业务与客户真实存在的问题，结合可行的技术手段形成解决问题的概念想法，就开始了创新的第一步。

洞察市场，借鉴想法

寻找问题是发现创新与改进机会的基本策略。但有时，也会面临手上已经有了一把锤子，再去寻找钉子的情况，关键是能不能找到有价值的钉子以及这把锤子是否顺手，这不失为另一种发现机会的策略。市场上已有的产品和服务可以提供可借鉴的想法，而企业可以基于自己的优势、现有客群和掌握的技术提供差异化的解决方案，产生创新。

观察、思考和转化

好的想法有时候不需要我们去创造，已经大量萌芽于市场、客户和员工的头脑中，需要的是仔细观察，勤于思考，将其转化为创新产品和服务。举个例子,好几年前,从一些论坛和社交网络中开始出现一种称之为"段子"的东西,通常是一则故事或笑话,包括荤段子、红段子、黑段子、冷段子……这类事物的诞生并不是谁经过认真的客户研究和问题分析后才产生的想法,而是网络上自然出现并火起来的一种互联网行为。观察到这个现象,有些人开始思考为什么段子会火。这是源自人的创造力。它的存在,满足了人们繁忙生活中需要在零碎休息时间里放松和快乐的内在心理需求。可以观察到有很多人乐意在论坛和朋友圈分享这样的段子,然后,文字段子又演变成视频段子。有人又开始思考,既然段子这么受欢迎,何不提供一个更专业的平台来加速创作和传播段子,于是就有了像抖音这样的产品。人的创造力是无穷的,很多不易察觉的问题已经帮助我们完成了从问题到想法的初步尝试,有了一些粗糙的解决方案。如果观察到,社会中、行业里出现的各种新事物、新趋势还处于星星之火的状态,那么思考支撑这些现象背后的合理动机,然后采用更有效的技术、更优化的流程对其进行转化,就可能成为创新的机会。很多创新来源于此,早在外卖平台出现以前,就有一些人靠兼职帮人买菜来赚钱,互联网金融点对点借贷的出现也是源于早已存在多年的线下民间小额借贷模式。

从生活中发现处于萌芽中的迹象和趋势需要个人的敏锐嗅觉,而企业的创新,可以通过目的性更强、系统性的方式进行,从客户和员工中获得创新想法。lastminutes.com 是一个提供出行预订服务的网站。经过多年的快速发展后,面临着新兴竞争者的挑战。为了发现更多有效的创新机会,他们邀请几十位忠实客户到一家高档酒店,提供住宿,同时也安排业务和设计师住在一起。在接下来的三天,他们非常有组织地对客户想法进行收集并转化,鼓励客户尽情提出对现有产品和服务的改进意见和新想法。产品和服务设计者则引导过程并认真倾听,通过"追问为什么"这样的方式来挖掘并理解想法背后真正的问题,最后收集到 80 多个有效的点子。接下来,设计师对这些客户想法通过草图方式进行快速原型,再以原型为参考,针对问题和想法进行小组讨论。三天后,他们从这些点子中筛选出三个得到大多数人认同、可行的且可能带来显著改善的创新想法以及一些必要的小优化点。最后证明,这种投入非常值得,客户体验得到显著提升,回头客也增加了。

有些团队将这一个过程机制化,每两周或一个月定期进行头脑风暴,邀请客户代表和团队的所有成员参加,包括技术人员在内。鼓励每个人都参与其中,贡献自己的观察和想法，开展创造性思考，常常带来意想不到的好点子。更重要的是，通过持续的这种活动，逐渐形成了一种全员参与创新的、生机勃勃的组织文化。

行业分析

学习他人可以是实现自我发展的第一步，虚心是一种美德。希望创新改进并取得成功，就需要知己知彼，了解行业和竞争对手有什么动向。可以从以下五个方面对行业进行整体分析。

- **经济环境** 国家和特定行业的宏观与微观经济环境有哪些发展趋势？特定行业是在快速增长还是饱和增长放缓？是否有大量新的玩家进入，还是受现有少数几家头部企业掌控？这些现状和趋势带来哪些新的机遇和挑战？对企业现有的业务将产生哪些影响？可能的机会在哪里？
- **政策环境** 行业有关的政策有哪些新的变化？金融行业关于金融风险的监管政策，零售行业关于食品安全的政策，建筑领域关于工程建设环境影响方面的政策……这些变化会给现有的业务带来哪些影响和约束？如何优化业务流程来满足新的政策同时又不至于影响业务效率？
- **客户趋势** 整个行业的消费者群体在年龄层、收入和购买力、受教育程度、生活方式方面有哪些新趋势？行业的企业客户有哪些因环境、竞争形势、管理和工作方式转变带来的新诉求？把握住行业客户关注点变化的大脉络，就像现在零售数字化转型的大趋势产生了大量服务中小企业的数字化解决方案。
- **技术趋势** 在可预见的将来，有哪些新的技术浮现或趋于成熟？哪些可能影响甚至颠覆行业或现有业务？

对经济、政策环境变化的敏锐感知能力触发我们思考，在新形势下面临的新挑战以及如何采用创新的方式来应对。在国家颁布垃圾分类条例之后，仅仅几天，淘宝就上线了 AI 识别技术来帮助用户区分垃圾类别的创新服务。观察到欧盟和英国政府开始引导银行转向开放，以及中国对中小企业创新的扶持政策，中国的银行从业者开始积极考虑投资构建自身的业务和数据能力开放平台，力图抢占先机，构建开放生态，参与标准制定。对行业客户趋势的洞察，促使我们思考如何改进或创新服务来引领潮流，以免在新的一波趋势下被淘汰。通过对行业客户趋势的把握来判断我们的创新想法是否在一个合适的时机，是否顺应新兴的趋势？还是缺乏客户与市场基础？还是趋势已经弱化，机会已经消失？就像房地产企业，需要判断当下的住房市场客户是否对智能家居、智能楼宇有足够的需求度和接受度以及客户在增加的便利和成本之间会如何选择，从而决定当下是否需要开始大力投资于建筑智能基础设施。

竞品分析

除了宏观层面的机会，也可以借鉴在这样的大趋势下同行和竞争对手在做什么，这称为"竞品分析"。对于竞品，好的地方和深受客户喜爱的特点可以借鉴，不足的地方，可以分析其根因，然后引以为戒，在不足的地方发力，形成差异化优势。

选择合适的竞品开展分析是第一步。不需要把所有相似的竞争者全部仔细研究一遍，成本太高，也没有必要。选择核心竞品，即最有分析价值的、可能最大概率形成直接竞争的产品。例如，市场上占据份额最大的、增长速度最快的、客户口碑最好的以及和企业自身业务重合度最高的一类。不要选择完全同质化的，选择彼此有明显差异性的两三款作为核心竞品深入分析。最好能够对这一类竞品的客户做一些访谈研究或者直接深度体验，就像一些优秀的产品负责人经常使用竞争对手的产品。以外，在其他非核心竞品中，也选择几款有特点、有代表性的，往往是口碑还不错的，做较为标准化的信息收集，总结其产品和商业模式主要的亮点和优劣势以供参考。

例如企业希望实现数字化办公，市面上可能的选择包括国内的企业微信、钉钉、飞书和、WeLink，国外的 Salesforce 和 Slack 等，这些产品各有特色。兼顾考虑到企业内部办公的行业定制需要和员工对体验的要求，选择钉钉和飞书两款特色明显且差异较大的国内产品以及一款与众不同的国外一线办公协作产品 Slack 作为核心研究对象，其他的则进行标准化信息收集。可见，在选择差异化竞品代表时，考虑的维度很多，可以按竞品的战略定位不同、国内和国外市场地域不同、推出时间长短不同、产品成熟度不同以及目标客群不同来区分。

接下来，确定进行竞品分析的维度。每个行业都有自己的特殊性，会有一些独特的分析维度。例如，银行产品的分析往往包括如何满足监管要求，而其他大多数行业就不需要，面向市场的产品创新就需要研究竞品的盈利模式，而对于企业内部产品创新这就不太需要。常见的分析维度如图 4.12 所示。

竞品分析维度	描述
市场地位	分析竞品当前的市场规模、排名、占有率及其增长趋势、品牌声誉等
目标客群	分析竞品所服务的主要客户细分及其群体特征，其典型品牌客户；服务于通用领域还是垂直领域；分析其客户规模及增长，活跃、忠诚度及流失率，不同群体的口碑评价等
价值定位	分析竞品传递给客户认知的核心价值和独特优势；关键竞争力在哪儿；产品当前的发展方向；产品与周边产品、生态的关系
核心功能	分析竞品的主要能力、特性，尤其是那些被频繁使用到的、最受客户喜爱的部分；当然也包括被吐槽最多的、不满的部分以及为什么
服务体验	体验包括竞品在产品设计上带给用户的使用体验，也包括企业为客户提供的端到端、线上线下服务过程带来的体验，分别有哪些显著的优势与劣势
核心技术	分析竞品用到了哪些新技术或核心技术，以及技术是如何支撑上面的核心价值、功能和体验目标的实现的（不过核心技术是产品内在的，往往难以从表面观察到）
运营策略	分析竞品的获客、运营方式及其效果，包括品牌策略、营销推广主要的渠道、方式及其上下游与重要合作伙伴
盈利模式	分析竞品的成本及其结构，各种收益变现方式，定价策略，包括成熟的模式和在探索中的新模式

图 4.12 竞品分析的典型维度

　　行业与竞品分析的过程工作量最大的环节是收集信息。可以通过客户、同事、朋友、专家为信息渠道，通过搜索引擎、维基百科、社交网络、官方网站与产品说明，通过行研报告与学术资料库，甚至查看公司年报和财报披露的信息，围绕研究目的，将这些信息按上面的维度进行结构化整理。研究成果里不能仅仅是罗列搜集的客观事实，更重要的是分析，洞察竞品的优势与劣势，对我们的影响、挑战和能带来的潜在机会，可借鉴和需要规避的以及所有这些背后的为什么。最关键的成果是从竞品分析中找到能够为创新带来竞争力的差异化和独特优势。有洞察的分析更有参考价值。

最后记住一点，竞品分析的结果无论多么丰富，在创新设计过程中始终不能是首要考虑因素，绝不能同行或竞争对手做什么就跟着做什么，这样的产品和服务必定缺乏吸引力，很难成功。通过深入的客户研究发现有价值、需要被解决的新问题，才是创新的首要考虑因素。

新技术应用

数字化业务创新的显著特点是以科技为核心，而不仅仅是支持作用，是将新兴技术融入到具体场景中，从而产生与众不同的新服务模式与客户体验。如果企业已经领先掌握某些新兴技术，显然会站在一个更高的起点。在中美科技竞争中，Tiktok被美国政府要求强行卖给美国企业，所有都可以谈，唯独最核心的智能算法被政府拦下，不能转移；华为掌握了更领先的5G技术，在美国遭遇封杀，因为技术上快一步将带来一系列创新与国家竞争力优势。拥有了技术，就拥有了可以用来敲打不同钉子的锤子，找到应用场景。致力于持续创新的大型企业都在投入资金进行新技术研究，例如Google的Google X和阿里的达摩院。也许在今天，一些技术还找不到立刻能够转化为成功业务的创新机会，但拥有新技术本身就为将来比竞争对手更早抓住机会提供了可能性。就像本章开头说的，一个不具备气候或环境相关新兴技术的公司，即便看到解决全球变暖迫在眉睫这样的问题，也不可能抓住机会。企业需要为未来的机会持续进行技术投资，未雨绸缪。

掌握技术并不意味着每个企业都需要依靠自身力量去研究所有新技术。所幸，这是一个全球化的开放时代，多数的技术事实上是拿来主义（考虑到现在出现的一些反全球化趋势，更多的技术壁垒，在某些领域也许企业需要比以往更多的前沿技术投资）。通过学习和掌握公开、没有专利限制的理论、技术和现成框架，尤其是全球开源社区做出的贡献，企业就拥有了创新的武器，可以将更多精力集中于技术与客户场景的结合，探索商业模式创新。不过，那些有抱负位列行业前沿的企业，对关系到业务战略的核心技术，像社交网络所需的智能推荐技术、汽车领域的物联网技术、银行的底层高并发高可靠性基础设施技术，应当致力于完全自主掌握。一方面，只有完全掌握技术，才有可能引领行业，形成门槛优势；另一方面，依赖供应商的技术迟早有一天可能受制于人，处于被动，毕竟我们处在一个商业竞争环境中。在这方面，业务管理者必须要有前瞻性的思考，技术战略必须成为公司战略的显性一部分。

图 4.13 列出了今天可见的新兴数字化技术，从左到右代表着技术本身与应用场景结合的成熟度。技术总是在不断浮现出来，这里列出的并不完整，只是引发思考。

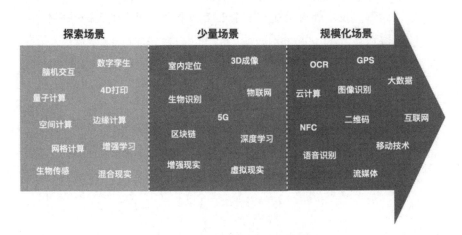

图 4.13　新兴技术发展趋势及成熟度

掌握一种或多种技术，从技术出发，思考它能够解决什么现实问题，能够应用到哪些生活或业务场景，然后开始实验，这是发现创新机会的另一种途径。从虚拟现实技术出发，银行可以思考在什么金融服务场景下需要人与人之间的互动，且有可能在一个虚拟的环境中完成以及远程金融服务咨询。汽车企业可以是否邀请客户在虚拟环境中试驾。教育行业思考在虚拟环境下远程互动授课。从已有技术出发寻找应用场景，那么问题是否真实存在、客户对解决这样的问题是否感兴趣的不确定性就需要首先验证。如果客户对这些想法感兴趣，愿意付出一定成本来解决，还需要验证技术本身的成熟度能否有效地解决问题。就目前来说，虚拟现实技术虽然有一些激动人心的应用场景，但网络速度的制约、画面的清晰度和长时间使用的生理反应限制了解决方案的有效性和客户体验，对某些场景来说，也许还不是很好的大规模投资时机。不过，随着 5G 技术的普及，也许有一天虚拟现实产品的规模化增长时机突然就来了。

思　考

1. 除了这里提到的，还有哪些客户或用户研究方法？
2. 数据是数字化时代企业的关键资产之一，除了用于数据分析进而从中发现创新与改进机会，数据还有哪些价值？
3. 您认为哪些技术最有可能在下个五年和下个十年产生突破并孵化出新的商业模式？

第 5 章
构建服务体系

　　企业数字化业务，实质是运用数字化技术为客户提供的服务及其商业模式。一系列数字化产品和人、物理设施等共同构成一个服务体系。网约车服务是典型的数字化业务，其中包括司机、出租车、出租车指定停车位、车上的娱乐频道和矿泉水这些人和物理设施。也包括打车用的应用程序、网约车公司后台的调度系统、客户画像分析系统等不同数字化产品。所有这些可见、不可见的部分共同构成面向乘客的一个服务体系。数字化产品是构成该服务体系很重要的一部分。

　　打造数字化产品本身不是创新的目的，解决客户问题和改善客户服务才是！零售企业的目的是为客户提供生活所需的实体商品；汽车企业的目的是帮助人们从一个地方移到另一个地方；制造企业则是根据客户的需求生产出设备并运输、部署到指定现场。在这些服务过程中，可能存在很多有待解决的问题，可能是参与者个人的工作目标挑战，遭遇的困难或不满；可能是客户企业的业务目标，面临管理低效和风险，或者业务增长乏力。进行了深入的客户研究，搜集到大量客观事实与问题，然后需要回归到客户服务相关的真实生活、工作或业务场景来理清所有问题的来龙去脉。就像侦探一样，将整个故事串起来，才能知道如何破解谜题，找到最佳解决问题的答案。同样，如果我们希望借鉴他山之玉，或手握技术武器寻找创新机会，也需要将这些想法和技术映射到真实服务场景中去，才可能真正理解竞争对手为什么这么做，理解想法和技术应如何与问题结合从而创造价值。

　　什么是场景？例如客户想要买房，这样的动机和有限的经济能力触发他有了贷款的诉求。他需要经历从营销渠道获得贷款产品信息，然后联系客户经理，到营业厅办理，然后获得放款，再到最后还款。这就是一个场景，客户在特定的上下文中，历经一个个步骤达成其目的的过程。这个过程中，客户与企业所提供服务之间会产生多点和非连续的接触，服务过程的每个步骤可能发生在不同的时间、不同的地点，并通过接触不同的媒介来完成。这些媒介可能是一种或多种数字化系统，也可能是服务人员或物理设施。客户在与这些不同触点的交互过程中感受到企业所提供服务的质量，形成其满意度评价。

通过深入的客户研究发现的问题，可能发生在已有客户服务过程中的某些环节，也可能发生在服务还没有覆盖到的环节。每一个环节和存在的问题在提供给客户的端到端服务过程中到底处于什么位置？对业务会产生何种影响？哪些问题的影响更大？哪些问题被解决了能够带来更大的价值？单单从每一个问题出发，很难做出合理的判断，需要将问题和想法映射到完整场景中。这是一个剥丝抽茧的分析过程，也是一个学习的过程，允许创新设计者能够将一个个点连成线，进而展开成面，从整个业务的全景来审视我们希望未来给客户提供一个怎样的服务，应当从哪里入手，优先解决什么问题，如何持续改善服务效率和体验。

为客户提供优质服务，除了客户能够感受到的部分，还有一系列客户不可见的中后台业务流程或系统为前台的客户体验过程提供支持。客户服务的前台和中后台所有这些环节是一个有机的整体，共同构成一项完整业务。业务要获得发展，或者说希望通过数字化手段进行创新和改善，这需要整体得到全局性设计和优化，而不能仅仅在一个个零散的点上进行局部优化。举个简单的例子，随着互联网和移动技术的发展，很多企业的客户服务在传统的线下服务环节之外，又提供了基于网站、移动应用、公众号、小程序等不同的服务触点。随着移动化的发展趋势，移动端和小程序可能是现在希望重点突破的渠道。这时，负责网站的团队通过数据分析发现网站用户流失增加，开始致力于采取措施刺激网站的访问，那这很可能与业务整体的发展策略是相悖的，导致"迷失"和投资浪费。同样，售后服务与售前获客在大部分公司是由不同的部门负责，各自在优化自己的流程和系统。但今天，我们看到很多机会要求售后和售前紧密协作，系统上进行整合，将售后变成业务售前的重要机会来源。

要进行高效创新，就需要从客户场景出发对服务体系进行全局审视。以往这样的全局性视图和思考只存在于极个别非常资深的业务专家头脑中，主观而模糊。更糟糕的是，在有些企业，甚至没有一个人能够说得清。为此，建议围绕客户场景构建服务蓝图，以持续更新的服务蓝图作为指导创新的作战地图。

同理心与客户画像

构建服务蓝图的第一步是同理心，又称为"共情"，即将自己放在客户的位置上，去体察客户的情绪、所感所想，真正理解客户遇到的困难和希望达成的目的。前一章谈到的客户访谈、实地研究、数据分析等活动就是为了理解客户并产生同理心。经过深入访谈和研究，我们心里已经对客户有了自己的理解，但这些个人理解是模糊的。而且，不同的人听到客户讲同样的话，可能产生不同的理解，会受到个人主观认知和记忆的影响。况且后续在创新的设计过程中，还会有更多的人加入进来，可能没有参与过客户研究，而每个人都带着对客户不同的理解，就容易产生分歧，难以共识。需要有办法让所有人对同一类客户形成相对一致的、具象化的理解，当大家在提到或讨论某一类客户时，头脑中浮现的是类似的形象和特征的人。更要避免把自己个体的经验和感受当作所有客户的感受。要帮助创新设计者筛选掉那些过于特殊以至于不具有普遍性的需求，让设计能够聚焦到客户最需要解决的问题和最重要的目标上。为达到这个目的，常用的工具之一是客户画像，它是代表一类客户的一个抽象又反映真实的模型。

提炼客户画像，前提是一定经过深入的客户研究，形成了很多研究记录，所有信息必须是真实而非臆想的。图 5.1 就是这样一个例子。画像中包括能够代表一类客户典型形象的图形或照片，一个容易记住用于交流的名字，从而让人在心里能够感受到这就像是一个真实的人。然后，以精炼的文字描述这类客户具有的典型特征、痛点、期望或目标等。有很多文章描述如何提炼客户画像，这里不打算详细展开。要强调的是，表达客户画像的形式很多样化，而不是千篇一律。根据业务的特点不同、研究目的不同需要提炼出不同的信息。例如，对于消费者的客户画像，可能会关注年龄段、兴趣爱好、相似产品使用习惯、购买力等；而对于企业内不同角色的画像，会更关心其职务、职责、工作目标和利益相关性，而非个人兴趣。对客户目标的理解不应该只停留于客户直接表达出来的，要进一步探寻客户深层次的心理目的，什么是驱动其行为的内在动机，例如个人的虚荣心或成就感等。图 5.1 的例子中，将目标分为直接目标和深层目标。

图 5.1 客户画像示例

另一点要强调的是，不需要对每一类潜在客户都建立画像。参考第 4 章的图 4.3 与图 4.5 的客群和干系人分析方法，聚焦核心客户群、影响力和利益关联度很高的核心角色或干系人，因为创新设计最重要的是为这些群体服务，要紧紧围绕着能否满足核心群体的痛点和期望来开展实验。对于消费端服务，不同的消费者对企业来说身份是没有差异的，都是用户，通常会选择具有不同特征的群体来制作画像，例如不同年龄段的客户或者不同收入水平的客户。具体按什么规则来区分不同画像，和如何分类客户进行访谈和研究类似，取决于怎样能够在服务过程中表现出差异性的行为和偏好，从而为后续的设计提供更多样化的参考。对于企业服务，画像一般是围绕着用户角色与干系人身份，为每一类核心的角色和干系人提炼出一份画像。并且，在提炼信息时，应剔除掉那些与设计无关的描述。例如，对青少年培训机构的学生做画像，应该不需要关心其是否是有车一族，是否已婚，而更关心其年龄和家庭经济收入。不需要追求内容完备，而应追求每一句表述都能代表一类人的相对普适性总结，将这一类客户区别于其他类别，让人能够在心里为之树立起一个有辨识度的形象。

这里需要和第 4 章提到的数据分析领域常谈的客户画像做一下区分，以免混淆。服务设计中应用的客户画像，依靠的是人进行提炼和总结、用于帮助设计参与者理解客户并产生同理心的工具。而数据分析领域的客户画像是在系统中为每一位客户打上很多标签，主要目的是帮助企业实现精准营销，提供个性化服务和广告投放；通过针对标签和客户画像数据的统计分析也有可能帮助我们发现规律，挖掘创新机会。但是，它并不能帮助设计参与者总结出客户痛点和目标。

客户画像，传递的是同理心，除了画像外，也常常用到同理心地图。同理心地图可以引导我们去捕捉客户在特定场景中的所想、所见、所听和所讲（或所做）以及描述客户感受到的痛点和期望，如同我们自己站在客户的身份去观察和感受。

服务场景

所谓场景，指的是客户在特定的上下文中历经一个个步骤达成其目的的过程。相比客户画像提供的静态形象，场景能帮助设计者将客户行为和感受放到一个运动的时间线上去理解，将通过客户研究或其他途径得到的洞察和想法串起来，了解客户目标是如何达成的，以及过程中客户感受随时间所发生的变化。企业面向相似的客户群可能会有很多不同业务，例如银行既提供现金存款业务，也提供贷款业务，可能还有理财服务，每一项业务里都有客户为了实现其目的与银行产生交互的服务场景。不仅如此，在这些核心服务场景之外，还有很多外延场景。例如，当客户出门吃饭，在买单时掏出信用卡，或者用手机支付；当客户旅行入住酒店时，先刷信用卡担保，再在退房时完成结账。银行服务介入到与客户生活有关的这些不同外延场景中，每个场景都可能成为创新和改进的目标。

即便是同一个业务，也可能在不同上下文条件下产生不同的场景。例如机场，普通乘客和金卡会员乘客有不同的服务通道，也就是不同体验的场景；或者相同的人，有无行李，会有不同体验的安检流程；又或者，多数人乘飞机都是从换登机牌、安检、候机到登机，但对正好赶上饭点觉得饿的人，有些还会在中途去机场餐厅就餐，因而场景又不同。这些是同一个服务体系中的分支场景，可能是因为客户身份、角色不同，也可能是因为触发事件的条件不同。原则上，如果不同分支场景之间差异很大，多数步骤都不一样，就区分为两个不同场景来绘制服务蓝图。如果仅仅在个别环节有所差异，大多数步骤相同，就放到同一个场景中分析，对有差异的部分做一些特别说明，或局部体现出分支即可。像图 5.2 中的两种情况，以清晰且不至于忽略必要信息为原则。

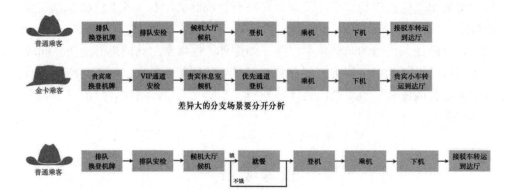

图 5.2　场景与分支场景

勾勒业务的全局服务蓝图，通常选择从目标客群典型的、最长路径的端到端服务场景开始，从客户接触、转化到服务、服务结束的整个过程。定义一个场景，包括下面几个信息要素。

- **目标客户**。该场景是服务于谁的？最终达成谁的目的？
- **上下文**。场景发生的触发条件、时间、地点以及最终目的等信息。例如图 5.2 的第三个场景，目标客户是一位非航空公司会员乘客，上下文是他要出差从深圳到北京，预订了中午 1 点半的航班，正赶上中午饭点。
- **行为步骤**。客户如何一步步达成目的的，就像图中从左到右列出的每一步。

场景分析不能是凭空想象的，也必须基于对真实业务流程的详细了解，和对目标客户的深入研究，包括到客户真实的工作场所或行为现场去观察、体验，采用现场研究和访谈的方式，记录下来。为了让场景步骤更生动容易让人理解，一些服务设计者会采用一种称为"分镜头脚本设计"或"故事板（Storyboarding）"的方法，类似四格漫画的手法，将场景中主要的客户步骤和互动生动地画出来，让其他人如同看连环画一样，既能直观理解，更能感性体会到服务过程中形成客户体验的关键时刻。

客户旅程

数字化时代，社会权力向知识与个体转移触发了企业增长和竞争方式的改变，选择的丰富和信息对称让市场权力向消费者倾斜。消费者不再满足于产品和服务的功能性，越来越追求更高层次的满足感，包括便捷性、信息透明、安心与舒适，追求自己的选择权和彰显个性。也不再满足于费力去寻找解决办法，因为有太多信息会将他们的潜在需要推送到面前以供选择。不仅是个人消费者，随着企业服务的云化，企业解决方案的更换成本更低，可选择性更高，同时员工经过消费端产品体验的洗礼，也越来越注重办公工具的效率和感受。数字化时代企业面临激烈的人才竞争，而内部管理系统的体验越来越成为构建企业文化和人才竞争力的一部分，不容忽视。

为此，对现状的分析不能够不停留在业务处理流程这一层面，必须围绕着为客户创造价值的、产生客户体验的真实应用场景来进行。客户旅程，用来可视化地展示客户从接触到使用企业服务的完整场景过程以及每个阶段的行为、触点、问题和感受等。运用该工具，让服务或产品的设计者、管理层对服务过程的真实效果和体验有直观的认识，能够以客户为中心全局性地思考设计和制定决策。绘制客户旅程也是构建更全局的服务蓝图的第一步。客户旅程的绘制是以客户画像及其主要场景过程为基础，同样要基于真实且深入的客户研究得到的信息为输入，需要管理者、业务服务人员和设计者共同参与，协作进行。

如图5.3所示，绘制客户旅程分为六个步骤。这里以一个英语培训学校提供给学生家长的完整服务场景为例，绘制从客户角度感知到的客户旅程。

步骤1：客户与场景。首先确定要开展分析的目标客群及其场景，简要描述关键客群的特征和触发场景的上下文。

步骤2：场景起点和终点。将触发场景的事件起点贴在图的最左侧，将达成阶段性目的和最终目的的终点贴在图的中间和最右侧合适位置。例如，示例中的家长无意中看到宣传单是常见的服务起点，而课程学习结束是整个服务场景的终点。

步骤3：体验步骤。从起点步骤开始，将客户完成整个服务旅程的每一个行为步骤依次贴出来，并连线。列出步骤的过程需遵循MECE原则，即"相互独立，完全穷尽"，既不要遗漏任何环节，又要保证每个步骤界限是清晰的。步骤的颗粒度是经常让人纠结的一个问题。根据当前阶段分析的目的和所需研究的深度不同，所列出步骤的粗细粒度因情况而异。例如示例中"咨询信息"这一步，若要更细化，客户可能会有很多行为，包括到网上搜索信息、询问朋友、与家人商量决定等。是否要列出更详细的步骤，取决于以下几个因素。

- 细分的步骤是否有代表性和普遍性。
- 是否有助于分析者在旅程地图中更清晰地展示信息。
- 是否需要在更细的步骤上分别识别问题，并探索解决方案。

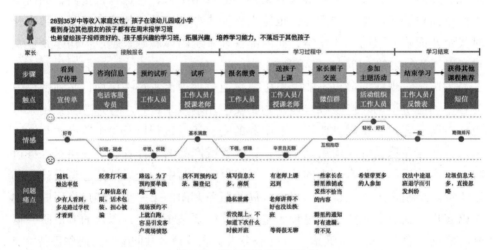

图 5.3　基本的客户旅程示例

或者，在对企业复杂的业务进行分析梳理时，先面向客户能感知的，在较粗的粒度上绘制旅程，然后在需要进一步深入研究时再将其中的某些步骤展开绘制更细的旅程，以指导更详细的服务流程或产品设计。例如，以贷款客户为目标客群分析银行的整个贷款业务场景时，很可能将发放贷款作为一个步骤。发放贷款对客户来说可能只是等待并收到款项到账，但其实它内部流程很复杂。当需要进一步对银行自身发放贷款的管理流程进行分析梳理时，再将其展开绘制更细的旅程地图。另外，能看到示例中行为步骤的上方，为了更清晰地展示、沟通和记忆，可以考虑将所有步骤划分为几个大的阶段。

步骤 4：触点。将客户在每一步与企业所提供服务的接触点标示出来，包括接触的方式。触点之所以很重要，是因为客户正是通过一个个触点所获得的感受来决定客户对产品或服务的评价，决定是否认可和继续使用，决定业务的成功与否。企业接触客户的途径可能是带有互动的，例如电话咨询和网站交互，也可能是客户被动接收的，例如收到通知。客户在获得服务时，接触的可能是线下的人，例如营业厅工作人员、销售人员、电话客服人员；可能是网站、电子邮件、手机应用或自助设备等线上渠道；也可能是物理的宣传册、一本指南、一个路牌和一封纸质邮件等。如果可能，将客户接触是如何在不同的触点之间转移的关系画线勾勒出来。有可能在某些步骤为了完成相同的任务可以选择通过不同的触点来完成，例如到银行取款，可以通过营业厅服务人员，也可以通过ATM自助服务。图中的"报名缴费"，可能通过工作人员现金收费，也可能扫二维码完成。

步骤5：情感。接下来，根据从客户研究中获得的反馈，将客户在每个步骤中的情感或体验感受直观标注出来。可以采用表达情绪的表情图，也可以采用心情曲线，同时配以对此刻情感的简洁描述。这是一个触发感性共情的过程，设身处地去体会客户的心情。对于查看客户旅程的其他人，让他们一眼就能感受到客户在整个服务过程中的体验和情绪变化，将其带入到场景中进一步理解客户，发现体验上显著的高潮点和低谷点。注意，这里的体验是个很宽泛的概念，好的体验有着丰富的内涵，可以从下面几个方面来理解什么是情感体验。

- 客户实现目的的过程高效，例如快速、易用、稳定和高响应。
- 服务的连续性，例如 7*24 小时服务、随时随地获得。
- 从视觉、触觉等感官上带来的愉悦感，例如图形和颜色让人赏心悦目，有质感。
- 给身心带来的减负，例如带来内心平静、节省体力和消除压力。
- 带来超出预期的满足，例如额外的服务和关怀、超出其期望的先进性。
- 通过信息充分透明、多选择性带来的掌控力、自主性和安全感。
- 切合客户特征的个性化满足，例如智能的服务推荐和定制风格。
- 对人内在好奇心、趣味性的满足，例如别具一格的设计和游戏化。
- 虚荣与成就感，例如通过升级、影响力或社会价值感带来的内在激励。
- 降低交易成本，例如减少中间环节和更省时省钱。

步骤6：痛点。最后一步，将对情感的直观感性刻画转变成更具体的问题描述和分析设计者的观点洞察，是什么原因导致客户不能得到更好的体验。例如，示例中的"咨询信息"这一步，学校提供了咨询电话，但客户经常打不通电话，很多人因为客服专员不恰当的销售话术而无法产生信任感，担心被骗。这些都是一些需要解决的潜在问题。

客户旅程的形式多样化，因为具体的业务差异性或分析目的不同会采用不同的表现方式。多数时候只需要关注痛点，但有时候也同样关注客户的满意点和服务亮点及其原因，为寻找竞争力提供输入。有时，会将前面提到的"分镜头脚本设计"多格漫画也包含在客户旅程中，给每个步骤一幅漫画以带来更直观的视觉理解。有时，还会将行业竞品在相同业务场景下的同样步骤所展现出来的差异点和优劣势体现出来作为对比。也有可能在每一个阶段或步骤将客户期望达到的理想目标标注出来供参考。无论形式如何，目的都是帮助设计者对客户的服务体验过程构建一个真实完整的视图，帮助设计者和决策者从全局重新审视并规划一个更好的体验过程。

前面的示例是一个比较简单的场景。在更复杂的情况下，客户的服务体验过程可能前后会涉及不同的数字化产品，可能是通过线上和线下多种渠道相互衔接完成的。例如，通过线下营销人员获客、用户上门办理业务、再到线上跟进进展与完成额外交互，遇到问题通过客服电话解决……所有环节对客户来说构成一个整体，每一个步骤都可能遭遇阻碍，导致客户不满和流失。这时，设计者需要将整个体验过程在线上和线下以及多个不同渠道之间的传递可视化出来。除了每个环节自身带给客户的体验，有一大类的体验问题是发生在不同类型触点之间的衔接上，例如，长时间的等待，客户和交易信息的不一致，不及时。图 5.4 是一个典型的包含更多信息的客户旅程模板。

通过客户旅程梳理服务现状，审视机会，不要局限于企业已现有产品或服务，而是要从客户视角端到端地梳理达成最终目的的每一个步骤。一些步骤可能是在企业当前的业务范围之外，没有提供对应的服务，可能是客户自己线下完成或者采用了第三方的服务。将这些都绘制进来，结合其他环节一起通盘考虑改进。也许，可以通过开发新产品将已有的服务向外延伸，或考虑与第三方合作，从而能够更高效地帮助客户达成目标，带来业务创新的机会。例如，一家连锁餐馆分析了自己的客户旅程，基本的步骤是从进店、点餐、就餐和结账。如果向外延伸，向前，可以考虑客户如何获得餐馆的信息、如何提前预约以及如何到达餐馆；向后，考虑就餐后如何分享传播自己的喜悦或如何激励客户再一次光顾。

这些环节可能存在很多数字化创新的机会。从传统的以销售为中心的销售与购买行为延伸，扩展到客户的信息发现过程。考虑不仅仅以销售为目的的客户接触与服务，考虑客户间的连接、社交关系以及在售前售中售后与合作伙伴共同围绕客户打造的服务生态，将帮助企业提升客户黏性和培育忠诚度更高的客户群。

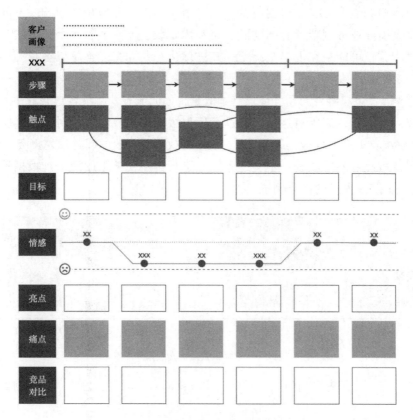

图 5.4　较复杂客户旅程的典型样式

服务创新头脑风暴

到目前为止，客户旅程反映的都是服务的现状和问题。绘制地图的最终目的是改善，指导如何设计未来更好的服务流程和方式。企业业务战略是设计未来客户旅程的输入之一。如果企业当下的战略是生态化发展，可以优先考虑如何通过生态合作来弥补当下旅程中服务环节的缺失，借助合作伙伴的能力提供更多的服务渠道，提供可选的多样化触点。如果业务战略是智能引领，则可以着力考虑场景中哪些环节可能应用智能技术来改善体验。或者，如果企业确定成本领先的竞争战略，则力求在客户旅程中识别可以改善流程和应用技术来降本增效的机会点，但要寻求创新机会来平衡对客户服务质量的影响。不同的企业战略会引导业务创新者有不同的思路和优先级，可能会是一个颠覆式与众不同的过程，也可能是在现状基础上的渐进优化，共同特点都是以客户为中心。总结起来，可以从以下一些角度进行创新头脑风暴。

策略1：解决客户问题。最最基本的是，如何能有效解决客户旅程中列出的各个痛点和问题？需要对这些痛点进行优先级排序，找到那些对客户体验影响更大，解决它更贴近战略，或能创造更大客户或商业价值的问题优先投资。为此，可以将待解决的问题放到一个二维象限中进行排序，象限的两个轴根据情况选择，比如图5.5所示的两个例子。

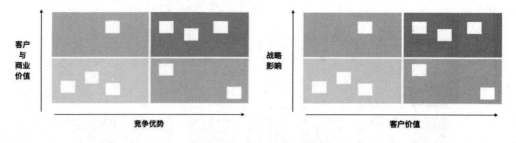

图 5.5　创新机会点优先级排序

接下来，从优先级高的问题开始，挑战我们自己的创新思维："我们如何才能……？"

- 我们如何才能让客户看到广告的第一时间就能了解到感兴趣的课程信息详情，从而吸引他报名？
- 我们如何才能让客户不用担心错过新开课程的通知？
- 我们如何才能让顾客在点餐时只点适量的食物，而不造成过多浪费？
- 我们如何才能让申请者在填写表格时能更节省时间并降低申请被驳回的概率？

学会从多个角度提问，是一种创新思考技巧，不同的提问方式可以触发不同的思考。例如，对于客户排队时间长的问题，可以问："我们如何才能让客户缩短排队时间？"也可以换个角度问："我们如何才能让客户在排队的时候不会觉得无趣和焦虑？"甚至逆向挑战我们的直觉思维："我们如何才能让客户积极排队并以排队为荣？"

不同学科、不同身份背景的人共同参与到这一挑战过程，敏锐的思维和天马行空的想法碰撞出火花，再结合对各种想法实际解决问题的有效性、技术可行性和所需付出的成本等因素进行理性评估，最后选择优先级高的行动。记住，并不是所有问题的解决办法都要通过线上或数字化的方式，可能更有效的改进措施是培训服务人员和打造更舒适的物理环境，提供更清晰的线下信息指引或添置额外设备等。总之，根本目的是解决问题、创造更大的客户价值，而数字化只是手段之一。

策略2：让过程超越预期。也许，从客户角度对现有服务过程是满意的，可能客户已经习惯了，认为理当如此。但是，观察整个过程，是否还可以再向前一步？端到端的过程如何能进一步缩短？有没有一些环节不必要，可以再精简？过程中看似正常的失败或意外能否消除以便客户能够感到超乎寻常的顺畅？可否通过信息自动化或智能化将原本需要客户去关心和已习惯自己处理的步骤去掉，客户习惯了花五分钟处理一个事项，可否让这个过程在一瞬间完成？一些客户的决策过程和行为步骤还在我们能够提供帮助和影响的范围以外，为此，是否可以增加更多的服务触点，给客户更体贴到位、印象深刻的关怀？

策略3：将优势发挥到极致。业务竞争的策略可以是弥补不足，但更好的策略是扩大优势！在当前整个服务旅程过程中，相比竞争对手的亮点，哪些地方能让客户兴奋起来？例如，客户在选择商品时提供了相关推荐，客户多数反馈不错，那就从这些优势环节入手，通过更丰富的数据产生更精准的客户画像，优化算法，进一步放大优势，看是否可能形成对手难以模仿的差异性和无法超越的门槛并通过恰如其分的推荐方式将这些差异化的体验做到极致，让客户感受到独一无二，不可替代！要形成差异化竞争力，要建立口碑和提高客户忠诚度，这也许是整个服务过程中最需要团队花心思设计的地方。

策略4：消除信息孤岛，体验无缝衔接。遗留系统的常见问题之一，是各个系统之间信息不通，导致客户的重复劳动和等待，进而导致低效和错误。可以分析整个客户服务过程是否存在信息孤岛或信息不一致？线下完成的环节能否线上化并与其他线上环节的信息联动？不同触点和渠道之间，线上与线下服务之间，企业和上下游、第三方触点之间，是否已实现了无缝的信息对接？如果当前还有信息需要依靠人为记忆或纸质去衔接，造成很多等待，能否直接通过系统将端到端的数据打通，让整个服务过程更加流畅和透明？让客户在一个地方完成一个步骤之后，立即能够在另一个地方继续下一步。

策略5：价值互换，共建生态。如果企业要扩展服务能力，期望覆盖客户更多场景或覆盖场景的更多步骤环节，或者某些痛点的解决不在企业所擅长的技术领域内，或与企业当前的战略不符，或由企业自身来解决问题的投入产出比太低，是否可以引入合作伙伴共同打造更完整和卓越的体验并共同为客户创造价值？企业可以将自身的客户数据、服务能力开放给生态伙伴，以自身流量为合作伙伴引流，借此机会将自己的客户转化为合作伙伴的新客户，从而建立起面向核心客户的多样化场景与全链路服务的商业生态。要实施这一生态策略，有以下两种典型途径。

- 一种是与合作伙伴的数据与服务能力打通，例如上下游之间，或对等的异业合作之间，让客户在场景的不同步骤使用不同企业提供的服务时能无缝衔接，体验整合，就像微信与京东的合作，彼此都将对方的核心服务嵌入到自己的服务体系中。
- 另一种则将自身的核心服务能力平台化，允许合作伙伴（如独立服务供应商）以租户方式加入平台生态，企业以支持生态蓬勃创新来满足客户在不同场景下的多样化需要如飞书建立并正在快速成长中的企业协同办公服务生态。

策略6：专注于获客与留存。对企业来说，客户的获得与留存是业务延续的核心任务之一。数字化时代，客户面临太多的选择，可以通过大量不同的方式获取信息和得到相似服务，从而达成目的。客户面临各种诱惑，忠诚度越来越低。专注于获客与留存可以是围绕客户旅程思考创新与改进的重要策略之一。在客户旅程的接触阶段，是否已经采取足够多的手段以及渠道将客户尽早邀请到自己的生态之中形成互动，是否采用了有足够吸引力的方式去转化访客成为真实客户？仔细地审视客户旅程中每一个步骤，有哪些原因可能导致客户流失？哪些环节产生了最多的客户流失？是否有新的手段来减少流失或促成已离开客户的回流？对解决这些问题的想法将直接产生可见的效益。

策略7：满足人性深层次诉求。在今天，客户为解决问题所需的基本功能很容易得到满足，人性深层次的甚至潜意识的诉求就会浮现出来左右选择。这包括对自由选择权、掌控力、个性化、隐私性、虚荣心、新颖和趣味性，以及成就感与自我实现的追求。仔细审视客户旅程中每个环节的服务方式、渠道触点和信息呈现样式，是否足够多样化并允许客户自由选择？客户现在被各种数字化设备围绕，像电脑、手机、汽车、智能家居、虚拟现实设备，是否我们的信息和服务能够通过所有这些渠道提供给客户？有哪些可能有效的可用渠道还不支持？是否能基于客户特征和行为习惯提供给客户更精准的选项和建议，让客户感觉到服务是为自己的专属定制？是否提供了足够便利的方式允许客户将服务的过程体验或成果分享出去，让他能够在朋友和社群面前炫耀一番？又或者是设计一些有社会影响的活动，就像蚂蚁森林的植树造林，让客户参与进来实现自己贡献爱心与社会贡献的价值感，进而更多与客户服务形成互动和黏性。深入的客户研究以及随之产出的客户画像、场景旅程能够帮助创新设计者形成同理心，体察到客户内心诉求，展现出每个环节可能的情感变化。只有从这个途径，才有可能理解到那些不易察觉但影响着客户满意度的深层次因素，才更可能产生能带来高黏性的创新与改进机会。

策略8：以透明消除焦虑，带来内心平静。这是个越来越快的时代，个体或企业管理者都面临着更大的压力，很匆忙，无论是生活中还是工作中。下单买了心仪的衣服后，就想早一点知道何时能到，物流到哪儿了。当客户发起请求，就迫不及待地想知道是否会得到回应，处理进度如何，能预测自己下一步该什么时候再次参与。通过更频繁的反馈和信息透明有助于消除这类客户的焦虑感，使其更安心，更游刃有余。审视现在的客户旅程，是否已经将旅程的每一步骤和完整的信息都及时呈现给了客户？

策略9：满足衍生需求。在特定场景下，当企业提供给客户其核心服务的同时，是否有可能同时满足客户的一些其他衍生需求？这类需求往往与达成客户在该场景下的核心目标不太相关。例如电影院为客户售卖爆米花和可乐，这不会提升观影本身的满足感，但能让客户在两个小时过程中不至于枯燥，也缓解紧张情绪。在加油站提供加油服务的同时给客户售卖咖啡，解渴的同时也为开长途的司机提神。又或者像宜家的家具卖场同时销售组合式工具箱，卖场还提供精致的快餐，而且卖得很好。银行提供的手机银行应用在满足查账、转账和支付服务需求的同时销售电影票、餐厅优惠券。能够洞察发现这一类的机会显然需要对客户在真实场景的感受和心理有很深入的体会，经过了实地的研究，这样的创新能让企业的服务向外扩展，延伸到新的领域。

前面英语培训机构的示例中，经过围绕客户旅程的深入分析和创新思考，团队找到了下面六个不同的创新机会或方向。

1. 将线下客户接触改为线上客户自助服务，节省客户成本。
2. 通过互联网渠道获客，提高营销效果。
3. 提供客户更个性化的服务，形成与同行的差异化竞争力。
4. 在线收集客户反馈，以此进一步提升教学质量。
5. 允许家长随时了解到孩子上课情况，提升信任。
6. 拓展周边商家合作，解决家长在等待孩子上课期间的枯燥无趣。

服务蓝图

客户旅程围绕着客户场景、触点和情感，关注的是所有客户可感知的部分，就像是企业开展的所有活动最终展现给观众的那个舞台，要想努力将一切表现到极致。要支持舞台上的出色表演，舞台后面还有一群人在努力工作着，比如灯光、布景、化妆和调度等活动非常忙碌。除此以外，还有很多无形的事情在发挥作用，才使得舞台前后的活动成为可能，比如支持所有活动开展的规章、政策、风险控制、流程控制、预算、人员配置与决策体系等。对这三个不同层次所有活动的开展方式都需要设计，各环节协同的好坏将影响到最终呈现给观众的感受，对企业来说也就是带给客户的服务体验。虽然后面两个层次的活动客户通常感知不到，但都是构成完整服务体系不可缺少的一部分。有些客户体验的改进只能通过后台服务能力的提升来实现，例如内部财务审核流程的低效会导致客户得到收款的延迟；打车软件后台对企业和司机收益分配的一点点微调，就会影响到很多司机面向顾客提供服务时的态度和服务水平，不能孤立地看。

服务蓝图就是这样一个工具，在客户旅程的基础上，进一步帮助业务人员以可视化的方式构建整个服务体系。从舞台前的客户场景和体验出发，从表面到核心，将企业中后台的运作和支持体系与服务体验过程联系起来。客户旅程没有显示出完成体验过程时组织的内部是如何工作的，而服务蓝图则旨在揭示和记录所有表象下发生的事情,和创造它的组织内部构成。服务蓝图是关于企业业务如何工作的可视化信息,深层意义上讲,它可以挖掘隐藏在深处的活动,揭示那些给顾客带来体验的因素是如何产生的。服务蓝图中关注的对象,除了客户外,还包括在中后台进行操作的企业雇员、管理者,也包括那些无人参与的流程控制与决策支持系统。举个例子,当客户到营业厅咨询如何投资理财,银行的投资顾问则是服务触点,他能够给顾客提供专业的理财知识和多样化的投资建议,但这些信息从哪儿来呢?是理财顾问头脑中的吗?更可能这些建议是银行后台的系统根据当前顾客的画像、历史投资行为和风险承受能力,通过算法得到的结果,然后发送到投资顾问手中的设备,再由投资顾问将建议告知客户,表现出很专业的水平。

接下来,我们从前面已有的客户旅程出发,继续向舞台幕布的后面展开,构建服务蓝图,如图 5.6 所示。

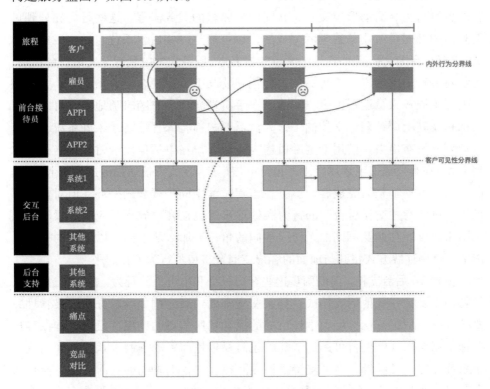

图 5.6　服务蓝图典型样式

步骤7：前台接待员。在客户旅程中，已经标注出每一步客户的触点，包括服务人员、客户使用的应用系统或物理设施。这些触点就像是客户光顾时的前台接待一样，直接提供服务。为此，它们自身也需要完成一些有目的性的工作。例如客户前去培训学校报名，则学校负责报名的雇员就需要立即记录一条报名信息到系统中；在客户支付学费后，雇员可能需要在账本上记录一条收入，同时将现金交给后台的出纳。物流公司的客户每当收到快递，快递员就需要立刻扫描快递上的条码在系统中确认客户已收货。这一层由直接触点的雇员或应用系统在与客户互动中完成的任务通常是对客户可见的，称为"前台接待员"的行为。将这些行为或任务在客户旅程中对应的步骤下方绘制出来，并用连线方式将客户的行为与前台接待员的行为互动连接起来。

步骤8：交互后台。再向深层次延伸，为了完成客户和前台接待员的行为和体验，企业内部还会同步发生很多对客户不可见的行为、业务处理，它们与前台的各种行为、活动形成交互，共同构成完整的服务流程。这些行为和处理可能是由内部雇员或业务管理者完成的，也可能是一些后台系统自动完成的，称为"交互后台"行为。例如在培训学校的报名点，服务人员收到现金交给后台出纳，出纳对等待中的客户是不可见的，但他需要马上清点现金，并出具一个盖章的收据交由服务人员返还给客户。为了在手机端允许客户随时随地查看可以报名的课程及其上课计划，学校的工作人员需要提前将课程信息录入到系统，制订好计划并发布出去。信用卡金融机构为了让客户在申请信用卡时能够当天就拿到卡片，在客户提交申请后会立即进行征信审核，在线审核通过后进入制卡环节。以上这些活动都是为完成客户服务在旅程过程中同步开展的一环，但对客户不可见。将所有"交互后台"的行为和处理步骤也在客户旅程对应的步骤下方绘制出来。可能会涉及不同的系统、不同的角色，那么从上到下以不同的行展示出来。也用连线方式将其与前面的客户或前台接待员行为连接起来。

步骤9：后台支持。前面两步这些客户可见和不可见的行为，在执行过程中，可能还需要一些其他的支持或受到某些规则的约束。例如学校进行班级管理，要新开一个班级，就会受到学校可用的授课场所信息的约束；银行要能在客户办理信用卡当日就交付可用的卡片，还需要依赖前置的预制卡片制作和物流配送系统支持；又或者，为了支持投资顾问在客户咨询时能够立即给出专业且适合客户的理财建议，企业后台系统要能够持续地收集客户信息并形成客户画像。

这些活动的特点是，都影响着服务过程及其表现，但又并不和客户服务过程形成同步交互，而更多是支持或约束的关系，称为"后台支持"。识别并绘制出这些必要的支持，例如前置准备活动、分析决策系统、流程引擎与规则等。还有那些由企业运营职能部门协助完成的活动，例如人事部门、财务部门、法务部门的参与，还有由外部第三方供应商协助完成的内部活动。将前面第七步、第八步的行为活动与这些支持系统的依赖关系通过虚线连接可视化出来。

在绘制服务蓝图时，为了图形的清晰，通常会用横向虚线将客户旅程的客户行为、直接为客户提供服务的前台接待员行为、对客户不可见的交互后台行为以及那些底层的支撑体系自上而下区分开来，展现出整个服务体系由外而内的层次。

步骤10：内部痛点。将内部雇员行为的心情或感受也可视化地贴到对应的步骤，再单列一行，在下方罗列出这些企业内部行为中存在的痛点、不满和风险等信息。也可以列出行业或竞品在这些环节的处理方式作为参考。要让整个服务体系能够高效运作，为外部客户提供卓越的体验，降低风险，企业应当像重视外部客户体验一样地重视内部雇员的体验。管理者需要意识到，内部过程的糟糕体验会降低雇员的工作效率、准确性、积极性，进而必然会投射到与之关联的外部客户体验，放大业务风险。通过绘制服务蓝图将内部的痛点标示出来，可以帮助业务管理者将这些内在联系显性化出来，从而识别出影响最大的、需要优先改进的管理环节。

通过绘制服务蓝图，让业务人员、创新设计者清楚直观地看到，那些不直接面向客户的内部管理行为、底层基础设施是如何对最终的客户体验产生影响，意识到自己同样在为客户创造价值，影响业务绩效，在组织内形成更加"以客户为导向"的思维。服务蓝图能够促使相关方从整体来进行战略性讨论，清楚看到各个部门扮演的角色和位置，避免各方过分夸大自己的作用和前景。服务蓝图中不同层次间的分割线，可以展示出不同部门或系统之间的合作界面，帮助识别出由跨部门协作问题导致的客户体验影响和改进机会。

完成了现状服务蓝图，下一步即是尝试识别创新投资的机会，设计未来的服务蓝图。以客户为中心的业务战略，要求遵循以下服务设计原则：从舞台前的客户价值提升和服务体验优化提出创新与改进目标，并以此驱动中后台整个服务体系的优化。例如，银行通过对贷款客户旅程的分析，设定改进目标，期望将客户能感受到的放款等待时间缩短 40%。那么通过审视服务蓝图，原有放款流程中的等待时间是在哪些前台和后台流程产生的，从而触发不同的系统做出改进，甚至彻底重塑流程。这样做的好处是，中后台系统团队能够看到改进直接带来的客户价值，并且在共同的客户价值目标驱动下让不同的部门、团队协作起来。这样一个有明确成效目标的创新改进方向，在后续章节中把它称为一个"机会"。要抓住这个机会，实现预期成效，可能采取多种不同的行动，某些行动会产生新的软件产品，而某些行动只是在现有的一个或多个产品上做出优化。为每一项行动都需要设计一个清晰可落地实施的解决方案。这类为抓住业务创新和改进机会采取的具体行动称为"专题"。对可能的每一项行动专题，业务管理者需要从预期带来的影响效果和紧迫性、成本、可行性等不同角度考虑并决策是否立即实施，并在实施后衡量其真实效果，这在后面章节讨论。

价值链地图

随着商业的发展，今天越来越多企业提供的客户服务中，构成端到端服务体系的参与者不仅仅是一家，企业需要更多与合作伙伴携手为客户创造价值，形成共生生态。例如加油站为驾驶员的汽车提供加油服务，但在这一完整服务链条里，还包括超市为可能口渴或饥饿的客户提供商品销售、商品供应商要及时为超市供货以供其销售、微信或支付宝为客户提供了结账的支付工具以及超市收费处需要安装聚合支付供应商提供的扫码枪来完成收款，可能还有更多。所有这些参与者共同构成了一个服务体系，每一个环节的表现都影响着加油站提供加油服务带给客户的体验。构建这类多方参与的服务体系，除了从时间线和客户体验视角出发绘制服务蓝图，很有必要理清包括客户在内参与各方之间的价值流动，从而为理清业务关系和进一步制定商业模式策略提供输入，为服务和产品的设计理清每一方在生态中各自的价值诉求与挑战以及如何满足其诉求。另外，有时候一个企业内部不同业务线之间合作共同服务客户，一个清晰的价值流动地图也是有意义的，帮助设计者理清相互间的合作与利益关系，有助于构建一个更具协同效应的服务体系。

为此，可以借助一个称为"价值链地图"的工具，可视化多方参与的服务体系中的价值与信息流动。可能面向消费端服务的价值链比较容易理解，那么下面就举一个面向企业服务的例子。某企业为其客户提供类似飞书的 SaaS 化企业办公平台服务，提供给企业内部员工使用。整个面向最终用户的办公服务体系中，参与者包括企业内部采购并运营管理该平台的部门，提供该办公平台的服务商，为平台服务商提供 SaaS 应用的独立服务供应商（ISV）以及客户企业合作的内部业务系统供应商，他们的关系如图 5.7，展示了多参与方之间四类价值流动。

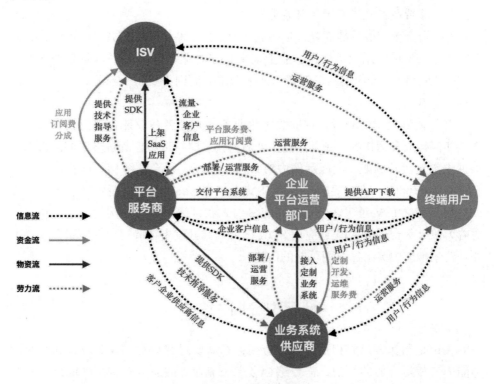

图 5.7　价值链地图

- 物资流：图中深色实线表示"物"的流动，谁为谁提供什么物，既包括有形的原材料、物理产品，也包括无形的软件产品等。例如，示例中平台服务商为 ISV 提供应用开发 SDK，并为客户企业提供办公平台系统。
- 劳力流：图中浅色虚线表示了"劳力"的流动，也就是依靠人所提供的服务，人是构成大多数服务系统必不可少的一部分。例如示例中平台运营商为客户企业提供持续的平台更新部署和运营服务；ISV 需要提供服务直接响应用户使用中遇到的问题。
- 信息流：信息、数据的流动则以深色虚线表示。信息无处不在，可能流动的信息很多，那些为了完成日常交互和业务流程的数据就不用展示了，而聚焦于那些对各方最增值的信息。例如，在办公应用的使用过程中，员工基本信息及其行为信息会流向各个参与方企业，平台服务商能够帮助 ISV 带来流量和企业客户。
- 资金流：最后是资金，是构成商业模式策略中盈利模式的一部分，谁向谁支付费用。示例中，企业需要像平台服务商支付平台服务费和部分收费 SaaS 应用的订阅费，而平台服务商则需要将一部分订阅费支付给 ISV。

对价值链地图的分析，帮助数字化业务的管理者和设计者理清整个服务体系是如何构成和运作的，在设计或拓展商业模式时得以考虑到各方不同的诉求，促进生态发展。例如，上面示例中对 ISV 的分析，平台服务商要能提供给客户企业更大的价值，就需要吸引更多 ISV 来丰富 SaaS 应用；而要吸引更多优质 ISV 就要解决 ISV 对于客户信息、流量引入和订阅费分成比例的利益关切，同时着力改善平台开放 API 或应用 SDK 的能力和开发者体验，以此吸引开发者，并在营销推广中突出这方面可能的优势。

协同设计作战室

无论是制作客户旅程还是服务蓝图，都需要对客户真实业务场景和企业内部能力有相对全面的知识，需要综合考虑企业业务战略、对客户的同理心、领域业务知识、产品交互、产品或服务应用的技术、系统间依赖等，这需要一个具备跨学科、多技能的团队来完成，可能包括市场、业务管理、产品设计、技术和运营等专家，甚至包括设备管理、财务等职能在内。跨学科协作是开展创新的重要原则之一，不仅仅是客户旅程与服务蓝图制作，到产品策略制定、产品设计与规划的过程都需要多种技能的人参与并协作才可能形成最佳的方案成果。绘制出客户旅程和服务蓝图并设计出未来状态是一个集体的共识过程，沟通协作至关重要。现实中，往往一个完整的客户旅程或服务蓝图在组织中会跨越多个部门的职责，因此该研究过程往往需要跨部门合作。这种场景下，就非常需要得到领导支持，打破部门墙，让多部门在客户价值的共同愿景下开展合作。在初次进行这样的尝试时，引入外部专家来引导协调往往很有帮助。

分析并绘制客户旅程和服务蓝图的过程，显然有别于传统的基于文档书写的案头工作，而是以持续深入的客户研究、行业或竞品分析为输入，以一种可视化的、协作的方式来讨论，并展现客户画像、场景和旅程的全景。其成果用于持续审视和洞察，作为后续设计改进的输入，也需要随着业务调整持续保持更新。只有当它随时都反映着当前最新和有价值的信息，它才可能持续在设计和决策中发挥作用。看到一些公司将旅程或蓝图制作地非常漂亮，还整体打印出来展示在办公室显眼的位置。这完全没有意义，除了当时用于领导汇报，或可能得到周围同事夸奖，很快就会过时，不再有人去看和关心，因为这没法修改，成本太高。

图 5.8　可视化的作战室空间

更好的方式是，准备一个固定的协同设计作战室，可能是会议室或办公区的开放空间，比较安静、大小合适且有较大的平整墙面可以贴很多即时贴。将客户旅程或服务蓝图以及相关的组织愿景与战略、客户画像等信息都采用即时贴贴在墙上。这个空间是开放的，允许所有人访问浏览，团队每一次重要的设计讨论和决策都在这个作战室里召开，可随时参考贴在墙上的全景信息，开展讨论。不幸的是，很多企业以往的工作方式非常缺乏面对面协作，都是基于文档进行信息传递，可能在办公室里很难找到合适的空间。有一些企业甚至规定，不允许在办公室墙面上张贴或较长时间保留任何信息，除非特别申请用于宣传等目的。这是企业文化问题，可能源于传统制造业对办公室环境干净整洁的惯性要求，也可能是因为所谓信息安全，但这不适合创新型的、科技型的企业。企业除了少部分的真正保密信息外，信息开放和辐射，是构建创新性文化的要素之一，促进信息流动，让不同的人更有参与感，也更有效率。对那些真正保密的产品研发，可以单独将团队安排在某个不开放楼层或地点，但在参与其中的团队内部，信息仍应该是开放的、可视化的。

如果现在缺少合适空间，短期可以通过购置一些较大面积的白板来满足。若有可能，考虑在下一次办公室装修时，准备更多的会议室或开放空间，并且墙面保持平整，采用不容易因为贴纸而损坏的墙面材料，建立一个更开放协作的现代办公室环境。这样的空间和工作方式有下面几点好处。

- 可以呈现丰富的信息内容。采用客户旅程和服务蓝图来充分展现服务过程的全景，往往是复杂和信息内容丰富的，依靠PPT等文档很难有空间全貌展示，适合采用不同颜色的即时贴方式呈现在一面较大的墙上。而且可以长期保留，随时参考作为后续设计输入。

- 有利于沟通和协作。在一个会议室或开放空间墙上绘制蓝图，有利于不同学科和技能的人在分析讨论过程中开展沟通。一方面在一起沟通协作本身就需要空间，让不同的人或站或坐地在一起讨论，协作共创；另一方面让信息全景、开放地展示在所有人面前，有利于所有人在讨论中掌握全局信息，不会限于局部而忽视关联信息。另外，虽然绘制地图的整个过程需要很多不同角色参与，但从效率角度考虑，并不需要所有人随时都在场。除了主导分析设计的少数核心成员全程参与（例如业务领域专家、服务或产品负责人、技术专家），在不同的时间点、不同的部分可能需要邀请不同的人参与进来。作战室和即时贴的方式，让任何人走过来都能快速补齐其他没有参与讨论的部分，获得全景的关键信息，让讨论更有效。也可以邀请管理层走过来，很低成本地将成果展现、讲解给管理层，管理层参与一起讨论，改变过去传统低效的汇报方式和文化，少花时间为了汇报做PPT。

- 便于快速修改。相比在PPT等格式的文档中画图，通过贴纸的可视化呈现更容易随时修改调整。一旦有新的不一样的想法，简单重写一张卡片贴上去，换掉原有的内容即可。

除了贴墙的方式，今天跨地域远程协作的场景越来越多，尤其是在全球性疫情之后，包括这样的分析设计活动也会线上化。像华为等一些企业，也已经开始探索如何运用新技术将这样一个可视化协作共创的过程搬到线上。采用一些无大小限制的在线画布，可以放置不同颜色的即时贴、线条等，允许多人实时在线协同编辑，并通过语音甚至视频方式实时交流。相比线下，少了一些面对面的基于肢体语言的交流，效率可能稍有下降。但好处是不受地域限制，随时随地可以开展协作，并且它的信息展示面积更不受限制，分析的成果更容易电子化保存，可以对每一次修改进行版本管理、回滚，可以方便看到历史的每一次设计变更，或许可以让成果在业务和产品的长期演进里发挥更大的价值。

思　考

1. 在什么情况下，一个客户旅程可能跨越企业多个业务领域或部门，这时会遇到哪些困难？如何解决？绘制跨业务领域的客户旅程有哪些意义？
2. 在企业里，什么岗位或角色适合主导客户旅程与服务蓝图的绘制？最好什么时候开始做？
3. 哪些类型的业务或产品有必要做价值链地图分析？

第 6 章
定义产品策略

绘制服务蓝图，针对的是一个业务领域，即企业内一个有相对独立性的业务方向。例如银行的理财、贷款是不同业务领域，零售企业的销售、采购是不同业务领域，大学院校的教学、科研也是不同业务领域。不同业务领域之间既有独立性，也有关联性。每个业务领域都有各自差异化的目标客户群体，为客户建立了一套完整的服务体系，它们有各自的业务发展目标与整体规划；同时，也可能需要为实现业务协同、服务体验的一致性，或者为了更大范围的公司战略，将各个领域的数据和服务能力打通。

对于越来越依托数字化技术开展客户服务和运营管理的业务领域，从服务蓝图深入思考，在横向的整个服务旅程各个步骤，纵向的从服务触点到后台业务管理、底层基础设施支持，基本都是不同的软件系统在提供支撑。比如触点层的门户网站、移动应用、小程序或智能设备；后台的业务流程管理、智能推荐或客户关系管理；底层支持的流程引擎、数据平台和监控系统等。所有这些系统就像一个小生态，相互关联，服务于共同的业务目标。如果我将这一个个构成单元称之为"系统"，那是从技术的角度在定义它们，隐含意味着每一部分之间的代码是隔离的，可能每一部分都分别部署运行在各自的计算环境中，并通过远程接口方式进行相互通信。但这样的名称并不能体现每一个单元所承担的业务属性和目标，甚至可能导致不同系统在业务上的职责定位不清，架构混乱。数字化业务发展是以一系列的数字化产品为基础，业务领域的管理者要管理好这样一个小生态，首先要定义和管理清楚的，不是技术层面的系统，而是一个个共同为实现业务目标服务、具有业务和用户属性的数字化产品单元。

定义数字化产品组合

数字化产品管理是数字化业务管理中的一项关键工作,但这在很多企业数字化建设中是被忽视的管理维度。人们脑海中只有业务和系统,缺乏产品管理的思维和方法。很多企业仍然是以范围固定的传统项目思维在管理软件系统的建设,每个项目有项目目标。但项目结束后沉淀下来的软件只关注了它作为一个系统的技术内涵,包括它的代码、运行环境和稳定性保障,却忽视了它作为一个在长期里持续为客户和企业创造价值的产品内涵。仔细想一想,系统定义里没有业务属性和目标,而项目只有短期的交付目标,真正在长期里持续创造客户和业务价值的单元却没有被定义和管理。结果是,为了满足项目紧张的时间、范围和成本约束,少有人从长期的角度思考软件产品的价值和演进发展,缺少对软件产品进行持续打磨的投资。更糟糕的是,由于系统没有业务属性,系统的业务边界不清晰,只要能够满足功能需要,任何功能都可以往系统上堆砌。长期里,这使得系统的业务职责和架构越来越模糊和复杂,系统在一次次项目中逐渐腐化下去,越来越难以修改,对业务的响应力也越来越低。

相比项目思维,产品思维最核心的区别在于两点。

- 产品是长期的,以实验和学习的心态基于反馈持续演进调整;而项目是短期的,有确定的截止时间,往往带着一次性完成的心态,之后就不再是项目组的责任。
- 产品核心关注的是其定位和价值实现,以价值最大化和用户满意作为衡量产品成功的标准;而项目核心关注的是其承诺的交付范围、时间和成本,系统是否基于这三个要素约定的条件交付上线,将作为衡量项目成功的标准。

管理好数字化业务,就必须把业务领域内每一个产品单元管理起来,明确其定位、价值和相互关系以及各个产品长期的演进路线。因此,让我换一个说法:一个业务领域完整的服务体系包含多个不同的数字化产品。这其中的每一个数字化产品,包括那些不直接面向客户的中后台,并非不得不花钱去建设和维护的成本中心,而是直接影响企业管理运营效率,也影响客户服务体验的产品,它们均与创造客户价值和业务价值有关。在一个业务领域的服务体系中，所有的数字化产品构成一个产品组合，为共同的业务目标服务。基于它们各自在服务蓝图中的位置，通常可以区分为下面几种产品类型。

- **渠道触点型产品**：直接提供给客户使用的，例如官网与小程序，目的是获客和提供服务，关注提升客户参与度与体验。
- **业务作业型产品**：提供给前台接待员，用于为客户提供特定的或综合性的业务办理与服务支持，例如客服系统和客户经理作业平台，关注作业效率与规模。
- **运营管理型产品**：提供给交互后台的业务管理人员使用，例如业务审批系统和财务系统，目的是对中后台业务流程进行管理，提升运营效率，降低运营成本。
- **赋能平台型产品**：可能处于交互后台，也可能属于后台支持，是一些可复用能力的平台型产品，例如支付中台、CRM和数据分析平台等，目的是赋能业务，构建内部生态。
- **基础设施型产品**：属于后台支持，例如主数据平台、云平台，目的是提供支撑上层业务运行运转的基础设施能力，包括底层技术能力、数据存储和共享的能力等，往往与业务流程并不直接相关。
- **开放能力型产品**：除了前面几个常见类型，还有一类比较特殊。目的是将业务和数据能力安全地开放给外部，赋能合作伙伴，构建共同服务客户的商业生态。

不同类型产品的价值定位必然是不同的，其需求来源也不同。管理数字化产品的第一步是将这些产品一一识别出来，明确每个产品的名称、边界和责任人，明确产品与系统的关系，一个产品可能由一个到多个系统构成，形成类似图 6.1 这样的可视化产品组合视图。

作为数字化业务管理行动指南，关于数字化产品的管理贯穿于书中的第 Ⅱ 部分。概括起来，需要每个业务领域和产品团队长期持续开展下面几项活动。

- **维护产品组合视图**。图 6.1 即是一种表达产品组合的形式，但不用拘泥于此，关键是能看清楚有哪些产品，各自的位置、类别和边界及其相互关系、关联性，可能还包括每一个产品的核心业务能力。这样的图表也是整个业务领域进行数字化产品规划的一部分。

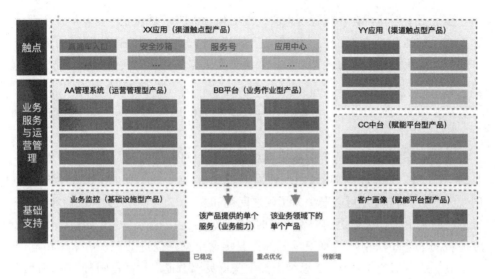

图 6.1　业务领域中的产品组合

- **定义和更新产品策略**。即明确定义每个产品的核心价值与定位（包括解决谁的什么问题）、其优势和竞争力（如何衡量问题是否得到了有效解决）及其面向市场的商业模式。
- **制定产品演进路线或滚动规划**。一个动态的、远粗近细的产品演进路线图或滚动规划视图，为管理者、干系人和团队传递出产品的发展方向，并以此开展跨团队协作。这在第 7 章讨论。
- **设计和跟踪产品关键数据指标**。为每个产品及其业务设计出在长期里需要持续关注的关键指标，包括商业模式指标、体现产品核心价值与体验的产品级指标以及所承载的核心流程指标，这在第 11 章深入讨论。

经过前面深入的客户与行业研究，结合现有服务蓝图的审视分析，业务领域的管理者决定要在现有的产品组合中增加一个全新的数字化产品来支持业务目标达成。例如第 5 章的英语培训机构案例，经过客户旅程的分析，识别出六个创新机会。其中下面两个机会的优先级最高，考虑通过为客户创建一款新的移动应用来实现。

- 将线下客户接触改为线上客户自助服务，节省客户成本。
- 在线收集客户反馈，以此进一步提升教学质量。

从新产品的一开始就要仔细分析并定义其产品策略，这是形成解决方案的第一步。由于创新机会在问题、想法、市场和时机四个要素上存在着不确定性，影响产品能否创造预期价值，因而对产品策略的分析核心是围绕着不确定性带来的一系列假设，可以分为两部分：解决方案策略和商业模式策略。

解决方案策略

解决方案是关于如何有效解决问题。关于如何解决问题，丰田汽车在其著名的丰田生产方式中，推崇采用一种称为"A3 思维"的工具来组织其生产过程创新与改进。有了它，可以避免为了阐述问题和想法书写冗长的文档或商业案例，避免在制定出行动决策之前浪费太多时间，只需要在一张 A3 大小的白纸中，精炼地将问题与想法中那些真正重要的信息传递出来，促进共识。后来《精益创业实战》这本书的作者从 A3 思维工具中获得灵感，提出"精益画布"来帮助创新者开展对产品策略的分析。然而在实践中，这个工具并不好用。若是针对面向市场的产品创新，就商业模式分析来说它缺了很多要素；而针对产品本身的方案设计，比如企业内部软件产品的创新，则它包括的渠道和收入来源等要素并不需要考虑。它过度简化地将产品设计和商业模式设计的分析要素杂糅在了一起。

遵循"分离关注点"的原则，将这两部分的策略分开考虑会更灵活实用，更便于分析。这一小节先聚焦定义针对问题的解决方案。同样基于 A3 思维的原则，重新设计了下面这样一个画布，如图 6.2 所示，称之为"解决方案画布"。画布的意义其实不在于其表现形式，而是作为一个引导工具，引导产品策略的制定者以精炼的方式聚焦有用的关键信息，可视化地展示全景，促进交流和共识，作为新产品投资决策的关键输入。

画布的所有要素可以分为三个区域。

- 问题域：右上角三个小区域，包括目标用户、待解决的问题、风险与挑战，分别描述要解决和应对什么问题。
- 解决方案域：中间和左上角四个小区域，包括核心价值、关键能力、独特优势和关键体验，描述如何有效解决问题。
- 投资回报域：下方的成本支出和关键指标，用于对设计和实施该解决方案的投入和价值回报进行评估。

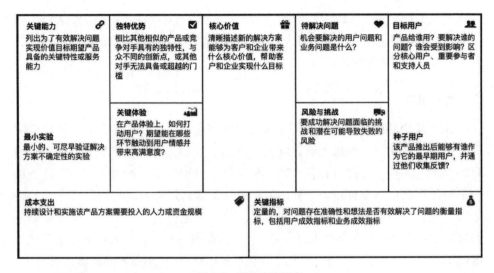

图 6.2　解决方案画布

问题域

目标用户

遵循以客户为中心，在具体到一个软件产品的设计时，首先回答：要解决谁的问题？产品是给谁使用的？在第 4 章讨论客户研究方法时，列举了一些对面向消费者和面向企业产品的客户/用户群进行分析筛选的方法，可以参考用来识别和定义产品的目标用户群，建议区分出不同的关注等级。

- **核心用户**：即该创新想法本质上是要解决谁的问题？谁可能是这个创新想法最大的受影响对象？例如新建一个内部请假系统，核心用户应该是广大一般员工；而新建一个基于小程序的触点型产品，核心用户则是中青年的高频、熟练使用手机移动应用的一类客户。
- **重要参与者**：不是核心用户，不是产生这个机会的源头，但为了解决核心用户的问题，必须参与进来协助解决问题的人群。例如内部请假系统的重要参与者可能包括员工的一线经理；一个消费端内容型应用的重要参于者包括其活跃的一群内容运营人员。

- **支持人员**：不是必不可少，只是偶尔参与到解决问题中的次要人员。例如内部请假系统的支持人员可能包括偶尔查看统计报表的人力资源部门员工和系统管理员。

种子用户

在创新产品的早期，一个特殊且关键的问题是：该产品推出后谁可能是使用它的最早期用户？如何找到这群人？产品上线后，团队需要尽早获得真实用户的反馈，并基于此进行迭代改进。早期第一批用户或尝鲜者，很大程度上塑造了对新产品的口碑评价，口碑的好坏直接影响到产品是否有生命力继续发展下去。因此，在定义产品解决方案策略时尽早锚定合适的种子用户群并围绕他们展开实验、倾听声音是必不可少的一步。这部分信息只在创新产品早期需要。因此不作为一个单独的要素，而是合并在目标用户栏中。随着产品逐渐发展起来，种子用户的信息就不需要了。

待解决的问题

待解决的问题是构成创新机会的基础，决定了解决方案是否值得去投入。一个高价值投资机会要解决的问题可能来自两个方面。

- **客户/用户问题**：从客户研究、用户行为分析等活动中记录和感受到的客户及用户的痛点、期待和目标。
- **企业业务问题**：企业自身所面临的业务发展需要、面对的市场与竞争趋势、企业的战略目标和风险、效率等问题。

在传统的需求分析过程中，往往只描述需要什么功能，并不说明为什么需要。可能是需求提出者自己也没有想清楚，惰于去思考；也可能是提出需求的人觉得开发团队并不需要了解这些信息。这就大错特错了：准确描述这些问题，有助于管理者和决策者根据问题的价值和紧迫性做出恰当的投资决策，判断好时机；技术团队理解了需求背后的背景和真正要解决的根本问题，完全有可能提出更低成本的更优解决方案来达到同一个目的；产品交互设计师也需要这些信息从根本目的出发思考怎样的信息展示和交互方式更有效；测试人员理解了产品要解决的核心问题，据此更容易抓住测试重点，在有限的时间内测试更充分。若问题阐述不清，业务与产品、技术之间就难以齐心协力，紧密合作。

还需要强调的一点是，经常看到类似这样对现状问题的描述："不支持批量导入。""缺少XXX的线上管理。"这些是问题吗？只是一个对现状的描述，反过来表达了需求提出者希望增加批量导入功能，希望产品提供对某个流程的线上管理。但这并没有揭示真正的问题。为什么需要？不支持批量导入或线下业务操作带来的问题是什么？千万不要把想法和解决方案当作问题本身。

风险与挑战

要解决以上问题，会面临哪些风险，有哪些需要突破的挑战。在定义产品策略时，这些都要明确。只有透明化风险与挑战，才更有可能引起足够重视。不能为了说服决策者获得认可和投资而粉饰风险和挑战，隐藏一些重要的且有高不确定性的前提或依赖，直到风险变成问题，难以挽回。典型的风险与挑战类型包括：必要的外部环境条件，例如国家政策、经济形势、客户趋势、合作关系的有利形势；技术上的困难；必要的人力资源、数据资源和设备资源等；依赖的第三方接口；外部竞争的挑战。

解决方案域

核心价值

简洁、清晰地描述出期望该解决方案能够为用户以及企业带来什么重要价值，帮助其实现什么目标。这一栏是定性描述，最好能够以一句话讲出来，突出要点，让所有阅读者快速抓住最核心的价值点，不要长篇大论。例如，学校期望建立一个为学员提供信息服务的移动应用，该产品核心价值可能是"帮助学员随时随地及时获取信息，建立学校与学员之间、学员与学员之间更紧密的连接，助力提升学员满意度"。或者一家餐馆致力于服务创新，要开发一款Pad点餐程序。其核心价值是"提升服务口碑，并降低门店服务人员数量"。也可以直接罗列能突出核心价值的关键词。例如，对于用户，核心价值是"随时随地""自助""个性化""节省时间"；对于企业自身，核心价值是"吸引新客户"和"减少服务人员"。

关键能力

接下来，将创新解决方案的整体想法进行初步分解，列出为了实现以上核心价值目标，产品需要提供的关键特性或服务能力。让画布的阅读者快速理解到这个产品能做什么，如何实现价值，让团队成员理解到这个产品哪些能力是最重要的，必须要做到极致的。例如对于上面培训机构开发的学员自助服务应用，可能需要提供的关键能力包括：

- 快速检索、浏览在线课程和班级信息
- 新开班课程的宣传推广
- 自助式在线预约试听
- 自助式在线班级报名及支付
- 课后评价反馈
- 学员在线交流社区

最小实验（MVP）

未来产品所具有的能力可以设想地很"完美"，但考虑到不确定性，需要步步为营，尽早得到用户反馈，降低风险。最好的策略是以实验的方式工作，从完整的方案设想中，拆分出最小范围的、可尽早交付价值并获得有效反馈的版本，根据反馈的更多信息再决定下一步怎么走。这和《精益创业》一书中提出"最小可行产品"概念一样。也可以在这里将第二、第三个早期实验版本的目标列出来，为决策者和团队展现早期产品实验的步伐和方向。描述要高度精炼，关注价值目标而不是功能范围。例如上面的例子，首个最小实验的目标可能是"提供信息查询，倾听用户期望"，第二个实验的目标是"支持免费试听预约，鼓励用户推荐"。最小实验的部分，和右侧的种子用户信息相呼应，紧紧围绕种子用户、早期用户开展实验。这部分也是只在创新产品的早期阶段需要，随着产品逐步发展成熟就不再需要，因此不作为单独的要素，合并在关键能力一栏中分析。

独特优势

为什么客户要选择这样一个解决方案而不是其他的？它相比其他相似的产品或竞争对手有哪些独特性，有哪些与众不同的创新点？或者具有哪些其他对手无法具备或超越的门槛使得该创新有可能成功？比如掌握了专利或核心技术、具备超越同行的一流体验设计水准、有强大的生态伙伴支持等。请实事求是，不切实际地吹嘘无助于做出好的决策判断。

关键体验

这个时代客户面临丰富的选择，产品或服务要想吸引客户、留住客户，就要能提供超出预期的体验，有亮点，能够紧紧抓住客户的内心。这是考虑新产品解决方案策略时需要特别关注的一点。在产品运营方法中，有一个重要的设计方法称为"关键时刻（Moment of Truth）"或者"啊哈时刻"，就是当用户在使用产品时，在什么样的时刻有可能突然眼前一亮，内心不由自主发出一声赞；或者突然产生了共鸣，体会到这个产品的好，开始喜欢上它。关键体验点需要有意识地进行精心设计才会发生，否则可能得到的是导致失败的关键体验。还是举上面的例子，怎么才能让学员眼前一亮，从而对培训机构提供的服务产生高度认可呢？考虑对自助预约试听的过程进行设计。让学员可以全程不用联系任何人，手机端及时提醒，并提供准确的教室地点、导航和座位信息，允许自己用手机在教室门口扫一扫二维码就能完成上课登记，稍后，意外地收到服务人员送去的一份小礼品。通过这一系列无人干预的自助过程，让学员感觉到很轻松自在，体会到科技的先进性，并在收到小礼品的一刻产生内心的赞叹，进而可能迫不及待地将自己的体验分享给朋友。出色的体验感来源于对整个服务过程中客户情感的同理心，需要从深入的客户研究和洞察中获得灵感。

投资回报域

成本支出

决策是否投资于一个机会，不仅仅考虑它能带来的价值，也要权衡为之付出的成本。数字化产品创新最主要的成本就是产品团队将要投入的人力。可能还会涉及系统运行成本上的变化，比如需要的计算、存储资源。可能也需要考虑配合解决方案落地的产品推广或运营成本。对于不需要考虑商业策略的内部系统来说，这部分成本通常可以忽略。定义产品的解决方案策略时，对成本支出的估算不需要太精确，目的不是用于做详细的交付计划，而是作为进行投资决策时的参考因素之一。可以简单地评估解决方案在不同阶段需要投入的"人月"。若需要 3 个人投入大概做 2 个月，则是 6 人月。成本支出的粗略估算可以分为几个阶段进行。

1. 前期设计投入。
2. 最小实验或 MVP 实施阶段投入。
3. 产品持续开发需要的投入，例如需要保持每月 30 人的团队。
4. 持续的运维和运营投入。
5. 其他投入。

关键指标

前面定性描述了这一创新产品期望给客户、给企业带来的价值回报。然而，这些期望是否在真的得到实现？需要有客观的衡量方法，才有可能更科学地做出产品决策。待解决问题可分为客户问题和企业业务问题，所以，对实际方案成效的衡量也可以从客户价值指标和企业价值指标两个方面定义。对客户价值的衡量，例如缩短客户完成订购或处理订单的周期时间，帮助客户提升了业务销量，或者得到客户的好评或推荐。对企业价值的衡量，例如新的渠道产品带来获客量的提升、客户转化提高，以及更直接的销量提升。这些指标代表一个产品实际产生的价值成效。在一个业务领域的产品组合中，不同产品的核心价值和定位不一样，它们的关键指标也就不同。对于后台的客户画像系统，衡量其有效性的关键是画像的准确性，这可以通过基于画像系统产生的推荐的真实转化率指标来体现。

定义关键指标是定义产品策略很关键的一步，无论团队付出了多少努力修改代码，交付了多少功能，如果有意义的关键指标数据没有任何改变，很可能说明团队并不在正确的方向上。有些人觉得可以等到产品上线了再来考虑数据指标，理由要么是提前想不清，要么是前面交付进度压力很大，还要同时做数据埋点以及统计指标会影响交付进度。这种思维是不行的，只能说明内心还是关心合同范围胜过关心实际价值，并没有把真正的价值想清楚，这样的思维模式会带来大量的投资浪费。

产品的关键客户价值指标和企业价值指标必须在投资该产品时就想清楚，作为指导产品决策和行动的依据。假如某个产品方案的目标是提升报销流程的客户体验，团队与决策者讨论后决定以"员工报销的平均流程周期缩短到 5 天（原来是 12 天）"和"新报销单填写耗时缩短 30%"为关键指标。于是，团队就知道该将设计的重点放在哪里。这种工作方式形成一种强目标驱动的文化，目标约定了方向，团队有更大的自主性来发挥创造力和进行实验，而不是被动接受领导或其他人告诉他们该做什么。通常一个产品在产品策略的定义中，会包括 1～2 个最核心的指标（又称为"北极星指标"）和数个能够反映产品各方面主要情况的重点指标，需要得到持续关注，称为"群星指标"。当然，指标定义清楚并不等于一定是绝对正确的，产品关键指标的设计本身也是一个实验和学习的过程，根据反馈的数据可能会发现指标需要调整优化。关于如何系统性地分析和设计关键成效指标的深入讨论请参考第 11 章。

画布中所有这些分析要素为解决方案定义了明确的设计方向和策略，从主要的几个方面定义了一个长期存在的产品如何最大化投资回报，以便后续的设计和实施能够聚焦于最有价值的优先事项上。产品的解决方案策略定义，应伴随着产品发展持续得到更新，尤其是在产品的核心价值与定位发生了调整的时候。涉及产品管理的关键信息，应对团队每个人和所有的产品干系人可见。

简化的解决方案策略（非新产品的专题）

不是所有的机会都需要创造新的产品，更多的时候是对现有一个或多个产品的改进，甚至可能需要多个业务领域展开合作。例如新增或改造一个既有业务流程，进行某系统架构的重构，或支持开展一项促销活动。在帮助一些企业建立数字化投资管理方式时，我们通过"专题"来更泛化地指代一个个在特定创新机会或方向上的具体行动，需要设计解决方案，可以衡量实施后的成效，同时也意味着一笔不小的投资。

继续前面的例子，培训机构开发的新移动应用已经实现了自助式的在线浏览和报名、预约以及收集客户反馈。下一步，希望提供某种方式允许家长随时了解到孩子上课情况，更好地建立信任，考虑提供课堂的实时视频，让家长可以通过移动应用查看，这就是一个新专题。也需要为这样的专题定义解决方案策略以指导后续的设计和实施，只是它不需要长期存在，而是一个阶段性的策略，最终会影响或融入到相关产品的整体解决方案策略中。图 6.3 展示了可能的专题与产品的关系。专题投资可能是一个新产品，也可能是现有产品的改进；有可能只涉及单产品，也可能跨产品，甚至跨领域。

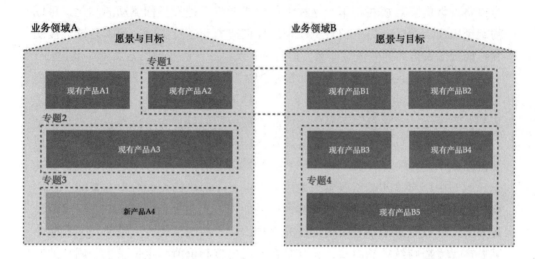

图 6.3 专题与数字化产品的关系

前面定义解决方案策略的画布也可以用于那些不是新产品的专题。不过多数时候，非新产品的专题是针对某个单一流程，或对产品的某一个方面进行改进，可能影响不那么大，使用上面的画布可能显得复杂。尤其是对于内部管理型产品的专题，定义解决方案策略可以更简单。考虑对画布做适当精简，去掉不必要的要素，例如，并不需要对已有产品的每一个改进机会点都分析这样做的独特优势是什么。图 6.4 是一个常用的简化版画布，又称之为"专题画布"。仍然需要关注种子用户和最小实验，因为对于重要的流程改进或新特性，最好的方式是通过特性开关或 A/B 测试的方式对其进行小范围实验，基于实验反馈再优化，逐步开放给所有用户。专题概念的背后是数字化投资的管理与决策，关于如何运用专题在整个业务领域进行价值驱动的数字化投资组合管理会在第 14 章和第 15 章深入讨论。

定义产品策略

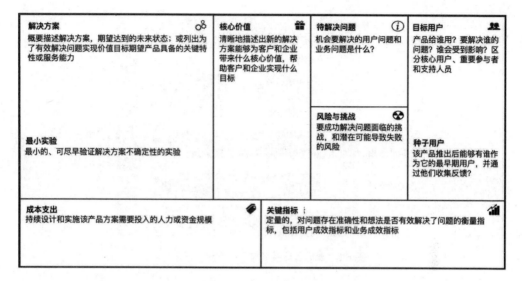

图 6.4　专题画布（简化的解决方案画布）

商业模式策略

产品策略的第 II 部分是关于如何让产品及其支撑的业务得以发展，获得客户与市场增长的问题，也就是商业模式问题。有别于解决方案策略，一个业务领域的数字化产品组合中，每个产品都有自己要解决的问题，有自己的价值定位，因此，每个数字化产品都应该有自己的解决方案策略定义。然而，领域的产品组合作为一个整体很可能是服务于同一项业务。例如英语培训机构的官方网站、前面提到的自助式服务应用、内部排课系统以及为了给学员推荐课程所建立的客户画像系统，每个都是一个数字化产品，分别定义解决方案策略，但它们作为一个整体是服务于培训机构的英语培训这一项业务。那么分析商业模式应当针对英语培训业务，而不是其中的某一软件产品。如图 6.5 所示，每个数字化产品只是构成培训服务体系的一部分。影响最终商业模式成果的，不仅仅是网站和客户应用这些触点层产品，后台的排课系统和画像系统同样发挥着重要的影响。

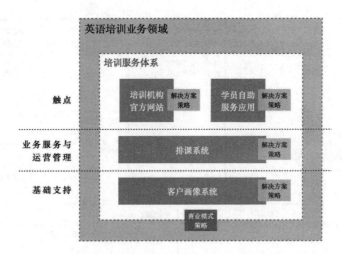

图 6.5　单服务体系领域下的产品策略定义

前面的简单例子里，商业模式策略是对整个业务领域的分析。有时候，企业的某一个业务领域内存在为差异化的群体提供不同形态的服务或销售不同的产品。例如，在银行的财富管理这样一个较大的业务领域内，分别为普通客户、中高收入客户和富豪级别的客户提供着不同服务内容，以不同的方式获客并经营客户关系，差异化很大，分别开发不同的软件应用来服务不同的客群，如图 6.6 所示。这时，可以认为，在一个大业务领域下又划分了多个子业务领域，各自有自己的服务体系。不同客群的服务体系在某些环节有不同的数字化渠道或应用，像图中的触点这一层，不同用户安装使用不同的应用。而在另一些环节，可能会共享相同的数字化产品能力，比如图中的统一财富业务管理平台和后台支持的客户画像平台。不同服务体系的业务增长逻辑是不一样的，分别定义各自的商业模式策略。而被共享能力的数字化平台产品，例如统一业务管理平台，在定义其解决方案策略以及进一步详细方案设计时，则要考虑同时支持多套服务体系的产品定位和架构能力，需要在系统架构的平台化设计与可配置及可扩展能力上做更多的考虑。

还有一些场景下，同一个大服务体系下的不同客户触点产品需要分别定义商业模式策略，尤其是多产品生态型业务。例如小米的产品生态，从客户出发，若针对服务于客户的家居生活场景来绘制服务蓝图，智能冰箱、炉灶、电饭煲等数字化设备，加上智能手机作为控制中心，这些触点型产品作为一个整体为客户提供高度智能、便捷和有联动的服务体验。同时其中每一个智能设备又可以作为独立的产品发展业务。这种情况下，企业既有必要在整个场景化的服务体系下对其生态化商业模式制定策略，同时也需要对其中可独立发展的单个产品制定商业模式策略，而单个产品的商业模式要能支撑更大的生态商业模式，如图6.7所示。在小米的生态服务体系内部，这些各自发展的不同产品会共享某些平台型数字化产品所提供的后台服务能力，平台的定位要同时支持不同形态产品的客户与业务管理，或为其赋能。

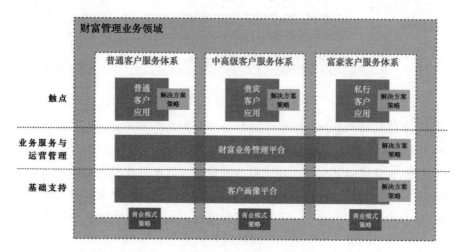

图6.6 多服务体系领域下的产品策略定义

业务形态千变万化，在这些复杂的情况下分析商业模式策略，是应该针对整个业务领域还是分别针对每个数字化产品，这取决于各产品在业务上的独立性。上面例子中这种相对独立性可能会随着产品和业务的发展发生改变。由此可见，数字化产品与业务的关系，各产品的解决方案策略与所支持的商业模式策略是在动态变化中的，随时做好拥抱变化的准备吧。

创造出真正高效解决问题、能得到客户满意的产品永远是能在商业模式上取得成功的基本前提。有吸引力的产品虽然不是商业成功的充分条件，但是必要条件。任何高明的商业模式策略都无法挽回一个实际上不创造客户价值、不受欢迎的产品！

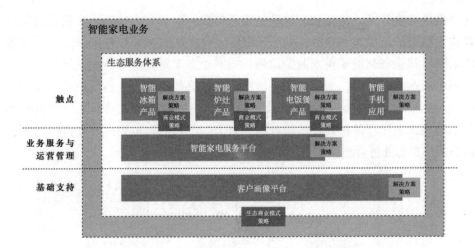

图 6.7 多产品生态型业务下的产品策略定义

有很多优秀的产品拥有不逊于竞争对手的设计，无论是体验、质量还是被客户认可的价值，但最后，却因为没有找到一条能快速扩大客户群并获得可支持其持续业务发展的盈利模式而失败，就像曾经遍地开花的共享单车。商业模式策略不能放到产品的问题和想法不确定性已经得到验证之后才开始考虑，而是从一开始就要考虑。况且，选择不同商业模式也会直接影响到产品方案本身的设计。例如产品是以付费还是收费模式进入市场，决定了在刚推出时要不要提供一些未来可能作为增值付费卖点的特性；对获客来源的考虑影响着设计的客户旅程起点在哪里，这很可能决定了，在推出产品时是否优先与能带来客户流量的合作伙伴进行集成；对获客与客户转化方式的考虑会影响用户注册、分享推荐等功能的设计。与商业模式有关的运营策略和数据埋点，从产品的首个最小实验版本就必须要考虑，从上线第一天就需要立即开始持续的运营工作，为建立未来成熟的商业模式开始铺垫经营。例如，与核心客群的关系建立，开始培育产品口碑。

制定商业模式策略有很多方法，其中"商业模式画布"是比较成熟和被广泛应用的一个工具，类似解决方案画布的形式，是一个聚焦商业模式有关的关键分析要素、可视化的分析工具。将商业模式画布与解决方案画布结合应用，就能基本全面地分析定义一个面向市场产品和服务的各个重要方面。图 6.8 提供了一个模板，关于画布的各部分，在《商业模式新生代》一书中有详细的阐述，这里就做比较简略的介绍，分享一些我的思考。

关键合作伙伴 🔗 识别出要实现价值主张，需要哪些外部的合作伙伴，如投资方、供应商、利益相关部门、上下游产品团队等	关键业务活动 ✓ 识别该商业模式下所需要的关键商业活动，业务流程，如宣传、促销、生产、配送等	价值主张 🎁 为每类用户/客户我们希望解决怎样的问题，创造怎样的价值，或愿景	客户关系 ❤ 期望与每类用户/客户建立怎样的关系，如共创、粘性、会员等，其在我们的生态体系中产生怎样的影响	客户群体细分 👥 识别该产品所服务的不同用户/客户群，不同的群体会有不同的诉求。区分其中哪些是核心关切用户，哪些较次
	关键资源 🏭 要使产品成功，识别出需要哪些资源，比如人、资金、设备、知识产权、数据、原材料等		渠道 🚚 识别有哪些渠道或方式可以将产品或服务交付到用户手中，什么样的渠道最快速、高效	早期采纳者 该产品推出后哪一类客户最有可能开始成为早期客户？
成本结构 🏷 分析产品在采购、设计、开发、推广和运营中的成本结构，包括人力、设备、差旅和原材料等方面的成本及比例				收入来源 💰 分析产品创造的主要收益来源，比如客户购买、广告、订阅费、会员会费及利润分成等	

图 6.8　商业模式画布

以上画布的要素大致也可以分为三个区域。

- 客户发展域，中间和右上角区域，包括客户群体细分、客户关系、渠道与价值主张，描述如何获客和实现客户增长。
- 业务经营域，左上角的区域，描述支撑产品与服务的商业运作必要的经营管理活动。
- 盈利模式域，下方区域的成本结构与收入来源，从两方面描述如何能够产生盈利。

客户发展域

客户群体细分

在制定产品的解决方案策略时，要回答如何有效解决问题，因此更关注实际使用产品的用户。而制定商业模式策略，要回答的是如何获得客户并取得客户增长与营收，因此这里更关注的是客户。面向消费者产品，客户基本等同于用户；而面向企业产品，客户则是指购买产品或服务的企业，而非人。第 4 章在谈到如何识别对象开展客户访谈时，给出了针对面向消费者产品、面向企业产品的多个客户特征维度。作为参考，可以将多个维度结合起来刻画目标客群的特征。例如"有较高收入的20～40岁中青年"，"从事零售生意的小企业主""创业早期尚不具备成型管理体系的科技企业"，"科技能力不足的大中型传统企业"这一类描述。或者，将几类均有潜在可能的客群细分罗列出来，并区分出概率最大、最优先服务的核心客群和其他次要客群。

客群细分回答要争取哪一类客户和从哪里去获客。具备以上特征的客户应当是产品上线后开展营销活动的主要对象。目标客群想清楚了才能更有的放矢地进行营销，并尽早验证对目标客群选择的准确性。他们是否有兴趣，设想中最主流的客群能否带来足够的增长？能否尽早拿下这个领域的品牌企业客户？不能仅仅关注核心客群，由于不确定性，有时候次要客群也有可能带来意外的表现，在特定时候成为业务新的增长点，要考虑为不同细分的客群采取不同的获客策略。

客户关系

企业为客户提供产品或服务，产生接触，本质上是与客户建立一种关系。客户关系回答如何留存和进一步增长客户的问题。"关系"是个很抽象模糊的概念，在不同业务形态下可以从不同的角度来定义它。最传统的商业模式下，企业向客户销售产品，客户一次性支付费用，这是一种"购买关系"，比如以前的Office套件；而今天的Microsoft 365和客户之间转变成了一种"订阅关系"，按月续费并延续服务，这既是商业模式的转型，也意味着微软在办公产品上业务战略的重大调整。淘宝、天猫提供全球化的电子商务平台，允许每个商户租用一定空间，并利用平台提供的一系列基础服务在其中经营自己的业务，平台按基础服务的使用量收费或按商户的销售额抽成，平台与商户之间是一种"租户关系"。短视频以及知识问答型的网站其中绝大部分内容量是由网站的客户自己创作的，网站与其客户是一种"内容共生关系"……

也可以换个角度，从企业与客户的关系深度来定义。当客户开始使用产品后，如果客户使用完即离开这是简单的"一次性消费关系"。企业希望客户能够反复频繁地使用，建立忠诚度，这是"黏性关系"。若进一步期望已有客户在产品的客户发展过程中扮演重要的传播或推介角色，那就需要培育起一种"传播者关系"。又或者，企业希望为客户服务的不仅仅是一两次短期项目，而是在帮助客户实现其战略的道路上进行深度参与和促进，建立一种长期的"战略合作关系"。有时候，要建立的关系不仅仅是企业与客户之间的，还有客户与客户之间的联系与互动，共生共赢，也就是一种"社群经营关系"或企业客户间的"开放生态合作关系"，例如开放银行与金融科技公司之间。不同的商业模式有不同的关系，不胜枚举。无论哪种关系，在关系中如何提高互动频次和忠诚度可能是绝大多数商业模式都尤为关心的增长策略。

很多的商业模式创新是源自客户关系的创新，这里有很多机会。在相似的行业和相似的产品，通过新的技术和服务方式与客户之间建立起一种全新的服务关系。例如盒马鲜生的模式创新，同样是销售生鲜食品，与传统超市不同的是，通过数字化技术及其特色服务，将原来"挑选、购买"的关系，转变为"挑选、购买、加工、就餐"的新关系，建立了口碑并增加卖场回头客。又例如小米的模式创新，从产品的角度，它和很多生产销售3C产品和家用电子产品的企业差别并不大，有很多主打高性价比的企业。但小米通过其统一品牌及其米家、小米运动、小米金融等场景化统一入口，将丰富齐全的品类整合成为一个生态。它将原来与客户之间简单、零散的"购买关系"转变为在智能家庭、智能运动或金融科技领域为客户提供全方位数字化服务，让客户沉浸于小米打造的数字化生态之中，以生态带来更高的客户黏性，从而实现持续客户增长。总结起来，基于不同客户关系带来客户增长的商业模式策略有图6.9所示的六个类型。

客户关系	增长策略
有偿服务	最传统的方式，通过销售产品或有偿服务从每个客户身上获得收益，并再投资与营销获客，产生客户增长
病毒传播	通过现有客户的分享、推荐将产品和服务一传十、十传百快速地传播给大量潜在的客户，从而实现客户增长
黏性、忠诚	致力于通过有吸引力的服务建立客户的高忠诚度，通过客户的高留存率和沉淀产生持续增长
开放生态赋能	建立开放核心业务能力的平台，为生态合作伙伴赋能，从而建立围绕自身核心业务的开放生态，并与合作伙伴一起满足客户在各个场景下的需要，从而带来客户增长
撮合交易	类似中介，建立撮合交易平台，帮助交易双方低成本发现并建立连接，并为双方提供简单并有信用保障的交易过程，从中抽取佣金。发展交易双方都成为其客户，以此实现增长

图6.9 典型客户关系带来的增长方式

实际的商业模式下实现增长，更可能是下面几种策略的结合。比如，苹果基于卓越的产品体验和应用商店打造出具有高黏性的生态型业务，这是其客户得以增长的最关键动力引擎。淘宝原本是交易平台，现在同时基于其沉淀的海量数据产生基于数据的客户分析与营销能力，并将其开放出来赋能商户，使其更好地获客和服务于客户。

价值主张

要想吸引并打动客户，努力建立和深化客户关系，企业必须向外传递出自身能够为客户带来哪些核心价值，特色是什么，并让客户相信和记住（也就是要在客户心里建立一个品牌认知）。这个品牌认知要能够牢牢抓住客户，是能让客户信服的，能与客户产生共鸣的，同时必须有辨识度、简单易记和容易理解。当客户每提起一个产品时，头脑中立即能浮现出对该产品有哪些良好印象，比如当年的诺基亚手机，让所有人印象深刻的是型号多样且坚固耐摔；当年的黑莓手机，也拥有众多忠实用户，其独特的价值主张就是高安全性；而横空出世的苹果手机则刷新了截然不同的认知，能显示丰富信息的大屏、手指滑动操作和极致工业设计带来的卓越体验，这一强烈认知让很多手机用户淡化了对坚固耐摔的诉求，从而摧毁了诺基亚手机的品牌吸引力。

我们的产品和服务如果想要打动客户，需要提出什么样与众不同的价值主张呢？是安全可靠，还是健康、时尚？是科技领先，还是卓越体验？作为品牌策略的核心，价值主张必须让客户容易理解，不需要深奥的道理。当年乔布斯宣传新产品 iPod 时，只有一句"将 1000 首歌装到口袋里"，没有深奥的对存储空间大小的对比，没有对如何从电脑将歌曲同步到 iPod 的解释，这一句价值声明，足以让那些喜爱听音乐但每天背着随身听和一堆只能播放十几首歌的磁带的人对 iPod 趋之若鹜。

渠道

老话说"渠道为王"，在商业模式中，渠道之所以如此关键，是因为渠道决定着服务与客户的触点。要开展营销活动并获取客户，需要渠道，要深化客户关系，也需要通过渠道。渠道直接决定了这个时代影响客户购买决策至关重要的因素"体验"。渠道创新也是商业模式创新一个非常重要的来源。从线下渠道转向线上，从单一渠道向多渠道发展，是重要的企业业务发展战略。

企业通过何种方式对外传播价值主张？如何才能与目标客户开始接触并建立起最初的关系？这是"客户营销渠道"。是通过传统媒体宣传、线上广告、网络搜索、社交网络传播？还是通过行业大会、品牌推介会、邮件或营销人员线下客户接触？或者通过向已有服务关系的客户推介新的产品或服务？不同的方式决定了如何与客户建立起第一次接触，如何有效获客。在当前阶段，选择哪种途径建立客户关系最有效且具有经济性？从哪儿入手寻找这些潜在客户更可能成功？是否应当针对不同的客群采用不同的渠道？这是重要的商业模式策略问题。现在的营销渠道趋于多元化，因此往往需要列出多种可能有效的选择，并在一段时间以其中一两个渠道作为推动获客增长的重点。

还有一类渠道，即客户通过什么途径获取和使用企业提供的产品与服务，称为"客户服务渠道"。能够提供服务的方式多种多样，例如线下的店铺、营业厅、体验中心或线上的电话、网站以及数字化新渠道，像电商平台、移动应用、社交网络等。今天移动应用渠道又会分为 iOS 平台、Android 平台、公众号、小程序、嵌入 H5 页面等不同细分渠道。哪些渠道更有效？哪些渠道提供的流量更大，转化率更高，能吸引更多高价值客户？或者哪些渠道提供的客户体验更好，更契合企业自身的调性和价值主张？同时考虑不同渠道的潜力和经济性，聚焦在少数的几个渠道上重点发力改善体验。不同渠道有各自的优劣势。比如网络渠道传播快、覆盖面广但可信度低，难以与客户之间产生稳固纽带；而线下的营业厅、体验店则可以与客户深度互动，充分介绍产品与服务，但成本高，流量小。若企业的服务同时覆盖多种渠道，必须要清楚每一个渠道在整个商业模式中的定位，可能是针对的不同目标群体，或者针对不同的客户发展阶段，渠道要充分突出各自的独特性和优势。现在很多企业提倡多渠道战略，很可能线上与线下多个渠道共同编织成了整个服务蓝图里不同的触点，需要协同而非竞争，各自扮演好在整个链条中的角色。

业务经营域

关键业务活动

接下来，进入到商业模式中的业务经营层面。为了确保该商业模式可行，能够有效传递价值主张，开展业务并获得可观增长，企业需要开展哪些重要的经营活动？要创造和维持数字化产品，需要开展软件研发活动；要树立品牌、传递价值主张，需要进行市场营销活动；为了及时解决客户问题，留住客户关系，需要有快速响应的售后服务活动；要刺激客户增长，需要精心设计的用户运营活动。不仅仅罗列出关键活动类型，应当进一步将其细化，思考每一类活动将以何种方式开展。例如一家金融企业推出面向中小企业的差旅与报销管理创新业务，其营销活动包括基于现有金融客户的交叉销售，基于手机银行的渠道推广和引流以及召开发布会、沙龙等形式的市场推广。其中，通过客户经理开展交叉销售活动是当前最低成本和最有效的经营活动。分析关键业务活动可以分别从前面客户发展策略的几个要素展开思考。比如，要获客和进行客群研究需要什么活动？要深化客户关系需要什么活动？要创造并有效对外传递价值主张需要什么活动？需要在渠道开展哪些活动？

资源

要开展各项关键业务活动，就必须要有资源。研发活动可能需要关键的人才资源，需要专利，需要计算基础设施；营销活动可能需要潜在客户和市场数据；实物产品的生产活动需要原材料、机械设备等。缺乏资源就如同"无米之炊"，能够及时获得足够数量和质量的资源是得以让生产和经营活动高效开展起来的前提。不仅要将资源罗列出来，还要对每一项资源分析下面这些重要信息。

- 何种业务活动需要该资源？
- 资源从哪里获取？
- 资源是否具有不可或缺性？
- 特定资源是否有可替代品，是什么？

合作伙伴

经营业务是非常复杂的，要组织开展各项关键业务活动，获得所需的各种资源，几乎不可能都由企业自己独自完成或从零生产出来，必然需要借助外部的力量，也就是需要合作伙伴。考虑前面的各个要素，典型的合作伙伴如下：

- 渠道合作伙伴，利用第三方平台来推广产品，或分发产品；
- 媒体合作伙伴，需要在媒体上打广告，做直播等；

- 市场活动合作伙伴，可能需要专业服务公司来帮助组织大会和组织线下宣传等活动；
- 软件服务供应商，可能需要供应商来提供软件产品的研发和维护；
- 技术合作伙伴，可能需要从第三方获得某些关键技术，以便解决方案能够有效实现；
- 原材料供应商；
- 数据供应商……

除了要知道所需合作伙伴的类型，对一些关键的合作伙伴建议圈定最合适的合作对象。比如，金融科技企业尝试探索为客户提供差旅金融服务。在为之开发的创新应用中，企业自身能够提供灵活的小微贷款服务。然而，差旅预定并非自己所长，需要选择合作伙伴来提供出行和酒店信息及其预订服务。市场上哪些差旅服务平台更有影响力？其品牌能够与企业自身想要打造的品牌认知更契合？哪些合作平台更受企业自身的目标客户群信赖，服务更好？哪一家拥有国内最多最全的酒店数据？同时也考虑，在与哪些合作伙伴的合作谈判中有可能企业得到更有利的协议条款？合作伙伴的选择甚至直接影响到业务的成功与否，这是个重要的战略问题！在一些关键的合作伙伴上选择错误，会将企业原本有希望的业务拖入深渊。

盈利模式域

成本结构

商业模式分析的最后一部分是盈利模式。能够支持业务持续经营的模式才是好的模式。这涉及成本支出与收入两个方面。前面的各项业务经营活动、资源的获取都需要成本，将这些成本要素仔细分析并完整罗列出来，清楚地给所有干系人一个成本结构的全景图。这个全景图里，应当区分出哪些是固定成本，哪些是可变成本。固定成本是不随着业务量波动而频繁波动的相对稳定支出，比如厂房、办公室或者软件研发成本及专利授权费；而可变成本是随着业务量波动随时波动的部分，比如原料支出、市场推广支出或客户实施成本。固定成本过高而可变成本过低将给业务带来适应力风险，企业生存受经济环境影响更大。互联网时代多数的创新业务是轻资产的，大多数是可变成本。但随着如今线上与线下融合的趋势，软件技术与硬件设备融合，固定成本的比例可能会更高，如何把握好度从而控制好风险是个商业策略问题。典型的例子是，云计算的出现使得企业的基础设施成本，从过往一次性大投入的固定成本，变成了按运算量、实际存储量付费的可变成本，让企业经营拥有更大的弹性。

秉承精益创业的理念，创新投资应当是小批量的，基于实际成效反馈动态追加的，而不是一次性进行高风险的大投资。投资决策者需要非常关注成本支出的结构。要提高业务适应力与响应力，需要轻量化前期的预测与预算审批，但这并不等于弱化对支出的管理。相反，对成本的更精细化管理与监控变得比以往更重要，并且成本的管理要更面向业务和产品而非职能部门，要清楚地看到在每一项创新、每一项行动专题上的支出。决策者有了清晰的成本数据，结合对价值收益的衡量，才能更科学地做出下一步投资决策。

收入来源

毋庸置疑，收入来源在商业模式分析中是会被高度关注的，产品或服务的收入从何而来？参考前面的客户关系部分，往往不同的客户关系类型意味着不同的收入模式。如果是简单的一次性消费关系，那么产品销售收入可能就是唯一的收入来源。但这种模式产生了一次购买的决策门槛，也难以留住客户。今天越来越多的商业模式采用免费服务，但为高级特性和更优质的服务收取增值服务费。对于平台与租户，收入可能来自于按季度、月度收取平台租金；或者以很低廉的价格产生租户关系，然后按实际的服务使用量或次数计费。对需要海量客户并追求黏性的关系，比如需要客户参与创造内容的社交网络或内容型网站，要么通过高流量产生广告收入，要么建立会员制度，向高级会员收取会员费并提供高级特性，又或者，让提供内容的用户可以通过自创内容得到收入，企业从中获取一定比例的抽成。根据商业模式中的目标客群细分和想要建立的客户关系类型，选择最能够吸引客群并深化关系的一种或多种收入模式。

如果企业规模不大，提供的产品或服务很单一，直接收费模式就必不可少。但对于大型企业就更加灵活，在一系列产品和服务构成的生态中，并非所有都必须产生直接收入。例如，摩拜单车因为失败的盈利模式而无法经营，后来被美团收购。美团杀入共享单车领域，考虑的是通过单车服务来完善其客户在市内出行并用餐、消费的体验旅程，将旅程中的每一个环节都抓在自己的服务生态中，带来美团在商家推荐、支付等其他领域服务的收益，而单车服务本身不需要盈利。这是一种典型的间接收益，也应该包括在对收入来源的分析中。因为大型企业的业务多样化，有一些成熟业务在带来持续收益，对早期创新业务就降低了直接收益的迫切诉求，显然，这让大型企业在创新竞赛中相对于初创企业有明显的优势。

在制定商业模式策略的各个要素中，收入来源及其各来源所占比重可能很不确定，且随时间改变。多种收入模式不是一次建立起来的，随着产品及其业务的发展，推出当前阶段最有利和客户能够接受的模式。在需要获得大量客户的时期，过早开始收费显然不利于快速扩大客群，以"免费"的方式提供给用户，是为了降低用户的接受门槛，尽早对问题与解决方案进行验证；但如果进入高速增长期，迟迟不能建立带来足够盈利的收费模式，那么业务将不可持续，甚至被快速增长的业务运营支出拖垮。虽然今天不收费，但未来要向谁收费、如何收费、可能以什么特性作为吸引客户付费的卖点，这些策略从一开始就要尽可能铺垫到产品和服务设计中。每一步的决策都可能导致前期的客户积累受到伤害，需要决策者和创新设计者以实时的运营数据为基础，谨慎、步步为营地对该不确定性进行实验和探索，一旦发现异常趋势要能够快速调整。要实现这一点，就需要非常敏捷的软件产品研发能力。

综上所述，商业模式策略中的每一个要素都需要创新者进行慎重而深入的分析和挖掘，需要投资者、决策者对每个要素信息的合理性、可行性及其背后的不确定性有深刻的洞察，而不是想当然认为可行。解决方案画布中有一栏是关键指标，用于衡量方案对解决问题的有效性和价值。商业模式画布中虽然没有关键指标，并非不需要，而是因为商业模式中的每一个要素都存在不确定性，比如获客的能力、客户关系的建立、渠道的有效性以及合作伙伴的价值等，商业模式的每一项都需要设计相应的指标来验证。

对商业模式策略的分析是对业务人员、创新者、决策者的思维训练，迫使他们将没想清楚或者停留在脑海中模糊的商业思考可视化出来，让不确定性和风险显性化。正因如此，产品方案及相关业务策略的分析定义在一些企业中运用落地时会遇到挑战，业务人员和创新者要么没有真正想清楚，要么是本能地回避不确定性，不愿意将问题尽早暴露出来。他们仍然停留在"我是行业专家，难道有比我更懂的？"的思维模式。或者，因为业务与科技割裂，认为"我提出需求，你做就是了，这是业务的事"而拒绝在分析过程中与技术、运营等多种职能的人紧密协作。这些传统的思维模式，使得很多企业在面临不确定性挑战时，大量的投资难以产生商业上成功的产品和服务。

思　　考

1. 数字化业务与数字化产品是什么关系？能就这里提到的每一类数字化产品举出更多例子吗？
2. 企业内部运营管理型系统，是否有必要按产品进行定义和管理？是否需要产品思维？
3. 管理专题的目的是什么？产品和专题有什么区别？产品和专题的设计和管理上有什么区别？

第 7 章

设计和规划产品

分析并定义了产品策略,接下来进入到解决方案的设计与规划。事实上,定义产品、设计产品与制定规划这三类活动没有绝对的先后顺序,而是一个迭代交织的过程。概念性的设计活动首先产生初步的规划,进而触发对高优先级的部分开展更详细的设计,而设计的过程中又可能反过来调整最初的产品策略。在更广义上,这三者都可以归为持续设计的范畴,区别于后面的持续交付。在讨论具体的设计方法前,先需要解答一个关键问题,谁来设计?在业务层面进行服务设计,绘制客户旅程和服务蓝图需要跨学科、多角色的人才充分协作,同样,数字化产品的设计也需要多种角色的参与,即由一个跨职能团队来完成。

跨职能协作设计

要理解为什么必须由一个跨职能团队来完成,先了解数字产品设计的成果由哪几部分构成,它包括三个关键设计要素:业务、体验和技术,如图 7.1 所示。

- **业务**:是指要实现什么商业目标和如何实现目标的过程。包括提供给客户的服务流程、操作步骤、业务规则、关键业务数据,也包括为实现商业模式和业务增长目标所开展的经营活动。业务设计是解决方案能否创造价值的基础,需要设计者有足够丰富的业务领域知识。
- **体验**:是指如何更高效地达成用户目标,并在使用和服务过程中让用户产生愉悦感。它包括用户交互方式、信息呈现和视觉感受等方面的便捷、自然和美观。体验设计核心是对用户的关注,需要设计者对目标用户特点、行为习惯和人的视觉、触觉等感官感受有准确的把握。

- **技术**：是指如何通过科技手段来实现以上业务和体验设计的目标，同时保障稳定、安全的持续服务。它包括需要的编程语言、系统架构、算法与框架、数据结构以及与外部系统的集成，也包括支撑系统运行所需的计算、存储和网络等环境。

图 7.1 解决方案设计三要素

设计的三个要素没有绝对的先后关系，相互交织和影响。

- **业务与体验之间**：业务流程与功能的设计中结合用户的操作步骤与交互方式，流程本身影响着体验；必要的业务规则和数据信息需要以自然和有层次的方式在交互过程中呈现出来，更容易被用户注意和理解。
- **体验与技术之间**：流畅的用户交互体验需要低时延的前端应用框架和开发人员的编程技术来实现；相反，每次技术的进步都给设计师提供了新的武器来创造前所未有的体验，比如人脸识别和二维码等技术的出现使得身份认证与线上支付等环节更便捷高效。
- **业务和技术之间**：它们的紧密关系不言而喻，业务规则、数据存储以及业务的安全与风险考量都离不开技术能力的支持，大数据与人工智能技术为业务风险管控和商业洞察提供了前所未有的分析能力。

不同要素的设计需要截然不同的知识与专业能力，很难有人全部精通。先看看现在软件通常是怎么完成设计的。业务部门将期望的新业务流程和功能写成需求说明书，也可能因为太忙而什么也不写，口头告诉技术团队需要什么。这等于由业务人员完成业务要素和部分用户体验过程的设计。资深的业务专家掌握丰富的业务领域知识，可能也很了解客户情况，但并不是软件产品设计专家，不清楚怎样运用软件最有效解决问题，往往更关注业务管理而很少从用户体验角度考虑，更不懂技术。接下来，科技部门或定制软件供应商阅读并理解需求文档，从技术可行性角度评估合理性，要么提出质疑并要求修改，要么立项进入详细设计并开始实施。科技部门的人掌握软件技术，理解最新的科技能力及其局限性，但这些人往往过于理性，逻辑性强，缺乏对客户心理的感性洞察和同理心；况且，这些技术人员离业务很远，离客户更远，不了解业务战略和目标，他们往往不关心提出的需求是不是解决问题的最佳途径，因为根本不知道要解决的是什么问题，这也不是他们的考核指标。总的来说，这是一个设计上脱节的过程，业务、体验和技术三个要素没有在设计过程中很好融合起来，以这种方式几乎不可能高效地创造出有吸引力的优秀软件产品。

业务分析师（BA）

为了改善研发过程效率，解决业务人员不了解软件系统而导致其提供的需求质量太低，无法准确表达系统功能设计以及没有时间深入支持开发测试等问题，一些企业开始设立业务分析师这样的岗位，作为业务团队与技术团队之间的桥梁。业务分析师角色多数来自技术团队或外包供应商一侧，因为指望不上业务部门提供足够的需求分析能力，只能自己出人，一方面协助业务分析和编写需求，一方面也是让后续开发的工作更容易开展。也有一些企业，业务部门认识到需求分析对信息化建设的重要性，不能完全依赖供应商，所以在业务部门内部组建了统筹承接软件需求、开展分析设计和文档编写并传递给技术团队或供应商的子部门或中间部门。但它与真正的业务部门是分开的，被称为"解决方案部""信息办""平台部"等类似的名字。如果能培养一批合格的业务分析师，好处是，有专职人员负责分析和编写需求，需求文档的质量大大提高，有利于开发团队提高效率；更重要的是，业务分析岗的人员长期积累一定的业务领域知识，并且理解软件开发，能够将业务与技术因素更好融合，形成更高质量的系统解决方案。尤其是在本世纪初，像华为这类非常重视信息化建设的大型企业，形成了一种称为"BTIT"的组织结构，如图7.2所示。

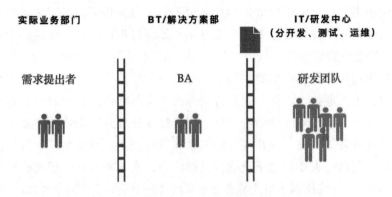

图 7.2　企业信息化建设的 BTIT 结构

相比以前，这种组织方式在企业信息化时代是一种进步，让需求得以专业化分析和管理，使得业务分析师这一职业迅速发展。但存在以下几个问题。

- **业务影响力不足**。对真实业务融入不够，很难对业务和客户产生影响力，也不对数字化投资带来的业务发展成果负责。因而，既没有话语权，也没有业务能力站在最终客户和价值的角度决策产品设计和优先级，更没有力量影响业务决策。相反，这一设置让很多业务部门不直接深入参与数字化建设，不承担数字化目标，例如线上完成的销售比例。其思维还停留在过往线下时代的业务模式，没有动力为线上业务拓展提供强力的支持。
- **规避不确定性**。如果该部门或角色是隶属于科技侧或外包供应商，前面提到，业务分析师要考虑到任何需求变更会带来的项目范围蔓延或进度风险，这决定了他们很难完全站在客户的角度思考设计和拥抱变化，会本能地保护自己的科技团队。
- **"需求二传手"**。还有一些不好的例子，这样的中间组织，既脱离业务一线，对业务知识的掌握不足，不理解业务方向；也长期脱离技术工作，对技术也倒懂不懂，两边都不够专业，起不到将业务与技术融合的作用。仅仅能扮演一个收集传递需求、书写文档和沟通信息的桥梁，所谓"二传手"，没有太大价值，成为夹心，被左右两边都抱怨。
- **降低响应力**。从图中可以看到，中间多了一个部门，显而易见这样的中间组织让本来就瀑布式的信息传递过程进一步拉长，降低了响应力。而技术团队离业务更远了，这导致一个缺乏协作、信息不透明、单向传递的过程。技术团队只能被动地接受业务提出的要求，因而很难产生最佳的设计，导致很多误解和返工，最终软件产品的价值和业务结果与自己完全无关。
- **不关注体验**。最后一点，业务分析师以业务部门为服务对象，更多关注的是满足业务管理的痛点，强调业务领域知识的积累，但缺少对实际用户侧体验的关注，或体验设计的专业能力不足，导致最后的解决方案弱化了一个关键要素。

追求卓越的数字化产品解决方案设计必须改变这个现状。既然设计的三要素缺一不可，且相互影响，那么设计过程就应该由掌握这三种专业能力的人以更多协作的方式来共同完成：多学科、跨职能参与的协作产生最好的设计。

体验设计师（XD）

在很多年传统的软件开发中，体验设计都是欠缺的一环。在以往软件主要用于支持办公和企业内部信息管理的时候，企业软件的使用多依赖行政要求推广，这时解决方案的设计更多聚焦于业务层面，对体验的关注并不迫切。但今天，数字化投资已经成为企业对外改善客户服务和对内改善企业经营效率的核心手段，可选择的产品极大丰富，更换成本更低，忠诚度下降，体验设计不亚于系统功能和稳定性，一样左右着客户选择，决定业务竞争力。

体验设计的目的是帮助用户以更高效、更令人愉悦的方式达成目标。这是一项专业性很强的工作，这样的专业人才称为"体验设计师"。绝大多数传统企业中缺少这样的人才，这与经营决策者和人力资源管理者对体验设计在数字化时代的重要性认知有关系，也和软件研发作为成本中心在企业经营中的地位有关。有些人狭隘地认为体验设计的工作就是设计界面，画画图，即所谓的"美工"或"UI设计师"。这类角色并不充分参与创造解决方案，他们和开发人员一样被动地接受需求，按要求将需要的界面展示和中高保真原型图制作出来而已。他们对业务和前端技术缺乏理解，更不理解如何通过设计来帮助用户更好地达成目的，以及如何吸引和留住客户。如图 7.3 所示，系统化的体验设计工作分为四个层次。

图 7.3　产品体验设计的四个层次

体验策略

进行体验设计，有一些必须遵循的基本原则和方向需要进一步明确，例如设计的目的、约束条件、客户或决策者的倾向偏好等。体验设计策略是落地产品策略的关键之一。例如，产品需要传递给客户的核心价值主张和品牌印象，就需要通过体验设计充分表达出来，它会影响设计成果的各个方面。如果商业模式策略中倾向于通过某个渠道开展获客，那么在产品的相应环节设计中就要仔细思考如何通过恰当的信息呈现、话术或有吸引力的视觉表达来引导客户完成转化，通过降低客户交互过程中的等待和复杂性来避免客户流失。基于产品的目标客户群是年轻人还是老年人，体验设计成果显然会走向完全不同的方向。

信息呈现

指的是如何组织和呈现信息从而让产品更加可用、易达和易理解。用户在使用产品时，都不希望看到信息混乱，前后不一致，都希望有结构化、明晰的引导，从而能快速用到所需要的功能。产品设计者希望当用户进入界面后，能够快速注意到最重要的信息，从而能更好地传递意图或达到业务增长目的。这些都与信息呈现结构的设计有关。主要包括对信息布局、展示归类和顺序进行设计，对文字或语言风格等信息表达进行设计，对不同信息页之间导航切换进行设计以及对如何搜索信息进行设计等。

交互方式

交互方式，一方面是指对于单一操作互动的不同方式。例如，用户登录是通过账号密码，还是扫二维码或刷脸；用户要删除一条记录是通过点选，还是双击，或者横向滑动；用户要输入一个名称信息，是完整打字输入，还是能自动带出，或者直接选择。另一方面是指用户达成其目的的一系列操作如何组织和连贯起来更加快速、高效。在设计时，通常根据用户的体验步骤将各个界面之间的流转路径画出来，审视是否合理和高效。恰当的交互和信息呈现方式能不言自明，大大提高用户效率，减少客户抱怨和咨询请求。

感官体验

体验的最后一个环节是直接对感官的影响，像视觉上的美感、声音的舒适性、触觉反馈。感官触动是很能够对客户产生吸引力的方式，设计恰当的Logo、柔和舒适的配色，视觉风格能够很好地帮助体现企业文化，带给客户令人印象深刻的品牌理念，更容易得到客户的信任。

体验设计师不能是被动的需求实现者，应该从体验角度全程参与解决方案设计。参与客户研究，充分理解业务背景和要解决的问题，理解产品策略与期望产生的核心价值，频繁与技术专家沟通以确认实现体验的可行性。体验设计的思考完全有可能影响到业务流程、商业模式和技术决策。除此以外，体验设计师的另一个非常重要的作用，是在解决方案设计过程中将大家的想法快速可视化，从而提高沟通协作效率。在多人协作的设计过程中，当一起讨论某个概念和想法，语言文字有时候很匮乏，是模糊和不准确的。同一个概念在不同人头脑中浮现出的样子可能非常不同，导致在沟通协作过程中低效或造成误解。高效的协作设计过程需要将每一步的想法尽早可视化。除了采用客户画像和客户旅程等方式将分析过程直观表达出来，也需要将关键界面和交互方式的构想绘制出来，以图形方式帮助所有人理解更加准确和一致，及时消除误解。

详细讨论体验设计工具或方法的书籍很多，这里就不一一展开介绍。原型法是体验设计师最常用的一类工具，通常涉及三个步骤。

- 步骤1：草图或线框图

  在前中期方案讨论过程中，采用草图或线框图快速表达设计想法。例如，拿一些A4纸，用笔快速将主要界面的布局、关键信息和操作、交互流程画出来，帮助参与者提高讨论效率，快速达成共识，修改起来也很快。

- 步骤2：中、高保真原型

  相比草图，绘制和修改中、高保真原型更花时间。它往往产生于解决方案最终成型的中后期。设计师将一些已经基本有结论的方案采用更专业的原型工具绘制成与最终产品很相近的原型图，准确地表达最终设计成果，用于给客户演示或作为开发输入。尤其是界面设计细节直接影响竞争力的消费端数字化产品，高保真原型必不可少，而其他类型的产品做到中保真即可。

- 步骤3：早期用户测试

  解决方案一旦开始编码实现，修改就会有很高的成本，一些显而易见的错误或未取得共识的地方可以更早被识别出来，这需要通过用户测试。即采用草图或中保真原型给潜在用户或干系人做演示，收集反馈。用原型演示而不是长篇大论的方案文档更能够吸引用户注意，更容易被理解并得到有效的反馈。然后，团队根据反馈，尽早调整方案，降低修改成本。

要想创造有吸引力、有竞争力的数字化产品，企业必须招募和培养体验设计专业人才。有些企业已经行动起来，面向消费者的，尤其是手机移动应用，开始有了一些专业的体验设计师，移动应用随时随地高频使用的特点和屏幕小信息空间有限以及手指操作的约束，使得体验因素对客户的活跃和留存影响很大。一旦一部分企业行动起来，就会开始形成围绕体验的同行竞争，不够重视体验的产品和服务必然就会被重视体验设计的先驱者所淘汰。企业服务市场也不例外。一些管理者仍然认为，面向企业的产品体验不重要。然而，今非昔比，现在必须转变认知。腾讯、阿里等互联网公司开始进入企业服务市场，好的体验通常就是它们逐步打败传统企业的显著竞争优势之一。体验直接影响着员工的工作效率和对工作环境的满意度，好的设计可以为企业带来显著的无形收益。

产品负责人(PO)

有了精通业务、体验与技术的专业人才,是否就能设计出优秀的产品了呢?业务专家、体验设计师和架构师都是专才,具备对产品设计三要素中某一个要素的深刻理解,然而对其他方面并不熟悉,必须要在共同的目标下密切协作起来才能有最好的结果。这就需要另一个非常关键的角色:产品负责人,一个对数字化产品负责,以产品及其支持的业务成功为核心目标的角色。产品负责人处于图7.4所示的中心位置。

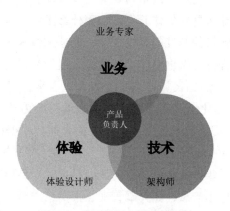

图7.4 产品负责人的职责定位

该角色之所以称为"负责人",具体工作职责如下。

- **决策者**。针对一个具体的数字化产品,负责主导产品策略的定义,然后在整个设计过程中作为方案设计选项的决策者,在软件交付过程中作为对设计理解分歧的仲裁者,作为特性交付优先级顺序的决策者,并在方案实施后基于真实成效反馈决策下一步的行动。他需要有一定限度的决策权,只有权责对等,才可能真正对产品的最终成果负责。
- **引导者**。需要能够引导业务专家、体验设计师和架构师等跨学科的人才组成一个跨职能团队,共同参与到方案设计过程中,以共同的产品目标促成高效的协作和共识。因此,决策者并不等于独裁者,其决策应该充分吸纳跨职能解决方案设计团队中多种角色充分表达的意见,再做出专业判断,力求达成共识。
- **规划者**。作为负责人,要以最大化符合企业整体战略的产品价值为目标,合理制定出产品如何实现愿景和目标的演进路线图，设计实验，规划产品每一个迭代版本的目标及其范围，同时也策划产品上线后的推广和运营措施，并推动其实施。

- **设计者**。不是聚焦哪一方面的设计，而是有能力将设计的三要素融合为一体，根据产品本身业务特点的不同而权衡取舍。产品负责人是数字化企业必须要有的一类关键人才，其技能处于跨学科的交叉地带，需要有较宽广的知识面，兼具用户、业务与技术思维。既要有较深的业务领域知识，理解企业的业务战略与目标；理解体验设计的原则和发展趋势，能够分辨出什么是好的体验设计，而什么不好；也最好具备一定的技术背景，能理解软件开发的客观规律，能够和技术团队良好交流。只有这样才能够综合思考做出最佳设计决策，引导交付团队达成产品目标。

任何一个数字化产品的设计都离不开以上三要素，但不同类型产品的解决方案中三个要素所占的比重和对最终产品成败的影响力是不同的。因而，需要不一样来源和背景的人担当产品负责人角色更合适。根据设计三要素，可以将企业的数字化产品大致分为三种类型。

- **业务驱动型**　业务或服务流程的设计是决定产品形态的最关键因素。典型如企业信息化产品，如人事管理、报销系统等；或者业务运营管理类产品，如贷款审批、供应链管理。这类产品有很强的行业属性，解决方案设计需要较深入的特定业务领域知识，需要对复杂的业务概念进行抽象建模。产品负责人往往是来自于具体业务部门的资深业务人员或者在特定领域有长期积累的资深业务分析师。
- **体验驱动型**　通用型应用，更贴近工作和生活的日常。用户操作的简单、易用以及感官体验是产品创造价值并成功的最关键因素，如社交网络、图片分享和即时通信工具等。这时，产品负责人往往更多具备体验设计师背景。
- **技术驱动型**　典型如基础设施类产品，如智能推荐系统、容器平台、云平台一类。这类产品往往处于客户服务蓝图中不可见的后端，技术门槛成为这类产品得以成功的关键。这时，产品负责人可能更多需要有技术背景的资深专家。

无论产品属于哪一类，产品负责人原来的背景如何，要成为合格的产品负责人就需要努力补齐另外两个方向的知识和技能，不能是一个瘸子。我见到不少这样的优秀人才。不过在多数企业里，具备这样足够能力的产品负责人依然解决，很多互联网企业同样如此。即便企业已意识到该角色的重要性，却常常挣扎于该角色应隶属于业务还是技术部门，毕竟这是一个介于两者之间的角色。在理想状态下，企业不应该割裂业务与科技部门，而是建立真正共同面向客户和价值的组织结构。就像 Spotify 和 Netflix 这类颠覆了传统行业的先进科技企业，就不存在这样的纠结。产品负责人是面向业务的跨职能产品团队中的骨干角色。关于如何建立面向业务的动态组织结构，会在第 12 章深入讨论。但现实里，大多数从传统行业转型而来的企业业务与科技部门短时间很难融合，这里谈谈我的看法。

理论上，无论产品负责人隶属于业务还是科技部门，只要有足够的知识与能力并赋予其责权就能够胜任。但是，考虑到传统行业的特点，和企业内部部门绩效与文化的典型现状，产品负责人若来自业务部门会更有利于带来深层次的数字化变革，更有利于产生数字化时代所需要的业务与科技融合趋势。在这里，他们能够更贴近客户与业务一线，能够与其他业务专家更紧密、顺畅地进行沟通合作，更能理解业务战略与目标。产品负责人应当来自真正承担业务发展目标的业务部门。数字化转型的根本是以数字技术为核心的商业模式变革，业务人员必须开始具备科技思维，能够将数字化技术融入到业务基因里。企业投资数字化的目的是支持业务愿景的实现与战略达成，机会和想法更多来自于客户和业务问题，而非技术，必须尽可能贴近业务并洞察客户，只有这样，才能发现更多创新机会。由这样的产品负责人引领，在同样隶属业务部门的体验设计师的协助下，在产品解决方案的设计与实施过程中主动与技术团队形成虚拟的跨职能团队，以共同的成效目标开展工作。

当然，由真正业务部门的成员来承担产品负责人角色会面临不小的挑战。

- 首先需要业务领导者转变思维，不再把科技部门视为成本中心，而是作为长期合作伙伴与其开展平等协作，并对其能力提出要求。
- 要致力于通过招聘或内部培养的方式在业务部门内真正培育科技思维，要学习和理解数字化技术的特征和规律，掌握数字化思维、设计思维与创新管理方法（例如阅读这本书）。
- 业务部门需要新增"数字化产品负责人""体验设计师"这样的岗位，

让这类人才有正式的发展空间，而不是短期行为。

应对未来数字化挑战，不愿意挑战和改变以往业务部门思维和职责的其实是一种逃避，也许现在看着还好，未来迟早会面临那些更勇敢对手的侵蚀。如果企业当前面临一些现实约束，或业务部门的思维还没有发生足够转变，也不要就此放弃，可以先向前迈一小步，先由科技部门设立产品负责人岗位。不同于前面谈到的业务分析师，必须清晰地定义其职责并在业务与科技部门之间达成共识，给予必要的产品管理授权。同时，为这类人才投资，允许他们持续学习和积累业务领域知识，提供创新和设计方法的赋能。更关键的一步是，强烈建议让这些人与业务人员经常坐在一起工作，长期深入合作。等待未来业务觉醒时，抓住下一步变革的时机。

如果科技部门承担产品负责人角色，当需要开始新产品的设计时，我建议采用"解决方案团队"的工作模式。过去的经验证明，这是比以往传统以需求文档传递好得多的工作方式。

- 产品负责人参与业务部门的规划，并与业务侧合作，共同开展行业与客户研究，共同探索数字化创新与改进机会。
- 当客户或业务部门提出创新的想法或共同发现了创新机会，不再依赖业务提供需求文档，而是由科技部门主动出击。
- 成立由产品负责人为核心，包括体验设计师、架构师或技术骨干在内的解决方案团队，与资深业务专家在一段时间里紧密协作。采用本书介绍的一系列关键方法为主线，开展协作共创式的解决方案设计，制定规划并达成共识，细化出第一个最小实验版本的交付计划。若产品负责人尚不具备引导整个设计过程的方法和经验，小组中可以增加有经验的教练来负责引导过程与方法。
- 最后，由解决方案团队根据设计成果输出解决方案文档，包括业务方案、技术方案、原型与交付计划等。

在这种工作模式下，以业务部门干系人的充分参与为前提，根据创新产品复杂性的高低，解决方案团队有可能在2～5周的时间里快速输出解决方案，制定出合理规划，并立即启动交付。这一工作模式既解决了科技部门不理解需求背景和价值，业务部门书写的需求质量不高，技术参与太晚导致需求返工的问题；也解决了业务部门从提出想法到开始编码中间周期过长，迟迟不能开始交付，响应力不足的问题。更重要的价值是，运用本书介绍的方法，这种协作设计的模式能够提高产出解决方案的质量，逐步形成业务与科技紧密协作的工作氛围，逐步牵引业务方转变数字化思维，让科技组织在企业数字化转型中发挥出更大的影响力，实现科技引领业务。

当数字化时代来临的时候，数字化产品负责人就是企业必须着力投资吸纳和培养的一类核心人才，是数字化转型真正能够成功产生业务成效的关键点和难点之一。由于过去业务与技术职能的割裂，导致今天缺少这样的思维和能力，无论再难，都要立刻开始行动起来。

专题负责人

在解决方案的设计与规划中，除了产品负责人，还有一个相似但又稍有不同的角色"专题负责人"。前一章提到，不是所有的机会都需要创造新产品，我们用"专题"来指代在特定创新机会或方向上的具体行动，并设计解决方案。专题方案不等同于产品，尤其是那些涉及跨产品、跨领域的创新机会，需要有一位明确的负责人来端到端负责该专题相关的方案设计、协调规划、实施跟进与成效反馈，确保达成专题目标的执行力，该角色称为"专题负责人"（图 7.5）。

- 如果专题落地为一个新产品或只影响一个产品，那么专题负责人自然就是该产品的产品负责人（图中专题 2、3）。
- 如果专题跨多个产品，但有一个产品是主要发起方或主要受影响的，那么专题负责人可以就是这个发起或主要受影响产品的产品负责人（图中专题 1）。
- 如果专题跨多个产品，且找不到哪一个产品作为合适的牵头方，那么更高层的管理者需要为之安排一位专门的专题负责人，也许是较资深的业务分析师、解决方案专家，为跨多产品、多领域的复杂专题负责，协调各个相关的产品负责人共同合作。（图中专题 4）。

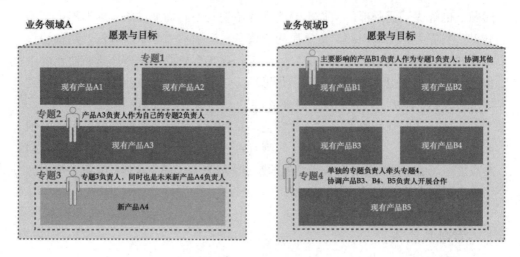

图 7.5 专题负责人

专题负责人需要跟进专题从设计到落地、反馈的整个过程,推动重要投资的落地执行。专题负责人与产品负责人的能力模型相似,也需要能引导相关产品、多角色跨职能的一群人在共同的专题目标下开展协同设计,形成高质量的解决方案。但有一类技术改造专题,如架构服务化专题,其负责人是架构师或技术骨干。

设计解决方案

解决方案设计成果是启动产品迭代交付的输入,应该以什么形式传递给技术团队呢?很多年里普遍流行的是采用"需求规格说明书",这是过去基于工业时代生产管理思维诞生的一种形式,将所有需要开发的功能细节都描述出来。但这一形式在价值交付和提高响应速度上有几个缺点。

- **前期准备时间长**。在启动开发之前,要将所有需求细节都讲清楚,需要花较长的时间书写需求文档。在典型的传统项目里,花了几个月书写需求却没有开始一行代码,这将周期时间拉得很长,响应速度低。
- **很难产生协作**。前期业务或产品人员花费很长的时间埋头书写需求规格说明书,然后提交技术团队评审。这一文档交接方式很难让业务与科技人员协作起来。如果需求质量不够，可能会被打回，文档在两个部门之间往复多次，产生隔阂与不信任。
- **价值不清晰，缺乏全局观**。需求规格主要描述每一个功能或用例的细节，但往往没有传递出整个解决方案的背景、目的和价值。由于需求按系统模块进行组织，往往很难看到整个产品或方案设计的全貌和未来路线。要让业务与科技融合，需要建立一致的面向价值成效的目标，然而，传递的需求信息上只有待开发的功能，没有价值分析与整体设计，显然是矛盾的。
- **没有优先级**。需求规格中，所有功能往往按模块结构进行组织，没有优先级信息。对于一份较大的方案，先开发什么后开发什么，由技术团队决定，往往会从一些看似基础和简单的功能开始，而这些通常并非是业务或产品需要尽早验证方案不确定性的部分。没有清晰的优先级，就很难合理地进行迭代计划并尽早交付，这往往导致大的方案一次性交付，风险更高。
- **变化产生浪费**。在一份需求规格说明书中，所有功能描述的详细程度基本在同一个水平。要么都描述很粗略，达不到交付团队立即可以工作的地步，还需要辅以大量的额外沟通和确认，效率低，且这些沟通的结果很可能没有地方进行跟踪管理。要么负责任的业务分析师将所有需求都描述地很详细，即便是那些优先级低不会近期开始的工作。而等到要开始交付时，想法和方案可能又发生了改变，白白地浪费时间做前期过早细化和文档书写。

适应新时代业务科技融合的产品化管理，有必要改变过往的需求形式，以目标与价值明确、优先级清晰、远粗近细，直观可视化为原则产出容易理解、有全局观的解决方案。包括以下 5 个部分。
- **产品策略**。采用第 6 章的解决方案画布（或简化的专题画布）来精准描述一个解决方案。最好就一页，而不是长篇大论。必要时，配合能支持该产品策略的前期行业与客户研究信息，需要提炼。
- **业务方案**。新产品或专题相关的业务场景、流程步骤，主要业务规则与数据以及实现业务需要的功能特性全景图。如果是面向市场的产品、客户触点型产品，业务方案可能还包括如何推广和增长、提升客户满意度的运营策略。
- **技术方案**。将业务概念转变为领域模型，形成子系统边界划分，提供系统集成方式与主要接口、数据架构、部署运行架构等，阐述如何满足系统性能、可用性、安全性等方面的非功能需求。
- **产品原型**。即前面所述的信息呈现、交互与感官体验的设计，主要以交互原型图的方式呈现。
- **交付规划**。遵循精益的原则，避免大的方案和长周期计划，而是有意识地将其拆分为可以更早更频繁交付的小版本计划，更早获得反馈。交付规划不是一个完整详细、针对所有特性交付的时间计划，也不是传统的任务分解图（如WBS），而是更关注优先级顺序的产品演进路线或滚动规则地图，专注于如何更快速地交付价值。可以将第一个最小实验版本的范围和交付计划进行细化，准备好启动迭代开发。

设计思维

数字化业务要想不断创新进而取得竞争优势，找到机会是很重要的第一步，能将机会快速转化为高价值、有吸引力的解决方案才可能真正达到目的。这里就有必要谈一谈什么是设计思维。如何高效地解决问题？这一挑战由来已久。上世纪末，斯坦福大学设计学院首次提出了"设计思维"及其典型的双菱形模型，并在IDEO等一些优秀的设计与咨询公司大量实践应用中得到推广。IDEO的总裁兼首席执行官蒂姆·布朗（Tim Brown），是设计思维的关键人物之一。他认为："作为一种思维方式，设计思维通常被认为是一种能力，它综合了对问题上下文的同理心、产生见解和方案的创造性以及分析并为问题找到合适解决方案的理性。"设计思维本身并非一种具体的实践，而是一种为解决问题探索最佳方案的元模型，具有普遍的适用性。它是在现代企业数字化创新中持续开展规划设计活动最为基础的指导原则，帮助企业从业务战略到解决方案真正实现以客户为中心。前面几章介绍的客户研究与服务体系设计，就遵循了设计思维的原则。

图7.6展示了一个将设计思维应用到数字化产品设计中的典型过程。由于是设计具体可用的产品，因此关键研究对象从客户转移到了用户。

设计和规划产品

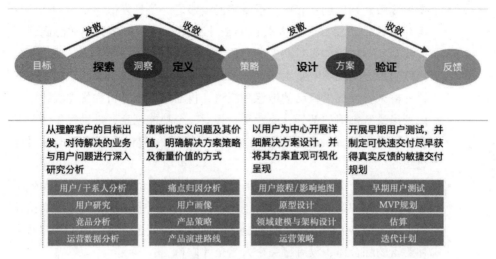

图 7.6 遵循设计思维的产品方案设计过程

整个设计过程中，由产品负责人或专题负责人主导（或由有经验的教练引导），业务、体验和技术专家多种角色共同参与。图中只尝试列出一些较常用的工具方法，并不完整。有不少的书籍在分享对设计思维的理解和应用，例如《设计改变一切》和《设计思维手册-斯坦福创新方法论》，推荐阅读。它的核心原则可以归纳为下面几点。

- **同理心**。这是设计思维的精神内核！优秀解决方案的源头必须来自对客户和用户所面临问题的深刻理解，能够换位站在他们的角度思考真实的场景，洞察他们的痛点和根本目的，而不是首先从商业和技术角度出发。强调同理心，也就是强调设计要以人为中心。相反，服务和产品忽略了以人为中心这一核心设计原则，不仅仅会降低解决方案的有效性和吸引力，就算物质再丰富，也只会让世界变得更加糟糕。

- **感性与理性结合**。设计的过程不是简单的逻辑思考，也需要感性思维。这既体现在洞察客户心理所需要的观察、感知和直觉，也需要提出想法时的想象力和不拘一格，也包括体验设计过程中对人的心理、习惯和情绪的把握，产生能引起共鸣或令人愉悦的设计。同时，也需要结合理性思维，让设计合乎逻辑，符合必要的流程与规则，进行全局性、系统性的思考，且平衡考虑技术可行性、成本等众多因素，筛选出最佳方案。

- **发散收敛**。开展创意和设计很重要的策略之一是先发散出众多的想法，再筛选收敛出得到所有人共识的最佳选择。这一策略贯穿在协同设计的各个环节。例如先对众多的对象进行访谈研究，收集大量数据信息，再以画像方式提炼收敛出共性模型；在设计过程中，以头脑风暴的方式让一群人各自提出自己的抱怨和想法，再通过归因分析和优先级排序，识别出最有价值的部分；或者是，针对一个功能创意，鼓励每位参与者都绘制草图具象化自己的设计想法，然后再一起讨论筛选出最佳设计想法。
- **协作设计**。前面一再强调，好的设计不是一个人能做出来的，必须依赖多学科、跨职能的多人协作共创。不同背景的人能够从不同角度提出独到见解，帮助完善方案。更何况产品设计本身就是业务、体验和技术多种要素的综合体，没有哪一个人是全才。
- **可视化想法**。设计活动在大多数环节是个很抽象的过程，包括对客户的理解，对业务流程的理解，对设计想法的讨论。抽象的概念投射到不同人心理产生的具象画面可能千差万别，这导致了设计讨论过程的低效，导致方案或需求从提出者到实施者过程中的失真。人类接受和处理图形信息的效率远远高过处理语言和文字信息，因此，解决这一问题的良方是尽早将想法可视化，让所有人在直观的、广泛辐射的信息图谱中开展协作。这就是为什么很多优秀的创新与设计公司，墙面上总是贴满了各种纸条和图形。例如，设计团队贴在作战室里的客户画像、旅程地图或服务蓝图、价值链地图等，也包括绘制草图、线框图和中高保真原型，这些都是可视化的设计工具。
- **快速学习**。认知不确定性，无论付出多大的努力都不可能通过事先分析确保解决方案的绝对有效性，需要有实验的心态。在前期方案设计上进行适度的投入，通过几周形成方案并快速启动迭代交付，而不是付出数月时间设计一份看似完备的方案，风险会更高。早期通过原型进行用户测试，获得反馈并立即调整方案。进一步，通过设计最小实验来尽早上线创造价值，并获得用户反馈和数据，以定性或定量方式验证不确定性，步步为营。

设计思维与敏捷方法相辅相成，是所有致力于通过创新为客户提供卓越产品的创新设计者必须具备的方法论。下面对其中个别主要的方法进行简单介绍。

用户旅程

第 5 章介绍了客户旅程和服务蓝图，绘制和设计企业为客户建立的服务体系。它覆盖的是完整端到端的服务过程，不是针对一个具体的数字化产品，包括了所有的人、设施、软件的交互。到了具体数字化产品和专题的方案设计阶段，可以采用用户旅程。它与客户旅程类似，区别是它围绕具体着某一类用户所描绘的场景可能更短更细，是更大的客户旅程或服务蓝图中一个局部流程环节，一个子场景。例如，贷款业务的服务蓝图绘制了从获客、贷款、放款到贷后风控整个过程，而一个具体专题要解决的只是其中贷款申请烦琐、周期长的问题。那么为该专题设计解决方案时，分析用户旅程就只需要覆盖贷款申请这一子流程的细化步骤，或者用户在线上进行自助贷款申请的操作步骤。

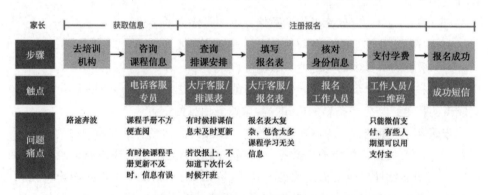

图 7.7 细节场景的用户旅程（现状）

遵循相似的过程，针对一个新产品或专题的目标将其划分为几个相对独立的子场景。根据从前期的访谈调研和现状研究中获知的详细业务步骤、每个步骤用户遇到的问题和痛点，将每一个子场景采用用户旅程展开。还是以前面英语培训机构为家长提供的服务来举例，要设计一个移动应用，允许用户通过它进行在线报名。围绕报名这一子场景，绘制出上面图示的现状用户旅程。

从现状旅程出发，通过以下几个步骤逐步形成完整的解决方案。

步骤 1：设计挑战。 依次对每一个痛点、问题都挑战团队自己，询问"我们如何能够……？"例如，"我们如何能减少填写报名表所需要的时间？"或"我们如何能让没报上名的家长在下一次开课时第一时间得到通知？"先鼓励参与者尽可能地发散思考，提出不同的、有创新性的建议。然后综合考虑每个想法的有效性、实施成本与技术可行性等因素，对最佳的解决思路达成共识。有时候，可能需要刻意选择成本更高一些，但更具创意的方式来解决问题，让最后的解决方案更有吸引力。

步骤 2：绘制未来状态旅程地图。实现新的设计，很可能使用户现有的体验过程发生改变。根据上一步形成的问题解决思路，调整现状用户旅程，体现出未来设想中的用户场景步骤。

步骤 3：输入输出分析。接下来，将方案思考细化到系统层面。数字化产品本质上是一个处理信息的系统，任何步骤无外乎接受输入信息，加工返回输出信息。信息的处理和流动过程基本上反映出了整个业务的处理过程。针对旅程地图中每个步骤仔细分析需要什么信息输入？标注在步骤的上方。输入信息主要有三种类型。

- 需要用户通过界面提供的数据，主要是输入的字段。
- 需要从外部第三方获取的数据，通过接口或异步消息。
- 系统内可提供的关键业务数据。

同时，分析每个步骤需要产生哪些新的数据信息。标注在步骤的下方。例如，生成新的订单，产生一条新的通知，一条业务信息的变更。

步骤 4：识别特性。沿着旅程地图进一步展开。如果要完成地图中的每一个步骤，将输入数据转化成输出数据，同时实现针对问题的解决思路，系统需要提供什么功能特性，或要做何修改？这里要考虑的，不仅仅是直接用户可见和交互的部分，也要识别为支持前台交互，需要后台提供的管理功能。例如，前台要允许客户通过手机查询课程信息，那么后台就必然需要有对课程信息进行管理维护的功能。有些解决方案是跨渠道的，要同时修改包括移动端、电脑端和其他设备端多个渠道的功能。为了将这种跨产品或系统的特性识别更直观、结构化地展示出来，可以在旅程地图的下方将多个产品或系统自上而下列为数个横向的泳道，将识别出的新特性或现有特性的修改分别贴在旅程地图对应步骤下方各自所属的泳道内。

步骤 5：识别依赖。在最下方划出一个特殊的泳道，除了已列出的产品和系统，还需要列出其他第三方系统提供的接口、服务或需要关联系统修改的部分。这些第三方依赖往往是方案实施的风险点和影响进度的重要因素，显性化这些依赖带来的风险，让所有人意识到需要尽早开始进行外部沟通协调工作。

经过这样一个在作战室里可视化、集体协作的设计过程，最终形成一个按用户旅程步骤从左向右展开，和按相关系统自上而下展开的信息图谱，如图 7.8 所示。以结构化的方式，将实现一个用户场景的系统方案全景图展示出来，在协作讨论中加深每个人对解决方案的理解，更容易发现其中的遗漏和问题。

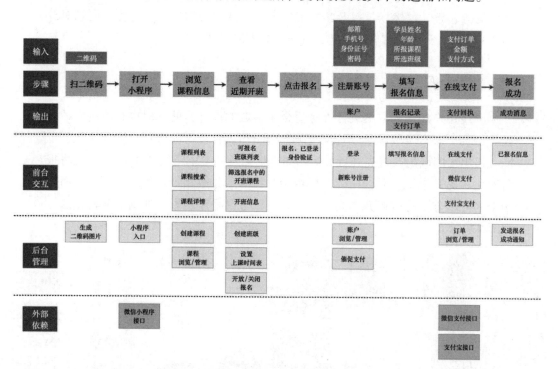

图 7.8　从用户旅程出发的方案设计

步骤 6：绘制草图原型。 在识别特性的过程中，或者全景图出来以后，参与方案设计活动的体验设计师应当快速地以草图方式将方案中一些重要特性的界面信息呈现和交互设计画出来。可能就画在几张卡片或 A4 白纸上。这样，除了特性的标题，进一步有了软件外在形态的粗略可视化展示，能促成参与者对产品设计有更直观、一致的理解。有意思的是，一些关键的、有独创性的功能没有太多可借鉴的设计时,不仅是体验设计师,可以邀请每一位参与者一起绘制界面草图。采用"发散-收敛"的方法,先各自在白纸上画出自己的设想,然后一一展示并讲解自己的设计想法。经过讨论,最终收敛得到能够取得共识的最优设计。这些草图在解决方案基本成型之后,由体验设计师进一步转化为更贴近最终产品的中高保真原型,用于早期用户测试,为开发提供输入。

对于新产品或复杂的专题,需要设计的场景往往不止一个。例如,培训机构案例中,要开发学员自助服务应用,可能需要分别针对在线注册场景、预约试听场景、教学反馈场景以及学校工作人员的课程规划与开班这些不同场景分别展开设计,最后再综合到一起,形成一个整体规划。

影响地图

围绕用户场景的方案设计方法适合于多数的设计目的,但也有不适用的时候。在机会探索阶段,通过对现状服务蓝图和运营数据的分析,发现差距,可能会提出很明确的改进提升目标。例如,将客户流失率降低到 3.5%,或者将报名转化率提升 20%。目标明确,但可能改善的点分散在很多地方,采用面向场景的分析方法有时候并不高效,这时可以考虑采用"影响地图"分析方法,如图 7.9 所示。

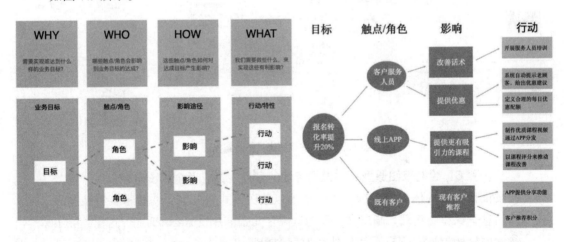

图 7.9 影响地图的分析过程

分析过程分为四个阶段。
- 目标（Why）：设定改进目标。
- 角色（Who）：识别可能影响目标达成的角色或触点。
- 影响（How）：分析各角色和触点如何影响目标，包括正负面影响。
- 行动（What）：针对每一种影响，可以采取什么措施来增强有利影响和抑制不利影响。必要时，可能再进行第五级更细粒度的行动拆解，拆分需要修改的具体功能特性。

这一方法可能不适合全新产品和具有明显业务场景的设计，但适合在现有产品和服务基础上基于明确的改进目标进行发散和收敛设计，形成一系列需要采取的改进行动和功能特性。纳入整体产品规划中。识别出的某些改进点可能本身就足以成为一个专题，须以用户旅程方法进行细化设计。

制定产品滚动规划

通过前面的途径，对各个场景进行详细分析与设计，逐渐形成产品策略、业务方案和原型设计（技术方案将在下一章讨论），最后基本构成了新产品或专题的解决方案全貌。但宏伟蓝图不能一蹴而就，一方面需要尽早交付为客户创造价值，另一方面为应对不确定性，需要尽快得到反馈来修正设计，将大的方案拆小，从而降低投资风险，优先交付最有价值的部分，并以实验的心态步步为营，迭代演进。作为数字化产品管理的另一项关键活动，规划不是一次性的工作。敏捷圈里有一句名言"不相信计划，但要常做计划。"对于随时浮现出的新机会要能够快速响应并基于反馈灵活地改变方向，避免过早计划的浪费，同时又能前瞻性地引导产品方向，建立合理步调节奏，促进跨组织协作，必须滚动地定期开展产品规划。

最小实验

产品规划的第一步，要识别出能够尽早交付的最小实验版本。在精益创业方法中称为"最小可行产品（MVP）"。这很关键，它确定了整个产品方案对客户产生影响的切入点，第一印象。如果切入点不恰当或缺乏价值，可能从一开始就会让客户失去兴趣,这需要产品负责人从客户与用户价值、可行性、产品亮点等多角度进行取舍。记住,一定要从第一个最小实验版本开始就具备对实际产品价值成效进行数据衡量的手段,通过必要的埋点和数据统计得到反馈。

要想了解如何设计有效的最小实验或 MVP,请参考《精益创业》。基于经验,我们将划分合理最小实验的原则总结为下面四条,缺一不可。

- **可行的**:毫无疑问,选择纳入最小实验版本的内容必须是技术上可行的。
- **可用的**:意味着必要的用户流程能够走通,没有显著的质量缺陷,系统运行稳定可靠,安全得到保障。
- **有价值的**:仅仅产品可用还远远不够。从客户角度,要得到客户满意,它必须能够解决一部分客户和用户最关心的实际痛点问题;从产品团队角度,它要能够为解决方案或市场的关键不确定性提供有意义的验证数据。
- **令人愉悦的**:这一点容易被忽略。想象一下那些难用、丑陋的产品,恐怕很少有用户能产生试一试的冲动,还谈何开展实验得到反馈呢?设计最小实验,要有一点"极简主义"的追求。极简并不意味着粗劣,相反是一种少物欲而高品质的生活,这也就是精益的思想。产品负责人要确保,在任何时候,即便是推出的第一个实验版本,也要力求体验上的优秀,能给人以愉悦和吸引力。这样才可能为产品团队提供更多有意义的反馈,同时从一开始形成客户口碑,为产品后续的运营推广形成自然的增长动力。

产品演进路线图

仅仅有最小实验还不够,作为产品负责人,不仅要着眼于眼前的实验,也需要抬头看路,让产品展现出更长远的规划。有些人可能会想,规划这种事在以前传统管理模式下就在做,但感觉没有多大作用,却耗费了大量时间。现在不是要业务敏捷、响应变化吗?为什么还要做规划?

经验和事实证明,根据业务愿景和价值追求进行规划且有方向感的产品演进,其发展速度和成功概率远大于缺乏方向判断和取舍、只看眼前或想到什么做什么的产品。当然万事无绝对,也存在一些不确定性极高的创新,完全的试探性,在早期只能以实验方式走一步看一步,但这毕竟是少数。多数情况下,尤其是当产品已经过了摸索的初创期,进入增长期和成熟期时,更需要有规划作为方向指引。但请记住,任何时候,不确定性都是存在的,因此,这里建议的滚动规划方式和传统的长周期规划或大项目计划有几点根本的不同。

- **重在规划的过程,而非亮眼的成果**。滚动规划不应该是管理者或产品负责人一个人埋头制定的,应当是一个跨职能参与的协作过程。重点在于制定规划的过程,让所有人对产品的目标和方向达成共识,充分理解规划形成的考量因素和价值判断,让所有人对产品的发展和成功产生责任感,而不是花大量的精力去关注每个细节,制作亮眼的成果 PPT。通过即时贴在产品团队作战室或工作空间的墙上,由远及近贴出整个规划就足够了,方便随时审视、沟通和调整。轻量进行。

- **不是承诺,可以动态调整**。传统的大计划、大项目是通过项目范围或合同的方式进行的承诺,要么是供应商承诺给客户企业,要么是技术团队承诺给业务,或者是团队承诺给领导…… 然后,根据承诺的范围和时间节点进行管理。对时间、范围和成本的调整都需要正式的变更,不受欢迎。这里强调的滚动规划,是产品负责人和团队为了有更好的方向感、优化资源配置、降低风险而形成的路线图。制定路线图的目的是为了参考和修改,根据反馈随时调整,不需要无意义的正式流程控制。

- **远粗近细,滚动规划**。传统的长周期规划,例如年度规划,要求无论远近都要把预测的工作项、范围或成本计划到每周或每个月,计划的粒度没有差别。然而事实上,越是近的工作有可能计划地更准确,而越是远的工作就越不准确。以同样的颗粒度进行规划,要么让近期工作计划不够到位,要么在远期工作的规划上浪费时间。这里的长期规划推崇一种"远粗近细、渐进细化"的原则,以固定的时间周期滚动地进行调整。

- **价值目标驱动**。规划的不仅仅是工作事项,不仅仅是做什么,更要有实现什么客户和企业价值的目标。规划的每个阶段不能仅仅是一堆事项的集合,什么都可以做,必须要强调价值聚焦!让团队在一段时间聚焦于少量的目标实现,然后再追求另一个目标。并且,目标要尽可能以数据衡量其进展。

- **产品、运营和技术一体化**。数字化业务发展,既需要产品功能的完善、体验改善,也需要运营推广同步开展。尤其是今天,以线上为渠道,以数据为基础,为不同生命周期阶段客户而设计不同的运营手段,同时,技术演进的投资也不可少。只有这样,才能保持系统高质量、持续快速地响应业务变化。这些措施不能是割裂或相互排挤的,必须要同步规划。在规划中,同时将三类工作透明化,让必要的不同类型工作相互匹配,更好地支撑短期和长期的业务发展。

下面是满足以上原则的两种滚动规划方式。第一种相对较粗,反映产品在近、中、远期的演进路线图,示例如图 7.10。

时间点/段	近期(3个月)	中期(6~9个月)	远期(1年~)
目标客户 目标客户/用户群体	种子用户群特征	目标推广用户群特征	后续拓展或新发展客户群特征
价值目标 客户价值、业务目标	• 客户价值目标1 • 企业价值目标2	• 客户价值目标1 • 客户价值目标2 • 企业价值目标3	• 客户价值目标1 • 企业价值目标2
关键指标 衡量阶段性目标达成的关键成效指标	• 指标1: • 指标2: • 指标3:	• 指标1: • 指标2:	• 指标1: • 指标2: • 指标3:
产品专题 规划完成的产品演进投资或专题	专题 关键特性 … … 专题 关键特性	专题 关键特性 … … 专题	专题 … …
运营专题 需要完成的运营推广投资或专题	专题 关键特性 … … 专题 关键特性 … …		专题
技术专题 需要完成的技术演进投资或专题	专题 关键特性 …	专题 关键特性 …	

图 7.10 产品演进路线图

以上产品演进路线图自上而下包括图 7.11 所列的五部分信息。

对于较近期的规划,建议细分出专题和具体的关键特性、活动;而对于中期,根据情况,某些专题可以拆分做适当细化,还不清楚的暂时保留专题标题就好;而对于更远期的规划,放上一些能够预见的专题或改进机会,不需要去细化。

发展阶段	分为近期、中期和远期，具体各阶段预计时间长度根据产品业务特征可能有所不同，仅仅是预判，不需要追求准确。但建议近期长度不要超过 3 个月。对于新产品，近期的范围就是最小实验版本范围，而中期对应着从最小实验到产品相对完整的建设期，远期则可能进入产品拓展与增长，是锦上添花的完善
目标客户	随着产品完善和拓展，可能服务或推广的目标客户群也逐步扩展，范围逐渐扩大。尤其是需要明确近期规划的目标推广对象，或种子用户群具备的特征
价值目标	声明产品在规划的各个发展阶段渐进递增的主要客户价值，或关键业务能力。确保每一个阶段新增价值是聚焦且清晰的
关键指标	可衡量才能管理，提出在每个阶段衡量目标是否在取得进展和达成需要反馈的关键成效指标，尽量从客户价值与企业自身价值两个角度识别指标
机会与专题清单	• 产品专题，即在各阶段业务能力、体验改进方面的主要投资专题和具体的关键特性或模块，例如报销流程体验优化、官网首页改版。 • 运营专题，即在各阶段为了实现客户和业务增长、提升满意度而采取的主要投资专题和关键活动，例如微信合作引流、双十一大促 • 技术专题，即在各阶段在产品的架构和技术演进方面需要采取的投资专题和具体改进点，例如微服务重构、数据迁移、弹性扩容

图 7.11 产品演进路线图包含的五部分信息

3-3-3 滚动规划

另一种建议的规划形式称为"3-3-3"滚动规划，在一些企业应用这种方式可视化地将规划贴在作战室的墙上，取得了很不错的效果。像图 7.12 所示的内容结构，整个规划中包括三个冲刺、三个月和三个季度的规划范围。

- **三个冲刺**：包含当前已开始冲刺在内的近期三个冲刺的范围，和每个冲刺的目标。由于当前冲刺已经开始，规划的其实是未来两个冲刺的范围，内容是计划要交付的特性。
- **三个月**：包含当月在内的近期三个月的范围。由于当月的范围已经细化到最近的两三个冲刺中，因此实际按月规划的是之后两个月的范围，内容是计划交付的粗粒度特性或专题。
- **三个季度**：包含当季度在内的近期三个季度的范围。由于当季度的范围已经细化到了最近的三个月度中，因此实际按季度规划的是后续两个季度的大致范围，内容是计划交付的专题或尚且模糊的机会点。

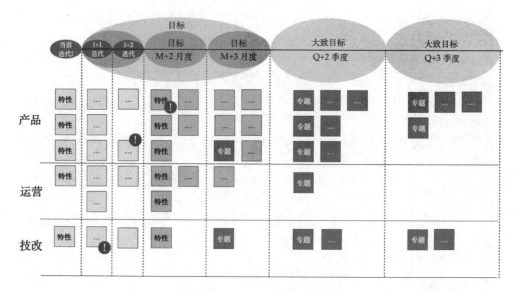

图 7.12　3-3-3 产品滚动规划

规划地图中，越近的规划周期越短，内容粒度越细，在三个冲刺中规划的是较小粒度的功能特性；而越远的规划周期越长，内容的粒度越粗，在三个季度中规划的是投资专题或机会点，实现"远粗近细、渐进细化"。每个冲刺、月度和季度，都应当有从业务或用户价值角度描述的阶段性目标，同样要给目标设置可衡量的成效指标。从上往下，也是将规划的内容分为产品、运营和技术三种不同工作类型，能够直观地看到产品团队在各类型投资上的计划投入，便于沟通。另外，作为一个规划信息地图，可以将地图中存在风险的规划项尽早标识出来，提前开始关注和应对。可能的风险包括依赖外部不确定的接口、方案存在争议或有技术风险等。

该规划工具之所以冠之以"滚动"，因为它必须是一个动态的、持续调整的路线图，如图 7.13 所示。对于近期冲刺的规划，可以在各个产品团队内部进行，每个冲刺更新一次；对于月度、季度的规划，可以产品负责人邀请其他相关业务和干系人每个月讨论一次，滚动地补充、调整后续规划，且必要时与上一级业务领域的负责人沟通，确保对方向和目标达成共识。

设计和规划产品

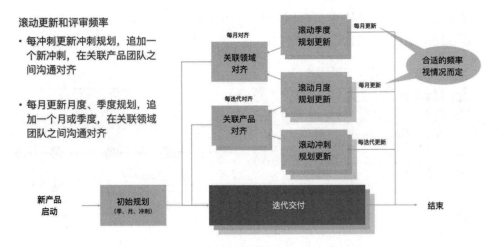

图 7.13　3-3-3 产品滚动规划的滚动更新和对齐

这个规划地图也可以竖过来，以纵轴自上而下为滚动周期的时间段，以横向展开为不同的工作类型。如果作战室的墙面空间够宽，可以并排将业务领域内紧密关联的不同产品规划在一个视图中展示出来。这时滚动规划活动可能由整个业务领域的负责人引导，领域内各个产品的负责人和主要团队交付负责人一起参加，将不同产品团队的后续规划信息对齐。产品负责人不仅仅关心自己产品的优先级，也同样关心其他关联产品后续的工作优先级。前台客户触点产品的团队会非常关心其依赖的底层平台产品的规划。通过这样的滚动规划活动，能够让信息透明，作为一种跨团队沟通协作的机制，让关联性的工作在时间上进行必要的对齐，避免沟通上的疏漏导致最后临时加塞工作，或一部分完成了其他部分迟迟不能跟上，影响到交付客户的速度。每个人都可以通过透明的滚动规划了解到其他团队未来的安排，发起必要的协商和调整请求。管理层可以通过这一滚动规划机制，有节奏地管理产品组合内所有产品的方向和演进步调，及时发现问题和风险，并采取措施。

里程碑与版本计划

开展产品滚动规划的方式有很多。图 7.14 展示了其他几种常用的规划形式，区别是更聚焦于将近期的数个交付版本的范围透明化，对内帮助团队更合理地安排工作量，对外有利于和其他团队协作，与业务对齐，及时安排验收等活动。可以在团队中尝试用起来。

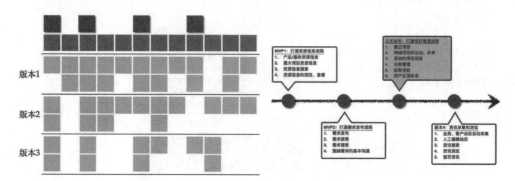

图 7.14　版本交付计划的其他形式

图 7.14 中，左侧是敏捷开发中常用的"用户故事地图"方法。最上方是基于主要场景或模块建立的故事地图两级骨架结构，骨架的下面，自上而下按优先级顺序将待交付的特性、故事卡划分成了三个发布版本。详细的应用可以参考《用户故事地图》。右侧是一个直观的里程碑计划，以时间线的方式声明了每一个里程碑的产品目标与主要交付范围。哪种方式更适合您的产品或解决方案特点，可以根据情况选择。

思　考

1. 什么是体验？企业内部管理型产品需要强调体验设计吗？内部产品与面向消费者的产品在体验设计上有什么区别？
2. 产品负责人应当具备什么样的能力模型？一些互联网企业有产品经理与运营经理，为什么这里没有提到运营负责人？
3. 设计思维适用于所有新产品方案的设计与规划过程吗？哪些场景下不适用？

第 8 章

架构拥抱变化

第 7 章的解决方案设计只谈到了业务方案、原型与交付规划，技术方案的设计也是构成完整解决方案的关键一部分。这还有必要讨论吗？不管是企业内部的技术团队还是软件外包供应商，对如何搭建系统来实现业务，都应该有丰富的经验。而且，那是技术人员关心的事情，业务或产品人员不需要关心。其实不然，随着数字化技术成为引领业务增长的引擎，要能支持持续开展创新实验，快速响应变化，支持快速增长的业务，需要更频繁的发布，要应对更大流量、高并发的请求，和以往只需要几个月或一年更新一次的企业管理软件套件相比，架构设计面临着很多新的挑战，直接影响到业务结果。

大量业务从以往线下走到线上，每当到双十一这样的营销节日，各个企业的信息技术部门都如临大敌，如何能够支撑快速增长的用户量、交易量，持续保持系统稳定？应对峰值流量不垮掉？海量在线交易、社交化、随时随地移动服务、多设备跨渠道体验等趋势，对软件系统架构的高可用性、信息实时性、7*24 小时不停机服务能力以及信息安全等提出了更高的要求。

另一个挑战是应对变化的响应力，技术团队常常被业务抱怨，说他们响应速度太慢。软件天生具有易变性，代码写出来就是为了修改，需要随着业务创新与改进、用户体验偏好的改变和新技术趋势频繁地进行调整。对变化的响应周期需要从以往几个月缩短到几周、几天甚至每天多次变更。一些有前瞻性的企业开始尝试引入敏捷开发进行组织和流程的改造，当变革进入深水区时，均发现，制约着响应速度的还有深层次的系统架构问题。大型企业的软件系统错综复杂，相互依赖，一个解决方案的落地大概率会影响到很多软件产品和系统，牵一发而动全身。多个系统的变更不得不同时进行，在同一时间部署交付给用户。这造成一些企业的技术部门坚持采用围绕"需求"建立的项目流程来管理所有研发过程，因为不得不将同一份需求对多个产品的变更放在一个瀑布式项目中计划并执行，组织协作。如果其中某一个产品的开发、测试资源不足或其他原因导致无法开始，那么整个项目启动都处于等待状态；如果某一个产品的工作发生延期，会导致整个项目的交付上线延期。由于负责一个产品的团队往往同时在做多个项目或多份需求，其中一个项目或需求的交付延期又进一步导致其他项目也跟着延期，无法交付。为此，团队不得不创建出大量的分支版本，不断地分支与合并、冲突，带来不必要的代码版本管理复杂性和质量风险。在大型组织里，这是导致交付周期很长，响应力低的重要原因之一，问题根源在于系统架构的高耦合度。

还有一项挑战是技术的更新速度。软件产品需要迭代演进的不仅仅是业务和体验，还有技术本身。软件领域的技术丰富多样，构成一个迅速发展的生态。应对新的应用场景，大数据、人工智能、高并发处理等，新的语言、新的框架和新的算法层出不穷。没有完美的技术，每一种技术都有其优劣和适用场景。例如业界普遍采纳的Java语言，似乎已无所不能，但当应用到前后端分离应用、高并发处理、大数据处理时也许就不如Node.js、函数式编程、R语言和Go语言等更高效。系统架构的高耦合性使得复杂的系统在采用一致的语言和技术时才能保障其效率，系统间的高耦合集成方式又将这种一致性延伸到了更大范围。要想对其中一部分的系统进行技术更新换代会带来对周边系统的一系列影响，需要高成本的全面回归测试，甚至根本不可行。采纳新技术的成本很高，以至于没有动力去改变，结果是，很多企业的软件系统技术栈落后且低效，跟不上业务发展需要。

"快速变化"成为今天和未来企业软件系统不得不长期面临的外部环境，包括用户体验、业务拓展驱动的变化和技术生态驱动的变化。如果一切都在以无法预期的方式持续变化中，我们怎么可能提前创造一个"完美"的架构来应对未来各种可能性呢？如果不能，那么怎么让架构能够在需要改变时更加容易，不会在不断修改中随时间腐化掉，能够持续健康地支撑业务发展？系统架构的这一能力称为"可演进性"，类似于架构设计中常见的可扩展性、可维护性和稳定性等，是软件系统架构需要具备的另一种能力，是为了建立有适应力的数字化业务和产品对架构设计提出的新要求。

建立可演进的系统架构要从两方面着手：一是，什么样的系统架构才具备可演进性？二是，在架构演进的过程中，如何对架构进行管理才能让它持续维持这样的能力？回答第一个问题，对系统架构设计的一个核心要求是"高内聚、松耦合"，也就是要致力于解耦。听起来这似乎是一个并不新鲜的要求，从很多年前就被提出来成为良好架构设计的原则之一。但要"高内聚、松耦合"到什么程度才是足够的？才能达到"可演进性"的能力要求？可以用下面几条标准来评判，真正意义上能做到的并不多。

- 每个子系统职责清晰、单一。
- 每个子系统运行在独立的环境。
- 每个子系统可以独立测试、独立部署，不需要和关联系统同时进行。
- 每个子系统可以独立横向扩展，提升容量，失败不会蔓延。
- 每个子系统与外界的信息交换与实现技术无关。

这需要企业在架构设计和架构守护上进行投资。回顾第 2 章总结的软件技术的四个重要特征之一"隐性质量"。和代码整洁与可读性一样，架构的可演进性也是一种隐性质量。可演进性不足带来的问题不会立刻体现在软件产品的外在质量上，但是会在长期里导致业务响应速度下降，开发成本显著上升，在未来的变化中容易引入缺陷。很多业务和管理者不理解和看不到这种隐性质量问题，认为这是技术团队理所当然应该做好的，不愿意为之投资和留出时间，几乎所有的团队容量都用于交付新功能。要管理好可持续发展的数字化业务，必须理解，设计和守护可演进性架构对业务发展具有重要意义。这就像是人在忙于赚钱的同时，也要定期休息和调养身体一样，只有这样赚钱才能更可持续。业务人员需要和技术团队一起合作，将产品的业务功能设计与交付工作，与架构设计与守护的工作综合考虑，统一排出优先级，为其投资，赚钱与养身兼顾。

微服务架构

过去，一个系统就运行在一个环境里，无论这个系统承载了多少业务逻辑，称之为"单体应用"。由于系统内部职责太多，自然很多不同的业务需求都需要修改到同一个系统的代码，需要一起打包和部署。马丁·福勒（Martin Fowler）等人观察和总结了很多优秀互联网企业建立高并发、高响应力架构的经验，在 2014 年提出微服务架构理念，为达到以上所列目标给出了一系列原则与实践。如图 8.1 所示，微服务架构的核心思想是通过将传统承担过多业务职责的架构拆分为一系列更小的、职责更单一、可独立测试和部署的服务单元，并采用与技术实现无关的方式进行服务间集成。该架构实践由于有亚马逊、Facebook 和 Netfix 等互联网企业的成功案例，已经成为以互联网为基础的系统架构的主流方向，也迅速扩展到了很多非互联网应用领域。为什么微服务架构模式备受推崇？因为它的好处是显而易见的。

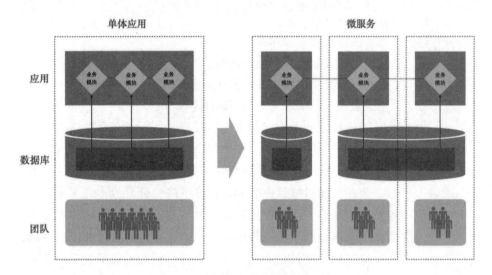

图 8.1　从单体应用到微服务的变迁

- **耦合更低**。将大的系统拆分成了很多更小的服务单元，那么不同需求修改到同一个服务单元的概率肯定大大降低。如果变更只涉及单一或个别的服务单元，就只需要修改和重新部署这一小部分，其他不受影响，整个系统响应变化的速度更快。
- **独立交付**。不同的微服务可以由不同的小团队来负责开发和维护，相互之间解耦，且各自独立工作，不需要一定对齐交付时间，可以更敏捷地进行计划和交付。
- **易横向扩容**。每一个服务职责更简单，结合将有状态与无状态的部分分离，更容易实现横向扩展。尤其当结合现在的容器集群技术，是能够实现系统高并发、高可用的基础。

- **独立技术更新**。如果系统需要更新技术栈,不需要一次性动到整个系统,可以对单个服务的代码进行技术替换。不同服务根据自身最佳设计需要,完全可以采用不同的技术栈,不影响外围系统。这样可以更快、风险更低地适应技术进步。

微服务架构带来好处的同时也带来一些新的挑战。以前一个系统一个可部署单元,管理和部署更简单,不同业务模块之间的调用属于单一程序进程内部调用,非常高效。而微服务架构大大增加了需要管理和部署的单元数量,同时将业务模块之间的调用变成了运行在不同环境下的不同程序间的通信,增加了一定的通信开销和延迟。这一改变,使得人们对系统架构设计的关注重点发生转移,从单体应用内的架构分层和模块化,转移到了多应用(服务)间的边界划分与集成方式。如果服务之间的边界划分不恰当,很多不必要的依赖关系导致服务之间很频繁的调用,会显著增加通信开销从而影响系统运行表现,性能和稳定性下降。于是产生了两个经典问题:每个服务到底要多小才算"微"服务?不同服务之间该如何划分边界才更有效?

对第一个问题,在《微服务设计》一书中做了澄清,微服务并非越小越好。当初提出"微"服务这一名词,只是相对于传统职责复杂的单体应用而言。当然,能够拆分地越小理论上越灵活敏捷。但实践当中,需要在响应力、灵活性与管理的复杂性之间取得平衡。这一平衡点在哪儿,既取决于服务的划分方式,也取决于技术团队的服务治理能力。与其称之为"微"服务,更好的称谓是"面向领域的服务"。每个服务的核心特征不在于有多小,而在于是否面向业务概念,职责单一,是否服务之间的耦合性最低。在拆分微服务的同时,要应对服务数量的大幅增加和服务间集成的复杂性,必须同步投资于提高团队治理服务的自动化水平,否则,谨慎为之。

领域驱动设计

回答第二个问题,就需要先理解另一个重要的架构设计思想:领域驱动设计。这一思想和方法早在 2006 年就已提出来,软件建模大师埃里克·伊凡斯(Eric Evans)出版了《领域驱动设计》一书,提出一种软件设计方法,试图解决软件结构难以理解,难以快速演化的问题。核心是用围绕业务概念构建领域模型的方式控制业务和系统架构的复杂性，最终实现"高内聚、松耦合"的终极目标。简单地说，就是在一个系统内，要在类似客户、订单、店铺、商品这些不同业务概念的相关代码和处理逻辑之间有清晰的边界，减少依赖，并且将业务概念的核心模型与面向用户交互的处理分离，让软件的结构更加清晰易维护。

软件系统目的是完成业务的处理，要降低服务之间的耦合性也就是要加强每个服务所承载业务的内聚性。为此，采用领域驱动设计方法对业务概念进行建模，称为"领域模型"，并围绕合理的业务领域模型来划分服务边界。过往，单体应用流行，系统的架构更多受所采用的语言和框架左右，像EJB这样的开发技术框架本身定义和限制了一个应用内部的分层结构。系统架构与业务结构的关系不清晰，即便是局部的业务调整，在系统层面也很可能牵扯复杂，类似图8.2中上面的结构关系。当采用微服务架构，每个服务更简单，其内部的结构降级为架构设计的次要因素，而服务之间的边界划分和集成则更突出地影响着系统表现。这时领域驱动设计的原则和方法就变得极其重要：如果系统架构清晰地映射了业务领域结构，持续地守护这样一个清晰的模型，并让实现与模型保持一致，那么无论整个系统的业务多么复杂，都能够快速适应业务变化，响应力更高，修改的成本和风险更低，类似图8.2中下面的结构关系。系统承载的业务越复杂，领域驱动设计的意义就越大。

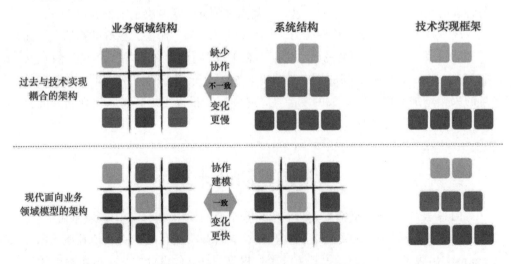

图8.2　业务结构、系统架构与技术框架的关系

系统架构不是与业务、产品人员无关的工作。要让系统架构更好与业务结构映射，必然需要业务、产品和技术专家充分协作，产品负责人需要理解领域模型。领域驱动设计提出了下面三条重要原则。

原则一：统一语言

有一句俗语叫"鸡同鸭讲"，是指不同的人在交流的时候各自有自己的语言，无法理解对方的概念，难以交流。业务人员和技术人员，甚至不同角色的技术人员之间就经常如此。谈论同样的业务概念，业务人员有一套业务术语，而技术人员有一套用在系统和程序中的术语，彼此理解不了对方在讲什么。更糟糕的是，对于同样的词汇，沟通过程中觉得自己理解了，但事实上双方心里对同一概念的解释不一致，导致最后实现上的偏差和返工。就像"客户"这个词，有些人理解是购买产品的才是客户，不花钱买的就不是客户，而有些人以为只要使用企业所提供产品的都是客户。如果这样的概念都理解不一致，业务建模并指导系统架构设计将无从谈起。

作为首要的原则，技术专家需要和业务专家一起，就涉及的各种业务概念进行定义并统一语言。在一定的业务语境（特定业务领域）内，每一个词汇应当有准确和一致的含义，而不同的概念不能有相同或模糊的词汇表达。曾经引导某银行的基金系统团队进行领域建模，当讨论对理财产品进行管理时，业务人员就直接称其为"产品"，而技术人员理解的"产品"有很多含义，是含糊的，工作中都称其为"基金"。这就产生了语言的不统一，那些不是很资深的人容易理解偏差。最终讨论达成一致，都统一语言为"基金产品"，英文缩写为"Fund Product"，代表可销售给理财客户的金融产品，包括其名称、介绍、背景档案、类型、风险等级、收益率等。统一的语言不仅仅用于交流，也要求落地到所有的工作产出中，包括方案与需求文档、模型图、程序代码、测试代码、数据库表结构等，任何地方只要提到这个概念，都应当用一致的中英文词汇及其缩写，如图8.3所示。

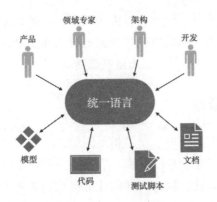

图 8.3 统一语言及应用

原则二：聚焦核心域

领域驱动设计的"领域"是指一个有清晰边界、具有业务概念内聚性的区域，大的领域内又可以划分子域。图 8.4 是一个领域和子领域的关系。

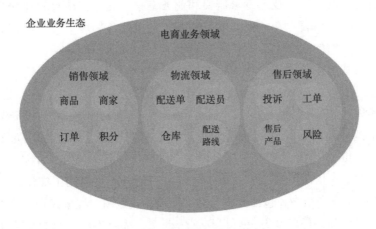

图 8.4 领域与子领域的关系

在电商业务中，"销售""物流"和"售后"是几个有关联性，但边界清晰，概念内聚的领域。"销售"领域是关于客户在线浏览和下单产生交易，包括如何帮助客户快速获得想要的商品，并促成客户下订单购买；"物流"领域是关于如何迅速、准确地将客户购买的商品配送到指定地址；"售后"领域是关于为客户收到货品后的安装、使用、退货和投诉等提供支持，让客户无后顾之忧。三个领域的目的不同，但相互之间又因为客户和订单基本信息而关联起来。向下细分，"销售"领域可以进一步划分出"商品""商家""积分""优惠券""订单"等不同的子域。向上提炼，以上这些概念共同构成的"电商"业务作为一个整体，又是大型集团企业众多业务中的一个更大范畴的"领域"。

　　划分清晰的领域模型是领域驱动设计的基础，也是划分微服务边界的重要依据之一。领域驱动设计中将领域或子域分为三类：核心域、通用域和支撑域。核心域是指能够为客户带来最核心价值的部分，是关于业务核心竞争力的部分。例如前面例子中的"销售"领域、"订单"子域可能是一家电商企业在模型不同层级上的核心域。通用域是指不属于核心业务、具有通用性的概念和实体。例如"客户关系"可能就是一个通用域，无论是销售、物流、售后还是衍生的金融服务领域，都广泛地需要产生和利用客户关系信息。支撑域是指非核心价值也不具有通用性的业务能力，对其他个别领域起到支撑、协助的作用。例如电商业务中，相对于"销售"核心域，"物流"领域可能就是支撑域；相对于更细的"商品"和"订单"子域，"积分"子域可能就属于支撑域。图 8.5 是一个简化的培训机构在线报名与课程服务的领域模型。根据它的核心价值与产品目标，班级与报名相关业务是其核心域。

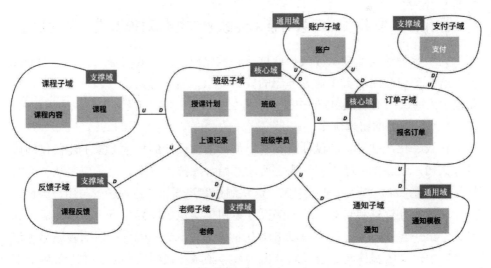

图 8.5　领域模型与核心域

区分领域三种类型的意义在于：一个组织或团队的资源是有限的，想要做、需要做的事总是很多，创新团队应当将产品设计、系统架构设计的精力和开发资源更多聚焦在核心域，将核心领域的内部领域模型、架构设计和内在质量做到极致，从而能有效支持长期业务演进，强化竞争力。从数字化投资的角度，核心域是企业应当通过自主研发来完全把控的部分，而不应当过多依赖供应商。相反，通用域和支撑域可以采用不同的策略来完成，例如采购现成的解决方案、引入外包供应商开发或与上下游合作伙伴集成直接采用其现有系统等。尤其是在新业务、新产品创新的早期，当通过领域建模识别出解决方案中的通用和支撑域，可以优先考虑寻找现有的实现来快速构建其业务流程，而将研发的主要精力集中到核心域的实现。

要注意的是，三种类型的领域和子域划分是针对某个特定组织范围来讲的，放在不同的企业，看似同样领域的类型认定可能很不一样。例如"物流"领域，对电商企业可能是支撑域，而对于一家物流公司就是其核心域。物流在淘宝是个非核心域，而在京东从一开始就是核心域之一。如何判断，这取决于企业的商业模式、产品和服务的核心价值定位与竞争优势。当商业模式发生调整，核心域还是非核心域的关系可能会随之改变，相应投资策略也就应当随之而变。可见业务和产品的输入，对架构设计与研发管理有着重要影响。

原则三：业务领域专家与技术专家通过协作对模型进行迭代探索

为了合理地设计微服务架构而进行领域建模，这需要有深入的业务领域知识，这种知识往往来自于业务部门的资深专家，通常称其为"领域专家"。这和很多人的认知不同，软件架构设计不是个纯技术工作，与业务人员也密切相关，需要技术与业务的密切协作。

在数字化产品方案的设计过程中，负责架构设计的技术专家不能仅仅阅读需求文档，或者在产品方案形成之后才开始考虑技术方案。而是应当从一开始就参与，与产品负责人、业务专家一起从洞察客户开始，梳理场景与用户旅程，充分理解业务背景和目标，理解解决方案期望实现的差异化竞争力。然后，和领域专家一起从方案想法中提取出所有业务概念，统一语言；识别领域驱动设计方法中定义的实体与聚合；划分出领域与子域，找到核心域；建立限界上下文地图，最终以限界上下文边界作为微服务边界划分的关键依据；同时综合考虑一些组织结构现状、业务变更频繁程度、性能与事务一致性等因素对微服务边界进行调整（这些专业术语请参阅《领域驱动设计》一书）。对于有一定业务知识积累，具有非常好抽象能力、经验丰富的架构师，通过与业务领域专家面对面充分交流，基本就能够完成这一建模过程。而对于那些缺乏基本业务理解的初入门者，建议尝试采用意大利人 Alberto Brandolini 提出的事件风暴（Event Storming）建模方法，业务领域专家与技术专家以协作工作坊的方式，从详细梳理整个业务流程中系统发生的一系列事件及触发事件的命令开始，从中提取事件作用的实体与聚合。这一协作的、可视化的分析方法能够帮助参与者在几小时内快速、结构化地理解复杂业务，建立起领域模型。

不仅仅在产品设计刚启动的时候需要做建模，对领域模型的探索和优化是个持续迭代的过程。一方面，对于复杂业务，抽象模型的合理性和落地到微服务划分的有效性，有时候不是显而易见的，很依赖经验，需要通过实验来验证；另一方面，业务本身也在变化，一旦业务发生改变就可能需要对模型进行调整，进而调整相应的服务边界和数据存储结构。从企业架构治理的角度，很有必要将领域模型（或限界上下文地图）记录下来，以此为输入来驱动一个良好的架构演进过程，也有助于新加入的团队成员更快地理解业务概念。然后，在整个产品的生命周期中，产品负责人、业务专家与技术专家持续协作来守护该架构模型。如何守护架构，稍后再谈。

松耦合集成技术

系统无论是以单体应用还是一系列微服务形式存在，系统之间，系统内的服务之间，还是需要以接口方式相互通信，共同完成用户交互。如果某个系统或服务的对外接口发生了修改，调用或被调用的另一方也需要配合修改，这就让多个关联系统和服务必须绑定在同一时间点部署到生产环境。一个系统变更的延期可能导致相关多个系统延期，由于系统间依赖的错综复杂，进一步蔓延开去影响更多系统的交付。

为了解决此问题，很多企业，包括实施了"规模化敏捷"的企业中，常采用一种称为"版本火车"的实践：由专门的发布管理团队来计划未来一段时间的发布窗口，通常按数周到数月的周期，所有变更无论大小，除了生产事故紧急修复外,都需要按照给定的日期来安排集中发布。版本火车机制有它的好处:在以往系统之间耦合度很高必须手拉手一起上线的时候,能够让不同团队以相同的节奏来计划和管理交付进度,更容易协调多方同步开始系统间集成测试和部署。但在实践中,仍然面临很多问题。

- **等待周期**:一些细小的变更调整,或可以拆分到更小颗粒度交付的功能,例如产品体验的持续打磨和小的实验,可能一天或几天就开发测试完成了。但不得不等到下一次发布窗口才能交付。这显然不够敏捷,拉长了交付周期,降低了产品团队开展实验的灵活性。
- **错过窗口**:如果某个系统的新版本不能及时完成测试验收,还需要多几天的时间,就只能无奈赶下一趟火车再发布,让交付周期拉得很长,团队也很有挫败感。否则团队就只能匆忙地在测试不充分的情况下上线。
- **成本和风险**:在每一次窗口执行变更都涉及很多系统,需要相互协调,复杂性高。协调多方开展集成测试和部署这件事本身不创造实际客户价值,但为此一些公司配有专职人员,甚至一个发布管理团队。很多系统在同一时间集中部署发布,耗时长且风险高,一旦某个系统发布失败需要回滚变得非常困难。我曾看到最复杂的案例是,每次发布窗口要依次部署五六十个系统,发布管理团队和各系统的开发团队熬夜持续工作2～3天的时间才能完成。每一次发布简直就像下地狱,小心翼翼、紧张又疲惫,烧香祷告,但时不时还是会发生错误。
- **影响客户体验**:很多系统在同一时间部署发布,复杂性高,所需时间长,必然导致某些系统要停止服务,影响客户体验。

版本火车机制是在试图用管理手段来解决因为架构问题导致的困难,在今天看来,是不必要的。根本的解决方案是进一步系统间解耦,以技术思维来解决问题。如果不同的产品或不同的服务之间,能够在开发测试环节更独立工作,新版本部署的时候不影响其他系统,那么团队就能拥有更大的自主性,能够更灵活敏捷地安排交付计划,得以摆脱版本火车这种不够敏捷、高成本和高风险的发布方式,最大限度缩短交付周期,随时发布,尽早为客户创造价值。

微服务与微前端

前面讨论的微服务拆分当然是能够达成这一目的重要措施之一,让更多的变更局限在一个或少数的服务，而不影响整个系统。微服务拆分的思路不仅仅可用于后端服务，也适用于前端界面展示，例如"微前端"架构。对于渠道应用，像业务门户网站和移动应用，可以将一个单体的应用包拆分为多个部署单元。由平台化的前端应用底座提供基础的导航、安全、消息、定位等公共服务能力，以开放接口方式将服务提供给其他团队，并且制定统一的前端交互设计原则、风格和组件。接下来，由各个业务的产品团队在特定入口和区域展示可能用不同前端技术开发的界面，与平台化前端底座和自己的后台服务通信。这样，每个区域的开发团队可以在不影响其他团队的情况下修改自己的服务和前端界面，独立部署和发布自己这一块。

插件化架构

微服务架构比较适合基于网络的、可拆分到不同进程中运行的系统，但有些软件并不是这样的。比如运行在一台打印机中的操作系统、一个硬件设备的固件，或者一个客户端或原生移动应用上各个业务部门需要添加的独立功能，这时可以考虑采用图 8.6 所示的"平台+插件"的架构，即在通用性和具备基础服务能力的平台上提供标准接口，允许其他团队开发插件，以按需打包或插件安装的方式嵌入到平台的运行环境中作为整体为用户提供服务。这样，平台团队与插件团队可以分开各自独立工作，可以重新安装某个插件，而不影响平台和其他部分。

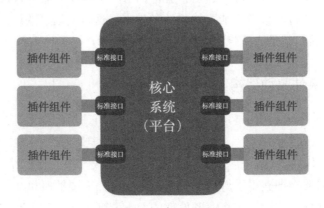

图 8.6 以插件化架构解耦

采用技术实现无关的通信协议

微服务之间、前端平台与微前端应用之间、平台与插件之间需要通信，要做到独立开发和独立部署，就需要保证相互之间的通信与任何一方的实现技术是无关的，即传递的报文、消息格式等不应当与任何开发语言、开发框架以及技术实现相关。通常的做法是鼓励采用规范的 REST 接口和简单消息协议进行通信。而典型的一些反模式，例如多应用访问共享数据库、直接交叉数据访问，或采用设计不良与实现强相关的 RPC 通信接口以及一些与特定计算环境相关的协议，例如 IBM 的 AS400 主机提供的特殊报文格式等。

REST 风格接口为服务间的同步调用提供了一种基于业界通用标准（HTTP）、与任何语言框架无关，基于"请求/响应"机制的集成。即调用者发出请求消息，需要立即获得响应反馈。它定义了一种易理解的、以资源为基础的数据提供方式，例如标准的创建、更新、删除等操作，也可以针对特定资源定义具有业务含义的行为。甚至其接口连不理解任何技术的业务人员也可以看懂，并参与设计，比如下面几个示例：

/orders 提交创建订单的请求

/tasks/{taskId} 更新某条任务信息

/orders/{order-id}/products/{productId} 获取某个订单中的某个产品信息

/tasks/{taskId}/start 有业务含义的行为，开始某个任务

/tasks?name=XYZ&currentPage=1&pageSize=50 按条件查询任务

这并非开玩笑，现在越来越多企业将自己的优势业务能力以 API 方式暴露给合作伙伴，通过开放自身能力构建业务生态。这时，接口的设计就远远超出了技术范畴，接口就是产品与商业模式，需要业务和产品设计人员直接参与其中。

消息与事件驱动架构

多个服务之间的调用链层级是一个关键指标，过长的调用链会带来性能和稳定性问题。可能的情况下，考虑用基于消息的异步处理建立"发布/订阅"模式的集成，替代同步处理的"请求/响应"模式集成。即上游发布一个消息到队列中，并不需要立即获得下游反馈，而下游在自己需要的时机从订阅的队列里获取消息并处理。这种机制将业务处理的上下游环节在时间上也解耦开，是最彻底的解耦方式。消息处理的上下游彼此不需要知道对方，流程中的单个消息

处理器能够更容易地进行横向扩容。当然，消息机制也有其挑战，由于业务处理不需要立即得到成功确认，会潜在带来一些数据的不一致性风险和长事务失败定位困难等挑战，这可以通过额外的监控和补偿机制来弥补。消息队列中，消息的格式也应当是简单并与技术框架和实现无关的，比如采用 XML 或 JSON 报文格式。

异步消息作为解耦技术具有广泛的适用性，尤其是在一些多个业务处理任务相对独立，且没有绝对实时性要求的情况下，可以采用消息机制来处理大多数的服务间集成。一种新的架构设计模式"事件驱动架构"即是完全基于异步消息来处理。以前面章节提到的家长在线为孩子报名英语培训班为例。当客户提交报名并完成缴费，这时需要触发财务对收入进行入账，同时触发一个报名成功的通知。这一处理可以是同步的，由一个流程控制程序确保报名成功后执行入账，入账成功后再发通知。但也可以是异步的，报名的程序只需要记录一个报名缴费完成的事件，送入事件管道，处理即结束。而财务系统和通知系统分别有自己的处理器，订阅管道中的特定类型事件。当监听发现了新的缴费成功事件时，各自启动自己的入账处理和通知发送过程。三个处理程序之间彼此都不知道对方的存在。

如图 8.7 所示，事件管道和事件处理器是构成事件驱动架构的主要要素，每个事件处理器即是一个微服务单元，承担较为单一的业务处理职责。事件的产生和流动有代理与分发器两种典型机制。代理机制由不同的事件管道来衔接不同的上下游处理器，每个处理器仍需要知道自己的事件需要发送到哪一个管道以供下游订阅。而在分发器机制里，所有的事件都发送到一个统一的事件队列，由事件分发器来决定将事件发往哪一个管道以供订阅，处理器本身则不需要关心。基于事件驱动架构，可形成一种更高弹性的微服务架构，极致地降低依赖，提升系统稳定性。除此外，事件管道有可能记录历史发生的所有事件，从而提供一种事实不可变的、可靠的关键业务可追溯能力，支持实施一种称为"事件溯源"的现代架构设计模式。这一模式成为那些有很高可靠性要求的关键业务系统架构设计的基础。

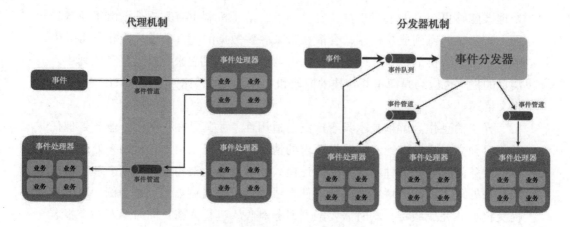

图 8.7 以事件驱动架构进行解耦

抽象层（或防腐层）

有时候，遇到的情况没有那么理想，并不是服务接口调用的双方都在团队的可影响范围内，没有条件在两侧都采用与技术实现无关的理想方式进行通信。尤其是当不得不与一些遗留系统或第三方服务接口集成的时候，无法改变其提供的接口协议，或者改变其作为消费者的调用方式。这时，一个通行的解耦策略是在两者之间添加一个"抽象层"。这个抽象层负责转换所有消费者端与生产者端之间的通信。如果接口生产者是外部不可控的，则接口消费者建立一个抽象层对发出的请求消息与生产者的返回消息进行转换，让接口消费者可以采用新的、与技术实现无关的技术与之通信。反过来一样，如图 8.8 所示。所有的消息格式和协议转换发生在中间的抽象层，两侧的系统不直接耦合。若某一侧的接口规范或通信协议发生了改变，如果不涉及业务变动，团队只需要调整抽象层的代码或配置，并重新部署，而不需要修改另一侧的复杂系统。具体的抽象层技术实现方式有很多种。

- 接口消费者或生产者一端的代码封装，隔离内部实现。
- 在接口网关进行报文转换。
- 也可能抽象层本身就是一个独立的消息和协议转换服务。

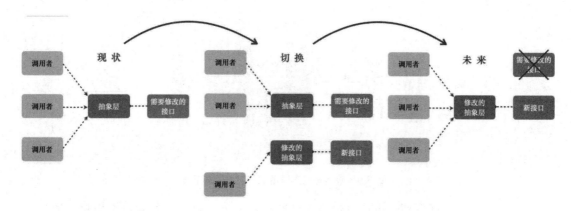

图 8.8　以抽象层解耦上下游的变化和升级

契约测试

到了对服务进行测试的环节，由于服务执行过程中会调用其他服务，如果服务生产者还不具备或没有提供可用的测试环境，测试工作就无法开展，这是很多时候一份需求必须协调多方一起开发的原因。在以往的复杂单体应用时代，接口数量还比较少。到了应用微服务的场景下，更多的服务间接口调用使得团队之间在测试环节的等待问题可能更加严重。配合基于微服务架构的开发，"契约测试"方法可以帮助解耦测试活动，让各个团队的开发测试工作更加独立，提高响应速度，是一种推荐的优秀实践。

开发开始之前，服务接口的消费者与生产者之间就接口契约达成共识，包括接口的规范、统一资源标识（URI）和在不同的典型输入消息时应当返回的输出消息。该契约需要定义出来，添加到一个契约测试引擎中，如图 8.9 的中间部分所示。当接口的消费者需要对自身程序进行自动化测试时，将被测应用程序调用真实服务的网关切换到契约服务。测试案例执行时，契约测试引擎将根据事先的定义为特定请求反馈特定的响应报文，将测试过程中对真实外部服务的依赖隔离掉。同时，该契约服务也可以模拟消费者，按契约定义定期地主动向接口生产者发起请求，并对返回的消息进行检查，是否符合之前讨论的契约。如果发现不符合，则发出警告，让消费接口的团队及时得知生产者接口的异常，减少沟通不及时导致的问题，降低在开发测试过程中契约双方的频繁沟通成本。

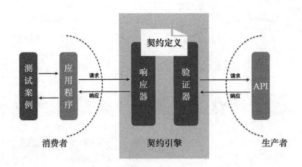

图 8.9　应用契约测试解耦开发测试环节

契约测试首先是解决接口消费端的测试独立性，隔离外部不稳定依赖。加之在接口生产者与消费者的双方合作中，接口消费者要为客户创造价值依赖于接口生产者，消费者往往更迫切关心依赖双方的合作，因此，通常由接口消费者团队来驱动契约测试的实现和执行，这种模式称为"消费者驱动的契约测试"。

接口多版本兼容

到了实际生产环境的部署发布，在众多的系统之间，要能够做到当接口变化时不影响其下游消费者，服务接口的生产者就要能够在保持原有接口功能与可用性不变的情况下提供新接口，或者让更新的接口能够完全兼容对老接口的调用方式。这一系统解耦的策略称为"接口多版本兼容"。

其实这种策略对于移动应用的后台服务是很常见的，移动应用的版本更新是掌握在用户手里，很难强制保持版本一致。如果通信的接口不得不变化，就必须要能兼容多个客户端版本，从而让后端服务更新与客户端更新解耦。这一方式可广泛用于有多消费者的服务生产者。以往微服务不够普遍、对响应力要求不高的时候，企业为了管理简单就牺牲了灵活性，强制要求接口的多个消费者一起升级更新，代价是更多的等待和更长交付周期。在微服务架构下，更多服务单元构成网状结构，考虑到今天很多企业实施多渠道战略，引入敏捷开发，希望授权各个产品负责人自主决策自己的交付优先级从而带来更高的响应力时，协调多方一起变更已经越来越困难且不合理，因而有必要将接口多版本兼容策略作为企业系统架构治理的关键策略之一，降低部署发布的耦合度。

为了让接口生产者识别出接口消费者请求对应的恰当接口版本，可要求消费者在调用请求中提供区分接口版本的信息，例如下面几种方式。

- 将版本信息放到 URL 的路径中，如 api.yoursite.com/v1/stores/1。
- 将版本信息放到请求参数中，如 api.yoursite.com/stores/1?_ver=1.0.1（注意与其他参与名称区分开来）。
- 将版本信息放到 HTTP 请求的 Header 信息中，如 API_VER: 1.0.1。

获得消费者发来的目标版本信息，接口生产者能够以不同的实现逻辑来响应，这在技术上很容易做到。可以实际提供多个不同接口，然后通过接口网关基于版本参数进行分发；或者同一个接口提供多个不同的实现，通过支持多版本管理的应用框架基于版本参数自动注入不同的实现；又或者，只提供一个接口、一份实现，但在代码内部中采用基于版本参数的特型开关控制不同的代码执行路径。

特性开关

很多开发者都遇到这样的困难，当涉及不同系统不同团队之间基于接口的合作，接口的提供方什么时候能够配合联调和发布很不确定。即便是计划阶段确定的时间也可能因为很多因素而延期，导致大家的交付进度都受影响。一旦接口提供者到最后确认无法上线，团队自己的系统要么跟着延期，要么不得不费力地从代码中将依赖别人但不具备发布条件的特性代码抠除，以便让其他通过了测试的新特性能按时发布。这种操作很容易引入错误。要么，就从一开始，就为不同的特性开发建立很多的特性分支，不同需求的代码修改在不同分支上进行。这虽然免去了最后抠代码的问题，有了发布的灵活性，但过多的特性分支代码迟迟不能与主干代码、其他分支的代码合并集成，潜在的集成问题就不能尽早发现。很可能等到与其他系统联调通过了，代码合并回主干时，又出现新的问题需要修改。

特性开关是一种强大的逻辑分支控制机制，可以解决让接口消费者的交付不依赖于生产者是否准备好。为新特性的修改增加可简单控制的开关，所有代码修改可以频繁提交和集成到主干。在开发测试环节，配合契约测试的应用，打开开关，让新特性在不依赖接口提供者的情况下进行系统内部集成测试或外部联调。如果到待发布时，依赖的系统未完全准备好或延期，只需要关闭开关，让其他完成的特性正常发布。另外，动态可参数化的特性开关也可以支持上面为不同消费者提供不同版本的请求响应。不仅如此，特性开关还有很多其他的应用场景，尤其是对业务和产品人员的意义，这会在第 10 章继续讨论。

架构演进和守护

要应对持续的、不可预知的变化，不是像有些人的误解的架构不再重要，或者敏捷就不需要前期的架构设计。良好的系统架构仍是支持业务长期发展必不可少的关键因素之一，需要有足够的投资。但在不确定性的环境下，拥抱变化的系统架构和以前瀑布模式下的架构设计相比，有两点关键的不同。

- 前期架构设计仍有必要，但不能期望依靠花很多时间来设计"完善"的架构就足以满足未来长期的需要。不确定性让前期追求完备的设计浪费很多时间，前期设计真正的焦点应在于从业务目标出发建立明确的架构方向，建立一个整洁的、有适应力的架构基础。
- 架构设计活动不是项目的一个阶段，而是伴随产品演进的一项持续性工作。很多项目组，只在刚启动的时候有架构师参与，到了开发实施阶段架构师就退出了，开发团队很难及时就架构上的问题和优化开展有效沟通，而是选择走捷径。持续架构演进和守护重要性更胜于前期设计。

领域架构师

为支持业务发展而建立适合的系统架构，这项工作可以分为两个层次。一方面，今天蓬勃发展的云基础设施为建立有适应力的架构提供了远胜以往的基础条件。像服务治理、数据治理、弹性、分布式数据存储、前后端分离、消息队列等很多架构能力，已经通过云、数据湖、容器集群、标准开发框架及其他中间件提供了支持。另外一些像身份认证、鉴权、通知等通用域能力，企业可能也提供了统一的公共服务来支持，不再需要各个领域分别设计。成熟的基础设施和公共服务能力是构成每个业务领域系统架构的一部分，为架构订立标准和能力基线，帮助架构师省掉了很多以往需要自己解决的问题，让架构对业务的支持"再差都有几分"。这是衡量一个企业数字化成熟度的重要标准之一。成熟企业有必要大力投资于这些基础设施建设，中小型企业则考虑充分利用成熟公有云所提供的这些服务。

另一方面，再完善的技术基础设施都无法替代如何将业务转变为技术实现中所需要考虑的设计问题。例如前面谈论的统一语言、领域建模以及模型在服务划分、代码结构、数据库设计上的落地，无法替代应当选择同步调用还是异步处理的决策，这些工作需要技术专家来完成。每个产品团队有主要的技术负责人，而每个业务领域应该有一位经验丰富的"领域架构师"。领域架构师不同于那些在整个公司层面进行企业架构治理的"企业架构师"，他们的职责是从技术角度专注为实现某个业务领域的战略目标服务，是领域内所有数字化产品系统架构和技术方案的负责人，需要对领域知识有长期深入的理解，负责系统架构的持续演进和架构质量守护。领域架构师的关键工作可以分为以下几个方面。

初始架构设计（新产品）

如果前期架构设计仍有必要，那么应该做什么？不做什么？对于新产品，领域架构师应当与产品负责人、业务专家和体验设计师紧密协作。这意味着架构师至少从明确产品策略开始就要参与其中，充分理解背景、产品价值定位以及阶段目标。然后，在产品负责人、体验设计师输出业务方案和原型的同时，同步完成产品初始的架构设计。建议包括以下内容。

关键架构约束与设计挑战

架构设计与产品业务方案的设计一样，均受到环境的约束，例如行业安全要求，企业内部的基础设施条件与运行环境，以及企业通行的架构设计规范和审计标准等。一些企业的运行环境分为类似"开放区""办公区"或"红区""黄区"等，这会约束面向不同用户群的产品架构设计，包括信息存储与部署架构。另一方面，架构师需要与业务和产品人员一起合作，基于对未来产品策略和商业模式的定义，识别出对未来架构设计关键的挑战。例如电商平台的高并发、高可用可能是其关键挑战；对社交平台，信息的大流量、实时性是关键挑战；而对金融交易系统，交易数据的一致性、安全性和审计要求是关键挑战。

架构愿景与目标

针对架构约束与设计挑战,提出在可见的未来系统架构演进的总体方向与特征。例如:"为了建立生态化的平台服务能力,未来需要一个支持高并发与弹性扩展能力的去中心化异构系统,能够支持灵活、自助式的第三方业务接入"。以此愿景为基础,初步确定从一开始采用单体应用、微服务还是插件式的架构风格更合适?对于创新性的产品,如果从运营推广角度预期上线后不会很快面临高并发量,在早期更多是验证解决方案本身的有效性,而不是市场增长,并不需要从一开始就采用微服务架构。因为它会带来额外对服务治理体系的投资,这对早期的不确定性验证并没有帮助。但即便是先采用单体应用分层架构,也要保持内部业务组件结构的整洁性,让未来可能的服务拆分成本更低,只需要简单代码库的拆分,并将模块间的进程内调用改为服务间的跨进程通信。还有其他的架构目标需要考虑,例如,需要什么样的网络部署策略和安全性?是否需要读写分离,或采用事件驱动模式,在什么场景下需要?采用什么技术栈或框架的选型?采用何种集成技术来实现松耦合与可靠性?为了实现前端的体验要求,需要什么样的前端框架和技术等。将这些基本的愿景和目标方向及其决策因素记录下来,宣讲给团队成员。

初始领域建模与服务单元划分

遵循领域驱动设计原则,领域架构师与业务领域专家一起协作,以达成共识的场景和业务流程、事件流出发,整理统一语言词汇表,建立新产品初始的领域模型。模型需要以可视化方式呈现出来对所有人可见,包括限界上下文地图、服务地图,以及对核心域更详细的实体/聚合关系图,如图8.10所示。以该模型作为指导,进一步在实现层面拆分服务与设计数据结构。越是业务复杂的系统越有必要投入精力在一开始就进行领域建模,从一开始为系统长期演进打下良好基础。

示例中的限界上下文地图或服务地图,明确定义了所需要的不同服务单元,声明每个服务单元包含的业务职责或关键领域对象,甚至也包括与周边依赖服务的关系。非常有必要将这样的信息以结构化方式通过文档或Wiki知识库沉淀下来,作为关键产品资产,在未来架构演进的过程中持续指导团队守护架构的整洁性。甚至考虑进一步建立线上工具来可视化绘制,进行模型变更的版本化管理。不仅仅领域架构师，成熟的产品负责人也要参与到领域模型的建立中，要能够理解甚至绘制模型，和架构师一起统一业务语言，识别其中的业务概念及其关系正确性，也可以通过梳理模型的过程反过来修正自己对业务的理解。

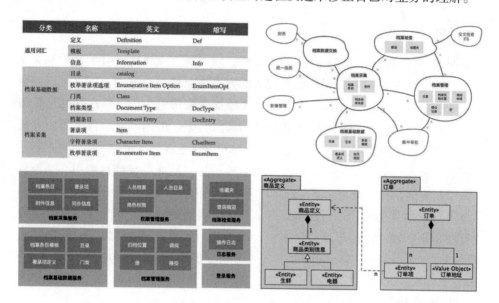

图 8.10 领域建模的关键产出

初始数据架构与部署架构

从模型出发，进而设计基本的数据存储架构，可能包括核心部分的逻辑数据库结构和存储方式。对数据库，在初始架构设计阶段不需要细化到完整的字段和类型，更多是声明表及其关系以及与领域模型的关系。更进一步，设计支撑大容量分布式计算、分布式数据存储和缓存，异步消息机制，以及微服务治理、安全性等所需要的运行时部署架构。

关键接口与集成方式

内部服务之间的接口与集成作为设计细节，可以延迟到迭代交付之前再去设计和约定。在前期初始架构设计中需要首先关注的是外部依赖，这是未来影响系统设计与交付进度的重要风险点，要尽早识别出来并对这些依赖的接口和集成方式进行定义，确认其可获得性、稳定性。接口 API 的定义包括其职责、输入输出信息与格式，约定其 URI 与请求方式，是采用 REST 还是其他协议，或采用异步消息机制等。

重用

通过领域建模识别出新产品的核心域、通用域与支撑域，对于通用和支撑域，寻找是否在组织内部和外部有现成的方案或服务可以复用，如果可以，则优先考虑。例如认证与鉴权、支付。也考虑能否采用组织内已经沉淀的可复用组件，比如前端组件、开源库和其他部门团队贡献出的内部开源代码等，尤其是一些更成熟企业所建立的开放技术服务与开放业务服务。同时，要初步识别，该新系统未来是否有可能产生可复用的组件，为其他业务或产品所用，是否从一开始在架构设计上就为此潜在机会设定可复用的设计目标。这需要谨慎考虑，存在可贡献的复用机会不一定就立刻要为未来潜在的复用开始过度设计，因为这存在不确定性，应以尽早交付客户价值为第一目标。团队可以在自己的技术演进任务清单中记下一笔，提醒自己未来在必要时对其进行重构。

迭代设计

配合初始的产品解决方案设计与规划，完成初始架构设计后，团队即将进入迭代式的产品创造和实验过程。领域架构师不能离开，要伴随着领域内的产品迭代持续工作。配合业务发展，以实验和渐进的方式将架构愿景和目标以及概要的领域模型落地到可实现的细节，并持续进行修订。这一过程称为"迭代设计"，可能大多以各个产品团队的技术负责人或骨干为主执行，但领域架构师需要参与讨论、评审和输出关键点的设计，并在其中把控架构的演进方向和模型守护。具体来说，这些工作会融合在每个迭代前为新投资专题或优化需求进行的技术方案中。

迭代的架构演进不是领域架构师一个人专属的工作，而是一个团队协作的过程，如图 8.11 所示。触发系统架构做出改变的因素来自两个方面。一方面是自顶向下的驱动，可能来自公司提出的技术发展战略，来自领域架构师前瞻性的思考，主动的技术演进意图。例如技术栈的更新，为了业务扩容需要进行的架构改造，往往会形成一系列被纳入上一章滚动规划中的技术专题。自上而下的架构设计与有意图的演进措施约束着开发团队，影响其实现。另一方面，更多来自实际从事编码和测试工作的团队技术人员。当要满足新的需求时，遵循现有的模型或架构要求可能无法良好地达成目的，或者让开发和测试的工作很低效，这时就"浮现"出了修正架构设计的机会。在系统架构长期的演进过程中，这一类的矛盾很多，但往往被忽略了，导致原来设计的架构模型和指导原则随时间推移被打破、违背，内部腐化。这些在交付中浮现出来的问题很难提前预知，贯穿到产品的全生命周期中（除非已经到了产品的高度成熟期和衰退期）。领域架构师要经常走出自己的隔间，经常与团队技术人员进行交流，而不是高高在上通过文档和代码与团队交流。要持续听取其他技术人员的反馈，在架构愿景和目标的大方向下随时决策对架构做出改变，如模型边界、数据存储结构、关键接口定义等。也要及时否决开发人员走捷径而破坏模型和架构原则的冲动。

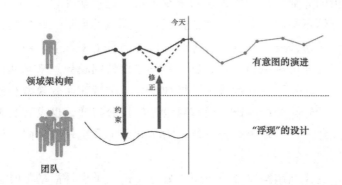

图 8.11　领域架构师融入团队，持续响应"浮现"出的架构演进机会

相对于初始架构设计，迭代设计的过程是应对更小范围和更具体的问题，以满足各个新专题方案和新特性的需要，并在演进中守护架构质量。需要开展以下几方面的工作。

- 对领域模型的守护和修改，确保实现与模型的一致性。
- 内部服务之间、外部依赖之间的接口及其集成方式设计，契约定义。
- 将领域模型转化为完整的逻辑数据库设计。
- 为应对持续浮现出的性能、稳定性、安全和并发等非功能性挑战，提供技术方案，对架构进行重构，对架构进行重构。
- 持续地识别复用机会，或提炼可复用组件。

- 持续梳理和推动偿还出技术债务。
- 对存在技术风险的点，建立技术预研工作项（或称为 Spike）。

即时设计

架构师要有持续融入团队并随时拥抱变化的心态。迭代设计工作完成，进入到实际的编码实现活动中，开发人员可能还会遇到新的或更细节的问题，例如遭遇从领域模型到代码实现的困惑等。服务内部的模块、代码结构和实现细节也是需要设计的，即很多年前传统软件工程方法中要求的详细设计活动，通过一些 UML 图之类的工具来绘制实现层面的组件结构图、时序图等，甚至包括所有接口代码的设计。在这个环节，常见到两种做法。一种是耗费了大量人力进行这个层级的详细设计，尤其是当企业采用大量低端外包人员，将设计工作和编码工作分给不同的人完成，例如曾经对日外包的项目。结果是，项目交付周期很长，产品迭代速度和响应力都非常慢。而且也很低效，因为详细设计人员的产出不能立即得到编码实现的反馈，一些设计问题导致来来回回的返工。另一个做法是，开发人员直接跳过了详细设计，拿着前面的模型和概要设计文档直接按自己的思路开始编码，没有对设计的充分传递，也没有实现后的代码评审，实现成什么样，是否符合设计，除非导致了系统外在缺陷，根本不会有人知道。

服务内部的详细结构以及业务逻辑处理，这一类设计活动随时会发生，非常细节，无论是将设计和编码分离，为之产出额外的详细设计文档，还是不做设计，都不可取。产出额外设计文档的问题除了拉长周期、变得更慢以外，这些设计产出往往都是一次性的，只为解决当前问题服务，不可能持续更新，对团队自身不具有长期参考价值，更不为用户创造价值。

遵循敏捷原则，建议由架构师、技术骨干与开发人员以面对面沟通协作替代详细设计产出与评审，能够更快地得到反馈和传递知识、经验。在迭代开发过程中，针对每个特性或故事，开始编码之前，或开发人员对架构或技术方案产生疑问时，立刻叫上团队技术骨干或领域架构师，以及其他具有相关经验的同事，搬来一块白板，在白板上以草图画出自己的设计想法，一起头脑风暴直到对问题获得满意的设计结果，然后各自回去继续原来的工作。这个过程通常五分钟到半小时，如果一个小时还得不到答案，就新建一个预研（Spike）的工作项贴到团队看板上,让一两位同事领回去先进行分析,待有初步答案之后,再与大家一起讨论。我将这样的设计活动称为团队内的"即时设计",具体如下所示。

- 澄清当前问题和对解决方案的理解。
- 讨论技术设计与实现的细节,确保符合既定的架构要求。
- 可能反馈对架构设计的重构或修改建议,包括模型和其他架构维度。

技术债务管理

现实中,经常发生因为无法推迟的进度要求,例如有时限的政策要求、时间点确定的营销推广活动,使得团队没有充裕的时间实现最恰当的设计,而不得不先按某种临时或折中方案实现,走捷径。在马丁·富勒(Martin Fowler)的文章中,将这类团队为了更早创造客户价值而有意欠下的不理想实现或设计问题,称为"技术债务"。技术债务短期出现可能影响不大,但如果长期积累后到一定阶段就会成为团队继续向前的阻碍。架构腐化和性能挑战会让团队举步维艰,无法再快速响应新的业务!技术债务的发生在软件开发中在所难免,不完全是团队的技术能力问题,而更是在快速响应业务变化过程中的一个对架构演进的守护问题。这也是领域架构师要推动的关键工作之一,要将其透明化,并推动有计划地偿还。数字化业务的管理者也应当充分理解什么是技术债务,及其是如何产生的,应当如何管理,为团队提供一定投资。例如每个迭代留一定的容量来偿还一部分债务。

持续守护良好架构,首先是领域架构师要带领团队持续地识别出技术债务,并将它们显性化出来。一种途径是在前面的迭代设计和即时设计活动中,评估最佳设计方案和现实允许的进度等条件下实际可行的方案,将被团队选择有意欠下的债务显性记录下来。另一种途径是通过定期的回顾会,作为一个议题,由团队技术骨干收集当前迭代技术方案上不理想的债务,记录下来。还有一种方式是定期组织针对团队技术债务的头脑风暴,在团队的工作空间或作战室,设立一个技术债务角,将所有债务,按它对质量、稳定性和性能等结果的影响,和对团队工作效率的影响两个维度,做二象限优先级排序,或者按债务的严重性和偿还债务的成本两个维度做优先级排序(图8.12)。让这些信息也对业务和产品人员随时可见,让他们充分理解其影响。

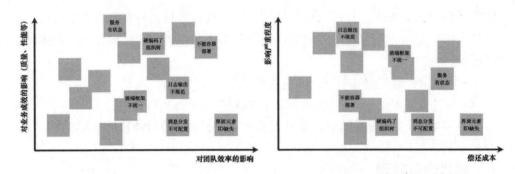

图 8.12　技术债务分析矩阵

像维护待交付的功能特性一样，领域架构师或团队技术负责人需要持续维护一个产品的技术演进工作清单，将包括技术债务偿还在内的所有技术演进工作项进行优先级排列。当然更好的方式是，将这个清单中的工作项和业务特性、体验优化类工作项放在同一个清单中，由产品负责人和领域架构师、技术负责人协商对所有工作项进行统一优先级排序，然后按优先级顺序流入到接下来的一个个交付冲刺中。团队每个迭代冲刺的承诺计划里，除了交付用户和业务价值，同时也有一定比例的技术类工作，目的是让系统持续保持健康状态，持续具备对业务的快速响应能力，而不会腐化到有一天已经无法可靠地添加新功能，不得不暂停所有新特性交付来偿还债务，或不得不推翻重来。这个完整清单中应当包括以下三类要素。

- **规划的技术升级**。在初始架构设计或后续演进过程中，架构师有意地规划一些技术演进类工作，例如架构重构、语言或框架更新等。
- **技术债务偿还**。为了满足进度无法按最优方案实施而遗留下来的债务，例如需要重构代码或设计、提高复用、拆分服务等。
- **工程技术提升**。提升其他工程技术能力的必要投入，比如搭建流水线、补充自动化测试、搭建契约测试服务等。

适应性函数

通过迭代设计和即时设计活动，通过有意识地进行技术债务管理和偿还，目的是持续守护架构的健康度。但即便架构师持续融入团队，也难免有经验不丰富的开发人员在编码时可能有意或无意地破坏系统应遵循的架构风格或原则，向架构腐化的道路上迈出一小步，这类问题很隐性，难以察觉。要减少这类问题的发生，在《演进式架构》一书中提出在架构守护中应用"适应性函数"。这个概念最初源自遗传学中的遗传算法[①]。将这个概念引入软件架构领域，适应性函数是指，通过一系列自动化的检测手段持续评估系统架构在各个维度需要遵守的标准，及时发现实现与设计要求不一致的问题。这是一个宽泛的概念，由于架构设计关注的维度非常多，例如架构分层、集成与协议、性能、并发能力、可扩展性等，因而适应性函数具体的实现技术也多种多样。图 8.13 中将可能的适应性函数从两个维度分为四大类。

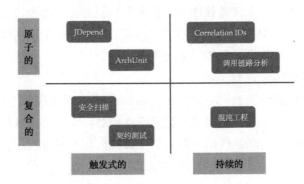

图 8.13 以适应性函数进行架构守护

一个维度是触发适应性函数评估的频率，看是按需触发的，还是持续不断的。另一个维度是一个适应性函数能够同时评估的架构守护维度的多少。下面举几个典型的例子。

- **触发式的原子函数**：如果架构师对单个应用设计了包含表示层、服务层和持久化层的分层架构，要求表示层只能调用服务层，而不能直接调用持久化层。这时可以采用一些开源的架构分析工具（如 ArchUnit），通过定义规则，在每一次提交代码时检查可能的不合规调用。这类适应性函数评估是按需触发的，并且是原子的，因为一个函数只能检测破坏

---

① 我们知道在生物的一代代遗传中必定会发生基因变异，每个人长得都和自己的父母有所差异，但并不妨碍作为人类种群的生物特征一致性，仍然是人，能够很好地融合在一起。然而，有时候突发的某些变异有可能导致破坏了种群的生物特征一致性，让种群繁殖向着不期望的方向跃迁。适应性函数就是遗传算法中一种用于对这种变异性进行评估的方式，用于识别出这类突破生物种群延续一致性的异常变异。

分层架构这一个架构质量维度。

- **触发式的复合函数**：本章前面提到的契约测试，可以用于对系统之间的集成点契约进行检测，一旦发现某一方的协议或接口实现违背了设计契约，就能立即反馈测试失败，从而通知到团队。契约测试也是按需触发的，但它能够同时检测包括通信协议、报文格式数据类型以及网络的连通性等多个维度的问题，也可以检测生产者接口的响应速度等性能问题，因此是一种更全面和复合型的适应性函数。
- **持续式的原子函数**：在系统架构设计中约定了服务之间调用的关系，包括调用方向、深度和频次等。要避免各服务在实现中违背约定，可以通过在服务调用链中引入"相关性标识"来跟踪整个调用链条，通过检查预先设计的规则来发现服务间不合理的调用关系。这样的检测可以通过监控程序持续进行。
- **持续式的复合函数**：Netflix 和 Facebook 等公司采用的"混沌猴子"（或称为"混沌工程"）也是一类适应性函数。它通过对运行在生产环境的各种服务进行随机性地中断或制造其他破坏来发现问题，包括系统的安全性、健壮性等容灾恢复能力等多个维度，这些问题基本都是由系统、基础设施和部署方式等架构设计不充分所导致的。

适应型函数为持续架构演进和守护提供了新的思路。像前面提到的这些适应型函数可以融合在企业现有的云基础设施、DevOps 流水线和监控体系中自动化地高效完成工作，并将发现的架构不良问题及时通知架构师和管理者，或将分类统计数据呈现在可视化的大屏幕中。这是一种以技术和数字化思维来解决以往软件研发过程中不得不依靠人为管理手段解决的问题，是架构治理本身的数字化，希望具备技术卓越文化的科技企业不断探索寻找更多种有效的适应性函数。

遗留系统重构 – 绞杀者模式

关于架构，最后还想谈到一点是关于遗留系统重构。可演进性架构方法虽好，全新的产品可以应用，但那些老旧的遗留系统怎么办？企业都面临大量的这类老系统，阻碍着创新与数字化转型。我们希望这些老旧系统变得更现代化，从单体走向微服务，采纳领域驱动设计重建整洁架构。有一些管理者习惯于"搞大的"，要转向新的技术、新的架构往往迫不及待地立刻全面采纳，整个系统全面重构甚至重做，要么就暂时什么都不做。这并不是很可取，而且风险很高。

- **缺乏拆分经验**。产品团队可能对微服务架构和必要的领域驱动设计方法缺乏经验，或者业务太复杂一些边界模糊的限界上下文之间到底应该拆分还是不拆分，是否采用异步通信，决定不当或欠缺必要的技术手段来有效解决拆分后的数据，一致性和性能问题，会带来很高的切换风险。
- **治理能力不足**。微服务不是没有成本的，需要强大和自动化的服务治理能力，例如自动化的部署、高可用架构、监控体系等。如果还不具备这些能力，则风险很高。
- **影响业务交付**。全盘重构或重写必然会导致业务响应力的严重下降，甚至一段时间完全无法交付新业务。

更好的做法是，采用一种称为"绞杀者模式"的遗留系统重构策略。随着新业务交付，将原遗留系统中与新业务相关、相对概念独立的一小部分业务能力从中剥离出来，以一个微服务的形式存在，其他剩余部分保持不变；保持新的微服务以抽象层或接口版本兼容的方式与原遗留系统松耦合；同时为新的服务建立起必要的自动化部署和监控治理能力。当拆分出的服务运转正常，伴随着未来另一个模块的业务修改，再将另一个业务能力从遗留系统中剥离，成为新的服务。采用这一策略，而不是一口气全盘拆分重构，给予团队时间在一个一个渐进剥离的新服务上积累经验和必要的服务治理能力，同时，不必显著放慢或停止对新业务机会的响应。随着时间推移，当更多的业务被修改，越来越多的业务能力从原系统中剥离出来，微服务越来越多，而原有的遗留系统则越来越小，职责变得更少。到最后，可能全部被拆分出来，也可能保留着一个职责简单、运行稳定的遗留系统内核也未尝不可。可以用外部的抽象层将它包装起来，基本不影响其他服务以现代化的方式进行迭代演进。这就像是热带雨林里几百上千年的大树，被大量更细的藤蔓缠绕，抽取其营养，慢慢中间被抽空，这一自然现象被称为"绞杀"。以绞杀者模式进行遗留系统重构，让技术重构与业务创新相伴进行，以小步、实验的方式，确保必要的治理能力同步提升，这样大大降低遗留系统重构的风险，持续保持系统架构对创新机会的高响应力。

思　考

1. 软件系统的架构设计中，除了"可演进性"外，还有哪些常见的设计目标？它们与架构的可演进性之间是什么关系？
2. 企业架构治理的 TOGAF 模型（开放群组企业架构框架，俗称"企业 4A 架构"）与领域驱动设计之间是什么关系？它们是相互独立的、互斥的，还是可相互融合的？
3. 在交付团队的管理中，如何才能确保技术债务能够得到及时地偿还而不是累积越来越多？如何向业务方、产品负责人解释投资偿还技术债务的意义？

第 9 章

快速迭代产品

接下来，可实施的解决方案需要由不同技能的人紧密协作，将其变成软件产品，尽早交付给客户创造价值，即从"持续设计"进入到"持续交付"活动。设计很重要，但无论前期投入多少精力，都是基于内部环境、外部环境的假设，过度的前期投入对最终产品成功的贡献将迅速衰减为零。要时刻保持对不确定性的敬畏，只有基于快速交付后的真实反馈才能知道产品、运营和技术演进措施的真实效果，进而对设计做出调整，在可能错误的方向上尽早止损，降低风险，同时能快速响应新的变化。

在数字化产品管理中，衡量这一价值交付和反馈速度的关键指标是"周期时间"，即从想法提出到交付用户的时间，甚至是到获得有效反馈的时间，是"创新、价值与快"三大核心能力中"快"的关键体现。注意，从想法提出到交付用户，这不仅仅是技术团队的工作，也包括了从提出想法开始，做出行动决策，并形成可落地方案，以及从方案进入交付的过程，业务方、决策者和产品人员的工作方式都会影响到周期时间。致力于缩短周期时间的同时，不能忘了另一个关键词"质量"，这是需要保障的底线。没有足够质量的产品，设计想法再好也是空中楼阁，没有客户会买单。没有足够质量，产品应有的价值就无法体现出来。接下来两章将谈一下，在交付环节如何以兼顾速度和质量的方式快速迭代产品。

跨职能团队

通过第 2 章的分析，我们应该能够理解，传统围绕项目进行管理的模式，将软件过程划分为多个阶段并聚焦短期目标，将需求提出、设计、开发、测试和运维工作归属到不同职能部门各自管理,并以文档为主单向传递信息的工作方式,以及主要依赖人员不够稳定的外包方式进行开发,这些旧模式是如何阻碍交付周期的缩短和带来事实上的质量问题。也应该能越来越清楚地认识到软件产品开发的一个事实:在绝大多数情况下,这不是一项艰深的高科技研究,成功的关键因素不是顶尖科技人员基于学术理论的专研探索,也不是像修建跨海大桥或摩天大楼一样的实体建造工作,它不是一种机械劳动,不是一旦建设完成就再难进行修改因而不得不每一步工作都有足够详细的前期设计。

软件开发更倾向于是一种基于人的"社会关系"的协作式劳动,越是创新的产品,越需要如此:产品专家与客户之间的协作,对客户理解的深度和随之产生的同理心;业务专家、体验设计师与技术专家之间的协作,能够融合多学科产生最恰当的解决方案;同样,还有设计者与开发、质量和运维人员之间的协作,让设计细节在参与软件创造的不同角色之间顺畅流动,信息高度透明,相互支持,随时准备对已存在的产品进行改进。

如图 9.1 所示,由能够将想法转变为数字化产品并推动其增长的多种技能人员构成的"跨职能团队"是开展协作式创造和进行数字化产品管理的基本组织单元。从持续设计到持续交付,以数字化方式为客户和企业创造最大化的价值,仅仅遵循一套规范和相对标准的流程、最佳实践,也许能让结果达到 50 ~ 60 分,在及格的边缘,但仍缺乏竞争力;要让结果达到 80 ~ 90 分,企业需要解决的是人的能力和驱动力问题!而最后的 10 分,能带来超乎预期的发展,可能在于恰到好处的时机与有利的环境因素,需要天时地利人和。

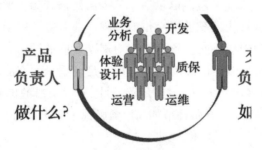

图 9.1 跨职能的数字化产品团队

团队能力的表现,其中关键个体的技能水平高低是基础,企业需要选、用、育、留优秀人才。关于人才与文化,将在本书第Ⅳ部分讨论。团队能力表现另一方面取决于一群人的紧密协作、信息传递和纪律性，从而达到在保障质量前提下持续缩短周期时间。团队能力提升的关键，不在于每个人是否都忙碌到了没有一点空隙，每天加班到深夜；也不在于是否能以最快的速度书写更多代码或文档。这种对团队或个人在单位时间内完成工作量的衡量指标称为"产能"。在机械化劳动中，例如工厂车间里的流水线上，人不需要思考，流程是完全标准化的，每个人的产能是形成车间生产能力的关键因素。然而在软件产品团队中，软件开发不确定性、易变性、智力产物和隐性质量的基本特征，以及它更倾向于一种基于人的"社会关系"的协作式劳动的特点，使得追求高度标准化和直接以产能来衡量这一类工作的表现是不恰当的，也不可行。很多企业的管理者都在试图找到衡量软件开发产能相对客观、公正的指标。可以告诉您的是，直到今天，业界也没有这样的良好指标。如果有人说可以，那就是在忽悠您。不少的企业通过衡量人均交付的需求量、功能点（通过 Function Point 公式计算）或代码行来衡量研发团队的表现，这只会严重伤害到跨职能协作，抑制学习和成长，抑制对产品价值的关注和创造性思维。

真正能驱动团队能力长期提升的，是对产品创造的客户、企业价值的关注，和对价值流速与质量的关注。如果团队在长期里能够对价值、流速和质量不懈追求，这将带来全方位能力的提高，包括产品方案设计能力、软件质量保障能力和高度自动化水平等，也意味着团队成员之间、团队与外部环境之间的紧密协作、信息传递和纪律性的提高，长期的产能也会由此逐步得到提高。相反，如果管理者是紧盯着眼前的产能数据，真实的产能很难长期获得提高。

交付负责人（DM）

数字化产品从形成方案到交付用户，是产品专家、体验设计师、架构师以及开发、质量和运维等不同职能的一群人基于关系的协作式劳动成果，他们构成一个跨职能团队。这个团队的高效协作不太可能是自然而然发生的，需要有人来引领和驱动，这个角色称为"交付负责人"。这是在数字化产品管理落地层面与"产品负责人"一样重要的另一个关键角色。不同在于，产品负责人引导业务干系人、体验、运营与技术专家的协作，开展持续设计，决定产品该做什么，以此实现产品和业务目标；而交付负责人则引导业务、产品与开发、质量、运维的协作，带领团队持续交付高价值工作，驱动团队能力持续提升，以此支持产品和业务目标的实现。展开来看，他的身份职责具体如下。

- **教练式领导者**。交付负责人必须和其他所有成员一样担负着共同的目标，不能是脱离在外的，他对团队的高效运作和持续成长负责，也就是要打造一个高绩效团队。团队是由一群人构成的，人的主观意识会带来很多问题，比如各自的动机和意图，内部冲突与不合，缺乏积极性等。如何选择和培养具备足够能力和必要素质的人组成交付团队？如何建立业务、产品与技术之间的沟通桥梁？如何让一群人在共同的目标下有序分工合作又能相互辅助补位，形成凝聚力和战斗力？如何让一群人能够不满足于现状而持续引入新的技术与方法，持续改进追求卓越？这些都需要交付负责人发挥教练式领导力，引领和赋能团队成长，共同实现团队目标。
- **引导者**。团队跨职能协作，就意味着有很多需要多人讨论达成共识的时候。例如讲解和评审方案细节，协商制定计划，回顾和复盘，或针对出现的问题进行回溯寻找根因等。交付负责人要在这些活动中引导过程，鼓励均等参与，激发集体智慧，确保集体的沟通协作过程能高效达成目标，而不是过度发散或偏离目标，最后不了了之，陷入集体低效。
- **问题解决者**。当团队遇到阻碍，例如技术的困难、工具环境的问题、沟通的不及时、跨团队协作等各种问题，需要交付负责人立即融入并推动问题解决。例如促成成员间结对解决问题、寻求外部资源、协调跨团队沟通以及向上升级问题和风险。目的是以最快的速度清除交付阻碍，让价值流动更顺畅。
- **团队的守护者**。团队面对客户、业务或其他管理者，会收到各种各样的要求，有些是合理的，有些是不合理的。可能任务分给了不合适的团队，可能超出了团队负荷，可能来自外部的要求会打破团队行之有效的工作方式与纪律。这时，交付负责人要像牧羊犬一样，抵抗或缓和这些外在的伤害，拒绝不合理的要求，只有这样才能让团队具备可持续的价值输出能力。这考验着交付负责人的沟通技巧与协调能力、影响力以及意志和决心。从长远来看，这不仅是守护团队，也同样对组织是有利的。

交付负责人角色应该由什么背景的人承担呢？看到很多团队是由开发骨干承担，可能因为主要管理的是软件开发工作。这当然是一种选择。交付负责人要具有良好的科技背景,这非常有利于他管理数字化产品团队的交付过程,能够很好地与产品、技术人员对话,理解他们的工作。但不要忘记了,软件开发更是一种基于人的"社会关系"的协作式劳动,团队能力表现更多依赖于目标一致、信息传递和纪律性等因素,而不仅仅是技术。交付负责人要关注的协作过程不仅仅关于开发,也包括质量保障、运维以及产品和需求。技术能力和领导力是截然不同的能力,常常有一些技术骨干只擅长于技术,而缺乏领导力和沟通技巧,对人的管理一窍不通,导致整个团队内部冲突不断,不能合理地用人激励人,也缺乏引导能力。建议选择那些有技术背景的,也同时具备领导力与亲和力,且有广泛学习兴趣和沟通协调能力强的人来担任,不一定是团队中技术最牛的。

交付负责人直接由产品负责人承担是否适合呢?确实看到一些企业里,尤其是互联网公司,产品负责人就是团队的唯一负责人,既要负责产品规划和设计,又要负责团队的任务分配、进度和风险管理等。这不是一个好的制度,很容易产生一个人说了算的控制型领导风格。为了满足业务的要求实现短期目标,有时候产品负责人有内在驱动力给团队施加过度的压力,甚至提出不太合理的要求,进而忽视了质量和长期能力建设。更为重要的问题是,管理产品和管理交付其实是两种很不一样的专业能力!产品管理更多面向外部客户和市场,需要的是具备综合的业务、体验和技术知识,能产生对市场与客户的深刻洞察,进行合理规划与设计。而交付管理是对内的,更多是直接关于人的工作,关于领导力和影响力,促进沟通协作与共识,积极地协调管理好进度、依赖与风险。两个身份和职责加在一个人身上,结果是哪一方面的工作都很难做到位。强烈建议产品负责人和交付负责人不要一个人承担,通过两个角色的合作与制衡,更有利于产品和团队的长期发展。

围绕产品进行团队管理

数字化产品管理是开展数字化业务的核心工作之一,是时候改变以往职能化和项目化的管理思维。产品作为价值的持续载体长期存在,团队是开展协作式劳动、创造价值的组织单元,围绕产品建立长期团队进行管理,是将数字化产品管理各项活动有效落地的基础。每个团队均能够以创造客户与企业价值为目标，并致力于持续提升自身能力。我将围绕产品进行的团队管理总结为以下六个要素，如图 9.2 所示。

图 9.2　围绕产品进行团队管理的六个要素

围绕产品建立目标一致的跨职能团队

　　围绕产品建立的跨职能团队应当是构成数字化企业的基本单元。原则上，每一个单元要包含，能够从提出想法到交付用户并推动产品增长的所有技能。信息在整个跨职能团队所有角色之间共享。可以通过开放共享文档、电视大屏幕或团队工作空间的墙壁和白板以及一些必要的团队集体会议，将各种信息和数据直接辐射到每个人，而不是隐藏在个别人头脑中，不是以文档从一个角色传递到另一个角色，要努力缩短信息传递的链条。当有问题需要讨论或响应时，相关角色立刻跳进来一起工作。例如要讨论方案时，产品、体验设计和技术聚在一起，方案明确后再一起将方案细节讲解给相关的技术人员，而不是产品写好需求文档传给技术负责人评估，然后再传递给开发，开发到了后期，测试再参与进来。跨职能团队的不同角色之间虽有分工，但可以自然地相互协助。当测试工作遇到瓶颈影响流速，开发人员可以协助编写业务场景的自动化测试，帮助准备测试数据和环境，产品人员也可以协助进行验收测试。这种为共同目标互相补位的协作在强职能化管理的组织中是不可能发生的，因为"那不是我的工作"。

　　能够有效协作的前提是目标一致。因此，跨职能团队中所有成员共享目标是关键。这并不意味着所有人都必须有相同的汇报线，和一样的绩效考核标准，目标不等于绩效。关于团队目标的设置可以参考第Ⅲ部分，关于个人绩效的讨论参考第Ⅳ部分。事实上，无论是完全的业务线管理结构还是"业务线＋职能线"矩阵式管理结构，我都看到过相当成功的跨职能团队案例。注意，在后一种矩阵式结构下，业务线产品和交付负责人对个人在实现团队目标中的表现评价以及团队其他成员对个人进行的反馈评价，应在职能线负责人对员工最终的绩效评价中占更大的权重，例如70%。在矩阵式结构下，最大的风险是，职能线出于所谓的资源利用率考虑，经常性调动各团队的人员分配，导致核心成员稳定性下降，知识的积累和团队凝聚力削弱。需要有合适的机制来避免该问题，这会在第Ⅲ部分进行讨论。为此，一些企业逐渐将职能线管理演变为以学习、赋能和人才发展为主要目的的能力中心，或技能社区性组织，将分配资源的权力更多赋予业务领域及其产品团队。

　　相反的失败案例不少。一些尝试建立跨职能团队的组织中，表面上不同角色坐到一起，但各自归属的职能部门对自己下属员工有不同的考核标准。例如质量部门以质量人员发现的缺陷数来衡量其表现，越多越好，而开发部门以被发现的缺陷数来衡量开发人员的交付质量，越少越好。于是，开发和质量之间经常就某个问题是否应该记录为缺陷进行无意义的争执，浪费时间。类似这样"坐在一起"的跨职能团队很难有真正的协作，反而产生不良的工作氛围，不同角色之间相互冲突，暗流涌动，团队真正的目标被放在了一边。

　　系统运维在很多企业是一个集中式部门，负责所有软件系统的运行支持。传统运维工作烦琐而无趣，大量涉及人工操作。随着技术进步，这些都在发生变化，DevOps运动倡导通过高度自动化的应用部署、监控和云化基础设施大大降低运维难度，减少人工参与，技术含量越来越高。这一趋势使得负责产品的跨职能团队可以自助地完成大多数运维工作，将传统集中式的运维支持人员解放出来，转向数据中心和自动化运维平台、云平台的建设。这些基础设施平台也是产品，也应当由一个个跨职能团队负责，以其他产品团队作为客户，为其提供安全稳定的服务。

　　同样，运营不应当和产品分家。很多企业基于职能化管理的惯性，倾向于成立单独的运营团队来支持所有产品的运营推广,这很低效。运营和产品密不可分,产品的设计成效需要运营手段来获得反馈和有效地推向用户,而运营实现增长的措施往往需要产品的配合。成熟的数字化产品团队应当将产品和运营作为一个整体来看待。产品负责人应当同时负责运营,具备制定运营策略的能力。例如在产品不同生命周期阶段能够合理规划用户运营措施,有营销思维,能够建立产品数据指标体系。团队中可以另有专职的运营专员,配合产品负责人一起进行运营规划和执行落地。

以价值和质量作为核心管理要素

第 2 章讨论了传统项目管理的范围、时间和成本如何不具有弹性,导致质量成为实际的可变要素很容易被牺牲掉。软件的隐性质量特点,使得很多的质量问题并不反映在近期的测试结果里,而是给未来的产品演进引入质量风险,也提高修改系统的成本,降低未来响应新业务变化的速度。范围、时间和成本因素并非不重要,但管理的最终目的是创造价值,同时足够的质量是价值得以体现的必要前提。因此,管理者最主要的精力和大多数的管理活动,应该围绕着价值和质量开展,而不是其他因素。读完本书,你会意识到,本书讨论的大多数管理方法都是为了创造更大的价值。真正聚焦价值和质量的管理可以驱动团队少做,做精,聚焦于将最有价值的部分做到最好,而不是轻易地开始很多价值不明确的工作。

比较而言,对时间、范围和成本的关注不应再是管理的核心,不应该让它们成为困扰和让管理者分心的绊脚石。它们只是如何最大化价值并同时保障质量的约束条件,切记不能本末倒置!我们可以换一种更轻量和简单的策略来应对它们,如图 9.3 所示。

- **时间管理策略:保持节奏、尽早交付** 追求高响应力就要致力于尽早交付。因此交付时间一旦确定不能轻易延迟推后,而应当致力于提前,只要能够为客户创造价值。从团队工作效率和简化管理的角度,倾向于建立相对固定的时间节奏,例如,每两周一个冲刺(Sprint),每周发布一个版本。稳定的节奏也有利于团队内多个角色之间、跨团队之间的沟通和协作。
- **成本管理策略:相对稳定团队** 软件开发是脑力劳动,短时间增加人力并不能有效提高产能，反而容易引入风险，而且聚焦价值和质量的交付需要团队成员的长期磨合和知识积累。因此，更好的应对方式是建立长期合作且相对稳定、有凝聚力的团队，将成员的变化频率尽量控制在一定比例内，例如一年不超过 30% 的人员变更。

- **范围管理策略：可协商、灵活浮动**　这是必须转变管理思维的要害之处，要让交付范围成为在业务、管理层和产品团队之间可灵活协商的可变因素！毕竟，为客户创造价值、促进业务增长才是创造数字化产品真正的目的，而变化则意味着可能有创造更多价值或提升质量的新机会。为此，拥抱变化胜过遵循计划！以如何带来更高价值和更高质量作为业务与科技团队之间协商变化的共同语言，允许对范围进行调整。这既有利于业务和产品开展不确定的创新实验，在发生不可预知的变化和想法改变时可以随时调整方向；也有利于团队为真正做好质量进行必要的投入。管理层需要尊重和支持团队做出的合理判断，而不是以命令和遵循计划的理由来拒绝调整。团队不应该为了管理范围变更这样没有价值的工作浪费精力。更不应该的是，一些企业根据团队是否遵循了数个月前承诺的范围计划并全部完成来衡量团队的绩效，这是本末倒置，是对价值和质量思维的扼杀。

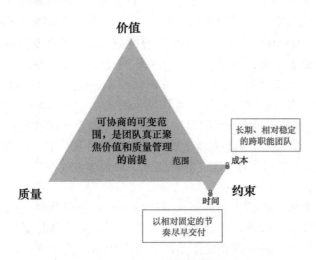

图 9.3　以价值和质量为管理核心要素

团队对产品的全生命周期负责

数字化产品管理要求各个业务领域有清晰的产品组合视图。产品组合中的每一个产品都有自己的定位和价值目标。从来没有一个卓越的产品是一步到位的，总需要基于反馈持续打磨调优，从而带给客户最好的体验。同时，客户、业务总在持续变化，需要有团队快速响应和解决问题，让产品能不间断地发挥出其最大化的价值。另外，技术也在不断变化，需要保持软件系统的技术进步，使其架构上能够不过时，有能力持续支持业务发展。这就必然需要一个对产品全生命周期负责的长期团队。所谓"全生命周期"，是指从新产品诞生开始，直到因为产品不再有价值而被下线的那一天。这远超过任何一个项目的时间跨度。在这个过程中，团队不仅仅负责产品开发实施，也负责持续发现产品改进机会并优化演进，负责产品的持续运行保障，负责产品运营和用户问题响应，而不是在不同阶段由不同的项目团队负责实施。只有这样，团队才可能以长期的产品价值和质量为关键目标进行长期思考，而不是以完成项目为关键目标的短期思维。

有太多这样失败的案例，一旦软件开发项目结束之后，项目成员就解散，转而投入其他项目。要将项目转移给后期维护团队，但很难被有效承接，因为维护团队的成员前期没有参与，完全不了解产品的业务和架构。产品各种不尽如人意的地方就很难得到及时的修复和改进，业务部门或客户只能忍受着、抱怨着，工作效率受影响。然后，一些功能慢慢地开始不符合变化后的业务需要，用不上了。直到有一天，问题严重到直接影响业务开展或导致客户流失时，才开始重新考虑立项来修改它。这时，发现原有那一批人已经大多数找不到，没有人记得当初创造产品时的各种背景和决策因素，不再具备产品相关的业务知识，也不熟悉其架构设计，不理解产品是为什么变成了今天的样子……结果是，要么重新组建一个完全不熟悉系统的团队花大量精力去研究和改造，要么放弃，再次投入巨额资金进行重建。无论哪种方式，对企业来说都是一笔巨大的浪费，也意味着高风险。

不过，一个软件产品也不可能长期持续有很多创新和改进想法，一定会有工作量的波峰波谷，或者企业需要将资源投入到更紧迫和有更高价值的其他产品工作中去，这时，企业要做的不是解散这个团队，而是遵循以下三条指导方针进行调整。

- 维持核心团队。即便部分成员需要重新调配到其他产品，确保该产品仍有相对稳定且跨职能的一个核心团队为其长期负责。
- 业务领域内调动。尽量在一个业务领域的内部调配资源。如大型企业的财务领域，往往有多个不同的产品为之服务，那么，优先在财务领域内的各产品团队之间调动资源，而不是经常跨领域调动。让员工得以在较长时间里积累一个领域的知识广度和深度。在整个业务领域范围来看，总体的工作量波动相比具体单个产品的工作量波动更小。
- 兼顾多产品。若一个产品进入高度成熟期，确实没有持续的高优先级改进需要，考虑让整个团队构成不变的情况下，同时负责另一个在业务和技术上有关联的新产品，同时仍然对原有的产品负责。

团队对产品全生命周期负责，对员工的能力成长更有利。员工得以在一个领域长期积累业务知识，并通过产品的技术打磨和深耕让技术得以专精，不至于不断地更换项目，而得不到实质性的积累。在一个以产品为基础进行全生命周期负责的文化下，我们鼓励员工尝试不同的角色，例如开发人员可以承担运维职责，深入理解业务的质量保障人员可以尝试产品需求分析相关的职责，发掘自身潜力，成为更加"T型"的人才。"T型"人才是应该受到鼓励的，他们在某一方面专精的同时具备多种职能的工作经验和必要知识，面对问题可以更系统性地从多个角度分析和优化解决方案，更容易成为具备全局观和领导力的人才。

团队拥有一定的自主决策权力

一味的命令与控制式管理很难规模化，支撑不了企业规模增长时仍保持高响应力。在美国空军上将博伊德谈论关于在不确定环境下竞争的决策机制时[1]，他强调"隐式指引"胜过"显式指引"。在企业里，所谓"显式指引"就是所有的决策都由集中的决策机构或由领导自上而下以指令或遵循流程的方式来下达。"隐式指引"则是产品团队根据事先明确的使命和目标，考虑当时的实际环境条件自主做出决策，而无需等待上级的正式指令。只要围绕产品的跨职能团队具备必要的能力，尤其是具备前面几章讨论的以客户为中心的设计能力，和进行安全交付和实验的技术能力，企业完全有可能找到比依赖自上而下决策更加优化的行动方式，产生快得多的响应速度，进而抓住机会，及时提升产品价值和内外部质量。

---

[1] 参考：https://en.wikipedia.org/wiki/OODA_loop

一个有竞争力的团队，就应该像一个使命和目标明确并能够自主快速行动的特种部队。具体体现在以下几方面。

- **用人的自主性**。领域和产品团队的主要负责人有权选择和保留具有必要胜任力并能融入协作的人在团队中，或让不胜任的人离开。
- **优先级决策的自主性**。团队能够综合考虑业务愿景与目标、既定的产品策略、评估想法的价值以及现有的资源、外部依赖条件，在一定范围内自主地决策做或不做什么，先做什么后做什么，而不需要事事经过上级的审批或自上而下的指挥。这一自主性对形成团队的产品责任意识、调动积极性非常关键。当然，在跨团队协作的专题上，需要与专题负责人和周边团队协商，尽可能支持在整体进度上保持一致。
- **如何做的自主性**。基于决策，团队能够运用设计思维自主地开展更详细的方案设计，充分发挥创造性。只要上下对齐投资的目的和期望结果，就放手让团队决定具体如何达成目的和结果。
- **基于自身容量制定合理计划的自主性**。团队的实际能力和容量只有团队自己最清楚。在时间、范围和成本三个要素中，只有当范围可协商、可变，团队能够按需自主地对范围做出适当的调整，才有可能真正让对价值和质量的重视度凸显出来，这也是体现自主性的一方面。很多管理者不愿意让团队自主制定计划，而是倾向于尽可能压缩团队进度。这有多方面因素，包括传统采购合同带来的利益问题、缺乏上下信任、团队缺少规划和信息不透明导致管理者的焦虑等。优秀的管理者应当努力解决以上问题并信任团队，致力于以合理的目标引导，以平衡的内外激励手段驱动团队，而不是以外部的力量给团队施加不合理的计划。

对产品进行长期投资并管理成本

产品团队要能对产品全生命周期负责，并有一定自主决策权，就需要企业为每一个产品提供相对长期的投资，而不是仅仅以项目的方式决策和分配资源，这才可能将上面两条原则落到实处。只有长期投资，才能维持长期的团队，才能在任何时候当业务发生调整或产生优化想法，立即就能做出响应并开展实验。

反过来，长期投资与自主性不应导致团队随意挥霍，不能任意超支和想做什么就做什么，需要有投资决策的依据。最佳的决策依据就是价值，再具体一点，就是实际投入的成本和产生的成效！观察过很多企业的研发组织，信息系统建设的成本管理以及成本到底如何与业务发展产生关联，如何计算投资成效，基本是一笔糊涂账。每年花了很多钱，但管理者看不清钱花到哪儿，看不清投资回报。需求分析、开发、测试和运维以及产品运营分属不同职能部门，各自有各自计算和分摊成本的方法，因而很难对应到具体的每一项工作或产品。例如，业务分析阶段的投入可能计入市场、业务部门的成本；开发团队的支出计入开发项目成本，可能算作企业的资产或费用；而运维由于集中管理，往往一个人员同时支持很多系统，其成本很难对应到产品或项目，只能通通计入运维成本，计入企业的运营费用。那么，为了发展某项数字化业务或打造某个数字化产品，到底企业为之投入了多少成本呢？这是个难题。

如果围绕产品建立跨职能团队，并且团队中包含从设计产品到运维运营所需的各种角色，那么成本模型就会变得简单很多。对产品的实际成本跟踪只需要简单地计算团队的人力就可以得出。进一步，如果不同业务领域之间，系统是分开的，由各自领域内的产品团队负责，就可以很容易地算清楚发展特定方向的数字化业务所投资的实际成本。若产品使用了通用领域的公共服务，或者平台型的产品，例如云平台、大数据平台，可以将负责公共平台的产品团队的实际成本按不同消费方产品的调用次数或资源使用比例进行分摊。或者，建立内部定价策略，例如每 10 000 次调用的费用或每 1T 存储空间的使用成本，根据实际使用量计费，算入对应产品的成本中。有了这样的成本跟踪和分摊，管理者就能够更加清晰地看到各项业务活动与成本的关联关系。参考产品迭代带来的实际改进成效，就能够从投资回报的角度更加科学地做出决策。关于预算和成本的管理，可以参见第Ⅲ部分的详细讨论。

建立持续改进的团队文化

围绕产品进行团队管理就要建立一种产品持续演进、团队持续成长的长期思维。产品负责人和交付负责人要携手为所服务的业务和产品以及为团队自身植入持续改进、追求卓越的文化。可能的改进涵盖以下几个方面。

- **产品持续改进**：产品不能仅仅满足于当下实现了功能，对业务流程的持续简化和提效、用户体验的持续优化是个长期工作，要基于学习不断打磨。

- **架构与技术持续改进**：最初的架构拆分是否合理？随着业务变化架构是否需要重构或重新划分职责？以及技术栈的演进更新、代码的持续重构优化，持续管理技术债务并偿还，都需要团队有技术卓越的追求，持续改进。
- **团队能力持续改进**：还需要改进的是团队自身创造价值、快速流动和保障质量的能力，包括团队的工作方式、内外协作水平、自动化能力以及个体的技术能力等各方面。最重要的不是团队当前是否做到了最好，而是要看到团队在某些能力方面正在取得显著进步，同时其他已经表现良好的方面没有退步。

以产品负责人和交付负责人合作引领跨职能团队，建立起围绕产品的团队管理模式，还需要遵循一些轻量级的协同工作机制来形成纪律，从而能够高效地快速迭代产品，缩短交付周期，加速价值流动。

专题、特性与故事：远粗近细，渐近细化

清晰且经过评审的解决方案是启动迭代交付的输入。前面章节已提出了"专题"的概念，它是一个个在特定创新机会或方向上的具体行动，需要设计可实施的解决方案，可以衡量实施后的成效，同时也意味着一笔不小的投资。专题，是数字化业务投资管理和决策的最小粒度单元，同时也是作为技术团队持续交付过程管理的最顶层需求单元，需要有专题负责人对它端到端负责。专题可能是新产品，也可能是现有产品上的一个重大改进或运营措施。在第 7 章讨论解决方案设计与规划时提到，一个产品或专题的方案应表述为产品策略、业务方案、技术方案、产品原型和交付规划五个部分。以上大多数产出是在产品负责人或专题负责人的引导下（或必要时由教练引导），由业务、产品、体验设计与架构师协作形成，聚焦于整体方案的全局性、合理性和价值，这里不再赘述。

在方案最后的交付规划中，考虑将整体方案拆分为可独立交付的"特性"，形成一个特性地图或清单。所谓特性，是指可独立交付给用户的最小单元。不同的特性根据需要可以灵活地规划到不同的版本发布，或单独发布。在每个版

本上线之前，邀请用户或业务代表按可用的特性单元进行验收。

接下来开始启动交付。在每一个迭代冲刺开始之前，产品负责人或协助他的业务分析师将高优先级的特性进一步拆分为"故事"。故事是更细粒度的、可独立编码实现并验证的工作项，包含必要的细节，它是快速迭代交付中可开发和测试的最小工作单元，可在一个较短的周期内完成。故事可分为用户故事或技术故事，分别用于描述面向使用者（人或其他系统）的功能或技术优化性工作。一个或多个故事构成一个可实际交付用户的特性。故事不应是从技术角度拆分的开发任务，而是一个有价值的、可用的功能或优化。需要为每个故事写清楚确定无歧义的验收标准，以此讲清楚，如果该故事完成，从产品的角度必须满足的条件，包括功能和非功能性的要求。之所以建议拆分细粒度的故事，因为只有细粒度才能够灵活地将其排入短周期的迭代冲刺并承诺完成；拆分地更细有利于避免隐藏风险；同时，产品、开发和质量人员可以围绕细粒度的故事进行有效的质量保障活动，尽早反馈质量问题。

由此，一个完整解决方案要交付出来，从粗到细，在逻辑上我们通过专题、特性和故事三个层级进行规划和管理。要强调的是，专题和特性有可能跨不同产品和团队，而故事不能跨产品和团队。图9.4直观展示了这一分层需求管理的概念，展现出一种远粗近细、渐近细化的管理方式。

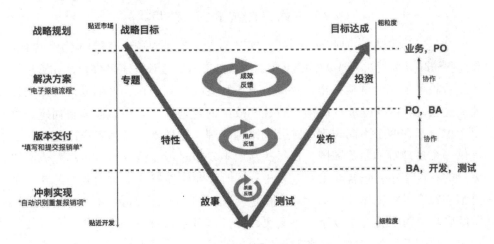

图 9.4　从专题、特性到故事，分层需求管理

图 9.5 更详细地总结了三者的区别。

	专题	特性	故事
定义	一个有特定业务目标的创新或改进机会点,对应其可行动的具体解决方案。它是数字化投资决策的最小单位	一个独立可发布的最小价值单元	一个相对独立、面向用户并能够进行开发和测试的最小工作单元
负责人	专题负责人（可能也是专题主要影响产品的产品负责人）	专题负责人（可能也是专题主要影响产品的产品负责人）	产品负责人
输出时机	解决方案设计阶段	方案设计的后期,进行交付规划时	实际开始迭代实现之前
影响范围	可能一个团队独立完成,也可能需要多个团队合作	可能一个团队独立完成,也可能需要多个团队合作	一个团队独立完成
粒度与周期时长	没有具体时限,但不要太大,避免大投资,建议能在3个月周期内完成交付	小于专题,没有具体大小要求,按实际所需;但不能跨版本	通常建议3～5天周期内完成开发与测试,也可能更小
反馈	提前设计解决方案成效指标,并从方案的最小实验发布开始,持续观察指标数据	发布前业务验收反馈,和用户使用反馈	测试反馈、迭代演示反馈
示例	"报销流程体验重塑""抢购返现促销活动"	"保险单填写简化""客户限时抢购"	"自动识别重复报销项""首页限时抢购入口"

图 9.5 专题、特性到故事的定义和对比

这是一种逻辑上的划分,并不代表每个粒度层级都对应一套管理流程。专题,作为投资单元需要进行决策、进度跟踪和成效验证,建议在工具中登记和管理,建立看板可视化专题从提出、决策、解决方案设计到交付,再到成效反馈的价值流过程,并度量其周期时间。特性和故事的管理方式则视企业需要而定。可以考虑分开在两个不同粒度层级分别跟踪管理,这样既可以为客户或业务代表提供一个易理解的跟踪视图,在每次新版本发布时可以很容易地自动生成面向客户的特性清单,包含在发布公告中;同时又兼顾能够让交付团队内部在一个更细的粒度进行工作项跟踪管理和快速测试反馈。不过,同时在三个层级进行跟踪管理有时显得过于复杂,不必要,尤其是对于相对独立的、业务与科技紧密协作的创新产品团队,或者对于较简单的产品、内部工具,以及那些产品已经到了相当成熟期,多数工作都是一些很小颗粒度的改进点。这时,特性和故事的管理在工具里不需要明确区分,可以是同一种类型的工作项。当工作项的优先级不够高时,暂时不需要拆分到很细,保持在可交付的特性粒度就好;而

等到较大的特性快要进入交付前，新建几个工作项将其拆分到更小的故事粒度，原有的大特性不再保留。还有一些情况下，团队可能根本不需要故事，例如采用"特性驱动开发"的团队，解决方案拆分到尽可能小且能够独立交付的特性并以此进行计划和跟踪就足够了。不同的企业，甚至不同的团队，以可快速流动和快速反馈为目标，根据自身需要来选择最合适的方式。

产品待办清单

在敏捷开发模式中，非常重要的一个管理工具是"产品待办清单"。这是一个对产品团队所有成员和业务方透明的，按优先级顺序排列的产品工作项列表，它由一系列待办事项组成。这个清单是线性的，没有结构但有顺序！越靠前的工作项优先级越高，粒度拆分越细，细到故事的粒度。而越靠后的工作项优先级越低，粒度更粗，可能还是一个特性。由于包含一个跨职能产品团队所有的待办工作项，因此，工作项的类型有多种，包括新特性、现有特性的改进、遗留未解决的缺陷、架构演进相关技术工作或技术债务、预研性工作（Spike）等，如图 9.6 所示。

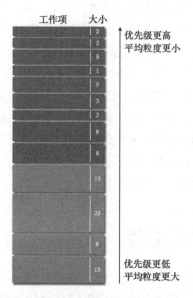

图 9.6　按优先级排序的产品待办清单

产品负责人是建立和维护该清单的第一责任人，最重要的一项职责是排列优先级。团队其他成员都可以对待办清单的内容和优先级调整提出建议，例如添加技术债务等技术性工作项，但最终产品负责人需要站在产品的价值最大化和保障长期质量的角度，与团队一起协商，决定出统一的优先级顺序。这一职责需要产品负责人具备业务、体验和技术多角度较为系统性的长期思维，而不是仅仅站在业务片面的角度进行短期思考。

之所以产品待办清单很重要，因为，业务与产品团队一起，通过有效运用这样一个简单、清晰的工具可以消除传统项目管理中冗长的需求变更管理流程。有利于形成一种自组织而非命令与控制式的管理方式，从而拥抱变化，提升响应力。需求变更管理流程，本质上是一个科技组织用来保护自己的工具。通过在每一个主要变更上进行评估，记录并走流程，产生可能的额外项目费用，来避免需求随意改变，降低项目风险和保障收益。但结果是，为变更产生大量额外的变更文档，变更评审流程降低了对变化的响应速度。更重要的是，有价值的变更可能因为额外成本问题而搁置，或者产生不断攀升的项目成本。企业真正的目的是将产品做好，抓住机会，为什么要在双方之间的博弈上白白浪费如此多精力呢？

如果业务和科技组织，能够在共同的目标下协作起来，采用产品待办清单的方式，应对策略就变得更为简单：当提出新的想法或者产品负责人需要调整原有的产品规划时，只需要将新的想法定义为一个新的工作项，无论是故事还是特性，将它与其他所有工作项比较相对优先级高低，然后将其插入到清单中合适的位置即可。如果新工作项的优先级在清单的顶上，那么团队下一步立即就会开始开发，而原来排在前面的一些工作就会自然地被适当推后。如果比较下来优先级不那么高，就等到它前面更优先的工作项完成之后再启动这项工作。这是一个很自然和动态的过程。前提是，管理者和团队都要理解并尊重本章在前面强调的范围可灵活协商可变的原则！

迭代交付，价值快速流动

跨职能团队根据产品代办清单中的优先级顺序，逐步将工作项纳入到承诺的计划中，以协作方式，以最短的周期时间将新版本交付给用户。如何让这一协作过程有序开展，让价值快速流动？敏捷开发中常见有两种模式。

以固定时间盒的方式快速迭代

采纳敏捷开发的组织，最普遍使用的是一种称为 Scrum 的工作方式。将整个交付过程划分为有固定周期长度的一个个串行时间盒，团队在每一个时间盒实现一定范围的故事，称为一个"冲刺（Sprint）"。冲刺的长度可能从一周到四周，不能很长，最常见的是两周。团队在每一个冲刺刚开始的时候，根据最新的情况，制定出新一个冲刺周期承诺的目标和交付范围。已进入当前冲刺计划的故事原则上不再改变，而还没有进入当前冲刺计划的其他故事仍留在产品待办清单里，内容和优先级随时可变。显然，冲刺周期越短，团队对变化的响应速度越高。但越短的冲刺周期对团队协作和各方面的能力要求也越高，例如自动化能力、代码与版本管理能力、环境管理能力。团队要根据产品的特点和自身能力水平选择适合产品和团队的冲刺周期，确保在够快的同时能有效保障质量。一旦确定了某个冲刺周期，团队就应在很长一段时间里保持这一时间盒长度不变，让所有人以一个固定的节奏开展工作。

Scrum 作为一个轻量级的团队协同工作方式，一个冲刺从开始准备到完成主要由五个基于协作的关键活动构成，如图 9.7 所示。

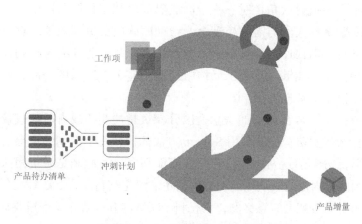

图 9.7　有固定时间盒的 Scrum 冲刺

1. 需求梳理会（下一个冲刺）：每个冲刺前由产品负责人给团队成员讲解故事细节，并澄清和解答问题，让团队能提前开始一些下一冲刺的准备工作，例如前置的测试场景分析。也是给产品负责人一些时间提前将团队提出的疑问确认清楚，让接下来实际的冲刺开始做计划时，绝大部分问题都清楚了，更高效快速完成。

2. 冲刺计划会：冲刺开始第一天的第一件事，团队以自组织方式，综合考虑待办清单中故事优先级和自身能力容量以及其他因素，确定可承诺在新一个冲刺周期内交付的范围，即"冲刺计划"。
3. 每日站会：每天固定时间、固定地点，团队所有人聚在一起花 15 分钟分享各自的进度、当天计划和遇到的阻碍。
4. 冲刺评审会：冲刺周期的后期，团队给产品负责人和其他干系人、客户代表演示完成的成果，收集反馈并及时调整。
5. 冲刺回顾会：最后，每个冲刺结束团队所有成员在一起召开回顾会，形成帮助团队能力持续提升的改进措施。

这些活动非常经典，是在长期的软件开发实践中经提炼和总结出来的几项必要团队活动，从而让整个团队能够目标一致有序协作。具体如何管理冲刺使其更加有效的细节和经验不是本书的重点。如果有兴趣，可以阅读 Kenneth Rubin 所著的经典书籍《Scrum 精髓》。这里需要强调的是，这一协作式的交付过程不只是技术团队的事情，业务和产品人员也要积极参与其中，尤其是当业务部门承担产品负责人角色时。一个高成熟度的数字化产品团队，业务侧产品负责人、专题负责人参与需求梳理会，帮助团队成员更深入地理解特性或故事背后的业务，帮助快速澄清需求。在冲刺快结束时，业务参与冲刺评审会观摩团队的成果演示，能够尽早提出反馈帮助团队完善上线后的产品，同时有利于双方形成更相互理解的融洽合作。

这里有一个经常被误解的概念，区分什么是冲刺（或有时候直接称为"迭代"）、什么是发布？很多采用 Scrum 方法的团队每个冲刺结束会有一次新版本发布，就更分不清这两个概念。它们不能划等号。冲刺是一个团队的工作节奏，允许团队以固定的周期来组织方案讨论、设定交付目标、跟踪交付和回顾。工作节奏固定本身就是有意义的，它有利于团队内开展协作。不需要提前召集，所有人都清楚冲刺开始第一天上午团队要召开冲刺计划会，知道什么时间点必须要完成工作。节奏固定也有利于跨团队协作，尤其是不同团队间存在依赖时。通过横向将节奏对齐，不同团队更容易在约定的例行时间进行跨团队沟通，进行跨系统的集成和测试，也更容易对齐上线发布时间。更重要的是，通过短周期的冲刺计划，建立一个以小批次方式给客户或业务进行交付承诺并定期收集反馈的工作机制，能兼顾响应力和对一定程度确定性的预期。

但并不一定每个冲刺都要发布新版本给用户。部署发布频率既是一个业务决策，也受制于团队的工程技术能力。尤其是在产品早期，也许短短一两个星期并不能完成一个完整的、业务认为可以上线发布的内容范围，那么就完成几个冲刺后再一次性发布。既然不能发布，还有必要按周期冲刺吗？有必要。这时，短周期的冲刺仍然很有意义：一方面将长周期的计划拆分为更小的时间段，每个冲刺明确目标，避免团队前紧后松，将风险压到后期，能够更有效地管理进度；另一方面，每个冲刺内完成一小批故事的开发和测试，能够立即得到质量反馈，缺陷越早发现修复成本越低；每个冲刺结束时，可以将成果给客户和业务代表、产品负责人做演示，收集反馈并立即调整，这样确保最后交付的产品更能够满足预期。其实，除了有可能多个冲刺一次发布，也可能在一个冲刺内多次发布。如果团队具备很优秀的工程技术能力，完全有可能以特性为单位，完成一个特性的开发和验收后，随时将其发布出去，不受时间限制。

Scrum 基于固定时间盒的管理会遇到一些挑战：有些团队的工作任务计划性很弱，随时来、随时就要响应，即便提前两三天做计划都困难。这常见于一些应用支持类的交付工作、数据提数和加工类工作。有些团队会遇到一些复杂任务确实很难拆分到单个冲刺周期内完成，或者很难提前评估工作项所需的时间长短。若这一类工作占多数，那么固定时间盒就变得意义不大。典型的像智能算法、数据分析类、报表类的工作，需要在开发的同时进行分析研究，不确定性很高，很难提前有一个工作量相对准确的评估。另外，Scrum 的冲刺周期虽然短，但毕竟是一种按批次进行计划和交付的工作模式，这对于一些需要更极致响应力的场景，期望对高优先级的工作项随时响应、随时发布的情况下就不再适用，可以考虑采用没有时间盒的流动式交付模式。

以持续流动的方式快速迭代

David Anderson 的《看板方法》一书，将源自丰田生产方式基于信号流的看板（Kanban）管理方法进行提炼后引入软件开发领域。少数的企业开始尝试这种无时间盒的持续流动式交付。看板方法通过将从想法提出到交付用户的"价值流"可视化出来,以缩短周期时间为关键目标,管理和持续优化价值的流动过程(图9.8)。这是一个总体上比 Scrum 更加轻量化的协作方式,但要有效运用它必须严格遵循以下几条原则。

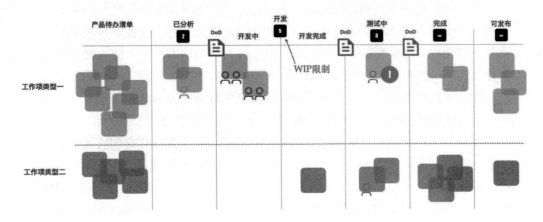

图 9.8　看板管理与 WIP

- **可视化价值流**:看板管理的不是软件开发某一个阶段的工作,而是从想法提出到交付用户的整个价值流所有环节,将其完整可视化出来。看板是一种全局的管理和优化,而不是局部优化。参与到整个价值流的所有角色工作都在看板上管理,意味着应用该方法的团队也应当是跨职能团队。
- **限制在制品(WIP)数量**:要提高流速,重要的是尽早完成手上的工作,交付价值,而不是努力同时开始很多工作。看板管理通过限制同时处于某阶段(如开发阶段)的工作项数量来实现这一目的,形成"拉动式交付"。例如,团队有 3 位开发人员,那么有可能在制品上限设置为 4。当已经有 4 项工作处于开发阶段还未进入测试时,即便有开发人员是空闲的,也不应再开始新的开发任务。这意味着有开发完成的工作处于停滞和等待中。这时空闲的开发人员应当去帮助其他开发人员尽早完成手上的任务,或者帮助质量保障人员尽早完成手上的测试任务,帮助将后续阻塞的工作项尽快推进下去,流动起来。这一协作模式意味着,价值流每一个上游环节(开发相对于测试活动是上游)的活动是基于下游能够及时处理的能力"拉动"的,而不是开发人员仅仅关心自己阶段的产能效率最大化。开发完成大量的工作堆积在待测试状态，却远超出了测试的处理能力，这并不能提高最终为客户创造价值的吞吐量和流速。限制在制品数量和因此形成的"拉动式交付"协作模式是加速工作项流动、缩短周期时间的关键策略。

- **积极管理价值流动，消除瓶颈和阻塞**：看板管理必须要以缩短周期时间作为团队交付管理的关键指标，以此来驱动团队致力于消除一切降低流动速度的因素。例如，积极地识别并解决工作阻塞和停滞、工作项粒度太粗、太多工作项并行、上下游协作不畅、自动化不足等影响流速的问题，以此驱动团队整体研发效能的持续改进。

看板管理还有一些其他原则，也同样适用于 Scrum，这里就不赘述，以上三条是最关键的。看板作为一种可视化管理工具，也同样可以用到 Scrum 的日常团队协作中，将一个冲刺周期内的所有工作进行可视化管理，通过限制故事的 WIP 来识别和消除阻塞，加速流动。运用看板管理的团队通常也会召开每日站会，以可视化的看板信息为基础，更新成员各自的进展和计划以及阻塞。虽然没有冲刺周期，但也提倡定期召开回顾会来制定持续改进的措施。两者可以相互借鉴。

看板管理的规则很简单，但看起来越简单的东西，要真正发挥作用往往越不简单，规则越简单的游戏，玩儿起来往往越难。就像围棋的规则比象棋简单很多，然而，要下好围棋所需要的智力和战略思考远远超过后者。事实是，在所有目前实施看板管理方法的软件企业中，绝大多数都不能很好地落实"在制品限制"这一关键原则。而打破这一原则的通常不是团队成员，而是来自管理层施加的压力，在紧迫的进度要求下难以克制的控制型管理风格，团队不得不并行启动更多的工作。另外，因为组织职能化管理的基本结构，产品、开发和测试的目标并不真正一致，很难产生在达到 WIP 上限时，不同角色之间能够相互支持和补位地协作。如果工作空闲下来，只能继续开始新的工作，而不是去帮助下游推进解决阻塞，这就让 WIP 失去了意义。一旦缺少这个关键的约束，就很难实现看板显著提升流速和推动协作与改进的管理目的，而仅仅成为一种团队任务的透明化、可视化管理工具。

运用看板管理的另一类挑战是，看板管理相比 Scrum，最大的突破是去掉了固定时间盒，希望让价值真正持续流动起来。最好是每个特性一旦完成随时可以发布，而不需要等待其他特性完成。这并不容易，需要团队有相当的成熟度为基础。要做到按特性持续发布，需要具备上一章谈到的系统间解耦能力，各系统可独立测试、独立部署。团队不可能同一时间只开发一个特性，多个特性并行开发时，很可能一个完成了其他的还在编码和测试中。要能将完成的特性随时发布出去，还需要团队具备下一章将谈到的高成熟度工程技术能力，包括分支管理、特性开关、灰度发布等一系列技术手段。否则，不得不等到同一时间集成并打包多个特性按批次一起发布上线，这就和按小批次交付的 Scrum 没有区别。反而削弱了固定时间盒的工作节奏带给团队内外协作的好处，削弱了冲刺管理给团队成员带来的更清晰的短期目标和紧迫感。

总的来说，从有时间盒到没有时间盒是一个团队渐进成熟的过程。Scrum 基于固定时间盒的冲刺管理，适用于大多数场景下的软件产品开发。建议那些期望采纳敏捷开发但还不够成熟的团队，从有时间盒的短周期冲刺管理模式作为起点。随着组织和团队成熟度的提升，包括跨职能协作水平、工程技术能力、质量保障能力、演进式架构能力，以及管理层对于团队自主性和规则的尊重，考虑一步步缩短冲刺周期。从 4 周变成 2 周，再从 2 周缩短到 1 周，进一步提高响应力，以更短的冲刺周期进一步暴露各方面的能力瓶颈。当各方面进一步成熟之后，最终演进到不再需要时间盒约束的持续流动式交付方式，随时响应，随时交付。对于那些特殊类型的交付工作，例如数据分析、智能算法、报表开发等固有复杂性高、任务难以拆分的工作，和一些带有探索性的、投入时间高度不确定的工作，可以优先考虑直接采用看板管理方法进行交付协作。

思　考

1. 团队的交付负责人应该具备什么能力模型？这里的交付负责人和敏捷开发中经常提到的 Scrum Master 是什么关系？
2. 围绕产品建立团队，如果一个产品很复杂而需要很大的团队，怎么办？如何进一步拆分小团队？
3. 如何说服业务方使其接受一种可协商、可变范围的管理方式？这对提出原始需求的业务方有什么好处？

第 10 章

内建质量

约翰·塞登（John Seddon）① 有一句名言："悖论的是，当管理者专注于产能，很难产生长期的产能提升。想反，当管理者专注于质量时，产能却能持续地提高。"质量对产品的重要性不言而喻。价值和质量应当是进行数字化产品管理的核心管理要素，管理者最主要的精力和大多数管理活动都应该围绕着价值和质量开展，而不是其他约束因素。快速创造价值是所有活动的最终目的，然而，没有质量的产品，就算有再好的创意和功能设计，其价值也无法体现出来，并且，质量本身还会在长期显著地影响未来的交付效率和响应力。用一句话来总结两者的关系："价值驱动、质量为本。"

在数字化企业需要具备的"创新、价值与快"这三个核心能力中，似乎没有提到质量。之所以没有单独提，因为质量是本，是不言而喻的。"创新、价值与快"所代表的企业适应力、响应力和保障质量之间有矛盾吗？在一些人看来，这两方面的目标就像鱼和熊掌不可兼得。追求"创新"和"快"，就会带来更大的不稳定性和质量风险；而传统研发管理以稳定性为首要目标，就必然牺牲对变化的响应力。显然这是不对的，没有站在发展的眼光看问题。这样的悲观认知是因为人们仅仅站在当前的时空和现状看待问题，无法超越自己的能力局限。要同时追求流速快和质量好是完全可能的，但这无法依靠任何管理框架和流程来实现，必须要致力于超越自身当前的能力边界，超出当前的时空看待问题。通过投资于组织与架构优化、过程改进和工程技术的全面提升，让能力上升到一个新的高度，而不是在快和质量两者之间取舍平衡。

---

① 英国咨询公司 Vanguard 总经理兼创始人。

全员质量意识与测试的新角色

以往提到质量控制,首先想到的就是测试人员。测试的工作处在整个项目的后期,以发现质量问题为目标,对已实现的软件产品进行检查。测试工作本身还分为多个阶段,典型的像一轮测试、二轮测试、用户验收测试等。我见过某著名咨询公司给客户的项目计划,其中,前期需求分析和设计要做四个月,然后是开发阶段两个月,最后的多轮测试还需要两到三个月!在产品出现质量问题时,管理者首先拷问的就是测试工作的疏漏,为什么没有测出缺陷?!这种分阶段、职能化的工作方式使得测试人员(或测试部门)的目标和业务、开发不同,他们不打算或犹豫是否要为了更快的价值流动做出贡献,因为这意味着质量风险,影响其绩效。结果,测试阶段的局部优化措施拉长了端到端交付周期,降低了流速。例如,要求提供更详尽的需求和设计输入,进行多轮测试等。有些质量问题本来很快就能解决,然而,一旦遗留到测试阶段才被发现,就需要走正规的缺陷管理流程,使得缺陷修复的成本成倍增加。再考虑到软件具有的"隐性质量"特征,即便进行了一轮轮测试,软件的质量仍然没能得到真正有效的提高。从一些显而易见的结果就能看到,很多传统企业科技组织的测试流程很长,但交付的软件仍然问题很多,稳定性差,品质不高。

被誉为日本生产管理教父,丰田生产方式的创始人大野耐一,上世纪中期就提出了"零库存"与"零检查"两条指导要求,以此为基础发展出今天大量企业效仿学习的精益管理思想。日本企业是全球众所周知的追求产品卓越质量的典范,大野耐一的思想为此奠定了重要的基础。所谓"零库存",是指要以生产价值流的下一个环节的需要和处理能力来拉动上游的生产,只在有需求的时候才开工生产,而不是提前生产很多放在库存里,因为这会带来巨大的浪费。这一原则转化到软件开发领域首先体现在"价值驱动"的原则,即前面几章对市场与客户的深入研究,理解客户真实诉求,聚焦最优先的问题开展设计,延迟低价值的工作或不做,追求简化,而不是堆砌繁复的无用的功能。其次,它体现在交付过程中跨职能间的"拉动式交付"协作模式,这在第9章对看板管理方式的描述中已经有所介绍。

另一条要求"零检查"的含义,是指好的质量不应该依靠车辆生产组装完成后最后一个环节的大量检查来发现问题,而是应将减少和消除质量问题的手段内建到生产过程的每一环节,能够自动地发现缺陷并提出警示,且立即解决。

这一原则的有效落地实施，让丰田在很多年里有着远远低于欧美汽车生产的次品率，降低了成本和车辆的市场售价，形成竞争力。这一原则体现在软件开发领域就是"内建质量"：将减少缺陷的质量保障手段内建到软件开发的每一个价值流环节。参与软件创造的每一个人的工作都与最终的质量密切相关，而不仅仅是测试人员。

- **产品负责人**：准确理解业务流程与规则，将其转化为高质量的产品设计；并在开发实施过程中准确传递信息，及时澄清疑问，减少因歧义导致的质量问题；并在演示的时候尽早提出反馈意见。
- **体验设计师**：以卓越的设计理念提升产品品质；以高质量的中、高保真原型准确表述设计细节，确保团队不在细节上产生偏差和错误。
- **交付负责人**：明确定义价值流各个环节流转的显式化规则：需求如何才能进入开发，开发如何才能进入测试等，并确保其得到遵守，尤其是有关质量控制的环节；要清楚团队的真实能力和容量，做出恰当承诺，作为守护者尽量让团队负荷在时间上保持均衡，不持续超载，减少波峰波谷；坚持交付计划中为偿还债务、修复问题预留时间，让团队真正有动力和精力对质量做出提升；要推动团队持续改进，提升全面的质量保障能力。
- **架构师**：从架构上持续守护系统的结构整洁性、松耦合，提高可测试性，从而让系统能够在快速变化演进的过程中降低质量风险。
- **开发人员**：首先要知道什么是好的代码，并在编码时切实遵循良好代码实践，书写清晰易维护的代码；充分理解需求和测试场景，并在转给测试之前进行充分自测；持续提升工程技术能力，包括开展代码检视和重构，编写单元测试和自动化测试，并随时响应和修复部署流水线发现的质量问题。
- **技术运维人员**：提供必要的基础设施支持，包括搭建部署流水线进行频繁质量验证；建立和维护稳定且尽量与生产环境一致的测试环境；建立稳固的自动化部署和安全发布机制；建设线上的持续监控与高可用、容灾体系来降低潜在质量问题的影响，提升系统稳定性。

每个角色都与质量相关，质量结果必须是整个跨职能团队所有角色共同承担的目标！上面没有提到测试人员。他们还需要吗？该做什么？要转变角色！

从项目后期参与的测试人员，变成团队里整个价值流全程参与的质量保障人员。用一个形象的比喻，如果以前的测试人员是足球场上的守门员，把守最后一道关，那么现在他们的新角色应该是从前场打到后场的中卫，从最前场就开始避免球接近本方所在的半场。

具体来说，团队的质量保障人员可以通过这么几步来控好球。

1. **参与前期方案讨论和评审**：参与由产品负责人主导的前期方案讨论和评审，充分理解目标和设计意图，为后续能够充分地分析测试场景和进行探索性测试积累知识；从场景分析的角度提出疑问，协助产品负责人补全对重要异常业务场景的分析遗漏，从而帮助完善方案。

2. **参与需求讲解**：参与在故事即将进入交付之前的需求讲解活动，例如 Scrum 工作方式下的需求梳理会。对方案和故事描述不清晰、原型不清晰的地方提出疑问，帮助团队尽早发现问题，充分理解产品设计与业务规则的细节。

3. **分析测试场景并观摩开发演示**：质量保障人员的重要职责之一是帮助开发人员提高转测前质量。在一个故事真正开始进入编码前，质量保障人员需要分析并列出所有需要满足的测试场景，包括主场景和各种分支场景，以及每个场景的触发条件与预期结果；然后与产品负责人和开发一起确认场景描述的正确性、完整性和必要性，以此作为开发的输入之一，帮助开发更完整地实现和自测。并在开发完成后，观摩开发人员自己进行的演示，确保没有显著问题后，再继续进行探索性测试。

4. **评审和编写自动化测试**：自动化测试也是一类编码工作，为什么不是由最熟悉编码的开发人员来完成呢，尤其是那些需要了解很多实现细节的测试？更为有效的方式，包括单元测试和接口测试，应当由开发人员完成。质量人员可以发挥重要作用：在分析测试场景的清单中标注出哪些需要自动化测试覆盖，并与开发人员一起确定合适的测试实现方法，然后通过评审或检查的方式确保这些用例的自动化得到了正确实现。也鼓励质量保障人员自己编写一些自动化测试用例，尤其是模拟用户从使用场景的角度对完整的操作步骤和业务流程进行拉通测试的用例。还包括组织进行必要的性能和安全性等非功能性测试。

5. **推动建立自动化流水线进行频繁质量检查**：质量检查从手动转向自动化，是提升交付能力的关键之一。不仅仅是提升效率，也是让检查更加频繁，从全部开发完成后的全面检查，变成每次提交片段代码后的频繁增量检查，第一时间发现质量问题。这包括对代码内在质量的扫描、不同类型和层级的自动化测试执行。质量保障人员需要与技术人员合作，建立和不断完善自动化流水线，确保这些检查能够频繁、自动且足够稳定地进行。

6. **进行探索性测试**：有明确业务规则描述的功能可以通过测试场景的共识和自动化测试验证来保证质量。但很多时候，系统的缺陷会发生在所有人都没有预料到的地方，产品设计者也未曾考虑到的角落，尤其是对于用户量大、使用场景复杂的产品。质量保障人员的测试活动不能止步于翻译那些已经讲出来的功能逻辑，而要更向前走一步，基于对产品的目标和各种可能应用场景的理解，主动地深入探索和学习产品，发现其潜在的薄弱点。典型像移动应用在弱网环境下的表现，用户开多浏览器同时操作的结果。

7. **建立更安全的发布策略**：在要快速响应、缩短周期时间的目标下，不可能像传统方式一样不计成本地进行一轮又一轮测试来保障质量。潜在的质量风险还需要发布过程中和发布后的安全机制来保障。质量保障人员需要和技术人员一起设计更安全的发布机制，先对一小部分人开放，实验没有问题后再扩大开放。即便发布后出现问题，也能够把影响控制在最小范围。

8. **进行生产环境测试**：测试不仅仅发生在部署发布之前，也在发布之后。无论如何，测试环境与生产环境总会存在多多少少的差异，例如环境配置、用户数据。对于核心业务场景和测试环境下无法模拟的一些真实线上场景，质量保障人员要考虑以手动或自动化的方式进行定期或持续的验证。不仅仅在新版本刚刚部署完成之后，也在产品持续的运行过程中。

9. **完善持续监控体系**：监控是保障系统稳定性的重要手段之一，质量保障人员需要与掌握运维技术的专家一起合作，建立对运行中系统健康度的检测体系，及时发现不稳定和出错的问题和潜在风险，通过告警让团队能够先一步采取措施，以免出现更大的质量问题。

10. **完善高可用的容灾恢复机制**：除了前置性发现问题和风险，要确保系统运行质量带给客户最佳体验，也要具备问题发生后的快速恢复能力。例如，必要的数据备份，故障后快速回滚或重建服务，设计和组织开展主动的容灾测试等。

总之，质量保障人员的新角色目标是设计一切手段提升产品质量和稳定性表现，而不是以发现缺陷为目标。他需要与所有其他角色合作，确保减少质量问题发生的手段有效地嵌入到了每一个工作环节。可以将该角色和产品负责人做这样一个类比：产品负责人是为了最大化产品价值和实现业务目标给团队提出要求，而质量保障人员则是为了达成足够的产品质量结果给团队提出要求，其要求的范围可以覆盖价值流的每个环节。

图 10.1 是一个端到端内建质量措施的全景图，下面就其中尤其重要且容易忽视的几个方面展开讨论。

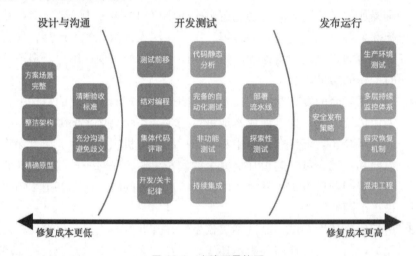

图 10.1　内建质量体系

验收标准与测试场景，围绕细粒度故事的质量协作

产品负责人作为产品方案的主要设计者，考虑的是如何解决问题，关注流程与功能以及业务规则和数据。但从质量的角度，要构建出一个健壮的产品还需要考虑很多因素，例如不同的权限组合、不同的操作顺序、文件和数据集的大小不同、数据的多样化等各种因素可能导致不同的系统行为。质量保障人员的核心能力不是按业务步骤执行测试，那项工作，雇佣一位不懂计算机的五十岁大妈训练两天也可以完成。他们的核心能力，是以不同的上下文作为条件，

能够根据产品设计意图进行完备的测试场景分析。在实际开始编码之前，这些不同的场景需要足够细化，提前达成共识，从而驱动开发人员能够更完整地实现并进行自测，以此有效减少缺陷的发生。而不是测试人员等到开发快完成了才参与进来了解需求。这一改变通常被称为"测试前移"。

完整测试场景的分析离不开业务和产品人员的参与。不同企业里的分工可能不同。有些团队是由产品负责人和质量保障人员分工合作完成：产品负责人从结果的角度为每一个故事列出验收标准，主要聚焦关键的场景、规则，不一定包括所有异常和分支场景；更细化完整的测试场景由质量保障人员分析完成。也有一些团队，产品负责人更专注于专题和特性的方案设计、原型，会在解决方案和原型中描述主要的业务流程和规则；而拆分故事主要由技术团队完成，这时，往往由质量保障人员以完整的测试场景分析来书写验收标准。无论选择哪种方式合作，最重要和必要的是，开始编码前，完整的测试场景分析必须完成，并在产品、开发和质量保障人员之间达成共识。关于故事验收标准和测试场景更好的分析和表述方式有兴趣可以阅读 Mike Cohn 所著的《敏捷软件开发：用户故事实战》以及 Gojko Adzic 所著的《实例化需求》。

无论是采用 Scrum 还是看板管理，都建议最终将专题或特性拆分为小颗粒度的故事。小颗粒度的故事拆分有助于降低对设计理解的风险，并作为开发与测试协作的基本工作单元，缩短质量反馈周期。作为很好的实践，质量保障人员可以主导在团队中建立一种围绕故事的"开卡"与"关卡"团队纪律，有利于显著减少缺陷发生。

1. **开卡**：在故事能够启动开发前，必须有完整的验收标准与测试场景分析，在产品、开发与测试之间达成共识。
2. **关卡**：故事要标注为开发完成，必须满足代码已完整提交并集成到主干，触发并通过流水线完整验证，开发给质量保障人员进行演示且没有显性质量问题等多个条件。

守护隐性质量

前面多次提到软件产品的隐性质量问题，包括代码层面和架构层面。软件程序之所以不直接用 0 和 1 编程，除了开发效率问题，更重要是因为软件代码本质上是写给人阅读的，目的是将来需要在原有代码基础上进一步修改时易于理解，从而快速满足不断变化的业务需要。很多代码问题会让这一目标变得困难，比如代码缺少整洁的模型、不易读、难以测试，或代码过于复杂、相同代码片段大量重复等，以及一些甚至可能导致潜在性能、并发等外部问题的不良书写范式。这些不良的代码称为"坏味道"。Martin Fowler 的著作《重构》是这个领域的经典，告诉开发者如何在不改变代码外在行为的前提下对内部结构进行优化，避免坏味道。但我知道真正仔细阅读学习并将其自觉应用到实际工作中的开发人员并不多。

守护代码内部质量仅仅靠自觉是不够的，遵循"信任，并验证"的原则，需要对它进行评估和度量，可以通过下面三种方式来进行。

- **结对编程**：对于复杂的、影响面广的关键开发工作，考虑让两个人同时工作在一个任务上。当一个人拿着键盘在编码时另一个人持续观察，及时发现质量问题，共同协商并相互形成压力，集两个人的智慧解决难题和保障质量。可能一些管理者认为这增加了研发成本，但至少对于像金融核心系统、医疗设备软件、基础设施核心组件等对长期演进质量要求很高的产品，考虑结对编程是非常值得的。

- **集体代码评审**：几个人一组对完成的代码进行集体评审，是发现代码内在质量问题的关键必要活动。该活动应该频繁进行，越频繁，每一次需要评审的量就越少，越轻松。例如，有些优秀的团队能够每天固定时间进行。集体代码评审的过程不仅仅是发现问题，也是一个相互学习和提升的过程，让每个人都清楚什么样的代码才是好代码。

- **代码静态分析**：自动化！很多常见的代码"坏味道"已经有人总结出来，可以通过对代码进行扫描分析的方式检测出来。需要选择合适的代码静态分析工具，设置适合产品的检查规则，并建立起纪律。例如所有严重及以上的质量问题必须清零，而不到严重级别的问题控制在一定比率以下，只能减少，不能增加。

有关于架构层面的隐性质量守护，在第 8 章已经讨论过，这里不再重复。

完备的自动化测试

自动化测试的意义在产品快速迭代中毋庸置疑。当团队修改代码，不仅仅新增和修改的功能可能有质量问题，还可能不经意影响到其他现有功能。随着交付周期更短和部署频率更高，要继续依靠手动方式对现有功能进行较全面的回归测试根本不现实。当自动化测试达到一定成熟度替代掉大部分反复进行的手动回归测试，必然带来长期生产效率的提升。问题是，怎么做才能让自动化测试真正让人们看到效果并且有经济效益？这是很多团队面临的困惑。由于效果不明显，以至于管理者在对自动化测试的投资上犹豫不决。

如果这件事必须做，有价值，但为什么总是做不好？首先，根本的问题还是长期项目化管理所带来的短期思维，人们总是更关注短期的交付目标，加上这个目标因为业务与技术团队之间的合同博弈往往将范围压得非常紧凑；业务人员不理解软件开发的特点，认为保障质量是技术人员自己的事情，需要的只是更认真一点，不愿意为内建质量投资。结果，团队没有精力和资源来建立更完备和有效的自动化测试。其次，也缺少真正做好自动化测试的方法，在关键原则上打了折扣，差之毫厘谬以千里。基于过去长期的项目实践经验，和观察那些以产品化的长期思维对质量做出长期投资的成熟案例，要让自动化测试发挥出最大的效用，以下十大原则缺一不可，企业和团队必须在这些方面加大投资。

采用恰当的自动化测试方法

自动化测试的目的是验证程序运行的正确性。对程序质量的验证可以在不同的层次上通过不同的方法进行，每种方法都有其优劣，团队需要选择适合自身产品特征、架构的测试方法。常见的自动化测试方法包括单元测试、组件测试、契约测试、接口测试和用户场景测试等，而用户场景测试又可以选择在接口层或界面层进行。该列表中越靠前的方法执行效率越高，对测试环境的要求越低，但离真实的用户场景越远；越靠后的方法越接近真实用户操作，可能会给团队带来更大的信心，但开发和维护成本越高，执行效率和稳定性越低，需要精心设计。

图 10.2 是两种不同的测试策略，每种方法的宽度代表着该测试方法的覆盖率和投入。左侧的金字塔模型是多年里备受推崇的。相比很多年以前低效且高

成本的、基于"录制回访"的界面层自动化测试，测试方法越向下沉，整体的执行效率和收益越大。行业里最早接受并大力推行敏捷方法的电信行业通信软件（如诺基亚、华为），硬件企业的设备固件开发（如惠普打印机），和传统软件公司的桌面客户端程序与高耦合的单体系统（如微软 Office）。为了应对每个子系统的内部结构高复杂性，最优的选择是采用单元测试在细粒度的代码单元（单个类或组件）上进测试覆盖，并结合测试驱动开发与重构方法产生简单且整洁的代码。单元测试的代码覆盖率要达到 80% 或更高，执行速度仍然够快。其次，在子系统间的接口层进行集成测试，验证代码集成后的质量，其数量会比单元测试少；最后，由于界面测试的低效率和高维护成本，要么不做，要么选择性的对最重要的、使用频率高的业务流程精心设计有足够稳定性的用例。其数量不多，能够在较短时间完成并频繁执行，从而在这些高频的关键业务上带给团队信心。

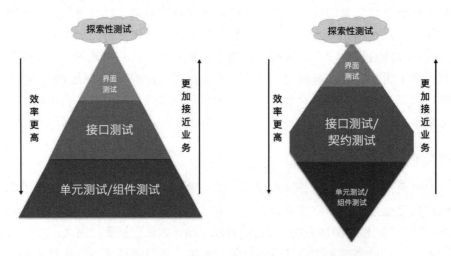

图 10.2　自动化测试策略的"金字塔"模型与"橄榄球"模型

今天，随着微服务盛行，情况正在发生一些变化。相比以往内部结构复杂的单体应用，更小粒度的微服务、云原生应用、无服务器应用构成的基于网络的系统，每个服务程序内部的代码复杂性大大降低，服务内部结构的重要性相比以前下降，而服务边界划分和服务之间集成对系统质量和稳定性影响极其显著。这时，单元测试的意义降低，让位给了保障服务间集成的接口测试和契约测试，自动化测试策略更倾向于右侧的"橄榄球"模型。选择哪种策略模型取决于产品的特点。

可测试性作为重要的架构设计维度

要支持各种自动化测试方法，在每一个层面都需要良好架构设计的支持。界面层测试是对关键业务流程进行验证的主要手段，但界面会随着对体验的追求经常发生变化，那么测试脚本如何才能高效稳定地识别界面组件元素，能够在界面变化时尽量减少对用例脚本的影响，从而降低维护成本？这就需要前端开发人员在建立前端框架时充分将界面的可测试性考虑到开发框架里。在代码层，如果涉及外部依赖，为了进行稳定的自动化测试，往往需要对依赖的部分使用"测试替身"。但如果在设计上不是通过接口而是直接调用依赖的实体类，就很难编写自动化测试。这些因素要在架构设计时就充分考虑，建立规范。

充分跨职能协作

提高自动化测试能力不是测试人员或测试部门的工作！这一点很多时候被有意或无意地被忽略了。尤其是开发与测试分属于两个职能部门时，一切听上去与"测试"相关的工作都放在测试部门。为了让测试人员能够顺利开发出测试脚本，开发人员不得不为每个接口书写详细的设计文档或花时间给测试讲解接口设计，这往往是一项毫无意义的工作，为何不由设计并开发接口的开发人员自己来实现接口测试脚本呢？这样会降低大量的信息传递成本。测试人员应当转变角色为质量保障人员，以建立高效、完备的自动化测试为目标，驱动与开发、架构师和产品负责人的协作。前置测试场景分析，并与开发人员就测试方法达成共识，然后由开发人员为主实现自动化测试，质量保障人员通过评审检查和改善流水线频繁执行测试来确保这些测试脚本的有效性。最适合由质量保障人员实现的，是在模拟用户场景的层面，针对部分核心和高频用户场景准备的自动化测试脚本。

以回归为主要目的合理规划用户场景自动化测试

在接口层或界面层进行用户场景的自动化测试，类似于一个机器人对流程的自动化模拟。这一类测试，要使其执行高效稳定，开发和维护成本较高，不建议随着新功能的实现同步进行，而是以有规划的方式、作为单独的技术工作项在相关功能相对稳定之后进行。避免因为功能设计和体验的频繁调整带来反复的测试用例修改。想象一下那些自动化生产工厂，有效的自动化过程一定是对已经经过充分验证的相对稳定过程的机械化重复，它无法取代对新事物的探索过程。自动化测试不可能100%替代手动测试！建议质量保障人员与产品负责人一起合作，站在产品而不是项目的角度，识别出最有价值、用户高频使用的场景，规划产品的自动化回归测试集，有计划地实现。其他必要的单元和组件测试、接口测试应当在开发新功能的同时提供，作为故事"关卡"的标准之一。

接入流水线频繁执行测试

自动化测试脚本写出来之后，若不能非常频繁地执行用于验证质量，就是一种类型的浪费。这一点恰恰是很多企业投资自动化测试看不到多大收益的最主要问题。测试人员写好的自动化脚本在一个仅由测试人员使用的工具中管理，仅在某个需求完成后，或在一个冲刺或项目接近完成时，才会选择某些用例脚本执行。一些不常用的脚本可能几个月都不会执行，等到想用的时候已经跑不通了，去理解并修改，还不如重新写一个用例。这让很多人觉得费时费力写的脚本用途不大，难以维护，得到的收益很小。

那么执行多频繁才算够频繁呢？通过流水线，每一次有任何新的代码变更提交到代码库，在平衡质量验证范围和执行时长的因素下，触发执行尽可能多的用例脚本，尽早获得质量反馈。这意味着，每一次代码提交后，团队成员应该先观察被触发的自动化测试执行结果，只在验证通过后再继续其他手动验证工作。如果不通过，就先修复自动化测试的失败。将自动化测试作为每一次修改后验证系统质量的第一道关。

这一纪律执行起来会给团队带来蛮大的挑战。因为一旦更广泛和更频繁地执行，立刻就会暴露出用例脚本编写上的各种问题和瓶颈。例如用例的独立性、执行速度、可重复执行能力、执行稳定性等问题，也将暴露出测试数据管理、测试环境的问题，导致刚开始时流水线和测试执行经常失败，很影响正常开发。如果团队因此妥协，将测试从流水线拿掉，问题将被掩盖，进而自动化测试的价值也就发挥不出来。相反，如果团队严格遵循纪律，坚持致力于立即修复所有问题来达到以上目标，整个团队的工程技术能力就会得到长足的提高，研发效能将真正攀上一个台阶。一件事情做起来很痛苦，那就更频繁地去做，直到不再痛苦，您将因此而升华。

对测试集进行分组、分层执行

当积累很多用例脚本后，要每次将所有用例全部执行一遍是很耗时的。需要在流水线中以不同的频率执行不同测试集，从而尽早获得更多的质量反馈，这就需要对用例按不同的特征和目的分组。典型分组方式如下。

- 按测试方法分组，将单元测试、接口测试和用户场景测试，组织到不同的组别，各自以不同频率执行。
- 按用例的价值高低分组，将那些用户高频使用的、关键业务流程相关的测试用例和次要一些的用例分组，各自以不同频率执行。
- 按业务的子领域、子系统或模块分组，于是根据每次变更的代码所涉及的范围，可以只执行相关部分的用例，更高频率地执行，更快通过。
- 按用例的执行稳定性分组，将那些执行不稳定或速度很慢的用例单独区分出来，放在一个特殊的组别里，以手动的方式触发执行；让其他稳定用例集能更频繁更快执行。这样团队也能专注于那部分不稳定用例的脚本优化。

测试用例彼此独立

为了能灵活地对用例进行分组，按需调整测试集的划分，或者为了调试等目的单独执行某一个用例，用例之间必须彼此独立，这是一个基本原则。也就是说，每一个用例要既可以单独执行，也可以和其他用例一起执行，或者和其他用例以不同顺序执行，都不影响用例执行的结果。

让测试用例自己管理数据

测试数据准备是实现自动化测试最大的挑战，没有之一。很多经验不足的团队在编写自动化测试脚本时常犯一些错误。为了减少准备数据的精力，直接在手动测试库中找数据用于自动化测试；或者从生产环境复制一份数据下来作为测试库，从中找可用的数据；或者写一份数据准备脚本，而脚本中数据与用例之间没有一一对应关系。这些方式都会导致用例之间独立性降低，容易相互影响，或因为外部数据改变而失效。

让每个测试用例自己管理数据是解决这个问题的重要原则：每个测试用例在自身执行前准备自己所需的数据，并在执行后立即清理、恢复被自己改变的状态。这需要团队的技术负责人和质量保障人员认真地对用例脚本使用的测试数据进行规划，避免不同用例之间碰巧用到相同的数据。要求不同团队只能使用特定区间段的数据，就像国家给不同的电信运营商分配不同的号码段来避免重复。所有用于功能测试的数据，都应该是用例编写者根据测试场景需要精心准备的，而不是从已有数据库中随意挑选的。

在各个用例自管理的数据以外，可以准备一组集中管理的基础测试数据，例如权限表、国家代码表这一类。在每次单独或批量执行用例集前初始化到数据库中，待所有用例执行结束后再清理，从而减少需要每一个用例准备那些基础数据的工作量。但必须确保这一批基础测试数据在任何用例的执行和数据自管理中都不会改变状态。

剥离外部依赖

自动化测试一旦依赖不在团队掌控范围内的系统，就会变得很不稳定，进而分散和浪费团队精力。要让自动化测试产生最大的收益，自动化测试执行的稳定性和速度胜过集成的完整度！在单元测试层面对代码逻辑和分支进行测试时，如果被测对象执行过程中存在外部或远程调用，通常策略是通过"测试替身"技术来模拟外部调用，迅速反馈期望得到的结果，这样的用例执行快速高效。在接口或界面层进行自动化集成测试时，在产品自身的边界范围内，团队能完全把控其环境和可用性的可以不隔离，形成整体集成测试环境；但对那些不可控的外部系统，一定要考虑采用模拟服务或契约测试等方法将其隔离。电信设备企业，在为硬件固件或嵌入式程序开发自动化测试时，会专门开发硬件模拟器，将测试过程中硬件层的依赖隔离掉，即是遵循这一原则。到了微服务时代，契约测试方法则是实现这一原则的典型实践。

独立的自动化测试环境

最后，是往往最头疼的环境问题。要成熟地实施自动化测试，需要组织在常见的开发、集成、验收和预生产等测试环境以外，为执行自动化测试准备一套专用的环境。这是额外的环境投资，但很大程度上决定了自动化测试实施的效果，是值得的。尤其是在今天，通过容器技术或云原生等技术让环境管理已经可以实现高度自动化时，加上前面提到的让用例自动化地管理自己的测试数据，要建立一套专用于自动化测试的环境已经不再像十年前那么困难。独立的自动化测试环境包括应用运行环境和数据库两方面。

- **用于测试的应用运行环境要独立**：测试脚本快速执行时往往带来被测系统较大的负载，导致手动测试的系统响应变慢，影响工作效率。如果采用持续集成，每次提交代码都进行必要的集成测试，这就需要频繁自动地部署应用到目标环境，会影响正在开展的手动测试。反过来，为了不影响进行中的测试，让质量保障人员手动控制部署，就会大大降低自动化测试执行的频率。为了提高用例执行的稳定性，经常需要通过模拟方式将不可控的外部系统依赖剥离掉，而手动进行集成验证和探索性测试时不期望隔离外部依赖，这两者是矛盾的。为此，需要为执行自动化测试单独部署一套被测系统。

- **用于测试的数据库环境要独立**：避免团队成员图省事而从手动测试数据库中找数据用于自动化测试。要让自动化过程高效稳定，同时避免产生自动化测试与手动测试的数据之间相互干扰，产生误导人的错误，就要让整个数据库状态完全处于自动化管理之下，完全依靠脚本来变更表结构和准备数据，而拒绝任何手动的管理。

探索性测试

即便在成熟运用自动化测试方法的团队，手工测试也是不可避免的。就如前面所说，对于新功能，开发和质量保障人员需要通过手动的方式找到验证一个问题最佳的测试途径、测试数据，然后才有可能将其有效地自动化。所以，不要尝试消灭它，坦然接受，但不能永远倚重它！大多数基于明确需求、有明确期待结果的手动测试都可以转化为某种形式的自动化测试，从而不再需要反复去回归。

但今天，多数产品团队要面临的质量保障挑战要大得多，各种处于实验探索期的产品，致力于快速迭代，可能没有传统意义上非常完备的需求文档，团队成员甚至产品负责人都不具备充分的行业知识。产品面向大众，有海量的用户，甚至不怀好意的用户，他们使用产品的方式可能不会按您所期望的那么循规蹈矩，使用产品的时机和环境条件也可能超乎想象，比如网络信号变弱、系统响应不够导致用户焦虑地频繁点击……这时候，对于质量保障人员，面对一个"狡猾"的软件系统，就需要打破传统只从明确的需求出发，先分析设计再执行的常规测试套路，保持对复杂性的敬畏，去耐心学习和研究它，发挥创造性思维，一边深入地探索学习，一边技巧性地尝试去发现系统的薄弱点。尤其是那些在方案或故事验收标准中根本未曾提及的可能性。

测试专家 Cem Kaner 博士于1983年总结了"探索性测试"这一理念和方法。这不是看上去那么随意的过程，而是一个有策略的、精心的对目标系统进行探索学习的过程，也依赖对产品的目的和设计理念的正确理解。具体如何做好探索性测试，有兴趣可以阅读 James A. Whittaker 所著的《探索式软件测试》，书中介绍了一系列开展探索的策略和技巧。这里要强调的是，在更多不确定性的今天，尤其是那些突破式的创新，要真正创造出稳健的高质量数字化产品，探索性测试是质量保障人员必须掌握的技能，也是手工测试活动应该投入主要精力去做好的事情。

持续集成与部署流水线，高度自动化

丰田汽车在落地实施大野耐一的"零检查"原则时，最关键的一个措施是自动化。相比欧美企业，丰田从上世纪80年代最早开始大规模采用自动化生产，促成了日本汽车工业的超越。今天迈向工业2025的路上，以汽车行业为典范，很多大型工厂的生产车间，几乎满眼都是具有更高智能和灵活性的机械臂、机器人。自动化生产的大规模应用一方面提升了效率，更重要的是大大降低了过程中人为因素产生质量问题的概率。自动化的这一意义也体现在其他领域。如果杜绝了人为驾驶，所有汽车完全基于算法自动化无人驾驶会大大减少交通事故。

自动化是内建质量的核心举措，也意味着数字化产品开发本身的现代化！只要能够标准化的重复性过程，就可以自动化！软件系统是对现实世界的模拟，它的载体是可以被机器运行的由0和1构成的二进制数字技术。从现实世界的想法到用户可以使用的数字化产品的转化需要三步。

第 1 步：将创新想法抽象为数字化模型。

第 2 步：将数字化模型实现为可读代码。

第 3 步：将可读代码变成可运行的程序。

从理解现实世界的概念、创新产品想法到形成数字化模型，例如绘制用户旅程图、交互原型和领域模型，这一过程需要很多的概念抽象和创造性思考，无法标准化，也就无法自动化。将数字化模型实现为可读代码的过程，到目前为止也仍然难以自动化，不同的编程语言有不同的实现方式，还需要大量的智力劳动来完成从模型到实现的设计，这就是今天大多数开发人员的工作。尽管出现了一些像"低代码"的工具来完成从模型到代码的自动化转换，但还远不成熟，不足以替代大多数复杂业务场景和创新的需要。但不排除，随着机器学习和人工智能的快速发展，有朝一日，人脑只需要完成从创新想法到建立模型，剩下的一切都可以丢给计算机完成。不过，到那时，模型的描述本身也就成了另一种意义上的"代码"，只不过是对底层细节封装的层次更高。

从一行行代码转变为可运行、可使用的程序，这一过程基本不需要太多创造性，包括代码编译、构建、执行测试和部署等。针对特定的语言、特定的目标运行环境，一旦确定如何操作，在后续每一次代码提交时，需要进行的几乎都是重复性劳动。所有这些活动都可以自动化！不幸的是，直到今天，很多企业管理者，对这些可以自动化的现代化工程投入仍重视不够，不肯下决心投入。相反，却总试图在那些不确定性很高和需要大量创造性思维的设计活动中建立过细的标准化流程，抓错了重点。

软件开发的另一个挑战是，当不同团队或团队不同成员工作在同一份代码上，为了让不同人的工作不相互影响，也考虑到可能两个特性开发进度不同，可能不在同一时间交付，于是分别为不同特性或故事建立不同的代码分支，称为"特性分支"。等各个特性分别开发和测试通过后再合并到一起。每个特性的开发周期可能有几天到十几天，甚至更长。特性代码在分支合并时又可能因为代码冲突产生新的缺陷，需要再次测试验证和再次修改代码。同一份代码库的复杂度越高、修改同一个代码库的人数越多，不同人修改的代码合并集成的时间点越晚，这样的问题就越严重，以至于举步维艰。越晚发现代码集成的问题，修复问题的成本越高。为此，Grady Booch 在 1991 年提出了"持续集成"的理念，每个人的代码需要频繁地集成到一起，通过自动化的方式频繁对集成后的质量进行验证，尽早得到质量反馈。

"持续"意味着频繁，那么多频繁才够呢？不是每周或每天，而是在每一次有代码提交时立即进行！"集成"是指将由不同开发人员完成的，一个产品或应用的所有代码变更合并在一起进行构建和验证。典型的持续集成自动化任务包括：

- 编译
- 代码静态分析（检查代码内在质量）
- 适应型函数（检查架构内在质量）
- 生成可运行制品（俗称"打包"）
- 变更数据库
- 执行各类自动化测试
- 准备测试环境
- 部署制品到目标测试环境

只有真正做到了持续集成，才能尽早发现有质量缺陷的代码和冲突，才能让代码库的软件版本持续处于健康可发布的状态。而不是在一个阶段中陷入混乱，需要较长时间的测试和反复修改才再次恢复可发布状态。但要真正做到有效的持续集成，不仅仅需要自动化工具的支持，更重要的是团队的纪律和高度重视，我的观察是，很多团队都是有形而无实。下面五大原则必须要坚持。

原则1：确保所有代码能频繁合并集成的代码分支策略

只有做到同一个程序所有人的代码能够频繁合并到一起进行集成并验证，才是真正的"持续集成"。理想的模式是，一个代码库有一个共享的单一主干，所有人每天将主干代码的更新与自己的新代码合并，经过测试后再提交回主干。个人的代码更新脱离主干代码的时间越短越好，最多不超过1天。当代码合并回主干后，立即触发自动化的构建和验证过程。为了解决并行开发的多个不同特性可能需要在不同时间点上线的版本管理问题，在频繁提交单一主干的基础上可以采用"发布分支"来为下一次发布准备稳定的版本。技术细节就不在这里讨论了，可以参考 Paul Hammant 关于 Facebook 常用分支策略的文章。[①]

[①] https://paulhammant.com/2013/03/04/facebook-tbd/ 或专门讨论该话题的网站 https://trunkbaseddevelopment.com

原则2：原子提交

要确保每次提交的代码不会频繁地破坏主干代码质量，不至于频繁导致持续集成任务失败，打断自己或其他人的开发工作。开发人员要学会在每次提交前进行充分的测试，并确保每次提交的内容完成一个最小的、增量的开发任务，例如一个逻辑处理，一个测试场景。然后，将应用代码和相关的单元测试、自动化测试用例一次性完整地提交到代码库。这是每位开发者应具备的基本素质。

原则3："停止生产线"纪律

这是决定持续集成能否发挥出价值最重要的一条纪律：如果有人提交代码后导致集成和验证的任务失败，他必须立即停下手上的工作，先修复导致失败的问题，尽快让任务再次通过。这就像是丰田汽车工厂里的安灯拉绳，如果有人发现生产线存在问题，任何人都有权力拉动绳子让整条生产线停下来，先解决问题再继续开始。这一纪律看似打断了进行中的工作，影响当前工作效率，尤其是刚开始。很多人还不能很好做到原子提交和充分自测的时候，打断可能经常发生。这就到了持续集成实践的关键时刻！如果团队成员认为手上的任务更重要，忽略现在的失败，继续手上的工作，继续提交新的代码，甚至为了不想被打扰而关掉自动化触发的任务……那么，持续集成很快就会成为摆设！彻底失败。

相反，这时候如果从管理者到每位成员都严格遵循纪律，致力于立即修改代码缺陷，或不能立即修复就回滚代码，或者修复导致失败的其他环境和自动化任务配置本身的问题。坚持下去，这会让整个持续集成的自动化任务逐渐稳定健壮起来，迫使每一个人在提交代码之前考虑更周全，做更充分的自测。长此以往，团队的质量意识和保障质量的能力将逐步提高，效率也会因此提升起来。

原则4：可视化流水线（实时信息辐射）

团队对构建结果和是否迅速修复的关注度是决定持续集成有效性的关键，可视化则是提高关注度的重要手段，也是让开发、质量等不同角色基于共同的信息展开协作的基础。高度重视信息透明的协作团队，会考虑在团队的可见工作区摆放一个大屏幕电视或其他形式的监视器，每当有人提交代码，监视器就能立即反映出被触发的构建和验证过程，以直观的流水线图形方式将验证的进度和结果辐射给所有人。任务一旦失败（变红），团队相关人员能立即获知，知道是谁修改了哪一部分导致的失败，需要谁介入解决。

原则5：分层、分频执行

每一次提交代码时，如果要完成所有可能的自动化任务，例如执行所有的自动化测试，时间很长，也受到一些潜在不稳定因素的影响。遵循前面自动化测试分组分层执行的原则，持续集成任务也需要分为不同层级以不同频率执行，从而更快更稳定地得到足够的质量反馈。例如，将单一部署单元的构建和验证与跨多部署单元的自动化集成测试任务区分开。前者在每次提交代码时触发执行，而后者每天一次或多次定时执行，执行时间较长。总的原则，就是让更快的验证任务执行更频繁，较慢的任务执行频次较低，在得到质量反馈的速度和执行构建与验证的耗时上取得平衡。

持续集成理念最早提出时只是涵盖开发与测试验证环节，随着DevOps运动的发展，自动化一切可以自动化的，相似的理念延伸到了包括生产环境在内的所有部署环节。Jez Humble在他获得大奖的著作《持续交付》一书中，首次提出了"部署流水线"的概念：通过一个高度自动化、可视化的过程，将从代码提交、构建、测试和各个环境部署的必要活动以合理的顺序编排在一起，对每一次变更进行质量评估，尽早检测并拒绝那些带有风险或降低质量的变更，最终以各环境一致的、经过了反复验证的方式将变更部署到生产环境。过往，预生产或生产环境的部署通常是由集中式的运维部门来完成。而部署流水线将运维的部署发布过程与开发测试环节的构建与验证过程统一纳入到一个可视化的自动化流水线中。如图10.3所示的典型过程。

对于不同类型、不同复杂程度的数字化产品，以及考虑不同公司的开发和运维管理要求，可能这一编排过程会不太一样。例如，单一部署单元如何与跨部署单元的集成测试配合，前后流程的依赖关系和分支，自动化与手动环节的配合，可触发不同任务需要的角色权限……可以想象，这就类似特斯拉汽车生产车间里的自动化机器人，从零件到整车，将所有可自动化的环节全部自动化，并将各个环节以自动化方式衔接起来，其中穿插个别必要的手动控制环节。这需要强大的流水线工具支持，这类工具已经成为现代化软件工程必不可少的关键基础设施，得以将本章谈论到的所有以自动化为基础的内建质量活动编排起来，且可度量、可追溯。

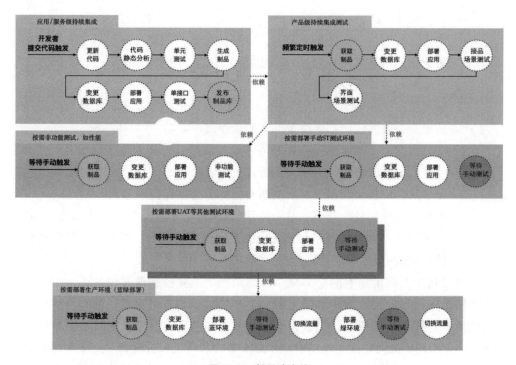

图 10.3 部署流水线

成熟健壮的部署流水线代表着一个科技组织研发过程的现代化程度！要建立并有效运用部署流水线，前面关于持续集成的几条重要原则同样适用且至关重要，进一步的增强和区别之处在于下面 10 条规则。

1. 待评估质量的变更不仅限于代码变更，也包括所有环境配置、数据库和自动部署脚本相关的变更，对变更过程进行反复验证。
2. 流水线的职责跨越开发、测试与运维，将参与这些活动的所有人连接在一起，允许所有职能的人在同一个平台上以一致的方式开展工作，及时获得透明的、一致的信息，形成紧密的协作关系。
3. 自动部署的目标环境除了自动化测试，也包括集成与探索性测试、性能等非功能测试、预生产和生产等所有不同的环境。
4. 尽管在一个统一的可视化流水线平台工作，仍可能根据企业管理、审计的需要，为不同的人分配不同权限，限制其可触发的任务。
5. 支持流水线的分支与合并，以灵活方式适应不同的业务和架构需要，将各种构建、部署、验证等活动编排起来，形成一个完备的质量评估系统。
6. 实现"一次构建、随处部署"，将环境配置与代码分离，每一次代码变更只做一次构建形成制品，以相同的制品在不同的环境中进行不同方式的验证，并最终推向生产环境。
7. 基于流水线和测试执行的数据，为每一次的部署发布提供完整的质量评估报告，作为生产部署决策的关键依据之一。
8. 支持以蓝绿部署、金丝雀发布等不同的策略，安全地将变更部署到生产环境，最大限度降低对用户的影响。
9. 记录从代码提交到生产部署的所有操作，为审计提供依据。
10. 对整个过程的各个环节和整个过程的效率进行度量，例如变更前置时间，部署频率，部署失败率和流水线的失败恢复时长等，以此驱动研发过程的持续改进。

可以将生产环境部署的权力赋予产品团队。团队根据前面的各环节对质量的评估结果，自主决策何时将变更推向生产环境。如果成熟度足够高，甚至可以做到当任何一个特性测试完成，结合安全可控的发布策略，随时将新特性发布给部分用户，最大化缩短周期时间，减少等待。有很多管理者对此缺乏信心，觉得让团队自主完成生产环境的变更不可靠，担心出问题。为什么不可靠呢？事实上团队成员比集中式的运维部门更了解应用系统的架构，更可能清楚变更中潜在的风险，并且所有的操作都通过自动化流水线完成，杜绝任何对目标运行环境的直接访问，所有部署动作都在前面环节经过了验证，消除了人为操作失误的可能。致力于建立高成熟度的部署流水线，并允许交付团队自主将变更推向生产，这是 DevOps 所倡导的。根据不同的情况，可以有几种稍不同的策略来管理复杂度和潜在风险。

1. **完全自运维，高度信任**。对于一些处于创新探索阶段，例如新产品最小实验阶段，用户量较少和失败影响较小的系统，这时候业务和团队更多关注的是快速迭代和实验。可授权完全由产品团队自己通过部署流水线将变更推向生产环境，甚至每个人都具有触发部署的权力。
2. **团队内的技术运维，部署受控**。随着产品和系统更加成熟，复杂度更大，潜在影响的用户范围更大，可以在产品团队内部有相对专职的人员，掌握更加专业的自动化运维知识和技能（提供必要的培训和认证）。由产品团队的质量保障和技术运维人员负责规划建设更加完整、成熟的部署流水线，将所有必要的质量保障环节都纳入其中。虽然流水线的执行仍然每个开发人员都可以触发，但最后推向生产环境的部署可以限制仅由具备特定权限的人通过流水线来执行。

3. **SRE 模式**。对于大型企业里更加复杂和高度敏感的系统，例如涉及资金交易的核心系统、涉及高并发高可用的大规模集群系统的部署，质量保障的环节更多，需要搭建完备有效的部署系统本身就非常有技术挑战性。建议成立专业的技术运维团队或卓越中心（类似于 Google 的 SRE），由一群对高可用架构、复杂环境部署、自动化环境管理有丰富经验的专业人员，帮助那些复杂系统的产品团队规划设计并搭建更加完备的部署流水线。比如在流水线中加入容量测试，集群环境部署验证，和集群系统的策略性分批部署流程，以及后面谈到的多层监控和容灾体系等。产品团队则基于这样的专业部署流水线系统开展工作，由产品团队内有特定权限的人触发生产部署任务。

安全可控的发布策略

追求高响应力，快速迭代产品，就不可能每一个迭代都像以前不计成本地通过一轮轮测试来保障质量。即便做到了前面所描述的成熟自动化测试和持续集成，也不可能覆盖系统内的每一个微观细节，也没有这个必要，那样的成本是难以承受的。话说回来，就算是以前的瀑布式开发，经过了长周期的测试和验收，产品上线后也一样会出现缺陷和故障。依靠测试不可能完全堵住质量问题，更何况测试环境与真实生产环境总会存在或多或少的差异性，使得测试环境的结果不可能 100% 代表系统在生产环境的行为。因此，还需要采取必要的策略，确保即便有漏网之鱼也能够降低发生的问题对用户的影响。这一方面是发布过程的控制，另一方面是运行过程中的持续监控和容灾恢复机制。

有必要澄清两个普遍被混淆的词: 部署和发布。之所以这两个词经常被混用，因为很多年里，将软件新版本部署安装到目标服务器上并且启动，就等于对所有用户开放使用。但随着创新方法的发展，用户群的多样化、复杂化，大规模集群的发展，部署和发布两个概念应当清楚地区分开，并且在管理方式上对两个动作进行解耦。

- **部署**，是指将新版本的软件安装到目标环境并运行起来，这是一个技术动作，部署完成不等于用户可用。何时进行部署动作，可以完全由技术团队决定并执行，可随时发生。在保障稳定性的前提下，部署的频率越高越好。
- **发布**，是指让新版本或新特性对用户可见和可用，这是一个面向用户和业务的决策。何时进行发布，应该由产品或业务负责人来决定。发布的时间和频率应当根据创造客户价值的需要，按需进行。

蓝绿部署 / 凤凰部署

在绝大多数企业，生产环境的部署仍是放在深夜用户访问量最低谷的时候进行，或提前发布一则公告通知系统升级时间，这里经常有几个难点。

- 部署升级的过程会导致系统不可用，即便只是很短暂的不可用，也将严重影响客户的业务与体验。
- 如果新版本升级不成功或有显著的问题，将直接影响用户，造成事故。
- 如果发生失败，不容易回滚。

今天，以这种方式越来越以难满足高吞吐量、频繁交付价值的要求，短周期、频繁的部署发布给上线部署引入了更多质量和服务中断风险。更频繁的部署发布就意味着负责部署的员工更频繁的加班熬夜，难以持续。要解决这一难题，让部署过程成为随时可以进行的一项低风险任务，推荐采用一种称为"蓝绿部署"的安全部署策略：为一个应用或服务的运行准备两组完全一致的生产环境，如总共 8 台服务器，分成 4 台服务器一组，一组接受用户访问流量，而另一组空闲，称为绿环境和蓝环境；每当升级新版本时，先对其中没有用户流量的一组进行升级，由团队对其进行充分验证；如果没问题，将用户访问流量从另一组逐步切换到新版本这一组。具体的过程细节可能有所差异，但大同小异。

通过蓝绿分组的部署方式，使得生产环境的部署和验证过程更加从容不迫，有更充足的时间，且最小化了对用户使用的影响。万一验证中发现问题，部署失败，只需要简单地将流量切换回老版本一组服务器即可实现快速回滚。如果团队进一步能够在应用架构上实现服务无状态，并遵循一定的数据库演进规则，确保数据库在升级过程中对新旧版本应用的兼容性，则生产环境部署就可以在白天任何时间进行，完全不影响用户体验。尤其是那些服务全球化用户的数字化产品，一天 24 小时就没有流量低谷，必须要采用这样的安全发布策略。

技术发展到今天，容器技术的普及，让蓝绿部署过程不再需要为下一次部署随时预留一组固定的服务器资源。可以在每一次需要部署之前通过新的容器镜像动态创建出一组新服务实例，而在部署完成后立即将不再需要的老版本服务实例销毁，让这一过程更灵活，更节省计算资源，这种方式被称为"凤凰部署"。程序所运行的环境就像凤凰涅槃，每一次都会经历销毁和重生。

金丝雀发布

蓝绿部署或凤凰部署解决了如何更安全、平滑地将新版本部署到生产环境。部署到生产环境但并未对用户发布，只有当流量切换到新版本时才算发布。但这样的控制粒度太粗，不能满足产品和业务更精细化的发布控制需要。Facebook 和 Netflix 等企业在这方面做得更成熟：对于网站中每一个主要的新特性，都会先部署到小范围服务器，开放给公司内部员工使用一段时间，待反馈不错且没有质量问题，再扩大部署范围并配合用户流量分流，递进式地将新特性开放给 5%、20%、50% 的用户，直到最后开放给所有人。新特性的质量、受欢迎程度和真实价值，在阶梯性逐步开放的过程中稳健地得到验证和反馈，任何一个阶段，若发现严重问题都可以终止，或回缩开放范围，从而避免影响到更多用户。这一通过在有限范围部署升级，实现从小范围到大范围渐进式发布的方式称为"金丝雀发布"。[①]

Facebook 的例子主要是针对服务器端应用，用户可见可用的软件版本完全取决于产品团队，发布范围可控性很强。但移动应用或客户端应用的版本升级权力在用户手中（除了其中嵌入的 H5 页面），实现金丝雀发布策略的技术手段有些不同。

- **方式一：部分用户推送升级**。例如谷歌的 Chrome 浏览器，通过向选择性用户推送升级通知的方式，仅仅提醒部分用户升级安装新版本；苹果 iOS 的分批推送升级也是这样的策略。这少部分用户可能是随机选择，也可能是根据用户特征有意选择，例如长期忠实用户群先推送。产

---

① 金丝雀的声音悠长，有穿透力。在过去，欧洲的矿工下井工作前，会先放入金丝雀。如果较长时间都有正常的鸟声传出，就说明没有缺氧或毒气等危险。金丝雀发布因此而得名，隐喻一种探测性的安全发布策略。

品团队会先针对少数群体用户进行验证并收集反馈，随时可能终止扩大范围；

- **方式二：金丝雀版本**。在允许所有人安装的主版本客户端之外，单独提供一个邀请少量用户安装的实验版本。谷歌的 Chrome 浏览器就有一个金黄色图标的"金丝雀版本"，面向少部分的忠实用户或开发者。所有新的特性或大的改动会先提供给安装金丝雀版本的用户试用，一段时间的验证没有问题后再加入 Beta 版本提供给更多人，经过充分验证和完善后才会添加到正式版本中（图 10-4）。

图 10.4　移动应用或客户端的实验版本

动态特性开关

金丝雀发布或金丝雀版本是指通过向不同用户提供不同软件版本的方式进行试探，这需要产品团队同时维护多个发布版本的代码，要分别管理不同版本的部署和发布问题，相对成本比较高。如果小范围发布的结果不理想，要回滚部署和流量需要一些时间。如果是客户端，更难以立即消除实验版本带给小范围用户的影响。相对而言，一种更加灵活的方式是采用"动态特性开关"进行远程控制，这是一种强大的、细粒度的对呈现给用户的特性进行动态控制的技术手段。开发人员为新特性或新旧版本设计加上一个开关控制器。不仅仅能够设置简单的对用户可见或不可见，还能够基于当前访问用户的特征，例如所属国家省份、年龄段、性别、用户等级等丰富的各种属性来控制；也可以通过设置可见性百分比来随机选择一部分用户作为开放对象；甚至能够基于特定时间段、用户当前所在的地理位置这些动态条件来自动控制。图 10.5 展示了动态特征开关的分类。

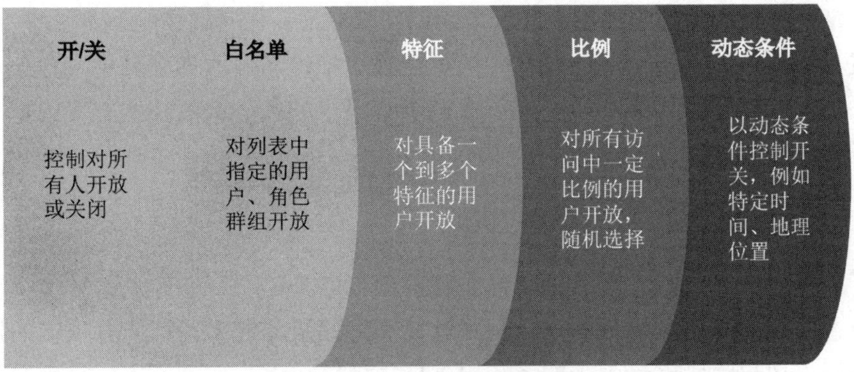

开/关	白名单	特征	比例	动态条件
控制对所有人开放或关闭	对列表中指定的用户、角色群组开放	对具备一个到多个特征的用户开放	对所有访问中一定比例的用户开放，随机选择	以动态条件控制开关，例如特定时间、地理位置

图 10.5　动态特性开关的分类

它不仅仅可以用于控制潜在质量问题的影响面，更是一种通过动态控制进行产品设计与运营实验的重要技术手段。动态特性开关相比金丝雀发布的强大之处在于，能够对同一个软件版本中不同的特性、界面设置不同的可见性控制策略。并且可以将控制权交给产品负责人或业务人员手中，能够随时通过远程控制中心调整开关或条件设置。条件开关的设置当然不能通过在代码中硬编码很多的条件逻辑，而是要从前后端的开发框架上解决，通过有效的技术手段以最轻量和整洁的方式实现。

运行稳定性保障

系统运行稳定性也是质量的一部分，涉及的面比较广，包括恰当的系统架构、部署架构、计算和存储基础设施、监控、故障的定位和恢复以及事件的响应处理等。甚至包括提供最底层支持的计算和存储物理设备的维护，机房电力、空调和除尘，资源分配等这一类数据中心的职责。由于涉及生产环境操作的敏感性，作为一项以保障稳定性、安全性为目标的专项工作，以往都是作为一个独立的职能由"运维中心"部门负责。随着技术发展，到今天，支持软件系统运行的底层基础设施已经云化。大量以往需要人工进行的操作，例如部署、监控和配置等，都可以自动化，即便是运维人员，也不需要直接访问生产环境服务器，不需要关心资源从何而来。

随着云和自动化技术发展，更多的运维职责可以由跨职能产品团队自主完成，从而有更快的响应速度，即所谓的"开发运维一体化"（DevOps）。前面通过部署流水线允许产品团队自主向生产环境推送新版本即是其中一部分。另外，产品团队还需要关心监控和容灾两个方面，在每一次的技术方案中进行充分考虑。

持续监控体系

数字化产品一旦发布给用户即是保障服务的开始，复杂的生产环境中很多风险都可能导致系统出现状况，例如计算和存储资源耗尽、第三方依赖的接口不稳定、用户流量上升带来的系统服务能力下降。无论何种原因，最后导致服务中断或响应迟缓，表现出来就是功能或非功能的质量问题。与其服务能力下降后等着用户的投诉，对系统运行进行立体和全方位的持续监控是更为积极和带来更卓越服务品质必不可少的手段。完善的监控体系可分为五个层级与多种类型，如图 10.6 所示。

第一层是物理设施监控。这是对最底层数据中心物理设备健康情况的监控，如机房温度、湿度、电力、主机状态和使用年限等，这方面由数据中心完成，基本不需要产品团队操心。

图 10.6　完善的持续监控体系

第二层是资源监控。是对支撑软件系统运行的基础设施资源使用情况及其变化进行监控，例如 CPU 占用、内存占用、磁盘空间、网络拥堵、关键环境配置项修改等。云平台应当提供丰富的这一类监控数据，并将数据以图表或接口方式暴露出来提供给产品团队。根据产品的业务特点，某些资源的情况可能会存在较大的风险，需要产品团队持续关注其趋势和告警。例如，提供多媒体存储和流媒体播放的产品服务，空余存储空间和网络带宽拥堵就是很敏感，需要重点关注的资源信息。

第三层是应用／服务监控，对构成复杂系统的单个应用或服务的可用性、稳定性进行持续监控，典型的监控目标有三类。

1. **第三方依赖监控**。第三方依赖总是运行的风险点，例如当产品依赖淘宝、微信等提供的服务接口。有必要持续对这些不可控外部依赖系统所提供接口的可用性、响应能力进行监控，一旦发现稳定性出现波动超过某一阈值，即触发必要的自动化或人工响应机制。
2. **服务健康度监控**。对内和对外提供的服务，运行健康情况需要有实时监控，及时发现异常情况。例如服务接口的可访问性、响应速度、异常访问请求和并发量等。一旦发现异常波动或表现低于某个阈值，即触发响应机制。
3. **应用故障监控**。对于移动应用或客户端，可能处于在线或离线状态，监控难以实时。需要有机制对其出现的典型故障，包括应用崩溃、关键错误等信息进行收集和监控。例如，定时或每次从离线恢复在线时，将故障日志同步到服务器端，对故障频率和类型进行分析并展现应用的稳定性表现。

第四层是跨服务监控，即对由多个应用／服务构成的一个全局系统的某些异常进行持续识别和监控，目前，典型的监控目标有两类。

1. **全链路跟踪监控**。当引入微服务架构时，一次用户请求可能需要经过分布式的多个服务或进程接力棒式的处理才能完成一次复杂业务。不同的服务可能采用不同的技术实现，运行在截然不同的环境中，给整体系统的稳定性和故障定位带来挑战。从请求的获得，到依次经过不同服务或进程，最终完成处理并返回的整个过程称之为"全链路"。建立高可靠性的系统，有必要对完整链路进行跟踪监控，包括链路的路径、路径长度、链路深度以及链路中每一步的处理周期等，及时发现异常。
2. **事务一致性监控**。复杂的业务中，大量去中心化、异步消息机制的应用，使得在业务上下游、不同业务子系统中可能发生数据的不一致。本应当全部成功的事务却只成功了一部分，可能是因为网络中断、消息丢失、数据同步失败等原因。尤其是一些涉及资金、交易数据的场景下，通过对潜在的不一致性进行风险分析，建立技术手段进行持续侦测。例如通过脚本对上下游不同数据库的关键数据关系进行对比，发现不一致的情况，统计发生概率等。

第五层是关键业务监控。最后一层，是对生产环境一些关键业务场景的可用性、正确性进行持续监控，确保一旦关键业务不稳定或异常时能尽早被发现，而不是等到用户大面积反馈才知道。这可以通过持续运行精心设计的无污染的自动化测试用例来实现。运行在生产环境的自动化测试本身也是一种监控手段。

强烈建议产品团队，为需要持续关注的关键监控信息建立可视化的监控大屏，直观呈现数据及趋势。和部署流水线的执行监控一样，就放置在团队的工作空间随时可见。让团队成员能够和线上运行的健康情况保持相同的心跳，感同身受，每个人都能建立起对保障运行质量的责任意识。

每一层的监控都要配合恰当的告警机制，毕竟计算机能够远比人类更高效准确地识别自身运行的异常。将告警信息区分级别，对不同级别告警以不同方式通知到团队不同干系人。轻微的告警可能只是一条记录，大屏上能看到的只是告警的统计数量；而严重一些的告警需要醒目地显示在大屏上获得视线关注；更严重的告警可能需要通过短信或即时消息方式直达团队成员和一定层级管理者的手中，以触发立即行动。

容灾与失败恢复机制

不同架构的数字化产品，保障运行稳定性的手段各有差异，这也是需要跨职能协作的地方。产品团队内部的技术运维工程师，和类似专业顾问的站点稳定性工程师，应当尽早参与到产品前期解决方案的设计过程中，从运行稳定性、信息安全等角度识别风险，结合产品的业务特征，与架构师、质量保障人员和其他技术人员合作，设计出系统的部署架构、监控体系、可用性保障与安全保障方案，并准备环境将其实施落地。其中，以成熟完善的监控和告警体系为基础，可以进一步建立起更加自动化的容灾与失败恢复机制。

设计实施高可用性的自动容灾与恢复方案，典型的有下面几种策略。

1. **冗余**。冗余是实现高可用性的最基本策略。现实中生产车间为了避免机器损坏导致停工，会常备可替换的冗余设备。软件系统里，避免一个服务失效造成不可用，可以多部署几组服务，从而降低影响。但冗余必然有成本，需要平衡。

2. **服务拆分**。这是实现高可用第二条基本策略。一个大的单体应用一旦失效，所有的业务都停止处理。如果按前面章节描述的架构解耦方式，将大的单体应用按业务拆分为更小粒度的服务，那么一个业务服务的失效并不会影响整个系统。针对更小颗粒度的服务采取下面其他容灾措施也更简单。

3. **异步**。异步也是一种提升系统运行稳定性的策略，因为消息两端的处理器并不需要知道对方存在，不需要等待实时响应，因此一个服务的失败更不容易蔓延到其他服务。

4. **集群**。在冗余、服务拆分和异步的基础上，将不同的业务服务、相同服务的不同冗余实例进行分布式集群部署，是进一步实施容灾技术的前提。

5. **异地双活/多活**。类似前面实施蓝绿部署的架构，为同一业务冗余一组或多组的服务集群。当现有集群的服务能力受影响或失败时，能够将流量自动切换到另一组服务，快速恢复服务能力。由于停电、设备故障或其他灾难性影响，同一地点不同服务器有可能同时出现故障，更安全的做法是将两组或多组集群分别建立在异地不同的数据中心，可随时切换，即所谓"异地双活/多活"。

6. **柔性流量控制**。这是一系列基于流量控制的容灾技术的总称，根据实时监控的流量和服务健康情况，前置性地对流量进行柔性控制，避免过载和失败的蔓延。典型的措施如下。

    - **负载均衡**：这是最基础的，能够将访问请求自动化地均匀分配给所有集群实例，避免单个实例过载。
    - **流量整形**：当访问流量出现波峰波谷，为了保持系统持续健康的处理能力，通过缓存请求等技术手段，让流量以更平稳的方式进入，削除波峰，填平波谷。
    - **隔离**：系统能自动化地将检测到的失效或低响应实例从集群中去掉，不再接受调用请求，将请求转向其他健康实例。
    - **熔断**：若被调用服务的多数实例均不工作，当调用者多次尝试调用均不成功，能够暂时忽略其调用不再尝试，而转以其他方式处理。

- **降级**：当系统负载急剧升高，系统能够主动地调低某些服务处理的能力，直至停止服务，以此约束流量不再上升，从而保护其他更关键的业务处理正常进行，也可以释放资源给其他更重要的处理。

7. **自动重建**。对于已经失效的服务，系统能够自动化地重新创建新的服务实例加入到集群中，从而快速恢复整个系统的处理容量。

当稳定性保障成为产品团队自身的责任时，架构师需要更主动和前瞻性地对系统架构进行充分考虑，将稳定性因素内建到架构设计中，例如采用读写分离、服务无状态、分布式数据存储、缓存、异步消息等机制。在产品层面，将 SLA（服务水平协议）与失败恢复时长作为衡量系统稳定性的关键指标，为团队设定改进目标。

基于以上这些容灾机制，理论上能够应对不同级别的灾难风险，提高服务水平。但理论的容灾能力不等于实际面临灾难时的从容表现，若等到不幸的灾难真实发生时，才发现它其实不如期望的那样可靠，已经太晚了，可能造成不可估量的损失。因此，追求高稳定性的企业开始引入"混沌工程"主动对系统容灾恢复能力进行测试，这一策略最早被称为"混乱猴子"。编写各种特定目的的程序，就像制造混乱的猴子，随机地尝试破坏一些真实运行中的服务，例如切断网络、修改配置、停止读取、制造流量过载、安全攻击等。检测这些服务或系统是否会失败，是否有能力、能够多快地从不稳定中恢复正常，并详细记录恢复过程中发生了什么，为进一步改善稳定性提供信息输入。那些失败或恢复能力不如预期的产品或系统，就需要对架构和稳定性保障能力进行立即整改优化，从而推动整个企业的各种系统持续提高容灾能力，提供给客户更稳定可靠的服务。

思 考

1. 软件的交付质量与客户响应力、满意度以及开发效率之间是什么关系？衡量质量的关键指标有哪些？
2. 特斯拉的生产线放眼全是自动化机器人，DevOps 倡导"让一切可以自动化的都自动化！"请分析一下高度自动化所带来的利与弊。如何趋利避害？

第 11 章

衡量价值成效

基于优先级顺序，快速、持续地将想法变成数字化产品，并在保证质量的前提下安全交付给用户使用，是不是创新想法的旅程就走完了呢？数字化创新与改进是一个复杂域的问题，因与果的关系动态变化，因为外部的客户与市场环境因素、内部的人和信息传递因素都在持续变化。无论团队在前期做了多么认真的分析与设计，其成果也只是一种不确定性或高或低的假设。解决复杂域的问题需要遵循"试探、学习到再响应"的闭环过程。一旦解决方案得以发布，必须尽快从客户和市场得到反馈，也就是从试探中快速学习，进而根据成效结果判断下一步是该继续投资去丰富完善，还是该调整方案重新试探，或者停止投资而转向其他的机会。尽管前期以客户为中心的探索和设计活动必不可少，但要时刻保持对不确定性的敬畏，闭环的学习和再响应过程越快越好，基于交付之后更多反馈信息的持续设计与快速迭代重要性胜于前期的初始设计。

反馈学习的方式有两种，定性和定量。定性方式也就是客户研究的方法，通过问卷或客户访谈、现场研究等方式，主动收集客户对新产品或新版本的评价和建议、抱怨和不满，观察产品上市后社交网络上客户对产品的议论和口碑。尤其是在全新产品刚刚推出的早期，在小范围试用的阶段，能够获得的数据量不够大，可能还不具有统计学上的参考意义。更重要的是，创新的设计者需要最直接和感性地了解客户感受，获得丰富和有洞察的观点，面对面访谈获得的定性反馈会非常有帮助。但仅仅有定性反馈远远不够，定性反馈的覆盖面有限，代表性不够，还需要定量的方式从数据中学习。

以数据分析为手段改善企业经营管理，驱动增长，也是数字化企业的基本特征。数据，是链接起创新闭环的关键，是新的管理思维和工具。需要建立起一套充分以数据对业务和产品进行分析和衡量的指标体系。下面分别介绍"商业 - 产品 - 流程（BPP）"和"企业价值贡献（EVC）"，这两种模型可以用以指导数据指标的设计。

以 BPP 模型建立数据指标体系

根据创新在不同层级的不确定性，可以将完整的指标体系自上而下分为商业、产品和流程三个假说层级，称为"BPP 假说模型"。产品和流程层级的指标，主要用于验证数字化产品和服务对解决客户与业务问题有效性的不确定性；商业层级的指标，则主要用于衡量数字化业务的市场不确定性。如图 11.1 所示。

图 11.1 "商业 - 产品 - 流程"BPP 假说模型

商业层级指标

数字化业务或服务最顶层的不确定性体现商业模式的市场表现上。这不是针对任何一个具体的数字产品和系统，而是对整体业务成效的衡量。例如，衡量银行个人贷款产品的销量、客户复购率数据，不关心客户是通过银行提供的手机应用、柜员机还是转介的交叉销售中哪一个渠道完成的交易，或者衡量业务整体的盈利水平，例如固定成本、可变成本的趋势和单客户成本及收益。商业层级的不确定性主要关注客户拓展、获利与增长、竞争与转型效果等。可以采用下面三种不同的模型来分析设计商业层级的关键指标。

商业模式要素指标

参考第 6 章谈到的商业模式策略，尽管没有一个要素是关于指标的，但画布中每一个要素其实都需要业务和产品团队通过一些关键指标来持续衡量，如图 11.2 所示。

	商业模式要素	衡量不确定性	典型指标示例
客户发展策略	客群	期望服务的目标客群是否存在，是否能够得到可观的增长，以及不同细分客群的增长表现差异等	不同客群占比、获客转化率以及增长率
	客户关系	与已有客户是否能够建立稳固的期望客户关系，例如经营客群的规模、客户黏性与忠诚度、购买发生的频次等	客户活跃度、忠诚度、口碑、NPS、复购率、付费客户比率、高价值租户以及不同等级的会员增长
	价值主张	声明要带给客户的核心价值实际达成的效果，从整体服务角度，而不是单个的产品	帮助客户节省的成本，给客户带来的流量、收益等，或者 C 端客户达成目的的效率与关键服务体验
	渠道	不同渠道接触客户和转化客户的有效性，包括线上、线下渠道	不同渠道的触达率、获客转化率、客户评价
业务运营策略	关键业务活动	显著影响商业发展的关键业务活动开展的效率、有效性，例如研发、生产、营销活动的关键表现	研发 TTM 周期、生产效率、营销活动转化率以及品牌
	资源	关键资源的获取便捷性及所获取资源的有效性	关键设备与原料的采购指数、利用率/复用率以及合格率
	合作伙伴	商业生态圈规模的增长，与上下游或合作伙伴之间的合作有效性，彼此之间的价值流动	供应商数量与响应速度、品牌合作企业增长、合作伙伴应收账款周期以及生态引流流量
盈利模式	成本结构	关键成本项的支出及增长	燃烧率、获客成本以及生产成本等
	收入来源	不同收入来源的收入增长、利润，尤其是创新盈利模式的收入增长率，也包括可能的间接收益衡量	月收入增长率、利润率、客户月平均付费、ARPU 以及客户终身价值

图 11.2　商业模式要素的衡量指标

增长引擎指标

也可以推动从业务增长的引擎角度分析商业模式关键指标（图 11.3）。所谓"增长引擎"，即某项业务从根本来说其增长源动力来自于哪里。例如抖音的快速增长，早期是来自于年轻用户群体的推荐和口口相传；网络游戏的增长，是来自于高黏性的游戏体验促成付费；而淘宝的持续增长，本质上是源自一个庞大商业生态的建设，其中包括了平台和大量有品质的商家入驻，然后从交易中抽成。在 Alistair Croll 与 Benjamin Yoskovitz 所著的《精益数据分析》一书中，定义了几种不同商业模式的增长引擎，不同增长引擎所关注的关键指标是截然不同的。

增长引擎	描述	典型指标示例
黏性增长	致力于建立客户黏性与忠诚度，从而能够持续积累客户规模，以此为业务增长主要方式	忠诚客户占比、客户留存率/流失率、使用频率、内容创造量、平均登录间隔
病毒传播增长	基于口碑传递，通过互联网病毒裂变式传播快速获取客户，以此为业务增长主要方式	维里系数（病毒式传播系数）、新用户增长率、传播周期、推荐和邀请转化率
营收再投资增长	通过向已有客户提供有偿服务，将收取的费用再投资于拓展更多更好的服务，以此为推动业务增长的主要方式	付费用户转化率、获客成本、客户终身价值、高价值转化率/转化周期
生态增长	通过平台或开放服务的方式，赋能合作伙伴的业务，通过第三方企业为客户提供服务，建立合作生态，并从中抽取平台交易费用，以此为业务增长的主要方式	新租户增长率，单租户价值，高价值合作伙伴数量，租户流失率

图 11.3　不同商业模式增长引擎的衡量指标

创新三条地平线指标

在不同的时间段，需要业务管理者密切关注的最重要商业级指标，会随着业务成熟度的发展或商业模式转型而发生改变。针对业务发展的成熟度，可以参考麦肯锡合伙人 Stephen Coley 等人提出的创新"三条地平线"，将企业的一项业务按照其所处的创新生命周期阶段，划分为 H1（成熟期）、H2（增长期）和 H3（探索期）三条地平线，如图 11.4 所示。

第一地平线，是对当前成熟业务的持续运营和改善，这一类业务正在为企业发展带来主要的现金流，往往占有市场中较高的份额。当业务的发展已经到了这个阶段，主要的目标是最大化现有业务的经济效益和维持市场地位，因此衡量指标侧重于收入、利润或市场份额等经济指标以及客户忠诚度、流失率等客户指标。

图 11.4　商业层级关键指标随着创新生命周期而演变

第二地平线，是对已经过市场验证有增长潜力的新业务投资，这一类业务往往目前还规模较小，或者还未产生盈利，但期望其成长为未来的成熟业务。若业务正处于这个阶段，主要的目标是实现增长，实现规模化。衡量指标侧重于客户和销售增长率，传播速度与转化，衡量业务场景与客户细分群体的覆盖率，可能重点关注生态规模的拓展速度，以及客户、合作伙伴的忠诚度提升等指标。

第三地平线，是还没有经过客户和市场验证但需要提前探索和布局的未来新业务机会。这类投资经常包括新技术研究、没有可借鉴经验的新产品或新服务实验。对这一阶段的创新，企业往往是纯粹的成本投入，几乎没有营收。这个阶段目标主要是发现新业务，获得早期客户，因此，衡量指标侧重于客户与市场评价，如口碑、人气或者面向企业产品所能吸引到的品牌客户及其满意度等。

产品层级指标

一项业务即是提供给客户的一个完整服务体系，这个服务体系由一系列数字化产品来支撑，即一个产品组合。其中包括：触点层为客户直接提供交互服务的移动应用、网站等；企业支撑服务开展的内部信息管理系统，例如业务审批流程、订单管理等；底层提供业务赋能或技术支持的平台，比如智能推荐系统、运营监控系统等。这个服务体系中，每一个数字化产品都在支持业务开展的整个产品组合中各司其职，发挥自己独特的价值。作为产品负责人，需要找到关键的指标来持续衡量产品解决方案的有效性，了解是否有效实现了预期的价值目标并正在得到持续改善，使团队的工作能够真正聚焦于价值，让产品对用户更有吸引力。对产品成效的衡量，可以从三个维度思考。

核心价值指标

既然每个产品在支撑业务发展的产品组合中有自己的独特价值或者要解决的核心问题。那么这个独特价值是否有效实现了呢？例如，在财务领域中，有一个App允许员工填报报销单，其核心价值体现在随时随地可以提交，并且人们愿意用它来填写报销，而不再选择老的或线下途径。体现其核心价值的关键指标可以是每月移动端的提单量及其占比。再例如，企业开发一套招聘系统，其核心价值是帮助用人部门快速招到高质量的人才，那么体现其核心价值的指标可能包括招聘入职的优质人才占比（可能基于试用期结束时用人部门的评价反馈）和招聘周期。对于后台，例如客户画像系统，其核心价值是通过客户洞察实现千人千面的精准推荐，那么衡量其产品核心价值的指标可以是基于画像系统提供线索实现的推荐转化率。不同产品的核心价值指标与其所承载的业务密切相关，要围绕业务和用户来定制。

能体现产品核心价值的指标往往不止一个，产品负责人要对产品价值进行深刻理解和全局性思考，从中找到一个能相对综合性反映出产品全局性的、核心价值与发展情况的单一指标，即"首要关键指标（One Metric That Matters）"或"北极星指标"。以人事招聘产品为例。人事经理从海量简历中筛选出有效简历的时间是一个反映产品方案有效性的重要指标，但只覆盖了招聘产品中某一个模块的有效性，而不是全局性的。另外，招聘周期是全局性的，覆盖从需求提出到获得人才的整个过程，也很重要，但相比而言，招聘速度仍然不如招聘人才的质量重要。于是，团队决定应该以优质人才获得率为北极星指标，并以此指引方向，团队就知道对于招聘产品哪些方面更需要投入。此外，可以附加2~3个辅助性指标，从不同侧面衡量产品关键价值及其发展。对于人事招聘产品，没有作为北极星指标的招聘周期和招聘门户网站的活跃度都可以作为重要的辅助性指标持续观察。

用户体验指标

产品是面向用户使用的，体验衡量是产品级指标的一个重要方面。以可量化的体验指标驱动团队对产品进行持续打磨优化，是很多企业在数字化转型中忽视的一个方面，只关注业务价值层面的功能。用户体验是多方面的，可以按图 11.5 所示的四个维度进行定义，每一个维度有一些典型的指标。

体验指标分类	描述	典型指标示例
可用性指标	衡量产品的可行性，例如稳定性、出错率和性能等	产品 SLA、关键页响应速度、页面加载时长、应用崩溃率和服务可获得性等
易用性指标	衡量用户使用产品的难易程度	平均任务完成步长和时长、用户费力度、新用户核心任务完成时长和核心任务失败率
参与度指标	衡量用户使用产品的数量和频次一类的参与程度	DAU/MAU、访问频次、访问深度、平均使用/停留时长、回访率和留存率
满意度指标	衡量用户对产品的整体满意度评价和因满意或不满意表现出的行为	客户净满意度 NSS、净推荐率 NPS、投诉率、分享/推荐率、点赞率和转发量

图 11.5 体验衡量指标

注意，产品的概念是分层的，每一个有独立业务和用户价值的软件可能是一个产品，而多个产品构成的一个完整服务体系，如果几乎是通过线上完成的，从客户的角度也可以视为一个更大的产品。例如前面举例的招聘产品，可以视为一个产品，也可以再分为面向外部的招聘官网、面向内部的招聘管理平台和在线面试平台等多个子产品。这时，最好分别针对大产品和各个子产品平台设计衡量其解决方案有效性的核心价值指标与用户体验指标。

对产品核心价值与体验的关键衡量指标会随着产品推出的生命周期阶段而变化。从新产品试点启动期、推广期再到成熟期，重点关注的指标可能会从用户评价过渡到新用户增长，再到用户活跃与付费转化。

产品业务目标

数字化产品是构成服务体系的一部分，是实现业务总体战略或商业模式的一部分，尤其是那些用户触点层的应用。有时候产品对商业模式的支持与产品为客户创造的核心价值不完全一致。就像前面的报销应用，虽然核心价值是用户线上报销，提供便利，但可能应用中会嵌入广告或推荐，作为其商业模式中实现广告收入或转介销售的渠道之一。那么该渠道实现的广告点击或销售转化可能也是重要的辅助指标之一。这一维度的产品指标，相当于将整体的商业层指标分解到构成业务的每一个产品。

流程层级指标

进一步细化，一个产品或服务体系有很多功能，承载不同的用户交互或业务流程。例如，就银行贷款业务来说，从申请贷款到审核、放款再到还款是一个核心流程；当发生欠款时，从银行发现风险、催缴还款、律师函、可能的仲裁到收回款项是另一个流程。每一项业务都包含几个核心的流程。产品也是如此。例如移动报销应用，当用户下载后有一个注册和登录流程，然后会有报销单填写与提交的流程，可能还会有进行历史单据查询下载这样的交互任务。很多时候，一个创新想法的解决方案并不是创造一个新的产品，而是在现有产品上增加一个新的交互任务或业务流程，或者对现有流程进行优化，目的是改善这个流程的全局或局部效率。特别要注意的是，完整的业务流程很可能不限于一个数字化产品，它可能会经过多个产品才达成最终的目的。例如招聘流程，从用人单位发起一个用人需求开始到获得所需人才，完整流程需要在招聘流程管理系统发起申请，到官网发布简历，再到在线面试平台，最后又回到招聘流程管理系统中。要进行产品交互与服务流程的持续改进优化，有必要识别出产品或服务体系中的核心任务或核心流程（场景），设计精细化的数据指标用于分析识别差距，或衡量流程优化后的实际成效。

流程指标的分析因业务而异。不过，绝大多数的流程或交互任务，无论简单或复杂，从开始的第一步发起到最后一步目的达成，均可以被抽象成一个或长或短的"漏斗"或者一个旅程的各个步骤，如图示 11.6 所示。基于这个模型抽象，设计者可以尝试从三个方面找到需要关心的，有利于验证方案改进效果的指标。

流程效率指标

可分为单步（局部）效率与全局效率。对每个单一步骤，衡量用户在该步骤的停留时长或系统处理时长，单个步骤的发起次数、成功率或失败率；对全局流程，可衡量整个流程每日的吞吐量、端到端的处理周期时间、系统处理时长、完成整个流程所需的任务步数、达成最终目的的成功率/失败率以及整个流程处理所占用的资源或节省的成本等。这些都是对客户完成所设计的交互任务或服务流程的效率衡量。

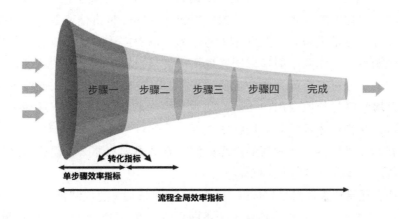

图 11.6　流程步骤的典型指标

转化指标

商品购买流程开始于商品搜索，到进入商品详情、添加到购物车最后完成订单支付达成用户的购买目的。流程的每一步都可能有部分用户停下来不再继续或失败折返。从流程发起的第一步开始，对每一步骤的转化率以及从开始到结束整体转化率的衡量，帮助设计者分析为什么流程中断或用户放弃，从而指导设计做出改进，更高效地达成目的。内部系统也如此，例如各种申请审批流程。有多少申请被审批人驳回，有多大比例的流程最终成功或无折返地一次性成功，都可能是优化流程需要关注的重要指标。

性能与质量指标

技术维度也能体现解决方案的价值和有效性吗？显然是必不可少的，一些关键流程步骤的技术指标表现会直接影响到产品的用户体验和业务价值实现，更不要说那些定位就是提供技术服务的底层平台型产品。例如，对于社交产品中用户之间发送消息的任务，消息的延迟、消息丢失率这样的技术指标是关键成效指标。开放银行所提供的开放 API，其 API 的访问稳定性、响应速度显然是要考虑的关键成效指标。其他典型的技术指标包括核心流程及页面的响应速度、加载时长和报错率等。

BPP 模型是一个纵向的、自上而下的分析模型，遵循这个过程可以逐步设计出一项数字化业务在当下发展阶段所需要关注的完整指标体系。可以作为发现机会的分析型指标来源，然后熟练运用第 4 章中描述的数据建模和分析方法从中得到洞察。该体系中的指标同样也用于衡量投资成效。当创新者提出想法和解决方案，分析判断该方案的价值和目标：是要转变商业模式或改善业务运营？还是增强产品价值或用户体验？又或是优化某个具体的交互或服务流程？那么就可以从指标体系的对应层级中选择合适指标来作为成效指标。当然，也有可能新的投资目标是开发新的产品或添加新的流程，那么就需要为之设计新的一组指标，并添加到整个指标体系中。

选择合适指标来衡量投资成效，在 BPP 模型基础上，建议结合考虑下面的"企业价值贡献"模型，从实现价值的三个不同主体角度，完整的考虑如何衡量成效，而不是仅仅考虑企业自身的获益。

成效指标的企业价值贡献（EVC）模型

企业价值贡献（Enterprise Value Contribution）模型，对企业所能创造的价值从多个不同主体的角度进行定义和衡量，从而回答到底"什么是价值？"这个长久以来的经典问题。如图 11.7 所示，归纳起来，企业创造的价值会流向三类不同的主体，因此又称为"价值三角"模型。

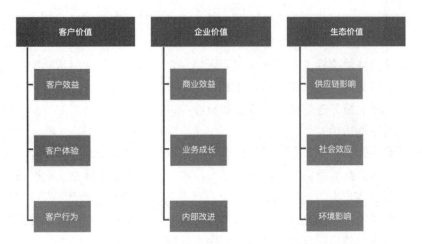

图 11.7 企业价值贡献模型（基于价值主体的成效指标分类）

客户价值

这里的"客户"泛指企业所服务的所有对象，包括人和组织，也包括企业内部系统所服务的内部用户。企业在数字化业务和产品上的任何投资和创新都有特定的客群，有效解决客户问题是企业得以长期生存与发展的根本。尤其在今天数字化时代，庞大且忠实的客户群才是企业成长最强大的动力。因此，任何时候设计指标来衡量创新投资成效，都应该首先从客户价值的角度思考，即衡量产品和服务是否真正解决了客户面临的问题，是否为客户创造了效益或改善了他们的工作与生活。相比企业自身的获益，为客户创造价值才是更关注长期的思维方式。但挑战在于，要客观衡量客户价值，数据的可获得性经常会是一个障碍。一方面对用户的线上行为搜集受到个人隐私保护相关条例的约束；另一方面，企业可能还想知道解决方案对客户线下行为的改善，想知道带给客户企业的效率提升和成本节省，这就意味着需要获得一些客户可能不愿意公开的信息。这时候，建议先从能获得的信息开始，采用一些非直接的替代指标，以一种"试探和学习"的方式来接近真相。

企业价值贡献模型将客户价值指标细分为三个方向。

- **客户效益指标**。衡量通过产品和服务为客户带来的收益或经营业绩上的改善。例如，针对企业客户和微商，帮助他们获得更多客户、取得业务增长，典型的指标是客户通过我们提供的服务所完成的交易量、客户增长、收入和业务成本等；
- **客户体验指标**。对那些潜在会影响到客户服务体验的因素的衡量，产品和服务对客户来说是否可用和易用，典型的如服务响应速度、核心任务效率、服务连续性、稳定性和故障等，也可以参考前面的体验可用性、易用性指标。
- **客户行为指标**。很多时候，客户效益或体验因素很难直接衡量，比如产品是否真的帮助客户降低了学习成本？这往往很难衡量。但产品是否能帮助客户有效解决问题会最终反映到客户对产品的使用行为和态度上，可以通过衡量这些外在行为来间接评判解决方案给客户带来的价值，典型的例如用户评价、活跃度、用户推荐 & 传播、忠诚度等。

企业价值

相比客户价值，当衡量投资成效时大多数人更容易想到的是收入和利润这类财务相关的指标，这类指标衡量的是企业通过经营产品或服务自身所得到的商业收益。除商业收益外，价值也可能反映在提升业务发展动能和内部过程改进上。相比其他两大类指标，企业价值指标的优点是更直接反映企业的经营成果和能力，反映企业当前生存与发展的健康情况，且相对更容易获得数据。但也正因此，企业价值指标大多反映的是相对滞后的结果。从短期来看，创新给客户带来的价值与为企业创造的收益并不总是一致，如果一味追求企业效益容易带来短视，对长远发展可能适得其反。比如，通过加强审批来降低业务风险可能导致用户体验的下降；提高单客户收益可能导致客户购买意愿下降，这是需要产品设计者重视并在解决方案设计中进行平衡的。

企业价值贡献模型将企业价值指标进一步细分为三个方向。
- **商业收益指标**。衡量企业从投资中获得的经济收益，典型如销售收入、利润、成本、资产回报等比较传统的财务指标以及市场份额、交易量等总体性的业务结果指标。
- **业务成长指标**。衡量企业的业务、产品在未来可持续成长的动能，往往反映的是产生最终业务结果的众多因素中某一些局部因素的改善。相对商业收益指标的滞后性，业务成长指标能够更加前置地反映业务经营或产品发展的健康情况。典型的例子有会员量、订阅量、单位交易成本、单客户收益、交易频次、流失率和客户转化率等。
- **内部改进指标**。衡量企业内部生产与经营能力与持续改进。典型的指标例如对生产或交付周期、内部安全与故障、产能与效率、技术转化和复用以及对内部员工投诉、离职率等方面的衡量。

生态价值

在为客户和自身创造价值的同时,企业还需要考虑对所处生态带来的影响。这里的"生态"包括商业生态,即合作伙伴与供应链上下游,也包括社会生态以及自然环境生态。这方面的价值或影响可能是企业有意或无意产生的,也容易被企业有意或无意地忽略,尤其是对社会和自然环境生态的影响,需要企业领导者在制定商业决策时更具有社会责任感。比如,税务局通过数字化手段将线下的纸质发票全部改为电子发票,这不仅仅创造了客户价值,即提高企业开具和处理发票的效率;也带来了企业价值,即加强税务管理减少了偷税漏税;同时,还减少了纸张使用,减少树木砍伐而产生了很正向的生态环境价值。相反,负面的例子如某社交应用为提高用户分享活跃度和黏性,提供了付费查看好友图片的功能,允许用户通过分享有吸引力的图片来创造收入。这样的创新无论是对客户还是企业自身,都是双赢的,有价值的,然而,因为其便捷性和超高的传播性,导致这一创新成为活跃的色情图片传播途径,产生了很不好的社会影响。创新投资产生的生态价值和影响并非与企业利益无关,最终必然也会影响到自身业务发展,甚至可能产生长远和巨大的影响。这一类衡量指标的部分数据可获得性同样很有挑战,可能需要考虑替代指标或额外的手段。

企业价值贡献模型将生态指标也细分为下面三个方向。

- **供应链(或合作伙伴)影响指标**。衡量企业投资给合作伙伴、上下游供应商和分销商带来的影响,例如给合作伙伴的引流,供应商的销量与利润率,供应商周转率、应收款周期等。
- **社会效应指标**。衡量投资在社会上产生的正面或负面影响,例如舆论、关键词排行和潜在的监管与法规违规等。
- **环境影响指标**。衡量企业经营或特定解决方案对周边生态环境产生的影响,例如自然资源的利用率和单位生产的污染排放量的改善或恶化。

图 11.8 尝试列出了几大类指标比较详细的分类和典型例子，供参考。

企业价值贡献			
价值主体	指标类别	二级指标细分	描述及示例
客户价值	客户效益	客户盈利	客户业务的收入、利润相关指标，比如收入增长率、毛利率和单笔交易利润等
		客户成本	客户的生产支出、运营支出、人力投入和资源消耗等
		委托服务规模	平台型服务帮助每位客户经营或管理的业务规模，比如委托交易量、管理的平均客户资产规模和客户的客户量等
		客户业务成长	帮助客户提升其业务发展能力，例如客户的获客和转化以及客户的客户复购率等
		客户内部改进	客户通过使用服务提升了自身内部管理效率，例如客户的单位时间产量、生产周期和交付速率等
	客户体验	响应速度	服务请求响应速度、用户指令响应速度、应答速度以及业务的处理周期等
		任务时长	客户达成目的的容易程度，比如任务完成步数和任务完成时长等
		任务成功率	业务或用户任务的执行成功率，相反即失败率，比如搜索成功率、一次性通过率等
		费力程度	对客户使用应用或服务的难易程度的综合反馈，通常采用费力度问卷
		服务获取便捷性	客户获得服务的便捷性，比如在家下单数量和线上服务比率等
		服务连续性	持续不间断为客户提供服务的能力，比如服务 SLA、7 * 24 小时服务，相反则是服务中断时长和停机时长等
		故障/投诉	系统缺陷、客户服务中发生的错误、客户的抱怨和投诉等，比如零事故里程数、保修率和设备折损率等
		性能/稳定性	系统的稳定性、崩溃率、性能和并发容量等
	客户行为	参与度	用户的活跃度、使用频率、登录平均间隔时长和客户在线时长等
		忠诚度/黏性	忠实客户占比、使用时长、客户活跃周期、平均应用寿命等以及客户留存率，而相反则是流失率
		采纳率	客户从旧的习惯主动采纳产品或新解决方案的比率，如自动化率和新方案替代率等
		客户评价	客户的点赞率、提及率、客户满意度和评价等级等
		客户主动传播	客户主动发起的传播行为，比如分享率和推荐率等
		客户主动贡献	在无利益诱导的前提下，客户主动为产品或服务做出的贡献，比如客户的内容贡献量和评论率等

(续表)

价值主体	指标类别	二级指标细分	描述及示例
企业价值贡献			
企业价值	商业效益	企业盈利	企业的收入和利润等相关指标
		企业成本	企业的生产支出、运营支出、人力投入和资源消耗等相关指标
		业务规模	企业业务规模总量,比如市场份额和月均交易规模等
		资产收益	企业资产价值及产生的收益,比如资产回报率、股票价值、估值和品牌价值等
	业务成长	传播速度	产品或服务在客户群中的病毒传播速度,比如维里系数和推荐转化等
		获客能力	获得客户或特定类型客户数量相关指标,比如接触客户数、注册数、会员占比、订阅量和新用户增长率等
		交易频次	单位时间内发生的交易次数,比如每月销量、每日订单数和年均购买次数等
		单笔收益	单笔交易所获的收益,比如单笔交易金额和平均购物车大小等
		获取成本	企业获得一个客户或获得一笔订单所需要支出的成本
		单客户收益	单一客户给企业带来的收益,比如单客户营收、单租户价值和客户终身价值等
		高价值转化	从低价值向高价值客户的转化,比如下载到注册转化率、付费用户转化率和优质内容占比等
		新业务	对企业创新业务发展的衡量,比如每年新产品上市率、产品周转率和新业务收益占比等
		生态发展	衡量合作伙伴生态对企业有利的发展,比如高价值合作伙伴数量和经销商增长率等
	内部改进	上市周期	企业内部价值流端到端或某些阶段的周期时间,比如从设计到上市周期和软件交付周期等
		产能	企业内部产能和吞吐量,比如日产量和业务月均处理量等
		新技术转化	衡量企业将新技术成功转化为新业务和新产品的能力,比如专利转化率和新技术采纳率等
		安全	企业内部安全事故或违规的衡量,比如月均安全事故率和被攻击量等
		员工成长	员工在企业环境在发展和体验,比如员工满意度、员工流失率和经认证专业人才的人数等

(续表)

企业价值贡献			
价值主体	指标类别	二级指标细分	描述及示例
生态价值	供应链影响	生态引流	企业利用自身优势为合作伙伴带来的流量或客户机会,如客户转介率、ISV 日流量及其转化率等
		供应商影响	对上游供应商的影响,比如供应商的销量与利润率、供应商周转率、应收款周期等
		经销商影响	对下游经销商的影响,比如供货及时率、频次、经销商利润率等
	社会效应	政策合规	违反了政府、行业协会等制定的政策,因此产生了不良记录或罚款,比如政策警告次数、违规罚款金额等
		社会舆论	产品或服务产生的社会舆论评价,比如关键词的排行、提及率和搜索率、舆论调查结果等
	环境影响	环境影响	对自然环境产生的作用,比如污染排放量、废物产生量、自然资源节省量等

图 11.8 企业价值贡献模型指标分类与示例

综上所述,这三大类九个小类的指标从不同角度衡量企业的价值贡献和影响。特殊情况是,某些商业模式下的价值链较长,例如 B2B2C 的业务,这时对价值主体的分析可能有必要分为四大类,包括提供产品和服务解决方案的企业,使用该解决方案对外开展业务的企业,和最终消费该产品和服务的客户,以及生态价值。以上表格虽然给出了很多细分的指标类型,但无论如何都无法罗列完整。提供这样的分类和示例更多是提供一种分析思考模型,在设计衡量成效的指标时,应当以客户价值为优先,并同时从多个价值主体的角度思考对其产生的成效影响。

基于 BPP 模型建立的业务和产品数据指标是一组丰富和完整的数据指标集,需要长期持续跟踪;而基于 EVC 模型从不同价值主体角度提出的成效指标更针对一个具体目标、一笔投资进行衡量,其指标可能来自于已有的指标集,也可能需要设计新的指标。在投资目标达成后,额外新的成效指标可能需要加入到整个数据指标集中进行长期跟踪,也可能不需要。这两者紧密相关,又侧重点不同。图 11.9 展示了两者的主要区别。

	数据指标体系（基于 BPP）	成效指标（基于 EVC）
目的	建立完整的数据运营监控体系，用于持续的观察和数据分析，发现机会；也作为设计成效指标的输入	衡量某一笔线上或线下数字化业务新产品或专题投资的实际成效，即投资的价值
指标集大小	从商业、产品与核心流程不同层级识别完整的指标集	一笔投资通常建议找到 2～3 个关键成效指标
观察时间长短	持续观察时间更长，不经常改变	观察时间相对更短（具体长短也取决于投资的类型和见效速度），更加动态；投资目标达成后可能就不再需要
改变因素	商业和产品级的关键指标（北极星）可能随着业务和产品发展的生命周期而改变	衡量一笔投资的成效指标基本不变（除非指标有效性需要优化）

图 11.9　BPP 数据指标体系与 EVC 成效指标的区别

什么是好的成效指标

　　以数据衡量创新与改进的实际成效并不是一项简单的工作，需要不断练习，积累设计有效成效指标的经验，这本身也是一个迭代学习的过程。往往一开始我们认为某个指标很合理，但实施起来才发现要么原始数据难以获得，要么数据质量很低，要么数据发生的变化对决策没有指导意义。不要心灰意冷，这是个必经的过程，要做的就是更深入地理解价值和目标，理解待验证的不确定性假设，仔细分析数据，尝试调整指标统计口径或指标本身。必要的时候，推动工作流程的改变和工具的优化。常常有人困惑，那些面向消费者的互联网产品指标好设计，但对面向企业的产品或内部管理系统，尤其是那些像财务、人事这些行政管理类产品，不知道怎么设计指标。但每当我和他们坐下来一起分析这些产品的价值、目标与核心场景，往往有一些指标会涌现出来。而且，团队经常发现，花很多时间投入的工作其实并不在这些产品和服务对企业最有意义的事情上，对关键的北极星指标没有任何帮助；相反，最有价值的部分投入却远远不足，可能因为一些外在因素被业务和技术团队有意或无意地忽略了。这也就是很多企业看似在数字化上投入了很多资金，但却没有看到管理得到改善的症结所在。

　　挑战自己，多思考和深入理解业务和产品创新根本的目的，通过不断尝试的刻意练习来提升设计合理指标的能力。这个过程中需要遵循下面一些基本的指导原则。

1. **衡量成效，而非产出**：这是最最基本的原则，一定是衡量为客户、企业或生态创造价值的效果，而不仅仅是衡量完成了计划的工作。相比前面的举例，像交付的需求或特性个数、过程中缺陷数、产品成功上线，虽然很容易衡量，但不是企业投资的真正目的。
2. **不要太多**：相比遵循 BPP 模型分析产生的完整指标体系用于持续监控业务和产品运营，成效指标目的是判断一笔具体投资实际的效果，用于闭环进行决策。它贵在有相关性，而不是多，过多的指标反而让人失去焦点，产生投资浪费。对每一笔投资的衡量，有两到三个关键指标足矣。
3. **定量、易获取**：指标的衡量结果尽可能要客观量化，要能通过系统获取而不需要大量手动统计。只有在创新产品早期推出的时候，很难得到有参考意义的量化数据，可以考虑重点关注定性的用户反馈和评价。
4. **有限时目标**：衡量成效时，给出的指标都需要指明在特定时限内期望达成的目标值。例如 3 个月上升 5% 和 1 年后上升 5% 的成效是完全不同的。周期越长，受其他因素的干扰也就越大，因此，时限不应太久。
5. **反馈快**：不要去找那种上线后需要积累很长时间才能观察到变化的指标。例如，产品进行了大的改版优化后，与其观察用户流失率的改善，不如首先观察核心任务完成效率或投诉率的变化，能更早得到反馈。
6. **相对比率优于绝对值**：例如"高价值用户占比"、"高价值用户增长率"相对于"高价值用户总数"，相对比率值及其变化率所能表达的含义，对决策的指导性永远优于绝对数值。

除了以上这些基本的规则，在衡量成效时，试着考虑从下面四个方面提升指标的有效性。

从虚荣指标向可行动指标

初次考虑设计数据指标，很多人会自然想到一些统计性的总量指标，例如下载量、PV、点击量、粉丝数等客户行为指标以及销量、收入等商业收益指标。这些指标在商业和产品层面也需要监控，但要作为衡量投资成效的指标，缺乏指导意义。它们往往数值很大且持续在增长，只会让人自我感觉良好，因而被称为"虚荣指标"。需要将这些指标进行转换或分解，例如活跃用户数占比，或每月新增用户的活跃用户占比这类更有针对性的、其变化能够指导团队采取行动的可行动指标。

从滞后指标向领先指标

更好的数据指标能够预示未来，在问题还没有导致严重后果时给予设计者和决策者以信号，能及时采取行动，这样的指标称为"领先指标"。例如，用户投诉率增长相对于用户流失率就是领先指标：用户因为不满导致流失之前，往往会先反映在投诉率增长上，如果能及时发现就能避免可能的用户流失率增长。显然，在可能的情况下，如果我们得到一个可用的指标，建议迫使自己去思考，有没有能够比它更早探测出问题的领先指标。

从报告性指标向探索性指标

得到投资成效的数据反馈，决策者总是会提一个问题：为什么会这样？需要从数据分析中发现未知问题或趋势。这里可以采用第 4 章谈到的几种数据分析方法，尝试将一些指标数据按客群细分、按时间段、按区域等进行分组统计。例如，将"平均购买力"指标在客户年龄段上展开，从"客户分年龄段的平均购买力"中很可能发现更有意义的趋势。可能某个年龄段的购买力在升高，而另一个年龄段的购买力在下降。如果只看数据总体的变化，那不同群体或场景下的差异就可能被综合了，很难知道为什么。另一个例子是"每月新增客户的活跃度"，也就是将新增客户活跃度按月份时间段展开分组统计。如图 11.10 所示，综合来看活跃度在持续下降，新的投资举措并没有提升效果。但是当按年龄段分群，发现新的举措对 35～50 岁的中年人群体活跃度有显著提升。下图中，新的改版看似让用户满意度提高了，但细分新老客群后，发现老用户对改版并不满意。通过这样的方式，可以将很多报告性质的指标数据变得更具有探索性，更有助于观察投资成效。

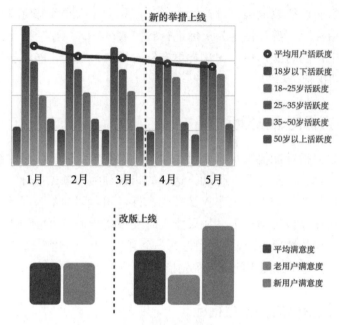

图 11.10 通过分解数据指标探索更多信息

简单型指标与复合型指标

常见的很多指标简单容易理解，就是原始采集的数据或经过简单加工的比率或折算就能够得到，例如网站的日活、月均订单量增速。而有一类指标，是综合多个简单指标数据经过一定复杂公式计算得出。例如，一些企业会定义自己的"优质客户比"算法。要得出这个指标数据，会综合考虑客户的存在时长、月均消费量、客户评分、历史订单纠纷等各种因素，按一定的公式或权重来评判每个客户是否为优质客户，然后统计其占比。这一类指标将多种相关因素考虑在内，往往更能够从全局反映业务现状。其实，这样的指标也很常见，例如常听到的国家用于衡量经济状况的居民消费价格指数（CPI）、购买力平价指数（PPP），都是参考多种因素的复合型指标。复合型指标往往是基于多个基础指标重新定义的一种新评价概念。这两类指标不分上下，都可以使用，关键是看衡量什么。不过，当团队需要对产品和商业模式的发展进行相对综合性衡量，或寻找某种全局性的单一关键指标时，考虑设计恰当的复合型指标可能更有意义。

　　数据是来自于调查和系统记录的客观结果，往往用于为产品或团队设定目标，并以此来评价目标达成情况。指标的牵引力很强，因为它是客观的，不会含糊不清。这是它的好处。但也有潜在坏处！管理者和产品设计者要意识到，一旦定义了成效指标，并以此为目标，团队就会为了改善指标结果而做出行为选择，这时一些指标有可能会导致短期行为，从而产生负面效果。例如，为了提高单客户收益而导致客户体验和满意度下降；为了提高付费用户转化率而牺牲整体用户规模的增长。因此，在设计指标时，建议多想一下，为衡量投资成效的关键指标附带一个"围栏指标"。在衡量单客户收益增长的同时添加一个客户流失率指标；在投资缩短软件交付的周期时间时，同时衡量交付的质量指标。所谓围栏，既是隐喻为创新者设定一个行为边界，不至于走得太远陷入危险之中，以此跟踪观察投资潜在的负面影响，避免在达成目标的解决方案选择上采取短视行为。

数据指标应用的技术实现

　　数据指标设计出来只是第一步，还需要业务、产品与技术合作，将其从系统中采集到并进行统计和展示。在第 4 章中，将需要收集的原始数据分为客户数据和业务数据两大类。客户数据又包括客户的基础信息和特征，使用产品和服务过程中发生的行为数据，以及客户的反馈评价或投诉等。业务数据包括过程中发生的一些关键业务事件、状态变化的记录、订单生成、转账完成等业务目的和交易达成的数据，以及对中间过程的度量。具体细节可以参考图 4.7。不同类型的原始数据有不同的采集方式，大致可以分为四类：客户端埋点、服务器端埋点、日志分析和数据库统计。

客户端埋点

　　埋点是最基础的采集运营数据的方式，是通过植入的监听机制在特定事件发生的时刻记录下发生的事件相关信息。客户端埋点即是在前端程序，包括网页、移动应用、客户端的界面添加事件监听，并将记录发回到服务器。客户端埋点可以记录下用户的每一步行为，产生行为数据。最近几年衍生出来的无埋点（或称为"可视化埋点"）或全埋点这些概念，本质上也是一种客户端埋点技术，只不过，是以更便捷的可视化配置来代替了开发人员需要在前端程序中手工添加监听代码的过程，或者不需要任何配置，全部事件都统统监听并记录下来，从而节省开发人员的工作量。这些方案也带来一些问题：记录的数据量过大，给后期数据分析带来了更高的成本；不够灵活，能够在一个行为事件上附带记录的信息有限，使得后期数据分析的可用信息不足。另外，手指滑动、缩放以及停留时长、鼠标轨迹记录等相对复杂和非点击性的用户行为，还是得依靠代码添加监听的方式来埋点记录。

服务器端埋点

另外，客户端埋点由于受制于网络不稳定而可能记录不全（有一些机制可以缓解），或相同用户行为有多个功能入口时可能漏埋，于是，服务器端埋点就应运而生。这是在服务器端程序中，或与数据库发生交互的界面监听并记录事件。服务器端埋点的记录会更加完整准确，尤其适合对关键业务事件、数据变更进行记录，有些业务运营数据指标要依靠这种方式来采集数据。缺点是，随着前端框架技术的发展，富客户端处理能力更强，很多用户行为不需要后台交互，导致这种埋点方式检测不到完整的前端用户行为。

日志分析

日志分析是另一种采集数据的途径。因为软件系统会将系统发生的特定事件（甚至没有事件触发，在任何希望产生记录的时候）以一定格式记录在日志里，包括服务器端日志和客户端日志。客户端日志可以定期发回到服务器存储。只要日志输出够完整，必要的用户信息、事件属性和上下文都可能从日志中找到。通过事后或实时流处理的方式对日志信息进行提取、转换和统计分析就能够得到某些需要的指标数据。优点是，日志分析方式将数据的采集和事件的发生在时间上解耦，而且日志存储下来是长期存在的，数据准确性和可靠性高。这种方式的挑战是，需要确保开发者在程序中按照既定的格式输出完整日志。

数据库查询

最后一种方式很容易理解，一些统计性的数据可能直接来源于业务数据库。例如，对月销量的采集直接统计数据库中每月订单的数量，对客户忠诚度的统计直接通过计算每个活跃客户从注册到现在的时间长度。需要注意的是，为了监控数据指标，需要频繁查询这些业务数据用于统计分析，而每次查询都会给数据库带来不必要的负担，影响系统性能。因此通常采用定时查询的方式，将采集的数据指标放在单独的指标数据库中用于指标查询或报表生成，因而数据实时性不强。实时的数据采集就需要考虑以服务器端埋点的方式获得，在事件发生的当时，立即就将所需的指标数据存于单独的数据库用于统计分析。数据库查询的方式，一般是用于产生一些周期性的业务结果统计，例如订单量、月销量、月新增客户数和年营业额。

指标数据库和取数平台

无论哪种方式，采集的指标数据要用于进一步统计分析，运营人员可能会希望以各种方式对数据进行建模，尝试从中产生洞察，这会产生大量自动化或人为的查询操作。为了便于查询和提升性能，用于存储指标数据的数据库需要为查询做技术优化，它必定是与业务数据库分离的。无论是埋点记录的事件数据，还是从日志分析中提出的有用信息，或者查询业务数据库得到的基础数据，都汇集到这里，供进一步消费。

传统方式下，业务人员如果要获取指标数据，会以发起提数需求的方式提给技术人员，因为业务人员不懂如何在库中灵活查询。但是很多时候对指标的提数本身就是一项探索性的工作，很可能拿到数据发现不理想又需要调整，导致反复修改需求产生大量返工。更好的方式是建立一个取数平台，允许业务和产品人员自助式地选取想要的数据，且能够附加一些筛选条件和分组能力，产生想要的数据结果。同时，提供图表能力，允许从数据结果直接产生各种不同形式的可视化图表，可用于展示与报告。现在，已经有很多商业工具能够帮助做到这一点。

数据可视化

关键用户行为和成效指标的可视化展示不是可有可无的东西，不仅适用于领导汇报，也不仅仅在于炫酷的视觉本身。直观的图示用大屏幕投放出来，例如采用趋势图、分布图、饼状比例图等，能够比枯燥的数据更带给人冲击，让人快速地抓住重点、发现问题。比如在某一次变更之后，可能很快就能看到从社交网络抓取的关键字引用数据发生显著波动，曲线的波动能一瞬间让人心理上感知到带给用户情绪、喜好的变化，吸引人关注。业务和产品人员要分析数据，可能直接利用取数平台，或查看数据报表即可。但对于 BPP 模型下的各级核心关键指标，尤其是与业务发展战略与竞争力、产品核心价值与关键体验、核心流程相关的指标，以及一些系统稳定性、异常、用户访问与活跃等实时性监控数据，很有必要以大屏或数据看板的方式将其可视化并采用恰当的图表展示。数据可视化有三方面的意义。

1. 产生足够的关注度，及时的信息辐射产生及时的行动。
2. 一致的透明化信息产生跨职能协作。
3. 为工作赋予价值意义的内在激励。

可视化的关键指标如果不涉及敏感的商业机密，应当对跨职能产品团队所有人可见，不仅是业务人员能看到。将这样的产品关键指标看板放置在团队的工作空间中。这种一致的信息视图，对于让跨职能产品团队所有成员建立一致的目标和共情，基于共同的成效目标紧密合作很有帮助。让所有人每天谈论的都是带给用户和业务的价值，而不仅仅是过程。传统的研发模式下，开发与测试往往只关注将业务要求的需求交付，很难感受到自己的工作最终对用户、对业务、甚至对社会产生的影响，常常抱怨感受不到工作的价值所在，即所谓"码农"。显然，他们的努力工作并不是没有价值，而是价值信息无法传导到团队，他们感受不到。想象一下，如果开发人员修改了一段代码，然后上线后很快看到了其工作给用户行为或业务结果带来的变化，这对人是多么大的一种内在激励。在 Dan Pink 的著作《驱动力》中提到，有意义的工作目的对人能够产生强大的内在激励。让团队每个人直观看到工作带来的真实成效，就是让他们切身体会到工作的目的和意义。一旦在这种团队环境下工作，很难再回到整天不知所谓地忙碌的旧环境下。每位企业管理者都应当理解这一点并努力去推动，这对整个企业的创新文化建设意义重大。

在线受控实验

我们希望新的解决方案发布后能够带来预期的成效，得到用户认可，但这无法确定。万一不如预期呢？如果发布后用户恶评如潮怎么办？另外，有一个经常被问到的问题，一个新方案实施发布以后，用户行为或业务结果确实有更好的表现，就一定是方案产生的成效吗？会不会是同步实施的其他举措带来的效果呢？会不会是线下营销手段发挥了作用呢？或者受时间因素影响，像一些垂直领域的电商，在一年中，某些季度自然会比其他季度的用户活跃更高。要让成效数据更有说服力，对于在现有产品上的创新实验，例如一次界面设计改版、一个新的线上营销方案、一个改进的特性或流程，或任何预期带来不同结果的新方案，最好能够在完全同等的条件下，对比新方案和以往老方案的不同表现。从技术上，这需要面向不同的用户分别展现两个不同的版本，进而对比观察在不同版本上表现出的用户行为或业务成效数据差异。这种对比测试方法称为"A/B 测试"，如图 11.11 所示。

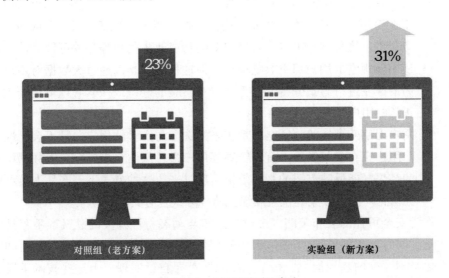

图 11.11　A/B 测试对比实验

决定哪些用户看到老版本，哪些看到新版本，通常是随机的，避免选择性的用户组特征对实验结果产生影响。确保在发布新版本特性时，同时为新老不同版本都添加了必要的埋点或其他数据采集手段，从发布一刻起，就能够收集数据对比观察两个版本上的数据趋势。实现以上的A/B测试，需要采用第10章描述的金丝雀发布与动态特型开关技术。区别在于金丝雀发布是为不同用户提供了完全不同的两个软件版本。如果新版本软件上除了待实验的特性，还有并行交付的其他更新，它们对实验结果的潜在影响无法隔离。相对来说，动态特型开关能够实现更细粒度的控制，用户访问的是同一个软件版本，只是局部的待实验特性不同，实验周边的环境条件是完全一致的，数据更有可信度。结合动态特性开关技术和灵活的参数配置能力，如果能够同时对多个可能对用户行为产生潜在影响的因素进行在线动态调整，例如价格参数、界面布局、颜色和大小等视觉因素，观察用户在不同变量或变量组合情况下的行为差异，找到能产生用户最佳体验或转化结果的配置。这种实验称为"多变量测试"。

从用户体验角度来说，用户的在线受控实验分为两种类型。

1. **用户感知型实验**：Facebook就新特性以员工群体进行的实验，用户知道自己在尝试一个新的版本或特性。一些网站在改版时，会主动提示用户正在使用一个新版本，或允许用户选择是否要尝试新的版本，或切换回老版本。这种方式可以探索用户对创新或改进的兴趣，并可针对性地从使用新版本的用户那里收集反馈。但这种方式难以通过大数据对用户行为的改变进行客观分析，因为用户对实验的好奇或探索心理可能会改变正常的用户行为。

2. **用户无感知型实验**：完全由系统来挑选参与实验的用户，且不会显性提示用户正在参与实验，有利于观察用户最自然的行为差异，大数据统计的结果最能反映方案的真实效果。反过来，这种方式下，产品人员可能无法针对用户收集其主观反馈。两种方式各有其应用场景。

作为安全可控的发布策略，金丝雀发布与动态特性开关的意义远不只是内建质量，同时对于创新探索与实验的成效验证非常重要，是企业建立创新和实验文化必不可少的基础能力。每个产品团队都要自己实现以上这些技术手段成本很高。为此，数字化企业需要投资建立相应的基础设施平台来支持创新，包括可灵活控制实验的"在线受控实验平台"，内置了埋点技术的"大前端框架"，和用于数据建模与分析以及可视化数据展示的"数据运营平台"。

衡量价值成效

数据驱动决策

成效指标数据是为制定决策服务。就像科学家做实验,首先提出科学假设,然后为了验证假设是否成立设计一个实验,包括建立实验环境、选择实验目标和开展实验,然后持续收集数据。最后,基于真实数据得出实验结论,以此决策是否继续下一步实验。在高不确定性的复杂问题领域,进行产品和服务创新与改进就需要有这种科学的精神,不是基于臆想的、闭门造车的,而是以步步为营的迭代方式开展实验,以真实成效数据为基础做出科学的决策。和前面几章谈到的"设计思维"一样,"数据驱动决策"应当成为所有产品负责人深入骨髓的思维模式。

从提出假设、规划并实施产品、分析数据形成洞察,到基于数据做出进一步决策,构成一个PDCA(计划-执行-检查-修正)循环。数据驱动的决策可能涉及商业模式、产品设计、市场营销活动等各个方面。可能成效数据验证了方案的有效性,接下来需要继续加大投资;或者成效数据不理想,需要重新思考调整方案;也可能反复几次实验后仍达不到效果,则需要果断地决策停止投入,甚至撤销原有的方案。以价值成效为管理的核心,整个PDCA过程所包括的活动,如图11.12所示。

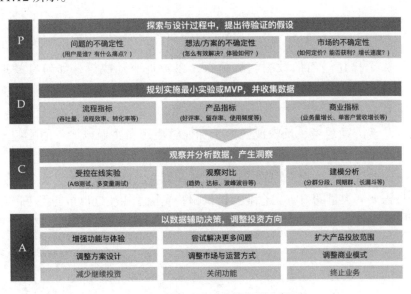

图 11.12 数据驱动决策的 PDCA 闭环

数据对于决策很重要，必不可少，但一切都不能绝对化。管理者需要清醒地意识到，这样一个科学的决策过程也可能被误用，产生误导。不能过度迷信数据，不能唯数据论，那样的结果可能是灾难性的。重点关注以下几方面，以免数据失效导致错误决策。

1. 数据可能存在异常点和噪音，导致分析者的关注点偏离，得出错误的结论，这需要数据分析者识别出来并排除影响。
2. 数据指标本身可能就不合理，首先需要调整的是指标，而非行动。
3. 当数据用于绩效考核牵引，就有可能发生造假，或者为了指标采取不利于长期目标的短视行为，企业需要将基于数据的目标管理与个人绩效考核解绑，也需要有配套措施来发现作假和识别数据异常。
4. 除了定量数据，在关键的决策上，创新设计者和管理者还需要辅以实地研究等面对面交流，需要综合了解一些定性的反馈与分析。
5. 对于创新，当投资的结果数据不够理想时，是立即停止投资还是做出其他决策，仍离不开管理者的远见卓识。有时继续投资，看中的是一个有想法、有热情、有能力的团队，为其潜力投资。此外，还需要综合考虑用户、技术和市场的趋势。

思　考

1. 为了构建全面的数据指标体系，以数据驱动决策，如何有效地识别出所有产品，和所有不同层级的业务流程？如何区分出更重要的指标？
2. 从多方面思考，反映成效的指标能够应用在企业或业务的哪些管理活动中？
3. 实时收集和监控丰富的指标数据并开展实验，对一个团队来说很困难，需要有大量的投入。企业要提供哪些支持才能使这件事变得更简单，成本更低？

第Ⅲ部分　从战略到行动

　　数字技术加速发展，社会权力向知识与个体转移，这是一个最好的时代，同时也是最坏的时代。机会层出不穷，将创新想法实现的成本也越来越低，尤其是在数字化领域。正因此，大量的创新者百舸争流，试图抓住自己的机会，竞争激烈，没有任何一个行业任何一家公司在这场变革与竞争中是安全的。

　　有能力持续发现创新与改进机会，创造出令客户满意的数字化产品，并以此为基础为客户提供卓越体验的服务，这是数字化企业得以发展的基础。第Ⅱ部分，从如何发现机会，设计服务到转化为产品，衡量解决方案的实际成效并形成下一步决策，构成一个闭环，基本展示了一个数字化业务团队以创新、价值与快为核心能力打造数字化产品和服务的完整旅程。设想一下，有一个斗志昂扬且具备以上能力的团队，每个人都清楚公司和业务的大方向，有着明确的目标，并且能够及时地获得必要资源，包括资金、基础设施、上下游合作伙伴的支持以及公司内部已有的客户和其他数据能力，在充分的授权下，能够基于对客户的深入洞察，以非常敏捷的方式快速迭代产品和服务，这会是一个有相当战斗力的团队。可是有多少团队能具备这样"完美"的创新创业环境？很少，尤其是在那些从传统行业进入数字化领域竞争，且还在蹒跚转型中的大型企业。

　　随着企业规模扩大，似乎都逃不开的一个魔咒：组织的行动越来越慢。不仅仅是组织臃肿和僵化带来的缓慢迟钝，组织中的个体越来越不关心真正的目的，失去热情，更多的是人浮于事。领导层的方针难以有效执行，不同职能部门各管一段，自扫门前雪。除非高层领导给出明确的行动命令，亲自指挥，否则下级组织就始终处于惯性摇摆中。慢慢地，组织里创新的声音越来越少，有创新能力的人得不到足够的资源和支持，反而可能因为创新失败而受人苛责。资本市场的压力让企业依赖于那些看似成熟安全的业务模式，从富有朝气的创业公司，变成了一家让员工感觉不到愿景和意义的平庸大企业。缺乏创新与活力，成了人们对传统大企业的固有印象。

是不是创新能力、有激情的氛围就只属于创业公司？小公司？而大公司一定难逃有朝一日被颠覆的命运？并非如此。观察从 2016 到 2020 年，每年美国知名杂志《快公司》发布的全球最具创新力企业，事实上长期排在最前面的 Alphabet、亚马逊、苹果以及最近两年排名上升迅猛的阿里、美团和大疆等，都早已不是创业期的小公司，而是有几千人，甚至数万人的大型企业，也是在全球或在中国市值最高的一批企业。这些卓越的企业仍然持续在创造出新的产品与服务，持续生机勃勃地为客户创造与众不同的价值。理论上，大型成熟企业更容易创新，如下图所示。为什么这么说？我们都知道新创企业的成功率非常低，企业在创业期资金匮乏，没有品牌，没有现成客户关系且获客难。更重要的是，资金资源有限的小型企业往往只能将产品和业务聚焦在单一的方向，将希望放在一个小篮子里，一旦押错宝或决策失误，公司就关门大吉。

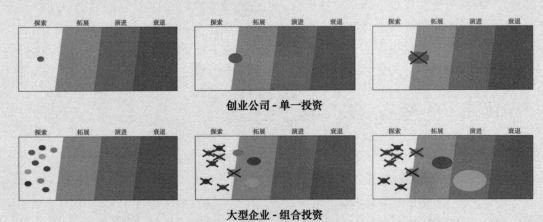

大型企业以组合投资取胜

反观成熟的大企业，有更稳健的现金流支持，更丰富的资源与合作伙伴，有品牌吸引力和庞大的忠实客户群，可以同时在很多不同的方向和机会点上投资创新，成功抓住机会或做出突破式改进的概率毫无疑问比势单力薄的小创业公司要高很多。

之所以企业规模变大之后丧失创新能力变得臃肿缓慢，以至于失去竞争力，根源的问题是企业的治理机制，臃肿组织里的大部分人离客户太远，以至于迷失了真正的目标和价值。大型企业内部的不良治理在战略层与执行层之间、不同职能部门之间、不同业务线之间产生了大量的内部摩擦和投资浪费。我不认为这些问题是大型企业所固有的，在卓越领导力的带领下能够得到解决！在这一部分，我将继续展开第 3 章提到的原则，讨论在企业治理层面需要什么样的转变才能让大型企业变得持续有活力和创造力，怎样才能让创新、价值与快的团队能力在大型企业的组织环境与治理机制上得到有效保障，让大象也能跳舞！从制定战略，到将战略有效落地到行动，能更有游刃有余地应对数字化时代高不确定性的外部环境挑战，通过持续打造卓越的产品和服务，建立高适应力的数字化业务。

第 12 章

面向业务的高响应力组织

当企业还很小，只有几十个人的规模，喊一嗓子每位员工都能听见，企业创始人自身就离客户和业务很近，就是产品和服务设计的深度参与者、直接决策者，能够敏锐感受到客户温度。并且，其自上而下的决策、自下而上的信息传递都极其迅速。但随着业务增长而企业规模变大，员工人数越来越多，企业领导者距离一线的客户和业务越来越远，每个人的管理幅度是有限的，如何让整个群体的力量凝聚起来为客户创造价值并以符合期望的方式高效运转，就是一个巨大的挑战。

管理好一个复杂的系统使其高效运转，无论是代码构成的软件系统，还是人构成的企业组织，还是整个国家和社会，最基本的策略就是将其划分为更小的单元，建立起某种结构，从而分而治之。基于人的管理幅度有限这一基本前提，分而治之是必然之举，关键的问题是如何分？划分结构应当遵循什么原则？局部单元与整体是什么关系？各单元边界之间如何沟通与协作？第 8 章讨论系统架构时，提到了以面向业务概念的领域模型来划分系统结构，从而建立适应业务变化的高响应力架构。那么企业组织呢？辩证地看这个问题，无论如何划分组织结构，都会有利有弊。利是更小的组织单元内部的沟通效率更高，可以为之建立共同的目标；而弊则是不可避免地在组织单元与单元之间形成沟通屏障，单元之间的沟通协作效率必然远低于各单元内部，每个单元会产生各自不同的目标。设计组织结构的目标则是充分地扬长避短。在这样的初衷下，复杂组织的结构通常向两个方向发展：职能化和层级化。

当软件开发变得越来越复杂，行业借鉴大规模生产管理的经验，将创造软件的过程划分为不同的阶段，由不同职能组织来完成。就像流水线上的分工一样，让每个人更专注于做一类工作，思考更简单的问题，期望通过将标准化、单一职责的工作做到熟练从而最大化效率和质量。似乎很有道理，于是在下面三个层次上形成以职能分工并以流程交接而非协作为主的组织结构。

- **业务与科技的组织拆分**。从软件或信息技术诞生开始，企业内部的信息技术部门就是一个与业务关联不强的辅助性部门，信息技术与业务之间是服务与被服务的关系。随着信息技术的比重提升，人员规模增大，作为成本中心的定位继续以一个独立部门的方式存在，甚至被拆分为一个独立的子公司成为类似外包供应商。这种模式会导致目标不一致、抗拒不确定性、低响应速度和低质量等无法解决的严重问题。而那些互联网时代创立的新兴企业，规模小的时候业务与科技之间本是一体，眼中只有客户与市场，市场、运营和技术团队通力协作。然而，规模变大以后，为了管理需要，很多也学着传统企业的样子将业务与科技分开。两者的关系从一个团队内的共同协作变成单向传递需求的服务与被服务关系。从此，科技团队不再关心客户，只关心交付了多少功能；业务开始不关心技术，也难得到技术侧及时的响应。

- **科技组织内部的职能拆分**。信息技术部门的定位是交付软件，被视为一个"工厂"，从接到需求到交付软件的过程，分为多个工序：需求分析、设计、开发、测试和运维。为了管理不同职责和技能的人，科技组织内按职能划分组织结构，例如解决方案、开发、测试和运维，各部门之间职责清晰，泾渭分明。每个部门各管一段，彼此间依靠文档或审批流传递信息和开展合作。一个想法从提出到交付用户，需要经过各个职能部门道道评审。信息的传递过程如图12.1所示。科技的每个职能部门都不面向客户，创造客户价值或产品的成功并不是它们的目标。他们的目标是产能和质量。每个部门都致力于提高自己的工作效率，于是，要求上游部门给自己提供更完整清晰的输入，要求减少变化，为之建立了相应的输入规范和审批流程。然而，每个职能部门在局部的优化最终导致了整体是不优化的，流程中大量的等待和浪费发生在职能与职能之间的交接环节，最终整个交付周期被大大拉长，价值流动的速度变得缓慢。

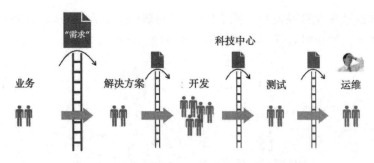

图 12.1 价值和信息在不同职能部门之间传递

- **业务部门的线上线下分离**。不仅科技部门的组织如此,业务部门的结构也面临挑战。随着互联网发展,传统企业开始学习利用互联网手段经营客户,也越来越依赖于数字化技术来支撑业务管理。如图 12-2 所示,过去,业务人员都习惯于通过线下方式来开展工作,没有数字化思维和技能,企业不得不成立类似"网金部"这样的新部门来负责互联网业务开展,成立"IT产品部""平台部"这样的新部门来负责统筹软件需求,与科技团队对接。然而,数字化业务的发展仅仅是软件系统的开发吗?数字化业务是业务的数字化!构建的是一个以数字技术为基础的服务体系,不仅仅是软件,需要线上、线下服务整体进行全局优化,线上业务的增长离不开线下运营手段的支持。可是在很多企业里,数字化的目标只由后台部门承担,而真正面向客户的业务部门并不对数字化目标负责。他们要么不关心,要么不知道该如何配合。市场或客户部门要完成其业务指标,通过线上完成还是线下完成都一样,自然更习惯于熟悉的传统途径。在缺少了面向客户的前台业务部门充分协作的情况下,很难将数字化业务发展起来,落入系统越来越复杂但数字化业绩却难见成效的窘境。除了不得不依赖的线上销售与获客外,难以触发更多以数字化手段全方位改善客户服务体验的创新思考。

在数字化时代,社会权力发生转移,不管是个人客户还是企业客户,选择相当丰富,为客户创造更多附加值、更具吸引力才能留住客户并发展业务,形成了今天体验为王的大趋势。零售和金融等各行业,都逐步从过去销售产品的思维开始转向客群经营。大型企业的同一类业务可能同时面向不同类型的客群,例如按收入水平和业务规模划分,有不同偏好,需要非常不同的客户经营方式,甚至不同的数字化产品支撑。图 12.2 这样的结构，各自管一段，不利于面向客户进行数字化的精细运营，不利于实现业务增长和突破。

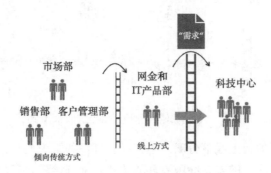

图 12.2　业务部门线上和线下分离

另一个维度的组织规模扩展是层级化。以前在某大型跨国公司时，我还是个基层开发团队的小兵，可以从公司一个办公沟通工具中看到从我开始的向上汇报线，非常直观，一层一层往上的金字塔结构那种观感。不包括海外的全球领导团队，仅仅到中国区总经理就有八九层领导。伴随组织层级增多的是更长的决策链。一线团队要想创新，要申请资源，尤其是需要快速响应浮现出的机会，但该投资并不在原有的大项目或长周期预算中时，需要层层汇报到很高层级，甚至要公司 CxO 级别或一个集中式的预算委员会来审批，决策链如图 12.3 所示。

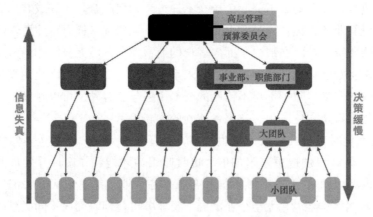

图 12.3　基于事项和预算的长决策链

在每次申请中，需要详细描述这笔投资的背景、目的、方案和实施计划等以及经过论证的预期财务收益。不能充分证明投资的必要性和预期财务收益，很难得到高层支持。在国内某大型电器设备企业，听说到了超过 50 万元的项目就需要公司最高层 CEO 和 CFO 级别审批的地步，困难且周期长。长此以往，团队可能就不再立即响应，等到下一年预算编制时再一起申请吧，容易一点。当然，实践中并非所有的决策都要到企业最高层，决策往往根据投资的规模和重要性在某一个层级被确定下来，不同公司给不同层级的授权程度略有不同，决策链的长短也就不同。无论决策的授权程度如何，相同点在于，所有的投资决策都是基于一个具体的行动事项。比如一份精心准备的商业计划书或立项申请材料，或更糟糕的是领导的一句话要求。决策者拿着一根指挥棒，在每一项行动上发号施令，迈左脚、迈右脚，一……二……一……可问题是，很多情况下，从公司业务一线到高层决策之间的信息传递并不通畅和充分，信息很容易失真；层层传递的决策过程周期很长。就如同军队里一个身在战场一线的作战小组，每一步行动都必须要报远在千里之外的指挥部同意；指挥部可能在没有足够充分的战场信息的支撑下迟疑不决或盲目决策，那结果可想而知。大型企业里经常有很多好的想法因为无法提前证明自己确定的收益而被否决，或者因为层层审批迟迟不能开始工作而错失机会。那些商业计划书或立项材料中陈列的事实和数据，首要目的是为了说服领导得到支持，获得一大笔预算，因而其真实性、准确性堪忧，常常严重夸大。作为并非身在一线的决策者，很难短时间里分辨这些论据的真实和准确，对战场情况的瞬息万变和客户机会价值，很难有完美的信息来做出准确的判断。

逐渐地，在规模化过程中，组织形成庞大的中层群体，他们处于信息传递和决策链的中间，并且只对客户价值流中的某一个阶段担责，影响有限。这群人除了上传下达和在意自己部门的输入和输出外，既看不到客户，也做不了实际的决策，等着上面的命令和其他职能部门的输入来驱动行动，被动响应。很多时候，科技团队或业务侧的需求团队，连自己的目标和规划都制定不出来，因为不知道业务的战略和规划。这样的中层岗位有多少价值？刚开始中，一些富有抱负的、希望真正以客户价值为目标、希望更有担当和作为的人，其行为就与周围格格不入，与上层、下层和上下游部门不断产生摩擦，难以展开手脚达成目的。到最后，专业能力丢失了，雄心壮志也消磨殆尽。整日忙于永无休止的会议，唯一的成就感是对管辖范围内下属的指挥权，享受他们的唯命是从，就和自己对上司一样。这样一群缺乏激情和斗志的中层，只会听令行事，时刻害怕失去位置，本能地抗拒变化。一旦这群人成为组织里的多数，组织必然陷入僵化，只能以惯性向前滑动，彻底丧失适应力！一旦外部环境发生快速变化，整个企业走向失败就是必然的，这一结果不会因为最高层领导者有好的战略和美好的意愿而改变。

复杂系统管理

越是处于持续变化的环境之中，组织越需要适应力，也就是需要有持续创新和变革的活性，上面传统的治理和决策机制是低效的。分析研究对规模化组织的管理，美国的约翰·霍兰（John Holland）教授在1994年提出了复杂适应系统（Complex Adaptive System，CAS）的概念，并且出版了《隐秩序：适应性造就复杂性》一书来阐述复杂适应系统的典型特征和管理策略。复杂适应系统的核心思想可以如下概括为：

"我们把系统中的成员称为具有适应性的主体。所谓具有适应性，就是指一个主体能够与其他主体及环境在这种持续不断的相互作用过程中，持续地"学习"或"积累经验"，并且根据学到的经验改变自身的结构和行为方式。整个宏观系统的演变或进化，包括新层次的产生，分化和多样性的出现，新的、聚合而成的、更大的主体的出现等，都是在这个基础上逐步浮现出来的。"

我们所处的很多组织就是这样典型的复杂适应系统，因为人是典型的适应性主体，具有以下几个主要特征。

1. **以适应性主体为基础**。主体具有感知环境并对自身加以调整以便适应环境的能力，其具有自身的目的性和主动性，而不是一个机械的个体。主体和其他主体要么合作，要么竞争，争取最大的生存权和延续自身的利益。适应性主体应当是对任何此类系统进行管理的核心，也就是管理要以人为中心。源自丰田的"精益管理"思想中也将尊重人作为精益管理的两根核心支柱之一。进一步，从企业整体来看，每一个由人构成的小组织，例如团队或部门，也是一个在更大范围内有着自身意图的适应性主体，团队的表现也不遵循因果明确的机械规律。
2. **没有任何主体拥有完美的信息**。复杂适应系统中每个人都是一个局部，不可能拥有做出正确决策所需要的完美信息，而是依赖于各自所能了解的信息和上下文，只能理解到整个系统的一小部分，即便是整个系统的管理者也是如此。正因此，主体的适应性必然带来整个系统的不确定性、多变性。这也映射了在前面第 II 部分反复提到的创新所固有的不确定性特征，因为任何业务创新都是由一群具有适应性的主体与经济、社会等更大的复杂适应系统之间相互作用而产生的结果。
3. **涌现（或"浮现"）现象**。前面两个特征产生了第三个特征，复杂适应系统中的行为结果是无法准确预测的。无论是成功还是失败的结果，均是由适应性主体与主体之间、主体与环境之间的持续相互作用，在一系列不具有完美信息的不完美决策中浮现出来的结果，很难找到一个单一根因。这一点带来了复杂适应系统的不确定性和非线性特点，特定的行动或投资，可能产生不了逻辑上预期的结果。但当天时、地利、人和，也可能产生远超出预期的结果，即所谓"黑天鹅"。应对复杂性，无法通过设计并遵循详细的前期计划获得成功，而是必须以实验、反馈并快速调整的方式来探寻理想结果。

霍兰教授的"复杂系统论"完全不同于工业时代科学管理思想背后的"机械还原论"，在现代企业管理与社会学研究中得到快速发展。斯诺登（Dave Snowden）将两种管理哲学的适用场景与应对策略归纳为 Cynefin 认知框架中的复杂域和繁杂域问题。没有对与错，只是因为管理的对象不同。今天的企业，尤其是由一大群主要从事脑力劳动的工作者构成的数字化企业，就是非常典型的复杂适应系统。同时，它又作为更大的经济社会这个复杂适应系统中的一个适应性主体，它的健康和蓬勃发展更多依赖于持续学习和良性适应性行为。既然以上这些特征是其固有的、不可磨灭的，那么最好的策略就是充分利用其各级主体的适应性，以有意义的目的性鼓励和激发更多的涌现，顺应不确定性的特点，利用它实现蓬勃的创新和发展，进而产生企业面对变化的适应力。那些通过不断增加管理层级和过度细分职能的应对策略，恰恰是在走向一个相反的方向，试图应用更多"命令与控制"的方式消除主体适应性带来的不确定性，从而达到有序管理的目的。从局部来看，在一段时间里管理可能是更有序了。但从全局来看，组织活力和创造力被抑制，组织对外的真实意图在组织内部迷失掉，响应速度变慢。最终，企业作为存在于社会这个更大复杂系统中的一个主体的整体适应力开始丧失。一旦环境有变，稳定秩序所依赖的上下文被破坏，组织就将陷入困境。要扭转这一局面，就必须从根本上改变管理理念，需要首先从领导者开始转变思想，致力于从两个方向上优化组织自身。

1. 让组织的每一个单元都面向业务与客户价值，并为之负责。
2. 基于成效目标而非行动进行指挥，充分发挥主体的适应性（第13章）。

面向业务建立组织结构

企业要能持续地创造客户价值，不能因为管理的方式让这一目的迷失在组织中，每个人都必须有客户价值思维。要达到这一目的，不是通过口号和宣传，不是靠管理者的要求就会发生，因为每个人都是适应性主体，都有自己的目的。只有通过建立面向业务的组织结构并建立价值驱动的相应治理机制才能实现。这里所谓的业务，就是企业为服务一类客户所建立的服务体系及其商业模式。注意，不要把面向业务和面向业务部门混为一谈，因为很多公司的业务部门组织结构就没有很好地面向业务，可能存在各个业务部门与客户服务管理职责混乱的情况。在组织结构设计之前，首先要做的是梳理企业的业务结构。

组织设计原则

观察不同类型企业的成功经验，高响应力组织的结构设计通常有图12.4所示的几种划分策略。

按领域/子领域划分

这是最基本的划分方式。领域，即一个有业务内聚性的、有边界的区域，和第8章讨论《领域驱动设计》中的领域是一个概念。领域的范畴可大可小，大的领域内可以再划分子领域。例如金融服务就是一个领域，一家大型金融企业可以同时提供银行和保险业务，其中银行业务也是一个领域；银行面对消费者提供储蓄、贷款、理财等不同服务，每个也是一个领域；进一步，贷款服务又可以分为销售、产品、风险管理等更小的子领域。大型互联网企业，为客户提供电商、文娱、互联网金融等不同领域的服务，而电商领域可进一步分为在线购物、商户经营、物流配送等不同的子领域，其中在线购物进一步可以细分为商品管理、订单、会员体系、支付等子领域。这些业务领域模型的边界可以作为在不同层级上划分组织的边界。围绕一个大领域可能成立一个子公司，或建立事业部、领域团队，而围绕子领域则建立基层产品团队。大多数时候，企业的粗粒度业务领域边界是容易分清的，但当深入到大领域中的子领域，或业务部门本身结构不合适而产生误导，这时业务的领域边界可能就不那么清晰，需要借用领域驱动设计中战略层领域建模的思维来梳理企业不同层级的业务结构。这样的划分，可以使不同的部门或团队有自己负责的业务价值。

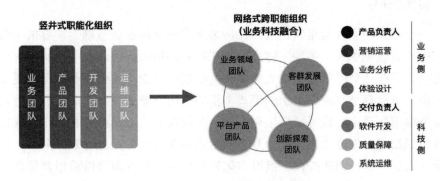

图 12.4　面向业务结构划分业务科技融合的组织结构

按客群划分

当相似的业务服务面向不同类型客群的服务体系差异较大时，包括服务内容和方式、营销获客方式等的差异，可以考虑按不同客群划分组织。这样有利于针对不同客群特征进行深度定制化、精细化的经营，从而实现增长。例如银行的财富管理业务，针对不同财富水平的客户群其获客方式、服务内容就差异很大，因此，普客、贵宾客户以及私人银行客户往往分别由不同的部门或团队负责。一些互联网公司将新客户拓展与存量客户经营由不同的团队负责。对那些面向企业的服务，常常考虑针对战略客户与普通客户由不同的团队来负责经营。这样的划分，可以使不同的部门或团队都有面向客户的业务发展目标。

按平台划分

随着业务领域和客群的拓展增长，当多个领域、多个客群有了一些重复建设的公共基础能力，一个良好的做法是成立单独的组织来负责公共能力的建设，即平台。要以客户思维、产品思维来服务于前端的多个业务组织，平台也是产品。那些消费这些公共能力的前端业务团队就是他们的直接客户，并通过前端业务团队间接服务于企业最终客户。典型的例子，像大型企业的统一客户关系管理平台、统一支付平台，也包括为多个领域业务带来客户与流量的公共渠道平台。这样的划分，让组织能够从横向将业务、数据和技术能力打通，以平台赋能为目标。

按创新划分

一个成熟的业务与组织，应当在持续演进的成熟业务基础上，尝试一些突破式的全新业务探索。例如，物流企业在现有的物流配送体系上开始探索机器人送货，会在某个层级上为之成立单独的组织来负责。在创新业务探索还未成熟之前，可能都是以独立组织的形式来发展；而当业务成熟之后，可能融入原有业务组织体系中，也可能继续作为一个新的业务领域单独存在。将探索式创新在组织结构上划分出来，好处是将探索式创新与成熟业务管理分离，从目标设定、人员技能、团队授权、组织文化和考核方式等方面可以采用差异化的方式来管理创新团队。

无论按前面哪一种方式划分，都遵循按业务结构划分组织边界，使得每个组织单元都得以面向其客户和价值。同时，这样的划分也自然地将承载数字化业务的数字化产品和系统划分出了边界。第一，按领域划分组织，毫无疑问，不同的领域应当有该领域业务概念对应的应用和服务。第二，按客群划分，如果不同客群的服务体系差异性达到需要把组织结构分开进行分别精细化经营，从响应力的角度考虑，这时很有必要在支撑服务的数字化产品上做出差异化，提供针对不同客群最佳的体验；相反，如果可以很容易地基于一套数字化产品服务于不同客群，那么组织结构上也不需要分开。第三种按平台划分，平台本身就意味着解耦且可复用的独立数字化产品。最后按创新划分，对于高不确定性的探索期全新业务，最佳的系统架构策略是将快速变化的部分与较稳定的部分分离，以独立解耦的新数字化产品来服务于创新的业务。

康威（Melvin Conway）在其1967年的论文中第一次提出后来被命名为"康威定律"的著名论述（https://en.wikipedia.org/wiki/Conway's_law）："任何一

个设计开发系统的组织……其设计产生的系统结构必然会体现出组织间的沟通结构"。所谓组织间的沟通结构,也就是组织结构。这一从经验出发的定律表达了组织结构对软件系统结构(产品架构)的深刻影响。由于每个组织单元总是内部的沟通协作效率远高于各单元之间,因此长期里不可避免会在组织结构单元的边界建立起隔离层或尝试解耦来降低沟通成本,提高内部工作效率。根据领域驱动设计原则,具有对业务变化更高响应力的系统结构应该是面向业务的,并保持整洁。从管理角度,康威定律提示了一个比较悲观的规律,如果组织结构不合理不面向业务,就很难在长期里发展起面向业务的清晰系统结构。这也就从另一个角度佐证了组织结构要面向业务的必要性,从而能对抗康威定律的不利影响,只有这样,才有利于长期的企业系统架构的整洁性和高响应力。于是,可以看到,在数字化企业治理结构上,业务结构、组织结构与产品与系统架构上存在一种内在的、需要保持健康的自然映射关系,如图 12.5 所示。

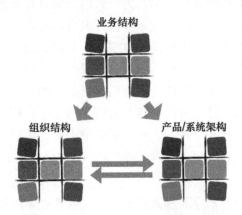

图 12.5　业务、组织与系统间的结构映射

要保持组织的高响应力从而形成适应力,我通过持续的观察和经验总结,得出结论:**从合理的业务结构出发形成网状组织结构,并在业务发生显著变化时保持组织结构的灵活性。这是数字化企业设计高响应力组织治理结构的第一性原则**。遵循这一原则,在创新和优化现有业务治理时应采取下面的策略。

1. **新数字化业务**。企业要建立新的数字化业务,遵循"业务-系统-组织"的顺序,遵循前面几种组织划分策略。首先,梳理出业务结构,并围绕业务结构单元规划数字化产品与系统边界及其集成方式。然后，围绕清晰的产品与系统边界划分组织结构，由不同的组织/团队来负责不同的业务，负责建设不同的产品与系统。

2. **现有数字化业务**。现有数字化业务意味着也有现存的遗留数字化产品与系统，可能其结构并没有很好的面向业务。这时，同样要先梳理出合理的业务结构，然后采用第 8 章最后谈到的绞杀模式，从局部开始，伴随业务发展，渐进地对现有系统按合理业务结构进行剥离和解耦。与此同时，为剥离出的有清晰业务职责边界的系统和服务成立新的组织/团队为其负责。

领域团队（部门）

要让所有职能都面向客户价值，为一致的成效目标负责，首先在比较宏观的组织结构上向业务看齐，实现业务与科技融合。对在互联网浪潮中诞生的新兴科技企业而言，大多数天生是围绕数字化产品建立的，"产品即业务"。企业完全依靠网站或数字化产品作为提供客户服务的手段，并围绕着这些数字化产品来开展市场、运营等业务活动。它们的业务结构与产品架构天生对应。每一个围绕产品或产品群建立的部门有非常明确的业务目标，通常称为事业部。每个事业部内部既有产品负责人、运营和营销人员、体验设计师，也有开发、质量保障和运维等技术人员，具有能完整实现领域业务并驱动其增长的所有能力。

这一点恰恰是大多数传统企业数字化转型极其艰难，且很难提升价值和快这两个核心能力的深层次障碍。以往的科技对业务是成本中心，是个服务部门，两者非常独立、缺乏协作，因此业务侧的结构与科技侧的结构差异很大。科技部门更多是站在技术和系统管理、更多复用降低开发成本的角度来规划系统架构，没有充分考虑与业务的清晰映射关系。同样，业务部门的组织结构也比较僵化，在随着业务扩展增长的过程中，没有及时调整部门组织结构跟上业务结构的变化，错综复杂。经常遇到这样的困境：企业的不同业务部门都要通过同一个网站或应用来对外提供服务，或都关心对客户关系的管理，于是，科技侧建立科技团队来负责该渠道应用或 CRM 系统的建设，但发现根本找不出来谁可以作为该产品的负责人，没有人来负责产品的整体规划和业务运营。有很多业务部门对该系统提需求，但谁都不负责，即所谓"有人生，没人养"，业务侧找不到产品负责人，于是由开发部门内部人员承担。然而，提需求的各业务方目标不同，科技侧的产品负责人只能起到统筹接受并沟通需求的作用，却无法左右方向，导致产品和系统本身的定位、目标与核心价值讲不清楚，产品负责人很难排需求优先级，更做不了任何主动的产品规划。结果是，系统的功能堆积越来越多，体验越来越差，对各业务方的响应速度越来越慢，最后谁都不满意。

面对这些现实的困难，有些人得出结论，认为业务科技融合、面向业务建立组织的管理方式不适合传统企业。然而，事实是，那些致力于变革的卓越企业，比如华为、招行和平安等，曾经信誓旦旦认为不可能改变的人发现，随着数字化转型的深入，在具有远见卓识和魄力的领导者带领下，已经做出了显著的改变，越来越像科技公司。并不是不适合，而是不愿意改变，或改变的时机未到，要具备数字化时代的高响应力，这是无法回避的方向。

这里需要澄清一点，不要把前面描述的治理结构等同于互联网企业的管理结构！不要误认为我们学习互联网就好。诚然，一些成功的互联网企业确实在这方面做得更好一些，但在微观上仍然存在着很多不足。例如，在一个事业部内部，常常见到业务或产品侧与科技侧之间缺乏信任与协作，目标并不一致，甚至以强职能化和瀑布方式管理项目。常常见到互联网企业在规模小的时候业务与科技协作良好，而变大之后却向传统的多层级职能化管理方向走得太远，陷入泥潭之中。也常见很多大型互联网企业，虽然在对外的数字化产品上做得不错，但企业自身对内的数字化经营管理方面，业务部门与科技部门之间仍保留了很传统的方式，缺少协作，目标不一致，响应速度很慢。在这些方面，互联网企业同样需要持续推动变革和改进。

如果要改进组织结构，首先需要梳理业务结构，图12.6是典型的数字化企业业务结构，可以分为五层。

客户产品 / 服务

这是企业最核心的领域，是面向外部客户提供的一个个相对独立的服务体系，分别为客户创造不同的价值。每一个领域的业务都有其业务发展愿景与战略目标，既要能支撑企业总体的发展战略，也根据自身定位有其独特性，而且每个领域应当有其可持续发展的商业模式。在每个领域中，根据分层的服务体系，可划分为直接提供给客户使用的渠道触点型产品,服务客户的业务作业型产品,和客户不可见的运营管理型产品。

图 12.6　典型企业业务领域结构(以银行为例)

公共渠道

对于渠道策略,不同企业选择不同。有些企业选择各领域业务分别打造自己的数字化渠道直接为客户提供服务,而有些则选择将全部的服务通过统一的公共渠道提供给客户,例如手机银行。或者两者皆而有之,像个人贷款服务既可以通过统一的手机银行渠道对外提供,也同时提供自己的小程序和公众号等应用。对于专属于某业务领域的渠道自然就归属其领域团队管理,而为多业务领域带来流量的公共渠道应定位为一种客户触点平台、一种特殊的领域。它服务的客户既有使用平台的外部客户,也有内部利用该渠道开展业务的各业务团队。理解公共渠道另一个典型的例子是美团,美团和大众点评两个移动应用渠道接入大量业务服务,既有相同的业务,也有不同的。

通用业务能力

当企业规模变得很大之后，不同方向的业务往往会有不少通用性的、被重复建设的能力，例如用户体系、客户关系、售后服务等。领域驱动设计中将领域分为核心域、通用域和支撑域。各个直接面向客户的业务领域中识别出的通用域发展到一定规模之后，从复用的角度以及赋能新业务创新的角度，需要企业将这些通用能力独立出来单独作为一个领域进行建设。这类领域的客户既包括外部客户，也包括上一层消费其通用业务能力的各业务领域。这类领域也必须有自己的业务战略与规划，以产品思维来打造能力和服务。

内部运营管理

包括支撑企业运营管理所需的各职能领域，例如人事领域、财务领域、战略管理领域、办公协作和文化建设等，这些业务领域的客户是全体企业员工和中高层管理。

数字化基础设施

支撑数字化企业所有数字化产品研发与运营所需要的技术基础设施，包括云计算、数据、公共技术服务以及支撑软件交付与运维的平台工具等。例如企业的研发效能，从需求到发布管理端到端的工程管理与自动化，这就是一个领域，它的客户是所有其他软件研发团队。

按这样的结构，将企业所有业务在不同层次划分为相对独立的多个业务领域，按领域建立团队，称为"领域团队"。所有领域团队形成一个面向业务的网状组织结构。每个领域团队都有自己所服务的客户，要理清自己在企业中的独特价值及价值的衡量方式。每个领域团队应当制定其战略目标与规划，并对自己领域的人力资源和投资有一定决策权。无论是哪一类型的领域团队，应当包括能够实现该领域业务目标所需要的所有技能。即便通用业务领域和数字化基础设施领域也是如此，只是投入的侧重可能有所差异。每个领域团队内，所有角色可能进一步按面向业务的产品和服务划分为多个跨职能小团队。其中有些技能角色是各小团队专属的；而有些技能角色则在领域团队内的多个小团队间共享，比如领域架构师和体验设计师。一个领域即一项业务，是一个完整的服务体系，为了更进取地追求获客与业务增长，一些企业会在产品团队之外建立专注于增长实验的运营增长小组。所有产品团队、增长小组在两个关键角色的引导下展开合作：领域产品负责人和领域交付负责人，形成图 12.7 这样的典型结构和关键角色分配。

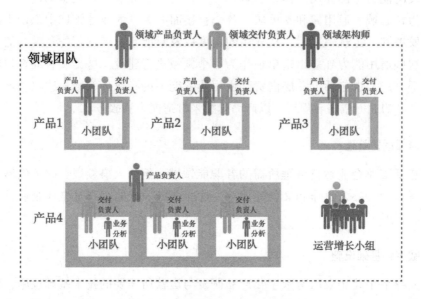

图 12.7　领域团队构成与关键角色

领域团队的两位主要负责人需要有一致的目标，既相互合作，又平衡制约，确保整个领域团队在长期里稳定可持续地交付高价值，改善客户服务，实现业务领域的战略。后面提到的"领域负责人"是这两个角色的统称。

- **领域产品负责人（DPO）**，负责整个领域的数字化业务战略与规划，主导以价值驱动的数字化投资组合管理，为领域内不同的产品设定方向与目标。同时，在跨产品团队之间协调多个产品负责人的工作，进行产品方案设计的协调与重要决策，确保所有产品负责人向着共同的领域业务目标努力。如果领域的业务是打造纯粹的互联网产品和移动应用（如抖音），领域产品负责人就是这个领域业务的负责人；如果该领域是传统业务的数字化（如银行贷款和人事管理），或依托数字化手段的线下服务（如打车）。这时，领域产品负责人通常汇报给另一位领域的业务主管。

- **领域交付负责人（DDM）**，负责整个领域的产品交付管理，建立合适的领域内团队结构，协调跨团队的资源与协作、技术管理与质量保障，在更高的层面帮助团队解决遇到的阻碍，确保高流速与高质量的交付以实现业务目标。同时推动整个领域的团队能力与生机型文化建设，推动持续改进。

依据经验，60～100人，最多不超过120人，可能是一个领域团队合适的大小。因为管理幅度问题，如果最基层大概8～10人一个小团队，那么100个人就有大概10个团队，到了管理幅度的上限。超过这个规模，就需要根据子领域业务结构进一步拆分领域团队。例如，电商初创企业刚开始只有几十人，随着规模增长，在电商这个业务领域下开始划分出购物、商户、物流、团购等子领域，每个领域都可能发展为几十到一百人的领域团队。这时，整个电商团队可以称之为一个"领域群"。领域群不仅仅源自领域的扩大和拆分，一些现有的领域彼此之间存在较多的依赖关系，为了促进跨领域协作的目的，也可能将相关的领域作为一个领域群进行管理。设置领域群负责人岗位来牵引更宏观的组织与业务目标，促进跨组织协作。图12.8展示的是一个由多个领域群构成的真实企业，每个领域群下又包括数个领域团队。特别注意的是，右侧有一个专门的创新领域群，没有特定业务方向，而是专注于投资孵化在第三地平线的探索式创新，第17章将有深入讨论。

领域与领域群团队结构为数字化企业治理带来四个关键的好处。

1. **作为价值成效目标驱动管理的前提**。让每个组织单元（适应性主体）都面向价值成效，从而有条件为之设置体现组织真实意图和目的的成效目标，并授权其自主行动，而不是经过分解的行动指挥，能激活组织单元自身的适应性和创造性，激活组织活力。
2. **降低沟通协调与管理成本**。大型组织要有效管理需要划分结构，分而治之。但无论如何划分，都存在组织边界，都不可避免存在跨组织沟通协作的需要，而跨组织单元的沟通协作成本一定远高于组织单元内部的沟通协作。围绕业务建立组织结构，并不能"消除组织壁垒"，而是将沟通的壁垒从传统企业的职能化结构下不同的角色、职能之间，从导致组织真正目标迷失的不合理状态，转移到有边界的不同的业务领域之间。总的来说，按业务结构划分跨职能的领域团队，相比竖井式的职能化结构，能够有效降低整体的沟通协调与管理成本，减少组织摩擦，更有利于业务战略分解与有效执行落地。

3. **有利于形成更具响应力的企业系统架构**。建立面向业务结构的组织结构，有利于形成同样面向业务结构的企业系统架构，驱动在不同业务边界、组织边界之间实现合理的系统解耦，从而提高架构对业务的响应力，也一定程度能降低频繁集成变更带来的质量风险。
4. **形成面向业务和产品的长期思维**。组织结构面向业务和产品，并以此形成对此长期负责的相对稳定团队，促使组织单元内部每个成员能够对领域业务和产品的知识进行长期积累，关注产品的长期发展，而不仅仅关注短期的项目目标。

图 12.8 领域与领域群结构

领域或领域群团队在实际的企业中可能是一个部门，可能是一个现在很流行的事业部，拥有更大的权限和业务自主性。甚至某个领域或领域群可以是一个独立的子公司。在一些企业里，领域团队也可能是虚拟的，实际的人力资源管理还是在职能线，但每个人日常的工作目标、任务分配和管理以及关键的考核权则必须在领域团队。负责每个领域的组织单元究竟应该独立到何种程度更好？应该采用部门、事业部还是子公司结构？还是虚拟团队？这没有绝对正确的答案。采取哪种组织形式取决于非常多的因素，像当前组织规模、财务性质、历史沿袭和领导者的管理风格等。总之，要建立具备高响应力的数字化企业，首先面向业务结构划分领域团队结构，让所有人面向客户与价值，并以客户价值作为每个领域单元内所有成员的共同一致目标是关键！

组织结构的活性和动态变化

组织结构不能是一成不变的，当业务结构发生变化，组织结构就应当随着进行调整。带来变化的因素，一类是组织的规模化增长。创业时期，只有几十个人，公司对外只提供一种产品或一种服务，没有到需要剥离通用业务能力的时候，数字化基础设施可以完全依赖公有云，内部运营管理基于采购的 SaaS 服务就能完成。这时候，整个公司就是一个领域，而创始人就是这个领域团队的领域产品负责人或领域产品负责人直接汇报给自己。渐渐地，为了支撑业务快速增长，公司意识到有必要自建数据基础设施，需要更贴合公司管理策略的定制化财务系统，需要有独立的客户关系管理来打通各个子领域的数据，深挖客户机会。于是，新的领域团队从原有组织中不断裂变出来。公司也可能开始投资拓展全新业务，为之创建新的领域团队。这一类由增长带来的组织调整还比较容易。

还有一类带来变化的因素要困难得多。银行的借记卡与信用卡以往是比较独立的业务领域，为了发展客户，各自都建立了自己的积分体系。管理借记卡积分和信用卡积分各有各的系统。既然分属不同领域的团队，在系统上分开也合情合理。但有一天，企业从战略层决定要深化客户经营，整合客户信息，相同客户的借记卡积分与信用卡积分不应该再分开，需要建立企业统一的积分体系，这就形成了一个新的通用领域。系统层面比较容易，将原有的两个积分系统开发团队合并，或全部由一个团队接手并开展数据与系统的整合。但是问题来了，统一积分体系的产品负责人是谁？作为一个新的领域，谁来负责积分体系的设计和营销推广？原来的两个业务部门都开始给新的积分系统提需求，对产品的方向和需求优先级经常产生不一致。这一问题成为了制约积分业务发展的核心因素。类似的问题，包括现在很多企业热衷的业务中台，要将跨领域的通用服务能力抽象出来建立平台，组织结构上却并不做出任何调整，仅仅是科技团队从技术上进行产品实现，很难推动中台在企业的发展。不仅要调整科技团队结构，也要调整业务组织的结构，业务与科技组织结构要匹配与融合。

另一个例子是渠道。当企业规模小、实力还不够强时，可能要发展起一个有流量的渠道非常不易。除了渠道应用开发，还需要专业的交互设计和视觉设计，需要成熟的用户运营与数字化营销手段。为了集中资源力量发展渠道，保障渠道应用的质量和体验，在早期所有相关业务在渠道的界面开发都由渠道团队负责，这很合理。随着渠道开始成熟，越来越多业务依赖该渠道获客，需要渠道向平台化方向发展。渠道平台与其中承载的业务作为不同领域，要提升业务响应力更好的方式是在平台化架构与设计规范的约束下，允许各业务领域团队负责该渠道中自己业务的功能界面开发。这意味着要调整不同部门的职责，但这样的组织结构与职责调整可能会非常困难。随着渠道上接入的业务越来越多，需要的变化越来越快，渠道团队本身可能成了制约业务响应力的瓶颈。

　　一些企业组织结构僵化，难以随着业务的调整灵活改变。在企业发展的某个阶段，在某位强有力的领导者影响下形成了一种可以良好工作的组织结构。一旦确定下来后，要想再调整就非常困难。即便业务战略和业务结构已经发生显著改变，对新业务发展战略的支持行动在不同组织部门之间产生过度交叉，耦合升高，跨部门协调的沟通管理成本越来越高，导致部门间的摩擦大大增加，行动变得迟缓。即便这样，仍难以推动组织结构的调整优化，因为必然会触及到某些中高层领导的个人利益。这些具有一定内部影响力的人会想一切办法来阻挠不利于自己的任何组织变动。除非业务显著下滑，否则高层领导没有合适的时机对不合理的结构做出彻底调整。这既是组织领导力问题，也是深层次的官僚型组织文化问题。组织结构的优化不是完全基于业务愿景和战略目标，不是基于现实的业务布局，而是掺杂了太多其他的影响因素，例如资历、权力、裙带关系以及个人影响力因素，或者是一些人口中所谓的组织惯性或惰性。

　　一个健康的、成效目标导向且有活力的组织，就如同一个有生命力的、有自适应性的生态系统，其组织结构设计不是一锤定音的，而是持续演进的，必须保持活性。一旦业务结构发生显著变化，就要以最有利于整合力量和共识、减少内部摩擦为原则，在合适的层级适时对组织结构做出调整，跟上节奏。观察行业里有持续创新能力的优秀组织，比如Google、亚马逊以及中国的阿里、海尔和华为等，这些企业均建立了面向业务的企业治理结构，包括相对应的研发组织结构。这些企业的内部结构经常在变，其动力来自企业所处业务的变化，持续调整使其尽量与新的业务结构对齐，让组织单元始终都对客户和业务负责。要做到这一点很不容易，需要企业高层管理者的卓越领导力，要能够意识到组织结构随业务而变的必要性、迫切性；也要有魄力、影响力以及耐心和技巧，在恰当的时候促成改变；还需要企业具有目标导向的生机型文化，在文化营造和人力资源管理上，让员工意识到组织结构改变是一种常态，一切为实现组织的真正目的和目标服务，要能够持续适应改变带来的职场挑战。

领域团队内的产品团队结构

对于人员规模在100人左右的领域团队，内部的小团队又如何划分？前面在组织设计原则中提到，可以从领域、客群、平台和创新四种策略来划分业务结构，然后，面向业务结构来形成组织结构。这一原则可以进一步向领域内部延伸。

面向产品的跨职能团队

在领域团队内部，第9章讨论了应当围绕产品建立长期团队进行管理。这就首先要梳理清楚面向业务结构的数字化产品组合。有利的是，今天的系统架构已经越来越多地走向微服务化，如果所有的微服务都遵循了领域驱动设计的原则划分边界，服务是职责单一且面向业务的，粒度较小，那么就能更容易地将所有的微服务或子系统划分到一个个服务特定用户群并具有业务价值定位的数字化产品。因此，在领域内微合理划分团队结构，建议第一步也是梳理领域模型，进而划分产品组合。像电商领域，可以进一步细分为商品、商户、订单、团购、物流等子领域，通过不同的数字化产品来管理，分别对应于一个产品团队。

再举一个例子，图12.9是一项银行业务自上而下划分出的三层领域模型。按此模型，在同业客户这个大领域下，有产品管理、客户销售、售后、风险与投资五个子领域。由于销售与产品管理关系非常密切，可能考虑在一个平台上完成这两个子领域需要的能力。于是形成一个组合，由产品销售管理、风险监控、投资管理和售后管理四个产品构成，进而建立四个产品团队来分别负责，每个团队需要有一位产品负责人。接下来，发现售后管理的业务很复杂，需要几十人，有必要进一步拆分小团队，因为超过10人的团队沟通协作和管理成本将呈指数上升。于是，将领域模型进一步细分，识别出反馈投诉、工单和售后产品几个更小的领域，分别对应运营反馈平台、工单系统和售后产品管理几个较独立的子产品，再次拆分为三个小团队。

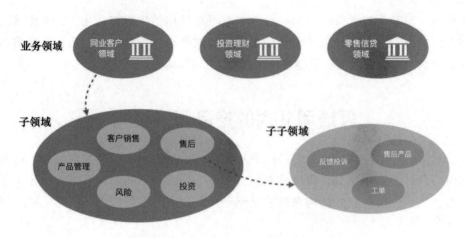

图 12.9　领域内部的子领域结构递进划分

再接下来，针对面向客户经营和增长的子领域，例如产品销售，考虑是否该子领域的特点需要深入精细化的客群经营，是否要因为不同客群采取显著差异性的获客方式以及经营策略，是否必须构建专属的数字化能力来提供服务？如果是，则可以按客群进一步划分团队，例如区分战略客户服务与非战略客户服务，由不同的团队负责。进一步考虑，该领域内是否有平台为多个客群服务和被多个子领域业务所共享？例如，面向客户的统一服务渠道和运营监控平台，可以考虑分别由单独的团队负责。最后，考虑领域内是否有新的业务仍然处于探索期，例如，银行对第三方代销产品的新商业模式探索，建议为此组建新的团队。

经过这一系列的分析，识别和定义出同业客户领域内所有的数字化产品，再围绕产品建立业务科技融合的跨职能团队来进行管理。整个同业客户业务领域形成图 12.10 这样的产品化团队结构。根据产品的关联性和当前投资规模，每个团队负责其中一个或多个产品，负责开发产品相关的一系列微服务单元（图中的小方格），并为产品所承载的客群发展、业务价值实现负责。每个团队都有一个自己的产品待办清单，包含了所有需要团队交付的各类工作项，并按优先级排序。来自业务侧的产品负责人和科技侧的交付负责人是团队关键的领导力角色。当然，在业务侧，可能还会有一些与数字化技术应用完全无关的线下服务或管理部门。随着数字化转型的深入，这样的部门只会越来越少。

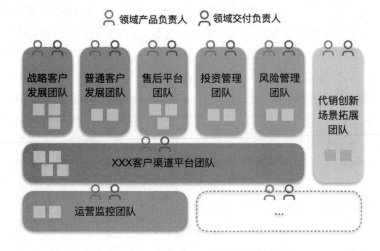

图 12.10 领域内围绕产品建立跨职能团队

以围绕面向业务与客户的产品建立团队这一基本原则为基础，在实践中，通常还有这么几种不太一样的灵活团队划分方式。

无差别特性团队

有时候，某个产品很重要且复杂，需要的团队人数远远超过了 10 人的规模，需要将产品团队划分成数个更小的敏捷团队。一种方式是按照产品内所包含的系统组件进行划分，例如按前后端划分。这种方式同样是源于"机械式"管理的本能，让一群人专注于更小的范围，需要更少的知识（前端团队只需要前端知识，后端团队只需要懂后端开发），专注于负责更小一块代码，可以做得更好。然而，数字化产品开发中的等待、延迟、浪费以及质量问题更多是发生在前后端之间、不同组件之间的集成。大多数的需求都需要多个团队相互配合，沟通成本很高；同时，频繁的相互等待导致能为用户创造价值的想法交付周期被大大拉长。更糟糕的问题是，这样的划分就像更宏观组织的职能化组织结构一样，每个小团队所负责及所理解的只是整个产品的一个技术局部，而不是交付给用户的价值，不面向业务。长此以往，小团队不理解也不关心整个产品或其中任何独立特性的价值，技能也长期局限在一个小范围内，其工作的意义和热情将被消耗在团队间无休止的摩擦之中。

更好的一种方式是划分"特性团队"，即让每一个小团队能够负责完整交付产品中对用户有价值的特性。团队能够对完整特性的设计、交付计划及其价值、质量负责，是面向业务和成效的，而不是仅对一部分的代码负责。简单且常见的特性团队形式，是按产品中粗粒度的业务模块来划分职责，也就是子领域结构。比如一个新闻应用程序中的用户模块、新闻资讯模块、社群模块、订单模块可能分别由不同的小团队负责。团队负责的每一个业务模块都是包括从前端到后端完整的，每个模块都有自己的价值和成效。如果这个新闻应用程序发展到成熟阶段，在架构上，前面列出的各个业务模块应该在微服务单元上是解耦的，每个模块其实都可以视为新闻应用这个大产品下面的一个子产品，而渠道应用本身的框架则变成一个承载不同产品的平台。

但是，如果产品本身不够复杂或已经进入成熟稳定期后，这样的划分有一些弊端。可能各个模块并没有持续充足的需求，有时候某些模块甚至完全不需要修改。这时就会导致按业务模块分工的特性团队出现工作量负载不均衡，领域负责人不得不频繁将人力在不同团队之间调来调去，甚至解散又重组，团队变得很不稳定。解决这个问题，在产品团队不是很大的情况下，例如二三十人，可以考虑划分为两到三个为同一产品服务的"无差别特性团队"。什么意思呢？就是说团队之间没有明确的特性范围分工，而是任何一个团队可以承接产品所需要的任何一个新特性或特性改动，职责上是无差别的。以银行柜台举例，像图 12.11 所示。

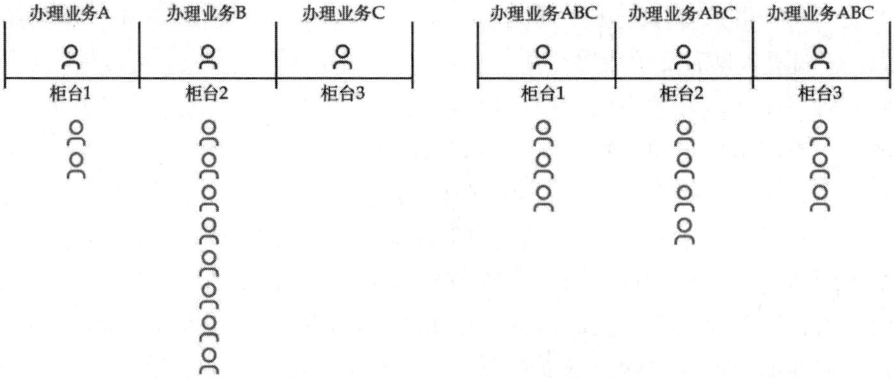

图 12.11　无差别特性团队减少排队和等待

如果每个柜台只能办一种业务，常常就会出现某些柜台排长队，而其他柜台没有人的情况。如果每个柜台服务员都可以通过学习掌握所有的业务办理能力，顾客就可以看到哪一个柜台人少就去哪里排队，可以大大缩短等待时间，并且让所有服务员的工作量变得均衡。一个产品的多个无差别特性团队就像是从同一位产品负责人那里受理特性需求的多个柜台，哪个团队下一迭代有富余容量，就将下一个高优先级的特性分到哪个团队，提高响应需求的灵活性。注意，这两三个小团队的产品负责人是同一个人。在还没有将特性分到某个团队之前，所有产品的特性或故事都留在一个统一的产品待办清单中进行优先级排序，而不是维护三个不同的清单。只有在下一个冲刺快要开始之前的计划阶段，几个团队的负责人聚在一起，根据各自的容量饱和度进行分配。一位产品负责人要管理决策多个小团队的特性和故事，为了分担他的工作量，可能为每个小团队配上业务分析师或产品助理，协助进行故事拆分和书写。同时，每个小团队有各自的交付负责人管理团队。

在小范围建立无差别特性团队是有挑战的。

- 需要产品负责人更合理地划分特性，让每一个特性更加独立。
- 需要每个团队成员更多地学习，对产品有更广的业务知识和技术知识。
- 不同团队有可能修改一份代码库，需要具备较高成熟度的持续集成工程能力，对每一次代码提交进行尽早、尽可能完整地验证。

我认为，从长期来看，以上挑战也是有利的，是好事，这样的分工方式有利于团队成员扩展知识面，有利于员工成长，同时能够推动持续集成和部署流水线等内建质量能力提升。前提是，将这样的无差别范围限制在一个有限的产品或领域范围内，而不是无限制的扩展。在过往经验中，我们有很多这样的成功案例。

服务团队

有些时候，产品没有可供用户直接使用的交互界面，它对外提供的就是API。例如，开放银行暴露给生态合作伙伴的开放接口，统一支付平台提供给其他业务应用的支付接口，数据分析平台提供给业务系统的客户画像接口。这时，API即产品。每个API或服务都有其自身的业务目标和业务价值，而不是一个纯技术单元。这时，考虑围绕服务建立团队，服务团队也是一种形式的产品团队。

增长团队

前面提到，除了对具体产品负责的团队，在直接面向客户经营的业务领域中，为了强化推动客户增长，可以建立一种特殊的"增长团队"，以探索一切可能的手段来实现客户和业务增长的机会作为目标。这类团队同样是面向业务目标的，是跨职能的，通常，产品和运营人员比重更大，也包括开发和质量保障人员，很多增长手段需要技术来实现。他们提出的解决方案不局限于某个产品，深入研究现有客户服务体系、市场和竞争对手，并考虑一切可能性，像体验优化、客户推荐、游戏策划、事件或内容营销、制造病毒式传播话题、外部合作引流等。增长团队可以和其他产品团队合作或直接修改其产品来实施增长实验，也可能尝试开发新的工具或产品。增长团队也是一种以创新划分的独立团队，只是他们创新的焦点不在新业务新产品，而是新的运营手段。

解决跨组织协作问题

一些大型互联网企业，虽然结构上完全面向业务和产品，却存在在战略性投资或业务转型上难以协作的问题。面向业务结构建立组织结构，并不能消除组织壁垒，只是相较于职能化的结构，能够大大地降低跨组织沟通成本。更重要的是，让每个组织单元及其成员都面向客户价值，让组织的真正目的不至于迷失，能够为了共同的价值目标协作起来，更高效地落地战略。尽管如此，划分之后，团队与团队之间，领域与领域之间的障碍对组织也是有害的，尤其是不同领域需要在一些事关企业战略发展的重要投资上紧密协作时，领域之间的壁垒可能导致严重的后果，依靠某个领域自身，很难推动协作和变革。这就需要组织建立一些横向机制来解决不同业务领域组织之间，在企业重大的、战略级的投资上有效协作的问题，作为"领域+产品"管理结构的补充。总的来看，比较成功的有下面几种策略。

1. 领域群管理协调多领域合作

前面提到的领域群，是一种让关联紧密的多个领域之间更好协作的机制。通过划分领域群，并设置领域群负责人，在更高的层级上设定共同目标，确保各关联领域和产品所设定的阶段性目标和规划中包括了对跨领域重大投资事项的支持，在过程中协调多方合作和必要的资源调动。

2. 战略执行委员会（价值实现团队）

在整个公司层面或领域群、领域，可以建立战略执行委员会或价值实现团队，对影响较大的战略性投资行动进行管理。执行委员会采用将在第十四、十五章讨论的方式进行战略投资层的规划与价值驱动的投资组合管理，协助高层确定战略方向，组织决策并跟进重大投资事项。执行委员会拥有最高层管理者的授权，在跨业务线、跨领域层面推动具有战略意义的投资与变革行动，促成不同部门的协作。

3. 数字化投资分级管理

在数字化投资管理方式上，企业可以对所有的投资进行分级。

- 公司级投资，即公司战略性投资与变革。
- 领域群或事业部级投资，某个领域群发起的重大投资，需要跨领域协作。
- 领域级投资，某个领域发起的重要投资，新产品或需要跨产品协作。
- 产品常规投资，对某个单一产品的持续投资，支持其持续打磨优化。

如果某些投资举措是公司级或领域群级的，就需要类似战略执行委员会的组织参与进来，或者由高层管理亲自负责，全程跟踪整个事项的规划和落地，驱动相关的领域或部门协作起来。具体在这些重大事项的跟踪管理上，可以建立一种轻量的"专题管理"来提高执行力，具体将在第15章讨论动态投资管理中展开详谈。

4. 专题负责人与虚拟专题工作组

针对所有需要跨组织协作的投资专题，整个组织要建立一种通行的专题负责人制度。前面章节也有提到这样的管理方式，每个专题必须要有明确的专题负责人，负责专题从方案到落地，再到成效反馈的整个过程。如果专题涉及多团队、多领域，专题负责人要负责协调多方关键角色围绕专题形成临时的虚拟专题工作组。其中包括与该方案设计与实施有关的各方产品、技术负责人，展开合作，对方案达成共识，将方案拆分特性和故事到各个团队，跟踪和管理成本、进度与风险，协调各方对齐计划，将专题方案落地。专题负责人需要有良好的沟通协调能力，除了来自于主要相关领域或产品的负责人，也可能来自于战略执行委员会，也可能来自于获得授权的资深业务分析师或架构师等。

要推进跨组织专题的顺利开展，专题负责人需要有一定的授权。

- **预算**。首先是提供资金预算的权力，当专题投资通过决策后，专题负责人能够为相关领域和产品提供额外预算支持其完成工作，具体来说，就是允许其他团队将工时和成本填写到该专题。
- **目标对齐**。可以协商要求将专题目标写入相关团队阶段性目标（如OKR）和规划中的权力。
- **绩效评价**。在专题实施结束后，有为所有相关参与者反馈绩效评价的机会和权力，作为年终综合绩效评价来源信息的一部分。
- **风险管理**。相对传统项目管理，专题负责人对专题的管理在制度上是一种相对弱管理。因而在遇到阻碍时可有效升级问题寻求在某一个层级进行仲裁的权力就至关重要。需要建立起一套较完善的问题与风险管理和上升机制，最好有数字化系统的支持，能够避免人为干预，及时将问题和风险触及必要的决策者，将所有风险信息透明化。例如领域群级的投资专题遭遇阻碍，可以直接上升到公司最高管理层级进行仲裁决策；领域级的投资遇到阻碍，则可直接上升到领域群负责人进行仲裁。

平衡人员的稳定性与流动性

数字化企业或任何一类以知识和智力活动为基础的组织，人才必然是组织得以长期发展最宝贵的资源。在创造客户价值和打造长期高绩效团队的同时，也需要为人才的发展提供宽广的、可选择的空间。跨组织之间信息和人才的流动对于人才成长和打造有活力的组织是必要的，不能将个体固化在一个组织单元里没有机会更换环境。领域负责人可以在领域内各小团队之间根据需要适当调配人力。但还不够，需要在整个组织层面来促进必要的、员工与组织单元双向选择的人才流动。

从另一角度也需要强调，有效提升数字化产品研发的流速和质量，团队人员的稳定性至关重要。只有人才在一段时间里能够长期为一个业务方向或产品服务，相对稳定地在一个团队中工作，才可能积累起必要的知识，建立起团队凝聚力和效率，并且有为业务和产品长期目标思考的产品化思维。现代软件开发所倡导的 DevOps，提出了一个重要原则"谁开发，谁运维"，需要团队成员对产品的全生命周期负责。因此，人员的稳定性和流动性是在组织治理和人才管理中需要平衡考虑的一个重要问题：以稳定为主，以流动为辅。人员管理模式须遵循以下几条原则。

1. 平衡小团队的稳定性

领域负责人负责设计一个领域内的小团队结构，需要充分意识到成员稳定性对长期效率和质量的重要性，要确保每个产品团队成员（尤其是骨干成员）的稳定性，让他们可以长期负责产品。同时，也有权在一个领域内根据需要适当调动人力来平衡响应力与资源利用率，让领域内当前的重点目标和投资得以保障。当领域内有一个新产品启动时，可能适当调整资源为之建立一个新产品团队，也有可能由现有团队负责。长期来看，一个稳定的小团队可能同时对一到多个产品负责，包括负责某个当前的主力产品和同时兼顾成熟或衰退期产品。

2. 领域核心团队成员与资源池

如图 12.12 所示，以业务领域为组织管理单元，每个领域保持一定数量的领域核心团队成员。所谓核心团队成员，即只能在领域内调配，不能被外部需求调动，即便是临时性的。通常，核心成员包括领域和小团队层级的产品和交付负责人、领域架构师、营销运营专家和部分开发、质量和运维等。除了核心团队成员，其他工作于该领域的成员属于组织级的资源池，可以在需要的时候跨领域调配。领域负责人有权力决定属于核心团队和资源池的人员在各个小团队的配置。在实际工作中，对核心团队与资源池的人力一视同仁。

3. 年度人力资源盘点和调整

每年盘点一次，配置在各领域核心团队中的人力应占到整个组织人力规模的大部分，例如 60% 或 70%，这很重要。以此为总数，根据企业的数字化战略整体规划和业务重点，适当调整在各领域的核心团队规模比例：需要收缩投资的领域，将部分人力的归属从核心团队划到组织级的资源池。注意：不是立即释放人力停止在该领域的工作，只是改变人力归属，可接受按需调配。相反，需要扩编的领域，则可以由领域负责人选择，将原在该领域团队内工作但归属资源池的部分人力转入该领域的核心团队名单。

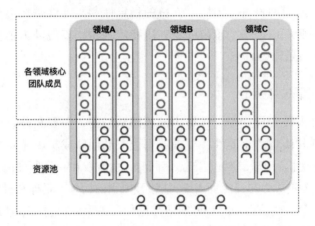

图 12.12　领域核心团队与企业资源池

4. 资源经理角色

设立专职的资源经理岗位，负责管理资源池（不负责管理已经划入领域核心团队的人力）。资源经理负责根据各业务领域的动态人力需求寻找、分配和回收人力资源。有权力根据公司的战略和当前重点投资方向，在不同领域之间调配人力。但资源经理也需要理解在各领域工作的人力保持稳定性的重要性，有职责尽量保持各领域重要成员的稳定性，即便是归属于资源池的人。当根据新的需要，找到合适的人期望调整其分配时，需要与当前领域的负责人协商，减少影响。若没有其他人可选，确有必要调整但双方存在异议时则作为问题上升。每当人力发生调整时，资源经理要负责收集其反馈评价，记入人力档案供未来新的领域负责人参考。如果公司规模很大，资源经理岗位本身可能就构成一个团队，不同资源经理之间可能根据各自负责的技能方向分工，也可能根据对口服务的事业部或领域群来分工。这样的资源经理角色比较适合由人力资源部来承担。

5. 人才规划与梯队建设

资源经理根据人才的技能分布统计数据和当下公司发展的战略需要，与人力资源部的招聘、人才培养小组合作进行资源池的规划建设，主动开展必要的人才招聘，并组织人员能力的培养。在人才管理上，尽可能让归属到各领域核心团队的人才梯队和归属资源池的人才梯队保持相当的比例，从初级到资深都有分布。

6. 双向选择与员工自发换岗

员工在核心团队与资源池之间的归属调整，和作为资源池人力在不同领域之间的调配，不仅仅是公司的需要，同时也尊重员工自己的选择。当领域负责人或资源经理要对安排做出调整时，也需要征得员工本人同意。同时，如果员工自己不愿意再工作于某个领域，也可自发提出换岗申请。申请未来不再工作于该领域，回到资源池接受再分配。原则上，员工自发的换岗申请领域负责人不能拒绝，要么经过沟通后自愿留下，要么可以协商要求一段时间的过度交接期，例如3个月。通过这种方式，也是给各个领域的负责人以压力，如果业务和产品始终做不好，或人才的管理和培养问题严重，就会面临人才选择离开的风险。

思　考

1. 存在即有理，职能化组织本身有哪些优势？在面向业务和产品的组织结构中如何保持优势？有没有其他解决办法？
2. 如何保持一个企业的组织结构的活性，使其始终能够随着业务变化自适应、持续演进且始终面向业务和价值？
3. 企业内部有限的人才资源池与长期合作的供应商资源池有什么区别？哪种方式可以更好地满足动态人才需求？

第 13 章

上下同欲,快速机动

作为由适应性主体构成的复杂适应系统,大型企业需要避免职能化与过度层级化所带来的问题,第 12 章一开始就提出了需要从领导者开始转变思想并致力于优化的两个重要方向。

1. 让组织的每一个单元都面向业务与客户价值,并为之负责。
2. 基于成效目标而非行动进行指挥,充分发挥主体的适应性。

以第一条面向业务的组织结构为基础,第二条才有可执行的条件。以目标驱动管理,打破传统企业更多命令与控制的管理方式,进一步激活组织创造力和快速创造价值的能力。

使命原则

几个人的创业公司里,创始人很有想法,团队在雷厉风行的创始人指挥下,战斗很有效率。然而,当企业向着几百人发展,因为管理幅度有限,需要有人帮助自己分担对人和事的管理,于是逐步建立起越来越多的管理层级。但免不了各种焦虑:企业的事情千头万绪,不同的人负责不同的任务,人与人之间的关系越来越复杂,搞不清楚每个人每天在做什么和产生了什么成果,如何才能确保所有人能够朝着共同的目标方向努力奋斗而不发生偏离?如何能够让公司的战略得以有效落地?如何让每个人不会偷懒?具体手段多种多样,有下面几种常见策略。

1. 命令式指挥:由领导者或其成立的战略委员会来思考企业未来的方向,

并形成行动事项，自上而下以指令的方式发布下去，层层分解任务，指挥所有的工作。对每一个事项制定详细的计划，由专人来跟踪计划的执行落地。

2. **预算审批**：除了自上而下的指挥，也有自下而上的行动发起。但是，开展任何工作都需要有资金的支持，于是通过预算来控制所有的行动。无论是以年度规划的方式，还是临时提议的某项行动，都需要高层领导的审批并申请预算，企业通过预算审批流程来控制哪些行动是允许的。

3. **绩效指标**：公司要实现业绩，而业绩需要各个部门各个层级来共同完成，于是将业绩定义为可衡量的关键指标，层层分解，每个部门每个团队都承诺自己要达成的绩效指标，到年终以绩效指标的达成情况来决定直接与每个人利益相关的薪酬分配与晋升机会。

这些管理控制方式在很多年里行之有效，可以使规模上万人的企业在高层的战略指挥下持续运作。可是进入21世纪，尤其是进入数字化时代，几乎所有具备了这些管理机制的企业都面临巨大挑战。一切看似管理有序，原有的业务在持续经营，却眼睁睁看着自己被一些竞争对手超越甚至颠覆。这些竞争对手运用新技术创造了与众不同、让客户更满意的数字化产品和服务。或者采取了更有新意、更圈粉的营销策略，让客户更有参与感，感受到更被关注。尤其是对生活富足且挑剔的新一代年轻人，对那些由新一代为主构成的新兴企业。突然间发现，这些有序而庞大的企业显得过时了，迟钝了，没有活力和创造力了。

客户的喜好、竞争对手的动作持续在变化，很难及时地传到足够高的决策层。自上而下发出的命令和审批决策仍然基于旧的信息和认知，组织得以转身和调整的速度完全取决于领导者的眼界和认知改变的速度。下一级组织的行动在层层传导下来的命令指挥下不敢越雷池一步。各级组织为了完成绩效指标，或者仅仅为了让自己或领导看起来正确，行动产生的实际效果数据经过修饰包装，最终传递到高层时，已经严重失真和延迟。另外，企业在衡量经营业绩的绩效指标牵引下更关注短期的结果，而忽视了长期的能力建设，很难关注到那些不太能体现在短期业绩结果上的改进，像细节的产品体验、架构内在质量以及人员能力提升。更不要说那些高风险的可能不会成功的探索式创新，没人愿意干，又累又没业绩。这些矛盾开始变得越加突出。一个有规模的企业要聚焦力量和资源谋求发展和突破，不能不管，但一加强管理又导致官僚和迟缓，人浮于事。

俗话说"不管就乱、一管就死"。Henrik Kniberg 在其 Spotify 组织文化视频中绘制的一张经典图示（图 13.1），能够形象地说明这样一种矛盾。

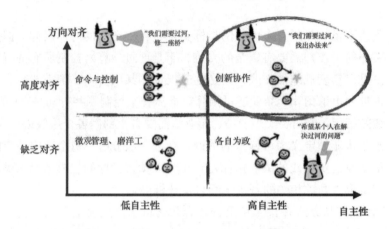

图 13.1　规模化企业上下对齐与团队自主性的矛盾

图中右下角是一群创业团队的常态，没有统一的方向指引，团队高度自治，依靠个体或团队的智慧和能力，在混沌多变的市场环境下随时调整。但当企业规模化后，如果各个团队仍然是这种状态，完全独立缺少方向指引，各自按自己的想法和经验行事，结果就是企业的投资分散，各自为政，在有限资源的分配上频繁产生冲突。这样的企业，可能各个局部的反应很快，能够快速创新实验，但在激烈的市场竞争中难以整合力量取得竞争优势和实现规模增长，企业作为一个整体的发展战略根本无法落地。在一些以去中心化管理著称的互联网企业出现类似的问题，各产品团队的响应力都很高，但面对电商这类具有高度复杂性且更需要以共同目标整合资源和力量的业务时，就表现出竞争力不足。

与之相反，为了聚焦力量、避免各个团队做出与组织目标不符的行动，多数企业以左上角的方式治理。一切行动听指挥，团队等着上级发号施令，没有行动的自主性。在管理者明确的指令下团队的执行力很强。但大型组织层级的复杂性和信息传递的延迟与失真，让这样的模式下团队对环境变化的响应力大大降低，正确路线严重依赖企业高层领导的英明决策。即便一线团队感受到了外部环境变化，也很难及时将他们的判断转化为行动方向的调整。等到高层领导感受到不对，开始调整指令，整个组织已经在错误的方向上走得太远。更严重的问题是，这样的决策体系会逐渐沉淀为组织文化，中层和基层没有人愿意主动承担风险去尝试有不确定性的机会，拒绝带来扰动的新事物，使得整个组织陷入看似井井有条实则极其危险的境地。

图中左下角，代表着既缺乏方向与目标，也缺乏自主性的状态，基本上组织和各级团队陷入一种迷失方向与执行力的停摆状态，只能以一种低效的、短视的方式被动响应已迫在眉睫的问题，士气低落。也许没有几个企业愿意承认自己正处在这个象限中，但事实上有很多。经常看到一些团队，对自己负责的业务和产品缺少愿景和路线规划，也没有来自高层明确的战略指引。相反，来自不同方向的业务方、干系人都在提出要求，发出一系列凌乱不一致的、缺乏连贯性的指令，而团队则陷入一直疲于奔命，直到麻木。长期方向不明且行动上被动响应的，结果是，员工陆续离职，产品的体验和质量不如人意。位于左上角基于命令与控制管理的组织，一旦失去了富有远见的、有绝对权威与影响力的核心人物，就很容易滑入左下角这个区域。

要建立能够持续创新的、有高适应力和战斗力的数字化企业，遵循复杂适应系统的管理策略，理想的组织管理应当是处于右上角的状态。既能保持行动方向的一致性，又能赋予每个组织单元的行动自主性，充分发挥每个适应性主体的能动性，激发组织活力，这样才能做到上下同欲并快速机动。这不能依靠在每一项行动上进行指挥，而是需要将使命、愿景与目标对齐，以此来进行指挥。在唐纳德·莱纳特森（Donald Reinertsen）的著作《产品开发过程的原则》中，他提出，在一个有高度不确定性的复杂环境中，有效指挥所有成员以对组织最有利的方式行动并可能做出最正确决定的首要原则是"使命原则（The Principle of Mission）"，即领导者要能"指定所期望达到的未来状态、目的，并将制约因素尽量最小化"。根据使命原则，要建立高绩效的组织，并不是通过由领导者来制定如何实现目标的详细计划，而是通过传达使命和目的，制定明确的目标，允许成员自主行动，并为他们达成目标所做的努力随时提供支持。为此，企业需要一种可操作的新的治理机制来规划和落地面临高不确定性的数字化业务战略。

目标驱动管理

在规模化组织中，以可衡量的目标而非具体行动来进行指挥，是一种不同的管理思维。在组织的每一个层级，上级对下级的指引，不是由上一级来分配任务，也不是每项行动都要审批，而是给出清晰的、有意义的愿景和共同目标，也就是想要达到的未来状态，并且这个目标是否达成或取得进展是可以衡量和观测的。然后，将如何达成目标的具体行动权赋予下一级，允许其自主地思考和发挥创造力，就如何达成目标的最佳方案开展实验。如果实验没有产生预期效果，则快速调整或停止实验；如果实验效果不错，则保留或继续完善它。以目标驱动管理能够大大提升管理效率，减少耗费在微观管理上的不必要时间。更重要的是，有利于激活每一个团队和个体的主观能动性，让下一级团队快速成长起来。也同时确保所有人行动方向基本一致，发挥出资源整合的力量。也许不好的是，这要求每一级组织不能再被动等待指挥，必须要学习并挑战自己，要自己思考和规划行动，不能再把结果不好的责任推给"领导这样要求的"，要充分担责。

追溯管理方法的历史，很多企业长期采用的KPI（关键绩效指标）方法本来就是希望建立一种可衡量的目标管理制度来驱动组织实现高绩效。然而，在实际应用中，发生了很多的偏离，一切以"指标"为纲。一个组织或团队的高绩效意味着什么？首先是持续为客户创造价值，其次是持续创造企业价值。团队绩效应当意味着，在实现其真正目的的道路上切实取得进展，而不是内部过程中有多少产出。例如，需求分析人员输出了多少需求文档，开发人员实现了多少功能点，这根本就不是真正的绩效！但是，很多企业把它当成衡量员工绩效的重要指标之一。在强职能化管理的组织结构下，因为组织结构不面向业务和价值，其关注点只限于价值流的一个阶段，建立这样的KPI错误地将局部职能的工作产出当成了关键绩效。结果，为了最大化局部的产出"绩效"，导致跨职能间难以协作，牺牲了全局利益不说，错误的绩效目标还让人们迷失于虚化的组织目的中。

对KPI的应用还有很多其他问题：按年评估，反馈周期太长，不能及时反馈问题并指导行动。很多公司的KPI设置偏重于企业短期财务指标，忽视了更重要的客户价值，导致员工追求短期利益而损害公司长期利益；一些企业简单粗暴地自上而下分解、摊派KPI指标而忽略了下级组织的实际情况和他们的主观创造性。于是，最终形成现在被很多企业诟病的"KPI文化"，严重制约着组织的创新活力和长远发展。

平衡记分卡（BSC）

要避免企业在战略管理或绩效管理上过度强调财务结果指标而导致短视的问题，上世纪90年代，罗伯特·卡普兰（Robert Kaplan）等人提出了一种称为"平衡记分卡"的组织绩效管理工具（也是战略管理工具）。这一工具将每个层级的绩效设置分为四个维度：财务结果、客户价值、内部改进、创新与学习。意味着组织或团队不仅要为短期的财务结果和创造客户价值努力，也要将内部过程的改进、创新与学习放到同等的战略高度，孜孜以求，为未来的可持续发展构建能力。相比传统完全财务结果导向的KPI，平衡记分卡在战略与目标管理上是一大进步。

但在实践落地中，这个工具仍有很多不足。首先，这个工具从发明开始就和绩效管理紧密绑定。这意味着，每年底组织会基于每个维度各个指标的达成来评价团队与个体的绩效结果，直接影响其利益。只要与利益绑定，目标及其指标的设计就和传统KPI一样变成一个上下博弈、斗智斗勇的过程，不愿意在目标的设置上挑战自己，而是留有余地保护自己。这四个维度里，财务结果的指标往往有非常清晰的数字，容易衡量；而客户价值与内部改进、创新与学习往往在衡量指标上缺乏有效方法，通常只有一些定性的目标描述。这导致最后还是以财务指标结果为主要绩效衡量标准，占最大的比重，其他的维度因为不容易客观衡量而沦为参考。这些因素大大制约了该工具发挥出其本来的作用。

其次，平衡记分卡因为要从四个维度设计指标，按发明者的阐述，每个维度上可能有3～5个指标，这就意味着，要同时平衡就15～20个绩效考核指标进行协商和博弈，实施成本很高。况且一旦环境发生变化，需要在中途对各维度指标进行调整，又进一步加大了上下之间绩效指标谈判的工作量。就这一点来说，该工具比较适用于不确定性相对较低、目标调整不太频繁的领域，例如制造业、产品生产和销售型企业。过去二十几年，该工具被很多企业所采纳，得到广泛的认同，帮助企业更有效地实现了战略落地。但在数字化业务与创新领域，面临更高的不确定性，这样的高实施成本导致其很难有效落地。

平衡记分卡的优点是，提供了一个很好的面向外部与内部、面向客户与企业自身、面向短期与长期平衡发展的战略管理思路。但要解决它固有的不足，建议进行以下调整。

首先，与个人利益相关的绩效考核解耦。应当强化其作为战略与目标管理工具的作用，而不是绩效管理工具，要把它与个人绩效评估解耦。只要是有利于客户与企业，鼓励团队设置更具挑战性的目标，更多地尝试创新，承担风险。同时，这一调整也让团队和员工不用太纠结于每个指标是高一点还是低一点，及怎样对自己最后的考核更有利，不用上下博弈，可以更快速地完成目标和指标的设置或调整，减少花在这项不产生价值的事项上的时间精力。

其次，将财务目标改为企业价值目标。财务结果是一个过于滞后的指标，收入和利润确实是企业需要关心的，但只是创造客户价值和实现业务增长的一个约束条件，需要持续跟踪，本身不适合作为战略和指导行动的目标。比如，一个部门设定收入达到1000万的目标，这并不能传递组织的战略，和指明方向？数字化投资在很多时候不能很快反映到财务结果，例如追求病毒式的获客速度、单客户收益提升、转化率提高，要变成真正的经济收益，可能还需要很长时间。建议将财务目标改为"企业价值目标"，更宽泛一些，对应着企业价值贡献模型中的商业效益与业务成长维度，且优先设置非财务结果的指标来衡量其进展。

过去，设计衡量客户价值的指标很困难，缺乏指引。现在，运用第11章介绍的BPP和EVC模型，基于业务和产品的核心价值、商业模式分析，可以指导组织和团队更容易从客户角度思考指标设计。另外，关于设置平衡记分卡中的内部改进目标，对数字化业务来说，可以考虑用服务体系中后台核心业务流程的效率指标，也可以采用本章后面关于研发效能的衡量指标。这些会让平衡记分卡在数字化业务领域更容易落地。

最后，既然平衡记分卡拿掉了财务指标，作为战略目标管理的工具，而非绩效考核工具，那么就不要由财务部门来推行平衡记分卡，而是由企业内推动战略执行的组织来主导，或者由一个具有广泛职能代表性的驱动变革与过程改进的组织来主导。按照这个思路，我们得到图13.2所示中的四个目标维度，中间是组织使命与愿景。

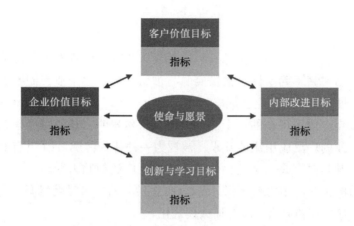

图 13.2 平衡记分卡用于数字化业务的目标管理

对四个目标维度的总结如图 13.3 所示。

	描述	指标参考
客户价值目标	衡量为客户创造的价值，例如客户效益、体验和行为表现等变化	参考 BPP 模型的产品级核心价值与体验指标、客户核心流程的效率指标，与 EVC 模型的客户价值指标、生态价值指标
企业价值目标	衡量在为企业商业模式拓展上做出的贡献，例如客户与业务增长、商业模式转型与竞争力提升等	参考 BPP 模型的商业层指标，与 EVC 模型的企业价值的商业效益、业务成长类指标
内部改进目标	衡量客户服务体系在企业内部的管理和流程效率改进	参考 BPP 模型针对客户服务体系中后台核心流程的效率指标，与 EVC 模型中企业价值的内部改进类指标；对于数字化产品研发，尤其关注软件研发效能指标（本章后半部分讨论）
创新与学习目标	衡量对新商业模式、新技术和新方法的探索尝试	参考 EVC 模型中内部改进中的新技术转化、人才成长，以及其他像创新项目数量、创新产生的收益和专利数量等

图 13.3 数字化业务的平衡记分卡指标参考

OKR

平衡记分卡作为战略与目标管理的工具，既有其先进性也存在前面提到的落地问题。面对高不确定性、推崇实验与创新的数字化企业，需要更轻量和有效的目标管理工具来支持企业战略落地。因为对传统 KPI 的不满，OKR 的出现似乎成了救星，成了现在的一个热词。由英特尔发明，并通过后来在谷歌、领英等科技企业的广泛应用流传开来，被视为一种替代传统 KPI 更有效的目标管理工具，尤其是对有高不确定性的业务、需要广泛的脑力劳动、需要持续创新与组织活力的企业。相比平衡积分卡，OKR 最开始提出时就强调了与绩效解绑的原则，更加简单和灵活，没有那么模式化。

理论上，OKR 可以应用于组织的每一个层级，从企业、业务领域、产品团队到个人。通过上下级之间协商的方式指明组织单元需要去往的方向，但并不直接指挥和约束具体如何实现，而是授权给下一级，通过较频繁地定期反馈关键结果数据来跟踪其进展，这完全符合使命原则。每一个层级组织单元和个人的 OKR 通常包含 2～5 个目标，每一个目标由两部分构成：目标（O）和关键成果（KR）。

- **目标（O）**：描述前进的方向或策略，是对组织意图的定性描述，例如一个即时消息应用设置了"让用户聊天感觉更流畅"这样的目标。
- **关键成果（KR）**：对目标是否实际取得进展或达成的量化衡量指标，一个目标通常要有 2～3 个关键成果来支撑。针对上面的目标，也许可以设置"聊天消息平均接收延时 <1 秒；消息丢失率低于 0.01%"这样的 KR，以此来衡量用户聊天感觉更流畅这样的目标是否有效达成。注意，这是"关键"的结果衡量，并不是全部，团队不应该只关心这些指标。

然而，任何好的工具都需要有合适的文化，没有普遍适用的银弹，否则就会发生"生淮南则为橘，生淮北则为枳"的尴尬。OKR 是非常强调指标与衡量的框架，这没有问题，因为"无法衡量，就无法管理"。但如果将 OKR 放到一个并不真的理解这一方法、文化不匹配的企业里，很可能变成另一种内容稍有不同的 KPI 而已。事实确实如此，已经有很多企业陷入这个困境，对 OKR 的应用产生了质疑。问题的本质是，管理者并没有充分理解到目标与授权、自主性的意义，不理解使命原则，不理解何为真正的"绩效"，仍然抱着命令与控制的管理风格不放，抱着强职能化组织的管理结构不变。如果是这样，不管引入多少目标管理方法，叫什么名字，结果都是一样的，无用。要用好 OKR，做好目标驱动的管理，管理者首先要改变自己，而不是一套新的流程。具体 OKR 如何在企业里实施，有很多书籍和文章来讨论，作为被推荐的高适应力企业战略与目标管理工具，这里谈一谈确保它能够有效发挥作用的要点。

1. 面向业务成效的组织结构

要有效应用 OKR，就要有面向业务的组织结构，这是前提。每一个组织单元要面向领域、客群、平台或创新，要能够共担特定的业务结果。因为组织最重要的目标必定是客户和业务，而不是其他。在组织中引入 OKR，应当首先从面向业务的组织单元开始。在领域或领域群团队，在面向业务的数字化产品团队，很自然可以从客户与业务角度来设置目标，并且以 EVC 模型中的客户价值、企业价值、生态价值指标作为关键结果指标，而不是只能以职能化的、阶段性的中间产出结果来衡量。

2. 以目标而非指标约束行动

应用 OKR，需要领导力和企业文化有所转变。沿袭过去多年传统 KPI 管理的习惯来实施 OKR，很可能每个人只关注指标是否达成，而忽略了目标的部分，把它视为无关紧要的文字。在 OKR 里，准确表述或理解目标的含义是第一位的，胜过指标。像前面的例子，用户的聊天更流畅才是改进的真正目的，它是站在客户体验或客户价值的角度来定义的真正绩效，而缩短消息延时只是预期的一种主要结果。再好的指标也很难完整地反映某个意图。团队通过用户调研发现，当聊天用户切换到其他界面浏览时，若有新消息，可以在不中断当前浏览过程的情况下简便、快速地回复消息，这也能大大提升用户的聊天流畅感。即便这一改进想法没有体现在原有的关键结果里，但它却是符合目标和真实意图的，所以也应当是产品决策者需要考虑投资的机会。若有必要，可以为这样的重要改进添加新的关键结果指标到原有目标下面。在目标确定之后，关键结果指标根据最新的情况可以做出调整，只要上下对齐和达成共识。因此，有些人认为 OKR 里的关键结果是可衡量的指标，因此有约束力，而目标没有。这就大错特错，相反，目标才是有约束力的，决定团队做或不做什么，并不完全受关键结果指标限制。不恰当的结果指标随时可以根据实际情况调整。

3. 自下而上支撑，而非自上而下分解

在设置目标的顺序上，通常是先上级后下级。业务领域基于其业务发展和竞争的需要先设置了数个目标及其关键结果，领域负责人将它发到一个共享的讨论群中公开给所有下一级产品团队；或者组织一次集体的目标工作坊，所有人一起先讨论出领域共同的目标。接下来，各产品团队的负责人参考领域的 OKR 来设置自己团队的 OKR。站在团队的角度，思考如何能够促进领域大目标实现。切记，这不是一个简单的数字分解过程！如果上一级组织目标的一项结果指标是盈利增长 1 亿，下一级就定一个目标的关键结果是盈利增长 3000 万，这是一种传统 KPI 式的数字分解，不是 OKR。下级设置 OKR 需要进行转化思考，从自己所负责的小领域出发，找到支撑上一级目标达成的方式。比如上一级的目标关键结果仍然是盈利增长 1 亿，下一级组织认为，提升客户付费意愿能够支撑盈利增长，因此，提出团队目标之一是提高客户付费意愿，对应的关键结果是提升 5% 的付费客户转化率。这就是转化和促进。

4. 公开透明，上下左右对齐

抛开纷繁复杂的形式和技巧，OKR 的初衷，是通过一种简单轻量的方式来实现组织纵向和横向的目标对齐，从而以一种使命而非指令的方式来行使指挥。OKR 声明的是方向，关键是上下之间要就方向达成共识。在团队与其上级讨论目标及其关键结果指标时，应以团队的输入为主，上级也可以提出调整的建议，例如方向有偏离或缺乏挑战性。领域负责人在与各个团队讨论 OKR 的过程中，也可能触发上一级调整更高层级的 OKR。另一个维度是左右要对齐。除了个别内容涉及不可公开的商业机密外，OKR 应该在组织内部透明公开，至少应当对与之相关联的其他部门或团队全部公开。每个组织单元公开自己的目标，也就是声明了自己的工作重心，其他团队就可以参考其目标来设定或调整自己的目

标，可以了解到其他团队近期的重点在哪里，从而更有效地开展沟通，寻找合适的对象建立协作。

5. 贵在聚焦

OKR方法另一个关键的初衷是战略聚焦！这是对很多企业或业务组织的挑战，总是什么都想做，齐头并进，却分散了力量。尤其在业务与科技缺乏够协同，一个科技团队同时面向多个业务方时，科技侧的领域和产品团队往往都处于被动接受需求的状态。谁提出什么就做什么，什么都可以做，没有章法，力量被分散到不同的方向，这样的数字化建设很难实现突破和形成竞争力。OKR要求，每个组织单元在一段时间里聚焦于3～5个目标。通过定期的审视，当前设置的目标达成了再改变策略去突破下一个目标。这是有点反直觉的，需要战略制定者、决策者克制住自己内心什么都想做、想到什么就尽快开始的本能冲动。

6. 领导力以身作则

目标透明化，是OKR与其他很多管理方法的显著差异，将每个部门、个人的专注点暴露给所有人，这能够大大促进协作并产生激励作用。想到自己的工作重心能被所有人看到，无形中就会有一种同侪压力，谁也不会自甘落后。但这也需要组织文化适配，最好的方式就是从领导者开始以身作则，把实施OKR部门的最高管理者的OKR公布出来，就是一个最好的开始。

其他的方面，OKR要有挑战性，需要频繁审视并给出反馈，这些基本要求就不再赘述。只要能够做到OKR与绩效评估解绑以及和个人的直接利益解绑，就有可能促使人们愿意以更挑战的方式来设置目标，尝试更大的可能性，激发出潜能。

另外想谈的一点是，理论上OKR可以应用于组织的每一个层级，从企业、业务、团队到个人。但从OKR作为战略与目标管理工具的定位来说，发挥其对齐与聚焦的初衷，它最有意义的应用是在业务与团队层。就第12章所谈论的组织结构来说，如果要尝试引入OKR进行管理，建议最优先从领域团队和领域内的产品团队入手，能够最好地发挥其优势，快速展现出变化和效果。可以不用一次性让所有领域参与进来，先以部分领域试点，学习并积累经验，以效果吸引更多的领域加入。对于企业级的OKR，如果企业较小只有一个业务领域，企业OKR与该领域业务的OKR基本相似。如果企业规模很大，有相对独立的很多不同方向的业务，就不太容易提供对各业务具有综合指引作用的、体现企业整体战略的OKR，可以在稍后再考虑。

最后是个人OKR。注意个人OKR并不等于基层员工的OKR，每一级管理者都可以有自己的个人OKR。不同于他所负责的业务部门或领域团队的OKR，而是体现个人需要突破的主要工作重心和关注点。对于数字化企业，由于个人的工作安排在企业里可能变动频繁，难以长期计划。尤其是当产品团队采用灵活的敏捷短迭代方式制定计划时，每个人的短期目标是非常明确的，而长期目标则随时可变。一旦调整计划或任务安排，个人的目标和关键结果可能就要调整。因此个人OKR管理成本较高，不建议作为OKR实施的优先事项，也可以稍后考虑。如果要实施个人OKR，内容应更多关注的是由个人发起和主导的工作，和个人的创新、影响力与能力的提升，这会产生基本在个人可控范围内相对稳定的目标与关键成果。

图13.4列出了不同类型OKR的目的及其示例。您一定注意到了，在例子中，所有层级的OKR都包括面向外部与内部的两个方面。面向外部，是关于当下创造价值的目标，包括客户价值、企业价值与生态价值；面向内部，主要关注自身的能力构建，打造可支持未来业务持续发展的能力。这一点被很多组织所忽略，设置OKR时只强调前者，缺少明确对后者的目标要求。企业要具备长期的适应力，要具备可持续创造客户价值的能力，必须在两方面进行投入：一方面要创新和改进当下的业务或产品，实现短期目标取得成效；另一方面要改进自身，让自己具备迎接未来未知挑战的能力，这是长远的事，不能等到挑战到了眼前才行动。能力持续提升必须和交付价值并行，两者同等重要。从这一短期与长期、内部与外部平衡的思路来看，对OKR的这一优化可以视为是将平衡记分卡的四个维度进行的简化，将客户价值目标与企业价值目标合并在一起，作为面向价值的目标；将内部改进、创新与学习合并在一起，作为面向能力的目标。这一调整产生更"平衡"的投资与关注度，相比平衡记分卡又更加轻量和简单，更易操作落地。

	描述	示例
企业 OKR	传递出企业整体性战略方向，体现出高层对企业发展的承诺	外部 O：打造高适应力的业务模式 -KR1：成熟业务维持 5% 增长率 -KR2：新兴业务带来收入占比超过 20% 内部 O：以数字化能力降本增效 -KR1：实现所有业务流与财务 100% 自动化 -KR2：业务运营成本相比收入占比下降
业务（领域）OKR - 重点	针对特定业务方向，声明其业务发展与竞争战略，并声明期望业务达到的未来状态；同时也包括为了支撑业务长期可持续发展所需要的内部改进与能力成长目标	业务 O：提升服务的地区覆盖 -KR1：上海／北京的覆盖率提升至 100% -KR2：所有二线城市的覆盖率提升至 75% -KR3：早晚交通高峰时期，所有覆盖地区司机的单次搭载乘客时间降至 10 分钟以内 能力 O：提升领域团队交付响应力 -KR1：想法从提出到上线周期缩短至 30 天 -KR2：研发团队 DevOps 成熟度通过 3 级
团队（产品）OKR - 重点	团队基于所负责子领域或产品的定位，声明如何促进总体业务目标的实现和产品发展目标；同时包括团队自身的改进与能力成长目标	产品 O：让赛事营销效果更显著 -KR1：让用户在赛事举办期间官网点击率提升到 75% 以上 -KR2：用户转化率提升至 55% 能力 O：提团队 DevOps 工程能力 -KR1：开展代码重构，消除所有严重问题，降低质量债务 200 人天 -KR2：流水线成熟度达到 3.5
个人 OKR	个人如何促进业务或团队目标实现需要有所突破的重点工作方向与关注点以及个人的创新、学习与能力成长目标	贡献 O：探索产品体验提升 -KR1：建立一套团队公用的产品交互设计规范 -KR2：将报销核心流程周期缩短 40% 成长 O：提升个人影响力 -KR1：在产品社区进行 3 次分享 -KR2：为其他同事提供 10 次的 1 对 1 导师辅导

图 13.4　多层次的、同时面向外部与内部的 OKR

衡量研发效能

经常有管理者问我一个问题，科技组织的效率如何衡量？很多年里，在企业里作为成本中心的科技组织，"降本增效"似乎是个永恒的话题。就如同给工厂里的流水线车间设定生产效率目标一样，能够以更低的成本交付更多的需求就是关键目标。以前，有些公司统计平均单位人力时间内写的代码行来衡量效率，认为写代码的速度越快越好。后来发现这不对，因为最好的程序员应该是用最少最简单的代码实现功能，而不是越多越好，代码越多越难以维护。后来有了基于公式计算的功能点，统计单位时间人均完成功能点数作为效率指标，或者简单地统计人均单位时间交付的需求个数。所有这些衡量方式都是基于产出量，而忽视了代码和架构的内在质量，更是导致技术团队完全忽视价值，持续地堆积功能，让产品越来越复杂，越复杂则进一步修改代码的速度也越慢，响应更慢。为了"专心"写代码，提高效率，开发团队不愿意接受频繁的变化。在这样一味追求产出效率的目标牵引下，研发团队很难与业务、客户产生真正意义上的协作，对要创造成功的数字化产品非常不利。

- 软件开发首先是一种智力劳动，需要思考而不只是敲代码，还需要设计和重构代码与架构让其保持整洁，这极大地影响着长期的效率和质量。仅仅依靠程序产出量或执行案例的数量来衡量技术人员的表现，实际上是错误地将软件开发视为一种机械化劳动来衡量。
- 各种不同类型的产品，有强用户交互的，有没有界面只提供接口的，还有在数据分析和算法调试层面工作的团队，技术工作的复杂性体现在不同的维度，很难用几个基于页面数量和复杂性因子的公式来得出客观公平的、具有可比性的效率衡量。
- 在产品发展的不同阶段，团队的关注点不同。在创新探索期，更关注的是用户研究探索和设计实验，需要更多与用户互动和内部的协作，而到了增长期，可能需要更快速地完善功能，因此很难找到相对一致的合理方法来公平地衡量不同阶段团队的工作效率。

以科技为核心，数字化业务领域和产品团队真正需要追求的是创新、价值与快，可以从图 13.5 的两个方面来衡量。

1. **价值成效**，主要体现创新与价值。面向外部客户，科技与业务作为一个整体，通过以客户为中心的产品与服务创新设计能力、运营能力，为客户和企业自身创造价值。这可以通过深入分析产品和服务解决方案的价值来设置目标，并结合前面章节的 BPP 模型与 EVC 模型来设计关键结果指标。

2. **研发效能**，主要体现快，但要兼顾流速和质量两个方面。由于"效率"这个词让人很容易联想到单位时间产出量，为了有所区别，将以流速与质量为目标持续交付价值的能力称为"效能"。

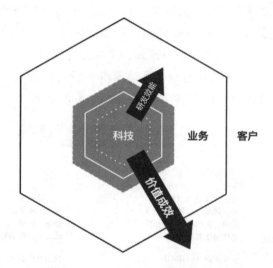

图 13.5　数字化业务领域团队的目标

当数字化业务领域或产品团队设置 BSC 或 OKR，可以从研发效能的角度设置面向内部改进与能力提升的目标。围绕交付的响应力与稳健性两个方面。

1. **响应力（或流速）**，关于将价值交付给客户并得到反馈的速度，体现对变化的响应能力。
2. **稳健性（或质量）**，关于交付给客户的产品的稳健性，体现可持续服务能力。影响到交付响应力与稳健性的因素非常多，效能指标也可以有很多，但管理者需要清楚地将它们分为两类，应用场景略有不同，需要区别看待。

- **关键效能指标**，有一些是反映最终结果的，例如端到端周期时间，通常是体现从业务到科技各个职能作为一个整体的全局能力，专注于指标提升基本不会带来负面的结果。这一类指标不多,是管理层需要重点关注的!

- **非关键效能指标**,其他的更多指标并不反映全局或最终结果,而只是对过程中某一个阶段的有效性衡量。这一类指标,如果团队过度关注其数值的高低有可能带来局部优化而伤害到整体结果。例如转测通过率,可能导致团队在是否记录缺陷上开发与质量保障之间产生不必要的冲突,伤害协作。对这一类指标,仍有必要去收集和观察,主要用于团队自己或教练分析,发现问题,可作为能力提升目标的关键结果驱动团队持续改进,应更关注变化趋势。对于这一类,指标高层管理者就不需要太过关注,尤其是不应当将这样的过程指标用来进行不同团队间的横向比较,意义不大,而是与自身比较,关注改进趋势。

再次强调,目标管理需要与绩效评估解绑,否则行为就会走向反面,数值不再反映真实。图 13.6 列出两个效能目标主要的衡量指标。

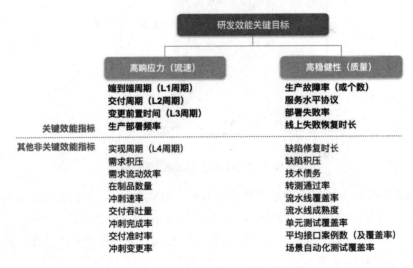

图 13.6 科技效能目标与主要衡量指标

高响应力(流速)- 关键效能指标

1. 端到端周期(又称为 Time To Market,或 L1 周期时间)

在描述产品的指标体系时,介绍了北极星指标的概念。如果研发效能要选择一个衡量效能的北极星指标，那周期时间就当之无愧。因为它所反映的响应力是今天科技组织能够为"创新、价值与快"做出贡献的最关键切入点，并且周期时间关心的不是某一个价值流阶段，而是全局的视角。团队通过对缩短周期时间的追求会暴露出团队在跨职能协作、跨组织协作、需求拆分、资源瓶颈、质量返工、自动化能力不足等各方面的问题。要缩短周期时间就需要持续投资对所有这些方面进行全局性优化，从而带来团队整体能力的长期提升。为不同目的衡量周期时间有常见的几个不同统计层次，最面向外部并反映全局的称为"端到端周期"，或者 TTM（Time to Market，从想法提出到交付用户的时间）。它覆盖整个价值流，反映了包括创新想法提出者分析和决策过程在内的整个组织把握外部机会的响应速度。周期越短，组织对外部的响应力越高。考虑到机会优先级有高有低，并非所有机会都值得立即响应，可以选择优先级最高的 10～20% 投资专题来统计数据，或者统计那些创新产品从想法提出到首个版本发布给用户的周期。

2. 交付周期（或 L2 周期时间）

从想法的解决方案确定到交付用户的周期时间。更具体一点，可以从一个专题的解决方案通过业务与科技等多方干系人的评审开始，统计到方案的第一个最小实验版本上线。该周期时间排除了组织耗费在想法与方案前期分析设计和决策过程的时间，反映了研发组织持续交付过程的流速。周期越短则技术团队对方案变化的响应越快，业务和产品人员能够越快得到解决方案的反馈。

3. 变更前置时间（或 L3 周期时间）

一个特性的第一行代码变更提交，到该代码变更部署到生产环境的周期时间。该周期聚焦于软件代码变更的流速。周期越短，则代表团队持续交付价值的流速越快。要缩短该变更前置时间，需要着力提升团队内部开发、测试到运维的紧密协作与自动化水平，包括代码管理、构建、测试以及环境准备等各个环节的自动化，常作为衡量 DevOps 能力的一个核心指标。

4. 生产部署频率

单位时间里团队将新版本推向生产环境的频率，这反映了团队增量交付价值的持续性和灵活性，部署频率越高则越能灵活快速地响应软件的变化。很早以前，软件版本可能半年或一年才更新一次，后来随着敏捷开发的发展，逐渐每个月或每一两周部署一次。随着进一步 DevOps 与云原生等开发方法的进步，成熟的科技企业甚至可以每天或每天多次将同一个产品的不同变更部署出去，且不影响用户体验，让生产环境部署变成了一件稀松平常的简单工作。甚至一只猴子都可以将准备好的变更部署到生产。要提升部署频率，同样需要科技团队大力投资于提升从代码管理、测试到部署发布过程的自动化工程能力，让版本库中的软件随时处于健康可部署状态。

高响应力（流速）- 其他非关键效能指标

5. 实现周期（或 L4 周期时间）

对于科技团队，每一个最小的交付工作单元从开始开发到测试通过的时间。根据团队采用的需求管理方式不同，最小的交付工作单元可能是特性或用户故事。这一周期时间覆盖的价值流范围较窄，只涉及实现和验证过程，主要反映开发与质量保障的紧密协作，反映工作单元在技术团队内部的流速。该周期时间的长短与工作单元的颗粒度有关，显然粒度越小实现周期越短，同时也取决于团队内部的协作，质量保障水平和返工的多少以及其他自动化能力。这里要强调一点，实现周期是最小范畴的一个有意义作为改进目标的周期时间，不建议将每一个职能环节的周期时间拿出来作为目标，例如有些组织横向比较各团队从需求提出到排期、开发周期、测试周期等，以缩短单一阶段周期时间为目标的改进会破坏团队协作，并不会真正提升响应力。

6. 需求积压

处于排队等待中的需求个数。可以分别在专题清单和故事待办清单两个层次上统计积压厚度。无论团队的实际持续交付能力多强，需求都有可能积压。如果积压的需求过多，必定会让业务侧感受到响应慢，因为提出的一部分想法很久没有得到响应。团队需要持续观察该数据，如果过高，就要分析是团队自身交付能力问题，还是确实团队的资源限制跟不上业务发展，及时采取措施，缓解过度积压的现象。

7. 需求流动效率

反映细粒度的需求单元在团队各职能之间顺畅流动的能力，中间的等待越长，则流动效率越低。所谓等待，比如故事在开发完成后无法进入测试，或测试通过之后不能立即部署发布。该指标的具体计算是采用每个需求单元从进入交付计划到交付上线这个过程中，总的增值时间（真正用于开发、测试活动的时间总和）除以累积消耗时间。影响流动效率的主要因素包括需求合理拆分、职能间协作、与外部的依赖、不合理的开发测试资源配比以及环境等。可以以此为目标来驱动改进，但要注意取得平衡，过度地追求流动效率可能导致资源利用率过低。

8. 在制品数量

衡量一个团队在同一时间并行的工作单元数量。为什么这个指标重要呢？在制品数量是精益管理中一个关键的指标，对生产制造与软件开发的管理都很重要。相同的资源数量，并行开展的工作越多，每一项工作就会周期越长，就越容易导致中间过程产生阻塞。如果缺少在制品数量限制，团队倾向于放下阻塞先不管，而继续开始新的工作，最后响应力下降而导致问题累积和风险升高。通过关注和控制在制品数量在一个合理的范围，有利于建立更顺畅和高流速的交付过程，推动问题、瓶颈的暴露和改进。在制品数量的统计可以在不同层级进行。

- 一个团队并行实施中的专题数量。
- 一个团队并行实施中的工作项或故事数量。
- 团队内，处于每个价值流阶段（如开发阶段）并行工作的工作项数量。
- 每个人手上同时在做多少项工作。

9. 冲刺速率

如果团队采用 Scrum，以固定周期的时间盒来组织一个个有明确目标的交付冲刺，那么冲刺速率是一个需要关注的指标。计算方式是团队在每个迭代实际完成的交付量。这里的"完成"意味着要达到足够的质量标准。如果采用故事作为最小的开发测试单元，统计一个冲刺内完成的故事总点数（点数：是敏捷开发中一种基于集体评估方式进行的故事大小估算）或简单地统计故事个数。

速率（Velocity）衡量了一个团队的周期性交付吞吐量，可以作为制定未来合理冲刺计划的关键参考。

10. 交付吞吐量

团队在单位时间里的交付量。冲刺速率是在使用 Scrum 方式时一种形式的交付吞吐量。但如果团队采用其他工作方式，例如精益看板的管理，没有固定的冲刺周期，可以采用类似每月交付的故事个数或点数、每月交付特性个数来量化吞吐量。吞吐量的提升从一个侧面也体现了团队响应力的提高，可以作为参考，帮助团队基于团队实际容量更好地进行交付规划。

11. 冲刺完成率

如果团队采用 Scrum，每个冲刺实际完成的工作项数量占计划完成的工作项数量的比率，称为冲刺完成率。该指标衡量了团队以 Scrum 冲刺时间盒方式组织交付的过程有效性，良好的交付节奏。越是有效的冲刺管理，越利于团队保持长期持续的响应速度和保障质量。冲刺完成率的高低，除了可能因为团队过度乐观和不恰当的外部施压外，可能与团队内部协作、跨团队协作水平、方案设计质量、自动化测试与质量保障以及环境准备等多种因素相关。对完成率的关注也能够驱动以上这些团队能力得以持续提升。该比率不应太高，也不应太低：一味追求高完成率会使得团队总是保守地做计划，缺乏挑战；相反，若持续完成率过低，则会让时间盒目标与计划形同虚设，团队缺乏承诺意识。根据经验来看，保持平均 80% 左右的完成率算是比较健康的。

12. 交付准时率

团队在预期的周期时间内成功完成计划工作项的占比。冲刺完成率既是在使用 Scrum 时的一种对交付准时率的衡量，它的预期周期时间是冲刺时间盒的时长。在采用精益看板或其他工作方式时，可以以一个平均且合理的交付周期时间为预期周期来统计准时交付的工作项数量。和前面一样，准时率也受到各种团队内外因素的影响，对交付准时率的关注能够驱动团队各方面综合能力的持续提升，驱动持续缩短周期时间。

13. 冲刺变更率

如果团队采用 Scrum，需要关注每个冲刺内团队已承诺工作项发生变更的比率，例如新增工作项或移除工作项。Scrum 是敏捷的一种工作方式，团队承诺并完成一个个短的冲刺计划，例如 2 周的计划。期望在这么短的冲刺周期内计划的工作内容不发生改变，从而让团队能够不受打扰地全力以赴于交付，提高效率。那么在这 2 周里，未预期的工作项变化就会产生干扰，影响到效率甚至质量。变更率的高低，主要受到前期产品规划、方案设计质量的影响，同时也经常受到关联团队间协作以及高层领导指令的干扰。对冲刺变更率的关注有利于暴露管理问题，有利于驱动内外协作和提升前期规划能力。该比率不应太高，也不应太低：一味追求低变更率使得团队降低对必要变化的响应意愿；相反，放任过高的变更率会导致团队效率下降，质量风险升高，士气受挫。从经验来看，长期保持平均 20% 左右的变更率可能是比较健康的。如果团队采用精益看板这类不需要时间盒计划的工作方式，就基本不存在变更一说，不需要关注这一指标。

高稳健性（质量）- 关键效能指标

1. 生产故障率（或次数）

系统在线运行出现一定严重级别以上故障的比率。比率值的分子是故障发生的次数，分母可能以单位时间或单位投入来统计，例如每季度的生产故障数或每 1000 人天投入的生产故障数。这里用了"故障"而非常见的"缺陷"，意味着它包括因为软件缺陷发生的故障和因基础设施与运维保障问题导致的故障，站在整个科技组织更综合性地看待结果质量，而不仅仅是站在开发人员的角度。该指标综合了从想法到交付过程中所有环节的潜在质量影响，反映出数字化产品呈现到用户面前的最终结果质量，是综合性最强和最关键的质量考核，每个团队都要为这一最终的结果质量负责。在很多组织里，这不仅仅是改进目标，更是科技团队的关键考核指标之一，因为这是不可妥协的底线。

2. 服务水平协议（SLA）

团队就交付的数字化产品持续运行的稳定性建立一个目标契约，例如 7*24

小时服务、一年停机时长小于 5 小时或系统响应时间小于 5 秒等指标,或者简单一些,就以一年中 99.9% 的时间可不停机且性能达标地运行为目标契约,这称为"服务水平协议"。这个指标可以综合性反映系统运行稳健性,它的结果不仅受到系统运维保障能力的影响,同样也受产品质量的影响。一些不稳定或停机是由系统设计上的问题导致的,因此不应当仅仅作为运维的指标,而是包括运维职能在内的跨职能产品团队需要共同关注的指标,并以此为目标来做出包括架构、自动化测试、监控与容灾等各方面系统性的改进。

3. 部署失败率

失败的上线部署占总部署次数的比率。软件新版本上线部署不成功导致回滚或上线后导致了一定严重程度的问题,则视为失败。该指标衡量软件系统在高流速的频繁交付过程中部署发布的稳健性,其直接影响因素就是交付过程的质量保障能力和部署过程的可靠性,也是一个相对综合性反映团队能力的关键指标。

4. 线上失败恢复时长(MTTR)

线上故障从发生到恢复正常的时间周期。衡量的是科技团队快速响应线上问题或用户问题的速度。在追求快速迭代交付的今天,软件交付周期短、频率高,即便有相对完备的质量保障体系,也难免有一些隐性的问题遗留到生产环境,保障质量和稳健性的策略是一方面是事前避免,另一方面是在发生故障时能最快恢复,都非常重要。从技术上来说,这需要系统架构、持续监控、告警与自动化容灾恢复能力的持续完善,也需要团队的开发、质量保障和运维人员以协作方式对故障建立起快速响应机制,是需要团队着力构建的关键能力目标之一。

高稳健性(质量)- 其他非关键效能指标

5. 缺陷修复时长

交付过程中缺陷从被发现到被验证已修复的时间。发现的缺陷能否快速修复,一方面取决于团队是否具有响应质量问题的纪律性、足够的重视程度以及是否开发与质量保障之间有紧密的沟通协作,也受制于缺陷修复的代码版本管理和再次构建和测试与部署的自动化能力。这是团队内部需要持续关注的一个重要指标。

6. 缺陷积压

有时会发现，一些产品已经积压了大量的缺陷未修复，仍旧在继续启动新功能的开发，这是非常不恰当的。如果大量缺陷积压，这直接反映出该产品目前质量堪忧，而且这一低质量状态会持续下去，团队却不重视或没有精力来解决问题，已疲于应付。这一状态也意味着系统存在大量的技术债务，以至于修复问题的速度很慢，修复老问题又产生新问题。这是反映产品与团队健康情况的一个重要指标，一旦缺陷出现大量积压，应考虑暂时停止或显著放缓新功能交付，聚焦于偿还债务，否则只会问题越来越严重，想要继续支持业务发展的响应速度将被严重拖累。

7. 技术债务率

软件中存在的不良代码与设计，也就是之前章节多次提到的软件内在质量问题的数量相对于软件规模的比率。这里的技术债务率主要指能够通过工具自动化扫描发现的，不包括更宏观架构上的债务。目前，大多数扫描工具针对的是代码的问题，少量针对架构设计问题。随着技术和工具发展，今天必须要通过人来识别的内在质量问题可能会越来越多能够通过工具来发现。团队需要持续关注这一指标，从而推动产品内在质量的改善。

8. 转测通过率

开发人员完成开发后将成果转给质量保障人员，在后续的验证中没有发现一般或严重以上级别缺陷的工作项占所有转测工作项的比率。这主要是衡量开发环节的内建质量能力，因为最好的质量保障是避免开发中出现缺陷，而不是到测试环节发现很多缺陷。不过要注意，这一指标并非只衡量开发人员，更不是对开发人员的考核，而是针对包括质量保障人员在内的整个团队，因为质量保障人员有责任进行前置性的需求讨论和测试场景分析，并与开发、产品一起评审，对测试场景达成一致，以此来帮助开发人员更充分地考虑并减少缺陷的发生。

9. 流水线覆盖率

对内建质量的讨论中，强调部署流水线及其自动化能力已成为今天敏捷开发模式下保障质量的关键手段，也是软件开发过程本身是否现代化的标志。流水线中包括了自动化构建、扫描、测试、部署乃至发布控制等，不可或缺。因此，无论什么样的代码，每一个代码库或部署单元都必须经过流水线的验证。部署流水线相对产品的代码库或部署单元的覆盖率是一个重要需要关注的指标，数字要努力达到100%。

10. 流水线成熟度

代码库或部署单元接入流水线，并不等于就有了很好的质量保护和自动化水平。部署流水线需要在每次提交代码时频繁被触发、需要在构建失败时立即得到关注和修复、需要包含代码扫描以及完备的自动化测试等一系列质量验证环节等，这是一个有据可循且综合性的表现。建议的衡量方式是根据各种可检测的表现因素建立一个公式，得到一个衡量部署流水线应用综合能力的复合型指标，称之为"流水线成熟度"。根据公式，在工具里给每一条流水线自动打个 1～5 的分数。也可以统计一个产品团队所有流水线的平均成熟度得分。以该分数的提升设置改进目标，可以驱动团队系统性地持续完善以自动化为基础的内建质量保障能力。在以往的成功实施案例中，我们在计算流水线成熟度的公式里采用了下面这些因子，并加入一定的权重来得到分数：

- 触发执行频率
- 代码提交频率
- 流水线执行时长
- 流水线失败恢复时长（流水线 MTTR）
- 流水线的完整度，是否完整包含代码扫描、单元测试、接口及其他类型自动化测试、数据库变更、自动部署等任务
- 是否部署生产环境

11. 单元测试 / 组件测试覆盖率

单元测试对程序中代码方法或执行分支路径的覆盖率，通过工具自动化获得。这是最基础也是最高效的测试方法。根据产品的特点，团队需要设置合理

的单元测试覆盖率目标。组件测试与单元测试一样也是白盒测试，例如，针对单接口的组件测试，可以采用类似工具来统计覆盖率。

12. 平均接口自动化测试案例数（或覆盖率）

在今天更多架构走向微服务的大趋势下，要保障系统质量，通过在接口层进行自动化测试是重要的策略。最基础的度量是自动化检测每一个接口是否都有自动化测试验证，得到覆盖率。但仅有接口覆盖率不够，一个接口可能需要多个案例来测试不同的场景路径，但这在技术上比较困难。可以换一个角度，统计总的接口案例数量除以接口个数，得到平均接口案例数。作为一个综合数值，以该数值的提升设置目标，能够驱动接口测试场景覆盖率的提高，达到一个合理的数值。

13. 场景自动化测试覆盖率（或个数）

已通过自动化测试覆盖的场景，占所有需要覆盖场景的比率。具体有多少场景需要覆盖，需要开发、质量保障和产品人员一起基于场景的重要性和频次规划；需要覆盖的场景数量需要人为分析，因此这一指标数据可能需要手动统计。或者更简单一点，直接系统统计已覆盖的场景个数。

如同平衡记分卡所提倡的，要将长期能力建设放到和创造客户与企业价值同等的高度来投资。以研发效能提升为重要的能力建设目标之一，并辅以相应的指标作为衡量手段，以目标驱动组织持续改进，将改进变成每一级组织的份内之事，而不是教练或第三方顾问的事情，也不是可有可无或"可以先缓一缓"这样的小事。只有这样，才能真正有效落实持续改进，打造高绩效的科技组织。

有前瞻性的新技术与人才目标

除研发效能外，还有其他一些典型的能力提升目标。数字化企业的业务以科技为核心，需要科技先行，不能等到有明确业务需要才匆忙寻找技术。尤其对于大型企业，新技术的预研和储备需要有一定的前瞻性。这类投资不能完全从业务成效出发，也不能仅仅是由企业中类似"某某研究院"这样的组织来驱动，它是每个业务领域需要关注和恰当投资的事情。可能观察到，数据技术是未来的趋势和业务创新的核动力,以储备数据技术为目标,设置获得专利数、可体现特定技术领域先进性的技术指标作为关键结果指标。仅仅有藏在深闺的技术不够,还要关注技术在实际业务的应用,因此,新技术转化率可能也是需要经常关注的指标。

储备新技术的关键策略之一是专业人才建设,应当作为组织能力提升的关键目标之一。例如,要发展人工智能为基础的数字化业务,就需要培养一批具备人工智能技术的专业人才。在一段时间里,可能客户价值还完全体现不出来,还处在早期探索期,但人才必须先行。在业务领域的 BSC 或 OKR 中,可能以提升人工智能技术能力为目标,以具备 10 人的人工智能专业人才为关键结果。又或者,组织明确了敏捷转型的方向,可能以通过专业认证的敏捷教练人数作为衡量提升组织内在改进能力这一阶段性目标的关键结果之一。

综上所述,目标驱动管理是构建持续创新的高适应力企业必要的制度性条件。每位领导者的管理风格不尽相同,但下面这些优先事项是领导者都应当重点关注的。

1. 为组织制定有意义的甚至激励人心的使命、愿景和战略目标。
2. 为实现目标,建立高响应力组织治理结构,让每一个组织单元都能为成效目标负责,并安排最合适的负责人,给予足够激励。
3. 以开放的心态,与下级协商方向正确且富有一定挑战性的目标及其有效的衡量指标。
4. 持续关注定性和定量的结果反馈,在发现异常或达不到预期时考虑介入,推动目标或行动的调整;多数情况下,信任并授权团队自主行动。
5. 建立能够支撑以上工作方式的、以透明为基础的制度与文化,随时准备在团队达成目标的道路上遇到阻碍时提供支持。

思　考

1. 要在组织中真正落地目标驱动管理,需要具备哪些前置条件?需要同步开展哪些准备工作?
2. 在数字化企业的管理中,如何平衡资源有效利用率和价值流动速度(即响应力)?
3. 开发到测试的转测缺陷率和缺陷逃逸率是不是好的效能指标?

第 14 章
使命、愿景与战略规划

面向业务的组织结构，以可衡量的成效目标驱动管理，是在规模化组织中实现使命原则和激活组织创新活力的制度基础。有了这些基本框架制度，可以进一步考虑该做什么？公司和业务领域的目标作为影响团队工作优先级的重要输入，起着关键的引导作用，这些目标是怎么制定出来的？

过去，更多以项目的方式进行管理，每个项目有不同的短期目标，不同的项目可能来自不同的业务方或不同的利益干系人，科技与业务的组织结构不匹配，经常要同时响应不同来源的要求。结果，团队的工作不聚焦，交付的软件更多是一个系统，而非有明确定位的产品。东一下西一下，缺少匹配的运营措施，这样的数字化业务很难实现突破，很难有竞争力。数字化业务发展要以"产品思维"进行长期思考，就必须站在业务发展与竞争力的角度进行持续动态的战略规划，以此来指导行动。所谓"战略"，听起来是一个很高大上的词汇，其实就是回答在一个相对较长的时间段里该往哪儿去，问卷应该在哪里聚焦发力的业务发展关键问题。大型企业有企业的战略，例如数字化转型就是今天很多企业的战略之一。数字化业务领域应该有一个领域的战略，例如商业模式从产品销售转型客群经营。只有这样，才能摆脱被动响应需求的局面，以战略为纲，将所有的行动统领起来，整合所有人的智慧和力量为共同的目标努力，从而实现业务突破。根据创新的三条地平线，将处于探索期的早期创新业务（H3）与处于增长期和成熟期的业务（H2 与 H1）分开看。探索期的新业务因为客群与解决方案不确定性还未经过验证，要制定有意义的较长期战略很困难，或者说它的战略本身就不得不随时做出调整。从另一个角度，处于探索期的业务往往在市场上的竞争者还不多，都在摸索和试错中前进。但增长期与成熟期的业务则不同，市场中已经有了大量的进入者，竞争开始变得激烈甚至白热化，这时就更需要清晰的战略指引，确保创新与改进的投资能够在最可能实现增长的方向聚焦发力，才可能胜过对手。

使命与愿景

管理大师吉姆·柯林斯（Jim Collins）等人所著的《基业长青》中有这样的描述：一个有持续生命力的组织，无论战略和战术如何应时而变，总需要有一些不变的东西，不能缺少这样的根基。这种东西往往指向一个组织所存在的目的，指向其期望为客户或社会所创造的核心价值与责任感，这就是使命。使命往往来自于企业最高层，让所有人都理解需要共同奋斗的意义，从而成为指导行动的最高准则。

关于企业或组织存在的目的和核心价值有很多不同看法，一种看法认为企业的目的就是为了给股东创造收益，股东利益最大化应当是企业追求的最终目标。备受尊敬的管理学大师，被誉为"现代管理之父"的彼得·德鲁克（Peter Drucker）认为，利润最大化理论充其量只是在用一种复杂的方式讲述"低价买进、高价卖出"这句老话。利润最大化并不能告诉一家企业应该怎样经营，相反还会造成与社会和员工的敌视。盈利能力本质上不是企业经营的目的，只是企业要持续发展不可或缺的需要，是检验经营结果好坏的标准之一。企业的目的与核心价值不应在自身内部，必须存在于企业自身以外，也就是面向客户与社会。马云提出，阿里巴巴的使命是"要让天下没有难做的生意"，无论是在国内，还是现在扩展到全世界，阿里巴巴始终是致力于帮助客户更容易地做生意和完成交易，同时也隐含了他们的核心价值是赋能做生意的双方，而不是自己生产或销售实体产品。又比如，无印良品的使命和价值观是"用简单的生活、更少的资源过得更好"，这成为该企业所有产品创新与设计所遵循的基本原则，为了客户更简单、舒适的体验，为了社会更有效和环保的资源利用，这就是企业核心价值。

好的使命要不落于俗套和空泛的口号，通常隐含了企业最稳固的、不希望轻易改变的特征或经营模式。像某时尚快销品牌的使命是"以最快的新品周转速度为客户提供独一无二的选择",其中"最快的新品周转速度"隐含了企业希望长期保持的经营模式和竞争优势,也是企业希望持续带给客户的核心体验。大疆的使命是"以科技创造生活之美",腾讯为"科技向善",无不是在传递出一种宏观的经营哲学与理念,传递一种能激励人心的内在精神和力量之源。企业需要有使命感,每一个业务领域可以是背负同样的使命,也可以结合自身业务方向提出更针对性阐述自身目的与核心价值的使命,尤其是在巨型企业涉及的业务领域太多的时候。使命为从事该领域工作的人指明工作的意义和笃定追求的价值观。例如,某银行事业部负责人提出,他们追求的使命是"为每个人提供最安全、便捷的融资服务,助力美好生活。"

如果使命是回答"我们为什么存在?"那么愿景就是要回答"我们要成为什么?"描绘遵循使命并且成功后期望变成什么样子的未来图景,这个未来可能是 5 年,可能是 10 年,也可能是 20 年或更久。愿景从较长远的周期来描述企业或业务应该走到哪里,是所有人共同为之努力的长远目标。它是团队在大海里远航的灯塔,管理层、员工与合作伙伴都应该对此有清晰的认识。例如,阿里的愿景是建立一个客户相会、工作和生活的商务生态系统。既然愿景作为方向要能够驱动长期的奋斗,它就必须是极富挑战的,需要长期不懈努力去追求的。例如,Thoughtworks 咨询业务线的愿景是"成为企业数字化转型的长期合作伙伴";某企业内部办公领域的愿景是"成为每个人随身最信赖的工作伙伴"。如果还是分不清什么是使命和愿景,看一看麦当劳,它的使命是"优质周到的服务、清洁的环境、为顾客提供更有价值的食品",其愿景是"控制全球食品服务业"。

使命和愿景是一个组织及其业务的根基,是所有战略和投资决策最基础和本源的参考依据,驱动企业在战略上做出选择,做什么和不做什么。要能传递出恰当并能激励人心的使命与愿景相当有挑战。需要企业领导者跳出每天萦绕脑海中的事务,放下眼前面临的急迫问题,转换思维角度,回归到经营企业的初心和对企业根基的深度思考。同时也需要有格局和远见,甚至灵光一现的文字能力。但不要放弃,可以从当下能够快速想到的表述开始。在企业持续经营中,当遭遇一些艰难和挑战,或许会帮助您对使命和愿景理解更加深刻,然后进行调整。如图 14.1 所示,有了使命和愿景为指引,就可以开始规划要达成使命和愿景在当下的战略途径。

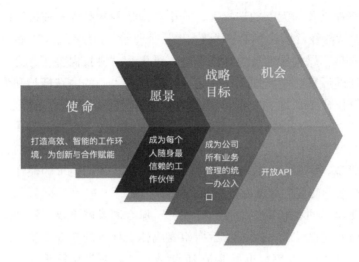

图 14.1 以使命与愿景引领方向

动态战略目标

要践行组织所担负的长远使命，实现其目的与核心价值，达成对未来发展的愿景，需要有可执行的战略来牵引行动方向，需要通过达成一个个更加现实的阶段性目标来确保组织真的是在向着实现愿景的方向上前进，而非原地踏步。战略规划这件事每个企业都在做，必不可少，但往往是以年为单位来进行规划，每年底，各个部门为了拿到明年足够的预算而挖空心思地做出漂亮的规划，为此花了很大的精力。但有效落地并因此创新了多少成功的产品？有没有遇到过制定的战略规划反而限制了对突发商机进行投资？为了获得预算而进行年度规划，让其中掺杂了很多夸大的成分。一些企业当业务面临发展困境才重金请咨询公司来帮助制定战略规划，但往往作用不大，尤其是对本来就处于行业领先地位的企业，咨询公司很少给出有建设性和独创性的建议。

在较高的层次进行战略规划很有必有，对增长期和成熟期的数字化业务，要形成突破和竞争力，应当要有慎重的方向指引，以支持使命原则。但在更高不确定性的今天，遵循长期战略并执行就能取得业务成功越来越不太可能，管理者和决策者必须随时保持对变化的敏锐度，随时准备做出战略性的调整以适应变化。长期的适应力靠周期性地请咨询公司是做不到的,企业和各个业务领域团队必须要具备进行战略规划的能力。并且,这种战略规划不能是一年一次的活动,而应该是一个持续的过程,以更频繁的周期融入到持续的业务和产品管理中。

持续的战略规划是一个对企业业务所处的外部环境、内部环境进行持续学习理解,并结合自身使命与愿景寻找战略聚焦点的过程。《孙子兵法》是著名的战略之法,所谓"知己知彼,百战不殆"。制定战略规划,就要既能洞察外部环境,从客户期望、行业趋势、竞品动向和新技术发展中发现机会,又要能清醒地掌握自身现状,包括现状的服务体系、产品组合、商业模式与实时的运营数据。参考图 14.2 所示的过程。

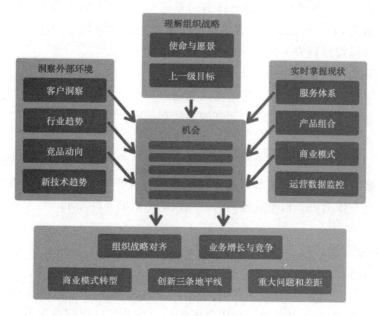

图 14.2 动态制定战略目标

洞察外部环境

企业的业务身处经济大环境中,是需要具备适应性的主体,必须有对外部环境改变的高度敏锐性,从四个方面持续地进行分析。

1. **客户洞察**。客户洞察是第一位的，业务核心的目的是要满足客户。研究客户的方法有很多，第4章深入讨论了包括从客户投诉与反馈中识别规律，通过线上线下的方式开展客户问卷调查，客户访谈以及现场研究。也可以参考分析机构发布的消费者趋势报告一类的信息源。仅仅罗列出客户的现状和问题、痛点是远远不够的，需要提炼归纳出洞察。例如，经过几个月疫情的发展，国内中高收入人群对奢侈品的消费热度在降温，这对奢侈品销售企业可能意味着，需要通过推出更多分期付款的销售方式或对接更平民的渠道来推广中低价位商品。如今，客户对隐私的关注度在提高，可能意味着更安全的信息存储和更少的客户行为收集会得到跟多的客户青睐。其他的洞察，如客户年龄结构的变化，潜在意味着对价格敏感度的变化，意味着对企业所提供产品所表达的调性选择的变化。企业客户的并购，可能意味着对系统集成、IT系统流程再造的新需求。客户企业往年收入下滑，意味着对进一步服务采购决策的趋于谨慎。产品和运营人员必须持续地研究客户，识别机会。

客户洞察可以从几个方面入手。

- 客户反馈的、未被满足的需求和痛点，带来新的产品或服务机会。
- 在满足客户现有需求上遇到的挑战和风险，推动潜在新技术的采纳、流程重塑的机会。
- 目标客群特征、行为的迁移，带来服务与产品交互流程、体验的改变。
- 客户决策影响因素及其变化，带来商业模式调整或新的运营策略。
- 客户没有讲，根据其他身份特点判断出来的隐性需求，触发潜在创新的探索。

2. **行业趋势**。行业趋势分析是指在一个更大的范围里对影响数字化业务的因素进行分析，识别机会与风险。例如，当国家颁布严格执行垃圾分类的管理条例时，一些反应迅速的企业立即就看到了机会，提供人工智能识别垃圾图片帮助其合理分类的应用，进一步产生了以线上方式预约上门收取分类垃圾的新服务。因为一些事件触发的社会舆论以及国家对于网约车安全性的强烈关注，使得企业必须快速响应，提出一套线上线下手段结合的乘客安全保障方案。社会舆论和政策改变常常突如其来，甚至影响从产品、服务体系到商业模式各个方面，相关领域的团队必须密切关注这方面的动向，随时准备改变策略，以新的战略焦点替代现有的目标。要了解行业趋势，最直接的当然是持续关注行业新闻,也可以通过相关专家的访谈、各种付费或免费行业数据库检索、咨询公司和投行等的研究报告以及政府数据发布等渠道来掌握信息。在行业趋势分析中,经常用到像行业生命周期、价值链地图、波特五力模型以及 SWOT 等分析方法。

结合这些工具,行业趋势分析可以从下面几个方面:
- 政治与经济趋势,例如中美竞争带来的挑战
- 政府监管与政策变化
- 进一步的行业细分或融合,例如出现聚焦更细分领域的竞争者
- 新参与者的进入和现有对手的退出
- 行业发展阶段,是蓝海,还是大量涌入快速增长,还是已经进入利润降低的白热化竞争
- 特定行业领域浮现的新理念、新趋势,例如工业互联网、新零售这些概念,作业成本会计在财务管理领域的发展,中台概念在科技行业的热度
- 社会舆论对行业的认知和监督发生的变化

3. **竞品动向**。商业环境里,企业始终处于竞争的此消彼长中,必须保持对竞争对手动向的密切关注,才可能占得先机。不过要强调,一味地模仿跟随竞争对手并不能让企业走向成功,更重要是对客户的洞察和对行业、技术趋势的快速响应。但对于处于行业非领先地位的挑战者,对竞品的学习是快速取得发展的捷径,在模仿学习中积累经验,识别其优势劣势,进而找到产品和服务的差异化机会,以及采取差异化商业模式与运营策略的机会,是挑战者典型的竞争策略。竞品分析需要关注的主要方面包括目标客群特征、价值定位、核心功能、服务体验、运营策略与商业模式等,详细信息参考第 4 章的表 4.12。

4. **新技术趋势**。技术趋势本可以包括在行业趋势里,但我认为有必要单独列出来,因为技术是数字化业务的核心。新技术突破可能成为引领服务体验突破式改进的倍增放大器,其影响远超过单纯业务流程、体验创新带来的改进。就像特斯拉,尽管很有创新能力,采用了视频智能算法来实现自动驾驶,然而,华为低成本 64 线激光雷达的问世直接挑战了特斯拉的产品竞争力。业务管理者必须要特别具备对新技术浮现及其成熟度的敏锐度,要驱动组织更有前瞻性的思考和学习新技术,探索将其应用于业务场景的机会。

对于新技术,要特别关注以下几个方面:

- 新技术的出现，包括人工智能、虚拟现实这类新兴技术和新的架构、新的编程语言和开发框架等，不仅仅是软件技术，也包括相应的设备、材料、工艺等。
- 技术成熟度的发展，哪些处于早期探索，哪些开始逐步成熟并进入应用阶段，及其应用成本。
- 技术人才趋势，例如数据人才的市场供给趋势。
- 新技术在行业的应用场景，例如数据技术在银行投资理财领域的应用，产生智能选股、智能投顾等新业务模式。

接下来，将从以上四个方面研究中形成的机会洞察与企业的业务现状进行对比分析，识别差距，定位问题。

实时掌握现状

1. 服务体系。企业经营的业务本质上就是面向客户建立的一套完整服务体系，一切皆服务。从以直接或间接方式接触客户的一刻开始，到客户结束服务，客户通过企业提供的人、物和信息系统等触点产生交互，客户感受到服务的品质，和为自己创造的价值，形成体验观感。为了支持给客户提供更好体验的服务，企业同时建设了一系列客户不可见的后台管理与底层支持流程，让一切得以高效运转。数字化业务管理者需要对该服务体系中的每一个环节了如指掌，最好是通过客户旅程或服务蓝图的方式将其完全可视化出来，贴在一面大大的墙上。并且采用客户研究的方法，将识别的客户体验、企业管理问题以及产生的机会洞察，标注在这张蓝图中，甚至包括竞争对手如何解决这些问题，与竞争对手的差距，都标注出来，使之成为业务创新与改进的作战地图。这样的服务蓝图不能仅仅停留在个别人的脑海中，要以视觉方式呈现出来，让相关组织的每个人都能看到，并持续保持更新，让管理者和设计者可以随时驻足展开讨论。

2. 产品组合。数字化业务中构成服务体系的关键部分是数字化产品，包括渠道触点型、业务作业型、运营管理型、赋能平台型以及开放能力型等不同类型产品。业务管理者可以按触点层、中后台管理与支持的不同层次将不同类型的产品放入产品组合视图中，厘清每个产品的定位，创造的价值及如何支撑业务增长，也厘清产品之间的职责边界。将产品组合与服务蓝图进行映射，识别对服务支持不到位的差距，数字化能力空白和孤岛。很多数字化业务管理者会频繁地亲自试用产品，而不仅仅是听取汇报，让自己站在客户的角度感受产品体验，了解产品的不足。将产品组合与竞争对手的产品进行对比，了解具体差异，识别相对竞品在满足客户需求上的差距。

3. 商业模式。采用第 6 章的商业模式画布，从客户发展策略、业务经营策略以及盈利模式等各个方面，对企业或业务领域围绕服务体系建立的商业模式了然于胸。分析现有商业模式在新的客户发展趋势、行业趋势及技术趋势下所面临的挑战，与竞争对手商业模式的差距。最重要的是，从商业模式的每一个要素出发，深入思考通过改变和创新能够带来怎样的增长和竞争力。例如，对于客户关系，是否可能从销售为主转向服务为主，从收费服务转向流量变现，以此带来差异化竞争力，寻求突破的机会。

4. 运营数据监控。数据是基础。管理者和设计者如何能够实时地掌握当前服务体系、产品与商业模式经营的现状呢？依靠可视化的全景图，依靠人的观察分析，这些远远不够，有大量信息失真和延迟。必须依靠数据，进行实时监控和反馈。通过 BPP 模型与 EVC 模型所建立的数字化业务与产品指标体系，采用对比和建模分析的各种方法，持续从数据中获得洞察。最基本的是，基于数据来佐证前面的服务体验、产品价值和商业模式实际效果，识别现实与理想的差距。再者，从数据中识别规律，采用像同期群分析、转化率分析、热点图分析这类方法，找到问题和机会。例如，发现 40 岁以上的客群总量较少但黏性很高，及时发现因为服务体验差而导致客户复购率下滑，发现某些收入来源增长放缓，等等。建立完善的数据体系，以数据来理解现状是最科学和有效的方式，与客户研究的结果相佐证。

理解组织战略

1. 使命与愿景。将使命与愿景作为制定战略的纲领性输入，包括企业层面的和当前业务领域的（如果有）。使命是组织或业务存在的目的与核心价值，而愿景则是在长远的未来要成为什么样子的图景展望。作为组织的一部分，所有的战略制定都应遵从于使命，不偏离企业核心经营理念，所有的战略目标都应该是实现愿景这个更长远目标的阶段性途径、聚焦点。

2. 上一级目标。如果制定数字化战略规划的是企业中的一个业务领域，如一个业务部门或事业部,那么战略制定过程还需要以更上一级的目标为输入。如果上一级采用平衡记分卡、OKR 的形式公开了自己的关键目标,部门需要充分解读和沟通,并从整个公司、自身业务的使命与愿景大方向出发,思考如何行动才有利于实现上一级目标。不需要本层级的战略目标所有都与上一级目标完全匹配或一一对应,部门也可以有自己需要解决的严重紧迫问题和关键的机会,但总体上要与使命愿景和上一级目标保持方向一致,有支撑作用。例如,某互联网企业事业部的上一级组织提出"改善客户经营,提升企业品牌"的战略,并以企业品牌认知度为衡量标准,那么,作为其中负责农业服务领域的事业部,可能考虑以"经营提升农户黏性,实现稳健增长"作为战略目标之一,并以农户的"服务复购率"作为衡量指标,下一级的目标对上一级目标有促进作用。即便某些业务领域不在企业的战略关注方向上,也至少要做到不违背大方向,行动不至于产生负面作用。

提炼战略目标

最后,将所有的问题、差距和机会想法放在一起,进行分类、归因和提炼,尝试从中归纳出少数几个在当下影响最大、最主要的方向。不需要覆盖所有的机会点,关键是这几个方向在当下的战略影响力。考虑从下面 5 个角度来确定在当下需要聚焦于哪些战略目标。

1. 组织战略对齐

遵循目标驱动管理,确保业务领域的战略目标在使命与愿景的大方向下,能够促进上一级组织目标的实现,不是简单的分解指标,而是思考并将其转化为该领域能最恰当做出贡献的方式。

2. 业务增长与竞争

将所有的机会点放在一起,从如何推动业务增长和竞争的角度确定适合重点发力的方向,这是确定战略常见的一种思路。

业务增长的典型战略,即如何扩大规模和盈利的途径。

- 通过拓展新的地域实现增长,例如,从国内市场向国际市场拓展。
- 通过向新的细分市场或客群拓展实现增长,例如,少儿英语培训机构拓展成年人英语市场。
- 通过实现产业链上下游拓展与整合，或者以生态化经营促进快速增长，例如，传统金融业务开放 API，传统解决方案供应商走向平台化。
- 通过建立新的营销策略和新的渠道实现增长，比如，从传统线下营销转向线上数字化营销、建立移动化客户服务渠道以及线上线下跨渠道联动。
- 通过丰富多品牌、多产品线来实现增长等。
- 通过改变盈利模式来实现增长，例如，将高门槛的采购模式变为更低门槛的。

业务竞争的典型战略，即如何树立和强化相对竞争者比较优势的途径。
- 通过投资领先技术或快速规模化来树立行业壁垒，例如，大力投资数据与智能技术研究来获取在穿戴设备领域的竞争优势，或者支持共享单车在短时间内部署到几乎所有一线城市，让模仿者难以进入市场。
- 通过追求卓越的客户体验、行业领先的响应或交付速度、别具一格的服务模式等来实现差异化战略，例如盒马鲜生同样是经营超市业务，通过提供现场加工海鲜大餐和一定范围内的半小时配送这些新颖的体验来形成差异化竞争优势。
- 通过专注深耕于特定客户群或垂直细分市场来实现集中化战略，例如，无人机厂家通过集中深耕农业市场来取得该应用领域的绝对市场优势。
- 通过引入新技术全面提升库存效率、降低生产或管理成本来实现成本与价格领先战略，例如，在企业的制造领域全面实现精益生产的转型。

3. 商业模式探索与转型

对于新兴业务，在构建产品能力的同时，需要探索验证商业模式；而对成熟业务，基于对外部环境各方面趋势的洞察，找到必要的和能够潜在带来差异化和业务突破的新商业模式方向，并尝试转型。这是一类典型的战略目标。当下金融领域从欧洲先行、国内跟进的开放银行转型，将核心金融服务能力以开放 API 赋能生态化金融科技创新，从以前的 B2C 或 B2B 模式，转向以平台赋能的 B2B2C 或 B2B2B 商业模式，从以前销售金融产品的盈利模式转向开放金融能力与数据获得盈利的模式。下面是一些典型从商业模式转型出发的战略目标。

- 客群转型,对特定细分客户群的深入挖掘或是向新客群进行拓展。比如,某时尚品牌要"成为中国年轻人市场的第一品牌"。
- 客户关系转型,从一种关系为主转变为另一种关系为主,比如,银行的经营模式要"从金融产品销售向客群经营转变"等。
- 渠道转型,改善既有的渠道通路,或拓展新渠道等,比如,传统零售企业要"探索线上多渠道销售"。
- 合作伙伴转型,改善伙伴关系,引入战略合作伙伴,或整合上下游供应链等。比如,电商企业要致力于"以开放服务构建合作生态圈"。
- 关键经营活动的转型,改善生产工艺、拓展新营销策略等。比如,制造企业要"全生产过程自动化与数字化",软件研发活动要"敏捷转型"。
- 成本结构转型,通过内部优化降本增效、产生低成本优势或调整既有成本结构。例如物流企业要"优化库存配置,降低库存成本",或追求"提高投资回报率"。
- 盈利模式转型,转变收费模式、探索增值业务、调整收入结构比例等,比如,某服务供应商的目标是要"探索从服务销售向免费增值服务转型"。可能一提到商业模式,总会让人联想到面向市场直接提供客户服务的业务领域,对人事、财务和办公这一类企业内部运营的领域,换成"业务模式转型"或"管理模式转型"可能更容易理解。这些管理领域可能因为引入先进的管理理念,支撑企业管理转型而需要做出重大改变,例如智慧人事、财务领域的超越预算以及办公领域从工具向SaaS化企业一站式办公平台转变,都是重大的业务模式转型,也都需要大量的数字化产品投资。

4. 弥补重大问题和差距

这一点很容易理解,从显著的差距中找到战略聚焦。例如,从客户洞察、竞品以及现状分析中,都普遍体现出整个服务体系的客户体验缺乏优势,成为制约客户增长和黏性的关键因素,那么"全流程改善服务体验"可能是需要当下聚焦的战略目标。或者,企业的私有云与阿里等成熟公有云相比,还有很大的能力差距,那么"对标行业领先弥补产品能力"可能是一个当下要聚焦的战略目标。

5. 创新三条地平线

创新三条地平线也是规划战略的一个很好的思路，不管是整个企业还是每个主要的业务领域。要能够持续开拓业务实现长期愿景，保持对新技术驱动的经济与社会变革的灵活适应力，就要既能持续保持当下现金流业务的竞争力，扶持新业务，也要能持续投资于未来机会探索。而且，从制度上，要有能力并行不悖地管理好处于探索期、增长期和成熟期不同创新生命周期阶段的业务。这一模型在企业和领域层级都可以应用。针对第三地平线，企业层级的战略可能是研究和探索全新的业务领域、新技术领域；对于某个现有业务领域，可能是探索新的盈利模式、探索拓展新的服务场景或产品、新的客群等。为此，一种战略制定的思路是，分别为三个阶段设置不同的战略目标，例如图 14.3 所示的例子。在每一条地平线，再分别考虑从业务发展与竞争、商业模式探索与转型、问题与差距弥补的不同角度确定目标。

在生活中，我们很多时候都会提到"目标"，不同的人对目标的理解不一样。这里之所以强调，因为"战略目标"和广泛意义的目标有所区别，强调它应当反映的是组织或业务的真正意图、目的，是企业为了达成使命和愿景在当下要聚焦的战略方向，希望半年或一年后达到的未来状态，而不仅仅是数字！常常看到一些反例。一种典型的错误，是将达成目标的行动或解决方案当成其追求的目标本身。有一个领域团队提出，2021 年的目标之一是"建立一个智能客户服务平台"、"完成产品的国际化多语言支持"。这些描述都不是业务真正的目的，真正的目的是要"提升客户服务水平"或期望"拓展国际市场"，而前面的描述只是实现这些目的可能采取的数字化措施。这种目标设定的错误，使得企业最后在衡量是否达成目标时，衡量标准就会产生偏差，以"产出"而非"成效"来衡量目标进展。比如在前面的例子里，这个部门只要新的智能客户服务平台上线运行就算达成年度目标了，但这真的是组织期望的结果吗？有可能糟糕的平台设计、缓慢的系统响应和低智能化的应答不但没有改善售后服务，反而导致更多客户投诉，实际上降低了服务水平，恶化了品牌形象。而且，这样以具体行动作为目标锁定了组织达成真正目的可能选择和尝试的不同方案，忽略了不确定性，形成在行动上进行指挥的强控制文化。如果该产品负责人中途发现，这样的措施并不是最有效改善服务水平的途径，这样的目标和相关的

KPI 很可能驱动他选择继续做下去，因为是否完成该任务直接决定了个人的年终绩效。

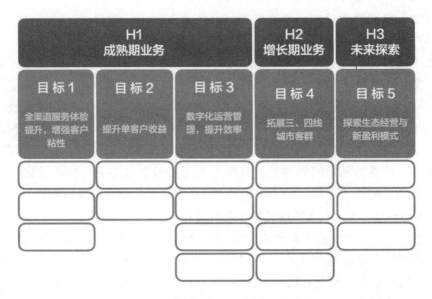

图 14.3 基于三条地平线的战略目标

第二个典型的错误，是轻易使用企业的运营指标作为目标。比如泛泛的"提高收入""降低生产成本"这样的表述。这类目标确实是对未来状态的描述，也比较容易量化其进展，但缺乏对行动的指导性。财务运营指标是每个企业时刻都会关注的永恒话题，几乎所有行动直接或间接都会影响其最终的表现，同时也受很多外部因素的影响。因此，这样的目标不能有效传递信息和帮助企业聚焦创新的方向，达不到自上而下战略对齐的目的。此外，就像传统 KPI 实施的弊端，直接以财务运营结果作为目标和关键指标，容易以经济利益驱动短视行为，而忽略客户价值与长期战略。

总结一下，为业务领域制定合适的战略目标需要满足以下几个要求。

- **支持实现使命与愿景**。这一点要求毋庸置疑。
- **面向客户与市场**。无论是体现业务发展或竞争的战略，还是体现商业模式探索与转型，对战略目标的描述都应该是面向客户与市场的，而不是面向组织自身内部。这里的客户不是仅指企业外部客户，而是不同类型领域自己的客户。像公共渠道领域的客户对象,既有企业外部客户,也有利用该渠道的其他领域团队;研发效能领域的客户就是企业内所有其他数字化产品团队。为什么一定要面向客户与市场?一个组织的价值一定是体现在其外部,而非内部,因此组织的战略应当是面向外部。这里要回顾在"构建服务体系"一章中提出的服务设计原则:以客户为中心的业务战略,要求从台前的客户价值提升和服务体验优化出发识别创新与改进机会,并以此驱动中后台整个服务体系的优化。换句话说,不要在没想清楚对组织所服务的客户与市场竞争的价值的情况下,就盲目地对内部业务过程进行重大投资。战略目标要面向组织外部,但达成目标的创新与改进机会可能是面向组织内部的。

- **目标须是可能实现的**。目标必须是切实可行的,有可能达成的,不能不切实际,但也要有挑战性。
- **可指导行动**。 战略目标无论是采用上面四种方式中哪一种方式确定,都应当是有战略指引作用的,能帮助团队判断做什么和不做什么,而不应该是非常滞后的财务结果。
- **时间跨度须是明确的**。所设定的战略目标,与其业务定位、当前所处的市场环境与趋势、比较竞争优势等紧密相关。随着这些内外因素的动态变化战略也需要加以调整,而不是一成不变的。因此,战略制定者需要明确目标的恰当时间跨度。相较于愿景,目标的时间跨度更短。中国的阶段性战略规划是以五年为周期,一个企业有效的战略规划可能 2 ~ 3 年,而对一个单一业务领域可能是半年,最多一年。制定战略规划的组织规模越小、组织层级越低,则目标的跨度周期就可能越短,反之则越长。
- **战略聚焦**。在同一时间段,并行的战略目标不应当太多,通常 3 ~ 5 个,最多不要超过五个。如果目标无法收敛到少数几个,这说明组织的战略过于分散、不明确,或者就是没有战略,导致投资必然分散,难以形成竞争力,建议重新考虑。
- **可衡量的**。 使命和愿景是对业务目的、核心价值以及未来长远展望的声明,不需要用数字来衡量。然而,目标必须是可量化衡量的。企业需要定期获得数据反馈,评估是否朝着期望的方向真正取得了进展。如果长时间没有客观的数据反馈就极易让行动迷失方向，管理者和决策者不能及时对战略和投资作出调整或终止，这就会造成巨大浪费。目标制定者需要为每一个目标设计几个量化的关键成效指标，称为"成功衡量标准（Measure of Success）"。

战略目标的成功衡量标准（MoS）

战略目标要能驱动管理，并且以更及时、不失真的方式打通上下信息链条，最好的方式就是依靠数据。为此，每一个战略目标都必须有可衡量的"成功衡量标准"，帮助管理者和创新者判断目标是否达成以及实时跟踪目标达成的进展。类似于 OKR 的关键成果指标。遵循"衡量价值成效"一章提出的原则，对目标进展的衡量是基于成效的，而非产出。团队必须致力于尽早将创新推向客户并观察是否得到"上线后应用 NPS 达到了 3.4"这样的数据反馈，所有人都能看到，而不是听取项目范围已交付了 60% 这样的进度汇报。

参考 BPP 模型，指标可分为商业、产品和流程三个层次。业务领域的战略目标设定，通常是能够促进业务增长和竞争、驱动商业模式转型的战略性投资方向，因此，其成功衡量标准多数是考虑"商业层级"的指标，反映比较宏观的业务结果。例如，对获客、客户忠诚与黏性、营销转化、生态增长以及与成本结构、不同收入来源的增长与比例变化等有关的指标，而不是针对某一个具体的数字化产品和渠道。另外，对成功衡量标准的定义要考虑 EVC 模型，尽量同时从客户价值、企业价值以及生态价值多个角度进行衡量，尤其是优先要考虑客户价值指标！图 14.4 展示的是某贷款金融机构的数字化领域战略目标。注意：目标描述与 MoS 做了脱敏处理。

其中产品销售向客群经营转型是典型的从商业模式转型角度制定的战略目标，同时从客户与企业两个价值主体角度提出衡量其成效进展的 MoS。从客户价值角度，客群经营就需要以体验优先的客户发展理念提升客户对其服务和产品的满意度和黏性，因此采用从客户行为间接反映的满意度指标"净推荐值（NPS）"。从企业价值角度，通过月客户增长率的变化和新客户销售转化率提升来衡量客群经营的商业效果。客户满意与商业成果提升两方面相互平衡才是客群经营想要达到的更理想状态。从图中其他两个战略目标可以看到，不同目标的客户价值 MoS 与企业价值 MoS 差异很大，不要教条地套用，必须深入理解该战略要达成的未来状态，灵活运用衡量价值成效的模型方法。每个战略目标有 2～3 个左右的关键 MoS 指标即可，最多不超过 5 个。

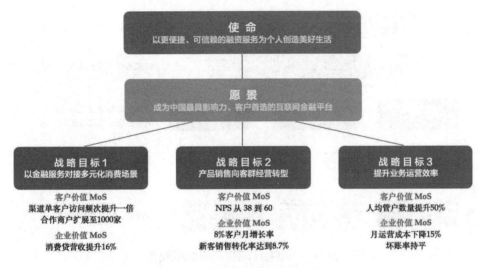

图 14.4　战略目标与成功衡量标准

可视化投资组合：精益价值树

　　以聚焦的战略目标为方向，进一步对如何高效达成目标的行动进行解码。这一层的规划可以授权给产品团队来考虑和提出，也可以自上而下规划一些关键的投资方向和行动项。领域产品负责人将其可视化出来，形成直观的投资组合全景图，透明化给所有干系人。既然以目标驱动管理，就意味着在一段时间里，所有的重要行动都应该服务于关键目标，这是以使命原则进行指挥的基本要求。因此有必要建立一个战略目标与行动上下对齐的映射关系。"敏捷宣言"签署者之一，国际敏捷联盟的发起人 Jim Highsmith 等人出版的新书《EDGE：价值驱动的数字化转型》一书中，介绍了一个重要的工具"精益价值树"。它是一种以价值成效为导向，用于分析和沟通业务愿景、战略与投资的工具，形式简单且可视化。其核心是建立从业务愿景、战略目标到各个行动措施的上下对齐和聚焦，采用一种逐层分解的倒树形结构，如图 14.5 所示。基于过去几年的实践经验，为了易于理解，我在原有基础上做了一些微调。以此结构为基础的轻量级动态管理机制将在下一章展开讨论。

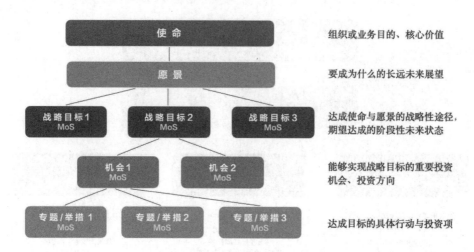

图 14.5　以精益价值树可视化投资组合

机会

业务领域和产品团队持续地洞察外部环境，基于数据实时掌握自身现状，并充分理解组织战略，不断地会发现有利于实现当前战略性目标的创新投资机会或投资方向。举个例子，假设星巴克当前的目标之一是"服务体验改善，提高客户忠诚度"，为了达到这个期望的未来状态并以此构成对竞争对手的对比优势，可能包括潜在的数字化机会。

- 拓展到店前数字服务
- 改进现有移动应用体验
- 基于用户喜好的精准推荐
- 游戏化的会员活动等

这些都有可能帮助星巴克达成目标，但并不是非常具体明确的行动，而是代表了一个机会方向，具体如何拓展到店前数字服务还有待探索和试验。精益价值树中合适的"机会"应当满足以下几个要求：

- **支持战略目标实现**。这一点要求毋庸置疑。

- **不是具体的行动和解决方案**。机会虽然比战略目标更具体，来自于前面的战略分析与规划，但并没有具体到如何去行动，粒度较大。机会更多是面向待解决的重要问题、差距，或者是创新、投资的方向。不要把具体的行动方案当机会，例如"查找附近咖啡店地图"就是一个具体的行动方案。
- **以实验的方式探索**。机会存在不确定性，抓住一个客户与市场机会可能有不同的方式来实现，因此它需要团队以实验的方式去探索，可能依次或同时尝试不同的措施，然后基于反馈再完善、修正方案，或者到最后放弃该机会。不断地在一个机会方向上进行摸索和完善，使得机会可能持续较长时间，直到已经足够完善或被放弃，不再有价值进一步挖掘和追求，或者由它支持的战略目标已发生改变。
- **可以衡量其效果**。机会必须是可以衡量效果的，因此，每一个机会也需要设计衡量其实验效果与进展的成功衡量标准（MoS）。机会的成功衡量标准更多是 BPP 模型中商业层和产品层的指标，也建议尽量同时从客户价值和企业价值两个角度给出。对于何时达成衡量指标的目标值，也需要有期望的周期跨度。
- **不能并行太多**。投资要聚焦，对机会也是如此。在一个战略目标下，不要并行同时投资于太多的机会探索，最好将在制品数量（WIP）控制在 3 及以下，聚焦资源之后，更容易产生效果，同时也避免在实现战略目标的不确定性实验中，不同机会之间效果相互干扰，更容易判断是哪一个方向的投资产生了作用。

专题（举措）

专题或举措则是在某个机会方向上，为尝试或验证机会采取的一项具体、可实施的行动，它可以由一个团队负责实施，对应着一笔投资。每一项专题应当有明确的服务对象，有要解决的具体问题和如何解决该问题的具体解决方案，并且能在实施该行动后观察到成效。继续星巴克的例子，在"拓展到店前数字服务"这个投资机会下面，有可能实施下面几个专题：

- 移动端客户预约下单
- 对接美团外卖服务

- 提供查找附近星巴克的地图指引
- 星巴卡预约/外卖促销活动

再举个例子，电商企业认为"采纳深度学习技术进行智能精准营销"是实现其"技术领先"战略目标的一个重要投资机会，那么，进行"首页精准广告投放"和"精准商品推荐"可能就是其中两个具体的专题。金融企业的资产托管业务，将"打造优质高效服务体验"作为聚焦的战略目标之一，并认为"提升系统稳定性"是能够提升服务体验的重要投资机会和方向，这是一个偏技术性的改进机会，具体的行动包括了"应用对象存储"、"采纳独立缓存"以及"应用分布式数据库"等技术专题。专题可能有以下类型：

- 产品专题，如新产品启动、新流程或业务能力及产品体验重大改版
- 运营专题，如用户运营、内容运营活动t市场营销活动
- 技术专题，如技术框架更新、架构演进、遗留系统重构、环境搭建等

图 14.6 是一个精益价值树的局部示例。好的、恰当的专题定义需要满足以下几个要求。

- **支持验证和抓住机会**。这一点毋庸置疑，专题是为抓住机会采取的一次行动，一个机会可以有基于反馈的一系列行动专题，也可能有并行的不同途径的专题。
- **投资决策的最小单元**。专题是整个领域在战略性投资方面进行投资决策和动态管理的最小粒度单元，更细节的方案与拆分则应交由下一级组织或团队自主开展。
- **具体的行动，可实现**。一个专题对应很具体的、可实施的一个解决方案。细节的方案内容不一定需要在制定战略规划这个层级进行决策，可以由产品负责人牵头进行方案的探索、设计以及评审。如果专题需要跨团队甚至跨领域合作，必须要有明确专题负责人，由他主导在跨团队间进行协调，组织方案设计与评审，再拆分到不同团队进行实施。
- **可衡量其成效**。从机会下面的第一个专题实施开始，应该就可以观察到机会的 MoS 数据，因此，专题的实施必须要能够得到数据的反馈，可以观察机会的成效数据。但更建议的做法是，为专题本身进一步细化其更针对性的成效衡量标准。毕竟不同的专题和解决方案产生的影响或期望达到的效果很可能是不同的。就像上面例子中所展示的。因为专题更

多是对一个具体的流程做出优化、一次具体明确的营销活动或一次目的明确的架构优化措施，因而，用于专题成功衡量标准的指标通常是 BPP 模型中流程层级或产品层级的指标。

- **不要并行太多**。继续遵循控制在制品数量的原则，根据资源的限制，不要针对一个机会同时并行投资于太多的专题，以此来达到三个目的：缩短每个专题方案实施的周期，更快得到反馈；聚焦资源实现突破；更容易分辨是哪一个行动专题对机会的 MoS 数据产生了影响。

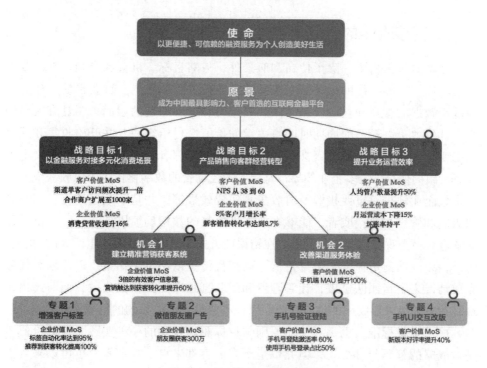

图 14.6　精益价值树局部示例

沿着精益价值树的路径回溯，从行动专题到机会，再到战略目标和愿景、使命，每一层级都比上一级更加具体，投资和反馈周期更短，同时，始终在方向上与上一级保持对齐。这种树形结构的可视化展现方式，帮助组织在企业的某一个业务层级上进行战略解码，形成全局性的投资组合视图。可以通过系统工具或贴在一面墙上，将它可视化出来，让所有人看到阵型，了解如何落地和实现战略,哪里是当前的焦点,积极思考如何为之做出贡献。让所有的投资对齐战略目标,除非在持续的战略分析中识别到战略需要调整,剔除掉那些当前价值不高、与战略目标不一致的投资。每一次帮助企业或企业中某个业务部门梳理出这样一张图时,总是有一些参与者会感慨自己终于看清了自己的工作与组织愿景、目标是什么关系;也有一些人会发现,以往投入了很大精力的工作,似乎和当下真正的业务战略关联性并不大,因而重新被拉回到方向更清晰的道路上。

成功衡量标准的意义

在精益价值树中,除了使命和愿景外,战略目标、机会和专题,都需要定义成功衡量标准,帮助相关干系人持续观察投资后的效果。首要目的是建立一种基于数据的管理和科学决策。团队在机会和行动专题的层面,要具有实验的心态,致力于以最短的周期时间将关键的价值交付给客户,并开始收集和观察数据变化。这些数据被频繁甚至实时地反馈给管理者,进而对真实的进展上下具有一致的信息。很多企业领导都觉得,失控增长的数字化投入难以收获成效。大多数企业缺少对重要投资及时收集真实成效数据,并基于数据进行动态决策的机制和管理文化;或者,能够有效指导决策的数据反馈周期太长,结果是更多依靠人为主观臆测来进行判断,在错误的方向上过度投资而产生巨大的浪费。另外,以成功衡量标准来衡量进展,以替代传统以交付工作量,以计划和任务完成情况来衡量团队进展,让管理者和团队真正聚焦到价值成效,而非产出,最终在整个组织形成一种价值导向、以最小的投入达成目的的精益文化。

成功衡量标准,也是对使命原则与目标驱动管理的一种实践。精益价值树是对战略的解码与可视化,但并不是所有内容都来自于管理者,也可以来自于基层。根据应用该工具的层级不同,在企业内部和领域团队内部,鼓励任何人都可以提出创新与改进的想法。也就是,在战略目标下,提出新机会和专题的建议。建议经过一定的轻量级决策机制后,纳入到这棵树中进行管理。精益价值树中的每一个目标、机会和专题都需要有负责人,以确保其有效的落地和数据反馈。业务的数字化投资组合管理者与每个目标负责人之间,与提出或负责新的机会和专题的负责人之间,只需要就价值目标与成效的衡量方式达成共识,并持续跟踪,而不需要具体管理到每一个部分的细节中。可以将如何设计和实施的细节完全交由团队自主进行，只有在经过一段时间成效不理想的情况下，才介入一起分析和讨论根因，并触发新的专题，或决定停止投资。以信任团队为前提，这样的管理方式可以打破自上而下在行动上的强控制文化，在必要的战略引领和指挥与发挥团队自主性和创造性之间达到一种平衡。

精益价值树与类似 OKR 的目标管理方式相辅相成，也有所不同。以业务领域为例，精益价值树的战略目标，可以是整个业务领域团队 OKR 的一部分；目标下面的机会和专题可能是某个产品团队或特性团队负责，那么成功衡量标准就会成为这些团队在某个阶段的 OKR 的一部分。区别在于，精益价值树关注的是领域的战略性投资，也就是以战略目标引导的，需要重点聚焦实现突破的投资，并非全部工作。而各个产品团队，可能还有针对自己产品持续优化打磨的工作和需要快速响应的小问题，这一部分投资称为"常规性投资（Business As Usual）"。团队需要有相应的目标来驱动这一部分工作的优先级决策，但并不体现在精益价值树中。这部分常规性投资需要采用不一样的管理和决策方式，这会在下一章详细讨论。

另外一个区别是，领域和产品团队的 OKR 中，还要包括组织自身能力提升的目标，例如研发效能提升目标。但效能提升目标本身不建议直接作为精益价值树的战略目标，因为它是面向团队内部的。而精益价值树的战略目标应当是面向团队以外的客户与市场，回答如何发展业务的问题。长远来看，效能提升肯定也是赋能业务发展的一类重要措施，那么提升效能或内部改进的行动是否要纳入精益价值树呢？这要分情况。为了交付产品和运营专题，相关的代码重构、单元测试、自动化测试等投入，必要的内建质量活动应该融入专题实施过程中，必不可少，而不是被视为一项额外的工作，不应该作为一个单独的专题进行投资决策，因此不应该纳入精益价值树。在其他专题的成本估算中应当包括对这些活动的投入。此外，还有一些投资，例如初次搭建或改造部署流水线，重大遗留系统重构，引入金丝雀发布机制等一次性的、投入较大的行动，应当定义为技术专题，纳入精益价值树的规划，和其他投资专题一起排优先级和做决策。这类技术专题的投资，可以与提升市场响应力或改善客户体验有关的战略目标，和改进研发效能或提升系统稳定性有关的机会相关联。若当前业务领域暂时没有这些战略目标，团队可以考虑通过"常规性投资"的方式来小批量、演进式地推进相关工作。

精益价值树的应用范围

精益价值树是一个具有通用性的战略解码与可视化工具，可能应用在数字化企业业务管理的不同场景下：

1. 企业战略投资管理
2. 创新孵化投资管理
3. 业务领域的投资管理、数字化业务管理（前面的例子）
4. 产品管理

应用到不同场景下，工具本身也可能稍有不同，不需要刻板地一模一样。在企业战略层管理，例如战略投资管理、战略规划部这样的机构，可以应用该工具来解码与可视化企业级、跨领域的重大变革与投资。这时的战略目标即是公司战略，机会则可以是公司战略性的投资方向，而专题则是将战略分解后不同阶段、不同部门承担的重大投资项，或称为"举措"。根据管理需要，有可能在大的战略性举措之下还会有更进一步投资决策单元的拆分，拆分为较小的专题。上面章节中举例子，是在一个业务领域的层级来使用该工具。如果将精益价值树用于产品管理，形式可能更加简单，可以只有两层，即产品目标与专题。另外，第17章将谈到将其用于企业的创新孵化投资管理。类似创新投资管理委员会或创新投资基金的组织，负责对第三地平线的探索式创新以单独的预算池进行投资，也需要数据驱动的科学决策方式管理其投资组合，目的是最大化投资回报，发现黑天鹅。这时，精益价值树中的战略目标可能对应着企业所划定的创新战略，机会则是不同的创新"赛道"或投资方向，专题则是具体的创新投资项目。下面列出一些变种的精益价值树结构：

- 战略目标 - 机会 / 投资方向 - 举措（公司战略层）
- 战略目标 - 机会 - 举措 - 专题（公司战略或领域群层）
- 战略目标 - 机会 - 专题（领域层）
- 创新战略 - 赛道 - 创新项目（第三地平线创新孵化）
- 产品目标 - 专题（产品层）
- 改进目标 - 改进机会 / 方向 - 改进专题（组织级改进）

将这一工具自上而下广泛应用于企业 - 业务领域 - 产品各个层级，将形成图14.7这样的结构形式，不同层级的那棵树相互之间彼此影响。在以上提到的所有这些不同应用场景中，精益价值树的形式虽然可以根据需要灵活多变，但有几条关键的原则不能变。

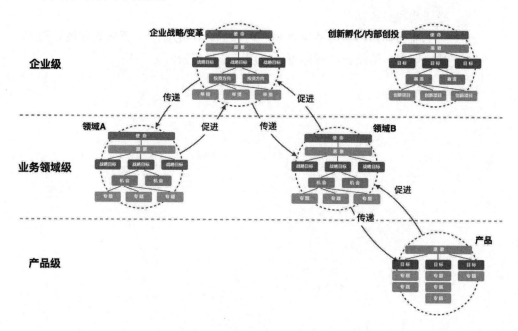

图 14.7　精益价值树在企业不同层级场景的应用

1. 使命与愿景驱动。
2. 战略解码的树形结构，以此展现战略对齐与聚焦的意图。
3. 鼓励全员提出创新机会与行动专题/举措。
4. 以可衡量的成功衡量标准进行管理，实现使命原则而非命令与控制，在战略指引与自下而上创新间取得平衡。
5. 成效数据驱动决策。
6. 应用快速响应机会的动态决策机制（下一章讨论）。

思　考

1. 要持续保持对客户、行业、竞品与新技术趋势的敏锐度，同时根据数据来实时掌握当下的服务、产品与商业模式经营现状，可以通过什么机制来实现？应该谁负责？
2. MoS、OKR 和 KPI 有什么区别？MoS 指标适合作为绩效考核并影响年终涨薪和奖金吗？
3. 除了前面列出的企业战略规划、内部创新孵化管理、领域业务规划和产品级规划，精益价值树还可以应用于哪些场景？

第 15 章

动态投资管理与决策

机会永不眠,这个时代的数字化创新与改进机会不是以预先计划的方式出现,而是随时可能从某个角落浮现出来;提出的创新想法和方案能否解决客户或业务问题有待验证;创新的产品和服务能否赢得市场取决于太多的外部因素,不经历就不知道结果;新技术、行业、政策以及竞争对手突如其来的改变,随时可能让形势偏离原来预想的轨道……业务和产品负责人必须时刻保持敏锐,随时准备好对既有规划中的方向和投资做出调整。客户和市场是不会以年为节奏进行变化的,规划可能刚刚做完,下个月一个大事件就让之前所有的预测成为废纸。像去年的新冠疫情,发生在很多企业刚刚汇报完年度规划、批完年度预算后,正准备过完新年开始大展拳脚,一切都变了,措手不及。一些企业陷入被动,毫无头绪,而一些企业却快速抓住了商机。支付宝短短三天就上线了"疫情动态";30 天上线 22 款小程序,涵盖疫情防控、疫中管理、疫情下经营的各种服务,帮助恢复生产经营和远程工作提效;应对疫情下千万商户线上经营的数字化需要,短短一个多月,蚂蚁金服宣布把支付宝从金融支付平台升级为数字生活开放平台,聚焦服务业数字化,携手 5 万服务商帮助 4000 万商家完成数字化升级。这就是速度!

很多雄心勃勃的企业创新投资计划,包括那些曾经也是从小企业摸爬滚打一路创业成长起来的新兴企业,制定了激动人心的目标,投入巨大的人力物力,但最后收效甚微,甚至走向衰败。分析其失败原因,往往归结到环境、时机不佳,或人和团队的问题。然而,换个角度思考,团队作为创新的主体,处在由人构成的企业这样一个复杂适应系统中,面对外部经济社会这个更大的复杂系统,影响结果成效的内外不确定性因素时刻存在，只能是因为过度自信而缺少实验精神，忽视了无处不在的变数，凭借主观意志在做决策。要让数字化投资更有回报，决策者应当及时知道事情开始变得不对，应立即止损和改变策略。

规划固然重要，但组织必须更要有能力超越规划，能动态和快速地响应从客户和市场浮现出来的新机会，基于从反馈中学习到的最新信息做出新的投资决策。再次重申，创新、价值与快是打造数字化业务的三大核心能力。以最短周期交付想法并得到反馈是一种快，组织战略与决策能够对新的机会和反馈做出及时恰当的响应，则是另一个层次的快。等着上级领导给指示或依靠长链条的层层申请与汇报是低效的。最理想的方式是，一个个跨职能的一线产品团队能够在明确传递的使命和愿景指引下，像特种部队一样敏锐地观察环境、收集信息，并快速做出决策，开始行动。但现实中，不能假设所有团队都是这样具有超凡能力的特种部队。在复杂的由人构成的规模化组织里，让行动决策完全依靠基层产品团队的自主性是不现实的。一线产品团队可能受限于资历和阅历，产品负责人的素质和能力有限。即便团队具备必要的素质、意愿和能力，一个产品团队的视野也难以超出自己所专注的产品范围，能掌握的信息只是复杂系统中一个小的局部，往往很难持续做出合适的决策。组织对有限资源的投资决策，需要站在一个更大的范围内综合考虑，避免在局部过度优化而导致浪费。

要支持快速合理进行决策，一个投资组合的全景图很重要。遵循第 14 章的战略规划过程形成从战略目标、机会到行动专题的可视化精益价值树只是长征的开始。一个静态的精益价值树并不能帮助企业提升响应力，它必须是动态的。在整个企业或面向业务的领域或领域群中，需要有一个对整体投资组合进行动态管理的有效机制。

价值实现团队

在每个领域中，领域产品负责人作为业务领域数字化业务规划与发展的第一责任人，主导对投资组合的动态管理并制定决策。但是，一个人的知识面和得到的信息是有限的，会掺杂太多个人主观意识，很难持续做出合适的决策。此外，恰当的决策还要综合考虑技术成本和可行性、市场推广和运营等各种因素，通过一个多种背景和技能的小群体做出集体决策，或者至少在决策过程中能够加入来自多种背景和技能的不同声音，会让决策更加有效。承担这样一个职能的小团队称为"价值实现团队"，这个名字意味着，该团队是对一个领域内的投资价值成效负责的，核心关注的是价值而非流程。

借用前面章节的示例，在一个领域里，价值实现团队、更高层管理者与围绕子领域、客群、平台与创新建立的产品化团队之间形成图 15.1 所示的关系。

领域产品负责人是该价值实现团队的负责人和主导者，核心成员包括与其紧密协作的领域交付负责人和领域团队中骨干的产品负责人、领域架构师以及市场、运营的代表。除核心成员以外，在投资组合的管理和决策过程中，根据需要也可能邀请其他特定方向的专家，比如行业分析师、数据分析师、信息安全专家等，共同参与对投资及其效果的分析决策。可见，这个价值实现团队和产品团队一样，也是一个多学科专家构成的跨职能团队。不同的是，它是一个虚拟团队，团队成员各自都在领域团队的运作中承担着其他重要职责，共同参与数字化投资组合的管理和决策。

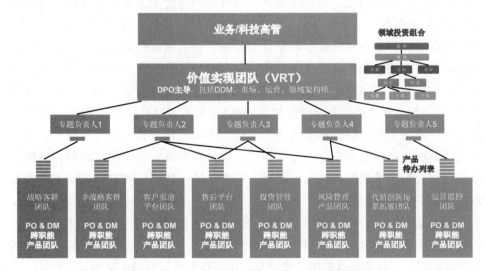

图 15.1 领域内价值实现团队与高管、产品团队的关系

如果在整个企业战略层面进行动态的数字化投资组合管理，那么这里的价值实现团队就类似于很多企业里的战略执行委员会，团队的主导者是 CIO（首席信息官）或 CDO（首席数字官）。

可视化的精益价值树可以作为该价值实现团队的主要管理工具，动态地进行更新调整。其中的内容并非都源自价值实现团队,更高层的管理团队与实施落地的产品团队都会对投资组合的内容及其变化产生影响。

高管团队

使命与愿景,上一级的组织战略目标是源自更高层的管理团队,例如领域或事业部的业务主管、更高层的管理者以及科技侧管理层(如果业务与科技在实体上仍分为两个组织)。高层管理有责任为使命与愿景提供输入,需要定期审视由领域团队制定的战略目标、主要投资机会及其成功衡量标准,并与领域产品负责人、价值实现团队就这些规划内容进行讨论,反馈意见,最终达成共识。高层管理者基于自己的丰富经验、战略思考与远见,可能直接有一些输入(例如建议的投资机会和如何实现战略富有洞察的想法)。

在持续管理的过程中,高层管理团队通过与领域产品负责人、价值实现团队核心成员的持续沟通,通过对成功衡量标准的持续跟踪来了解领域业务的进展,也可能会重点关注个别对全局业务意义重大的机会和专题。但遵循使命原则,高层管理者应尽量避免直接参与设计和指挥、审批所有行动,而应当授权给领域的价值实现团队和产品团队来完成。仅在成效进展偏离或不理想时介入参与讨论,一起分析根因并为寻找新的机会、专题和解决方案提供协助支持。除此以外,在不同目标之间的资源分配需要调整时,可能需要高层管理团队参与决策,这在下一章关于预算管理部分进一步讨论。领域内部的价值实现团队,需要在以上各方面与高层管理充分沟通合作,共同协商和确定合理的战略目标与投资组合规划,确定重点投资机会;同时,有责任通过数据将所有投资的成效实时地反馈给高层管理者。

如果是在整个企业战略层面进行动态的数字化投资组合管理,那么这里的高层管理团队即 CEO 及其他核心 CxO 高管人员以及董事会成员。其职责与运作方式类似,只是业务战略的高度更高,动态投资决策的粒度更粗。

产品团队

示意图中的下半部分,是面向业务、围绕产品建立的一个个业务科技融合的跨职能团队。产品团队应是领域投资组合中机会、专题主要的提出者、贡献者、由价值实现团队以一种轻量的方式对机会和专题想法进行审视和决策，有价值的则纳入投资组合，添加到精益价值树中进行管理，而没想清楚的、没有价值的或与战略目标方向不符的则拒绝，并且对纳入投资组合的所有机会或专题排优先级。这时，提出想法的产品负责人、架构师或运营人员通常就是对应机会或专题的负责人，或者由领域负责人来分配其他更合适的人担当专题负责人。价值实现团队与机会、专题的负责人就成功衡量标准协商达成共识。

具体专题的详细方案设计和特性、故事拆分，则由专题负责人、产品团队自主地完成，并组织在相关的干系人和团队之间进行评审达成共识。专题负责人、产品团队具有这个层级的自主决策权。产品团队，负责将自己所负责专题需要交付的特性或故事、其他团队所负责专题需要自己团队参与合作的特性或故事，以及其他非专题的常规性投资工作项，统一放在一个产品待办清单中进行管理。根据多方沟通协商的结果，基于自身产品的定位和规划，以及支持组织整体战略发展的需要，对清单中所有的工作项统一进行优先级排序。不是分开排序，因为所有的工作项都是由这个团队同一批人来完成。然后，团队以 Scrum 冲刺或看板流动的方式，按优先级顺序迭代交付，确保所有目标、机会和专题的成功衡量标准，以及其他基于 BPP 模型建立的指标体系，在实现功能的同时，实现相应的数据采集、统计及呈现。

总结起来，价值实现团队的职责是介于高层管理团队与产品团队之间，以一个多学科跨职能小组来履行动态的投资组合管理与决策，致力于从领域全局实现投资收益最大化。具体职责如下。

1. 与高层管理者协商制定使命与愿景。
2. 持续组织进行实时战略分析与规划，建立和维护完整的投资组合视图（精益价值树），包括战略目标、机会与专题及成功衡量标准。
3. 接受自上而下、自下而上提出的所有机会、专题想法，从领域使命、愿景和战略的角度对所有投资想法进行优先级排序，对是否投资做出决策。
4. 审视各专题实施后带来的实际成效，以数据驱动，决策后续行动。
5. 确保以数据方式将战略目标与机会的实际进展频繁或实时地反馈给高层管理团队。

专题优先级排序

数字化投资之所以必须有效管理，除了对齐和聚焦的目的外，另一个重要的原因是团队资源有限。有多少人干多少事，管理能力的差距就在于谁能够让有限资源投入在真正更有价值、更紧迫的工作上产生更大回报，谁能够引领团队更灵活地响应变化。

动态优先级列表

基于按优先级排序的动态清单开展工作，是比基于一个时间固定的计划更有效更敏捷的方式。因此，每一个产品团队都需要维护一个产品待办清单，将需要这个团队同一群人去完成的所有工作项以统一的优先级顺序排列，包括业务功能、体验优化、运营支持以及技术演进和债务偿还的工作。然后，团队依据优先级从高到低依次交付。当有新的工作项来临时，只需要将其插入现有的待办清单与其他已有工作项进行排序，排得越高则越快响应。这一简单的机制省去了传统项目管理中高成本、响应缓慢的需求变更流程，让团队能灵活地拥抱变化。这种方式同样适用于对更粗粒度数字化投资的动态管理，只不过，这里我们要管理的不是等待交付的细粒度用户故事，而是企业、业务领域需要投资的一个个行动专题。这样的清单称为专题的"动态优先级列表"，突出这个清单中所包含内容的两个基本特征：动态浮现的，和按优先级排序的。

如果领域团队不大，大概二三十人，可以考虑将精益价值树中所有的专题放在统一的动态优先级列表中进行全局排序。但一旦领域团队接近上百人，在实践中就会面临很大的挑战。要理解，之所以需要排优先级，本质上是要解决有限资源的调度问题。如果一个产品团队在近期没有高优先级的专题需要实施，它的部分资源可能需要调配到其他负责更高优先级专题的团队中去（产品团队还存在，需要响应常规性投资，这在后面讨论）。如果一个领域所有专题放在一个列表中统一排优先级，就等于将整个近百人的领域团队视为一个统一资源池，这会导致不同产品团队之间资源流动较为频繁。考虑到产品团队是面向业务，按子领域、客群、平台或创新来划分的，每个产品团队都有自己负责的业务方向，站在平衡团队人员稳定性和流动性的角度，将所有专题按合适的方向分为多个动态优先级列表分别排序，更有利于保持团队稳定性。另一个挑战是，一个领域团队的投资专题可能很多，对于完全不同性质或不同方向的专题，有时很难放到一起来决定哪一个更优先。就像将一个触点渠道的体验优化专题和一个领域后端公共基础平台的新技术探索专题放到一起比较，如何确定谁优先级更高呢？

因此，建议建立多个动态优先级列表。划分不同列表的依据可以是按战略目标，即对实现同一个目标的所有专题统一排序。这样排序的依据就很清晰了，哪个专题对达成目标、影响其 MoS 指标的帮助更大。或者，可以按产品团队划分，即将由同一个产品团队负责的所有专题放在一起排序，这样好处是让团队的资源更稳定了，但不利是，缺少了不同产品之间投资的相对优先级关系，让产品团队之间必要的流动变得困难。另一种方式，是按专题的类型划分，例如，将业务能力、营销运营和技术改造类的专题分别排优先级，相同类型的专题放在一起更容易考虑其相对优先级。无论选择哪种方式，按一种维度划分列表就好，不要分别从不同维度给出优先级相互冲突的不同列表，给团队带来困惑。如图 15.2 所示。

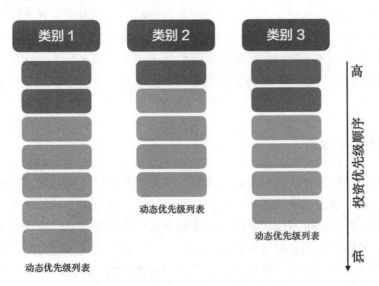

图 15.2　按类别建立多个动态优先级列表

图中，最上方深色的专题是当前优先级最高而需要立即开始行动的。这样的信息为各个产品团队在更细颗粒度上的产品待办清单优先级排序提供了关键的输入。遵循"尽早结束、延迟开始"的原则，每个小团队始终聚焦在列表中优先级最高的 1～2 项开展工作，而不是同时并行启动很多个专题。同样的工作量，并行越多，每项专题的解决方案能够交付并取得成效反馈的周期就越长，团队的精力就更分散。并行越少，就能更快获得实验结果，更早地对决策做出调整。

接下来，还需要对每一个类别下的专题进行排序。经常面临这样的困难，不同的专题从不同的角度看都显重要，专题负责人总是能找到理由来阐述自己的想法有多么紧急和重要。A 讲自己的想法能够带来新业务机会，增加收益，而 B 讲自己的专题能够改善用户体验，增加黏性，这就是所谓的"公说公有理，婆说婆有理"，难以给出一个让所有人信服的决策，结果最后"领导说了算"。有意思的是，一位客户的数字化业务领导告诉我，对于专题排优先级这件事，他不希望武断专行。因此，他过去总是努力通过开会讨论的方式，希望听取大家意见，但每次开会都争论不休，到最后，还得他来拍板。这让他很为难，很难解释清楚为什么某个专题就比另一个更优先。再说，这些想法由不同部门提出，他不希望得罪人。最后，他们定了一个规矩，不再争吵，谁的专题先提出来或者先设计达到可实施的程度，就先开始做哪个。太棒了！排序矛盾的问题解决了。可是，这样能把业务和产品做好吗？解决这个问题的关键是找到一个共同的语言，明确可以用来确定当前优先级的关键因素。下面介绍三种常用的专题优先级排序方法。

二象限矩阵

二象限矩阵是最简单的形式，选择两个最重要的优先级考量因素作为大家的共同语言，通过二维矩阵的方式，在两个不同维度方向上比较各专题的相对优先顺序，暂时忽略其他次要因素。这种方法的优点是，可以很快速地从一大堆的机会和想法中找出需要最优先关注的内容。如果情况不是特别复杂，这种排序方式可能就足够了，在很多次的实践中这种方式很好用。不同的场景下，最适合的两个考量维度可能不同。图 15.3 给出了多种选择。

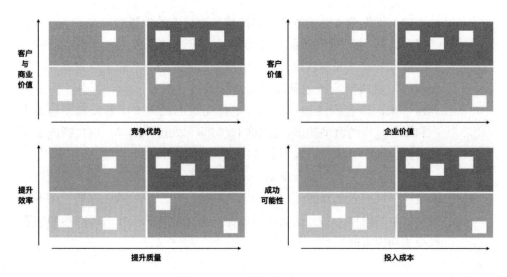

图 15.3 二象限矩阵优先级排序

至于选择哪两个维度来建立优先级矩阵，主要取决于具体的业务特点。

- **"价值"与"竞争优势"**。在一个竞争激烈的市场里，产品或服务面临很多同类竞争者，例如同处于中国市场中的多家物流企业。这时，价值和竞争优势可能是两个关键考虑因素。价值代表专题预期能带来的客户价值与企业价值；竞争优势则是专题预期能够多大程度提升产品或服务相比竞争对手的竞争力，强化门槛优势。有时，两者是重合的，但也不尽然。矩阵中，越靠右上角的专题优先级越高，这类投资往往更贴近企业的核心价值，与业务战略紧密相关；而左上角的价值很高，却不能显著增强竞争优势，往往是一些行业基础性的、业务核心但缺乏差异性的投资方向；而右下角的能显著利于竞争，但长期价值并不高，这类往往是一些短期主动或被动的竞争性战术措施、定制化而非通用性的或偏营销类的专题。

- **"客户价值"与"企业价值"**。所有的专题都需要创造价值，但根据 EVC 模型，企业创造价值的对象主体可分为客户和企业自身。这两个方向衡量方式不同，也并不总是一致。以此作为排专题优先级的两个方向，优先投资于那些双方价值诉求高度一致的，既能够为客户带来高价值高满意度，也能够为企业创造更大效益的想法。而下一步相对低一点的，建议优先考虑左上方那些客户价值更显著的投资。

- **"提升效率"与"提升质量"**。对于一个生产型或服务型企业，比如制造、产品设计或软件开发领域，或提供服务的呼叫中心、线下客户服务，当我们讨论对内部生产或管理过程进行改进，投资可能对效率和质量两方面带来的改善程度很可能是考虑优先级的最重要因素。效率包括生产和服务过程的流动速度，比如响应时间和处理周期等，也包括产能；质量则包括产品质量、客户服务质量、稳定性和安全性等。

- **"成功可能性"与"投入成本"**。对于研究型组织或对于从事前沿高不确定性领域探索创新的工作，如果当前阶段企业重在鼓励探索，还不到看重收益的阶段，那么这类项目最优先考虑的就是要投入的成本和探索取得成功的可能性。

延迟成本

我们都知道，在做出抉择时，其实是不断地从各个角度向自己提问，然后试图回答这些问题。比如"这一堆提案里，将来哪项创新可能给公司带来更大的好处？"又或是在收拾屋子时，"这些堆在角落里的箱子、被褥和过时的衣服，还有用吗？哪些可以扔了？"若我们总是这样从正面去提问，经常就会觉得每件事都很重要，每样东西都可能有机会发挥其效用，久而久之，就成为选择困难户。可以试着换个角度问自己："如果今天把这个东西扔了，会给接下来的生活带来实质性的不便吗？" 从这个角度思考，也许家里堆放的很多东西都可以扔掉。"延迟成本"方法类似于这样的逆向思考方式：如果今天我们决定推迟实施该专题，会带来什么实际的损失？损失是立刻还是将来才会发生？

更准确地说，"延迟成本"是分析延迟决策带来的损失随着时间的变化，用于衡量投资的时间紧迫性。这里所谓"损失"，常见的如图 15.4 所示。

延迟投资可能造成的损失并不是总会立即发生的。它何时发生以及涉及的金额大小与时间有关。最严谨的延迟成本分析是对损失随时间的变化趋势进行定量建模，绘制出曲线。不一样的变化趋势指引着企业做出不同的决策。典型的延迟成本模型如图 15.5 所示。

成本类别	描述	量化方法
业务损失	可能是因为没有满足客户的诉求，也可能是因为竞争、延迟投资所导致的错过可能的业务增长或导致的已有业务下滑	预测可能减少的销量、交易量或流失的客户数，并考虑历史运营数据中每一笔销售和交易产生的收入或单客户平均收益，从而将预测的损失量化
惩罚	可能因为眼下或将来潜在的问题没有得到及时解决而导致客户投诉和赔偿，也可能是违规被监管机构罚款	基于当前的问题发生频率和平均的赔偿或惩罚金额计算
浪费	参考精益思想的七大浪费，比如不增值的过程活动、等待以及返工等	基于预测投资能够减少的浪费活动，比如减少的等待天数，并考虑以往在这些活动中每天消耗的资源成本，从而量化出总的浪费
无形损失	对品牌或市场声誉的损害	比较难以量化，考虑粗略地预估损害可能带来的业绩影响

图 15.4 延迟成本的成本类别

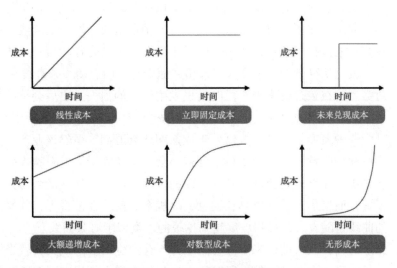

图 15.5 典型的定量延迟成本模型

1. **线性** 即未来的损失将持续发生，而且每月、每年受损的影响比较固定，不会随着时间显著变化。例如，企业当前内部管理过程中某一环节需要等待领导审批，根据历史数据统计，平均的等待时长为 2 天，现在有一个解决方案，预计能够将该等待缩短到 1 小时。这一改善如果被推迟，基本上企业为之承受的损失是持续且恒定的。反映在模型上，累计的总损失会随着时间线性增加。

2. **立即固定** 因为延迟行动，近期立即会发生一笔固定的显著损失，但之后不会再发生，即一次性损失。例如，政府为特定原因发起一次大规模招标采购，若能响应、则能产生一笔不小的销售额，而若响应不了，则损失这一笔潜在收入，下一次有没有这样的机会谁也不知道。

3. **未来兑现** 同样是一次性的显著损失，但发生在未来某个时间点。例如，金融企业面临监管机构的监督，当某些政策改变后需要企业做出调整，给出了时间表，超过某个截止时间后若还不能满足监管要求就会产生一笔巨额的惩罚，在那之前，并不会有实际的损失。反映在模型上，损失是从未来某个时间点开始的一条横线。当然，这样未来兑现的损失也存在发生变化的不确定性，有可能不会兑现。

4. **大额递增** 在近期立即发生的一笔显著损失基础上，随着时间继续有影响。例如，眼前有一次千载难逢的类似广交会这样的绝佳营销与运营机会，如果抓住了，可能带来一波显著的销量增长，同时也能建立一些潜在客户的连接，这些连接很可能带来后续持续的合作机会。反映在模型上，就是从纵轴的一个高起点开始并随着时间向上的一条直线。

5. **对数型** 在较近的未来一段时间里发生较大的损失且之后会持续发生，但之后新的损失规模会随时间推移而减少。产生这种衰减的原因有很多，其中一种典型场景是业务已处于成熟期或衰退期。虽然该业务今天仍带来可观的收益，一些问题得不到解决会产生较大损失，但越往后，影响会越小。如果该机会没有其他方面的价值，可能选择承受当前损失不做投资，而聚焦于其他更具长远意义的机会。反映在模型上，其累计损失的曲线是随着时间推移坡度越来越缓的，类似于对数曲线。

6. **无形的** 在较近的未来一段时间里并不会产生明显的损失，就当前其影响是无形或潜在的，但一段时间之后其影响带来的损失可能随时间快速增加，严重影响长远的未来。比如，企业面对在整个市场中都还处于创新探索早期的一些机会，市场还没有多少进入者，或者进入者还没有摸索到成功的模式，因此企业早一点或晚一点投入看似影响不大。但一旦探索投入积累到质变就可能迎来快速增长期，如果企业不能及时抓住机会，则会遭受大量损失，甚至面临被颠覆的危险。

对延迟成本模型的分析可以帮助投资决策者和业务负责人看清楚专题投资的影响，权衡自身策略与承受力，恰当选择要优先开始的工作。更多关于此分析方法的详情，请参考"黑天鹅"网站或其他著作。经过实践中的经验积累，意识到这一方法有一些局限性，更适用于直接面向客户与市场的业务和产品团队，但对于业务中后台的投资，运用该方法有很多挑战。

首先，要进行量化计算，需要有足够的历史数据积累，比如前面例子中的单笔交易平均金额、单客户平均收益或客户终身价值等；需要投资产生的影响能比较直接地关联到这些可量化的损失，比如销售、客户数变化或罚款等，有时这很困难，使得该方法不可行；或者，为做出投资决策进行量化分析本身的成本过高，得不偿失。

其次，它要求投资产生的影响及其程度有一定可预测性，这使得该方法比较适用于企业处于增长期和成熟期的业务，而不适合不确定性非常高的对未来机会的探索活动。对潜在的颠覆式创新探索，在前期投入精力去预测其工作结果并进行量化分析本身就是一种浪费，分析得出数据基本靠臆测，没有可参考性。

最后，遵循以客户为中心的原则，从客户价值角度分析投资成效比从企业效益角度衡量更重要，包括衡量客户体验和行为变化等非直接经济效益价值，例如免费客户的增长、用户使用频率的提高、NPS 指标等。延迟成本方法更多是从可量化的企业效益角度分析，容易驱动决策者过度从企业利益角度做出决策而忽视了客户价值。

在量化模型不太适用的场景下，延迟成本的逆向思维模式仍然是在决策过程中有效的一种思维方式。可以采用一种定性的延迟成本分析方法对专题进行粗略的优先级排序，如图 15.6 所示。

图 15.6 其实是从专题"价值"和"时间紧迫性"两个维度来建立的二象限矩阵。"价值"，代表对如果不投资该专题可能带来的损失高低的定性判断，而"紧迫性"，代表可能发生的损失随时间变化的趋势，大致对应着前面几种模型。为了在实际运用中便于理解和判断，这里将两个维度各自分为三个等级，形成一个九宫格矩阵。

图 15.7 说明了两个维度划分等级的依据，其中的收益或损失包括对客户价值的考虑。以定性方式分析延迟成本是基于一定时间周期的。根据业务所在市

场的变化速度和竞争激烈程度,往往以一个月到三个月为周期来分析,也就是说,一个专题的紧迫性应放在哪一个等级只是着眼于当下来分析。价值实现团队可以每隔一段时间,例如一个季度,运用该工具对专题优先级进行再次梳理,很可能到下一次,情况就完全不同。

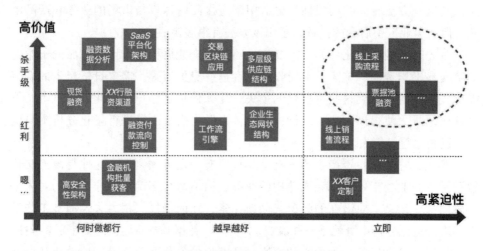

图 15.6 定性延迟成本优先级排序

	杀手级	显著红利	不显著
价值	专题预计产生非常大的价值,突破式的改善,成为业务的突出亮点,例如能够显著形成竞争力、客户吸引力或极大地提升效率等;或者相反,若不投入会产生巨额而难以承受的损失	专题能带来比较明显的价值,或不投入则会导致显著的损失,影响较大,但在可承受范围内	专题带来的价值不明显,收益较低,或不做目前能预见的影响也不大
	立即	越快越好	何时做都行
紧迫性	延迟投入会在近期立即产生损失,错过了难以弥补。类似于上面立即固定、大额增量以及对数型的延迟成本模型	延迟投入虽然不会立即产生显著损失,但随着时间推移可能的损失会持续累计,甚至越来越大;或者说,越早投入能够带来的好处越大。类似于上面线性、无形的延迟成本模型	近期不会产生损失,并且在一段时间里何时投入对产生的价值或损失大小没有显著影响,类似上面兑现期还较远时的未来兑现延迟成本模型

图 15.7 定性延迟成本中价值与紧迫性的三个等级描述

关键价值要素权重公式

推广敏捷的顾问总说，团队要尽早交付高价值的需求。但并没有多少人能够说清楚到底什么是价值，这是个很模糊的概念。业务人员天天嚷着要的就是高价值吗？用户提出来的就是高价值吗？第 11 章，关于建立成效指标的 BPP 模型和 EVC 模型从不同的角度尝试回答了这个问题。从模型中可以看到，"价值"是一个综合性概念，可以从很多角度评判。但问题是，如果评判的角度太多，就会让优先级排序变得非常困难。在实践中，我意识到，虽然评判价值的可能因素很多，但在一段时间内，针对特定业务领域来说，总是会有个别因素对决策的影响最大，应当将这样的"关键价值要素"识别出来并将其透明化，成为所有人讨论优先级的基础，而不是只模糊地存在于个别决策者的头脑中。

基于经验，我总结了十几个常见的关键价值要素，作为投资优先级事前分析的依据，如图 15.8 所示。

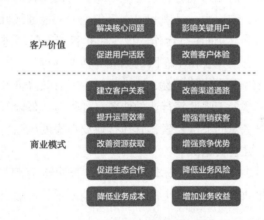

图 15.8　典型的关键价值要素

- **价值要素 1：解决核心问题**。该专题想要解决的问题是否与该产品或服务的价值主张、核心价值定位有关？
- **价值要素 2：影响关键用户**。该专题的改善是影响到产品服务的最核心用户群，还是影响力很大的关键用户与干系人？
- **价值要素 3：促进用户活跃**。该专题是否能促进用户活跃？
- **价值要素 4：改善客户体验**。该专题是否能显著改善现有客户体验进而提升客户满意度?

- **价值要素 5：加强客户关系**。该专题是否能有效建立和加强商业模式中期望与客户建立的特定关系？例如黏性、忠诚度和合作关系等。
- **价值要素 6：改善渠道通路**。该专题是否能显著改善或扩展产品或服务与客户连接的触点与渠道，让渠道更加丰富、通畅、高效？
- **价值要素 7：提升运营效率**。该专题是否能显著提升组织内部管理运营的效率？例如生产、组织管理、信息透明等。
- **价值要素 8：增强营销获客**。该专题是否能显著促进获客和市场营销活动的有效性？
- **价值要素 9：改善资源获取**。该专题是否能显著改善企业对所需资源的获取、利用或降低资源需求？这里的资源包括资金、人力、原材料等。
- **价值要素 10：增强竞争优势**。该专题是否能显著提升企业相对所有或特定竞争对手的相对优势，或建立门槛，有助于提高竞争力？包括从科技、规模化、响应力、品牌和成本等各个方面能够战胜对手的优势。
- **价值要素 11：增进生态合作**。该专题是否能有效增进与上下游合作伙伴的关系，有助于合作生态圈的拓展与活跃性等？
- **价值要素 12：降低业务风险**。该专题是否能有效降低开展业务的风险？尤其是对一些处于强监管行业的业务，如银行、保险等，风险总是在各项决策中要考虑的关键要素；其他行业要考虑的风险也包括生产安全、法律法规、社会舆论等。
- **价值要素 13：降低业务成本**。该专题是否能够显著降低开展业务的运营成本。比如采购成本、生产成本、营销成本、运输成本、客户服务成本等。
- **价值要素 14：增加业务收益**。该专题是否能够直接增加收入或利润，或提升盈利能力？比如提高单价、销量、提高付费转化或开拓新收入源等。

这十几个关键要素并不能覆盖所有的情况，这也不是我的目的，毕竟真实的业务决策因素千变万化。目的是想给读者一个清晰的思路去思考自己的业务，然后回答这个问题"当下什么是最重要的价值要素？"您可能会找到自己更加关心的不在以上列表中的要素，请添加进去。

在实际进行优先级排序时，不需要上面所有要素。基于外部环境洞察、现状理解和组织战略，可能基于领域既定的战略目标，识别出最重要的三到四个关键要素即可。选择的要素越多只会让决策过程越加困难，容易失去讨论的焦点。当然，关键价值要素的选择要能够在组织内达成共识。比如下面这个真实例子，银行某领域的业务部门，选择了他们认为在最近半年里要集中关注的四个要素：增加业务收益、提高竞争优势、增进伙伴关系和降低业务风险。然后，给每一个选择的关键价值要素设置一个权重，因为这些要素之间的相对重要性不一样，确保所有要素的权重加起来是100%。接下来，由业务管理者、领域产品负责人以及价值实现团队中与每项投资专题相关的核心成员，就各个专题评判其对每一个关键价值要素的影响，给出 0～3 的得分。0 分代表该专题对这个要素没有任何贡献或影响，3 分则是有非常显著的贡献或影响，而 1 分和 2 分则介于之间。最后得到如图 15.9 所示的表格。

举措/专题 \ 价值要素	提升业务收益(40%)	增强竞争优势(30%)	改善合作关系(10%)	降低业务风险(20%)	粗略估算(人月)	优先级得分
理财客群专属服务	2	3	1	0	6	23
传真系统	0	2	2	2	3	40
运营合规监视	0	1	2	2	1.5	60
操作风险排查	0	1	2	2	2	45
年金产品迁移	0	0	2	1	10	4

图 15.9　关键价值要素权重公式优先级排序

然后，针对每一项专题，将不同的人在每一个要素上的打分求得均值，再结合权重得到价值加权分。除了价值要素的影响，为了创造价值而付出的机会成本也是必须要考虑的因素之一。投资了某一个专题，就必然减少了投资其他专题的资源，产生机会成本。这里机会成本包括数字化产品的研发投入，也包括其他资源，比如运营相关投入。可以使用粗略估算的人力。以价值加权分除以粗略估算的成本得到一个粗略的优先级分数，公式如下：

$$优先级分数 = \frac{各项关键价值要素得分加权和}{粗略估算成本}$$

显然，分数越高的，越应当优先投资。虽然这是有主观因素的评价过程，但对于粗粒度投资专题层面的优先级决策，仍然不失为一个好的方法。

首先，它将所有人的优先级讨论拉到一种共同语言上，且透明，容易达成共识。建议由包括对业务理解最深刻的业务专家、最贴近客户的市场代表在内的多名干系人共同参与，先各自打分，然后针对打分结果进行解释和辩论，最后取得共识，这一过程称为"干系人挑战"。

其次，突出重点，能够帮助所有参与者更好理解当下影响业务发展的要害。

最后，这个方法符合精益原则，因为它驱动解决方案的设计者采用更简单的解决方案创造更大价值，以小批量方式投入，这样得分才会更高；而不是像传统的决策流程，会驱使团队倾向于一次提出更大的方案。

采用基于关键价值要素评分的权重公式法进行优先级排序是需要花一些时间的。企业或各个业务领域对专题或举措投资的决策是在一个粗粒度的层面进行，每一笔投资都有较高的机会成本。要让企业有限的投资尽可能聚焦到最有价值的工作上，花一定精力对投资进行审慎的判断是非常值得的。但这一方法不适合用于更细粒度经过拆分之后的特性、故事的优先级排序，也不适合用于持续零星优化的常规性投资的排序。另外，权重公式法所采用的关键价值要素需要及时调整，不同时期的内外形势与战略目标决定了需要关注的重点不同。

定期价值评审会议

到此为止，谈到了动态投资组合管理中价值实现团队需要承担的几项关键任务，包括从使命、愿景与战略目标出发规划出整个精益价值树，定义成功衡量标准落地数据驱动决策，并对不同类别的专题进行优先级排序。这些活动可以融入到日常的管理过程中，随时按需进行。同时，要让良好的管理方法形成制度，有利于价值实现团队成员的沟通协作，建立一种正式的例行会议来推动这些任务完成是一个提高执行力的好主意。无论是给价值实现团队，还是受其决策影响的各个产品团队，都建立一个公开的工作节奏，知道什么时候该提供什么。行使动态投资组合管理的这样一个例行管理活动称为"定期价值评审会议",由价值实现团队的成员参与为主,必要时可邀请其他专家。由于这个会议是围绕业务与各个产品的投资管理开展基于数据的价值分析和决策,一些企业也将其称为"产品运营决策会议"。

业务领域的价值实现团队需要分别与高层管理团队、产品团队合作,因此定期价值评审会议往往也以两种不同的形式和节奏开展,有不同的参与者,关注不太一样的内容。

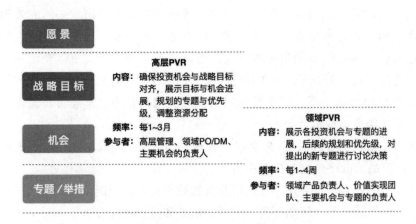

图 15.11　不同节奏的定期价值评审会议

管理层 PVR 会议（每 1～3 月）

价值实现团队的主要负责人,例如领域产品负责人,领域交付负责人以及各战略目标与机会的负责人,需要定期与高层管理团队之间开展沟通。目的是对一段时间的数字化投资成效进行审视,更新最近发生的变化以及下一步的规划。根据业务特点所需要的响应速度快慢,建议至少 3 个月一次,也有些公司里需要每个月和高管对齐一次。主要会议议程如下。

- **运营更新**。以数据为基础,呈现该领域各个战略目标、主要投资机会的实际成效进展。从数据分析中得到的洞察,并据此讨论后续对投资机会和战略目标需要做出的调整。
- **战略分析更新**。落地动态战略,每次更新最近外部环境发生的主要变化,包括行业形势、竞品动向和关键客户趋势等,并呈现当前服务体系与产品从差距分析和数据上反映出的问题,发现的新机会点,上下确认对高优先级机会的判断。
- **投资组合更新**。根据前述分析判断,展示最新的投资组合视图,尤其是对目标、新机会的调整。
- **资源更新**。根据以上的调整,动态决策必要的资源分配调整,包括需要增加和减少的资源以及不同目标和机会之间的资源分配。

要强调的是,该会议必须是以洞察与数据为基础,讨论取得的成效和下一步决策,而不是评审详细的行动方案,更不是汇报开发进展,也不是汇报过程效能的数据。关键的效能指标数据应当通过工具呈现出来,不需要汇报,管理层可以通过工具实时查看,并在其他内部管理会议上讨论效能数据反映的问题。

这里顺便总结一下,对于管理层,在数字化企业的日常经营管理方面,可能有下面几类典型的例行会议。
- 各领域的管理层 PVR 会议(管理层与领域/领域群之间,聚焦业务和产品的战略规划与投资决策)。
- 组织管理运营会议(管理层与各领域负责人、职能负责人之间,聚焦组织管理事务,例如行政、人事、财务和过程效能改进等)。
- 变革与重大专题例会(讨论管理层需要亲自关注的、影响大的变革与重大投资专题或举措,包括专题方案、进展和成效等)。

领域层 PVR 会议(每 1~4 周)

领域或领域群的价值实现团队,通过定期的会议来驱动内部的投资动态决策,但需要的节奏更频繁,因为持续会有新的机会和专题被提出来,需要及时响应。根据业务所追求的响应速度不同,该周期有长有短。一些传统企业面对的环境变化并没有那么频繁,开始动态管理后一个月一次的决策已经比以往快了很多;而一些新兴的科技企业,天生迅速,可能需要每周都审视数据和及时做出决策。经验性建议是一周或两周一次领域层内部 PVR 会议。

领域内的 PVR 会议,除了价值实现团队成员,可能还会根据需要邀请特定方向的专家参与,例如安全与合规等。也会邀请不在价值实现团队成员里,但负责了近期重要机会和专题的人员参加。由于参会的人涉及多方角色,好的实践是，制定一个 PVR 会议的日历，公开给领域内经常需要参会的员工。作为领域内最关键的一项业务管理会议，所有人应根据日历安排提前为之预留时间。会议议程是以领域内的产品为单位，由每位产品负责人依次更新以下内容。

1. **战略性专题运营更新**。以数据为基础，呈现该产品所负责的各个机会和专题近期的实施进展、上线后成效表现，从数据分析中得到的洞察，并据此讨论后续对投资机会和专题需要做出的调整。
2. **常规性优化运营更新**。以数据为基础，呈现近期完成的主要的常规优化（不在精益价值树中）及取得的成效，从数据分析中得到的洞察，并据此讨论后续主要的优化方向。这里通常会包括一些当下战略性投资专题以外的，反映产品核心价值与体验持续优化的数据。
3. **新机会与专题决策**。产品负责人提出新的投资机会或专题建议，以解决方案画布或简化的专题画布形式，讲清楚创新想法的背景、目标用户、价值目的、方案想法、实施路径以及其成功衡量标准、预计投入等信息，为决策提供输入。可能也需要辅以简单的图示来展现还未经过仔细设计的解决方案轮廓。针对每一项建议，价值实现团队展开讨论，主要从价值、紧迫性、可行性、成本以及风险的角度提出需要团队解答的问题，并做出决策：该专题是否值得做？是否优先级够高需要立即开始进入设计和实施？可能有下面几种结果。
   - 因为无价值、很低价值或不可行，被否决。
   - 反馈的关键问题未得到解答，如关键的风险，要求重新思考，下次再提交 PVR 会决策。
   - 认可其价值，但优先级不高，纳入投资组合管理排序。
   - 认可并优先级高，纳入投资组合管理，并会后立即着手进一步设计和实施。
4. **产品规划更新**。根据以上的讨论，总结该产品后续的规划调整，尤其是对原有规划的影响。
5. **资源更新**。最后一步，根据新的规划，提出对资源调整的诉求，并由价值实现团队进行决策，是否为了支持一些紧急且非常重要的专题而在团队之间进行必要的人力分配调整。

在每个产品依次信息更新和动态决策完成后，领域产品负责人可能做一些综合讨论。例如，经过又一次 PVR 会后，领域的投资组合视图（精益价值树）主要的变化，综合确认在不同产品团队之间的资源调整。可能一些读者会觉得，类似这样的评审决策我们也有，不是和立项评审差不多吗？魔鬼在细节里，往往形似而神不似，PVR 会和传统的立项评审或部门例会有几点关键的区别。

- **以数据为基础**。无论是已有的战略性投资专题还是常规性优化，都是以成效数据为基础更新其进展。
- **围绕产品进行管理，而非项目**。PVR 会议是以面向业务的产品为单位进行沟通，关注的是产品的专题和持续优化，而不是汇报开发进度或项目进展；PVR 会重点关注的是成效，而不是时间、范围和成本。
- **激发每个团队的创造力**。充分鼓励每个团队提出新机会和新专题想法。PVR 会上，请产品负责人或其他成员站到台前阐述自己的思考，包括目标、价值和方案想法，就像是创业者到投资人面前去阐述想法争取投资一样，而不是一个自上而下分配工作的过程。如果讲不清楚价值成效，缺乏说服力，就可能被否决或叫停。对有创新的想法，即便建议被否决也请给予其掌声，鼓励每个人积极地进行创新思考。
- **轻量级**。以解决方案画布、专题画布这类精简的形式来展示想法，而不是依赖冗长的立项文档、商业计划书，不需要团队花费太多时间准备烦琐的材料。
- **动态决策，这是关键！**以这种频繁、集体并轻量的决策方式，替代传统立项的流程管理，高优先级的专题经过价值实现团队决策后立即就可以开始进一步工作，而不是所有行动都要等待层层审批、多方审批。价值实现团队及邀请的专家在场，现场立即做出决策，而不是提交申请后在不同部门、不同角色之间流转。
- **决策权力下沉**。以领域或领域群为单位进行动态投资组合管理与决策。领域内多数的专题都以这种高响应力的方式处理，领域充分对业务发展负责，并拥有较高的决策权。只有个别影响很重大的、跨领域的机会和专题，由价值实现团队决策是否要升级到更上一层级进行讨论决策。企业应当为此需要建立透明的规则约束，例如明确下面这类投资就需要升级：
  - 与自上而下推动的更高层战略性投资有关的

- 涉及影响显著商业模式变化的
- 涉及对企业架构影响重大的
- 涉及跨多领域/领域群合作的

以业务领域为中心的领域 PVR 会是一个重大的变化，可能一些管理者会担心，员工能提出自己的想法吗？大家都习惯了等着任务？习惯的行为模式都是被环境塑造的，在完全依赖命令与控制的环境下，所有人自然就是等着听指挥。改变这一点，领导力扮演着关键的作用。蛋生鸡、鸡生蛋，是应该领导者先改变，还是员工先改变？很清楚，领导者必须先改变自己的意识和行为方式。确保整个领域的愿景和战略目标有被清楚地表述出来，并且有都能理解的衡量方式。将既有规划的目标到机会、专题以精益价值树和专题动态优先级列表的方式可视化出来，让所有人都能够容易地看到全景和彼此的工作，进而能够触发大家思考自己还能做什么。领域产品负责人，积极地按以上原则来组织 PVR 会议，鼓励每个人提出想法，无论对错。请积极采纳那些合理的想法，不轻易否定，给更多人一个去实验的机会。但是，要求上线后，先以金丝雀发布及时收集反馈，或采取其他安全的发布策略。我的经验，刚开始的时候，员工可能抱着怀疑的态度，不知道葫芦里卖的什么药，但在多次的鼓励和看到其他人尝试后，慢慢就会开始积极思考。毕竟，每个人潜意识里都有发挥主动性的内在驱动力，只是以前被压抑太久罢了。

投资组合的可视化管理与 WIP

在与很多企业的业务部门沟通时，发现一个普遍的问题是，每一个提出专题想法的负责人只知道自己的需求，而完全不了解其他正在进展中的事项。总是抱怨为什么自己的需求得不到交付团队响应。另一边，交付团队则陷入多方提出的太多、甚至有时相互冲突的需求，都要求尽快得到响应，持续超负荷仍然被抱怨不够快，产生厚厚的需求积压，也无法有效保障质量。有一些企业的科技组织特别关注业务提出需求到需求进入交付的响应时间，通过度量其响应时长指标来驱动改进。这种局部度量并不好，驱使团队在已有工作还没结束时又开始新的工作，为了让指标好看一些。看似响应挺快，但都在进展中，并行太多拉长周期，迟迟不能交付创造价值，得不到反馈，这和没有开始有什么区别？

从价值交付的角度，响应力是变慢了，而非变快。可见以度量驱动改进，一定要站在端到端的范围来看周期，而不能过度关注每一个阶段的周期，局部优化产生不好的结果。

管理者总想知道每项工作当前所处的状态，要求各个团队定期给自己汇报进展，为此准备汇报材料就耗费很多精力。定期价值评审会议是一个成效审视和行动决策会议，而不是一个工作进展的汇报会，管理者想要知道工作进展以会议汇报的方式是很低效的，不可取。

另外，要激发人们的创造性，鼓励每个人去思考，就需要提供更多丰富的信息，随时了解方向和已经有些什么。看不到已有什么，就很难思考还缺什么！要解决这些问题，更好的做法是在投资组合层面运用类似精益看板的方式来管理和跟踪进展，称之为"投资组合看板"或"专题看板"。选择一个团队容易看到的地方，比如开放讨论空间或宽敞过道的一面平整的墙面上，将整个领域的投资组合全貌展示出来，持续更新关键信息和状态。同时，管理者要改变自己的工作习惯，以现场观察而非汇报的方式获取信息。投资组合看板的设计类似于图 15.12。

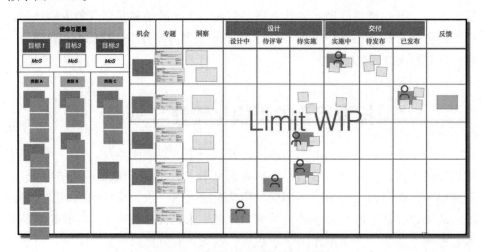

图 15.12　可视化的动态投资组合看板

看板的左侧部分是以精益价值树方式展示的投资组合全景图。上面部分是使命、愿景与战略目标及其成功衡量标准，以直观和醒目的方式展示出来让所有人都能看到，对齐。左侧下面部分是规划中，还未进入详细方案设计与实施过程的机会与专题清单，每一个机会旁边贴了相关的几个行动专题，最好将其成功衡量标准也一起写在卡片上。根据专题的分类，直观展现为几个不同的专题动态优先级列表，自上而下按优先级排列。

看板的右侧部分是专题方案设计与交付的跟踪看板，从决策启动开始到发布用户后获得成效反馈的整个过程，称为"价值流"。当某个高优先级的专题经过价值实现团队的决策可以进入下一步工作，则将其从看板左侧的列表拿到右侧的一个泳道中。图 15.12 中，从左到右推荐的列如下。

1. **机会** 这是用来划分泳道的，以机会为泳道，机会下所有的行动专题和进一步的特性拆分都在一个泳道中跟踪，从而能将同一个机会方向的不同工作直观地放在一起观察。
2. **专题** 这里贴出以解决方案画布或专题画布方式定义的一个专题关键信息，可以将画布打印出来贴在这里（可能要缩小一点）。观察看板的人通过阅读专题画布可以快速了解到这一行动的基本信息。
3. **洞察** 针对要尝试的专题，首先收集其现状信息。最关键的洞察是专题成功衡量标准指标有关的当前数据，作为与之后反馈进行对比的基线；以及其他从用户、干系人获得的，需要在事后进行审视的关键现状。
4. **设计** 即一个想法的持续设计过程，分为设计中、待评审和待实施（评审通过）三个阶段，以此来跟踪一个专题的方案设计进展。特别注意的是，到了待实施阶段，专题的方案可能会被拆分为一系列可独立交付的特性，以上示例中将特性以较小的卡片和专题贴在一起以建立他们的关系。
5. **交付** 即一个想法的持续交付过程，分为实施中、待发布和已发布三个阶段，这里不关心更细节的开发、测试等交付团队内部活动，那些信息在团队的交付看板上。注意，与一个专题相关的不同的特性可能处于不同阶段，有些已经发布了，有些还在开发中，甚至未进入实施。
6. **反馈** 将从专题第一个特性或最小实验版本上线后，将需要观察的专题、机会成功衡量标准的指标数据或图表打印出来贴在这里以便于阅读。

有了这个可视化的投资组合看板，定期价值评审会议可以基于看板上的信息进行，及时调整。高层管理者可以通过审视看板获得基本的当前进展信息，不再需要开会听取汇报。针对想要重点关注和有疑问的部分再线下沟通。

每一项专题，从决策到发布获得反馈，希望以最快的流速走完端到端过程，可以在专题卡片上记录提出日期、方案确定日期，并在交付后记录上线日期，从而统计专题的端到端周期时间（L1 周期）和交付周期（L2 周期）。高绩效团队应当致力于缩短该周期时间，提升响应力。要能提高流速缩短周期时间，除了在解决方案设计中坚持将大方案拆分为最小实验和独立特性进行更小版本交付外，需要限制在制品数量。可视化管理提供了一种直观的方式让管理者关注到并行的多少，有三个不同的点可以考虑进行 WIP 的限制，不同的团队可能选择合适的方式限制并行。

- 每个机会（泳道），并行开展专题限制，每一个机会泳道有高度限制，专题卡片最好不要多到贴不下。
- 在每个专题卡片上标注负责设计和交付的团队，通过每个团队的头像标志来限制，一个小团队不要同时负责并行太多的专题。
- 最后是从上到下，通过合理个数的泳道数量来限制并行尝试的战略性机会的上限，或者统计流动中专题的个数，并限制其上限。如果在进展中的机会多到没有额外泳道可以张贴了，就说明需要聚焦现在正在进行中的工作，尽快完成或暂停某些投资，否则不要再尝试新的机会。

项目管理与 PMO 转型

讲清楚了价值驱动的动态投资组合管理，仍想用一些篇幅再次理顺一下几个重要的概念。围绕业务与产品的管理，与精益价值树的机会与专题投资组合管理是什么关系？似乎混在一起，容易让人困惑。专题管理和传统项目管理又是什么关系？似乎差不多？相似？但又好像不同。确实是这样，也很正常，因为这些概念本就不是完全割裂的，它们现实中就相互掺杂在一起，带来了很多管理的困惑。

本文所描述的数字化投资组合管理，"投资组合"英文是 Portfolio，传统项目管理中有一个概念"项目群"，英文也是 Portfolio。投资组合中的机会或专题类似与项目。不同企业立项的颗粒度不同，有些企业立项的粒度较大，类似机会,范围可以比较模糊;有些企业项目管理要求的立项粒度较小,范围必须非常明确,类似于专题。但是他们又不能等同在一起,模糊了两种管理方式的根本差异。

前面花了很多的篇幅来描述传统项目管理的问题,给创新、价值和快的能力提升造成的障碍。提出要围绕业务和产品来管理,从组织结构到业务与产品目标,从领域的服务体系到围绕数字化产品的跨职能团队,这些才是组织真正为客户持续创造价值的长期载体,而不是项目。这样的转变,帮助管理者和团队建立起产品思维、长期思维,建立尽早交付并迭代演进的策略,而不是项目思维、短期思维,和遵循大的计划一次性交付。我们提出要以价值和质量为核心管理要素,而不是以传统项目的时间、范围、成本为核心管理要素。但存在就必然有它一定的合理性,这里让我们也思考一下,为什么项目管理会存在,它的价值是什么?

项目,本质上是为了达成短期目标要完成的一件事儿,这件事儿有大有小,有重要的也有不太重要的。我们需要承认,项目管理有它的优势,那就是短期目标明确,有执行力。无论是一个团队的项目,还是大项目涉及多个产品、多个领域,有项目经理来协调各方就一个短期目标展开合作。多方就如何共同完成一件"事儿"协商一致,有项目经理持续地跟进这件"事儿"进展中遇到的问题,跟进实际的进度和计划是否发生偏差,实际的支出是否和预算发生了偏差,进而及时有人负责纠偏,解决问题,推动短期目标的顺利达成。尽管这样的控制和纠偏可能会导致其他的问题,但项目管理有它的意义。

传统软件项目管理的问题是,将完成这件事儿的过程按需求、开发、测试和运维的阶段形成了瀑布式的单向传递过程,周期长,缺乏协作,流程过重。应对这个问题,一些企业将敏捷开发引入到项目管理中,将一个项目过程分成多个时间盒,小步迭代,将一个项目的整体范围也进行拆分,不再一次性交付,而是尽早上线最小实验版本,再迭代完成后续需求范围。瀑布式的长周期问题得到了缓解,称为"敏捷项目管理"。这确实带来了进步,缩短了交付周期,但仍有几个关键问题无法解决。

1. **以项目来管理资源**。当项目立项后,就组建一个团队来交付项目,无论采用瀑布还是敏捷迭代,项目完成后,团队就解散了,对项目后的产品持续发展不负责。

2. **以项目范围为目标**。因为上面第一条，团队只是对一个项目负责，以立项的时间、成本内完成承诺的需求范围为目标，而不是以产品及其承载业务的长期发展演进和成功为目标。

3. **缺少长期知识积累**。因为上面两条，团队成员并不是长期稳定地工作在某一个业务领域，或者某个产品。需求分析师、开发以及测试没有足够动力，也可能没有精力，对领域和产品的业务进行深入研究积累，这使得产品的设计和质量很难达到高标准。

4. **难以快速响应持续优化问题**。在纯粹的项目制管理下，一旦项目结束团队就解散了，系统进入维护阶段。客户对体验的不满足、一些业务变化导致的临时小调整将很难得到快速响应。当然可以继续立一个常规优化性的项目继续提供开发支持，但参与的人很可能不再是最初那个团队，没有参与任何前期的产品和架构设计，对产品和技术的知识积累不够，除了一些缺陷修复和微调，很难有效承接起后续的产品迭代。更大的问题是，进入这类维护性项目的人往往被视为"能力较弱"，员工没有积极性，也不利于其成长。

5. **项目的合同属性**。最后，一旦立项，就像在需求方和交付方之间签了一个合同，项目的时间、范围、成本约束就无形地造成了业务、产品和交付方之间不在一个阵营的冲突，这一问题在第 2 章已经充分讨论过。尽管《敏捷宣言》提出"客户合作 胜过 合同谈判"，但有范围合同在，就难免要谈判。

专题管理与项目管理

无论是项目制管理还是产品制管理，长期的愿景和业务、产品目标都是通过一件件短期的事儿来完成的。有执行力地完成每一件事儿不是最终目的，但它是基础，无论怎么管理，对一件件事儿的管理都是无法回避的。在本书的动态投资组合管理中，这一件件事儿就是"专题"。长期的愿景、战略目标和产品以及一件件事儿之间的关系如图 15.13 所示。

业务领域由一个到多个数字化产品支撑其业务，所有数字化产品和其他的人、设施一起构成一个服务体系，为客户创造价值。业务和数字化产品都是长期存在的。一步步迈向愿景，需要对各个产品持续地进行建设和优化，相关投资可以分为两类。

- 一类是有战略引导的，通过精益价值树规划，一段时间里需要在几个关键方向上聚焦发力和突破，为实现战略目标开展一系列行动。
- 另一类是非战略性的，维护并不断优化、运营产品所需要的常规性工作，例如体验打磨、偿还技术债务、响应线上事故和缺陷等，也包括团队自主决定不需要通过战略决策的小实验。第二类工作我们下一章再谈。

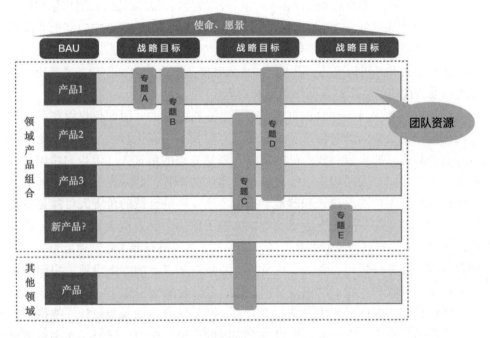

图 15.13　战略目标、产品、专题的关系

对于第一类，每一项战略性行动就是"专题"，专题的实施可能局限于一个产品内（如专题 A），也可能需要领域内多个团队协作（如专题 B 和 D），也可能需要跨领域的合作（如专题 C），也可能某个新的机会或专题将创造一个全新的数字化产品（如专题 E）。

在这里，可以说，专题要达到的目的和项目是一致的。但专题的管理和项目的管理最根本的不同是：专题不管理资源！产品、开发、质量和运维等所有角色构成的跨职能团队首先是对产品负责,而不是首先对一个专题负责,人力资源是围绕产品进行管理。一个产品团队可能同时设计和交付两个不同的专题,例如示例中产品 1 的团队,可能同时负责了专题 A、B 和 D,人员资源并不因为专题的开始和结束而组建或释放。因为这一点不同,后面项目管理的一系列遗留问题迎刃而解。同样一个团队,一群人在一起长期合作,滚动地负责设计和实施不同的专题,但跨职能团队不变。因此,这个团队心里所负责的不再是一个专题的范围,而是产品的全生命周期。为了产品的发展,专题如果经验证不再恰当,随时可以调整范围或停止。团队在产品及其所属领域内长期积累知识。团队除了负责战略性专题外,因为长期存在,因此它可以随时响应其他非战略性的优化投资,可以在一定权限范围内自主地演进产品。最后,团队是由业务、产品和技术人员共同构成的,以共同的成效和能力改进为目标驱动,紧密协作,不再需要彼此间的一个"合同"来划清边界。

由于专题和项目一样,也可能是跨团队、跨领域的,因此仅仅以产品负责人或领域产品负责人的身份来负责专题,有时候不够有执行力。如果专题恰好在一个产品内,那么自然该产品的负责人就是专题的负责人。但当它跨团队、跨领域,就需要有人在职责上能超域单一团队的职责,能站在一个专题解决方案整体的角度来负责其设计和落地。这时,该专题最合适的负责人可能是专题的提出者,或专题解决方案主要的落地实施团队的产品负责人,或者是一位不负责任何产品,但具备足够产品方案设计、多方沟通协调和实施管理能力的人,例如资深的业务分析师。总之,该负责人要负责从专题的方案设计、协调实施一直到交付验收和上线后的成效数据反馈,并分析制定专题下一步行动。在驱动专题设计和实施的过程中,该负责人需要和专题有关的其他设计、架构师、相关产品的负责人拉在一起,形成一个临时的虚拟工作组。同时,在实施过程中,专题负责人要跟踪该专题实际进度和计划进度的偏差、实际支出与计划预算投入的偏差,及时发现问题并协调各方和领域负责人一起解决问题,确保专题有效得到实施。对于重要的专题,可以建立一个临时的专题工作组进行例行沟通协调,以此来提高执行力。专题负责人制度,及其临时专题工作组的运作,要成为组织内正式且得到共同支持的工作机制。

总结起来,专题管理与项目管理的异同点如图 15.14 所示。

	专题管理	项目管理
相同点	有短期目标，完成一件事儿，并实现一件事儿想达到的成效（但传统项目管理很少关注成效）	
	可能跨产品、跨领域合作	
	需要负责人来驱动和管理，跟踪进度和成本，协调跨团队、领域合作，确保执行力	
不同点	专题负责人不管理团队资源	项目经理管理项目团队资源
	只代表战略性行动	其他零星优化和维护，也打包以项目来管理
	不带有"合同"属性	带有"合同"属性

图 15.14　专题管理与项目管理的关系

现在，应该能够理解由一系列专题构成的投资组合与一系列项目构成的项目群之间的关系了。目的是一样的，但这里谈到的投资组合管理强调面向业务和产品，是以可衡量的价值驱动一系列行动的动态管理和决策。而传统的项目群管理，更多是聚焦于项目过程管理，焦点不在价值，并且项目群以项目为单位管理着更大的一批资源。正因为传统项目群管理对资源的掌握，和项目流程、类似 WBS 这样的详细计划的约束，使得项目群内任何的变动都牵连到资源的调动和一系列流程，难以非常"动态"和"敏捷"起来。

PMO 的转型

在很多科技组织中，有这么一个机构负责项目和项目群管理，称为"项目管理办公室（PMO）"。有些企业 PMO 只负责立项流程和审批，而有些企业 PMO 管理着所有的项目经理。PMO 组织理想的目标是协助高层管理者管控数字化投资，通过控制立项和提升项目管理能力将组织的战略落地。然而，大多数情况下都事与愿违，类 PMO 的组织在本就职能化管理的组织结构中，又成为了一个新的职能部门，项目立项或投资决策必须经过 PMO 的审核，进一步拉长周期时间，降低了响应速度。由于 PMO 是一个独立的职能部门，并不深度参与到真正承担业务目标的业务或科技部门工作，并不理解其战略意图、市场和客户信息，不了解投资背后的原因，甚至根本都不了解业务。结果是，只能建立一些僵化的、脱离业务的规则来审核投资，例如检查流程、检查需求文档的书写规范和详细程度。据我的观察，即便那些工作做得很到位的 PMO，除了在投资的相关政策、信息安全方面识别风险外，无法为业务目标的实现产生更有意义的帮助。

在新的价值驱动的，面向业务和产品而非面向项目的管理中，PMO 需要转型。未来这样的部门无论叫什么名字，在企业数字化转型中它的职责应当从两个重要的方面发生改变。

1. 不能脱离业务领域，要融入，为助力实现战略目标服务。
2. 管理要以投资的实际价值与成效驱动，而非仅着眼于流程与产出。

为此，有一些企业彻底去掉了公司级的 PMO 职能，将其分散到各业务领域中，由各领域自行管理。而有一些企业保留了类 PMO 组织，但其职能发生了重要转变，其成员作为专家或教练身份派驻到各领域。这就类似人力资源管理也要融入业务，建立 HRBP 的制度。派驻的专家，长期与某些领域的负责人合作，帮助其优化内部过程，解决交付管理痛点，从管理方法论的角度提供赋能和协助，同时将一些组织级需要的过程规范与风险管理植入各领域的管理过程之中。这样的角色也许可以称他为"精益教练"或"PMBP"。推动领域建立起高响应力的数字化业务管理。

PMO 领域派驻的主要职责可以归纳为以下几点。

1. 价值提升。赋能和协助领域产品负责人和其他成员采纳设计思维，开展价值驱动的投资组合管理，落地成效数据验证，帮助提升投资成效。
2. 效能提升。赋能和协助领域交付负责人和其他成员采纳敏捷交付、DevOps 等现代化方法来管理数字化产品研发过程，帮助提升研发效能。
3. 风险管理。与各领域合作建立对数字化投资在政策、信息安全、资源等方面的必要管理机制和系统，管控风险。
4. 跨领域协调。在必要的时候，可协助领域负责人或专题负责人进行组织间横向的跨领域沟通协调。有些企业里，PMO 组织负责管理所有的项目经理，一直和各业务线、领域的融入比较深，也理解较多领域业务知识。这一类项目经理，可以努力通过学习更深入掌握领域业务知识，协助领域负责人，在由该领域牵头的一些重要跨领域专题中充当专题负责人角色，发挥 PMO 组织和传统项目经理善于跨组织沟通协调的长处。

通过这样的转变，类 PMO 组织从过去以管控为目的，转变为更多以支持与赋能为目的，转变为一个教练型、赋能型组织，真正融入各领域成为合作伙伴，为将战略有效落地到行动，构建卓越数字化业务能力服务。

思　考

1. 还能举出一些对数字化投资专题进行优先级排序的方法吗？
2. 定期价值评审会议与常见的定期部门例会、定期的需求评审或立项评审有什么区别？
3. 如何在组织内有效落地专题负责人与临时专题工作组的协作机制？以及如何有效推动跨领域专题的执行？

第 16 章

动态预算出资

要在数字化投资管理中有效应用动态战略与动态投资组合管理的原则和方法，建立起有适应性的、价值驱动的投资策略，改变过去以长周期计划、项目驱动的管理模式，实现数据驱动决策，绝对是一场脱胎换骨似的自我革命。约束这场革命成功的因素，除了我们能明显看到的组织结构、目标管理过程和协作方式，还有更深层次的约束来自一个高度管控的领域：财务预算。这应该容易理解，投资组合管理是关于目标设定与行动决策，而行动就需要钱，没有预算几乎什么事都做不了。

我曾经在一个科技企业帮助客户规划其雄心勃勃的新平台，基于精益价值树的规划过程大家都非常满意，看到了愿景和未来，也看到了眼下的行动从哪里开始，大船即将启航。然而，在以后的大半年里，这样的规划几乎就没有任何调整，一张静态的图贴在醒目的墙上，团队没有动力收集那些成功衡量标准所需要的数据，定期价值评审会议更是开了两三次就有点开不下去。在一番回访后我意识到，除开相关负责人本身的认知不足和进度压力导致没有精力这些表面原因外，最根本的问题在于，制定的投资组合规划已经转化成团队今年的年度规划，成功拿到了一大笔预算，对团队来说，现在最重要的就是按预算执行，把钱花出去，把平台做出来。成功衡量标准与定期价值评审会议对完成今年预算目标没有任何帮助，就算发现新的机会，也很难再找领导申请预算。况且，若数据反馈证明原有的规划想法有误，这会给所有人的工作计划、资源安排带来该平台负责人不希望看到的不确定性。

现在，大多数企业的年度预算制度仍是企业落地战略的一种主要手段，每年底到下一年初，从整个企业到各大小部门都在进行预算编制，层层汇报。明年要做什么以及投入多少，都需要提前规划并提交到部门、大部门、财务再到中央一个类似预算管理委员会的组织审批。委员会根据企业战略需要，通过集中预算审批来把握正确的投资方向。一旦预算方案审批通过，就很难再调整。如果之后发现了未曾预料的新机会，想要执行一笔不在原预算范围内的投资，需要经过一个非常复杂、长周期的预算申请过程，或者根本得不到预算。反过来，这使得各个部门每年为做预算编制会花大量的时间，尽可能考虑周详，努力一步到位。图 16.1 是一个典型的集中式年度预算编制过程，算是比较简单的，一些大型企业比这需要的周期更长，六七月份就开始准备。

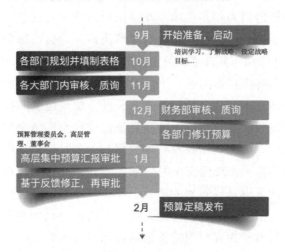

图 16.1　典型的集中式年度预算过程

这种预算管理方式，在过去几十年里确实帮助了很多企业成长，证明是一种成功的治理机制，特别是对一些企业管理者来说，这是其"执行"战略、实现把控企业投资方向的关键手段。但随着数字化时代客户与市场趋势以及技术发展的不确定性越来越高，面对激烈的市场竞争和创新压力，前面这种战略执行方法暴露出很多问题，越来越显著地制约着企业对不确定性的适应力，阻碍创新。

首先，要有效进行未来一年的预测变得越来越困难，甚至预测半年都很难。但为了得到足够预算，各部门不得不为之投入巨大精力。因为一年只有一次主要的时间窗口获得大笔预算，而企业整个预算池总是有限的，不可避免每个部门都会想方设法堆砌很多理由，投入精力编制一堆美好的数据，尽可能拿到更多的预算。然而市场环境在改变，无法预测的机会随时可能浮现出来，这使得最初的大部分预测都变得失去意义，在年度规划预测和预算编制上的投入很大程度上是浪费时间。到了年终，即便获得的预算超过了实际需要，各个部门也会想尽办法将它花完，否则明年的预算就可能减少。作为企业咨询顾问，对此深有感受，我们的工作有一定季节性，每当到年初就有较长一段时间比较清闲，因为很多客户在忙着做新一年的预算，没有精力做正事，部分工作处于停滞状态。

其次，这种长周期、高成本的预算申请和审批过程束缚了企业对市场变化的响应速度。在遇到的很多企业中，经常发生对新机会的投资因为不在当年的预算范围内而被推迟到来年。在如今竞争激烈的数字化创新浪潮下，这样的推迟往往以错失机会为代价。有些企业为了解决该问题做出部分优化，比如，在一定范围内允许部门和团队自主决策预算分配，也允许随时再申请额外的预算。但这种优化并没有解决根本问题，因为没有采取其他行之有效的方法来代替年度预算制度这种高成本的战略执行和资源分配方法。过宽的授权会带来失控风险，因此部门和团队能够自由支配的预算池往往很小。每个财年年末或年初，各个层级繁重的预算编制工作并没有得到缓解，平时要额外申请预算非常困难且流程周期很长，常常需要两三个月。加之有些企业基于预算执行的情况作为关键因素之一来衡量中基层管理的绩效，那么，除非是那种高度确定且明确回报的机会，没有人愿意为一个有可能失败的创新机会兴师动众。这更强化了部门完成计划而非致力于为客户创造价值的心态。一些管理者质疑团队为什么没有创新的精神和试错的心态，其实很大程度上是管理层自己建立的制度造成的。

还有一个问题是，这种方式导致企业对创新投资的比例容易失衡。企业在长期的社会与技术变迁中要持续生存并繁荣，要成为一个有适应力的组织，必然是一个持续探索创新、不断自我新陈代谢的过程。创新的三条地平线模型揭示了一种高适应力的经营策略，不仅仅要将当前的成熟业务经营好，还需要持续投资对未来潜在新技术新业务进行探索。但是，探索需要大量投入却回报难以预测，失败几率高，这使得很多企业对这部分的投入严重不足，往往把资金优先投放到眼前更紧急和迫切的需求上，投入到能带来确定收益的举措上。那些探索未来机会的想法，因为没有明确的回报作为依据难以争取到足够投资，这对企业的持续发展是巨大隐患。既然组织的决策体系无法支持每个人进行探索实验,那些有心变革的领导者身处其中也对此无能为力。结果是,在企业不得不追求创新的发展压力下,自上而下的命令式创新就成为了常态。大多数的创新都依赖于有远见的领导者,要么是成立独立于体系外的创新实验室进行象牙塔式的创新。这些创新模式并不是不可以,在某些场景下是有效的。但仅仅依靠这种自上而下、象牙塔时的创新模式,创新来自少数人的想法,离真正的一线和客户太远,会导致创新或研究成果很少可能转化为成功商业模式。相反,那些在基层和一线的团队深知客户的痛点和诉求,却无力迅速改善产品和服务,缺少环境来开展有失败能的实验。仅仅依靠这些创新模式,难以产生规模化的创新能力,难以对客户和市场形成可持续的高响应力和适应力。

那有没有其他可替代的预算管理制度呢?

超越预算思想

罗宾·弗莱泽(Robin Fraser)和杰瑞米·霍普(Jeremy Hope)提出了"超越预算"模型,并在 1998 年创立了超越预算圆桌会议,致力于这方面的探索和推广。要了解这种新型的预算与管理体系并深入学习,可以阅读霍普的《超越预算》或参阅其网站 bbrt.org。经过多年的发展,超越预算核心体系已经相对成熟和完整,在丰田汽车、瑞典银行和西南航空等很多企业都有成功的应用[①]。但因为预算管理与行业特性紧密相关,在不同行业落地的具体方式差异不小,作为一个年轻的思想体系,在各行业的采纳仍处于早期阶段,有待进一步探索和积累。

超越预算原则

超越预算不是一套流程,而是基于一些原则的管理框架。其核心观点认为,传统基于长周期预测和集中式决策的预算管理体制早应该抛弃,它无法满足今天和未来企业追求响应力、持续创新和致力于为客户创造价值的需要。企业需要更加以目标和成效导向、更多权力下放、能够激发团队责任感和创造性的新型预算体系。它谈论的范围不局限于预算,而是更广泛的组织管理和领导力,因为预算问题只是更大更系统性问题的一部分,不可能孤立地看。甚至可以认

---

① 编注:更多实施案例及思考,可以阅读《实施超越预算》中文版。

为，本书的第Ⅲ部分整个主题就是超越预算在数字化业务领域的有效落地方法。超越预算的基础原则分为领导力和过程管理两个方面，下面来看看到它们是如何在数字化领域落地的。

领导力原则，领导力是所有变革的源动力，发挥着关键的作用。

1. **目的**。围绕大胆而崇高的事业来吸引和激励人，而不是围绕短期的财务目标。这体现在，管理者需要清晰地传递出企业、业务领域的使命和愿景，明确定义产品的核心客户价值，以此来作为最高的行动纲领。在平衡记分卡或 OKR 中去掉财务指标，首先突出基于客户价值成效和长期能力建设的目标。
2. **客户**。将每个人的工作与客户价值挂钩，避免利益冲突。建立面向业务而非职能的组织结构，使得包括科技部门在内的每个人都能为客户价值负责；业务与科技融合的跨职能团队，在基于以客户价值指标衡量的共同目标下紧密协作。
3. **组织**。培养归属感，组织结构围绕着敏捷、有责任感的团队，避免分层控制和官僚作风。这体现在，要建立长期稳定的领域和产品团队，以此形成网状而非过度层级化的组织；团队对业务和产品的全生命周期负责，让成员在团队中持续积累知识得到成长，并形成有凝聚力的氛围；团队中所有人承担共同的目标，鼓励相互补位，而不是过于划清职责边界，井水不犯河水。
4. **价值**。通过共同的价值和正确的判断来治理，而不是通过详细的规章制度。体现在组织使命和核心经营理念的传递，体现在对所有的战略目标、机会、专题以及数字化产品都定义反映价值成效的衡量方式，以基于价值的判断来治理；建立轻量级的协作式流程进行动态决策，让价值和质量成为管理的核心，而不是更多依赖基于详细流程和计划的项目过程进行管理。
5. **自主**。信任，给团队充分自由度和能力去执行。体现在使命原则和目标驱动管理；体现在鼓励全员提出创新机会和想法；不需要所有行动都得层层审批。对齐目标，然后将如何达成目标的方案设计和交付计划的决策权力放权给跨职能团队，甚至考虑提供一定的预算，允许团队在不需要事前申请的情况下随时开始实验。同时要强调赋能，和通过安全发布的策略和技术手段提供一个实验的环境。
6. **透明**。支持信息的公开和共享，对"需要知道"信息的人不加以限制。这体现在，采用各种手段来提供更丰富信息，包括公开透明的目标、呈现大量信息的数据看板和贴满墙壁的团队作战室、将战略与规划对所有人透明的精益价值树、过程管理的精益看板，通过透明丰富的信息支持创新思考与协作。

在超越预算中，有一条关键的领导力法则是"辅助性"法则：默认情况下，决策应该由那些直接受该决策影响的人制定，高层管理机构应该只执行那些由各个局部无法有效执行的任务。也就是说，高层管理的职权应该是对局部职权的辅助。遵循这一原则，在面向业务领域、客群、平台或创新所构成的网状组织结构中，高层管理者应当主动地推动将业务领域团队作为组织管理和业务管理的核心层，而不是以最高层为核心。让领域团队及其负责人具有更大权力，在明确对齐的使命、愿景和战略目标指引下，有充分的决策权和行动力，尤其是分配预算和资源的权力。就像图16.2所表达的意象：高层管理需要做的，是给领域团队划定一个边界。所谓"边界"，包括协商一致的愿景和战略目标、业务领域职责、可使用的预算池范围等。边界的执行需要一定弹性，避免产生畏惧心理。

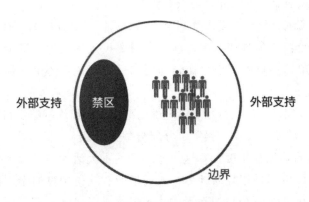

图16.2 "辅助性"原则

总体来说，采用"信任并验证"的原则，不是基于事前审批，而是更多通过持续监控进行及时纠偏。事实上在这样的环境下工作的人会有很强的责任感。同时，也要设置一些不能触碰的禁区，要严格执行。所谓"禁区"，包括信息安全、质量标准、安全发布规则和不可触碰的价值观与行为准则等。除此外允许其自由行动，只要不违背边界和禁区就尽可能不干涉，赋予团队自主创造价值的责任感与成就感，甚至分享收益。也要让领域团队清楚，当需要帮助时，它可能从外部得到哪些支持，例如外部沟通协调、额外的资源、专家赋能等。这里的边界、禁区和可获得的外部支持构成一个清晰的管理框架，这是领导层的责任！此外，在具体事项上，需要管理层亲自过问和负责的，是在更高一个层级影响重大的、跨领域的战略性和变革性投资。

此外，超越预算在执行层面遵循六条过程管理原则，包括目标、预测、节奏、资源、绩效和奖励。本章讨论关于目标、预测、节奏和资源的前四条。绩效和奖励将在第19章的卓越人才部分展开讨论。

年度预算的职责分离

遵循"辅助性"法则，要将预算、资源分配等权力下方到领域，具体怎么执行呢？如果我们仔细分析企业进行年度预算编制活动的目的，可以看到它承担了"设定目标""预测"和"分配资源"三种不同的责任。

- **设定目标**。要编制预算需要各个部门首先制定年度战略目标，确保方向与组织战略一致，并且可以考核。
- **规划预测**。然后，要求规划出为达成目标需要开展的所有投资或项目，预测收益，预测清单中每项任务需要投入的人力、资金等资源，以此作为申请预算的理由，让管理层知道钱将花在哪里，判断其投入是否合理。
- **资源分配**。最后，由预算管理部门综合考虑组织战略、目标和规划预测来决定将资源（即"钱"）分配给每个部门。

这三个目的叠加在年度预算这一年一度的重大活动中。因为把若干个目的叠加在一起，所以活动很耗时耗力，人们把所有获得预算的希望都寄托在这一次的努力中，也让每一个目的都无法达到最优。以目标为例，预算周期驱动各个部门一年一次地进行目标设定，这一次可能投入很多精力，但之后就不再主动考虑环境变化和可能的及时战略调整，只专注于预算执行。显然这不能将战略目标做到最好，毕竟客户、行业和竞争对手不会以年为周期配合您的计划，而是随时变化。因此，遵循超越预算原则，对年度预算制度进行改革，要着眼于将目标设置、规划预测和资源分配这三个不同的职责分离，以不同的且更灵活的方式将各自做到更好。

首先看设定目标。前面章节讨论了以平衡记分卡或 OKR 的方式进行目标设定和对齐，通过与绩效解绑让目标具有挑战性，并以更频繁的季度为周期进行审视和调整，从而建立一种持续修订的、有方向、有抱负和相对的目标。不同层级之间的目标不是简单的指标分解，而是每一级进行转化，能为上一层级的目标达成提供支持即可。也讨论了如何进行持续的战略分析并设定目标，通过精益价值树来可视化战略与投资组合。如图 16.3 所示，结合这些方法，目标管理的方式已经发生了变化，有几个关键的要点。

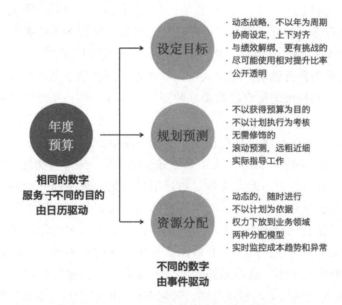

图 16.3　将传统年度预算的职责分离

1. **长短期目标结合**。中长期目标设定仍然很重要，是所有工作的方向指引和决策依据。根据情况，在公司或业务领域范围可以设置几个较长期的战略目标，分别可能需要半年或一年、两年的周期来达成；在产品团队可以设置较短期的目标，可能按月度和季度。建议以精益价值树的方式来可视化整体战略规划，将一段时间里领域团队的长期目标与各个产品团队所负责工作的短期目标之间建立起支撑关系。能同时体现一个更长期的方向和近期的重心，并且更贴合实际，能指导行动。短期的目标驱动领域和产品团队持续审视投资成效，及时进行反馈和调整。

2. **动态目标调整**。目标设定是一个持续的战略问题，不再是固定一年一次的头等大事。基于持续战略分析和数据反馈，若发现已有的目标不再合适，或负责的主要工作发生调整，随时可以调整目标，不受周期限制，前提是上下必须要就新的目标达成共识。

3. **目标与绩效解绑**。确保将目标管理与绩效评估、薪酬分配解绑，从而让团队愿意设置更挑战性的目标。具备长期思维，让持续目标达成影响个人长期发展，而非短期利益，从而让每个人的着眼点能更聚焦到组织真正的目的上。

4. **相对目标**。目标设定尽可能使用相对指标，例如 MAU 提升 50%，而不是 MAU 达到 10 万这一绝对数字。目标设置要将现状基线考虑在内。

5. **横向纵向公开透明**。每个人可以看到除保密产品信息外所有其他人的目标，尤其是可能与自己有关联的那些团队和个体，从而更好的开展沟通合作。

然后再来看规划预测。这往往是年度预算编制工作中最让人伤脑筋的。以争取更多预算为目的进行规划，为了来年好开展工作，应对可能想不到的情况，总是希望多争取一点，为此，要费尽心思编撰充足的理由和好看的数据，但有多少是浮夸有水分的，做过的人必定深有体会。规划预测这项工作本身不会给客户创造任何价值，却耗费了太多时间，严重分散了为客户创造价值的心力。因为预测是以年为周期，以至于有些团队在年初新的一年预算没有确定之前都不知道该开展什么工作。这不是开玩笑，我就多次看到这样的例子。有一家为企业数字化转型提供服务的科技公司，每到年底的时候就不得不裁掉很多员工，甚至是很多表现优秀的，仅仅是因为，到年底很多项目都接近尾声，而第二年的新项目还在做预算中，要开年后才能明确或立项，公司养不起这么多在两三个月里没有项目做的闲置员工。第二年，等到预算下来后缺人，又开始四处招人。可见这种按年为周期的规划和预测是多么不合理。要充分认识到数字化时代的"不确定性"给组织带来的影响，应努力摒弃掉试图通过花大把时间做计划来进行管理的思维，更不应当遵照一份僵化的预测来开展工作，而应当将更多时间投入到为客户创造价值的工作中去。

那么规划预测还需要做吗？借用敏捷管理的一句名言：不相信计划，但要常做计划。规划虽然可变，不能僵化执行；但做规划的过程是有意义的。精益价值树就是一种规划，通过战略分析过程持续保持对外部环境、内部环境和自身现状的敏锐度，及时发现可见的机会，并形成从战略目标到机会和专题的投资组合。但它没有时间轴，不强调规划的交付时间点，强调的是动态优先级。这是一种以可预见性为标准，而不是以时间区间为标准的规划。马化腾说过："对于腾讯，我们只能做三年的规划，我们看不清三年以后。"这句话并非说明马化腾没有远见和对未来的判断，他表达出的是对未来不确定性的认知。如果要求公司花精力制定出未来三年以后的投资计划，这基本是浪费时间。腾讯如此规模尚且看不清三年以后，很多中小规模的企业或者大型企业中的事业部与业务部门，能够规划出未来半年、一年有哪些机会就已很不错。做规划，将可见的、当下认为有价值的机会识别出来就足够了，没必要为了凑够规划时长（例如一年）去费尽心思找更多不清楚价值甚至是编造的内容。更没必要早早地将这些半年以后的工作提前计划到每一个月甚至每一个星期中。没必要过早对这些投资机会进行细化，放在那儿，有一个标题就可以。很可能，中间又插进来新的机会，让原有的机会暂时搁置。也可能，过两个月情况改变，原来发现的机会点就消失了。相对于机会的价值和紧迫性，具体机会在什么时间实施是次要的信息。不以申请预算为目的，不以考核计划执行为目的，因此不需要任何修饰，如实反映对未来的判断，对团队更有指导意义。

企业有时候也需要基于时间轴的规划，为团队和相关干系人提供一个路线图，让团队可以提前规划好节奏。通过提前披露的交付时间信息促进跨团队间的协作和一些需要前置性开展的工作，例如技术预研和营销活动准备。除此外，也可能是为了给团队或企业以外的干系人更多信心，例如管理层和董事会、股东。因为人性都有对未来不可知的恐惧，提前的规划预测可以让人们感觉到一些安全，不管它是不是真实的。就像特斯拉的CEO埃隆·马斯克（Elon Musk）因为业务的高不确定性，曾经拒绝向外界披露公司未来一年的预测数据，以至于遭到分析师的批评和打压。为此，实施超越预算的企业通常采纳一种称为"滚动预测"的方法。是不是有点熟悉？在"设计和规划产品"一章介绍过产品的"3-3-3滚动规划"方法，可以结合起来。

与之类似，滚动预测将完整的预测周期分为三到四个更短的时间段。对于一个业务领域团队，如果需要预测一年，那么每个季度就是一个更小的时间段。领域团队针对未来的四个季度给出大致的工作规划和收益预测、成本预测，但与传统方式的年度预测相比有几点关键的不同。

1. **投资规划**：遵循"远粗近细"的原则，而不是每个时间段都要规划到同样的粒度，近的是专题或特性，远的只是潜在机会点。
2. **收益预测**：放弃完全依靠财务数字的收益观念，更强调反映客户价值、企业价值的阶段性成效收益，并且不会以预测成效目标的达成作为个人绩效考核标准。
3. **成本预测**：不再依赖于具体的方案和任务拆分，而是基于历史数据和趋势的简单预测，且不会以成本支出的偏差作为管理者的绩效考核依据。

滚动预测的大致过程如图16.4所示。

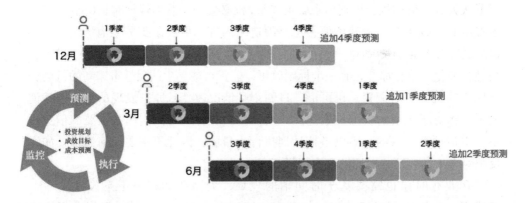

图16.4 滚动预测过程

12月份，要预测未来的四个季度。对当前最近的1季度，获取的信息更充分，机会更加明确，可以较详细地列出各个投资专题，甚至到特性，设定预期季度达到的阶段性目标，并根据工作估算出所需的成本投入，相对比较准确。对越远的季度，信息越不充分，预测就越模糊。对未来2、3季度的预测可能只是一系列识别出的机会点和阶段性目标。在最远端的4，季度只需要简单列出一些潜在机会点，期望目标，而没有详细内容。如果还不知道就保持空白，不需要耗费过多精力去分析，不需要追求完整。这时，对于较远的2～4季度，成本的预测不再是基于具体机会、专题的方案分析和估算（或猜测），而是以历史发生的数据和对1季度的预估为参考，从增长压力、发展趋势上判断是否需要增加或减少投入，在参考值基础上做适当的上下浮动，即得到预测数值。

然后，随着时间推移，到3月份，1季度接近完成，有了更多的信息，开始适当细化和调整原来2季度的规划，同时，在最远端增加一个新的、模糊的1季度。遵循上面同样的原则给出潜在机会点，适当调整各个季度的预测。这一滚动式的活动基于团队持续的战略分析结果和现在已掌握的信息，快速完成，不用耗费精力去追求其内容的准确性和完整性，更不需要依赖滚动的预测来申请预算。整个由近及远的预测会根据最新获得的信息动态调整。组织所处的内外环境变化越快，不确定性越高，这样的预测周期就应当越短。对那些早期创业团队或从事纯探索性工作的部门，就没必要浪费时间进行超过三个月的预测。

采用本书的方法，可以将精益价值树、产品滚动规划与财务预算需要的滚动预测要求结合起来。基于业务领域以精益价值树所展现的整体投资组合蓝图，不同类别专题的优先级顺序，明确价值树中各机会、专题的负责人或团队；由各产品团队采用类似3-3-3滚动规划的方法将专题规划到未来的几个月和几个季度；并在滚动规划的每个季度，明确阶段性预期成效目标与预测成本支出。除了第一个季度外，其他的不需要追求很准确。然后，将各个产品团队每个季度规划的摘要工作内容、季度目标和成本支出预测汇总为整个领域的预测。这样，就将滚动预测的活动融入到了领域和各个产品本就要进行的日常工作中，不再需要单独进行。大致的形式可参考图16.5所示。

最后，如果目标设定和规划预测均以新的、更加持续动态和渐进的方式进行，那么传统以预测为基础的资源分配自然也不可能再按年来进行。资源分配这件事是要做的，因为没有资源，任何工作都将无法开展，组织通过掌控资源分配来落地战略到行动也是最自然和有效的手段。追求创新的数字化企业需要以一种持续、动态的方式来决策资源分配，且需要将该决策的权力下放给以业务领域为主。超越预算的最终目标，是不再需要每一笔投资都申请预算，被迫走过一个冗长的流程，要让一线部门或团队在看到机会时，可以在不违背组织的愿景与目标且确定其优先级高于其他机会的前提下，能够立即开始实验，不会轻易被事前流程否决，而是基于实验的结果来决策下一步行动。

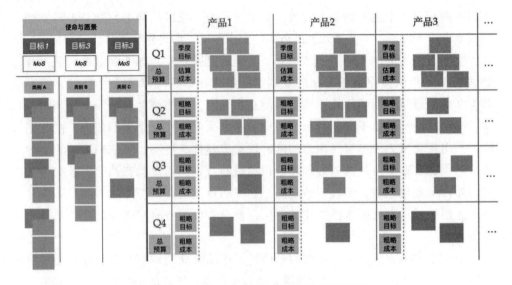

图 16.5　基于产品滚动规划进行财务滚动预测

专题投资与常规性投资的两种资源分配模型

数字化产品的发展中，有两种必须正视的工作场景。

一种场景是，从战略出发，业务领域为实现增长和竞争，或实现组织转型与改进，有相对明确的战略目标。为此，需要就多个关键的机会方向进行发力，采取一系列重要的行动来实现突破，包括产品能力、运营活动和技术演进方面的措施。每一项行动都是不小的投资，会形成一个解决方案，可能需要团队几个人花上几周到几个月的时间来完成。

另一种场景，产品团队会持续得到用户对现有产品的反馈，提出一些功能细节或体验的问题，或者出现线上故障，团队需要对其中紧迫的和有利于产品发展和体验改善的问题或建议做出快速响应，修复问题或进行优化。其他类似的工作还包括偿还技术债务、修复遗留缺陷。换句话说，就是团队需要持续地维护和打磨产品，快速响应问题，让其变得更好，为客户提供更满意的服务。这一类的工作比较零碎，如果每一个都需要正式的流程来管理或评审，速度太慢且产生过高的管理成本。况且，这样的投入很难针对每一次小的改动都能观察到显著的成效变化。

在产品生命周期中，第二种场景的投入不在少数。对于某些特征的产品，例如员工日常沟通工具和门户网站，或者已经到了成熟期的产品，可能占多数的投入都是这一类，称其为"常规性投资"（Business As Usual）。每一个改动规模小、影响小，更注重根据用户或其他途径的反馈快速响应，持续打磨。有战略引导的专题投资和常规性投资，想法的来源不同，粒度不同，要求的响应速度不同，对其效果的衡量方式不同。每个产品团队必然都面临这两种场景下的工作，想用同一种方式来管理两类工作显然不合适。更好的策略是，遵循二元法，分别为两类工作建立最合适的管理模式，如图16.6所示。

专题投资的预算与资源分配

谷歌或 Alphabet，作为一家发端于搜索引擎而后进一步规模化的大型科技企业，不断收购和孵化出了各种创新产品，同时管理着这些处于不同成熟阶段的创新业务。既有搜索引擎、广告和 Android 操作系统这样的成熟产品，持续进行微创新和优化。也在努力孵化一些有前景的新兴业务，例如，作为智能家居中枢的 Nest 产品和 Fiber 宽带业务，虽然规模都还不大，但已经证明了深受部分客户欢迎，有不小的市场前景。同时还建立了著名的 Google X 实验室，在探索一些像智能眼镜、生物技术一类的黑科技。几年前，在谷歌有个很有名的"70，20，10"管理法则，谷歌每年会将 70% 的投资用于经营那些已经成熟的业务，维持市场竞争力与份额，同时追求微创新和持续优化；然后将 20% 的投资用于扶持那些经过了客户与市场验证、有市场前景的新兴业务；最后，一定有 10% 的投资用于持续探索那些还完全不确定、有待验证的未来机会。我们经常看到，这家企业今天在研究和宣传的一项黑科技或新产品，突然就销声匿迹了，不久又转向新的方向。面对失败，谷歌认为这是必要的投资，也是学习，正是这样的不断探索和失败使得组织充满活力，持续推动着企业向前发展。"70，20，10"的预算分配法则，确保了谷歌始终能够有足够的资金用于探索和发展新业务，不至于过度依赖当下的成熟业务，更有可能在下一波的技术与经济趋势下保持领先。即便是颠覆，也是被自己所颠覆。

	专题投资	BAU 投资
特征	• 基于战略目标的引导 • 通常可以按月或季度提前规划的 • 对客户或业务结果影响较大，通常投入的工作量较多 • 可能跨产品、跨领域 • 可能对系统架构产生显著改变	• 对用户反馈和问题的响应，或团队自发的体验优化、债务偿还或小实验 • 每一次修改相对影响较小 • 较小改动，通常投入较少 • 多数是临时想到的，难以较早提前规划，但对于维持业务或产品的良性运作，提高用户满意度必不可少 • 通常在一个产品团队内能完成
管理方式	• 在领域的精益价值树投资组合、专题动态优先级列表中管理，持续规划并调整 • 由价值实现团队负责对所有专题的投资进行动态管理和决策 • 专题的解决方案是重要的需要评审的产出 • 实施过程中拆分为特性或故事卡后纳入各产品团队的"产品待办清单"，按优先级顺序进入迭代交付	• 没有专题管理，不经过价值实现团队决策 • 由产品团队自主决策，并快速响应 • 通常直接定义为特性或故事卡纳入团队的"产品待办清单"，按优先级顺序进入迭代交付
负责人	专题负责人（提出或主要承接专题落地的产品负责人或其他指派专家）	产品负责人
资源分配	• 基于合理的投资类别建立经济模型来预分配预算池 • 然后通过类似 PVR 会议的机制动态决策资源分配	基于产品当前生命周期阶段和现状的需要，提供较长期投资，但设置阶段性投资上限（例如每季度 300 人天或 90 万）
支出决策	由价值实现团队评审决策	由产品负责人为主，团队自主决策
成效衡量	每个机会、专题设置成功衡量标准，在实施发布后以数据反馈成效	设置产品关键指标集，和阶段性重点响应和优化方向，然后观察持续优化带来的关键指标变化

图 16.6　专题投资与常规性投资的两种管理模式

为什么要建立这样的预算投资模型？本章开头谈到了传统的预算体系容易导致企业对创新投资的比例失衡。企业的资源总是有限的，不同的部门或产品负责人必定会就预算资源的分配进行争抢，而预算申请需要合理的理由。在业绩压力下，能够给企业带来更快更高回报、有更加确定收益的机会，显然更容易争取到更多资源。而对未来高不确定性机会的探索，因为投入大但失败几率高，很难争取到足够投资。可能更糟糕的是，在一些官僚型组织内部，还会因为一些人的背景更强或声音更大，使得某些他看好的或亲近该领导的领域得到更充裕的预算，而其他领域得不到足够重视，投资被挤压掉。这非常危险，一旦业务的单一优化胜过活跃的新陈代谢，任何组织都会变得脆弱。

谷歌的案例很好地诠释了按创新的"三条地平线"建立经济模型来指导预算分配，保证对各创新生命周期阶段业务的合理投资比例，也避免为争抢资源而引起不必要的内耗。采用这种策略的企业正在多起来。谷歌的例子是在整个集团企业的战略层面运用该策略，也有企业在业务领域或事业部范围内应用该策略。具体每条地平线的投资比例应当是多少这不固定，也可能是60%、30%、10%。每个企业或业务领域应选择当前合适自己的比例，这需要仔细分析自身的业务特点、考虑发展和竞争策略、对历史投资分配的效果进行分析，或者参考其他可借鉴企业的投资表现。而且，同一个企业的投资比例也会随着策略调整和投资的实际成效反馈进行调整，不是一成不变的。

再举个例子。我曾经给一家已成立二十多年的远程监控设备供应商提供精益管理方面的咨询。这家企业为客户提供软硬结合的硬件产品，覆盖区域性市场，过去一直有相对稳固的政府和运营商客户采购其设备。每个客户都有自己强烈要求的特殊需求，因此，公司一直的模式是为各个客户进行定制，软件的版本非常多，版本差异性的管理成本很高。过去几年里，公司的利润率在缓慢但持续地下滑。随着云和物联网概念的兴起，创始人意识到未来是云时代，这样的定制服务模式必然导致利润越来越低，生意会变得很艰难。将来的行业是以云为基础的物联网时代，因此他希望公司向云产品的方向发展，至少需要开始探索。虽然他看到方向和机会，但这家企业长期给政商客户提供定制化产品和服务的商业模式培养了一只有力的销售队伍，当前的收入在很大程度上依赖于销售人员。销售人员要维持并扩大客户的业务规模，就要尽一切可能要求研发团队满足客户的定制需求。就连在创始人要求下组建起来的产品化改造团队，也经常被抽调去支持客户定制需求，产品化努力一直处于停滞状态。这一场景发生在很多企业，对既有成熟业务的持续投资很容易侵占掉有限的资源而导致对新业务的探索不足。其实，这个问题的解决办法很简单，我建议这位创始人首先量化投入在定制化研发上的预算和人力比例，控制上限，不超过公司整体研发投入的70%，另外隔离出一个单独的团队研究云和微服务技术，对现有的企业能力进行建模和产品化尝试，提供近30%的投资。关键是，要把两个团队的办公区隔离开。这一措施得到了不错的结果。但这样看似简单的资源分配策略在很多企业内部很难执行下去，好在这个例子里驱动改变的是公司的创始人。

第15章有谈到对专题投资进行分类，然后在每个类别中对专题进行优先级排序。业务创新的"三条地平线"就是一种在战略层面进行投资分类的方法。除此外，精益价值树的战略目标也可以是管理者划分投资类别并建立预算经济模型的一种方式。对于精益价值树中平行的各个目标，高层管理者可以根据当前的战略重点设置初始投资比例，如图16.7所示，将预算池预分配到各个方向。

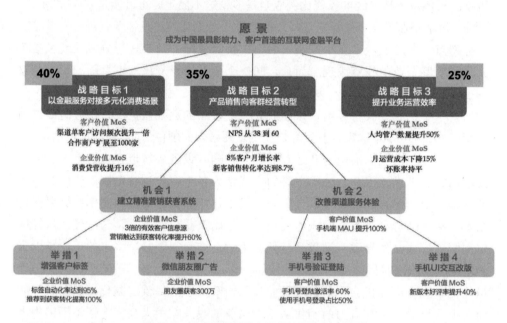

图16.7　按战略目标建立预算分配的经济模型

将以上分配策略再泛化，实践中可以有很多的分类方法帮助企业建立投资分配的经济模型，如图16.8所示。

具体采用哪种分类法更合理，需要考虑组织所处的行业、领域、商业模式以及投资决策发生在组织中的层级。可以考虑在不同层级的决策上以不同方式对投资分类。比如，一家城市商业银行，可能在企业的顶层战略投资上按业务所处的创新三条地平线进行分配；然后，对第一地平线成熟业务的投资再按零售、对公和同业等不同客群方向进行分配；再进一步，在成熟业务的零售方向上，可以将投资再按专题工作类型进行分类，从而保障产品在功能、体验、市场和技术演进上有相对合理的持续投入。也可以考虑，在同一个层级同时从多个不同维度对投资进行分类（尽管在投资组合看板上只按照一种类别展示，但线上管理工具中可以给每个投资专题打上不同的类别标签），并基于类别预算进行分配。例如在某个领域同时对所有专题按战略目标和工作类型分类，分别设置"40，40，20"和"40，20，30，10"的比例。按投资分类建立经济模型以指导投资分配，需要遵循以下几条原则。

可考虑建立预算分配经济模型的投资分类	描述
精益价值树的目标	按精益价值树中的不同战略目标分配预算池
创新的三条地平线	按企业当前的成熟期业务、增长期业务和未来机会探索三条创新地平线分配预算池（如果在基于精益价值树进行的投资组合规划时，恰好战略目标是按不同的创新地平线来设置的，例如 H1 业务的 1～2 个战略目标、H2 业务的 1～2 个战略目标以及 H3 业务的战略目标，那么以上两个分类维度是可以对齐的）
目标客户群	比如金融企业所服务的零售客户、企业客户与政府客户；或教育企业所服务的儿童教育、青少年教育与成人教育等，按服务不同客群的细分业务分配预算池；或者按不同阶段的客群，例如按新客与存客、按普通客户与战略客户分配
市场地域	比如本地市场、国内市场与海外市场，或者跨国企业常划分的亚太、欧洲与北美市场等，按业务在不同地域的投资分配预算池
产品线/领域	如同一个企业的电商产品线、社交产品线和教育产品线等，这本质上是在战略层面将更大的预算池在不同的业务领域或领域群之间进行分配。从战略出发分配，而不是从各领域的规划出发
工作类型（只适用较微观的管理）	遵循同样的原则，在较微观的领域或产品团队，可以按具体的工作项类别来分配一个团队人力在不同类型工作上的投入比例，例如业务能力类、体验优化类、运营活动类以及架构演进类等

图 16.8　建立预算分配经济模型的不同投资分类

原则 1：粗颗粒度

记住，分类的目的是进行预算预分配，能够用于建立预算分配经济模型的恰当分类法，应当保证在每个分类方向上有持续的投入。从所属行业和企业业务的特征出发，参考历史的投资情况，自上而下设计的类别。一种不恰当的做法是，先罗列出已知的机会和具体行动专题，然后将其归类，这样的类别划分方式可能很快就不适用了。用于建立投资经济模型的分类应当是粗颗粒度的，能在较长时间里适用的。图 16.8 中的几种分类在大多数场景下都满足这个条件。在越细粒度的类别之间，机会和专题投入的动态变化不确定性越高，因此，在过细粒度的类别上约束投资比例，反而会在外部环境改变时阻碍团队对新机会的响应速度。

原则 2：相互独立，完全穷尽（MECE 原则）

用于指导预算分配的类别彼此之间要遵循 MECE 原则。一种分类方式的不同类别之间不能有交叉，不会发生一笔投资同时属于多个类别的情况，这会给决策和成本跟踪管理造成困难。同时，一种分类方式的所有类别加起来，能完整覆盖所有的情况。

原则 3：设置投资比例，而非绝对金额

为不同类别设置预算比例，比分配给每个类别一个投资额上限的绝对值更有意义。对总额进行控制，只有在实际投资接近或超过其上限时问题才会被发现，而根据比例控制，可以随时对各个类别上的投入情况进行比较，发现偏差。而且，投资比例比绝对数额更能传递出组织的战略与投资策略。从管理成本的角度，从业务发展和竞争战略出发，为不同类别上的投资设置一个基本合理的初始权重，要比给出每个类别上一个合理的数额绝对值要容易得多，不需要前期对未来投资要做的具体工作进行过多的预测，从而避免组织浪费精力进行繁重的规划。

原则 4：持续反馈

设置的投资分配比例要能产生约束力，就必须有及时准确的反馈，这里再次强调"信任，并验证"这一管理原则。采用这种方式预分配预算，企业需要有技术手段对每个类别上的实际投资进行持续、实时的统计，随时掌握在各个分类方向上已发生的投资额和比例。管理层可以将实际发生比例与期望比例进行比较，并将投入与实际成效进行比较，最好是能把数据和趋势可视化出来。

根据确定的分类法，当每提出一个新的专题（记录到系统），就需要指定其所属类别。对该专题的投入需要统计到对应类别的实际支出上，并计算出各类别的实际投入占比。这一统计结果接下来在三个方面影响到领域团队的投资决策。

1. 根据预设的投资比例，如果不同类别投资正好是由不同的产品团队负责，领域交付负责人就需要对各团队的人力进行适当的调整，使之基本符合投资比例。
2. 价值实现团队，每当需要决策某个专题是否可以立即开始下一步工作时，需要参考该专题所属类别的已有投资占比。如果已超过预设投资比例，就要谨慎考虑是否继续该新的工作。注意，这是重要的参考因素，但不是决定因素。不能仅仅因为预算限制来做出业务决策！比例是可以调整的，只是，增加了这一类的投资，其他类别的就必然减少，需要达成共识。
3. 每一笔专题投资的实施中，要持续监控真实的成本支出，并统计各类别的支出占比。与预设的投资比例进行持续比对，如果偏差较大，就要作为问题提出来，在领域内相关负责人之间进行讨论，是需要控制超支的类别投入？还是投入合理，反映了真实的需要，原来的预设比例不合理需要调整？

采用这样的预算分配并结合投资组合管理的动态决策，不再需要每一笔投资都走立项或申请预算。除了预先声明满足特定条件的投资或涉及"禁区"的投资需要报上一级 PVR 决策，其他都可以在领域内自主决策并着手开始行动。

常规性（BAU）投资的预算与资源分配

针对另一类常规性投资，需要快速响应问题和持续打磨产品细节的场景，团队需要有更极致的响应力和速度，企业需要提供另一种不同的预算分配方式。一个业务领域内所有的数字化产品构成产品组合，产品组合中每个产品有不同的特点与核心价值，处于不同的发展阶段。触点型产品需要更多的持续体验优化，而后台业务管理型产品需要较少；成熟且功能复杂的产品需要快速响应问题的投入较多，而初建期的新产品还聚焦于完成重要设计和补齐必备功能，需要持续优化的地方较少；个别产品之前因为人员变动很大，相比其他产品有更多的质量问题和债务需要偿还。每个产品需要的专题投资与常规性投资占比不太一样。

针对每一个小的优化点进行立项和预算申请，会大大拖慢响应速度，会扼杀团队的创造力和自主能动性。有些企业，无论大小的改动全部必须立项才能开发。当发现一个小的问题，因为太小没法立项就只能堆积着，等到有一大批小优化需求后再打包一起立项。这很不合理，一些问题需要很长时间才能等到响应，并且这类打包的项目根本无法衡量成效，这种立项管理方式没有任何意义。恰当的方式是，根据产品的特征和阶段，为产品团队提供长期的、可以支持其快速响应问题和持续优化的一笔合适规模的预算，只需要约定该预算的上限。产品团队在完成经过价值实现团队决策的专题投资以外，可以不需要任何申请和审批，产品负责人和团队自主决策支配半年内不超过 400 人天的投入，或者支配不超过 120 万的成本预算。什么时候投入、投入谁以及做什么，完全由产品负责人和交付负责人协商决策。可以将工作项直接加入产品团队的待办清单，和其他特性与故事一起排优先级，按优先级交付。同理，实际的常规性投入需要实时统计出来，若其增长速度过快，团队需要考虑控制这部分投入；若已经超过了，则需要被警告。如果这一管理过程和数据统计能够在系统中管理，就能够自动将投入过快或超支的问题提示到产品和领域的负责人，以及更高层管理。

这类常规性投资除了受到预算上限的约束外，也要对持续优化的成效负责，而不是随心所欲。在前面展示的 PVR 会议议程中有提到，各产品需要展示近期自主响应和优化所带来的效果，同时要给出下一步产品主要的优化方向。对常规性投资，不是按每一个小优化点衡量成效，而是按一段时间的优化工作来观察整体成效数据变化。这将驱动团队在问题响应和优化点的选择上有所取舍，有聚焦。总的来说，常规性投资主要有这么几个方向的工作：

- 持续打磨优化产品体验
- 主动对一些核心流程进行优化提效，进而提升产品的核心价值
- 快速响应用户反馈的重要问题
- 偿还技术债务
- 修复过往遗留的缺陷
- 小批量演进式地架构设计重构

不仅如此，基于产品的长期、有限规模投资还有更重要的意义，关于自主性。这一预算模式是在受战略引导的专题投资之外，给团队提供一个完全自主发挥的空间，这对于激活团队，尤其是产品负责人的主动思考和对产品的责任意识很有帮助。业务在大的方向上进行战略引导固然很重要，但有时候一些很好的创新点子可能并不在战略思考的范围内，即便团队提出来到价值实现委员会，也可能因为看上去太另类、不合常规或其他原因被"思想落伍的中年人"否决掉。而常规性投资的预算空间给了团队一个对自认为好的点子试错的机会。因为不需要提前决策，团队可以先以最小实验的方式做出来试一试，然后以实验的观察数据再来要求专题投资可能，更有说服力。曾经亚马逊商城的侧面推荐栏，最早就是一位工程师在被领导否定的情况下，自己坚持做出来上线后取得了意想不到的效果。丹·平克（Dan Pink）的《驱动力》一书里提到，经过研究，自主性是人最大的三种内在激励因素之一。相信您的团队，团队就可能会给您带来惊喜。

综上所述，我们再次审视一下整个企业的预算分配过程。

首先，企业每一年会有来年总的可用预算规模。将所有的业务按照某种方式进行分类，例如三条地平线，或不同客群业务。按分类建立经济模型，即预算池的比例。然后，在每个类别中，根据各个业务领域的重要程度、对达成企业战略的影响力，再按一定比例将预算分配到各领域或领域群。这种比例的划分不是基于自下而上的预算编制和汇报，而是参考企业过往历史数据，再结合新一年的战略和行业趋势，在去年历史数据基础上给每个类别做适当的比例增减。可以想象，如果折腾几个月，最后的结果可能也和这差不太多。

接下来，每个领域或领域群团队（取决于在领域还是领域群层面进行投资组合管理，价值实现团队设置在哪一个层级）通过图16.9所示的两种预算投资模型来自主管理内部预算分配。分为以下几步。

1. **分配产品BAU投资**。首先考虑图中左侧的BAU投资，根据产品所处的阶段，参考各产品的历史BAU支出数据，考虑在新的一个滚动预测周期内每个产品在持续优化上需要的投入是增加、减少还是终止。所有产品的BAU预算累积起来，可能会占到该领域总预算的一部分，比如30%。

2. **为战略性投资建立经济模型**。其他70%的部分，将用于图中右侧基于投资组合管理的动态预算分配。对领域内的投资专题进行分类，建立经济模型，也就是投资比例。例如，分别考虑按战略目标分配的比例，按自身业务三条地平线分配的比例等。确保不同方向的业务、不同成熟阶段的业务能够得到合理平衡的发展，支持持续创新。

3. **专题优先级排序**。然后，由价值实现团队将规划中所有投资专题在不同类别上排优先级，按优先级进入实施。

4. **动态资源分配**。持续跟踪实际的不同类别投资支出，并在每一次PVR会议或需要决策新的行动专题时，参考已发生的投资比例，参考专题的成效与投入，动态考虑是否继续在该类别上投入资源。

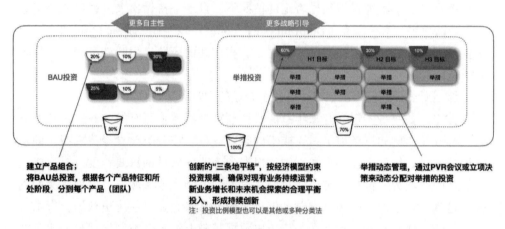

图 16.9　单个领域的两种预算分配模型

同时并存这两种预算投资模型，左侧，基于产品长期投资的方式能够赋予一线团队更大的行动自主性，带来更极致的响应力；而右侧，基于投资组合管理动态决策的方式，带有更强自上而下的战略引导，决策更谨慎。两种方式可支配的预算比例是可以调整的，也可能左侧是70%，右侧是30%，这样的领域在数字化发展上显然赋权更多，管控更少，灵活性更高。左右的比例设置取决于该领域当前的发展阶段和业务特征。面向消费者端的既有产品，可能适合左侧围绕产品长期投资的比例更高；而企业内部运营管理相关产品，例如财务、采购等领域的数字化投资可能适合右侧模式的比例更高。可以想象，在极端情况下，如果将滑条拨到最左端，让左侧的投资分配占到了所有预算的100%，也就是完全授权各个产品团队自主决策自己的所有行动。这比较适合那些产品的独立性非常强,每个产品就是一个独立业务的场景,适合对 Google X 这样的大型企业中第三地平线探索式创新的管理。

要完全实现这样的超越预算、动态预算管理的过程并不是没有成本,也不等于一味地简化管理。恰恰相反,这需要企业具备更高水平的预算和成本管理能力。前面内容只是事情的一半,还有另一半的能力必须要跟上。

实时成本监控

和产品设计一样,无论再努力地进行事前分析都不可能 100% 保证预算分配的比例是准确的、最合适的。更何况商业环境和竞争态势持续变化,可能新的情况下很快原来设想的投资比例就不再合适了。因此,对真实情况的反馈是关键,投资模型必须根据反馈随时跟上调整,否则就可能成了创新的阻碍而非支持。另一方面,前面我们一直在强调给予领域和产品团队更高的自主性,强调下放权力、自主决策,那是不是什么都不管就好了?成本还重要吗?团队是否会不受控地随意支出呢?

不是的,超越预算的目的是为了提升业务响应力,激发组织创新活力,并不等于弱化管理,相反需要更加精细和有效的管理。基于著名的"信任,并验证"原则,将管理从事前的大计划、审批和控制,转变为更多依靠事后快速反馈的迭代、持续监控和融入式的协商决策。这一原则也充分体现在目标管理、产品设计活动中。要让超越预算真正有效落地,持续地对实际成本支出进行近实时的跟踪监控是事情的另一半。正因为弱化了前期高成本的、跟不上变化的预算编制过程,事后的成本支出监控就变得比以往更为重要!不仅仅需要监控,还要尽量做到实时监控。对于如何开展更有效的成本管理及其原则,推荐阅读《实施超越预算》一书中描述的作业成本会计法(Activity-based Costing)。基本原则是,成本管理要对齐价值,将每一项成本开支都及时归属到与业务目标相关的会计科目上。

在数字化业务领域,结合本书所描述的管理方式,实现作业成本会计就是要将真实在每一项行动专题、产品上的投入进行跟踪和统计,持续监控实际支出数据及其增长趋势,和预先分配的投资比例进行比较,将显著的偏差及时反馈给领域负责人与高层管理者。根据预设的资源分配比例，系统中可以设置控制线，当实际发生与预期偏差较大时能够触发预警，触发管理者介入对最新的情况进行分析，协商作出调整。

数字化产品研发的最大成本是投入在产品探索、设计、研发和运营活动中的人力成本。最直接的成本跟踪方式是通过每位员工的工时填报。在投资组合管理中，每个专题即是实现战略目标的一项作业，对一个产品的持续优化也可以认为是一项作业。将专题和产品、产品 BAU 作为成本管理的会计科目，要求员工填写自己每天的工作时间投入在哪一项专题或产品上，或者不同的专题和产品分别投入了多少。具体来说，建议企业在组织基础数据和工时管理系统中建立下面几类基础信息与会计科目，允许员工将每日工时填到相应的科目中。

1. **领域和产品基础信息管理**。首先需要在系统中进行领域和产品划分的信息管理，即定义出每个领域、每个产品及其成员，这是基础信息。这些信息也可以进一步与团队、应用或部署单元等信息关联。
2. **投资组合信息管理**。将前面提到的精益价值树在系统中管理起来，按领域建立战略目标、机会和专题的关系，作为基础信息。
3. **专题（项目）成本科目**。跟踪专题的投入，由专题负责人申请创建相应的科目代码。因为专题有可能跨团队、跨领域，个人填写工时时要求同时选择人员所负责的产品来加以区分，或者系统能直接区分出当前每个人是属于哪个团队和产品，这样就可以将跨团队、跨领域专题的投入分解到不同的产品投入。在专题的信息中，可以区分不同的重要层级，例如企业级的、领域群级的、领域级的投资专题。高层管理者可能会更频繁地关注企业级的投资专题或举措。如果企业级的投资被分解到了领域中以另外的子专题进行管理，可以在系统中将一个领域级专题关联到企业级投资专题或举措，建立关系，便于进行数据统计。每个专题及其成本科目可以根据预估投入设置其成本估算，从而在实施过程中进行跟踪，识别风险。
4. **产品 BAU 成本科目**。跟踪在每个产品上，由产品和交付负责人自主决策的实际投入成本。在科目中设置分给每个产品的 BAU 预算上限，从而在实施中进行跟踪。基本上，产品组合中的每一个产品都需要有一个该类科目代码。

5. **机会探索成本科目**。对于一些新的机会，在确定开始详细的设计和实施之前，可能会需要一些投入去进行调研；或者在不明确有任何机会的情况下，对现状的客户和业务进行研究探索，尝试发现机会。这些投入往往发生在形成产品和专题并进行投资决策之前，还不确定解决方案将影响哪些产品，但其成本也需要记录跟踪。这样的科目可以关联在每个业务领域，统计领域为机会探索付出的成本。如果相关的探索研究工作最后成为了决策待实施的专题，新的专题科目应当能够和前面的机会探索成本科目关联起来，在决策和预算监控中作为参考。

6. **管理活动成本科目**。跟踪其他一些投入在管理会议、评审决策会议、投资组合管理上的成本支出。这样的科目也可以和领域相关联，或者填写该类型工时时选择个人所在的领域和产品团队。

有了以上这些基础信息与成本科目用于员工的工时填写，就可以灵活地统计出企业付出在每一个业务领域、产品上的实际成本，也可以实时跟踪为实现每一个战略目标、机会和专题的实际支出。实施精细化的成本跟踪将在几个方面发挥积极作用。

1. **基于成本效益的决策**。高层管理者、领域产品负责人和价值实现团队，可以将每项机会、专题的成功衡量标准数据对比其成本支出数据，或基于产品持续优化的成效数据对比起其 BAU 成本支出数据，做出基于成本效益的更合理决策。

2. **及时发现支出异常**，以应对变化。高层管理者、领域产品负责人和财务部门，能够对所有的投入通过业务领域、产品、机会或专题的多个维度进行跟踪。对比前面的预算分配比例，及时发现在某些投入上的异常，例如投入过快或超支、投入不足，进而介入与相关负责人了解真实的情况和原因。也许结果是团队需要控制在某方面的投入，也可能价值实现团队需要根据最新的信息调整预算分配比例。

3. **促成必要的人员流动性**。前面章节谈到，通过每个领域的核心团队与资源池来平衡人员的稳定性与流动性。当具备精细化到领域和产品的报工和成本数据，由于产品 BAU 投入有上限，对团队是有限资源，专题的资源投入需要领域的价值实现团队决策，那么当一个领域或产品团队的人力比实际所需更富余的时候，就会表现在成本数据上，要么支出过快，要么某些人的报工比例偏低。当系统捕捉到这些数据，资源池的负责人就能够介入与领域负责人沟通，是否部分人员有可能流动支援其他人力不足的领域。
4. **未来预算分配的参考**。最后一点，各领域、产品的历史成本支出，是进一步制定未来预算分配比例的关键参考数据。甚至通过持续对各领域、各机会方向支出趋势的观察，能够产生更多对业务趋势的洞察。

思　考

1. 遵循辅助性原则，管理者如何将为下级组织和团队画出的边界和禁区有效落地，又不影响团队的自主行动？如何及时地发现异常？
2. 当一个公司还有集团公司管理时，如果集团公司的预算制度没有抛弃传统的年度预算，公司自身如何实施本书所描述的超越预算制度？
3. 在围绕领域和产品的数字化企业管理结构下，如何接近实时地、较准确地监控实际成本支出？针对一个产品和一个投资专题，可能包括哪些类型的成本项？

第 17 章
在第三地平线孵化创新

有效运用新技术创造性地解决客户问题，即为数字化创新。在企业里，它的表现形式有两种。一种是在现有的业务中运用新技术，例如将新的二维码技术用于网站登录，更安全，也不需要记复杂的密码；或者是通过优化内部流程，让客户购买的商品从以往3～5天到货缩短到当天或隔天就能到货；或者通过新颖的营销活动提升获客与转化率。这一类创新不产生新的业务，没有构建新的服务体系，从客户角度体验到的是原有的但更好的服务，可称为"渐进式创新"。另一种则是创造出新的触点产品和服务为客户解决完全不同的新问题，或者是以完全不同的商业模式来解决相同问题。例如曾经纯线上的电商平台开始走向线下做起零售店；提供金融服务的银行开始为客户提供从信息获取、规划到订票的旅行服务；又或者像优步（Uber）运用数字化平台连接司机与顾客，重新定义打车服务。这一类创新可称为"突破式创新"。

现在，像智能零售店、网约车和银行提供的出境旅游服务，大家已经习以为常，但在它们最初诞生的时候，挑战了企业原有的经营范围和定位，挑战了行业里已经普遍认可的服务模式，甚至可能颠覆和伤害到企业自身既有的业务。柯达就是典型的例子，数码照相技术最初是柯达发明的，但是因为大力发展数码相机会严重伤害到当时最赚钱的、很成熟的胶卷业务，于是新业务被搁置。然而柯达并没有因此繁荣下去，在几年后被其他新兴的数码相机企业所超越和颠覆，最终走向衰落。在这些突破式创新刚提出想法的时候，面临很大的不确定性，挑战不仅来自外部，也来自内部。也许事后诸葛亮会讲，当初如果怎样就怎样，然而在当时，高度的不确定性、有限的信息让创新者很难确定什么是正确的，方向判断很可能出错，只能摸着石头过河。在创新的三条地平线模型中，这一类突破式创新通常属于第三地平线探索期，探索未来可能的机会。

前面几章展现了一种围绕明确战略目标进行投资组合管理，并在一个领域团队中以专题和BAU两种模式进行预算管理和资源分配的系统性制度。然而，这样的制度放到这些摸着石头过河的探索期创新团队仍显得过于复杂。探索期新业务，可能团队规模还很小，就几个人，没有复杂到需要进行战略导向的投资组合管理；没有谁能确定未来的方向，一切都在摸索中，要有效制定一年甚至半年的规划都显得奢侈，需要更多授权以应对变化；一周或两周一次的价值评审也不足以支持从想法到实现所需要的快速实验速度；更不要说这样的创新团队本就预算不多，随时可能失败终止，还要区分两种不同的预算分配方式，简直就是给团队找麻烦。前面几章所呈现的系统性数字化业务管理机制，更适用于有一定规模且客户价值与市场前景的不确定性已基本得到验证的增长期和成熟期业务。这时候，业务团队人数迅速扩大到几十人、上百人甚至更大，内部的摩擦开始加大，不同人有不同的想法。更重要的是，团队需要在基本得到验证的、更加可预见的战略方向上迅速前进。为了取得更大和持续的成功，执行力开始逐步变得更重要，需要有更注重战略性引导但同时又兼顾价值驱动、高响应力的管理机制来支持其持续繁荣发展。

但第三地平线的突破式创新，连这项业务是否可行以及是否值得企业去追求都还不清楚。若不对这样的机会进行探索而仅仅依靠现有成熟业务，一旦外部的颠覆者出现，企业就将陷入困境。与其被颠覆，不如自我颠覆。事实上，大型成熟企业投资于探索期创新比从零开始的创业公司更有优势，现成的客户关系、成熟业务带来的持续现金流、现成的更丰富的信息和数据，有实力同时对不同的机会进行布局。追求高适应力的规模化企业必须持续投资于探索期创新，但相比增长期和成熟期业务，需要不太一样的管理思路，体现在组织结构、管理模式、预算以及文化各个方面。

谷歌曾经为了同时投资于三条地平线，提出了有名的"70，20，10"投资比例法则，但仍然不够。谷歌逐渐意识到，在同一个公司内部，在相同的管理制度下，要想同时管理好不同生命周期阶段的创新越来越困难。成熟期的业务一旦发生失败则影响巨大，随着企业发展，建立了越来越复杂的制度，对风险容忍度较低，团队受到的约束更多；而那些探索新业务的团队，则需要鼓励更大胆和突破性的尝试，拥抱更高的风险，需要尽可能少的约束。以此为动机之一，在 2015 年进行公司运营架构重组，成立了 Alphabet 来投资所有这些业务，新的谷歌成为 Alphabet 下的一家子公司，其他的像 Nest、Fiber 以及 Google X、Calico 则不再属于谷歌，独立出来成为 Alphabet 投资的新子公司，以不同于谷歌的制度和文化进行管理，完全独立决策，能并行不悖地管理好这些不同阶段的创新。

谷歌的例子很典型，但并非特例。在中国，且不说像阿里、腾讯这样的互联网企业已经走在了这条路上，以招行为代表的一些领先金融企业也在不断做出变革，致力于更高效地孵化突破式创新，从投资、团队、管理流程和激励等各方面，采取有别于现有业务的管理模式。

如何管理第三地平线的突破式创新或者探索期创新？想象一下，您带着一小群人走在漫无边际的戈壁，如图 17.1 所示。对未来的探索活动，处于人们能够看清方向和目标之前的模糊前期，就像在一片混沌的无人之境前行，没有路标，随时可能遭遇失败甚至死亡，这时，"求生"是第一目标。要荒野生存，就需要打破一切束缚，除了社会道德与法律约束，任何对生存没有帮助的限制和额外负重都得抛弃或精简。例如，需要等待的决策过程、完整的方案文档输出、需求管理、过早的自动化，这些都不重要，让创新业务"活下来"并被用户和市场认可，这是头等大事。在未知的探索阶段，最需要的是敏锐的客户与市场洞察，必要的技术能力，强大的内外激励，坚强的意志，随时应变。在这个阶段，具备不同专业技能的团队成员要坐在一起，基于共识驱动来展开紧密协作，需要一种能够带领团队荒野求生的"戈壁领导力"：以团队为依托，在极限下做出决策，在不确定性中勇争佳绩。处于探索期的创新由于目标不确定和回报不确定，在一个已经具有相对成熟业务方向和模式的组织中，通常属于重要但不紧急的投资。在成熟业务整体的战略目标驱动下，探索期创新很容易处于边缘地带，在人才和资金上得不到足够的投资。探索期创新一旦经过客户和市场验证，除非是在组织现有业务领域之外开辟的全新绿地战场，很有可能还会蚕食现有业务，在发展中难免触碰到现有业务干系人的利益，使得创新在组织中遇到不少阻力。

大型企业要具有长久的适应力，必须激活内部生生不息的新陈代谢，就像有机体一样不断产生新的细胞来替代老的细胞，而不是完全依赖于对现有业务的持续优化和续命。企业要具备机制和能力在第三地平线持续探索未来机会，更高效地孵化出成功的新业务，这需要解决如图 17.2 所示的五个方面的问题：

图 17.1　第三地平线创新如同带队行走戈壁

图 17.2　第三地平线创新要解决的五大问题

- 自主的全功能团队（人）
- 独立的预算（财）
- 精益的投资决策机制（事）
- 安全的环境（物）
- 共享成果的激励（利）

自主的全功能团队（人）

在第三地平线创新，就是创业！即便是发生在企业内部。创业要成功，首要的因素是团队，别无其他。探索期的创新，意味着构建全新的或重新设计的服务体系，甚至一个团队就是一个独立的业务领域。这个团队需要具备能够将创新想法从探索、设计、实现到推向客户所需的所有技能，即一个全功能团队。注意，这里换了一个词，没有用前几章表述的跨职能团队，意在表示该团队需要更加专职和更广泛技能的人才。对于企业现有的领域团队，理想状态下也应该拥有完成业务所需的所有技能，但受限人才资源的稀缺和业务的特点，有时候某些技能人才可以通过与其他团队或领域共享的方式获得。例如市场营销，企业可能有个市场部，同时服务于多个业务领域的营销推广工作，甚至同一个人也会为不同的业务设计营销方案。然而，这种共享的能力对于支持一个在戈壁滩里艰难求生的创业团队是远远不够的，创业团队必须自己思考和设计、实施营销方案。在早期探索阶段，优先考虑的不是像广告、推介会那种耗资巨大的营销策略，而是与产品开发紧密结合，更多采取直面客户的、以技术手段为依托的低成本营销方式，例如基于邮件和网络病毒式传播的方式。再说体验设计师，对于成熟的不面向企业外面客户的业务领域，像平台服务、基础设施，可能是与其他领域共享设计师，在需要的时候申请资源。然而对于新业务创新，体验是打动客户的第一敲门砖，没有优秀专业的体验设计师，很难从一开始推出有吸引力的产品。还有运维人员，企业现有业务领域的系统运维可能仍集中在运维中心，统一提供运维服务，而对于突破式创新的早期，团队必须自己负责运维、贴近客户，随时随地响应可能的问题和变更，而不能等待其他部门支持。

突破式创新需要真正的全功能团队，一个能把一切解决的特种部队。所有人需要集中在一起办公，任何考虑异地远程办公的理由都不成立，除非公司不在乎这项创新的成败。至少在今天是如此，未来随着虚拟现实技术的成熟，能否支持异地团队创业还有待探索。之所以必须在一起，因为团队成员之间需要最紧密无间的信任和频繁沟通协作。彼此之间虽有分工，但不是交接的关系，而是共同参与很多设计、实现和运营活动的策划讨论，不能"各司其职、互不干涉"。整个团队一起到客户真实场景中去感受，甚至考虑在那儿办公。曾经Thoughtworks的一个创新团队，计划为一家超市创造一款全新的移动应用，让用户可以随时随地的自助扫码结账。整个团队将办公场所搬到了客户的超市现场，架起一张桌子，摆上电脑，插上网线。持续观察用户的行为习惯，一旦有了新的想法，产品人员立即将想法以草图、原型制作出来触发讨论，技术人员立刻开始编码生成一段可演示程序，找现场用户进行测试。意外的是，经过几天的实验，团队意识到，让客户一边选购商品一边手机扫码结账这个看似炫酷的想法并不受用户欢迎。同时，团队发现了另一个提供常用菜谱，并指引客户选购超市内生鲜菜品的创意，广受年轻用户欢迎。结果是，创新的方向发生了大的转移，成功给到访超市购物的客人带来的乐趣、便利，提升了购物体验。

　　一些大型企业会为内部创业团队提供专门的孵化器场所，将这些团队从企业现有的主要工作场所中搬出去，让团队能够更专注，不受现有工作场所氛围或一些管理制度的限制。比如，缺少集中的场地可以让团队坐在一起，或创业团队要加班时，却看到周围的同事到点下班纷纷离去，影响心情…… 一个有趣的问题是，很多公司的办公场所缺少开放的讨论空间，只有一间间压抑闭塞的会议室，也不允许在墙上贴各种东西影响美观……而创业团队恰恰喜欢"混乱"的作战室，更能够激发协作和创意。这些孵化器场所往往装修新潮，空间开放密集低，且环境色彩活泼，典型地会有很多允许团队坐在一起讨论的沙发区……效仿谷歌、腾讯这些企业的办公环境。这样的环境让每个人的心情都更愉悦，好的环境也是一种内在激励，应该鼓励。但仍不得不说，这些是锦上添花，并非必不可少，想想曾经有多少成功的创业是发起于车库、廉价的出租楼。舒适、有科技感、装修活泼的开放工作环境并不是创业能否成功的重要因素，更谈不上决定性因素，企业不要本末倒置，却忽视了团队更需要的其他支持。为探索期创业团队提供单独的工作场所，相比装修条件，团队环境隔离是更重要的目的，让团队从企业旧有的规章制度、低士气和官僚文化中脱离出来，利于在团队内重新建立一种更有利于创新的开放协作、目标驱动和努力拼搏的新文化。

能够带领这样一个小群体走向成功，内部创业团队的负责人至关重要。就像特种部队身处复杂作战环境时的一线指挥官。他是否具备"戈壁领导力"、他的眼界和洞察、客户思维与产品思维、多方协调能力乃至心胸，都直接影响着创新成败。承担这一灵魂角色的人可能是产品负责人，也可能是交付负责人，他对业务成败的影响远大过成熟业务下的产品和交付负责人。因此，第三地平线创新投资的管理者在做出投资决策时，除了产品的创意、价值和成效数据，团队核心带头人的能力、个性和创业者精神，团队是否全功能，也是要考虑的关键因素。

内部创业团队要在一线开展实验，并基于持续的反馈随时调整方向和设计，这需要企业赋予团队高度的授权。当团队有了一个新的想法，"让我们先请示领导审批……"，这是完全不管用的！创新团队也会因此受到打击，不在一线的高层管理又怎么能够比团队更了解面临的机会和需要服务的用户呢？团队要有高度自主性，需要的授权是广泛的：能够对新产生的想法立即开展实验的自主权，能够前往客户现场调研访谈的差旅授权，能够在需要时随时调用企业现有资源的权力，比如既有的客户数据、交易数据、现有的中后台业务与基础设施服务，等等。企业需要从管理和技术的角度，建立机制为这些创新团队便捷且安全地获得这些资源提供支持。自主权的另一面则是责任，全功能团队所有成员或部分关键成员对用人、产品决策、技术架构和运营策略的最终结果共同担责。

除了内部团队进行探索式创新外，也可能考虑从外部收购创业团队来加速早期探索，并带来更多机会，这也是成熟大型企业的优势。收购一个外部团队可能是因为他们的创意和产品，也可能是因为其能力和创业精神。收购来的团队应当尽可能保持其独立性，不要尝试过早融合，允许其继续以创业者的方式工作。除非，收购团队看中的只是其技术，需要立即将其技术融合到企业现有业务中。

独立的预算（财）

对增长期和成熟期数字化业务的预算分配可以重点考虑三个因素：第一，相同或相似业务过去的历史投资规模；第二，趋势和战略调整；第三，规划中机会、专题的预期投资收益。这些因素仍然是基于一定程度的可预测性。这对探索期的突破式创新来说，操作起来则非常困难。新的业务，没有历史数据参考，投资规模的合理性很难判断。摸着石头过河，也很难有相对确定的战略。创新的早期可能完全没有收益，又如何基于收益去考虑适合的投入。更重要的是，如果探索期的创新和其他增长期、成熟期业务都基于预期收益来决定预算，那企业一定是将资源投入到那些更有明确收益的业务中去，导致探索创新的投资严重不足。

不能用参考历史或投资回报的思路来决定预算多少，就有必要将探索期创新投资的预算从其他部分中独立出来，不放在一起做决策。前面章节谈到，建议对企业战略层或业务领域的投资组合按创新生命周期的三条地平线进行分类，并建立经济模型，按比例分配预算池。如图 17.3 所示，可以将探索第三地平线创新作为单独的战略目标，包括新业务、新场景、新技术探索。设想一下，这样的战略目标可能是"新业务创新孵化"或"探索线上新服务模式"一类的描述，它的成功衡量标准可能是下面这类反映创新成效的指标：

- "10 个创新想法通过市场验证"
- "创新业务贡献 15% 的新客户增长"
- "20% 的创新产品拿到 A 轮融资"

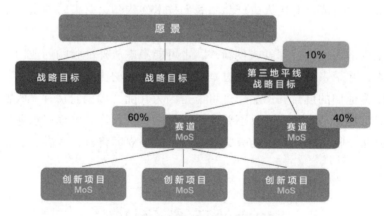

图 17.3　独立投资于第三地平线创新

接下来，企业可以为它单独建立一定金额的预算池，或可称为"创新基金"。对该创新战略目标负责，并管理这笔创新预算池的机构可以称为"创新管理委员会"、"创新基金管理委员会"或"战略创新投资委员会"等类似的名字，负责以完全不同于其他现有业务的方式对这笔创新预算池进行超越预算管理，进行动态投资决策。后面将用"创新管理委员会"来称呼这样一个机构。不仅仅是谷歌，国内很多领先的企业都在向这个方向努力，一些金融企业每年会从收入或利润中拿出一个固定比例的金额投入金融科技创新基金，用于支持来年的创新孵化投资。这笔拨款不需要以任何提前的规划预测为基础，直接由董事会划拨。

遵循这一投资策略，当某个部门或员工有突破性的创新想法并提出申请，创新管理委员会将为其提供资金。这时创新团队的预算不再来自原有部门，不受其预算限制，自然团队的目标就不再受到原部门的战略指挥，而是成为一个更加独立的主体开展工作。这是另一个为什么需要孵化器场所的原因，将这些团队的工作从原有业务部门中独立出来，减少原部门的影响，而更专注于创新成功，避免尴尬和冲突。从长远来看，对那些具有潜在颠覆式影响的创新，最好由企业在战略投资层面提供支持。若由原业务领域提供投资，很难让颠覆式创新迅速实现突破，它始终要为领域既有的整体战略目标服务。

进一步，创新管理委员会可以为所有的创新划分赛道。所谓赛道，即是在大致同一个行业、领域或技术方向上的创新，可能会有多个创新团队在同一个赛道上以各自的产品来争取客户和市场，谁也无法预判最后谁能取得成功。一些大型科技企业聚焦在教育、医疗、出行、金融领域尝试创新，每一个领域方向即一个赛道。或者，按技术划分赛道，分为数据与智能、开放技术、物联网和互动技术等不同赛道。对创新赛道的划分，是企业想要对内对外传递出受鼓励的创新方向，符合既定赛道方向的提案通常更容易得到投资。从预算角度，往往根据不同赛道的投资门槛、可能创新成功的概率等因素，将大的创新预算池按比例进一步划分到不同赛道，对投资决策起到引导作用。

是不是所有第三地平线创新只能通过企业最顶层的创新预算池来投资，而在既有业务领域内就不可能呢？不是不可能，确实会更困难！尤其是在传统企业，往往长期积累的原有业务领域要彻底变革需要更长的时间，包括组织结构、组织文化、惯性的工作方式，基础能力以及考核机制等。需要从业务领域的最高领导者开始自上而下做出改变，遵循本书第Ⅱ部分和第Ⅲ部分所描述的方式，建立起支持创新、价值与快的足够能力，建立起基于三条地平线的投资模型、以价值和数据驱动的投资组合管理与决策机制，以不同的思维来管理其中属于第三地平线的创新业务。要由业务科技深入融合的独立跨职能团队负责，在大的愿景和战略引导下给予其足够的授权和自主性。可以看到，一些具有开放和成效导向文化的企业，在原有业务部门内部也诞生了成功的新业务，就像腾讯在原QQ邮箱部门内诞生出了微信，谷歌在原搜索业务部门内诞生出了Gmail邮箱。关键还是领导者与团队的思维和能力。如果这样的转变还没有发生，就很难从原有成熟业务领域中创新出突破式的成果。因此，在整个企业范围，建立独立的、集中式的创新投资预算池，开辟新的战场，以全新的价值和数据驱动的机制进行动态管理和决策，就成了多数企业推动创新的机制选择。以新开辟的战场，鼓励全员参与其中，为其提供资金。当这条路走通了，将鼓励更多的人参与其中，反过来再逐渐撬动整个企业创新文化的改变，撬动原有业务领域的思维转变和管理转型。

多数企业在进行财务管理时，为了产生资产负债表和损益表，会将企业的所有支出划入资产或费用两大类。软件研发投入有可能会转化为有价值的软件产品从而带来长期回报，有时在财务处理上会将研发投入全部或部分转化为资产进行逐年折旧，从而降低数字化投资对损益表的影响。如果数字化投入计入费用，则直接影响损益表，降低当财年的财务利润数据。对已经进入增长期和成熟期的、有一定确定性的软件产品，从财务角度可以做这样的资产化处理。但对还处于探索期的创新，考虑到创新的成功概率其实不高，大多数创新随时都可能会终止，没有任何回报，因此企业对探索期的创新投资应当全部作为费用处理。这样的财务处理方式也更加简单快速，不需要团队为应对财务管理需要在这方面花太多时间。

精益的投资决策机制（事）

创新管理委员会管理创新预算池的支出，对第三地平线创新要实现的战略目标和成果负责。如何才能让预算池发挥出更大的价值，以更高的概率孵化出成功新业务呢？需要建立相应的机制来管理投资。

探索期创新的成功概率不高，那么要产生成功的创新，首先就需要有很多创新的想法并开展实验，这是系统性实现成功创新的基本法则。为此，企业需要鼓励更多的人参与进来，而不是仅仅投资于一个创新研究院，或由指定的某些团队来从事创新的工作。也就是，要实现规模化创新，要发动全员的力量，发挥所有人的智慧。"春江水暖鸭先知"，贴近客户侧的一线员工，必定比高高在上的管理层能更先感受到市场的变化和需要解决的客户现实问题，将他们的创新动力激发出来，就能持续不断得到大量的机会和想法。国外的 Suncorp 和 Adobe，国内的腾讯和招行等很多致力于创新的企业均建立了这样的机制。澳洲的 Suncorp 保险公司，通过一个名为 IdeaXchange 的计划，允许任何员工在一个收集创新点子的论坛中提出自己的想法，如果得到足够多员工的点赞，就可以得到公司的预算支持进入一个孵化过程。国内的招行，同样鼓励全员申请创新，任何人只要有想法，并且能够组建起一个由业务与科技共同构成的小团队，就可以申报创新基金。经过简单的评估后，多数的创新想法都有可能得到基金支持并进入一个孵化流程。鼓励全员创新，是企业规模化创新战略的基础。

划分创新赛道是对规模化创新方向的引导。赛道的设置可能自上而下来自整个企业的战略，例如人工智能是企业既定的战略性技术方向，那么通过公布人工智能为一个赛道，鼓励更多的人在这一领域提出创新想法。赛道设置也可能从基层"浮现"出来，招行在金融科技创新孵化中，通过对很多创新想法及其创新结果的分析，发现某些方向的创新更符合企业的基因并具备优势，更容易取得成功，于是就将其设置为赛道，鼓励在这些方向上有更多的想法涌现出来。这是在过去多年里看到基层想法最终影响组织战略的很好案例。

总体的创新战略目标，不同的创新赛道，以及每个赛道上不断涌现的创新想法。构成了一个有别于其他业务领域的、独立且特殊的投资组合。这个组合里每一项创新投资都很独立，每一项投资都由一个全功能团队全权负责。要让有限的创新基金孵化出更多成功的新业务，就需要以类似前面几章的方法对这个创新投资组合进行动态管理和决策。注意，区别在于，这里不是把动态投资组合管理应用于某一个创新业务的内部，而是在公司高度应用于所有创新想法构成的整体。虽然每一项创新的失败率高，但这就像是多点投注。通过对不同方向广泛的创新想法进投资，并辅以深具行业洞察的方向引导和团队赋能；对有前景的想法追加投资，同时及时停止那些证明缺乏价值和成长性的投资，这样，从中发现"黑天鹅"的概率就会提高，更可能孵化出在未来带来现金流或影响力的成功业务。

负责这一投资组合管理的机构即是企业建立的创新管理委员会。要实现其目标，机构需要建立并有效执行一套创新管理机制，包括以下四个方面。

- 投资准入机制
- 精益创新方法
- 动态、小批量的投资机制
- 投资退出机制

投资准入机制

突破性的创新想法有可能来自于企业的各个角落：可能是高层或技术专家提出的对颠覆性新技术的研究试错；可能是基层员工在贴近客户和市场的一线发现的新业务或新产品机会；甚至可能是来自外部，观察到某个独立创业团队正在从事与企业愿景和战略方向契合的颠覆性创新。什么样的创新想法可以进入公司的创新预算池投资范围？企业管理者或投资者需要定义明确的准入规则。这个规则既要确保进入范围的想法值得投资，具备成功的潜在可能；又要足够宽泛，让多数创新想法都能得到实验的机会，鼓励创新，毕竟谁都无法准确预测创新的结果。基本的准则可以包括三点。

(1) 突破式创新。
(2) 明确的价值与商业模式。
(3) 全功能团队。

准则1. 突破式创新

创新可能包括商业模式创新与新技术创新。先谈谈商业模式创新。商业模式的转变既可以是渐进式的，也可以是突破式的，能够纳入探索期创新投资的应该是后者。突破式商业模式创新有可能是全新的业务，也可能是现有业务的颠覆式重新设计，两者都在投资的范围内。例如，一家零售银行当前的重点客群是中低端客户，但也有一定比例的客户是属于高端。当企业希望改善服务提升客群层次，将其定位更多向中高端迁移，这样的转变是渐进式的。措施是对现有产品和服务进行功能和体验增强或改变运营策略。当银行准备从传统的金融产品销售开始尝试拓展服务场景，结合金融服务核心能力，直接为客户提供出行或教育服务时，这意味着构建了新的服务体系，这种商业模式创新是具有突破性的。另一个例子是，一家开发教育类产品的企业，如果考虑将原有的教育产品从线下授课变成线上授课，但仍然是课堂式的知识传递，只是将课堂录制下来放到网上点播，这种转变不过是为现有业务扩展新的渠道，属于渐进式创新。而当企业试图打造一种新的线上互动式和自助式学习产品，这意味着需要对新教育方式的客户认知和接受度进行高不确定性的实验，带来的是对传统教育模式的颠覆，具有突破性。

对新技术创新，也要考虑其是否有真正的突破性。像谷歌和苹果以及国内阿里等一线科技企业，在第三地平线投资一些真正有突破性的新技术，前沿的深度学习算法、生物识别和新的基因技术等，这些领域没有可复制学习的对象，一旦这些技术取得突破，可能成为未来规模化创新的基石，带来未知和全新体验的产品或服务。但是，更多企业的所谓新技术创新，不过是学习那些已经被顶端企业研究成功并贡献出来的技术或框架，稍做定制和优化，其技术不确定性已经过验证，更多考虑的是如何将这些技术运用到业务场景中。对这种新技术学习而非研究性的"创新"，投资决策者应当重点考虑的是技术与业务结合能否带来商业模式的突破性。如果只是运用新技术改善现有产品和服务质量，应考虑由产品和服务的归属部门进行投资。例如，在传统的人工客服系统中引入开源的智能技术，实现机器辅助应答，从而改善现有服务体验，这就缺少突破性。

准则2. 明确的价值与商业模式

另一个重要的决策标准是创新的产品策略要明确和清晰。参考第 6 章的内容，产品策略包括两方面。首先是解决方案，有没有清晰的价值定位。价值清晰不等于价值是确定无疑的，这需要通过实验去验证。关键是要能够清晰地定义出来并逻辑自洽、可衡量。价值定位包括几点：目标客户是谁、要解决什么核心问题、解决这些问题需要提供哪些关键能力与体验？如何衡量问题是否被有效解决？然后，对那些未来要推向市场创造收益的创新，还需要定义清楚其商业模式，包括如何获客和发展客户关系？如何有效经营？建立何种盈利模式？清晰的商业模式策略并不等于是确保成功的策略，也需要验证，但提前分析清楚的意义是能够为尽早验证其是否成立提供指导。如果想都没想，或没想清楚，连需要进行验证的关键假设都没有，这样的创新失败概率极大。可以要求将"解决方案画布"与"商业模式画布"作为申请创新基金必须要有的关键输入，驱动团队不得不仔细进行分析。

准则3. 全功能团队及能力

第三个关键的决策标准是看是否有一个能力足够的全功能团队。想法再好，都需要由人和团队来一起完成。一项成功的创新业务，涉及产品和服务设计、技术、市场与运营以及整件事的统筹规划管理。特定行业或领域的创新还需要行业专家、业务领域专家和法律人才等。没有人具备全方位的专业知识和精力，精通不同领域的多学科人才一起通力合作，才能够实现价值，将好的想法成功推向市场。在我为客户提供创新咨询的过程中，经常遇到，那些提出了很好想法的团队，要么有很棒的技术人员，却无人能做好产品设计；或者，有业务人员思考产品，但核心技术难题始终得不到解决；或者，产品与技术都有，醉心于不断增加功能，试图做一个强大的产品，却忽视了尽早思考市场问题，不知道如何将服务卖出去，以及如何获客，因为团队里缺少熟悉市场和运营的人。

现实是，很多创新团队因为资源资金有限，要想一开始就拥有各个学科的完整人才配备通常很难，入不敷出，请不起高薪的人才。这时候就需要团队成员能够从过往的经验转变思维，快速学习，横向扩展技能，一专多能。比如产品设计人员同时能做运营，也能够帮忙做产品测试；开发技术人员能够完全承担产品的运行运维和用户支持；往往创新团队的带头人可能既要做管理，也要思考产品设计，同时要成为优秀的市场或销售。虽然有些人能够同时扮演多种角色，但每个学科都有其专业性，要做好并不容易。根据过往的经验，一个创新团队里，最低限度有三个关键技能是需要相对专业的人才来完成的，非专业人士兼顾往往得不到好的效果。这三个核心技能是产品&服务设计、技术、市场&运营，这三类人才要形成铁三角，通力合作。产品与服务设计专业需要具备设计思维，能够基于对客户的深入洞察来设计解决方案和客户体验，让产品具有价值和吸引力；技术专家包括开发、测试与运维，能力够强的全栈工程师能够完成所有这些工作，解决实现所设计方案与体验所需的所有技术难题，并保障系统良好运行；市场与运营专业需要能够将产品与市场衔接起来，采取恰当的运营和营销策略来打造品牌和渠道，开展运营活动获得早期客户，与设计、技术人才合作以数据驱动增长。如果一个创新想法要想获得创新管理委员会投资，就必须有这三类人才。缺少这三类人才中的任何一类，或不够有经验，很难想象这样的团队能够成功，即便想法再好，对其投资都应当谨慎。如果创新想法确实很好，创新管理委员会可以考虑帮助团队寻找、调配这样的人才参与，弥补缺口。

精益创新方法

没有任何方法可以保证创新成功，但如何提高创新成功的概率还是有迹可循。创新团队贴近一线捕捉到了好的机会，有了想法，但很可能不知道如何有效地将机会变成恰当的产品和服务提供给客户，不知道如何驱动客户增长。另一方面，创新管理委员会需要所有创新团队以相对一致的方式来呈现其对价值、商业模式和产品设计的思考，而不是五花八门、千奇百怪的形式，这样更有利于获得信息和做出投资判断。因此，创新管理委员会有必要提供一个服务平台，为这些追求探索式创新的团队提供赋能，赋能的核心是精益的创新方法，具体涉及图 17.4 所示的三个方面。

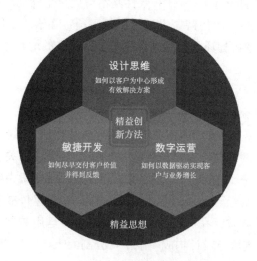

图 17.4　精益创新方法

1. 设计思维

核心是以客户为中心，基于深入的客户与市场研究形成有效解决问题且有吸引力的产品和服务。设计思维是处于第一位的创新设计思想与方法。国内很多的创新型企业已经开始采纳该方法，并以此规范创新过程中的产出成果。目的是确保所有人能够有相对一致的方式、更全面地开展客户研究，真正从客户出发而非凭空设想地进行创新，提升解决方案的价值、有效性和客户体验。具体的方法包括客户研究、行业分析、客户画像、电梯演讲、客户旅程与服务蓝图、原型验证以及各种定义解决方案、商业模式的工具等。

2. 敏捷开发

核心是如何通过紧密协作的跨职能团队，以快速迭代方式尽早且持续地交付价值并保障质量，尽早得到反馈。具体的方法包括最小实验规划、故事地图、敏捷需求、Scrum、持续集成、自动化测试和持续监控技术等。不过，这里略有不同，在第三地平线探索创新的早期，尽早交付并验证解决方案有效性是第一位的，稳定性虽然重要但处于相对第二位。可以首先考虑采用金丝雀发布、动态特性开关等方式控制风险，在产品还比较简单时，自动化测试、监控体系不用过早追求完善，而是在解决方案有效性基本得到首轮验证之后再进一步改进。创新团队的负责人要对此保持警惕，把握好平衡，在恰当的时间点及时开始要求团队构建更完善的内建质量措施，以避免突如其来的增长导致严重问题。

3. 数字运营

核心是以客户价值为中心，选择低成本且有效的方式，在数据驱动下设计市场推广与运营策略来打造品牌，实现增长。这里的"低成本且有效"是关键，尤其是在今天互联网时代，曾经的传统媒体渠道重要性和关注度在下降，每个人都沉浸在社交网络。需要更多地研究如何充分利用搜索引擎、新媒体、网络事件、朋友分享以及经营私域流量、意见领袖等能快速传播且有效影响客户行为决策的创新营销方式，在所有的运营活动中学会运用数据。运营策略也是一种设计，它与产品与服务设计构成一个不可分割的闭环，相互助力。

致力于持续数字化创新的企业普遍成立了内部的创新赋能中心，比如腾讯的青藤大学和招行的创新赋能平台。通过这些服务平台，为那些准入获得投资开展探索期创新的团队，提供不同专业方向的导师指导，包括来自内部与外部的导师。为创新赋能，还有一个关键的领域，是新技术。团队可能有好的想法但不掌握足够的前沿技术来有效实现解决方案，包括语音识别、人工智能、物联网和大数据等技术，这些应该主要通过开放的公共技术平台允许团队按需获取。创新管理委员也需要储备一些各方面的技术专家人选，不需要专职，但能够在必要时提供专家技术支持。

动态、小批量的投资机制

没有投资，不可能创新。然而，充裕的投资同样会扼杀创新，让团队忽视对不确定性应有的警觉，而过早开始规模化。有限的、甚至有点捉襟见肘的资金，能让团队用心聚焦在最需要验证的不确定性和最有价值的投入上。硅谷的创新孵化器流行一个术语："创新跑道"。飞机必须在有限长的跑道内起飞，否则就放弃。不健康的、有问题的飞机，给它再长的跑道也飞不起来。"跑道"是一个隐喻，意指要让创新更容易成功，给它的投资必须是有限的，并不太宽裕。

要计算跑道长度，每个创新团队需要关注一个重要的指标"燃烧率"。创新的成本结构里可能包括固定成本与可变成本。固定成本包括团队使用的办公室、设备和基本的云计算资源等；而可变成本会随着团队的人数、开展的市场运营活动多少和产品的用户量改变，包括人员工资、营销活动费用和随用户量扩容的云计算资源费用等。创新团队需要将这些费用算清楚，每个月需要消耗的所有费用即"燃烧率"。创新预算池给团队分配的投资除以燃烧率即团队能够运转多少个月。这个时间长度就像是一个跑道，如果团队跑到了尽头还拿不出有意义的进展，企业可能就不会再继续投资，创新失败。

当团队接近跑道尽头，怎么才算是"起飞了"还是"没有起飞"呢？需要给创新团队设定投资的成功衡量标准。不同的产品、不同的商业模式其成功衡量标准不可能一刀切，需要赋能团队掌握本书中的方法来设计恰当指标，不应该都是经济指标，而是要综合考虑多个维度。另外，在创新探索的不同阶段，衡量标准也不同。在第一轮投资评审时，首先要验证的不确定性可能是技术的可行性和早期用户的评价。到了第二轮投资评审，可能就要关注用户量和增长。再到第三轮，可能需要关注单客户收益和财务指标。什么样的指标对早期创新合适，不能一概而论，需要具体设计，参考第 11 章的 BPP 与 EVC 模型。总体而言，早期的探索，先验证问题和解决方案，更关注客户对产品和服务的评价；越往后，越需要对市场的验证，越关注增长甚至收益。到接近跑道结束，创新管理委员会以成功衡量标准是否取得显著进展或达成作为主要依据来决策是否进一步投资。过程中，如果发现指标不合理，及时提出来协商调整。

有限长度的跑道加上对不同阶段成功衡量标准的数据分析和洞察，构成了创新管理委员会对探索期创新进行动态、小批量投资的决策机制。图 17.5 即是对这样一个精益的决策过程的展示，适合早期创新孵化，分为三个阶段。

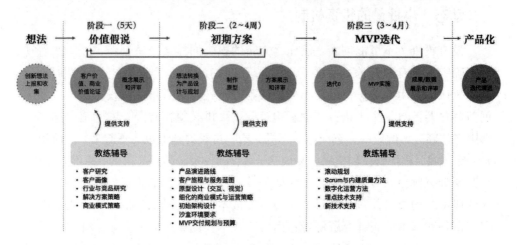

图 17.5 探索期创新孵化的三阶段决策

阶段一：价值假说

这个过程是开放的，任何人都可以提出创新想法，无论来自公司内任何岗位。提出的想法在经过初步筛选后，允许进入第一个"价值假说"阶段。能否进入阶段一的筛选过程非常宽泛，只会淘汰掉一些显而易见没有意义和与战略不符的想法。进入"价值假说"阶段后，要求创新申请人完成对客户和市场的研究，形成研究结果和价值主张、初步的商业模式分析，以及组成一个包括必要技能人员的创新团队。这个阶段很短，平均一到两周的时间，不算正式投资，需要申请者在业余去完成。研究结果需要以客户画像（或其他形式）、解决方案画布或商业模式画布以及团队结构的形式，输入到阶段结束的展示评审环节。创新管理委员会频繁地定期组织评审，从前面所述的创新突破性、价值定位与商业模式、团队构成和能力各方面对创新进行筛选。这个评审组里包括熟悉组织战略的专员、商业模式分析专家、技术专家以及精通财务投资的专员等，从战略、商业模式、技术可行性和财务成本等各方面进行评价，淘汰掉那些突破性不足、不可行或没想清楚、商业模式不成立的想法。

阶段二：初期方案

若创新申请通过了第二轮筛选，则进入"初期方案"阶段。这个阶段，团队可以离开原有的工作，脱产投入到创新孵化。要求创新团队在有限的时间里将想法转化为产品或服务的方案设计，包括业务解决方案、系统架构、产品原型以及MVP阶段的交付规划，并且期望以原型对潜在的客户进行了早期测试。如果涉及新技术应用，还需要进行初步的技术可行性论证。这个阶段也不长，大概两到四周的时间，但是由创新管理委员会提供投资。这个阶段最终的成果，要达到能够立即启动创新产品交付的条件，完整的产出内容如下。

1. 产品策略，包括解决方案与商业模式。
2. 产品演进路线图，近期、中期、远期。
3. 以客户旅程、服务蓝图和价值链地图等展现的整体业务方案。
4. 原型设计，需提供关键的交互与视觉设计，包括用户测试反馈。
5. 运营策略。
6. 初始的架构设计。
7. 沙盒环境要求，即所需的MVP阶段运行资源需求。
8. MVP交付规划与预算。
9. MVP阶段性价值目标与可量化的成功衡量标准。

这些成果作为再次创新管理委员会评审的输入。这时的评审组里可能会包括公司的首席创新官、相关领域专家、产品设计专家等给出意见。那些价值不大的、设计缺乏吸引力或者明显看不到市场潜力的设计，可能无法获得继续走向下一步的投资。

阶段三：MVP迭代

再下一阶段是新产品的"MVP迭代"交付。通常是3～4个月，由能力构成更加完整的产品团队将设计的最小实验版本开发出来，推向早期用户获得反馈。对于企业内部系统，可能是内部的试点用户或试点部门；对于面向市场的产品，可能是合作伙伴或选择性的小范围用户。这个阶段，需要以敏捷开发的方式持续交付，并以沙盒环境或安全发布策略的方式向用户开放，基于早期用户的使用收集反馈，统计量化的成效指标数据。在阶段结束，创新管理委员会应基于数据、用户反馈和成功衡量标准的达成情况来决策是否继续投资。当然这不是机械化的，还要综合考虑市场趋势和人的因素。这样的评审会平均数周一次。MVP阶段的验证往往不止一轮，每隔三个月审视一次数据。在几轮这样的MVP实验及数据验证后，会进一步决策，是否值得继续投资进入到更加规模化的增长阶段，即"产品化阶段"。在做出产品化投资决策的环节，可以邀请企业外部的天使投资或风险投资参与，与企业一起共同投资有潜力的创新想法。在每一次评审时，如果上线后的成效很差或持续看不到增长，随时有可能停止投资或要求改变方向。一旦进入产品化阶段，就进入了早期创新孵化的退出机制，需要进入到后续新的投资模式下继续前进。

这一早期创新孵化的投资决策机制，是完全基于实验和反馈的动态决策机制，而不是基于计划和执行。在单独的投资预算池内，以轻量级的方式分阶段进行持续的小规模投资，能够最大程度上灵活响应新浮现出的创新机会，并给创新团队以较短的跑道，使其聚焦于不确定性验证，尽早筛选掉没有价值和缺乏成长性的创新。

投资退出机制

在经过几轮的MVP迭代实验后，到了决策是否还有价值继续投资下去的关键时刻，早期的创新预算投资需要在合适的时间退出。退出的结果可能有两种情况。

第一是放弃投资。即几轮实验的结果证明，该创新并没有得到客户足够的认可，或看不到潜在的成长性，没有价值继续投资下去，创新失败。如果该创新想法是得到原业务领域支持的，不排除之后会由原业务领域以自有的预算支持继续尝试下去，这是领域自己的决策。

第二是进入产品化发展。创新的一些关键不确定性得到验证，具有增长潜力，需要引入新的投资模式推动其继续向前发展，进入规模化增长阶段。创新管理委员会需要为这些有潜力的创新后续的产品投资建立比较顺利的过渡机制，不能模棱两可的，这也是内部创新机制设计可能最具挑战性的地方。如果过渡不顺利，一方面可能导致好的创新业务在需要进一步拓展时投资乏力，陷入停滞，最后错失机会。另一方面会影响仍在探索实验阶段的其他团队士气，将来即便产品验证成功也可能无法得到投资继续发展的预期，会严重打击团队的创业热情。可能没有完美的解决方案，但可以考虑这么几种方式。

1. **回到原领域**。可以与创新团队原有的业务领域提前协商，让团队回到业务领域，由领域团队在自身预算范围内继续支持其发展。这种方式适合于创新业务与原业务领域关联性紧密，有助于原业务领域战略实现的情况。或者，经过验证，新的方案有必要与原有业务整合，需要深度依赖原有业务或客户数据的情况。否则，回到原领域团队后，会因为与其整体战略目标匹配度不高，很快成为边缘项目，不再受到关注，投资得不到保障。创新团队的核心成员可能很快被安排去从事其他工作。创新的增长无法维系，导致最后无疾而终。

2. **建立新领域**。为创新团队成立新的业务领域，企业为其单独划拨预算，进行相对更长周期的增长实验。这种方式的优点是，能够给创新团队继续提供具有创业氛围的工作环境，原有的工作方式得以较好地延续下去，创新团队可以自主地逐步建立起适合自己的管理机制。例如，企业为这些创新业务提供为期一年的增长预算，一年以后基于增长效果再做进一步决策。

3. **成立新公司**。还有一种方式是，支持有显著成长性的创新团队成立新公司运作。这取决于企业的策略和创新产品与原企业核心业务的关联性。如果关联性不强，可以考虑以成立新公司的方式进入公司化运作，独立面向市场。对新公司的投资，除了企业自己可能会进一步投资占一定股份外，也可以帮助尽早引入其他有兴趣的风险投资，或者与其他生态合作企业共同投资。所有团队成员完全脱离原有组织关系，无论将来的发展是成功或失败，都以独立公司的管理方式处理。但是，这对那些与企业核心业务关联性很紧密的创新不太可行。

这里有一个很具有挑战性的问题。脱离原领域进入孵化器的团队，如果创新失败，这些人怎么办，去哪儿？对那些得到原有领域支持的创新，创新失败后，团队比较有可能回到原有领域重新安排工作。但对那些未得到原领域团队支持而参与到创新过程中的人员，是帮助他们协商回到原领域？还是由人力资源在公司内重新安排岗位？还是为那些虽然创新失败但表现出较强个人能力的员工，提供机会继续参与后续其他创新团队，以弥补人员和能力不足？也可能留任创新赋能中心作为内部教练人选，为后续创新团队提供指导？或者，允许其选择直接离职？这就需要企业在机制上提供多种可协商、可选择的方案，为投入到创新中的员工解除后顾之忧，能够全力以赴。

安全的环境（物）

创新团队所需的授权是广泛的，其中包括需要利用企业现有资源，例如既有的客户数据、交易数据、现有的中后台业务能力与基础设施服务等。成熟的大型企业开展探索式创新，相比从零开始的创业公司，最大的优势就在于，它能够在前期探索阶段依托企业现有的数据和资源，尤其是现有的高黏性客户群，很可能成为天然的早期采纳者。就像腾讯的所有创新业务，很容易利用其社交网络积累的海量个人和商户客户带来早期快速增长。同时，成熟企业往往有更完善的基础设施来支持创新。所有这些资源都应当充分利用，但便利的另一面也带来风险。创新团队要在戈壁行军，应当为其减掉不必要的管控和流程，应当允许其自主快速行动，允许为了抓住机会承受更高的风险。一旦创新业务利用了成熟业务所积累的数据和业务能力，这就在不同地平线的业务之间形成了交叉点，就意味着可能带来的风险，如信息安全。

应对这类问题，首先要从管理要求上，给创新团队在使用企业现有数据和能力时提出需要遵循的基本规则，要求必须采用安全可控的方式发布系统，但这还远远不够。要兼顾极致的授权与安全可控，建议企业为创新实验在基础设施环境、数据等方面开辟特区，称之为"沙盒"。在沙盒的区域内，将更多权限赋予团队，例如，允许团队随时访问数据信息，可以无需申请自由地随时更新版本等。同时，在沙盒与外部之间要制定完备、清晰的隔离安全策略。例如，通过网络区域隔离，避免沙盒环境遭到的网络攻击进入成熟业务系统；控制可见数据范围和有限客户信息，避免还不够完善的创新应用接触到不恰当的数据；通过信息过滤和更高安全级别的 API 来避免隐私等敏感信息泄露。确保即便创新应用发生了失败，不会给成熟业务带来不利的影响，将影响控制在有限范围内。通过完善基础设施建设，可以对运行在沙盒中的系统或应用进行全程监控，识别一些不被期望的违规操作或异常。同样是遵循"信任，并验证"原则，以这样的监控技术手段来发现潜在风险，而不是通过事先的层层审批来避免错误，约束团队的创造力。提供更安全的沙盒环境，有赖于企业的业务能力、数据和基础设施的平台化，这在第 18 章继续讨论。

共享成果的激励（利）

据观察，那些创业取得成功的人，除了能力本身外，往往有强大的内驱力。第三地平线的创新，成功概率并不高，动力往往来自对创造出色产品和新业务的满腔热情，来自未来创新成功可能带来的成就感，来自在创新过程中能充分施展才华并发挥和打磨其专业能力的机会，甚至来自通过创新可能改变世界或改善现实不满这样的巨大意义带来的使命感和感召力。即便没有外在的足够激励，有意义的突破式创新机会也会感召一群人为之愿意奋斗。

但对于现实中的大部分人，在创业的长期高压下工作，仅仅依靠内在驱使的动力是缺乏持久性的。企业需要为第三地平线创新团队设计额外的激励机制。一种较简单的激励方式，是从公司层面在考核评价上给予参与创新的团队成员以适当倾斜，例如加分。不过更实际和有效的方式是让创业者共享创业成果。共享体现在以下两个方面。

1. **共享新组织的管理权和控制权**。企业要孵化内部创新，就要让团队成为真正的创业者，激发企业家精神，而不再仅仅是为企业服务的员工。依靠宣导和要求达不到这样的目的。对于成功的创新，可以成立独立的新业务领域，甚至成立新公司独立运作。在孵化过程中，让团队意识到，如果抓住机会创新成功，他们有机会与公司共享新业务、新公司的管理权和控制权，不管是作为业务领域的负责人，还是作为新公司的创始人。激励团队从一开始就将创新业务当成自己的生意来看待。
2. **共享业务收益**。当探索式创新真正跨过鸿沟迎来快速增长和盈利时，也就是从探索期开始进入增长期业务时，企业要能够将增长带来的收益按一定比例直接回馈给这些以坚强毅力跨过戈壁走向成功的创新者，这是理所当然的。这种兑现的、能够分享成功果实的预期，将进一步感召更多前赴后继创新者的奋斗信念。始终提供这样的预期，但也提供可选择性，毕竟创新团队是自己业务的主人：是共享收益，拿出一定比例用于团队分享，还是选择将所有收益全部再次投入到增长中，则由创新团队的主要负责人决定。

多元化创新模式

全员创新提案加上精益的三阶段创新孵化过程，是企业激活内部创新的一种机制，要能有效落地，还需要一定的组织成熟度和文化作为基础。每个企业所处的阶段和组织环境不同，自身条件不同，盲目照搬和模仿创新方式，并不容易成功。进一步讲，创新不仅仅是一种结果，更是一种过程，一种创业精神与文化。要能够得到很多创新想法，并激励更多具备创新思维并愿意投身其中的人才，企业需要将以客户为中心的创新意识植入到价值观与文化中。

鼓励自下而上提出创新想法并不是企业能够探索未来新业务机会的唯一途径，有时也不是最好的途径。5G 技术的逐渐推广，意味着依托高速网络的很多新机会将诞生出来，而现有的一些业务模式会被颠覆。例如，现在人与人之间、客服人员与客户之间的沟通方式可能被改变。这一趋势是明显的，很多企业已经开始动起来，对 5G 相关应用的早期创新投资不是少数几个人的小团队能够参与竞争的，需要整合企业更多的资源，从一开始就进行相对更多的投入。行业和技术趋势所展现出来的潜在机会，可能企业自身并不具备相应的人才和技术，仅依靠内部自发形成团队来孵化新业务几乎不可能，需要联合外部的力量。可见，要在数字化时代持续浮现的新机会中积极参与竞争，在第三地平线孵化创新，企业需要更加多元化的创新模式。

技术引领的创新模式

数字化时代创新，技术要先行，企业必须要有前瞻性，为创新布局必要的技术能力投资。就当前来看，最基本的大数据、物联网、区块链、图像和语音识别、机器学习等广泛应用于各个行业，还有像虚拟现实、边缘计算、生物识别、智能机器人等技术，也越来越走向实际应用场景。对处于前沿和有实力的大型企业，由每一个业务领域或事业部各自研究并掌握前沿技术显然不是最高效的。发挥资源整合优势，联合研发或建立技术卓越中心、研究院一类象牙塔式机构的方式比较适合进行新技术布局，在某些技术领域深入攻关实现突破和领先。对其他多数企业，可以快速学习和消化外部已有的新技术，并转化为企业内部更容易使用的共享能力，随时为业务创新所用。

传统企业里，业务部门的大多数员工不了解数字技术，不了解这些技术的应用场景和局限性，就很难自发地将技术与自身业务结合提出可行的创新想法，因此，以技术引领创新需要积极地从三个方面为业务赋能。

首先，对新技术和趋势在组织内进行广泛的宣传，具体形式有系列培训、社区、大会、研讨以及面向业务部门进行针对性宣导等。

其次，建立技术应用专家组，在业务领域尝试应用新技术时提供赋能和支持，展开联合创新。

最后，需要将可用的成熟技术或新技术服务化、平台化，允许各业务领域按需获取。

员工全员创新实验模式

为了激活整个企业的创新氛围，就要发挥全员的力量来提出创新想法，让每一个有创新激情和想法的人都有机会尝试将自己r想法付诸实施，企业从机制上为员工的创新实验提供支持。具体的机制设计可能不同企业选择最合适自己、最可能得到高层支持的方式。下面是一些典型的例子。

1. **黑客马拉松/创新马拉松比赛**。企业每半年或一年举行一次集中式的创新大赛。提出一个主题，例如"提高沟通协作效率"，允许任何有想法有能力的员工围绕该主题组队报名参加。提前准备，并在集中的两天时间里将自己的想法编程实现出来，尽管只是一个简单的可工作原型。通过这样的方式能发现很多意想不到的创新点子，也能发掘出一些有很强创新能力、动手能力的人才。最后胜出的创新想法和原型，可能会变成公司正式投资的创新产品继续演进。亚马逊、Facebook，国内的华为、建行、招行等都在定期举行类似的内部创新大赛或黑客马拉松。

2. **员工15%创新时间**。一些企业，允许员工用工作时间的15%（大概每周半天到一天）来做任何自己感兴趣的、有创意的事情，也可以组队进行。如果某些创意做出了好评，被企业认可有增长潜力，那么这些在15%时间诞生出来的创新就可以获得企业更多的投资，支持创新者招募更多人才进来形成团队，以更全职的投入方式继续孵化。
3. **全员创新点子筛选**。企业向所有员工征集创新点子。前面展示的三阶段创新孵化过程，最早即是从全员创新点子的申报和筛选开始，由一个集中式的创新管理委员会来筛选掉那些不值得一试的想法，这是不少国内企业的做法。或者允许员工在一个开放的平台上提出想法并接受全员投票，只要支持想法的投票达到一定数量，就可以得到更多投资进行实验。这是像澳洲 Suncorp 和亚马逊等企业采取的筛选机制。
4. **个人创新基金**。在 Adobe，当员工有创新想法并想要将想法付诸实践时，可以申请领一个装有一张 1000 美元预付信用卡的盒子，用来帮助创新者愉快地开脑洞。盒子里提供一些创新必要的步骤和指导，员工需要根据指引完成这些任务才能晋级到下一关。这些指引包括必要的用户研究、竞品分析、商业模式分析等，通过工具模板指导员工如何做。该方式逐步引导创新者论证和完善最初的创意，很好地解决了许多点子大王"眼高手低"的问题。那些完成所有任务并晋级的人有资格得到公司的进一步投资。
5. **产品长期投资支持早期实验**。前面章节谈到针对专题投资和产品常规性投资的两种资源分配模式。产品常规性投资的分配方式是为产品团队提供相对长期、有上限的预算，具体预算的使用由团队自主决策，何时用，用来作什么，只要能够做出成效。这种投资模式为团队提供了一种可以就想法立即开展实验的创新机制，不需要提前得到上一级同意。从实验中得到一定有利的数据支持之后，再考虑以此在领域或公司层面争取更多的预算投入。

内部创投孵化模式

当这些创新实验取得一些效果或者想法得到更多人支持之后，企业允许提出创新想法的人组建团队并为之提供资金，支持团队将创新想法一步步完整实现出来，最后推向用户和市场，孵化出新产品和新服务。这时，企业的创新管理委员会事实上扮演着一个内部创新的投资人角色，建立类似前面三阶段的早期创新孵化流程，或类似 YCombinator 一类孵化器的投资决策流程。这些流程应遵循精益创新的原则，分阶段、小批次地提供资金，引导团队尽早验证不确定性，直到创新失败退出，或者取得不错成绩发展到进一步规模化增长的新阶段。最终，要么作为补充融入原有业务中，要么成为一个全新业务领域独立发展，甚至成立新公司独立运作。

创新基金扶持模式

内部创投是在一段时间里脱离原有业务组织的创新团队运作模式。基金扶持，则是另一种不脱离原有业务组织的创新模式。那些企业现有的增长期和成熟期业务领域，可能从很多年以前就存在，例如零售、金融、能源领域的核心业务。这些部门的管理者和从业者可能还不够理解数字化技术，缺乏创新意识，习惯了以往靠资源垄断、人际关系或线下渠道的业务拓展方式，迟早面临被挑战或颠覆的危险。企业也需要想办法鼓励他们在现有业务发展中更多转向数字化思维，更积极地采纳新技术来改善客户体验，重塑业务流程；要鼓励他们将传统核心业务与新的客户场景相结合，拓展新模式和新业务增长点。要推动这一改变，一种不错的策略是从公司战略层面，在各业务领域既有的预算以外，建立一个动态分配的创新扶持基金。如果业务领域能够自发地提出运用新技术重塑业务或探索新商业模式的有创新性的想法，满足一定的条件，就可以向创新扶持基金申请获得一笔额外的预算。这显然对业务部门是很有吸引力的，只要有足够的创新性就可以得到一笔额外预算，用于开展一些相对风险较高的、可能不在原业务规划中的新机会尝试。这等于是由企业帮助领域分担了创新失败的风险，一定程度上解决了业务领域对一些创新的想法因为回报不确定而缺乏探索动力的问题。同时，企业在对创新扶持基金的应用中植入对各领域的要求，例如客户价值思考和设计思维等，这将在长期里逐渐地改变传统业务领域管理者的思维。

不同于内部创投孵化模式，这类创新可能多数是在原有业务上的渐进式、改良式创新，实施创新的团队也是原业务领域的团队成员，不会脱离领域管理，为实现领域的整体战略服务。创新的成果也必然继续留在原业务领域，而不会有成员脱离进入新部门、新公司。根据经验，这种方式能够得到更多业务领域的积极拥抱。但必要的约束是，除了想法本身的创新性外，业务领域必须定期提供基金扶持后的实际成效数据，如果成效始终不理想，则可能结束投资。

战略性创新投资模式

这种模式是企业基于相对明朗的未来新技术趋势和新行业趋势,由企业战略层投资,并自上而下主导开展的创新探索。欧洲,尤其是英国,已经在开放银行方面走在了前面。对于国内银行,这是可预见但不确定未来将如何发展的一个新方向。一些国内银行开始有意识地投资,尝试开放银行与开放 API 商业模式探索,这就是一种典型的战略性创新投资。在一些相对确定的方向,银行尝试拓展核心金融能力,单独或与生态伙伴合作,围绕消费者出行、医疗、教育等生活场景孵化创新服务,构建新商业生态。今天,在国家大战略的指引下,各大企业纷纷投资以数字技术为基础,探索支持乡村振兴的创新商业模式。这种时候,需要的不是自下而上小团队一步步摸索,而是要集合公司优质资源重点突破,整合行业生态,快速形成竞争壁垒。这种模式下,通常是由企业的创新战略委员会开展行业和市场研究,形成研究结论并选择创新课题,然后由孵化器来承接孵化。典型的像阿里的达摩院,Alphabet 的 Google X 部门。

风险投资模式

最后一种模式,是企业将自身变成类似风险投资(VC)的身份或者在集团企业下成立专门的风险投资子公司。通过资本运作的方式收购与公司战略一致、与所期望创新方向一致的有潜质的创业公司,或者和生态合作伙伴合作成立合资公司来创造新业务。资金雄厚的企业可以考虑这种建设创新生态的辅助手段,以资本换速度,加速创新落地和人才获取。阿里、腾讯都有这样的风投机构。但我认为,这并不是企业内生的规模化创新能力,只能作为补充。如果企业大部分创新业务都是依靠资本手段获得,除了获取资本收益以外,并不能让企业真正成为一个有社会价值的、令人向往的、具有持续创新能力的卓越企业。

思　考

1. 对第三地平线创新的管理,在哪些方面不同于对增长期、成熟期业务的管理?

2. 哪些创新适合由自发的小团队进行探索？哪些创新适合由既有业务领域主导？哪些创新适合以公司层面的战略性投资推动？应该如何判断？
3. 对于大型、中型和小微型企业，实现持续数字化创新的最佳模式是什么？试论述你的看法。

第 18 章

以平台赋能创新

数字化创新，大型企业比初创企业更有优势，除了有更稳健的现金流作为支撑，优势很大一部分源于现有的客户群、已有的成熟业务能力。蚂蚁金服之所以市值一度达到全球第一，被市场看好其业务前景，从最大电商平台积累的海量数据，到第三方支付，蚂蚁金服逐渐打造出围绕支付与信用体系的核心能力，这一能力是高度可复用的，以此凝聚了千万商家在其生态体系中。将它的核心能力融入到消费者生活中的各个场景，将产生难以想象的、丰富的创新应用和服务，为客户带来更优秀的体验，为企业和商家带来流量和客户黏性。蚂蚁金服将自己打造成了一个商业基础设施，以自己平台化的可复用能力赋能行业规模化创新。

鼓励实验和试错，在创新带来响应力、适应力的同时也可能引入风险，例如隐私、信息安全、稳定性和质量等问题。在复杂的环境中，要追求高响应力就很难依靠层层审查、一轮轮的验证来降低风险。更高效和现代化的方式是将这些风险管控的约束和检查变成无法绕过的、可复用的平台能力，内建到每个团队的工作环境里，成为保障规模化创新能够安全落地的另外一面。

平台化不就是将可复用的数据和业务能力封装后提供给其他业务吗？对，但也不全对。这仅仅是从技术角度片面地看待平台，平台化首先是一种业务发展模式的转变。一项业务即是为创造客户价值建立的一套服务体系，其中的产品组合包括触点层的产品、业务运营管理和赋能型的产品，底层提供基础支持的产品。平台化的转变，是将过去每个业务领域独立构建一套产品组合来支持其服务体系，变成更多的业务能力和技术能力从外部快速获取，不再自己建设。

这不仅仅是为了节省时间，更是站在历史积累的新高度拓展业务，加速创新和增长。例如，过去每个业务都自建客户渠道；管理自己的客户数据；自己负责解决与不同第三方支付的合作对接。而平台化的趋势，转向在企业全局整体规划必要的服务门户，允许各业务将自己的服务能力嵌入其中，借助平台的力量来引流获客；转向所有的客户数据都进入一个统一的池子，彼此共享，以更丰富完善的数据助力业务产生更多客户洞察和机会；转向企业以更强的议价能力与丰富的第三方支付建立合作并实现对接，将其包装成统一的支付平台提供给各业务领域，帮助其降低成本和复杂性，提升服务可靠性。在这些情况下，平台本身变成一个创造价值的实体，有自己的业务发展策略。

也有一些人错误地认为，将一些以前由各个业务领域分头建设的工作放到一个集中式团队来统一建设就是平台化。正好相反，真正好的平台化是要能实现职责去中心化的，而不是将职责中心化，否则适得其反。例如，一些企业打造新的数字化渠道，将原来各个业务自己建渠道的方式转变为利用统一的移动服务门户。所有涉及渠道的业务功能都由渠道团队统一规划、设计和开发，把所有业务的渠道需求汇集在一起统一排期实施。这种统一建设的思路就不是平台化。在简单的时候还好，当越来越复杂后，这种集中式的发展方式不仅仅不能赋能创新，反而成了制约创新，降低业务响应力的瓶颈。类似的例子，像很多企业在建设 DevOps 平台，帮助科技团队以自动化提升研发效率。然而，无论是体验还是功能上，当需要接入平台时，总是需要平台团队提供人力帮助业务开发团队编写脚本和配置实施，这就不是好的平台化，形成了一个有瓶颈的中心节点，反而制约企业 DevOps 能力提升的速度。好的复用平台，最好的品质不是功能丰富，而是提供自助式的服务，允许平台用户快捷简单地利用其能力。如果做不到这一点，不如先不用平台。

现在，科技行业里有一个热词"中台"，很多企业的科技组织都在忙着制定自己的所谓中台战略，让科技组织找到了新的价值。中台，就是将可复用的业务能力平台化，以复用赋能创新。但是在企业的中台落地过程中出现了很多问题，投入巨资但没有取得如期的效果。很多中台建设都存在三个常见的问题。

1. **开发者体验差**。科技团队驱动中台建设，更关注的是技术实现，是平台的架构，但缺少用户思维、产品思维，完全不重视体验，导致平台对其他业务开发团队来说非常难用，缺少简单清晰的指导、接口设计不规范、联调测试困难，很多配置或定制必须等着平台团队来响应，接口不稳定等。为了使用平台能力，产生了业务团队与平台团队之间频繁的沟通和等待。

2. **过早、过度平台化**。将中台建设变成了一场运动，轰轰烈烈地建设和推广，迫不及待地将更多业务能力放到中台，感觉什么都可以复用。然而，却忽视了所有的平台化努力背后潜藏的风险，平台化是一把双刃剑！各个业务领域的数字化业务发展，从完全自建产品组合，转向更多的业务能力和技术能力从外部获取，就意味着业务的发展会更多依赖平台的能力和稳定性。为了做出成绩，匆匆忙忙地将更多的业务能力放到中台，耗费了巨资。企业为了支持中台发展，强制要求新的业务必须复用中台能力来开发，而老的业务也要逐步迁移。但那些被要求复用的能力可能与领域的业务关联性太强，职责边界不清晰。过早把一些不够具有通用性和仍在快速变化的部分放到了中台，导致各方业务大量给中台提需求，中台团队疲于响应，反而让领域的业务发展开始受制于平台能力和扩展性的不足，让中台本应该花更多精力保持模型整洁的架构变得腐化走形，过度复杂。又或者，一些放到中台的业务始终找不到可以更多复用它的场景，只有一两个消费方，这种平台化的努力没有价值。建设中台或平台化业务能力必须要遵循价值驱动原则，不能一味追求多，应当保持谨慎和克制！每一个服务的中台抽象，都要充分考虑它的应用场景，与业务的职责边界，复用价值，以及当前的资源和技术能力能否确保平台服务提供足够好的体验。应将资源集中在少量的关键服务上。

3. **组织结构没有随之而变**。平台化是业务发展模式的变化，不仅仅是技术问题。很多企业的中台建设是科技团队驱动，没有业务方的合作，这是大问题。一方面，中台团队仅仅是一个科技团队，而不是一个有独立愿景和业务战略的领域团队，被动接受来自各个业务方向的定制需求，缺少业务规划。另一方面，缺少足够有力的业务和产品侧拉动，无法与其他业务领域持续合作探索更多业务应用场景，平台服务在企业里难以推广出去，技术团队缺少在组织内进行平台推广和运营的能力，导致最后投资回报不理想。建设成功的业务和数据中台，也需要业务科技融合的跨职能团队。

典型的数字化平台

平台化可以发生在企业架构的不同层次，可以是企业级的平台，为更多业务领域服务，也可以是某个业务领域内部的平台，为其自身面向不同客群、不同子领域的产品团队提供服务。两个层级的平台建设应遵循的原则是一样的，只是层级和范围有所区别，这里就先聚焦在更广泛的企业级平台进行讨论。在细谈如何建设平台化之前，先看看数字化企业典型地需要哪些形式的平台。一个大型企业，在客户服务体系从渠道到后台支持的每一层都有可以平台化创造价值的机会。我将其划分为图 18.1 中的三层来分析。

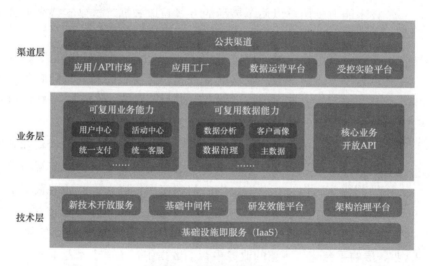

图 18.1 典型的数字化平台

1. **渠道层的平台化**。渠道是客户触点，是形成客户体验和快速创新服务的关键。渠道层的平台化，既是将客户触点、创新与体验有关的公共能力抽象复用。有以下五大典型的渠道层平台。

    - 公共渠道平台。即允许多种业务向客户提供服务的公共渠道触点，而不是专属只完成一项业务，包括移动端、网页端或其他设备终端。例如掌上政务营业厅、手机银行、像飞书一类的统一办公门户等。目的是建立跨多形态业务的统一服务入口，且提供一致的卓越用户体验，致力于以平台运营引流用户，带动各业务增长。

- 应用/API市场。允许客户通过市场发现、订阅或购买由企业或第三方提供的独立应用或开放API（API即产品），例如应用商店。这类平台作为应用或开放API的市场分发渠道，帮助它们推广引流，完成多方的服务费用结算。市场既可以是嵌入在上面公共渠道中的一部分，也可以独立存在。

- 数据运营平台。为各个领域的业务和产品提供数据驱动的运营分析能力，可能由几个子产品构成。数据类型上包括客户与用户行为数据、业务数据。能力上覆盖从埋点、数据采集、统计分析，到报表和可视化看板数据展示，能够灵活定义和产生各种数据指标，允许没有技术能力的用户以简单灵活的方式获取数据。这是支持今天数字化业务创新与发展必不可少的平台能力。

- 在线受控实验平台。即允许业务和产品通过各种用户特征、设备特征，以名单、比例等各种灵活配置方式，对发布的新特性随时进行远程开关控制，为不同用户呈现不同版本，从而支持开展A/B测试、多变量测试等创新实验，对比不同设计的改进效果。

- 大前端框架（或应用工厂）。为帮助前端应用的快速创新和开发，为设计人员、开发人员提供大量可复用的设计风格、前端组件，帮助其快速制作交互原型、生成前端应用代码。可能还内置了配套的前端埋点、前端自动化测试、应用部署发布和监控等能力。可快速产生的应用包括移动应用、网页端应用、H5、小程序等各种类型。

2. **业务层的平台化**。所谓的业务中台、数据中台本质上都是业务相关能力的复用，以大型企业既有的业务和数据能力让创新站在更高的起点。由于具体业务的类型千变万化，这里把它们分为三大类。

    - 可复用业务能力平台（业务中台）。即各种具有通用性的，能够广泛地被多数业务所复用的业务逻辑、流程与客户服务能力。典型的如用户与鉴权中心、会员中心、统一支付、统一客服、积分体系、营销活动中心、客户关系管理等。所有这些通用业务能力都应当是有明确职责边界的。如果还不确定，就先不要放进中台，让各业务领域自己建设。

    - 可复用数据能力平台（数据中台）。即将各种主要基于数据分析、存储和治理的公共服务能力平台化，将不同领域的客户与业务数据打通，致力于以数据作为企业关键资产创造更大客户价值。典型的如主数据、客户画像、实时与智能数据分析、日志分析、序列号生成服务等，以及支持数据治理的相关服务。

- 核心业务开放 API。前面提到的业务中台或数据中台主要是面向内部的能力复用，支持不同的上层业务创新。纳入可复用范围的主要是各个业务领域非核心的业务，或者说是它们需要的通用域能力。例如一家银行的贷款业务，它的贷款产品和交易是核心域，而支持客户在线购买贷款的支付能力不是关键，且很多领域都需要支付，因此支付可通过中台能力提供。但是，在更高更广的视角下，面向外部经济环境，企业可以把自身核心能力平台化对外开放。例如在开放银行的大趋势下，选择将贷款产品信息和贷款交易能力这样的核心能力开放出去，即企业开放 API，提供给第三方金融科技公司赋能其创新。这样的策略，等于是将企业自身转变成了一个构筑商业生态的基础平台。开放 API 也可以区分为核心业务能力、核心数据能力的开放。

3. **技术层的平台化**。技术层平台的目标客户主要是企业内负责数字化研发和系统运行的科技团队，当然也可以开放给外部合作伙伴，帮助他们更容易地使用技术和提高效能。

    - 新技术开放服务。和前面的开放 API 类似，将一些核心技术能力以服务形式开放给内部和外部客户，降低新技术应用门槛。例如将智能语音识别作为服务，调用者提供语音数据就可以得到识别出的文本，而不需要关心怎么实现的。
    - 基础中间件。支撑复杂软件系统架构和运行的一些公共技术能力，将其封装为开发团队更容易理解和使用的平台，典型的像分布式数据库、分布式消息、分布式事务等。
    - 研发效能平台。以提升端到端研发效能为目标的一系列研发支持工具构成的统一平台，其中典型的包括敏捷协作、部署流水线、自动化测试、代码库、制品库、代码质量扫描等，以及研发效能度量分析的能力。

- 架构治理平台。今天微服务、服务化架构或云原生架构成为趋势，要降低这些现代化架构的采纳门槛，提升效率和降低架构质量风险，需要以平台提供微服务、事件驱动等标准新型架构的参考模型，提供完善的微服务开发、部署、监控和稳定性保障等一系列技术能力，而不是让每个团队自己来解决这些复杂问题。
- 基础设施即服务（IaaS），类似阿里云平台，能够以高度稳定的、自助方式，快速获取包括计算、网络、存储、数据库等基础资源为上层业务系统所用，并且内置必要的安全性策略，具备在业务波动时弹性伸缩的能力，以及，对在平台上运行的系统的持续监控能力等。

平台的产品化管理

适用于前面任何一种类型的平台，下面依次从三个不同的维度来解读企业的平台化策略，分析成功的平台化必须要重视的三个关键转变：产品化管理、平台化架构和生态化商业模式。如图18.2所示，也可以视为企业采纳平台化战略必不可少的三个步骤。

建设平台，以平台来沉淀资产和赋能创新，首先要明确一点：平台即产品。平台化不是简单地将原来各自重复建设的工作集中化。必须用产品的思维来打造有价值的、体验优秀的平台。具体来说，有以下四个含义。

图18.2 平台化三部曲

1. 平台作为独立的领域（或产品团队）

在组织结构设计的原则中，平台本身即是面向业务结构划分组织的策略之一。为什么说面向平台即是面向业务的呢？平台本身是对通用业务能力的抽象和开放，也是业务，而不是一个职能！如果平台团队变成各个业务在持续设计和交付过程中一个必经的阶段或职能，这样的平台肯定是有问题的。即便是技术层的平台，也应当以其他的研发团队为目标客户，为其提供在资源和技术能力上高效、稳定的自助服务，间接为外部客户创造价值。平台团队不是嵌入在其他研发团队价值流中的一个职能。在企业业务领域结构的示意图中，划分了公共渠道、客户产品/服务、通用业务能力、内部运营管理、数字化基础设施五层。其中至少公共渠道、通用业务能力和数字化基础设施这三层都是平台。这意味着，需要按平台类型分别建立独立的跨职能领域团队，团队中包括持续设计、交付和推广运营平台所需要的所有技能角色。

参考前面的平台类型，在大型数字化企业里，像 IaaS 云、服务架构治理、研发效能以及公共技术中间件，都可以是独立的领域团队。如果各部分团队规模不大，可以统筹为一个 IT 基础设施领域。业务中台、数据中台可以分别是一个领域，这些领域发展到足够大后可能会成为一个领域群，下面再分为多个领域团队。同理，公共渠道、应用或 API 市场、在线实验平台、大前端框架或应用工厂等，也都应当是独立的跨职能领域或产品团队负责。

2. 平台要有清晰的价值定位与战略规划

平台化的过程，最困难的不是建成一个平台，而是长期的平台演进。平台的特征决定了，它同时服务于很多上层业务，被其他领域所依赖。一旦其他团队采纳了该平台，就会发现平台的各种不足，就会开始给平台提需求希望平台提供更完善和更多的能力。这带来的挑战是，平台团队一味地疲于响应用户需求，持续堆砌功能，慢慢地变得定位和职责不清，逐渐丧失掉这些平台本身的战略目标和规划能力。看似功能越来越来多，但真正为创新赋能的核心价值并没有显著提升。举个例子，在对客户数据的处理上，某个业务系统的改进需要对客户信息的加工、处理和展示方式经常调整，这使得业务领域经常给负责客户数据整合和关系管理的 CRM 平台提出需求，调整获得客户信息的接口设计。这导致需求频繁跨领域、跨部门，更高的协调成本降低了响应速度。但这不是平台与上层业务之间好的合作方式。更产品化的做法是，CRM平台负责以相对稳固的接口或异步的数据变更事件，在满足信息安全的数据权限范围内将客户信息同步给特定领域，然后由该领域自己负责定制加工和展示。如果某个定制需求首先出现在某个领域，这不是将其能力平台化的好时机，应该业务领域自己负责实现。只有当它在多个领域的复用机会明显浮现出来，才是考虑纳入平台化的时机。保持克制！

如果在平台建设的一段时间里，无法避免地需要持续响应一些与平台发展重心不一致的消费方需求，建议最好在领域内部，暂时将核心的平台团队和响应平台非战略方向外部需求的团队分开，同时需要将稳定与可变能力两部分在架构上进行解耦。让大部分人能够聚焦于核心价值和规划的路线上。

平台是长期存在的产品。通常，平台建立起来之后，它的生命周期比其所服务业务领域的业务系统、创新应用的生命周期更长，业务模式相对更稳定。和任何产品一样，平台必须有自己清晰的产品策略，明确服务于谁，核心价值是什么，需要为平台建立较长期的演进路线图或滚动规划。对于负责公共渠道的领域团队，首先要明确目标客户，它服务的目标客户不仅仅是使用触点应用的外部客户，也包括利用该渠道开展业务的其他业务领域团队。想清楚了这一点，那么公共渠道带给外部客户的核心价值，应是关于一致性的、个性化的卓越用户体验，关于一站式便捷地获取所需服务；带给内部客户的核心价值，首先是流量，然后是便捷高效地交互界面的开发、接入和部署能力，以及丰富可用的触点技术，例如埋点、定位、扫码等各种能力。应当持续地同时面向外部客户与内部客户进行研究，发现更多为他们创造价值的机会。

对于较复杂的平台，像业务中台，作为一个独立领域需要有自己的战略目标与投资组合管理，聚焦自身的平台发展方向对所有客户提出的需求排优先级，而不是响应式的，除了那些必须立即修复的问题。以研发效能平台为例，它不只是一个数字化产品，而是由流水线、代码库、制品库、代码扫描、自动化测试、自动化部署等一系列的产品构成的产品组合，它对应的领域是研发效能领域。该领域业务的目标客户是企业内部的其他研发团队，领域团队的使命不应当是开发和交付平台，而应当以打造卓越数字化研发能力为使命。开发工具平台只是实现其使命的手段之一，还需要自身或者与其他组织一起合作承担起将好的工具和工具承载的优秀理念推广出去的责任。为了实现领域的使命和愿景，需要持续进行行业分析，把握最新的行业趋势，例如敏捷、DevOps 方法论的发展；参考行业里其他优秀的效能平台优劣势；结合持续对其他开发团队的调研，识别出平台差距，进而制定出当下的关键战略方向，以精益价值树的方式动态管理所有的平台改进机会。而不是陷入响应式地满足各个团队提出的新功能需求。应当将效能平台的目标与规划透明化，定期主动发送给使用该平台的其他团队，展示出团队的工作重心和优先级，以及为什么，以此来管理客户期望。不要力求做更多，更要优先把真正高频复用的最有价值的能力做到极致。

3. 重视平台用户体验、开发者体验

公共渠道的体验设计毋庸置疑，公共渠道平台的核心价值之一就是建立统一的卓越体验。这里更要强调的是中台、开放 API 和技术平台的体验。由于这些平台的直接用户基本上是技术团队，所以体验往往不被重视，能用就行。这是导致平台化失败的很重要一类原因。平台型产品面向开发团队的体验问题称为"开发者体验"。如果为企业外部客户创造数字化产品的开发人员自己的工作体验都很不好，效率低下，工作不开心，怎么能为客户提供最优秀的产品呢？如果平台的体验很差，必然遭到开发者的抵制，可能宁愿自己做也不想用公共的平台，导致平台在组织内就很难推广和发展下去。

即便是开放 API 或技术类平台，也要运用设计思维，虚心地开展用户研究，真正关心开发者使用这些工具或 API 接口时如何提升效率，关心最多的耗时和返工都在哪些环节，如何解决这些开发者最关心的问题。以开放平台向开发团队提供 API 接口为例，它的体验可能不在于交互或视觉感受，而是在以下几个方面。

- **易理解且有效的开发者文档**。应用市场要提供给开发者如何将自己的应用接入或发布到市场的指引，平台 API 要提供关于接口规范的有效文档。不要是 Word 格式，而是在线的、结构化、可快速检索的帮助，且允许开发者就内容提出反馈和展开交流。
- **容易申请**。提供简单的平台能力或 API 申请页面和流程，不需要冗长的审批。
- **简单标准与技术实现无关的稳定接口**。平台的消费方必定不希望与平台耦合太深，不希望自己的交付进度太受制于平台团队响应速度的影响。

因此，要最大程度地保持技术解耦，能够大大提高开发者效率。通过解耦，避免开发者团队不得不频繁跟随平台升级进行调整，那样付出的成本太高，体验很差。

- **便于测试**。在应用外部平台提供的 API 接口时，常常最大的痛点就是测试，能否就 API 为开发者提供一个良好的测试环境和测试数据，或方便用户自己快速准备，是影响开发者体验的很重要一方面。英国的开放银行 API 集市就为申请者提供了非常简便在线申请测试环境的能力，且提供多种直接可用的不同场景下的测试数据组合。
- **技术问题很容易获得专业帮助**。要为开发者提供一个快速获得专业帮助的简单途径，否则一等就耽误开发进度好几天，那这个平台就没法用了。像开发者论坛、基于社交网络的服务号、帮助热线或有专人响应平台技术问题。

总的来说，衡量平台体验好不好一个最关键标准就是自助服务能力。开发、部署或寻求帮助能够不依赖于平台团队参与，平台的使用方能够在平台上自助完成。如果大多数平台服务不能自助，就必然形成两个领域之间的高耦合，产生很高的协作成本，平台就会成为业务发展的束缚而非赋能。自助服务率可以作为衡量平台产品体验的一个关键指标。

4. 以数据衡量平台成效

要打造高价值的产品，就需要定义完善的指标体系来衡量平台发展的实际成效，包括每一次重大改进。中台、技术平台这类平台型产品相比一般的业务类产品，除了前面的自助服务率外，下面几类指标非常重要。

- **复用性指标**。绝大部分平台最核心的价值就是能力复用，不管是业务能力、数据能力还是技术能力。因此接口调用量，调动应用数这类衡量复用性的指标是关键。
- **稳定性、性能指标**。平台被很多的业务系统所依赖，不稳定或响应慢必然影响到大量的业务和客户体验，平台的一点稳定性问题会在业务侧被放大造成更大的失败。平台功能可以简单，能力可以少一点，但不能不稳定！像公共渠道的应用崩溃率、中台业务服务的响应速度和基础设施的 SLA，都是关键指标。

- 其他技术指标。响应速度也算是一类技术指标。此外公共服务的并发容量上限、基础设施的资源利用率等,尤其是技术层平台,往往需要更多的技术指标作为衡量产品成效的关键。

平台化架构

平台主要是以复用为目的,是对通用业务概念的抽象,它相较于之上的业务系统、创新应用往往生命周期更长。平台同时为不同场景的业务提供服务,需要被集成,通常有更高的并发量。这些特点,决定了平台化产品的架构有一些相较于其他业务和创新类产品需要更多关注的目标。主要体现在下面几方面。

1. 整洁的领域模型

一家大型集团企业的人事业务中台,为不同子公司提供共享服务,包括组织、人员、岗位、招聘、简历、培训等不同的业务能力。每一项业务能力需要可以独立、灵活地被集成到不同的业务场景中。这就需要很清晰地划分出服务边界,在边界清晰的基础上形成各自独立的微服务,否则就很难实现可被灵活组装和集成的能力。要合理地划分业务能力就需要领域建模。另外,从创新生命周期来看,一项业务要能够被平台化,必然不是在创新的早期,而是在趋于成熟的阶段,接近了"创新 S 曲线"的上方,才具备条件进行沉淀和复用。成熟阶段的业务往往都有相当的复杂性,系统要能够应对高复杂性,并在很长的生命周期里持续演进并保持响应力,就要求系统必须保持一个健康整洁的内部模型,否则内部质量难免快速腐化,对整个企业的业务发展影响是灾难性的!

企业现有的业务能力,哪些适合纳入中台?哪些不适合或还没有到时机?这也是一个与业务建模有关的问题。大型企业要开展中台规划,就要尽早开始为不同层面的业务梳理领域模型,定义每个领域、子领域的业务概念边界,区分出各个领域是核心域、通用域还是支撑域。识别出那些真正有通用性且模型已相对稳定的领域或子领域,以此作为建设业务中台和其他平台服务的职责边界。注意,这里的"通用性"是一个相对的判断,一项业务能力在企业内部不同领域间的通用性,和站在行业高度的通用性,有不同的含义。就像前面举例的银行贷款,对于贷款业务领域,贷款的申请和交易是核心域,不具有通用性,可能不适合纳入对内的企业中台；但当站在更大的行业生态来看，贷款是一个能够融入大量生活场景的具有通用性和基础性的能力，可以将其平台化对外开放以构建生态化商业模式。

2. 平台与外部的高度松耦合

平台与外界的技术耦合度，既是一个技术问题，更是制约平台发展的业务问题。平台同时为多业务提供服务，意味着被这些业务所依赖，成为企业里一个中心化的耦合点。任何中心化的耦合点若管理不当，就会导致广泛的影响，不是赋能创新，而变成了业务响应力的瓶颈。这是我们需要辩证地看待平台化或中台利弊的另一面。对于平台架构，内部不同独立的服务之间、平台与外部之间的松耦合是一个极其关键的目标。实现松耦合，除了通过领域建模和定义清楚各领域、子领域职责边界，让不同团队在响应业务的职责上松耦合外，尤其是体现在技术耦合性和部署发布的耦合性两方面。

在不同服务之间、平台与外部之间，必须采用与实现技术无关的协议进行集成，例如自描述的 JSON 消息、简单的异步消息。让平台和各个业务领域可以自由选择最适合自己的技术路线，包括编程语言、框架、内部分层架构等。相反，如果平台所提供的接口限制了采用的实现技术，就会制约很多业务方向的技术路线。一旦平台技术需要调整，将对整个企业的内部技术生态产生重大影响，带来高风险；或者，让其他领域不得不付出额外的成本建立适配层来隔离影响。

要避免各业务领域跟着平台更新频繁升级，避免将很多产品绑定在一起同一时间进行高风险的部署，否则带来的高昂协调管理成本和内部摩擦会非常让人沮丧。第 8 章提出的松耦合架构相关方法，例如平台建立自身的适配层，或者接口提供多版本兼容，让平台和其他领域系统能够各自独立开发，独立部署。即便其他领域的系统变更还没有准备好，只要提前协商好了接口规范并完成接口的测试，平台就可以随时按自己节奏部署上线，也给其他领域更充分的时间按自己节奏进行测试验证，或选择不升级。

这里特别再谈一下前端的公共渠道，需要松耦合的"平台化"设计。什么意思呢？整合了多种业务服务的前端渠道应用，应当被定位为一个可灵活、快速嵌入特定业务领域服务能力，并与之保持松耦合的基础平台，而不是一个业务应用！比如微信，除了聊天沟通的基础功能外，还提供了钱包、支付、朋友圈、视频号等多样化的腾讯服务，还通过小程序架构提供海量第三方应用。飞书除了基本的沟通外，还有在线文档、会议以及应用市场里的各种第三方企业办公类应用。招行的手机银行，则涵盖了几乎银行所有可以远程办理的业务，甚至订餐、电影票、打车等各种生活服务。提到的这些应用，早已不是某个业务领域的业务应用，而是一个真正的平台，是一种开展客户触点层服务的基础设施。如果所有渠道应用层的开发都要由渠道团队来完成，那么这个渠道团队就必然成为一个制约业务发展的瓶颈。必须从团队职责、系统架构上将其平台化，去耦合，让渠道平台团队与其他业务领域团队的工作能够解耦，各自根据自己的目标与规划独立开发和交付。对于不同类型的前端应用、客户端，第8章还讨论过插件化架构，H5页面入口集成，小程序以及类似于微服务理念的"微前端"架构等，都是可以考虑的渠道端平台化解决方案选项。

总结下来，平台化的公共渠道职责如下。

- 建立支持松耦合平台化前端应用的恰当架构方式。
- 提供不与其他业务领域强相关的基础用户功能，例如会员、通信、资讯、社交、积分等，这些通常是一个公共渠道获取流量和用户黏性的基础，需要渠道平台团队负责开发和运营。
- 以松耦合的标准接口方式，提供共享的基础服务能力，如身份认证、通知、扫码、搜索、分享、用户信息、社交关系和参数设置等。
- 统筹信息呈现结构，包括界面布局、入口分层，甚至智能化、千人千面的动态布局；据此规则，各业务服务的界面从应用中不同的入口位置进入，获得不同的关注度。
- 制定一致的体验设计约束、规范和UI组件，对交互方式、视觉进行规范，要求所有其他领域团队遵守；可能需要对其他领域的交互设计产出进行必要的评审。
- 提供以前端为主的运营能力，不仅提供给前端基础功能，也共享服务于嵌入渠道的其他业务应用，例如统一的智能客服机器人、埋点与用户行为分析、流量监控等能力。
- 提供统一的渠道应用工程技术能力和支持，包括前端编码规范与扫描检查、前端测试、前端应用的构建、部署和灰度发布能力，一方面起到规范的目的，一方面帮助其他领域团队提高前端开发效能。

3. 高可用架构

正因为平台同时服务于多业务，是企业数字化业务的基础，平台的高可用性尤其重要。基础平台的稳定性出一点问题，例如服务失败或响应变慢，很可能在上层的业务系统中被放大，从而造成更大的失败。要保障高可用，需要建立更微服务化、有弹性的系统架构，让每一个职责单元更小，更易于横向地伸缩扩容。进一步，在平台的系统搭建中更多地采用负载均衡、异地多活、服务无状态、柔性流量控制等技术来提升系统稳定性和自动化容灾恢复能力。

4. 可配置性、可扩展性

可配置性是平台的一大特点。因为平台会同时服务于不同的前端业务，往往同一个业务能力应用到不同场景下会有所差异。以活动中心为例，尽管常见的营销活动有一定抽象模型，基本离不开报名、抽奖、优惠券、秒杀和减免这些形式，但每一次活动总有活动流程、活动兑换方式或活动成效衡量方式的差异。如果每次都需要平台团队进行额外开发，那平台的意义就不大，成了业务的瓶颈。应该通过灵活的配置能力允许其他领域或营销人员自己就能完成一次活动的线上设置。或者运用现有API的可扩展性，在其基础上进一步扩展平台所不具备的其他处理逻辑。

5. 数据安全性

平台在为不同场景的业务提供业务能力的同时，也就是在对外暴露数据，包括客户数据、业务数据。平台，尤其是开放服务能力和数据的平台，可能有各种不同身份的人或组织尝试使用平台能力和数据，平台化的架构需要有更高级别和完善的数据安全保障机制，让不同身份的使用者仅获得他有权限获得的有限数据信息。典型情况下，我们会将数据分为公开数据（无敏感信息的数据）、脱敏数据（经过适当脱敏加工后可以公开的数据）、交易数据、隐私数据等不同级别，针对每一级别的数据采取不同的管控措施。根据平台用户，通过身份认证、权限授权、数据加密、网络隔离、通信协议加密等多种策略来确保数据安全性。

6. 良好设计的API

像公共渠道、可复用业务和数据服务、公共技术服务，以及企业开放给外部的服务能力，API 是大多数平台对外提供服务的主要形式。API 能够起到很好的封装内部细节，简化和标准化外部使用的目的，是实现上面松耦合、安全性等目标的关键一环。API 设计的好坏也是影响开发者体验的关键因素之一。能够提供良好设计的 API 是衡量平台化架构能力的重要标准。如图 18.3 所示，良好的 API 设计需要遵循以下这些关键原则。

图 18.3　好的开放平台 API 设计准则

- **开放性**。允许需要获取其能力的人或组织都能够随时获得 API 信息并开始申请试用。当然开放性的边界可以是限于企业内部开放，也可以完全开放给外部。
- **易理解**。应提供对 API 所需环境以及须遵循的技术参与标准、安全标准、数据标准清晰的说明，让接口使用者可以快速上手开始工作。可以通过在线的帮助，也可以通过 API 的自解释能力。
- **松耦合**。API 的设计是实现松耦合目标的关键一环，确保接口与其调用者之间职责边界清晰，两者可以各自独立开发、独立部署。
- **稳定性**。也算是松耦合达成的目的之一，接口规范和要遵循的标准相对稳定，不应频繁地变化，导致用户需要付出不必要的成本频繁升级。一方面是考虑接口升级时的兼容性，更重要的是平台的 API 应该是基于较稳定的领域模型，而不是当下还在创新和探索中的概念。
- **独立性**。不同的 API 之间职责边界清晰，彼此独立，一个 API 就能完成一个基本的任务，有其业务价值。尽管为了完成更复杂的业务场景可能需要和其他 API 配合，但并不总是如此，在需要时可以单独使用。

- **高可用**。API 持续可用，尤其是在高并发访问时能够保持它的运行稳定性、响应速度，不会随着流量波动产生性能的显著影响。
- **互操作**。API 提供者，无论是当接口调用成功或失败，总是能够给出有含义的，易理解的反馈信息，尤其是明确的异常信息，帮助使用者进行诊断，判断下一步的应对。
- **安全性**。API 要有不依赖于其他服务的安全性策略，任何时候独立访问一个 API 都不会触发不当的处理或返回不当的信息。

针对以上这些平台化架构的专注点，平台产品的架构师往往需要有更丰富的经验，产品负责人也需要理解领域模型。需要能够引入适当的机制来及时发现问题，包括代码检查、适应型函数以及自动化流水线中的测试。服务化与松耦合，要成为整个企业系统架构的基本准则，为此进行必要的投资，以便支持围绕各种平台与业务领域构成的网状去中心化组织结构，既保持各自独立性，又能够彼此共享能力，支持协作和创新。参考图 18.4 的企业架构关系。

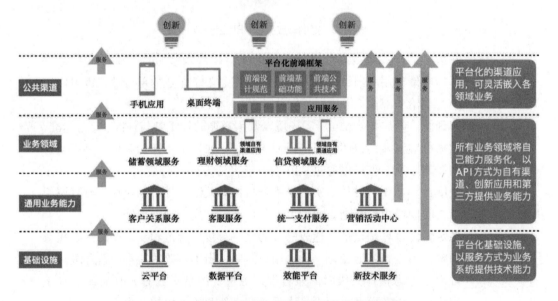

图 18.4 不同层次的平台和领域开放服务，赋能创新

数字化基础设施、通用业务领域、业务领域以及公共渠道，要求所有的领域都必须将自己的业务能力以服务的方式暴露出来，且采用与技术无关的行业通行的简单标准协议和必要的解耦策略，实现各个领域之间能力的共享，同时也能独立地工作，降低领域间沟通管理成本。企业"中台"不一定是一个中心化的组织，也可以是一个分散到各个领域中的，每一部分都有明确责任产品团队的，去中心化"中台"发展模式。创新团队、内部创业团队和每一个业务领域，都可以通过一个平台化的应用市场、API 市场来获得分别由其他领域提供的可复用能力，低成本地快速打造新应用，站在巨人的肩膀上进行创新。

平台的生态化商业模式

将基础设施和各个业务领域的可复用业务能力以服务的形式暴露出来是技术上的一步，最终的目的是要通过平台化策略让业务能力融入更广泛的业务场景，以平台赋能创新，形成生态。典型的，像银行在推动的支付平台，当所有的创新应用需要支付能力时就会使用该平台提供的 API 接口。它不仅仅服务于企业内部创新，也可以面向外部提供给第三方创业公司。将标准的支付能力嵌入行业内蓬勃发展的创新应用，获取客户数据和支付交易数据，丰富客户画像，得到增强的客户洞察能力，形成闭环。

内部生态

平台的生态化发展包括在企业内部和外部两个阶段。首先是企业内部生态的建立。在内部开放服务，需要面临的合规或信息安全问题相对较少，鼓励每个领域都尽可能以安全的方式开放自己的服务能力。这些共享的服务如何才能被更多地发现并应用到其他业务或创新场景中去呢？一种实践是建立企业内部的"API 市场"。允许所有内部开放的服务注册到市场、描述服务自身的目的和能力以及服务接口的协议规范。允许那些期望开展创新实验，期望获得企业现有数据和业务能力的创新团队或个人随时可以找到，能够立即开始在线申请一个沙盒环境进行接口测试，就像在淘宝购物的体验。从类别上，可以将开放服务分为数据类、业务服务类、小工具类、技术类等，也可以同时按服务所属的业务领域来分类。API 市场需要注册到市场的服务及 API 遵循一些基本的规范，例如通信协议、安全性、服务水平方面的要求，从而确保服务的质量，还达不到标准的服务应当被标识出来，从而降低服务消费者面对不同提供者所创建五花八门的服务时的学习成本，有利于生态健康发展。

可以想象，如果大型企业的几乎所有业务能力都能够以开放 API 的方式暴露给其他人，将产生一个多么活跃的内部创新实验环境。作为起步，首先需要鼓励各个领域开放自己的能力。这需要各领域为之付出成本和精力，不会自然而然地发生。要激活这个生态，就需要有足够的激励措施来鼓励每个业务领域参与到生态中来。可以考虑这么几种不同的激励措施。

1. **成就激励**。最基本的激励措施，统计开放服务实际调用方的多少、调用频次的多少、服务稳定性等关键指标形成排行榜，以线上榜单或线下宣传方式，突出地表彰最高价值、高质量的开放服务及其负责团队。另一种形式是采用积分制。可能相同的团队和个体会参与到多个开放服务的贡献中，可以将消费方个数、调用次数等按规则转换为团队积分，将个体的贡献转换为个体积分，以此产生积分榜，对做出突出贡献的团队和个人进行表彰。这些措施会给服务的提供者和个体贡献者带来成就感、知名度及影响力，从而使他们产生内在激励。在合适的生机型文化下，这样的影响力也会帮助团队成员得到更高的绩效评价。尤其是对新生一代，相比实际利益，有时候形式活泼的成就激励更能够调动他们的热情。

2. **活动激励**。通过定期举办黑客马拉松、创新大赛等方式，在大赛规则中要求以现有 API 市场中能提供的接口和数据为基础，就特定主题方向开展全员创新。当选出优胜者后，同时对参与竞赛的创新团队和所使用 API 的提供者提供奖励。以这种方式推动人们去发掘市场中有价值的资源，也为如何利用这些资源开展创新提供好的案例，起到良好的宣传效果。

3. **利益互换激励**。生态追求的是互惠互利，每一个组织单元既是服务的提供者，贡献价值，也可能是其他服务的消费者，得到好处。可以考虑将服务的消费方个数、调用次数等转换为团队积分，那么在这个团队需要使用其他提供者的服务时，可以用积分兑换而免费获得其服务。积分就像货币，成为一种可以在 API 市场中兑换的标准度量衡。这种方式在实践中会遇到一些挑战。确实某些业务或平台就更容易产生可复用的服务对外开放，而有些领域则很困难。同时，有些领域较独立，能够利用其他开放服务的机会有限。使得在这样一个开放生态中各自的价值创造能力和消费能力不平衡，基于利益互换的内部经济生态是倾斜的，一些领域的输出远大于获益，进而会抑制某些参与方的积极性。不过可以作为一个选项，作为其他激励措施的辅助。

4. **预算激励**。要激励各个业务领域或平台中提到积极参与内部生态之中，最直接的激励措施是提供预算。类似第 17 章所提到的创新扶持基金，服务能力开放本身也是一种模式创新。公司内部的 API 市场经营者需要管理一个预算池，为那些识别出来受欢迎的、高价值且质量良好的开放服务提供额外预算，帮助团队能够有更多的投入对服务进行升级打磨，帮助其扩大影响力和持续发展，甚至支持其开放到公司以外。不排除从 API 市场发展起来的某些开放服务，能够成为未来企业的新兴业务，直接创造利润，进一步为之成立独立预算的专职团队来负责。

5. **服务定价激励**。还有一种策略是将生态进行市场化运营，尽管是面向企业内部，仍然可以为服务定价。需要获得某些业务能力的消费者，是选择使用企业内部服务，还是外部第三方服务，还是完全自建，都需要付出成本，就需要从经济角度进行理性权衡。只要内部开放服务基于自身价值进行合理定价，而消费者能够从内部生态快速获得高质量的服务，整体经济性优于其他选择，那么就会选择内部的开放服务。通过服务定价并进行内部结算，让服务生产者真正专注于其价值和质量，更关注自己的优势，而不是一味追求大而全；允许服务消费者从经济性角度做出理性选择，有利于整个生态的高质量发展，而非一种运动或强制性行为，减少盲目选择的浪费；同时，也直接将开放服务为组织产生的贡献变成生产者团队的经济收益。这种方式显然对开放服务的质量要求更高，可能不适合从零开始的企业内部生态初建阶段。随着生态的成熟，有一批突出的高价值的服务发展起来后，可以考虑从那些头部的优质服务开始尝试这种机制。

需要采用服务定价方式最典型的，就是作为整个企业计算基础设施的云平台，它属于战略性的基础平台，往往以强制方式要求所有的新建业务都以此为基础，也要求现有的业务领域逐步向新平台迁移。也许刚开始确实需要一些政策扶持，但相比于始终采用强制行政命令推广，这类平台应尽早开始设计内部定价策略，根据使用量将成本内部核算到对应的业务领域，而不是免费提供。从平台具备一定成熟度开始，从强制采纳转向允许业务部门自由选择，从长期来看更利于平台的发展和企业整体利益。

以企业级数据湖为底层依托的数据资产管理平台，也属于战略性基础平台。与云平台不同，它的价值流向是双向的，业务领域既需要按战略需要向平台贡献数据资产，输出价值；也可能利用既有数据资产，从中获益。但因为不同领域作为供需双方的价值贡献与收益不平衡，激励可能要分别从两个方向进行：为推动主数据入湖，企业需要给各领域提供适当的额外预算支持其进行系统改造和数据清理，这是战略性投资；反过来，领域对数据的利用，按主数据、画像数据、深度分析报表、智能分析 API 等数据产品和能力的使用量进行定价结算，有利于驱动数据资产管理平台更聚焦于客户价值创造，而不是像一个数据管理职能。当然，这也需要在平台具有一定成熟度之后。

除了个别具有战略意义的底层平台，类似前面提到的云平台和核心数据资产平台，企业对平台化的建设应当始终保持"方向坚定但行动克制"的策略。克制既体现在什么时机将业务能力纳入平台，也体现在不轻易、过早采取行政手段强制推广平台。平台也是产品，健康和有生命力的平台要遵循产品的发展规律，聚焦真正的价值和用户体验，能够为其他业务领域带来真正意义上的好处从而得到发展，而不是拔苗助长。曾经有一家企业，为了提高创新移动应用的开发速度，降低创新成本，打造了一个大前端开发平台，提供一套标准的移动应用快速开发框架，和一系列统一风格的 UI 组件以及应用的快速部署发布能力。基于良好的愿望，加上它确实能提高开发到部署的速度，降低成本，于是公司要求未来所有的新建移动应用都必须基于这套框架来开发。然而，移动应用在不同场景下需要的展现形式很不相同，对内的和对外的，对 C 端的和对 B 端的，面向不同行业特征的，都有很个性化的设计场景。结果是，该平台的开发团队开始疲于应付各种场景提出的紧急的、特殊的要求。即便这样，仍然跟不上一些业务的创新需要，对平台使用者的响应力很低。业务团队要想在平台基础上扩展自己的新组件、新交互风格却很不灵活，这制约了体验设计发挥的空间和客户问题的响应速度。类似这类过早开始的平台化强制推广带来了相当多的问题。应当允许创新团队有自己的选择权，选择在当前阶段最有利于自身发展的方案，平台只是一个可选项。同时鼓励和赋能这些平台团队，学会宣传和营销自己的平台产品，真正提升价值和竞争力。

外部生态

平台生态化发展的第二个阶段，是面向外部市场的平台化和生态化，是内部生态的外延，将整个企业自身的核心能力平台化，服务于更广的经济生态环境。平台本身就是一种商业模式，而且是最具规模化潜力和生命力的商业模式之一。在亚马逊最早卖书和向网上商城扩展的过程中，还没有云计算的概念。亚马逊的网上商城规模越来越大，用户量快速增长，业务开始拓展到全球很多国家，这对底层的基础设施能力带来巨大的挑战。服务器资源需要随着用户量增长快速部署，每年万圣节、圣诞节这样的节假日营销活动会带来短时间用户量激增，远远超过平时流量的峰值，这需要计算能力的弹性扩容和收缩。业务在全球的拓展要求计算资源部署到全球，同时又能高效的集中式、透明化管理。这些现实挑战，驱动底层计算资源走向大规模虚拟化，允许前端业务团队自动化地快速获取新资源，能够按需快速扩展和回收，形成了一整套高扩展性、高弹性的计算资源管理平台。贝索斯从中发现了商机，既然亚马逊作为电子商务企业有这样的痛点，整个全球电子商务都在迎来蓬勃发展，那么其他企业也有相似痛点。于是，将本来服务于内部的平台对外开放，迅速发展成为全球最具规模和成熟度的云平台，服务于全球上千万的企业。客户一旦采纳了亚马逊的 AWS 云资源，就有更大的可能采纳建立在此基础上的其他亚马逊服务，比如亚马逊支付服务、监控服务、机器学习服务等；与亚马逊云设施合作的企业，也有更大的概率会在上层的零售、物流等方面与其展开合作，形成一个围绕亚马逊 AWS 及其衍生开放服务能力的生态帝国。

亚马逊是以企业能力平台化创造生态化商业模式的典型案例，这也给今天其他各行业的数字化转型提供了潜在的新业务增长机会。阿里、华为、招行等众多企业参考的"飞轮模型"就是这样的例子，参考图 18.5。

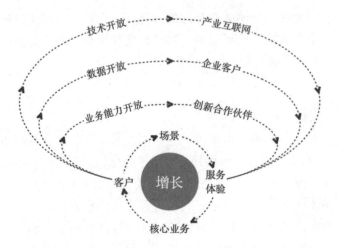

图 18.5　从核心业务出发，以"飞轮模型"构建生态化商业模式

1. **强化核心业务**。生态化商业模式最内核的是自身具有优势的核心业务，例如阿里的电商与支付、华为的运营商业务、招行的零售金融服务以及字节的数字内容经营。紧紧以客户为中心，深入更多服务场景，打造更完善的服务体验，形成一个正向的"增强回路"，推动核心业务稳定增长，进而带来更多客户。以不断强化的核心业务"飞轮"为基础，将其向外扩散开去，以开放构建生态。

2. **业务能力开放**。飞轮扩散的第一层，是将自身的业务能力开放给创新合作伙伴，为其赋能。例如，银行开放自己的存款账户查询和转账业务能力，从而萌生出一批提供个人财务管理的创业公司，以更好的用户体验服务于银行客户的日常用卡需求，同时也成为新的获客渠道。微信将自己的社交关系能力开放，允许用户在一些应用中通过微信通讯录添加朋友，将有趣的内容分享给自己的微信好友，一方面帮助这些应用具备社交属性，提高传播和引流，同时进一步增强微信自身的用户黏性。通过将核心业务能力延伸到更多样化的客户生活和工作场景，携手合作伙伴共同丰富渠道触点与服务内容，持续完善在不同场景下的客户服务体验，使其更加完整和一致，形成生态化的商业模式。生态能够为企业带来更广泛的获客，并将客户更牢牢地锁定在自己的商业版图中，提升黏性和忠诚度，反过来进一步强化核心业务。

3. **数据能力开放**。进一步,将客户、产品、交易等基础数据及数据洞察在安全且保障客户隐私的前提下开放,允许商家或其他企业利用这些数据以更个性化的营销策略获客,或打造更个性化的服务体验,助力其业务增长。这就超出了以自身业务能力服务客户的范畴,让更多的企业参与进来,让既有的数据发挥出更大的价值。与这些利用数据能力的企业客户构成一个更广泛的生态圈,这些客户经营中所反哺的信息又进一步帮助企业丰富和完善数据,增强客户洞察与核心能力。

4. **技术能力开放**。对于那些最有实力掌握了领先技术的企业,可能更进一步,将积累的行业技术及解决方案开放,例如适配特定行业的人工智能技术、产业云平台、农业物联网技术。真正拥有前沿技术的企业不多。领先企业通过将技术开放,赋能所在的产业生态,帮助技术较弱的同行或合作伙伴更快实现创新和转型,提升数字化能力,共同壮大产业生态。就像特斯拉,将自己的智能驾驶技术开放出来,定义标准,允许更多的参与者加入,赋能整个汽车行业更快走向无人驾驶时代,壮大行业版图。同时,它自身某种意义上成了行业技术标准的制定者和引领者。被开放的技术当然也可以用于其他产业领域,形成更广泛的产业生态系统。比如高德将自己的地图与路径导航技术开放出去,让共享单车、外卖、物流、健身等各类型创新应用都能够快速在自己的服务中添加高准确性的地理位置服务,其生态体系涉及各行各业。

类似这样的跨界或生态化发展,已成为很多领先数字化企业的战略方向。以前做不到,为什么现在能够做到?因为数字化技术,尤其是高速网络、云计算、物联网、服务化与开放 API 以及安全加密等技术的发展,使得原来受限制的企业内在能力、数据得以在安全的基础上更容易与外部场景产生连接,更容易嵌入到大量不同的应用场景中。

数字化时代是一个服务融合的时代,一个显著特征是打破了过去企业和企业之间产品和服务相互独立的状态。未来的数字化竞争必然以客户为中心、以服务体验为中心,最佳的客户旅程中提供的不再是单一企业提供的触点和服务,而是来自多种企业服务的融合,每一个参与者提供自己最擅长的专业能力。如果我们要在网上外卖一份午餐,在订餐时以外卖平台为入口,看到各个商家提供的美食,商家在系统上定制自己的商品和价格;有实力的品牌商家可能同时为您推荐其他线下服务；消费者可以使用的优惠券，可能来自第三方创业公司的产品；下单时可能选择苹果、银行和第三方支付机构提供的支付方式；购买完成后的发票可能是由数字发票供应商提供的服务，可以将发票推送到您在支付宝或微信中的票据管理。一个简单的外卖过程，是由多家公司所提供服务共同构成的复杂体系。类似的例子，现在的汽车制造商正在逐步转型成为出行服务商，探索未来的共享出行市场。想象一下，当您从一个地方要到另一个地方，可能从共享车辆平台的提供者下单；共享汽车提供者接到订单，指挥最近的车辆自动驾驶到您指定的位置；当您上车时，会看到各种与车厂合作的保险公司提供出行保险产品，您可以通过支付宝刷脸确认购买；自动驾驶汽车行驶中可能会弹出您感兴趣的广告，来自广告商；如果您饿了，可以在车载屏幕上语音下单，让外卖提前送到您将要路过或到达的地方；最后，在下车时，您可选择自己习惯的第三方支付来完成付款。没有哪一家企业可以自己完成服务过程中的所有体验环节，客户有选择权力，企业之间需要以生态的方式合作，共同帮助客户达成目标。要成为这样的生态引领者、规则制定者，企业就需要有强大的平台产品管理、架构与商业运营能力。

可以预见，企业将自身有优势的业务能力、数据能力与技术能力开放出来，形成开放服务平台，与自身上下游企业合作，与大量的第三方创业者合作，将自身业务植入到无处不在的客户场景中去，这就是未来的典型商业形态，因为这是源自数字化时代客户的体验需要。若还固守于以往自建渠道卖自家产品的模式，只能是自绝于未来。这个过程，在不同的行业有快有慢，能看到更快行动起来的是通讯、金融、汽车行业。在 5G 技术以前，通信网络基本是一个封闭的体系，其他基于网络的服务提供者和消费者都在这个体系以外。5G 技术除了速度更快以外，最大的革新在于，从以前通信设备软硬一体转向全面数字化（IT化），也就是软件定义网络（SDN）的时代。电信运营商和设备商意识到，不想成为一个被忽视的通信管道角色，通信网络需要更加开放，走向平台化，进而构建生态化商业模式。在新一代 5G 技术中，通信网络以其大带宽、低延时的能力为基础，本身转变为一个由软件定义的开放平台，包括将无线接入网开放（ORAN），允许更多的科技厂商参与基站接入网的研发创新；通过软件定义，可以将大带宽划分为针对特定业务类型的专属虚拟网络切片，提供更个性化的服务；在海量的基站提供边缘计算能力，允许那些提供视频内容、智能计算的企业，将自己的服务部署到最靠近用户和数据生产源头的云边缘节点，提供超低时延、高可用、低成本的用户服务。

金融企业也在变革，以银行为例。最早第三方支付的兴起推动着银行将自己的核心能力之一支付能力开放出来，允许嵌入到各个网站和应用中，为消费者的线上线下生活带来了极大便利。2016年开始，欧洲国家提出了"开放银行"标准，推动各大银行将自己的客户信息、交易信息、产品信息，和开户、转账、贷款等业务能力，在一定的安全标准和隐私策略约束下对外开放。新加坡、马来西亚等东南亚国家也都陆续推出了相应的开放银行指南和规范。国内的各个大型银行也开始构建自己的开放API平台，将原来只可能在内部共享的业务能力以战略合作或有偿服务方式提供给第三方，支持场景化的、更贴近大众消费者的金融服务创新。很多服务环节是依靠银行自身很难触及到的细节、零散客户需求。不仅是银行，其他金融行业的开放标准也在制定当中。

以平台化战略打造生态化的商业模式，由内而外是能力驱动，更主动；由外而内是压力驱动，难免被动。企业战略制定者需要高瞻远瞩，更早开始从平台化的角度构思未来企业架构与商业模式。无论怎样，从长期看，企业努力建立活跃的内部生态都是基础。下面是一些具体的举措。

- 定义和规划从客户触点到基础设施不同层次的平台产品。
- 在内部建立起以客户价值驱动的平台产品管理能力。
- 致力于打造核心的、可复用的业务、数据与技术能力。
- 打造以服务化、松耦合为基础，可快速演进、高稳定性的平台架构能力。
- 建设有活力的内部API市场。
- 建立规模化、多元化的创新孵化机制，推动全员创新思维、能力的提升。

没有成熟且活跃的内部生态治理能力，很难有能力建设快速增长的外部生态，再美好的愿景都是空谈。在此基础上，采取以下措施。

- 对外开展与更多第三方数据与技术供应商合作，充实自身的数字化能力。
- 将开放API能力从内部延伸到外部，加强API市场的体验与运营，探索围绕API的新商业模式。
- 以数据和技术，赋能那些共同为客户提供解决方案的上下游供应链与产业合作伙伴，助力其降本增效，协同创新。

如图 18.6 所示，与目标客户在特性场景下的其他服务提供商建立合作伙伴关系，共同围绕不同的场景打造以体验为中心、持续完善的客户旅程。

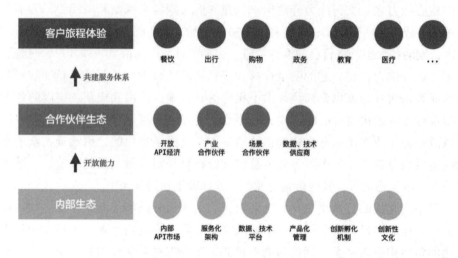

图 18.6 从内而外，以平台赋能创新生态

只有具备足够底层能力的企业才有望成为生态的引领者。这样的企业让自身在某种意义上成为行业标准、基础设施和赋能者，借助合作伙伴的力量构筑高黏性、持久的客户关系，从企业、商户到消费者。构筑这一商业模式极具挑战，但在面对未来不确定性的机会时，能使企业具有极强的韧性和适应力。

思　考

1. 哪些类型的平台可以由科技组织完全主导？哪些类型的平台必须有业务协同参与？为什么？
2. 数字化企业中，前台的数字化业务领域团队与中后台的数字化平台团队之间如何有效协作？
3. 当企业将自己的数据和技术能力开放给客户企业与产业生态企业之后，它的商业模式是什么？如何做到可持续？

第Ⅳ部分 创新的沃土

我曾经以顾问和教练身份前往一家企业，为他们的研发团队导入敏捷，促进跨职能协作，提高软件开发对业务变化的响应力和交付质量。当我走进一个可能有 800 到 1000 平米的像大厂房的办公区，看着黑压压一片埋头在电脑前敲着键盘的年轻人，我感到有些迷茫，脑袋里立刻浮现出一个词"软件工厂"，真的是大工厂的既视感。当进一步了解到，这些大多数来自人力外包公司的程序员一天为所在外包公司挣 600～800 元收入，我心里打了问号，怎么让这群在工作中缺乏价值感、没有激情的人能够"敏捷"起来？我的担心最后也得到了印证。管理层希望更好地达成组织目标，因此要引入好的方法，希望每一位员工都能够积极学习，不断改进。然而，面对这些内心里仅仅把敲代码实现功能、完成工作任务作为自己的目的，缺乏激励，对组织要实现的目标毫不在意的一群人，任何理念都是白搭，反而觉得顾问在给他们找事，找麻烦。50% 的外包人员在这里工作不超过半年；一年后，团队里基本 90% 的人都换了一遍。一部分原因和收入有关，另一部分原因是在这里得不到成长，且压力过大，工作上领导说什么时候完成就要什么时候完成，没有自己来做合适计划的话语权。类似这样的组织，交付软件的质量都很难得到保障，敏捷和创新力从何说起？这是员工的问题？还是管理者的问题？

答案显而易见。打造持续创新的高适应力组织，就要有肥沃的土壤，这正是企业经营者的关键任务之一。土壤的含义可能很宽泛，包括前面章节谈论的一些管理制度、工作环境、工具平台都是创新所需要的，而人才和组织文化则是最基础的、最影响深远的。气候寒冷、土壤碱性太重，于是乎"橘生淮南则为橘，生于淮北则为枳"，同样，好的思想和方法在不合适的环境下也无用武之地。因此，第Ⅳ部分想谈一下关于卓越人才与组织文化，这两根位于两侧，支撑数字化业务管理的重要支柱。

数字化时代科技是业务的核心，如果企业不能掌握优秀技术，一切都是空谈。卓越的技术不是存在于文档里，而是存在于人，企业要能够吸纳、培养、任用和激励优秀的专业技术人才。这里的技术不仅仅指软件开发技术，也包括专业的产品和服务设计、数字运营、质量保障等数字化专业人才。传统企业在以往的信息化过程中，主要依靠采购的方式来获得所需的系统以及升级维护，依赖供应商完成信息化建设，并不知道如何管理数字化人才。良好的创新性文化，让人愿意承受风险，接受失败，孜孜不倦地探索新的更好的点子，而不恰当的文化，会使员工各人自扫门前雪，按部就班，无法获得成长。在传统体制下，人们习惯了关注领导的想法，而忽略员工感受；人们安于现状，技能难以得到持续提升。在企业的数字化转型过程中，工作流程可能相对容易变，但人事制度与企业文化则难以改变，成为深层次制约企业创新和适应力的原因。

企业文化的重要性毋庸置疑，它无处不在影响着组织和个体的行为方式。但又难以抓住和改变，它根植在每个人的心里。一些管理者意识到，要想让一切得以发生，好方法能够得到执行，迫切需要改变人们的意识和文化。这没有错，但该如何改变？合适的文化是落地本书提到的各种原则和方法以及推动变革的先决条件吗？这就要回到文化本身是如何塑造的。文化的产生不是因为挂在墙上的口号标语，也不是被印在员工手册里的行为准则定义的。真正的文化、人们切身感受到的文化，来自工作中的每一个决策，会议中大家沟通和形成结论的方式，来自人们如何对提反对意见的人做出回应，在失败时如何处理问题。文化虽然看不见，但它切切实实就在身边，文化就是在日常工作中自上而下的一次次沟通和行为中被塑造出来的，上行下效。当相似的行为变成了一种默认的模式，行为背后的潜藏动机被大多数人接受并作为自己的行为准则，于是就变成了组织的价值观和文化。哲学家约翰·舒克（John Shook）2010年发表在《麻省理工斯隆管理评论》中的一篇文章中提出：应当通过改变人的行为来改变思想，沉淀为文化，而不是相反，如下图所示。

第 IV 部分　创新的沃土

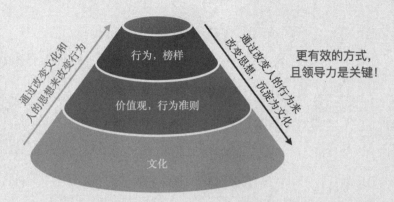

要推动转变，从文化入手和从行为入手，两方面都需要，但首先起作用的是后者。像亚马逊、Netflix、阿里、腾讯这些成功的企业，不是因为先有了好的文化所以员工有好的行为并努力，而是因为企业的创始者先建立了有明确文化导向的制度来激励和约束行为，并以身作则，然后长期的行为模式沉淀为组织可感知的文化，进而再影响和改变着后加入者的行为。要驱动这样的文化转变，领导力扮演着第一位的作用！

第 19 章

追求技术卓越

技术进步是社会革新的基础，尤其在今天的数字化时代。以数字技术为核心，包括材料、机械、生物在内的各领域技术，在不断为解决以往无法有效解决的问题提供新的方案，带来各种新的商业模式，新的体验方式。要善于将技术与商业结合，创造性地、更高效地解决问题是现代企业持续发展需要具备的关键能力之一。即便是现在各种被称为"传统"的行业，其诞生也是因为曾经技术的变革，每个行业都有自己的核心技术。就像能源行业，化工和地质是它的核心技术，而且也在持续发展中，并不是说这些传统行业就缺少卓越技术。但是进入数字化时代，一种新型的技术在带来革新，而且它正在以加速度融入到各行各业，颠覆旧有的业务模式。但在过去很多年里，数字化技术似乎并非是这些行业企业形成竞争力的核心，相关的生产管理、客户销售与服务更多还是依赖线下和人工，往往将涉及信息、数据等技术的部分以采购的方式从外部获取，要么采购商业套件，要么将定制软件开发外包给供应商来完成，自己并不具备所需的关键数字技术，也很少有这样的人才。

到了今天，第四次工业革命的浪潮下，即便是能源行业这样的领域，也将数字化作为下一代行业革新和发展的关键动力。能源行业越来越多将智能数据分析、物联网、虚拟现实引入油气公司的生产和运营，提升效率和安全，探索以数字技术为客户提供更加定制化的服务。在这一革新的过程中，数字技术要解决的问题越来越复杂和多变，越来越个性化，依靠通用性的行业解决方案不可能带来差异化和显著竞争力。而依靠外包进行定制开发，基于传统外包采购的合作关系，供应商的人力资源在项目中无法真正与企业共担相同的目标与利益,其工作方式与合同方式不够敏捷,不足以支持企业快速适应变化。加上人员的流动率高,难以建立长期稳定、高凝聚力的跨职能团队,对产品、架构与研发方法的知识难以长期积累,导致交付效率低和质量不高,更不关心交付的价值。今天,在很多企业里,外包人员比例过高,已经明显成为企业实现数字化转型且能够在面向未来的数字化能力上取得优势的障碍。

但同时也看到,像招商银行这样的企业,多年来都具有良好的自有信息技术能力,在自研与外部合作的选择中,明确规定外包人员比例不能超过所有研发人员的三分之一,这成为其能够应对互联网挑战,助力其迅速推进数字化转型的先天优势。更不用说那些优秀的互联网企业(原生数字化企业),基本都是依靠自有的研发队伍。像通用电气这些曾经推崇信息技术外包的传统企业,在转型过程中逐步将曾经外包出去的软件研发过程拉回到内部,通过自有员工为主的团队来开发,大量招聘数字化人才,甚至号称要将自己变成一家科技公司。这是大势所趋,符合这个时代数字化技术与业务的融合度越来越深,企业越来越严重依赖网络和数字化手段提供外部客户服务和完成内部运营管理,并以数字化创新追求差异化竞争力的客观需要。数字化企业需要大力投资组建以自有员工为主的科技队伍,既包括软件开发、质量保障,也包括能够将业务、科技与体验相结合具备数字化产品思维的产品负责人,还有体验设计师、数字运营、技术运维等人才。企业必须要努力获取并持续培养这些人才,才能够将企业所需的技术能力内化为自身能够掌控的能力,才有可能在数字化领域构建起创新、价值与快的核心能力。

人才竞争

长期来看,对于涉及企业战略与竞争力的领域,需要获得更多的优秀数字化人才自建团队。这一点就让很多管理者头疼。如今,数字化领域的人才竞争非常激烈。这几年,特别是前端工程师、资深的架构师、数据科学家、优秀的产品负责人,很难找到那么多具备出色技能的人,或者,找到了给不起期望的工资。没有优秀的人,那么所有这些好的方法、实践都无从谈起,根本没法落地。

据观察,很多企业,包括长期从事科技的企业,在招聘人才时总是希望每一个应聘者就像是一个已经充满值的账户,来了就可以从中提取现金,立刻就能干活。但账户在不断被提取后越来越枯竭，却得不到继续充值。技术更新很快，多数人在被慢慢提取空之后，除了个别能够走上管理岗位以外，会被新招来的充满值的人所替代。但今天，那些充满值的账户在人才市场上显然供不应求，竞争激烈，根本满足不了企业需要。偶尔捡到的一两位优秀人才，在整体长期处于低水平的组织能力状态下，很容易流失。最后留下的是一大群被提取近于枯竭的账户，没有优秀和卓越。

看过一个很有意思的故事。在一次大会上，Netflix 公司的某位主管在演讲其卓越的组织管理与创新文化。到了提问环节，一位传统电信运营商的科技部门主管提出了质疑，认为这些都得益于 Netflix 拥有大量非常出色的技术人才，而这些优秀人才现在不愿意去较为传统的企业工作，因此他们做不到这些。Netflix 的这位主管，首先肯定了确实这与 Netflix 内部的这群优秀人才有关，但话锋一转，说到，这些人才大多数曾经就是在这位提问者所在的这类传统企业中工作。这就很有意思，为什么同样的人，在提问者所在的这些传统企业就表现平平，而到了 Netflix 就能够表现"卓越"？仅仅因为 Netflix 给的工资更高？

获取具有成长性的人才

人才是数字化企业的本，否则一切无从谈起！在今天和未来激烈的人才竞争中，数字化企业需要获得一大批优秀和卓越的专业人才。依靠从市场招聘已具备足够技能的人是无法满足发展和竞争需要的，企业经营者和人才管理者需要改变思维，转为主要依靠内部培养。很多管理者，不愿意在人才培养上投入太多，认为进来的人就应该能做事，认为培养出来的人又可能跳槽走了，得不偿失。这很短视。殊不知，依靠人力资源部耗费大量精力不断从市场上筛选人才，再耗费昂贵的成本把人招聘进来，要么离企业真正需要的优秀之间还有不少差距，要么因为企业整体的技术专业水平偏低，其中一多半真正优秀的人才又流失掉，这样的循环不比建立有效机制培养人才的成本低。在企业有效的培养机制下成长起来的人才对企业的忠诚度更高，即便有一部分离职，那也很正常，会有更多的人留下来。留下来的优秀人才会形成一个正向激励，进一步激励那些新进来的人看到自己可成长的空间。

除了个别关键岗位，在招聘时，要关注的最重要因素不是应聘者当下是否已经具备岗位所需的足够知识和技能，而是更看重其基本素质和成长性。

- **个人基础素质**：这不仅仅是指 IQ 和 EQ 之类的测试，更重要的是基本的沟通能力，思维和表达的条理性、系统性思考以及自信心等。
- **专业基础素养和技能**：不同专业方向所需要的一些核心素养，例如，技术人员的思考逻辑性，产品人员的创新思考与分析能力，在求职岗位专业方向上掌握的一些必备基础知识和技能，学历不是关键因素。
- **成长潜力**：持续学习的意愿和主动性，应对压力的响应，对与其现有认知与经验不同的观点所保持的开放性等。

面试其实很难全面和准确地评判一个人，招聘环节更重要的是持续关注新员工进来之后的表现，这是常常被忽视的。往往员工入职以后，人力资源就很少再跟踪其表现和成长。下面这几个关键能力通过短暂的面试很难判断，必须在入职后的一段时间里特别关注，及时收集评价。

- **学习能力**：是否表现出在较短时间里学习掌握不具备的知识和能力。
- **适应力**：是否能够很好地适应和融入环境，对工作中发生的变化是否表现出开放的心态和灵活性。
- **成长型思维**：如何应对挑战和不擅长的工作，是表现出固守既有的经验而不敢或不愿意尝试新事务，还是相信自己能够往前一步，表现出勇气、努力和坚持。
- **领导力**：不是关于管人，而是能否承担起责任，有能力主导一些重要任务并协调他人共同达成目标。

要努力寻找和保留具有成长性的人才，而不是首先关注已经具有足够的岗位技能。这一策略，既能够帮助企业降低人才成本，更有可能根据需要将其用在不同的岗位上保持任用的灵活度。那些已经有丰富的、固有经验的人才，若在这些方面有显著欠缺，反而很难伴随企业的发展做出改变，学习意愿更低，更容易变成一个枯竭的账户在变化中失去价值。未来的中高级技术岗位、管理岗位，应该优先从有潜力的自有员工中提拔，而不是从外部招聘资深的人才来填补空缺，提供给现有员工更大的成长空间和预期。遵循这一策略，企业可以每年从应届生中筛选出一批有成长性的好苗子。

建立能力模型

要让专业技术人才在组织中得到持续成长，需要为他们指引成长的路径。

针对专业方向，从不同的维度明确地回答，为了支撑企业业务发展，人才需要具备什么能力，这就是能力模型。有很多公司将人才的职业路径分为管理和专业两条线，我认为这不合理。持续为客户创造价值的卓越企业并不需要单纯的"管理"，尤其是数字化企业。跨职能的领域或产品团队，需要在明确使命和目标的驱动下自管理，不需要生产车间里监工式的管理，不需要只负责上传下达和跟踪计划执行的管理。卓越企业需要的是领导力！能在一定范围内充分利用资源并驱动组织达成目标的能力。因此，按管理和专业分为两条路径并不适合这一目的。那些掌握资深技术的技术团队领导者，是算管理线还是专业线呢？这样的路线划分传递出一个不好的信息，让人潜意识里认为，一旦走上管理路线，就可以不再研究专业技术。这导致很多科技组织里，专业人才走上管理岗位后就不再学习，逐渐脱离了价值创造，变成一个平庸的管理者。

应当将管理能力与领导力作为每一个专业方向更高的要求，而不是一个单独的职业路径。例如，产品负责人是一个专业方向，但当晋升到负责整个数字化业务领域的领域产品负责人、产品总监，就需要更多的宏观战略思维，需要更多的领导力，但同时也需要持续地研究业务和产品领域的专业知识。以数字化企业为例，除了那些暂时与数字化产品关系不大的线下业务方向外，从大方向上可以分为产品和技术两条路径，每一个大方向下又分为常见的几种技能角色。

- **产品方向**：主要承担以客户为中心、以价值驱动进行持续设计，驱动数字化业务增长。常见的角色如下：
  - 产品负责人和领域产品负责人
  - 业务分析
  - 体验设计
  - 产品运营
  - 数据分析
- **技术方向**：主要承担以技术为核心，以流速和质量为目标基于优先级快速、持续交付。常见的角色如下：
  - 交付负责人和领域交付负责人
  - 架构设计
  - 软件开发
  - 质量保障

- 技术运维

一些企业倾向于从每个专业方向需掌握的专业技能（如交互设计、自动化测试、架构设计模式）角度来建立能力模型，也有一些企业倾向于从专业素养（如创新思考、技术专长、影响他人）角度建立能力模型。前者，需要为不同专业方向分别设计不同的模型，专业指导性更强，但模型随着技术发展可能需要持续更新；后者，尝试为所有方向建立一套更抽象更贴近核心素养的模型，相对模型更稳定，但指导性更弱。或者将两者结合也许更好。无论采用哪种方式，建议保持简单，以易理解、易评价为原则，将成长指引的作用放在第一位，评鉴的作用放在第二位，给出每位员工能够遵循路径获得发展的路线图。类似于图19.1针对数字化产品负责人的能力模型示例。仅仅作为直观的示例参考，每个企业适合的模型不尽相同。

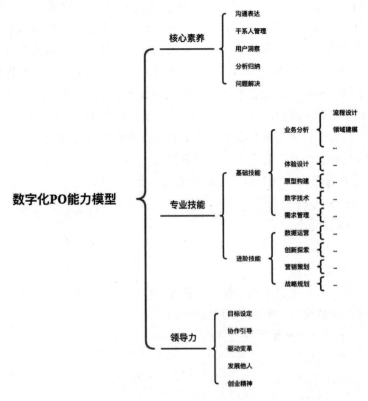

图 19.1　能力模型示例

以能力模型为基础，企业可以为支持员工能力成长提供相应的系列培训，学习指引，读书雷达等辅助信息，帮助其获得必要的知识。进一步，为个人学习提供培训基金，提供骨干人才的潜力成长计划等，帮助有成长性思维的员工持续进阶。作为每一级的管理者，基于能力模型指引的方向，可以为员工的成长设置有挑战性的目标，鼓励其承担有一定挑战性的任务。企业也可以基于能力模型设计恰当的能力评鉴体系，将能力分为不同的级别，作为选人、用人与晋升的参考。这里不是本书的重点，不再深入。

T型人才与全栈工程师

从图19.1的人才能力模型可能发现，对一个岗位角色的技能要求是宽泛的，而非只在一个细分的方向。在与一些团队讨论团队结构与分工时，经常听到这样的痛点：有两位前端开发、三位后端开发，想要组成一个团队，可是有时候的前端开发工作量大，而后端少，有时候相反是后端开发工作量大，而前端较少，经常前端开发成为团队交付的瓶颈。于是，为了资源利用率最大化，管理者倾向于将前端开发和后端开发分别作为两个资源池，或分别建立团队。当项目来的时候，根据每个项目需要的技能从池子里安排人手。这种方式的问题在本书前面已深入讨论过，围绕项目而不是产品来组织团队，带来从价值关注、知识积累、团队协作效率与凝聚力以及短期思维等一系列问题。对短期人员利用率的过度关注，导致了长期的研发效能下降。

解决这类团队中技能瓶颈和不同技能专长工作量波动的问题，最有效的策略是扩展技能，而不是按技能划分团队或资源池。当精通后端开发的人也能基于既定框架完成大多数前端页面开发，前端开发人员也能够遵循既定的架构实现自己所需的后端接口，那么他们就能很灵活地认领工作，极大地消除需求价值流动的瓶颈与阻塞。这类能深入理解和精通某个领域的技能，同时又具备广泛的多种领域知识与技能的人才称为"T型人才"。同时掌握多种类型开发技术的软件开发人员可称为"全栈工程师"。不仅仅是前后端开发之间，也包括同时掌握不同的开发语言，同时能承担开发与测试工作，或同时承担开发与技术运维工作。这要求管理者和专业人才都具备成长型思维。从员工的角度，要相信自己，通过持续学习与刻意练习，能力可以得到有效扩展和突破，不要将自己的技能局限在太窄的范围内，兼顾深度与广度。从交付负责人角度，避免仅仅关注短期效率，应当有意识地引导并给予挑战机会，安排必要的技能轮岗，为团队成员的能力扩展投资；同时，也尊重员工意愿给予其在特定方向上深研专精的机会。更多这样的人在团队里，更容易形成相互补位支持的协作文化，提升响应力。从组织角度，在大范围内推崇T型人才和全栈工程师，显然有利于加速员工成长，提高资源的灵活性，拥有更多可以胜任不同岗位，可以根据需要灵活调配的骨干人员，形成组织内持续学习的氛围。这无论对组织还是个体均是双赢的结果。观察行业里推崇全栈工程师的科技企业，往往都具有高于行业平均水平的开发效能。

创新与技术卓越的土壤

获得具有成长性的人才，提供明确指引其发展的能力模型和相应成长体系，并在团队的日常工作中鼓励扩展技能、一专多能的T型人才，给予其挑战性的任务，这些措施可以帮助企业有更多能够胜任不同岗位需要的人才基础。但仅仅这样还不够，这些只能让整体的专业能力、技术能力达到基本胜任的六七十分。企业要能够持续创新优秀产品，要赢得人才竞争，要将创新和业务的结果做到八九十分，需要依靠一批真正资深、卓越的人才。企业在选择人才，优秀的人才也在选择企业。让真正优秀和卓越的人愿意加入并长久在一个企业留下来的原因是什么呢？除了有竞争力的待遇，更需要培育一个崇尚创新与技术卓越的文化土壤。

工程技术卓越

说到技术卓越，很容易想到的是拥有一批精通人工智能和机器学习算法的尖端技术人才。毫无疑问，这样的技术是需要的，大型企业必须付出足够成本来获得这样的技术专家以取得竞争优势。但这一类的真正顶尖专家人才并不需要太多，其研究成果可以形成可复用的组件或服务提供给其他所有的团队。多数领域和产品团队并不需要自己研究这些技术，只需要在应用层面掌握这些技术，不需要深入理解其核心原理与算法。对于小一些的企业，可以通过外购的方式获得一部分这样的技术能力。

除此外，还有一类技术，对于数字化业务和产品的发展具有更广的应用和影响范围，就是前面章节中谈到的系统架构、代码重构、自动化测试、部署流水线以及持续监控、高可用与容灾这一类技术，可以统称为"工程技术"。工程技术普遍应用于所有领域的数字化产品，其能力高低直接影响业务响应力、交付质量和运行稳定性，进而影响客户体验。更广义一点，工程技术也可以包含用于设计产品的设计思维方法、原型构建等专业方法。工程技术需要企业中每一位产品研发的成员学习并掌握。

不具备专业的工程技术方法，软件系统也能够交付出来，看似可有可无，就像不靠自动化测试，依靠堆人和更长的周期也能够完成测试。因此，这类技术在很多企业得不到重视。有一些企业，虽然意识到了工程技术方法对快速响应业务变化，交付高质量优秀软件的重要性，然而，在落地时效果却不理想。一类原因是，缺少有效的管理导致过度的进度压力，让团队在这些方面有心无力；另一类原因是，不具备如何能真正有效地运用这些技术方法的实际经验。但我认为，这件事本质上，从来不是交付进度压力或学习能力的问题，而是各层级管理者以及整个组织对工程技术重要性的认知及其衍生出的工程文化问题。

像 Google、Spotify 和 Thoughtworks 这样的企业，像国内华为的通信产品研发，很少有对工程技术重要性和是否需要保障投入的疑问。对这些企业中的团队来说，这是不言而喻的，这是一种规范，同时也是一种价值观和文化，认为不这样做的软件不可接受。这些工程技术成熟的团队并没有因此降低效率，在从客户的反馈中了解，普遍认为这些团队保持着高于很多企业的长期研发效率。企业对工程技术的高标准要求，比如高度的自动化、高覆盖的单元测试以及监控体系，最直接的影响是带来更加高效、频繁的交付，并有效地保障软件质量，减少返工浪费，减少人工回归测试这些低价值的劳动，从而为客户创造更加高品质的软件产品。

不仅如此，深层次的意义在于，企业对工程技术的追求能够有效提升科技人员的技术素养，让每位员工将代码与系统质量以及产品设计品质，根植在心里。通过长期的刻意训练，工程技术实践帮助技术人员获得迅速成长，他们不仅仅满足于应付功能需求，而是将高标准的"卓越软件"追求植入到价值观里。我有过十几年的软件交付经验，有亲身的体会，从传统的工作方式一旦转变到新的工作方式，并持续一段时间后，这种效率提升真实存在，要再回到以前的工作方式让人无比痛苦,对自己做出来的东西缺乏信心。整个企业,对工程技术能力的追求会引领一种追求技术卓越的文化。不满足于交付需求,对高度自动化的追求、对写出好代码的推崇、对产品设计"啊哈时刻"与人性化体验的执着,让专业技术人员有环境打磨自己的技术,追求"专精"。推崇卓越工程技术的氛围,本身就是对技术人员一种非常有效的内在激励,能够帮助企业吸引和留下一批有追求的优秀人才。

我们在企业中可以看到各种复杂的流程,层层人工检查和审批。究其根源,并不是人们天生就想要建立这样的复杂过程,而是在长期里,随着曾经多次发生的质量、安全问题,迫使人们以增加流程控制这样的管理手段来试图避免问题。先不谈这些管理手段是否真正有效避免了问题,至少越来越重的流程降低了效率,拉长了交付周期。而在那些追求工程技术卓越的企业里,人们会更自然地思考寻找技术手段来避免问题。例如,要避免上线部署出问题,就考虑将生产环境部署的步骤脚本化、标准化,以自动化方式管理各种环境配置,并反复对以上自动化过程进行验证;而不是考虑添加上线评审流程来定期、集中地对所有部署步骤进行人工评审。当团队需要定期准备很多信息形成 PPT 给领导汇报,于是考虑开发一个程序,通过爬虫从各种系统中抓取相关信息自动产生一个信息展示页,提供给管理者方便其随时查看,省去团队每次写报告的时间。在推崇工程技术卓越的组织里,技术手段会成为人们解决问题的首选,而不是通过增加更加复杂的管理动作。让我们持续努力保持管理的轻量化,提供给专业技术人员更加友好的工作体验。

拥抱开源

开源软件的应用在现代软件开发中已经相当普遍,从大量被采纳的 Linux、Apache 和 MySQL 等,到各种语言、框架与类库,每个开发人员对开源软件都不陌生。相比以往的闭源软件、商业套件,开放源码与免费的模式创造了一种全新的技术传播方式,主要依靠社区群体而非商业团队来写代码并修复问题,主要依靠软件自身实用性与质量在社区中形成的口碑实现传播,而非依靠传统的营销手段。全球任何人,只要继续秉承开源、分享的精神就能够免费获取到技术,将其应用于自己开发的软件系统中。这让那些相对贫穷的国家、资金有限的创新团队能够低成本地快速创造出优秀软件,摆脱对昂贵商业软件的依赖与绑定。并且因为开源，能够对核心代码有完全的把控力，快速修复问题，而不是只能等待厂商的缓慢响应升级。

尽管从业者都认可开源软件的价值，仍然有很多企业对在生产环境中大量应用开源抱有戒心，担心其稳定性、安全性等问题。商业套件软件供应商在销售自己的软件服务时，常常传递的信息是，"选择开源，就是选择没有服务保障，就是选择不稳定，就是选择高风险，就是选择无尽的烦恼"，这让很多企业的管理与决策者忧心忡忡。要在实际业务场景中应用开源软件确实是有"代价"的，但这种代价的根源并非软件厂商鼓吹的以上问题，而在于企业自身是否有对技术卓越的追求。开源软件向其应用者提供了全部的代码，允许其直接修改代码，从而带来最大限度的自由度。拥有自由的代价就是您不能将维持稳定的责任寄托于他人。企业必须有技术能力深入理解开源软件的细节，并能够不断地做出改进，需要企业持续投资建立自主的、技术能力过硬的软件技术团队。Android是开源的，华为多年里对 Android 的使用同时，投入了大量专家对其进行深入研究和修改，也为社区反哺贡献了很多新代码。因此，数字化企业的技术管理者要理解，拥抱开源的真正价值不在于免费，事实上很难严格说清采用开源还是闭源的商业套件成本更低。真正价值在于加快创新和拥有技术自由，不需要从零开始，而是站在全球开源社区的肩膀上，快速搭建起企业能自主掌控的技术能力。这样的技术自由，让企业对外部变化可以有更快的响应力，将为企业带来核心竞争力，而不是被动依赖外部厂商。

企业自身的技术团队能够理解开源代码，修复潜在问题，增强其功能，以及在开源基础上创造出自己需要的更完善框架，这些还不够。全球的开源社区，是一个需要每个参与者都有分享精神才能够生生不息发展的社区，当我们谈到"拥抱开源"，不能仅仅是从社区中获取，也应当积极地为社区贡献，即鼓励企业的技术团队将自己优秀的代码、在通用或特定场景下能有效解决问题的技术成果同样以开源的形式贡献到社区。Netflix 这家迅速发展的流媒体播放与云计算科技公司，有着非常独特的开源文化，将自己内部使用的一整套代码框架与库贡献给开源社区，统称"Netflix OSS"，并且持续维护更新。其他企业可以利用它来构建应用，解决自己面临的大规模并发、实时系统的各种问题。甚至大名鼎鼎的开源微服务框架 Spring Cloud 也采用了很多 OSS 中的内容。这些框架和组件库在全球有大量的采纳者和簇拥，为很多企业的高并发系统提供了帮助。同样也为 Netflix 在开源社区赢得了口碑，连带将 Netflix 的开放与技术文化传播给了整个行业，成为很多有技术追求的开发者、技术牛人向往去工作的技术圣殿。反过来，社区对 Netflix OSS 的采纳，也通过很多人发现其中的不足并提出改进建议，反哺给 Netflix 帮助它完善了自己的技术，解决缺陷漏洞。

类似像 Netflix，开源社区已不只是早期一些小型团队从兴趣出发贡献一些可能不够成熟的内容，越来越多大型成熟企业或机构活跃其中，贡献了很多经过实际场景充分验证的成熟内容。有名的像 Apache 基金会、Facebook 和 Google 等，国内的阿里巴巴、腾讯、华为在开源社区也很活跃，贡献了很多有价值的东西。像阿里曾经开源的 Dubbo，成为很多国内企业几年前刚开始实施微服务架构时的框架选择，还有后来的分布式文件系统 DFS、分布式消息系统 RocketMQ 等，均是经过检验的相对成熟框架。甚至曾经以完全闭源软件销售为商业模式的微软、Oracle、IBM 等企业也开始越来越多将自己的成果开源出来。因为这些大型企业开始意识到向社区贡献开源给企业自身能够带来的无形价值。

1. **培育技术卓越的精神和文化**。能够将代码贡献到社区且能得够到广泛采纳，就要求这样的内容很有价值。除了能够解决真实场景问题外，还需要有理念与技术的创新性，优秀的设计与良好的代码质量也必不可少，否则拿出去只能被嘲笑抄袭或低劣。能做到这一点，本身就证明了企业自身技术团队的卓越能力。开源代码若能够在社区收获广泛的采纳和好评是对技术人员的充分认可，这是一种无上荣誉和内在激励。企业鼓励开源，能够反向推动内部营造追求技术创新与卓越的精神，营造开放共享的文化，激活技术团队的热情，影响巨大且显而易见。

2. **打造有人才吸引力的雇主名牌**。另一方面，企业若能够持续向社区贡献有价值的开源内容，是在向整个技术社区彰显自身的技术实力与文化，让人们感受到企业的开放与活力，对外建立起追求技术卓越的雇主品牌。这将吸引很多优秀的、有追求的技术人才期待去这样的企业工作；而对比之下，那些没有任何贡献与社区影响力的企业，给人一种僵化、陈旧和技术落后的印象。

有些企业尝试开源，但只是在企业内部进行，不愿意贡献给其他企业，可能是出于信息安全或者竞争的考虑，也可能仅仅是不愿意投资去服务社区。但这不失为一种积极的尝试，在内部消除部门壁垒，通过跨组织的代码共享一方面激励团队将自己的成果仔细打磨贡献出去，获得成就感；一方面通过鼓励复用来降低成本。但我们看到的内部开源往往活跃度都不够，有几个值得思考的问题。

1. **缺少分享和跨组织连接的开放文化**。多数企业的内部每个部门都有明确的 KPI，个体的能力高低与影响力并不是企业评价个人的重要考虑因素，这样的人在组织中得不到推崇，因此员工对于贡献自己的心血成果到部门以外，还需要经常与其他不相关部门的人直接交流这件事没有积极性。有些企业文化中，本身就不鼓励不相关部门之间的人员直接交流和信息流动，任何这样的信息流动都需要得到上面某一个层级管理者认可，因为担心开放的信息流通传递了不希望传播的消息。

2. **缺乏足够激励**。贡献开源，意味着个体需要投入精力去创造有质量的高价值代码并无偿分享出去，这需要参与者有足够的动力去做。对于全球开源社区，参与者是有动力的。作为企业，看到的是收获的雇主品牌与行业影响力；作为个体，收获的是自己的成果在全球得到应用和认可的强烈荣誉感和成就感，以及树立的个人影响力。但在企业内部开源社区，这样的激励因素被大大削弱。企业规模再大，相比全球开发者也是极小的一部分，内部开源被关注和复用的概率大大减小，也就很难产生真正的明星。加之部门 KPI 的束缚，在我经历过的案例中，开发者很难持续投入对自己贡献的代码进行维护和改进。

3. **缺少投资进行内部开源治理**。一些企业为了管理内部开源，采购或自研了内源管理系统，包括对开源代码进行共享、版本管理、获取、评价、跟踪的能力。但这些基本的管理功能并不能代替企业内一个专门的、专业的组织对开源社区进行运营治理。在全球开源社区里，一些优秀企业贡献了大量高质量的开源代码、框架，同时有类似 Apache 基金会这样的开源组织，在推动开源影响力和传播高质量开源代码上发挥了极其重要的作用。内源社区里贡献的内容价值和质量参差不齐，如何将有价值高质量的内容发掘出来进行运营传播，甚至提供额外的投资近一步改善？企业内源社区往往缺少专业组织来完成这项工作。

经过观察，这些问题往往在企业内部这个有限的员工范围内和既有的企业文化下难以改变，使得企业内部开源很难有真正活跃起来为企业带来高价值的案例。仍强烈建议企业秉承更开放的心态参与到外部的开源社区中，既从这个大社区中汲取营养，同时也为全球的开发者作出贡献且接受挑战。

黑客马拉松 / 创新大赛 / 技术擂台

追求技术卓越，建议在组织内经常性举办一些围绕创新与技术主题的竞赛性活动。例如前面有提到的黑客马拉松或创新大赛活动。目的不仅仅是为了得到大量的创新点子并进行早期验证，孵化出潜在能落地带来价值的创新成果；更是为了激活追求创新和技术卓越的文化氛围，提供平台机会让那些有想法、有能力的人凸显出来，而不是单靠传统的层层晋升之路，对卓越的技术人才给予高度的认可和奖励；同时，也让企业得到那些出色人才的认同感，从而能吸引和留住人才。除了黑客马拉松的形式，有一些企业部门定期组织技术打擂活动，例如比赛谁的架构设计、代码设计和实现更优，互相检视对方的代码从中查找问题……让卓越浮现出来并得到认可奖励，传递一种被鼓励的行为和价值观。

支持员工自主创新实验

有追求的技术人才，往往不满足于以接受分配的方式按部就班地工作，而是希望有空间施展自己的创造性，能够将自己的想法变成现实。企业应当提供这样的机会，建立允许员工有自由度开展创新实验的机制。这在第 17 章有比较完整的讨论，例如 15% 的创新时间，收集好的创新想法并投资孵化，提供个人创新基金，以及企业为产品提供团队可自由支配、以成效说话的有限长期投资。在全公司范围内实施这些措施并切实地奖励其中浮现出的优秀想法和人，对构建创新与技术卓越的氛围意义重大，能够极大地吸引和留住优秀人才。

社区与分享文化

当整个数字化企业面向业务结构形成由跨职能团队构成的网状组织结构，像产品、开发、质量、运营等不同技能的人才分散在各个去中心化的领域团队里，为实现各自的使命、愿景和战略目标服务。一定会担心，员工的能力成长谁来负责呢？各个领域的相似技能员工之间，不就很难有交流和相互学习的机会，眼界局限在一个小的领域内，这不是对成长不利吗？

这是必须高度重视的问题。前面提到，组织需要建立一种兼顾人员稳定性和流动性的人才管理和分配机制。一方面允许一部分人作为领域的核心团队成员长期稳定在一个领域方向上工作，同时提供一种基于可流动资源池的制度，允许组织在不同领域间有限地按需调配人员，也允许员工自己提出被重新分配到其他领域的期望，从而实现人才和技能的流动。但这不够，数字化企业以客户为中心、以科技为基础，必须是一个具有强学习型文化的组织。除了团队内部要鼓励迭代回顾和学习，还必须在更大的范围内建立起横向的、打破组织壁垒、促进学习交流的机制，作为纵向面向业务的领域组织的补充。促进跨部门知识传递、信息共享，也是提供另一个公开的平台让那些愿意不断进步和追求卓越的、有专家影响力的人才得以凸显出来，得到认可和奖励，不局限于通过层层晋升来发现优秀人才。企业应当要将这一工作作为战略级的关键举措之一进行投资。

类似这样目的的横向组织有很多形式。一些曾经强职能化管理的企业在数字化转型中，开始转向面向业务领域的组织，但仍保留了其职能化的管理结构。尽管名称没有变，但职能线已经转变为一种主要面向能力构建、能力资源池管理的机构，并不负责任何实际的业务、产品和专题管理或任务分配，将大部分的考核权转给了业务领域。职能线最主要的职责就是引入新的技能方法、实践，驱动技能提升，组织一种类似社区的横向跨组织交流学习，识别优秀专业人才。

这里推荐一种基于技能的社区型组织，称为"实践社区"（Community of Practice），以特定专业技能方向的优秀方法和技术推广、专业能力构建为目标。实践社区可能是在某个领域或领域群、事业部内部建立的，也可能是整个企业层面运作的，根据规模的大小决定在多大的范围内组织更有效。图 19.2 示意了实践社区与领域团队的关系。实践社区（CoP）是企业内一种有管理、有目标、有投资的正式组织形式，而不是松散的兴趣小组或民间组织。典型地像产品社区、UX 社区、架构社区、敏捷社区、DevOps 社区等。社区与社区关注的内容上可以有交叉重叠，例如敏捷社区和产品社区可能都会关注和分享有关用户故事、用户故事地图的实践方法；质量（QA）社区与运维社区可能都会关注有关安全部署策略的技术。虽然是正式组织，但员工加入社区和参与社区活动不是强制性的，而是自愿报名。除了与技能强相关的角色，例如产品社区关注的技能与产品负责人角色强相关，也鼓励任何有兴趣的员工参与其中，一视同仁，为有意愿扩展知识与寻找新岗位机会的员工提供良好的学习机会。采用自愿报名而非强制参与，是确保社区组织者以更贴近员工需要的，有意义的方式组织开展工作，而不是成为员工的负担，变成另一个方向的指挥棒。

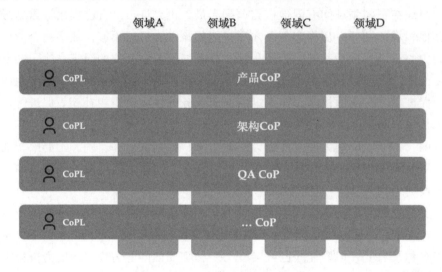

图 19.2　实践社区与领域团队的关系

确保实践社区以一个正式组织来管理和运作的关键是，每个实践社区要有一位正式的社区负责人或者一个负责团队（即 CoPL）来负责其经营，且由企业为社区的经营投资。和其他领域团队一样，社区组织或 CoPL 也要有自己的愿景、阶段性目标和衡量目标进展的指标。例如，在一段时间，架构社区的关键目标之一是推广领域驱动设计方法，并以相关的社区活动数量，内容分享的次数和热度，参与者满意度，新成员增长速度，以及发布的优秀案例等作为衡量指标。社区负责人或负责团队最好不是以强制力，而是在管理层自上而下的支持下，以运营的方式来发展社区，激活社区活跃度。

另外，当领域团队在工作中遇到了困难需要寻求帮助，可以通过社区负责人协调其他领域的有经验的专家提供支持，或者由实践社区牵头成立一个自愿加入的小组与领域一起合作解决问题，并在之后将经验与案例共享出来。这种方式，在专业技能上为各个领域寻求支持迅速解决问题提供了一个有效途径。避免领域可能不知道找谁，不得不所有要寻求的帮助都通过更上层的管理者来协调，带上了更多的命令与指挥色彩。这种方式鼓励和促进跨组织之间的直接连接和自发协作。这一机制可行的前提是，这些跨组织贡献和影响力要能够得到组织充分认可，能够反馈到个人绩效中，或可作为个人晋升的案例依据。

社区活动可以有线上和线下两种形式。线上部分，可以利用微信群、维基工具或公司的线上交流平台，运营全公司范围的问答、分享、投票和各种内容活动，以及建立社区的线上知识库。而线下部分，可以组织定期的培训、分享活动、主题研讨会，促成跨组织经验共享，组织外出参观学习等活动，以及设计制作各种吸引人的海报、招贴画来营造办公室氛围。

总结下来，实践社区的主要职责如下。

- 引入并在组织内宣传、推广优秀的方法实践。
- 组织进行跨领域的分享交流，共享和沉淀知识与经验。
- 打造学习型组织，推动某一类技能角色的能力成长。
- 在某个技能方向发现、培养和推举优秀人才。
- 在领域团队遭遇问题时，作为一种力量协调专家促成跨组织间的快速协作，推动问题解决。

如果一个实践社区在组织的落地不是全公司范围，而是在某些领域或领域群内部开展，全公司里就可能存在很多类似方向的社区。那么在更大的范围内，可以由不同领域/领域群的实践社区再联合形成"实践联盟（AoP）"，由各领域的实践社区负责人及活跃分子参与，并推举或任命联盟长或联盟联合领导团队，协调在更大范围内的跨组织信息与知识流动和学习型组织建设，有可能调动更大范围的专家协助解决问题。

平衡的内外激励

上述措施之所以能够培养并留下一批优秀和卓越的人才，是因为这些措施能够为真正有追求、有成长性的员工提供强大的内在激励。它们与工资、奖金这些外在激励措施有什么关系呢？哪一方面更重要？

图 19.3　马斯洛需求层次理论

外在激励

外在的激励必不可少。足够的薪资是个体寻求社会生存和安全感的需要，薪资和奖金从不同角度代表对个体能力和贡献的认可，是一种积极的正向激励，而职位晋升更是马斯洛需求理论（参见图 19.3）中个体对尊重和自我实现的满足。一位优秀的人才是去还是留，取决于组织对个体需求的满足程度。如果企业提供的薪资，以同等技能，在行业内处于平均线或以下，自然很难留住更优秀的人才，而留下来的，多半是那些缺乏职场竞争力或安于现状不愿意再折腾的人。尤其是那些技术领域的顶尖人才，要建立起技术竞争力和技术卓越的企业文化，就要放下幻想，以具备足够行业竞争力的薪资水平吸引和留住优秀的人。就像 Netflix 的企业文化，除了雇用优秀的人、自由与责任、透明的上下文而非控制等等在本书里反复出现的内容，也离不开一条"支付高于市场的薪酬"，为所有优秀人才留在这里奋斗扫除后顾之忧。在国内一线的科技企业确实以高工资吸纳了一大批优秀人才。

但是薪酬与奖金是否就是这些人才在这些企业里拼搏奋斗的唯一因素呢？给不起一线企业提供的高工资的其他公司是否就没有希望，不可能留下优秀和卓越人才？观察那些新创企业和我自己身边的企业，也看看那些在国家军工、社会非盈利机构中奋斗的优秀人才，同样很有奋斗精神，但他们拿着远不及一线互联网企业的收入水平。反观一些依靠高工资和高奖金吸引人才的企业，同样面临着困境。不断上涨的薪资和高额的奖金确实驱动了人们加班加点地奋斗，但长此以往，几乎所有的重要任务都要以钱挂帅，人们才有动力。一旦没有涨薪和奖金的预期，即便正确的事情也极其难以推进。一旦企业遭遇不顺，无法持续支付涨薪和高奖金，立刻就有大批人离职。企业里一些员工到了一定年龄，并没有很高的职位和责任，但拿着远超过行业平均水平的高工资，实现了所谓的财务自由。接下来，更多的涨薪或奖励基本起不到太大的激励作用，已经无感。如果企业没有其他的激励措施继续发挥作用，只有想办法提早辞退，把机会留给更多年轻的、靠薪资还能起到强刺激作用的人。

这说明，薪资和奖金这样的外在激励措施有用，但也是有限度的，持续到了一定程度其激励效果就会减弱，直到几乎无用。薪资水平通常只会涨很难降，缺乏弹性，因此，薪资应当是反映一个人的能力水平在行业里的高低，反映其技能的稀缺程度，而不应该因为某一年业绩很好就涨薪。所谓物以稀为贵，人也是一样，应以品质高低和稀有程度定价。每一年的绩效成果好坏，也许有个人努力的成分，能力的成分，也有可能是因为行业的趋势，是公司战略正好踩到了风口带来的成果，与个人在其中的努力或贡献关系并不大。因此，建议将绩效评价与薪资涨幅解绑，建立起围绕能力模型、基于个人长期行为和成果的能力评鉴机制，然后以能力水平来核定薪资。确保每个人根据其表现出的综合能力水平，能够拿到在行业里比其他企业更有竞争力的收入。相比薪资，奖金则不是连续的，更有弹性，适合用来表彰短期的成功。奖金不应是针对特定个人的，而应该给予团队或组织所有人，因为在企业这个复杂系统里，任何结果都是集体努力的成果。

内在激励

科技和软件技术相关的从业者，都可以认为是高强度的脑力劳动者和知识型工作者。这类人群典型的特征是，他们的受激励因素是多元的，在社会上收入水平本就不低的情况下，内在的成就和自我实现往往扮演着重要的激励作用。丹·平克（Dan Pink）在他的《驱动力》一书里，经过大量的研究，发现大多数知识型工作者会因为三种内在因素产生强大的驱动力。

第一个因素是"自主性"，即员工能够在一定范围内自主决策行动的自由度，能够提供强大内在激励。当管理者习惯了微管理和控制，所有行动都要由管理者指派或决策，员工的主动性得不到发挥，也不对结果负责，人浮于事。相反，那些有自主性灵活行动的人，有强大的动力参与到工作中，积极主动思考并对自己采取措施的结果负责。本书中强调目标驱动管理，超越预算强调要将更多的决策权下方，为产品提供长期的有限投资，允许团队自主决策用来作什么，这些就是要给予员工合适的自由度，让他们成为决策的制定者并对结果负责，这会成为一种有效的激励。

第二个因素是"专精"，即当人们在工作中有条件将自己感兴趣的技能不断提升达到精通，这种能带来个人成长的环境和机会能够让人们更热情地投入到工作中。因此，本书中强调，不能将人完全当作资源池，而是要围绕业务和产品建立团队；让人能够和一群人持续合作达到融洽，能够在某个方向持续积累知识和技术，能够持续将自己负责的产品打磨到优秀；企业引入和推崇设计思维、卓越工程技术等优秀的方法来提升员工的专精水平；以及建立能力模型，提供有挑战的工作，鼓励T型人才，举行创新与技术大赛，让牛人挑战自我尽情发挥，这些都在提供一个支持和鼓励个体在组织中达到专精的环境，以此来起到激励作用。

第三个因素是"有意义的目的"，即当人们意识到自己的工作是非常有正面价值的，有着正义的目的，并且能切实感受到这样的目的达成，这将给员工带来无比强大的动力去奉献，甚至超出其所能得到的回报。那些军队里的战士，以保家卫国的使命能够驱动他们牺牲自我。员工在企业里的工作可能目的性与战士不同，但同样在为客户、社会和企业创造价值。因此本书里强调，让员工真正参与到对客户的研究中，去发现有价值的问题和机会，以此开展设计，而不是被动响应需求；管理者要恰当地传递出企业和业务的使命和愿景，也就是为客户和社会创造的核心价值与未来展望途径；要清楚地定义数字化业务和产品的成效，并将成效数据的变化透明化给团队所有人。这些因素，都是让员工切切实实感受到工作的正向目的性，以可见的价值作为一种强大的激励因素。

以上这些发挥内在激励的因素任何时候都在，但它们不会自然而然起作用，需要企业建立良好的机制和环境来保障。而不好的环境让员工没有任何自主性，一切听领导安排；看不到获得成长的机会和环境；感受不到工作的正向目的和意义，则会严重压制和打击员工本有的这些良好内在动机。作为管理者，需要谨慎合理地设计体制与环境，让外在激励与内在激励因素因地制宜地平衡发挥作用才能够让组织走向卓越，令人向往，这就需要卓越领导力。不妨将可用的各种激励措施列出一个表格，如图 19.4 所示。根据对当前组织环境的了解，分别从是否可用、已用、有用和好用四个角度，审视每一种方式对不同类型人才激励的可用性、有效性。试着找到自己可以综合运用的有效手段。

	激励手段	可用？	已用？	有用？	好用？
外在激励	涨薪	Yes	Yes	Yes	
	年度奖金	No	No		
	任务奖金	Yes	Yes	Yes	Yes
	股票	No	No		
	晋升	Yes	No		
	同侪压力	Yes	No		
	就业环境	Yes	Yes		
内在激励	工作环境	Yes	Yes		
	团队氛围	Yes	Yes	Yes	
	领导者榜样	Yes	No		
	技能专精	Yes	Yes	Yes	Yes
	自主性/授权	Yes	No		
	价值成就		No		

图 19.4 内外在激励因素

技术人员可观的晋升空间

再谈一下晋升。长期的信息化投资以雇佣供应商交付为主，科技人员作为服务提供者、成本中心，并非业务发展的核心竞争力。因此，数字化领域的专业人才岗位，尤其是技术岗位，相比业务和管理岗位级别要低。企业重管理胜过技术，导致很多优秀的技术人员发展到一定程度都要从事管理，逐渐脱离技术专业，不再持续学习，甚至不了解新技术。有一部分因为技术好而提拔到管理岗位的人并不适合做管理，缺乏优秀管理者的素质和潜力，对人的兴趣和理解力远不如对代码的兴趣和理解力，不知道如何驱动他人达成目的，只能是一个"管理"的执行者，这是对优秀技术人才的浪费。另一方面，这让一些在技术领域仍有更高追求的人感到沮丧，很可能出于个人发展的考虑离开企业，让企业在技术领域很难有真正的牛人和榜样，也让新进来的人看不到技术成长的空间。这样的企业很难在数字化竞争中保持领先。

特别要提到一点是，确实也看到不少企业打开员工成长路径与岗位职级图，技术人才有着与管理人才基本等同的发展路径。然而，事实却相差很大。因为企业薄弱的技术氛围，经营者理念和企业发展模式决定的管理或销售导向文化，在重大问题的决策过程中技术专家的声音微弱，结果是，真正能够在技术路线走到高职级的人比例非常小。看看公司的董事会里有没有技术专家就知道了。数字化技术是数字化业务的核心，而不再仅仅是支持，未来的技术进步带来的就是业务的拓展。要追求技术卓越，就需要给予技术人才可观的、至少对等于管理人才的晋升空间，让技术专家在中高层的组织决策中能够有同等的话语权，能发挥更大影响力。

个人绩效评价

个体在组织中的成长，有了一系列环境，是否就任由员工放飞自我了呢？需要有更系统性的方式来助力成长，建立 PDCA 循环。为此，企业建立绩效评价过程，来为个人的成长设定目标、检查并进行修正。和传统年度预算管理融合了设定目标、预测与资源分配多种目的的情况类似，常见的企业绩效管理也将对个人的目标设定、成果评价和薪资涨幅、奖金分配绑定在一起：目标就是个人的 KPI，尤其是对于团队管理者，往往就是其业绩；年终的绩效评估基于 KPI 的达成；最后根据绩效结果的高低来决定涨薪或奖金多少。反过来，为了不影响个人利益，每个人在设定 KPI 时尽量保守，不愿承担风险；在执行过程中，除了 KPI 所要求的业绩，其他可能不会成功的创新、个人和团队的能力建设都统统抛在脑后。

这显然不是组织所期望的，需要的是更多的探索和创新；需要团队和个体愿意承担风险去挑战自我，发挥潜力；需要持续的构建能力打造技术卓越，从而能够在长期里具备适应力，而不仅仅着眼于短期目标。这就要彻底改变将三者绑定的绩效管理制度，将关注点分离，让每一个目的都做到更好，如图 19.5 所示。

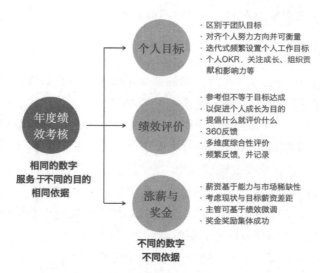

图 19.5　分离年度绩效考核的三个关注点

个人目标

目标设定的意义是对齐行动方向并提供可衡量的反馈方式。个人目标的设置，一方面应包括个人为实现团队目标要做出的贡献，努力的方向；另一方面应该包括个人能力的提升，例如学习、专业性或影响力方面要达到的未来状态。就团队目标的个人贡献，如果个人负责的工作在一段时间里不频繁变动还好；但如果在非常频繁变化的环境下，尤其是在数字化领域，一个季度甚至一个月内，个人在团队里负责的工作也会频繁变化。成熟的敏捷团队，当团队以一周或两周为冲刺，每个冲刺重新制订计划承诺，对后续冲刺的工作内容保持"延迟承诺"。在这样的场景下，要额外频繁地制定或修改个人工作目标意义不大，成本太高。事实上，当团队以一周或两周进行冲刺计划，每次团队成员从中认领自己负责的一部分特性或故事，其实就是在频繁地设定个人短期工作目标。因此在追求高响应力、快速迭代的数字化产品团队里，业务领域和产品团队的 OKR 更有意义。更何况，数字化创新需要团队基于共同目标紧密协作，基于个人的、过细的、基于任务的目标拆分很可能适得其反，伤害协作和拥抱变化。

如果要设置个人目标，那么目标里更应当关注那些个人的学习、能力成长、影响力、创新贡献，和为更大范围的组织做出贡献相关的目标，这些目标方向和结果是主要受个人因素左右的，并且一段时间里可以相对聚焦和稳定。

综合性绩效评价

无论个人目标怎么定，达成目标的结果不能等同于绩效评估；同样，绩效评估结果也不等同于薪资涨幅和奖金的分配决策。绩效评估的目的是什么？是为了对个人的表现（绩效）提供反馈以驱动个人成长，引导受鼓励的行为，而不是其他目的。定期的个人绩效评价，即是个人成长 PDCA 这个循环中的检查（C）的部分。绩效评价要能够展现出一个组织对个体提倡什么，鼓励什么，它对组织中个体行为模式和价值观的建立，以及文化的沉淀产生重要的影响。绩效评估要兼顾短期和长期，不能仅仅看到短期结果。就这个目的而言，个人绩效的评价不同于团队的绩效评价，更复杂。

对领域和产品团队的绩效评价可以从两个方面考虑：一方面是团队目标的达成，前提是目标中同时包括短期的业务和产品成效，也包括长期的能力提升目标；另一方面，是不在阶段性目标中但不等于可以放弃的关键结果，例如所负责业务和产品的核心价值、北极星指标、交付客户的响应速度与质量结果。产品团队在阶段性目标中可能不会写上"不产生生产事故"这样的目标，因为这是不言而喻的。但是，如果在一个绩效周期内，团队负责的产品发生了严重生产事故，这必然会影响绩效评估结果，必须提出来反馈反思和记录在案。另外，在追求创新的组织中，可能在绩效评估中还会特别考虑团队所实现的技术创新、服务和产品设计创新，如图 19.6 所示。

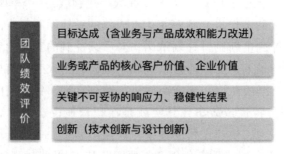

图 19.6　领域或产品团队绩效评价因素

个体在一个组织中存在的意义，其发挥价值的方式则更加多元化，尤其是科技组织。团队集体目标的达成虽然有每个个体的贡献，同时也受很多外部因素的影响，完全用团队目标达成作为对其中个体的绩效评价是有偏失的。另外，仅仅考虑个体对所在团队的贡献，就忽视了个体同时也是更大组织的一部分，可能在更大的范围内发挥积极影响。人才是科技组织的核心，而绩效管理是组织牵引团队和员工行为，传递文化导向的重要手段。良好的绩效评价体系促进协作和追求卓越，为实现长期组织目标服务，而不佳的绩效评价则会破坏协作和成长，忽视价值，让人只聚焦眼前。基本原则是，组织真正期望什么行为，就应该通过绩效评价来反馈什么！不仅仅关注目标和任务的完成，也应当体现对技术卓越、创新和影响力的关注，建立透明和综合性的绩效评估方式。建议考虑图 19.7 所示的几个维度，它不能代表所有企业所需要的维度，但可以作为一个指导性的方向。

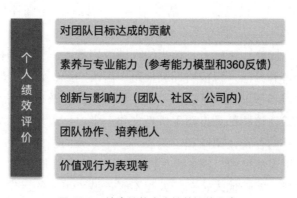

图 19.7　综合性的个人绩效评价因素

1. **个体对团队目标达成的贡献**。在一个团队内部，不同的人对于集体目标达成会产生不同程度的贡献。有些人更加努力，提供了更多好的想法，这方面的表现要包含到个体绩效评价中反馈给个人，从而让团队内部的个体差异反映出来。这完全可以由产品负责人或交付负责人基于其日常工作中的观察和记录来做评价，不需要追求所有的评价都是客观和量化的。管理不可能是一个能够 100% 客观的活动，在对人的评价上包含部分主观因素是有利的。
2. **专业能力**。专业能力是独立于贡献的另一个重要绩效评价因素，不能等同。即便因为外部因素导致团队的目标达成不顺利，或个人贡献受影响，不可否认，组织仍然需要保留那些专业能力突出的人才。对个体的专业能力评价要相对于其所在的岗位级别和相同岗位的平均能力水平。团队中每个人的专业能力如何，他身边的同事最有发言权，因此可以通过类似360度反馈的方式由周围合作同事为其专业能力和其他表现提供评价输入，再由上级主管综合多人意见，给员工的专业能力相对其岗位期望做出评价，并反馈给个人。专业能力的评价维度取决于其业务特点所需要的能力，可以参考能力模型的维度，或其他方式。

3. **创新**。既然组织鼓励创新，就要在绩效评估中体现出来。鼓励每一位员工在自己的岗位上进行突破性的、创新性的思考，而不是墨守成规，完成任务了事。在绩效评估里，有必要将个体的创新能力作为评价因素之一。具体可以由产品负责人、交付负责人根据在团队合作中每个人提出的创意，引入的新技术、新框架的多少及其成效来评估，也可以通过360度反馈让周围同事为此评价提供输入。

4. **影响力**。同样，影响力也应当纳入绩效因素。例如，积极参与实践社区进行演讲和分享，积极协助其他组织解决问题，贡献经验与案例，愿意组织学习和帮助他人从而产生个人影响力，以及通过著作、文章输出思想和经验，这些都是打造生机型文化、学习型组织应大力鼓励的行为。这类人才的存在让团队和组织成为一个令人向往的地方，成为能够吸引和留住更多积极的、具备成长性的人才的良好环境。

5. **团队协作、培养他人**。一个人建不了长城，组织的运作依赖不同部分的合作。团队内部是如此，团队之间也是如此。通过领导者的日常观察或360度反馈的输入，让个体在一段时间里表现出来的与他人的合作精神成为评价个人绩效的因素之一，让开放与合作成为组织内受鼓励的行为。同样，在与人合作中能够培养他人，主动地帮助其他员工成长也是受鼓励的关键行为，应当在绩效评估中进行反馈和督促。

根据每个组织的需要不同，可能绩效评估中还会包括类似价值观相关的行为表现等因素。既然绩效评价与薪资涨幅、奖金不划等号，那么以上绩效评价就完全可以在领域或产品团队内部进行，而不再需要拿到更大的范围进行横向对比。个人绩效评价的目的是通过反馈促进个体成长，因此周期不能太长，一年一次远远不够，多数情况下一个季度或一个月一次反馈比较合适。按季度或月度反馈，所有人对发生的事情记得还比较清楚，个体能够尽早得到反馈并做出调整。具体采用多长的反馈周期合适，需要平衡反馈的频次和管理所需要付出的成本。另外，每次的绩效反馈（实际发生了什么、评价、评分）在经过与员工沟通后，结果要有记录，这是在未来员工申请提升能力等级、晋升岗位和管理者选人、用人时可参考的重要信息来源。如果员工对评价结果有异议可以提出仲裁。

相反，经常看到一些企业的绩效评价因素中非常不恰当的例子，尤其是以绩效为手段来落地管理措施，非常不可取。举个例子，公司为了更好地跟踪项目预算，要想办法让项目经理能高度关注实际成本，避免超支，于是将成本支出异常和项目是否超支作为项目经理的关键绩效考核因素。结果可想而知，成本支出异常发生的情况确实大大减少了，但同时产生了两个影响。

- 一些项目经理所负责的项目不确定性较高，很难准确计划，成本支出的异常时而发生，时多时少，但总的影响不大。但为了不让个人的绩效受影响，当可能出现异常时，开始让团队成员不按实际情况填报成本，而是腾挪处理，造成数据不反映实际，隐藏更大风险。
- 为了避免异常和超支影响自己绩效，项目经理投入更多精力，甚至制作更复杂的表格来跟踪精确的支出，要求团队成员每天填写更细致的信息，从而能更早识别问题。这给项目经理自己和团队都带来更多的、被大家抱怨的、没有价值的投入，减少了真正用在为客户创造价值上的精力。

这样的情况是不是很常见？用与薪资、奖金等利益挂钩的绩效评价为手段来推动管理，事实上是一种管理失能，是管理者懒惰的表现。适当的做法之一是完善成本记录和跟踪的系统，让员工可以随时更快捷地记录支出，然后系统能更实时地分析，识别出可能的成本异常风险，及时通知管理者和相关项目经理。一旦成本异常出现，相应层级的管理者能够及时介入，和项目经理一起分析原因，恰当决策是应该调整预算还是调整项目投入。也许本来项目的估算就是不合理的，应该调整的是预算。只有发现有人存在掩盖事实，修饰数据这样违背行为价值观的事件发生，才应当直接影响其绩效评价并记录。

薪酬和奖金激励

遵循前面的原则，薪酬调整幅度与当年的绩效评估结果不应产生强关联，而是取决于下面几个因素。

- 根据每一年企业或各业务领域的经营情况，恰当确定可用于涨薪的整体涨幅包大小。
- 参考行业薪酬水平，依据个人能力水平在企业内部、在行业里的位置设置目标薪资。例如，将不同专业方向的人才分为多个等级，按等级设置薪资资。这依赖于基于能力模型的个人能力评鉴机制。能力评鉴机制中，要综合考虑个人在较长期里专业能力、领导力的成长，考虑在工作中做出的显著贡献、成功案例以及历史绩效评价。一年一年，如果个人持续绩效评价不佳，缺少突出贡献，也很难在企业里得到更高的能力认可和晋升。可见，每一个周期的个人绩效评价结果仍会在长期里间接影响到个人的薪资涨幅。如果企业还没有系统性的能力评鉴体系，可以先基于直接主管和360度反馈对个人能力从不同维度进行评价和打分。
- 考虑专业技能在行业中的稀缺程度，越稀缺的技术设置相对更高的目标薪资范围。
- 参考员工当前薪资与其目标薪资范围和均值的差距，差距越大，涨得越多；高出太多，则长得越少或不涨。

奖金，不应针对个人，而是用于奖励实现短期目标的集体贡献和成果，相当于是所有人对公司或业务领域所取得业绩成果的收益共享。先按照一定比例分配到团队，再在团队内平均分配。要强调成果是集体的，而不是某一个人的。

综上所述，对于个体的绩效评估能够很大程度上影响个体的行为模式，进而影响组织文化。原则是，企业应当将那些面向成效的、能力的和有助于形成良好生机型文化被鼓励的行为纳入评估。相反，避免将那些面向流程执行和中间结果的产出作为绩效因素。将绩效结果与当年直接的薪酬涨幅解绑，避免可能驱动负面和短视的行为，鼓励所有人更多从组织长期愿景、战略和能力建设角度做出决策。

思　考

1. 作为数字化解决方案供应商和人力外包供应商企业，为支持客户企业的高响应力数字化业务发展与创新，应该主动做出哪些改变？
2. 交付负责人应该具备怎样的能力模型？参考前面产品负责人的能力模型，试着画一画。
3. 除了专精、自主性和有意义的工作目的，还有哪些因素对技术人才能够起到内在激励作用？

第20章

培育生机型文化

在我以前工作的企业，每位员工入职第一天，都会得到一本《企业员工手册》，里面有很大的篇幅谈论每位员工应该遵循的行为准则。从尊重他人到团队合作，从承担责任到开放分享。描绘得很好，人力资源部和管理层一谈到文化，就会提到员工手册，以此来展示公司的文化。但我知道，大多数人都没有仔细读过，这些册子被扔在柜子角落里积灰。手册里描述的文化特征和每天在工作中感受到的差异太大，让人觉得那些文字太虚，对日常工作的指导意义不大。很多企业的办公室四处张贴着横幅，写着类似团队合作、诚实守信以及努力奋斗一类的标语。但我采访过很多人，他们对这种标语往往视而不见，尤其是今天企业中占多数的90后年轻人，他们很厌烦这些洗脑的口号，更希望在墙上看到的是一些富有朝气的漫画或是常常更新的技术路线图。一些负责人谈到团队文化建设，自然联想到搞团建，组织大家定期吃吃饭、唱唱歌或是集体出去进行户外生存训练。

以上这些措施是在培育文化吗？是，但只是一些表面的功夫，对真正打造一个团队一个企业所期望的文化而言，作用微乎其微。墙上写着精诚合作，但部门内部勾心斗角；领导讲着要拼搏奋斗，而员工心里觉得与自己无关；文化标语里写着客户第一，然而实际的产品设计与客户服务中，为了获取短期经济效益而牺牲客户利益和体验的决策比比皆是。真正的组织文化是隐性的，却随时随地在发挥作用，是影响着每个人行为模式和决策过程的一套价值观与事实上的行为准则。例如，当交付进度遇到挑战，团队普遍会选择牺牲掉必要的质量措施确保按时交付，还是选择坚持协商对范围做出调整？这体现的就是一种组织文化。当意外发生了严重的生产事故，组织的应对措施是找到某个人来担责并处罚，还是进行深入细致的排查与根因分析，并找到切实有效的方案来避免问题再次发生？或者在会议中，当多方对一个问题有不同意见争议不下时，如何做出决策？有些企业每个人都适应了频繁的组织调整，自己的上一级领导常常更换；而有些企业多数人五年都没有更换岗位和主管，调整一次组织结构就搞得人人自危。有些企业里，有不同的意见随时可以挑战他人，包括挑战领导的不当决定，不会有任何不好的影响；但更多企业，领导一表态，下面绝对一声不吭，没有任何人敢反对。这些才是真实的文化。影响这些组织行为的隐性力量与任何落于文字的表述无关，与任何人嘴里讲出来的话无关，尽管看不到、听不到，但每个人都能切身感受到。

好的组织文化对一个企业成功的重要性毋庸置疑。但它相较于管理制度、流程和岗位角色，文化是最难以改变的。一个新创企业从建立开始，其创始人或领导集体表现出来的语言、做事方式和决策依据为每一个人的行为提供了参考标准，慢慢成为大家共同遵循的受鼓励的行为模式，最后沉淀为个体习以为常的准则与价值观，也就是文化。再有新人进入这个集体，很快就能感受到群体所表现出来的这些共性行为准则与价值观，为了生存和发展，自然让自己也融入其中。若无法融入的迟早会选择离开。于是，既有的文化持续在塑造和筛选新来的人，让文化得以延续，也就是成为一种惯性。

应该能感受到，书里谈到的很多方法与实践、管理制度都在挑战着一些组织现有的文化。就像要更多基于数据而非主观经验做出产品决策，以成效而非交付工作量来衡量团队的进展，就是对组织如何做出判断的行为准则的挑战，触及到文化层面。若没有与之匹配的文化，这些机制很难真正落地并产生实效。最初塑造组织文化的是领导力，因此能够改变现有文化的关键也是领导力。直接从文化入手是很难推动改变的，无论口号怎么喊，人们仍然遵循着惯性向前走。除非领导者能够首先尝试改变自己，以身作则，为所有人重新建立一套参考标准；同时将被鼓励的新行为准则变成可执行的管理制度，以新的方式约束行为，长期坚持下去，才可能让文化得到改观。那么应该如何有效的开始转变？

社会学家罗恩·韦斯图姆（Ron Westrum）将组织文化归纳为以下三类。

- **威权型文化**。即权力导向的文化，组织中存在着打压和威胁，一切以更高权力者的个人意志为转移，不得质疑。可现实很复杂，总是会出现偏差，导致组织中的个体往往为了安全而扭曲信息和掩盖事实。这种文化多见于一些缺乏管理能力的小企业，一言堂，或成熟大型企业内的一些局部部门的亚文化。显然，在这样的文化下，很难有创新，难有基于客观数据和事实的决策，企业和业务的成功取决于个别权力者能持续做出正确的决策。

- **官僚型文化**。即职责分工与流程导向的文化，组织建立起规范的、详细的流程，各个职能部门在其中都有自己的"一亩三分地"，按职责分工照章办事。常见的思维模式是，如果某件事情结果出错了，只要错不在自己就好。导致组织行动与决策比较缓慢，丧失了个体对企业真正要达到的目的的关注和追求。这种文化可以让组织在较为确定性的环境中，清晰明确的方向上取得成功；但一旦面临环境突变，出现更具进取心的颠覆者，组织就会陷入困境和衰退。典型就像现在西方国家面临中国的再次复兴所表现出的迟缓和困境。

- **生机型文化**。企业要在持续的技术与社会变革中保持长期的适应力，要能够真正以客户价值为中心改进现有业务并发展出新业务，在前面两种文化下都很难持续发生。数字化时代勇于进取的卓越企业需要培育第三种"生机型文化"，即一种专注于组织使命与目标达成而高度合作、风险共担并持续追求卓越的文化。这种文化也需要有合适的制度来保证，让受鼓励的行为逐步内化为每个人自觉遵守的行为准则。

以行为塑造生机型文化

生机型文化有什么特点？又如何通过可制度化的行为来达到对文化的转变呢？下面通过图 20.1 来谈谈我的看法。

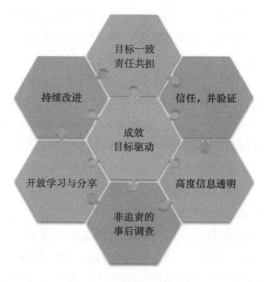

图 20.1 生机型文化的特征

成效目标驱动

生机型文化最核心的特征是专注于成效目标，胜过流程规则。举一个例子。在一次与某企业的数字化办公领域召开会议时，发现很早以前已经规划并确认实施的会议室智能投屏改造没有任何进展，所有会议室的投屏仍然保持着以前很不方便的方式，影响会议效率。当被问到时，该领域负责人解释，这不是自己团队的问题，投屏需要的软件早就开发了，但一直没有完成设备采购和安装。这一类工作一直以来是由公司资产管理部门负责，这个部门现在预算不够，也缺少人力支持。看上去责任完美撇清了？这时，在场的领导问了团队一个问题："你们办公领域的使命和目标是什么？"办公领域团队的使命和长期目标是为每个人提供便捷高效的工作环境，而解决这一投屏问题早已经确定为高优先级。团队有没有为了实现自己的目标尽最大努力？仅仅因为一部分工作不在自己的固有职责边界内就将目标搁置下来，等着别人解决问题。领导抓住了这样一个时机来传递期望的行为准则：团队要尽一切努力实现自己的使命和目标。虽然采购安装设备是其他部门的工作，但提供便捷高效的工作环境是该团队的使命和长期目标，通过智能投屏提高所有人会议效率是团队的近期目标，要么找到绕过其他部门解决问题的途径，例如申请自己主导采购并请人协助安装，要么去和其他部门协商推动解决。若速度都太慢，就应当立即升级问题，寻求更高层级的支持，直到最高层！事实上，团队没有尽到力，没有利用一切可能的资源，其实有途径解决问题。担心这样会模糊不同部门的职责边界而带来一些混乱吗？相比有价值的目标实现，既有的职责分工和所谓"有序"是相对次要的，该调整就调整。真正有创新力的、生机型的组织允许一定的混沌存在，僵化的、不敢越雷池一步的官僚规则会阻碍真正的目标达成。

要转变生机型文化，改变行为的第一步，就是整个组织、每一个业务领域都应该思考和明确传递出自己的使命，即传递出一个组织所存在的目的，指向其期望为客户或社会所创造的核心价值与责任感。然后，为达成使命，定义组织的未来愿景和阶段性的目标，以面向客户和企业价值的成效来衡量其进展。更重要的是，这一步骤不能仅仅是停留在汇报或文档里无人关注的信息，从企业高管开始，各级领导者要在讲话中、会议中、与团队的沟通中、在每一次的产品与管理决策中，类似上面故事中的场景下，广泛地谈论和传递使命与愿景，要求所有人将达成有价值的目标作为最高行为准则！鼓励团队对实现目标充分担责，尽一切努力利用一切可能资源，而不是等和靠，这才是组织需要的文化。

设置合适的成效目标是关键。像前面的例子中，团队的目标必须是提升会议效率，而不是交付投屏软件。在另一个广为人知的例子中，通用汽车曾经参观丰田汽车的生产车间。发现丰田每个车间都有一根拉绳，任何人发现生产线上的异常都可以拉下绳子停止生产线，排查故障和风险后再继续开动，这有效地减少了次品和返工，聚焦改进。于是，通用汽车回去也模仿在车间安装了这样的装置，可过了一年，发现从来没有人去拉……分析原因，是因为生产车间的关键KPI是每日生产的数量，而丰田的车间没有这样的KPI，更关注生产的质量。因此，改变行为的第二步，在自上而下的每一层级之间协商目标的时候，确保目标要面向组织真正追求的价值、响应力与质量，且优先从客户价值角度设定目标。

目标一致，责任共担

为团队设置成效目标时，如果遇到困难，团队不愿意以价值成效为自己的目标，说明组织结构和分工多半有问题！例如，让开发团队以产品体验提升为自己的目标，团队根本看不到体验结果，更影响不了决策。于是，改变行为的下一步，尝试重新面向业务结构建立新的组织结构，让业务、产品、开发与运维等不同职能的人组成跨职能的领域或产品团队，让团队面向客户价值，进而让客户价值成为所有职能的一致目标。只有这样，不同职能之间才愿意及时共享信息，减少在讨论职责边界和交接等待上浪费时间，减少相互推卸责任的内耗。让所有人每天在会议中、午餐时间讨论的内容变成与客户相关的话题，变成如何以更少的投入实现业务增长的话题，让每个人都清楚自己工作的意义和目的，更有活力，不同成员之间开始能够为达成一致目标而紧密协作。不再将其他职能视为"他们"，而是一起作为"我们"。

作为一个团队，为了达成目标需要加班，就整个团队一起加班；当测试成为瓶颈，产品和开发随时可以补位，协助进行验证或准备测试数据、环境；当线上出现事故，能够不同职能的人立即投入进来，一起快速响应问题，质量人员负责重现，开发人员负责分析日志和定位，产品人员负责沟通和安抚用户，共同承担失败的责任；当团队的目标超额达成，作为一个集体共同分享快乐和收益。这并不意味着团队里没有分工，分工明确是进一步达成高度协作的基础，每个人都有自己的优先责任和最擅长的事。但关键是，不能因为所谓的分工而放弃团队的共同目标，不能因为分工而"自扫门前雪"，当某些环节遭遇困境和挑战时，其他人不能只是观望和指责，必须站出来一起解决问题。要聚焦为客户尽快创造价值，而不是只关注完成自己的分内工作。分工明确和目标驱动、责任共担并不矛盾。

信任，并验证

传统的很多管理手段都是以不信任为出发点。为了避免出错，在批准任何行动之前进行充分的评审，倾向于因为潜在失败风险而否定行动。基于不信任的文化，一方面让一些本来很好的想法得不到实验的机会，另一方面因为前期的过度谨慎降低了响应速度。构建高响应力的组织，培育生机型文化，管理需要更多遵循"信任，并验证"的行动准则：在风险可控的范围内，尽可能下放权力；更多团队自主行动，适当简化事前的审核；同时致力于加强事后的持续监控和验证。请从下面几个方面改变行为。

- **投资决策**。提高授权，将更多的战略规划与投资决策权下放到直接为业务发展负责的领域团队。除了明确设置的禁区外，信任领域并允许其在更大范围自主行动；但同时，管理层要以战略目标与机会的 MoS 来持续观测投资的效果。

- **方案评审**。运用精益价值树，在根据价值和可行性等因素做出投资决策后，不需要每一项专题的具体实施方案都经过层层评审，在对机会和专题的 MoS 达成共识的基础上，信任团队会尽力以恰当的方式设计并实施；但事后需要立即跟踪方案的实际成效，并在成效不佳时及时干预。同时，在影响全局的、高风险的重大行动专题上，有必要进行更审慎的评审决策，这两者并不矛盾。
- **创新实验**。不需要每一个创新想法、产品的优化都等待投资决策，而是建立机制为团队提供可自主支配的有限预算，信任团队能够根据共同的使命和愿景针对合适的想法立即开展实验和优化；在事后需要以数据展示改善的产品成效。
- **预算分配**。不再依赖长周期、以详细预测为基础的年度预算制度，而是建立资源池和预算分配的比例模型，更多授权各领域/领域群自主地在不同方向上动态分配资源；但同时，要加强持续的实际成本监控，及时发现实际投资比例和增速与比例模型和预算上限的偏差。
- **人员分配**。信任并允许领域负责人选择团队需要的人，包括核心成员的范围和对人才资源池的利用，同时通过持续监控的实际工时和人员利用率来及时发现可能的富余人员。
- **代码质量**。开放代码的集中管控，实行代码集体所有制，信任开发人员并允许每个人随时提交代码到主干，但是，要建立成熟的持续集成机制在每一次提交代码时立即进行充分的质量检查，并反馈问题。
- **系统质量**。系统上线前，不再不计成本地依赖多轮测试验证，而是在赋能团队内建质量的基础上保持快速迭代，同时，强调以安全可控的发布策略来控制上线后问题的潜在影响范围，以及建立完善的持续监控机制来尽早发现问题并响应。

高度信息透明

信息流通和透明是生机型文化的典型特征之一。威权型组织掩盖信息、扭曲事实；官僚型组织不重视信息透明，而是以流程方式传递信息，严格筛选需要看到信息的人。信息是支持每个人、团队做出恰当行为决策的关键，信息越透明，信息流动越畅通不被掩盖，就越可能做出更贴近事实的判断。信息透明也是团队之间、团队内部彼此之间能够协作的基础。生机型文化在每一个领域都鼓励将有用的信息辐射给所有潜在需要的人。改变文化，可以从下面几种可以促成行为改变的方式入手。

- **团队看板**。这是最基础的透明化管理，无论是采用 Scrum 还是精益看板管理方法，在跨职能团队内，将整个价值流（从待办清单、分析到交付）可视化出来，透明化团队的优先级、每项工作的负责人、当前的进展和阻塞以及风险和改进项等。将物理看板或电子看板置于团队工作的空间，允许团队每个人和管理者随时查看。
- **规划与冲刺计划**。当业务或产品看不到交付团队的规划，就总是会有一种焦虑感，不知道什么时候能得到想要的成果，倾向于一次性让团队承诺大的计划，就算知道计划可能不合理，也有种聊胜于无的需要。要更有效管理期望，业务与科技要能相互理解进行协作，就需要大家对未来规划和近期的交付计划有一致的信息。将滚动规划与冲刺计划透明化，无论是通过系统、墙上的可视化纸条还是邮件，随时让所有人可见，有助于稳定交付节奏，建立彼此信任。
- **投资组合看板**。进一步在整个领域范围，可以在一面墙上采用精益价值树将完整的投资组合可视化出来，并建立泳道透明化当前进展中的专题投资、现状数据、方案拆分、实施进展以及反馈的关键指标数据，允许团队每个人和管理者随时看到。
- **部署流水线**。通过电视大屏，将每一次提交代码触发的构建、扫描、测试、部署的实时进展和结果以及一些关键的流水线相关数据可视化透明，例如，谁最近提交代码、失败率、失败恢复时长等。信息同样辐射给团队所有人，一旦构建失败（变红）提醒团队立即修复，确保代码质量随时处于健康状态。
- **运营监控大屏**。通过电视大屏，将需要持续关注的关键运营指标、系统健康情况以直观的形式辐射给团队每个人，对异常趋势及时作出响应。让所有人随时都能切身感受到团队共同创造的价值和效能表现，将这些业务和用户成效、团队能力变成团队共同关注和随时谈论的焦点和目标。可以为不同类别的指标，例如系统监控指标、业务指标、产品指标、关键流程指标、用户行为指标、过程效能指标等，每一类分别设计不同的大屏，以轮播的形式展示给团队和其他干系人。有了关键信息的数据大屏，也许很多会议都不再需要了。

- **目标公开**。另一个关键的透明化，是所有团队和各层级组织的目标透明，例如 OKR 的透明。能够查看到身边、每个团队或业务领域，甚至整个企业和高层管理人员的目标。全员透明化的目标有利于让每个人对目标严肃对待；让每个人能够看到其他人的重点工作方向，从而能够以更好的方式相互合作。

- **作战室和开放空间**。除了以上看板、电视屏或工具中数据的透明，还有一类重要的信息透明，是协作与设计过程中的信息可视化与透明。采用设计思维，往往意味着跨职能的设计参与者需要在墙上利用纸条来结构化地呈现信息，例如客户画像、客户旅程或故事地图等，有利于所有人随时审视全局的信息展开讨论。甚至在设计之后，将一些关键的成果保留，例如旅程或故事地图，持续更新，作为团队内外更高效的管理和沟通工具。这一类活动需要有宽敞的团队作战室或开放的协作空间。

非追责的事后调查

企业是一个复杂系统，软件开发与创新是复杂域的问题，没有任何人拥有完备的信息来作出绝对正确的决策。如果一个系统发生了故障或创新失败，就因此惩罚处于复杂系统中的某一个人，这往往是不道德的，因为，事实上是很多人的一系列行为共同导致了最后的结果，包括管理层施加的影响和决策。创新性的企业需要人们有能力和有勇气进行实验，只有不断的实验，才能探索出更新和更好的方式解决问题，才能够让组织不断获取新机会，取得发展。然而，实验就意味着有失败的可能，如果每一次失败都会导致对个体的惩罚，这一行为准则变成公司文化，必然不会再有人愿意承担实验的风险，而变得按部就班，听从上级安排。

创造和实验的原动力人人都有，管理者需要做的是释放这种自然的动力，而不是压制，这就要确保个体不再因为失败轻易成为替罪羊。这是立刻可以开始改变的行为。无论是生产事故、产品质量还是产品创新的失败，公司和团队首先需要做的是对问题进行深入分析，找到根因或者一系列导致事情滑向失败的因素，尽快制定出避免失败再次发生的改进方案，或者及时调整创新投资方向。如果失败是一些产品质量或运行故障的问题，最好能够找到基于自动化的改进方案，让后续的质量保障得以内建到流程中，而不是依靠增加更多的人为控制流程让事情变得越来越复杂。在根因分析中，只有当发现失败是因为人为恶意、有意为之或因为违反了公司基本的价值观与行为准则而导致，再考虑对个体进行惩罚。

组织保持"非追责的事后调查"这一生机型文化的特征，并不意味着人们不用为失败承担责任，只是，绝大多数情况下，这种担责的主体不应当是某个个体，而应当是整个团队，包括相关的管理者一起。

开放学习与分享

生机型文化的组织必须是学习型的组织，开放学习和分享的组织氛围是其关键特征之一。组织鼓励引入新的方法和技术，即便这些新事物还未经过充分验证，而不是将其视为不确定因素排斥拒绝。具体的改变，可以从最基本的为不同角色员工提供能力模型、培训以及读书雷达开始；提供预算支持组织线上、线下的分享活动，组织研讨会、读书会，举办技术开放日、大会；开始建立实践社区（CoP）以正式的投资来推动学习和分享，推动组织能力提升；还有鼓励开源，无论是内部开源还是参与到全球性的开源社区。有很多的措施可行，关键是需要得到公司的支持，并将在这些活动中表现突出的、有影响力的人识别出来进行奖励，将他们树立为在整个企业里被推崇的榜样。

持续改进

一个人要想健康，活得更久，需要锻炼身体。这个道理人人都懂，但有些人能够有强大的内驱力持之以恒，而有些人每一次开始锻炼都动静很大，买各种器械，斥巨资成为健身房的会员，但一段时间后就恢复原状。这就和一些企业运动式地进行管理转型和流程改进一样，搞一次伤筋动骨，此后很多年不再变化，按惯性前进。和锻炼一样，任何改进都是不可能一蹴而就的，需要持续迭代，组织管理也一样。只有建立长期思维，以持续不间断的方式，经过一个一个 PDCA 的闭环走向更高一个台阶才能达到卓越，也就是"持续改进"。在精益管理思想中，将以人为本、持续改进作为两根关键的支柱之一，足见其意义。本书虽然提到了很多好的方法，但任何方法都有时代感，都可能有一天过时。当企业具备了持续改进的文化基因，则能够以内在驱动的方式持续找到更好更有效的方法，不再需要很多年一次的运动式管理转型。无论是产品迭代演进、组织的过程改进、代码和架构的重构或者个体与团队的能力提升，都要持续改进。持续改进的方法是所有方法背后的元方法（meta-method），最具有普适性，需要深入人心。可以参考学习《丰田套路》作者迈克·罗瑟（Mike Rother）等人提出的改善形（Improvement Kata）。

系统性的持续改进机制

持续改进作为组织走向卓越的元方法，一种文化基因，不能是随机偶然发生的，企业需要建立起一整套机制，让持续改进在组织中得以持续发生。

持续回顾、复盘

当很多企业开始拥抱敏捷时，都会在每个团队的层面开展"回顾会"的活动，即每个团队需要周期性地，按冲刺或月的节奏，聚在一起就一段时间里团队做得好的、不好的进行集体反思，针对突出的问题分析原因，然后从中找到在下一阶段能够立即改进的措施，并有明确的负责人确保改进措施的落实。周期性的回顾、复盘就是一种简单的持续改进机制，这一方法和精神不仅仅可用于小团队，领域、管理层也可以以一种定期的方式开展，其精髓是，不追究责任，聚焦发现问题并形成切实改进措施。

回顾会是一种相对自发的形式，即便要求周期性组织，也是以不同层级的负责人在组织的局部范围进行。作为构建生机型文化和持续改进的基础实践，应该大力推广。但仅仅这样还不够，需要有更系统的方式让改进成为组织的基因。

目标驱动改进

将改进融入组织目标管理。这一点在卡普兰的平衡记分卡有充分的体现，每一层级的组织，必须在周期性的目标中将内部改进作为一个重要维度，不能只聚焦于眼下为客户和企业创造价值。但在我所见过的大多数组织中，这一简单原则仍然得不到重视。虽然领导天天要求，要提升人员能力、提升交付效率、提升产品管理方法，但是相对于面向业绩数字的 KPI 或面向客户价值交付的目标，改进永远是处于第二位，是在取舍中可以被放下暂缓执行的。既然改进的工作没有放到台面上，而是团队在私下里靠自己完成的，那么在每项专题投资、每个冲刺的计划中，就会忽略为能力提升留出时间，在业务和团队的预算中，也看不到为提升能力进行的投资。结果是，能力永远处于低水平，得不到成长。

系统性持续改进，必须将改进工作本身变成组织管理的一部分，放到台面上来。目标管理是企业进行战略管理与落地的核心工具，长期的能力成长和短期的价值实现都与组织的战略有关，因此有必要将能力提升与改进正式纳入企业目标管理。除了平衡记分卡，应用 OKR 时，也需要在每一级的 OKR 中增加能力提升与改进的目标，这在第 13 章详细讨论了怎么做。对于数字化企业，团队关键的改进目标典型包括下面几个方面。

- 研发效能提升，围绕流速与质量，例如交付周期。
- 产品设计方法的提升，围绕价值，例如数据指标体系。
- 数字化人才的培养，例如专业人才的获取和晋级。

充分授权的跨职能精益过程组

在科技行业广泛流行的研发组织 CMMI（能力成熟度）模型中，提出研发组织需要成立一个工程过程组（EPG）来负责定义研发流程，然后依靠过程与产品质量保证专员（PPQA）来负责督促和检查落地。这样的组织过去对于研发组织过程改进确实起到了不小的作用，但也有以下不足。

- 局限于科技内部研发组织，较少涉及数字化业务与产品方法，甚至只局限于开发实施，不覆盖持续运维和运营。从精益管理强调全局优化的原则来说，这不是一个覆盖端到端价值流的改进组织。
- 更强调的是自上而下的流程制定和执行，强调一种重流程、标准而轻实效的改进方式，常常导致组织流程与一线实际情况不符。

还有很多企业，根本没有这类组织级的以持续改进为核心目标的领导机构，将改进与能力提升的职责分化到各个职能去负责。一些面向业务建立组织结构的企业里，职能线的影响力很弱（当然也不希望职能线强过了业务线），由职能线或者按技能方向划分的实践社区来负责制定必要的规范、规则，其推动力很弱，难以落地；更重要的问题是，各个职能线或技能方向容易站在自己的立场提出改进建议，可能与其他职能线或技能方向提出的改进建议相互冲突。典型的例子是，开发职能为了提高效率，建议产品提供更详细和确定的需求文档，这对产品很困难，本身也不合理；又或者，测试为了提高测试人员的工作效率，仅仅站在自己的立场，希望开发不要频繁转测而导致重复执行大量测试，要求降低转测的频率，以更大的版本一次性转测。这些都是局部优化，而不是帮助最终将产品做得更好和更快响应力的最优措施。因此，从组织过程改进应当全局优化的立场，企业需要成立一个由端到端价值流所有职能参与，具有最广泛代表性的过程改进组织，我将它称为"精益过程组（LPG）"。也可以用其他更合适的名字来命名它，例如"组织变革委员会"。

精益过程组的"精益"在这里代表组织运作机制上有以下特点。

- **端到端全局优化**。全局优化是精益管理原则之一。因此，这个组织包括数字化企业中与数字化业务相关的产品、营销运营、体验设计、架构、开发、质量保障、运维等各种不同专长的专家代表，有广泛的代表性，能够从不同学科出发为改进组织过程提出建议。
- **价值成效驱动的改进**。精益过程组不仅致力于推进价值驱动的数字化业务管理体系与流程，同时强调过程改进本身也应当是面向改进成效的、迭代的，而不是面向复杂的流程标准。精益过程组需要为改进的落地建立一套衡量改进成效的方式，并因地制宜地为不同场景下的改进定制方案。

精益过程组不需要是一个实体组织，可以是由各个专业方向专家构成的虚拟组织。但需要由企业数字化业务管理的最高层为直接组长和汇报对象，例如由 CIO 作为组长。由于需要协调跨职能的多方参与，通常需要一个专职的协调人或协调小组（或称执行小组）。典型的结构如图 20.2 所示。

培育生机型文化

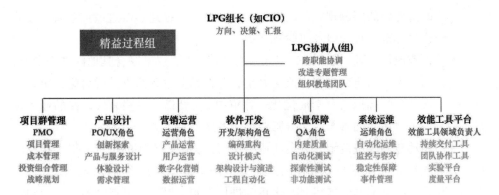

图 20.2 精益过程组典型构成

可以看出,图中包括数字化相关每个职能或技能领域。组长授权给一个协调人或协调小组全权负责整个组织级过程改进的驱动,协调所有人开展必要的沟通协作与汇报。每一个专业技能方向都有代表,一个到多个人,每个职能或技能方向对应着数字化业务管理中的某些角色,负责解决一些特定方向的问题。例如产品设计的专家,主要关注产品负责人和体验设计师的工作过程,主要解决运用设计思维进行产品设计、服务设计的过程,以及构建原型和需求管理的方法与过程。软件开发的专家,则主要关注编码、架构设计与工程技术方面的方法与过程。

过去几年,我先后在几个企业成功建立并运作了类似这样的机构,它的主要职责如下:

- **组织能力愿景与成效目标。** 与 CIO 和其他主要职能一起共同协商,形成支撑未来企业数字化业务发展组织过程改进的使命、愿景,和近期过程改进的主要目标,例如提升数字化业务响应力和提升产品研发质量这样的总体目标。

- **改进专题的规划与管理。** 从总体目标出发,联合内部和外部的专家,进行能力差距分析,同时结合自下而上的问题反馈,规划出一系列的组织改进专题并排列优先级。专题的范围很广,包括数字化企业组织改进的各个方面,例如外包采购过程专题、产品指标专题、需求管理改进专题、缺陷管理优化专题、交互设计规范专题、产品管理专题以及组织级知识库专题等。这与其他业务领域投资组合管理中的专题类似,需要明确该改进专题的问题现状、改进目标、改进方案描述、改进试点策略、成功衡量标准、投入以及风险挑战等。

- **评审改进方案**。每个改进专题要有明确的负责人,联合其他内外部专家,通过深入的研究来制定改进方案,并在精益过程组内共同讨论评审,达成共识,确保符合全局优化。评审中,需要邀请一些有代表性的业务领域负责人共同参与,充分听取他们的意见。
- **驱动专题改进落地**。方案达成共识后,为改进专题的负责人提供授权,支持其以合适的方式推动改进方案的落地。通常也会从小范围试点开始,结合工具的支持,逐步将改进扩大到全局。需要持续地以定性和定量方式衡量改进的成效,例如团队满意度、产品成效或效能指标的改善等。
- **定期评审改进成效**。精益过程组成员每两到四个星期有一次就当前进展中改进专题的碰头会,每一到三个月,可以有一次精益过程组组长召开的全体例会,类似于各领域的定期价值评审会议(PVR),评审改进专题的进展问题和对新提出改进专题进行讨论和决策,随时准备好为遇到阻碍的改进专题提供更多授权和支持。
- **建立和维护组织过程指南**。在以上持续的改进专题方案制定与落地实施中,建立和逐步沉淀出一套可指导所有团队工作的、相对规范的组织过程指南,包括必要的流程、推荐的工作方法与实践、推荐的工具等。制定指南的目的不是让所有人都按一套标准方式工作,而是为经验不够丰富的员工提供一套可以学习和快速上手的管理与工作方法,提供一套如何判断现有工作方式是否能够有效帮助组织达成目标的标准。指南要有灵活度,允许每个领域根据自己的特点,从多个选项中选择最适合自己的方法,可以定制。当然,这个适配和定制的过程可能需要一些专家或教练的协助。
- **决策响应管理问题**。来自高层管理者,或来自各业务团队在实践中遇到的困难和问题,反馈到精益过程组,由组成员共同讨论,站在公司管理制度和专业的角度,给出应对问题的建议。可能会以此形成一些新的改进专题。

精益过程组,除了负责针对组织能力不足和问题制定过程改进方案,在过程的落地上通过选择试点团队逐步试点和推广外，可以充分与实践社区（CoP）合作，在所需技能的总体方向上保持一致，并借助社区的力量来加速推广和形成影响力。此外，还需要依靠另一个关键的组织—内部教练团队，为各个领域提供专业赋能和检查，将组织要求的过程落地下去。

内部教练组织

在 CMMI 能力成熟度中，配合工程过程组保障流程、规范落地的角色称为过程与产品质量保证专员（PPQA）。这类角色往往隶属于公司的某个独立部门，定期对各个团队的流程进行审查，识别问题并提出改进建议。这一机制在理想的状态下应是一种推动持续改进的重要措施，但在过往的实际执行中，有以下问题。

- PPQA 仅仅依据通常是标准化的流程规范进行检查，并不能因地制宜地根据不同团队、不同产品的情况进行灵活考量，使得他们的工作普遍成效不高，不受团队欢迎。
- PPQA 只关注流程的问题，而很多非流程规范的、对团队更迫切的问题并不关心，比如团队内的沟通不畅、与业务缺乏协作、产品当前的价值定位有问题等，因此通常让人觉得对团队没有实际帮助。
- PPQA 通常是通过检查过程产出物的方式发现问题，却不能有效协助团队解决问题，这似乎不是他们的职责。
- 企业的流程可能在很长时间里是一成不变的，而当一些团队尝试引入一些新的方法和实践时，有可能需要打破现有的流程规范，这时 PPQA 的检查很可能起到阻碍企业自下而上采纳新事物的健康活力。

以检查流程规范为核心的改进机制必须被改变，创新性数字化企业需要生机活力，而非过度标准化；需要聚焦解决问题，而非一味遵循流程。持续改进的核心，应当是不断引入并采纳优秀的方法和技术将工作完成地更有效、结果更好，轻流程而重实践！例如，引入设计思维改善解决方案设计质量，促进与业务协作；引入持续集成方法来提升交付质量和流速。这些都首先不是流程管控问题，而是要帮助团队掌握新的工作方式、新的工具，需要的更多不是检查，而是赋能！能够在组织内为团队赋能，协助解决问题的角色称为"教练"。顾名思义，就像足球队的教练，目的是将好的、科学的方法传授给球员，启发球员潜能，以专业能力帮助球员分析问题、制定阵型策略，而不是站在场外的裁判。如今，越来越多追求卓越的数字化企业都在着力培养企业内部的教练团队。在企业最初引入更好的过程与工作方式时，可以聘请外部顾问，加速变革。但改进是一项长期的事情，行业不断有更好的方法和技术涌现，已经取得改进的团队也可能回退，最终企业必须依靠自身内在的力量来持续赋能和改进。

在我经历过的企业里，有的教练是专职的岗位，有些是兼职的，但从效果来看，最好以一批合适数量的专职教练为核心，带动一批分散在各个业务领域中的兼职教练。真正好的教练，应该具有丰富的一线经验，他们对团队的问题和痛点有更深切的体会，更有同理心，更容易让赋能产生实效。

教练是属于专家型人才，也就需要分专业方向，因为全才很难得，当然也应鼓励这样的卓越人才出现。建议可以分为图 20.3 所示三个大方向，图中标注了每个方向主要的专业性技能与通用技能。对教练的技能方向不要划分过细，教练作为赋能者，必须具有较宽广的知识与技能。即便作为一个方向的教练，也必须学习和理解其他方向的基本理念和实践方法。产品教练必须理解 Scrum，团队教练必须理解什么是领域驱动设计，技术教练必须理解设计思维的目的和基本原则。

- **产品教练**，主要是赋能数字化业务和产品规划、创新、设计与运营有关的技能。
- **团队教练**，主要是赋能高响应力组织与团队管理、协作和敏捷交付过程的技能。
- **技术教练**，主要是赋能高质量代码、演进式架构和工程自动化技术有关的技能。

图 20.3 教练分类与技能方向

作为企业里正式的教练团队，不能脱离业务，不能高高在上，必须要融入并创造价值！具体来说，就是要将不同业务领域或产品的赋能责任划分到人，确保每个领域有对口的教练提供支持。教练，要以主动赋能团队和协助解决问题和驱动持续改进为目标，与特定领域团队建立长期合作伙伴关系。或者本身就是属于领域内的成员，承担本领域内的教练职责。深入理解他所负责领域的业务和战略，能够结合业务目标与实际现状，为领域负责人和团队提出最合适的改进建议和方案，提供最有效的方法赋能。融入的工作方式让教练不至于脱离一线和实际。为此，还有另一个建议，企业里的教练可以轮岗，在作为教练工作两三年后，再回到业务团队担任要职冲锋陷阵，并不断培养和吸纳教练团队新鲜血液。

教练同时肩负着在领域内将组织必要的、合理的规范要求落地的责任，这一职责与权力是公司所赋予的。在图 20.2 中，可以看到，在这个示例的精益过程组结构和职责中，由过程组的协调人、协调组负责组织教练团队。这不是必须和唯一的组织方式，也可能教练团队是一个得到高层授权的更独立组织。不管怎样，精益过程组与教练团队必定要紧密合作：一些教练组核心成员本身就是精益过程组的成员；教练团队负责将得到共识的推荐过程与方法在各领域落地；但又不限于此，教练团队贴近一线业务团队，发现问题，鼓励教练在解决团队问题中应用非标准的、新的有效方式，只要符合组织价值观、过程改进的愿景并有利于解决实际问题即可。一些创新的、有效的方法可以建议给精益过程组，可能加入未来组织级过程指南。

教练的职责和主要工作方式总结如下。
- **培训**。作为赋能的第一步，往往少不了给辅导的团队提供或长或短的培训，以传授知识为目的。
- **分享**。教练作为赋能者和优秀方法实践的推行者，应当成为组织里各种演讲分享活动的主力军，这是产生影响力和专家形象的最佳途径。
- **制定方案**。当团队需要转型和改进，例如引入敏捷管理、从项目制转向产品制管理，或者系统耦合度太高，这时教练与团队合作共同制定一套切实可行的方案。
- **辅导**。以直接传授的方式辅导特定角色掌握特定的方法、实践。例如，技术教练与开发人员结对编程，以此来辅导他们掌握重构、测试驱动开发的方法；团队教练辅导交付负责人如何有效建立看板来进行透明化团队管理；或者产品教练辅导产品负责人如何设计成效指标来验证投资实际成效。

- **引导**。在团队还不具备某些方法的刚开始，可能需要运用有效的引导技术，实际引导团队开展某些团队协作活动，例如引导回顾会以制定改进措施，引导设计思维的工作坊来开展解决方案设计。
- **发现问题**。通过观察、参与、访谈交流、查看数据、查看产出物甚至感受氛围的方式，发现团队当前存在的问题和不足，并反馈给团队关键成员。
- **推动改进**。能够通过说服或发挥协调能力与影响力，并充分利用内外部资源来推动和帮助团队解决问题和阻碍。

教练培养与教练形

教练既要有专业方向的知识与经验，也要有如何开展教练工作本身的技巧与技术。上面这些不同形式的教练工作不是谁天然就经验丰富。例如培训技巧、工作坊引导技巧，除了自己刻意练习，也最好有人带路指导，也就是需要有培养教练的教练，第二级的教练。有经验的教练还有一项非常关键的职责，发展他人，培养潜在的或经验还不够丰富的教练，让企业能够有生生不息的人涌现出来成为合格的赋能者。这一工作最好的方式是采用一对一的"师徒模式"，即组织需要为每一位相对经验不足的教练安排一位更资深的教练作为导师，建立明确的"学员-导师"关系。导师有责任为自己负责的学员指引成长方向，传授知识与经验。在过去的经验中，我会采用一种称为"教练形（Coaching Kata）"的方式来辅导内部教练，以有计划的 PDCA 循环推动学员的学习与实践。教练形是迈克·罗瑟（Mike Rother）提出的组织持续改进方法"改善形"（Improvement Kata）的一部分，用于科学地、系统性地在组织中传授如何持续改进的方法。教练形典型的方式由下面几个关键要素构成。

- **辅导周期**。导师与学员之间，协商一个固定的辅导交流周期，例如每一两周一次。
- **确定现状和目标**。导师必须首先清楚地了解学员的现状，并共同协商制定一个成长目标，要可衡量，例如通过认证、个人出版或实现某个范围的转型并得到足够好的反馈等。

- **五个关键问题**。在周期性的每一次面对面辅导交流中，双方就五个经典问题交换信息，五个问题是关于目标状态、实际现状、遇到的阻碍、下一步行动和如何衡量成长进展。其中每一次辅导交流的最关键内容是有关行动和衡量的讨论。在教练辅导中，可能的行动包括阅读、书写或分享、观摩或参与团队辅导实践，或者尝试独立地开展工作等。
- **使用故事板**。整个 PDCA 的辅导学习过程，以故事板来跟踪教练辅导的过程，也是约束双方建立正式、有保障的"学员-导师"辅导关系，而不是随意的、即兴的。图 20.4 是一个我担任辅导教练时的例子。

图 20.4　教练形的故事板辅导记录

- **提供反馈**。反馈是促进成长的秘诀，在"学员 - 导师"的辅导关系中，关键是提供频繁的反馈，因此，需要导师有意识地观察学员的行动表现，及时提供建设性的反馈和建议。

其实，基于教练形的辅导方式，不仅仅能够用于教练团队对教练的培养，完全可以更广泛地用于不同领域以师徒模式建立的人才培养体系。师徒模式，被证明在需要追求工艺持续改进以达成卓越的领域是有效的知识与文化传承机制，能够有效解决技能不足和人才断层问题。这也有条件，要支持师徒模式的人才培养体系，企业管理层需要有意识地约束自身的规模快速扩张欲望，保持精益。在快速扩张期，有效的师徒培养模式很难维持。

到此为止，我们可以看到，精益过程组、内部教练组与实践社区三个组织形成了三驾马车，在整个企业里以系统性的方式驱动能力卓越与持续改进，彼此相互合作和补充，每一个领域或产品团队随时可以从不同途径获得帮助。

适应性领导力

让生机型文化和系统性持续改进的机制生根落地，离不开领导力。塑造组织文化的根因来自领导者和组织所身处的外部环境。环境难以改变，但领导者能够引领变革！不要认为自己的职位不够高就放弃发挥驱动改变的领导力。固然，企业的创始人、高管能塑造一个企业的文化，小部门的领导者也可以影响一个小范围的亚文化。每一个层级的局部组织文化要与大文化相融，这是对领导力的挑战，需要平衡外部环境与内部文化的关系。任何组织，领导者必定会起到榜样的作用，区别是好的榜样还是坏的榜样。下属员工会以他们看到的、感受到的领导者行为准则，作为自己在这一环境下生存发展需要遵循的准则。如果很多人都遵循着类似的准则采取行动，长此以往，虽不显性但实际发挥作用的文化就产生了。相反，尽管张贴在外的文化标语宣导要实事求是、开放平等，但如果领导者在处理问题时不致力于坚持以事实为依据进行判断，或在开会时奉行一言堂而不能与下属平等对话，那么标语中想要的文化就永远不会成为现实。因此，领导者的以身作则，是塑造和改变文化的关键，需要首先从思维上改变和武装自己，具备更有适应性的领导方式。

对复杂性的认知是触发 21 世纪新兴管理思维最核心的动力，不再将世界和我们面临的环境视为一个有确定因果关系的机械系统，而是因果之间动态变化的复杂系统。导致因果动态变化的原因，可能来自人类大脑的认知局限性，来自已知的科学边界所限，来自对信息掌握的不充分，也可能来自于作为有主体意识的人性的不确定性。典型的复杂系统从微观的量子系统、人体系统，到宏观的人类社会、经济体系、生态系统，以及由人构成的企业、组织单元。复杂性导致了这些系统运转的不确定性，导致发生变化或业务增长的非线性特点。同样的努力在看似相同条件下再发生一次，也很可能得到完全不同的结果，一段时间的投入和实际结果之间并不成正比。面对因果不确定的环境，我们只有三个选择。

- 放弃，驻足不前。
- 依靠信仰。
- 开展实验，探索前进。

显然，实验的方式是勇敢且尊重科学的方式。以社会这个复杂系统为例，中国政府就是驾驭复杂性的优秀典范，表现出了卓越的领导力。在面临冷战、苏联解体、互联网发展、西方经济危机等一系列带来巨大不确定性的外部因素条件下，政府以科学的管理方式，以人民奔小康、经济增长为核心愿景和目标，以经济特区、逐步开放的实验性、探索性精神，打破计划经济鼓励市场经济。不照搬，而是立足于自己的实际情况，在坚定的变革创新与保持稳定、抵御风险之间持续进行动态平衡，快速响应，在一次次危机中抓住机会，产生了远远超过其他国家的经济与社会发展成效。

尤其是到了数字化时代，数字技术的飞速发展、信息的极大丰富进一步加剧了这些复杂系统的不确定性。对于领导者，首先充分认知复杂性和不确定性，然后学会如何驾驭不确定性，管理自己对不确定性的焦虑，勇于在多变的环境中保持适应性和动态平衡。怎样才能做到？可以考虑从下面几个方面入手。

1. **传递正向的使命**。驾驭复杂性，不是通过一味地加强控制和消除个体的不可控行为来确保得到期望的结果，而是相反，要想办法激活每个人的主观能动性和创造力以对组织有利的方式快速行动。要做到这一点，就需要让每个人能感受到是在为什么而努力，大可以是为了人类社会、国家民族的福祉，小可以是为了客户、合作伙伴或他人，只要是正向的、有意义的和有感召力的。领导者需要在不同的场合一再地传递出这样的使命，并以身作则在业务和产品决策中体现出使命感而非与之相悖。

2. **以目标驱动管理**。驾驭复杂性，不是通过直接给出自己的指令和严格约束每个人的行动来确保不出错，这在复杂系统中并不可行。宏观来看，这样的命令与控制只会让整个组织变得迟钝缓慢，削弱适应变化和不确定性的能力，让组织变得脆弱。领导者要学会以目标驱动管理，无论是管理业务发展，还是管理组织能力提升，与下一级就方向和可衡量的方式达成一致。与此同时，领导者要为下一级的行为划定较宽泛的范围，明确最小化的禁区，例如涉及道德与法律的禁区。然后，如何达成目标则让下一级自主地思考并采取行动，保持对结果成效的持续关注。

3. **鼓励多样性**。企业和团队随时处于复杂多变的外部环境中，没有永远的最佳实践或最优方案，都在动态变化中。因此多样性是确保企业不在单一的方向上过度优化，在单一的模式上走向固化僵化的重要策略。领导者对多样性的关注体现在各个方面。业务形态的多样性，单一的业务带来脆弱，而持续创新多样性的业务更利于适应环境，即便这会造成一定的"浪费"。技术的多样性，鼓励团队以最适合业务的方式尝试新的技术，而不是仅仅出于管理方便的理由拒绝不同的技术。流程的多样性，在创新、价值与快的关键能力目标下，流程不能完全一刀切，在有总体基线的情况下，以具体问题来考虑对工作方式的优化，甚至引入不同的工作模式。其他还包括用人的多样性，不同背景、不同性格特征以及不同性别、不同人种的平衡。

4. **保持敏锐，持续管理机会**。驾驭复杂性，要以不同的视角看待不确定性，它既带来挑战，也意味着机会。复杂性带来了业务发展的非线性，利用这一点，有可能实现以弱胜强，以更小的投入实现更快的增长。领导者要带领团队持续地开展对行业、竞品和客户的战略分析，持续学习理解新的技术，并充分理解自身现状，时刻保持敏锐的洞察力，致力于发现很多机会并排列优先级。对每一个机会，理解其要解决的核心问题、潜在方案、市场前景和当前创新的时机，选择最有潜在价值的机会进行投资和实验，再基于实际的成效决策下一步怎么走。这是适应性领导者应当投入最多精力的主要工作，持续管理机会，要变成企业或团队的基本管理方式。

5. **鼓励探索和实验的工作方式**。在具体的机会上,要应对不确定性,就要改变过去投入大量精力进行前期设计,然后制定一个大计划并按计划执行的工作方式。鼓励实验,投入必要的精力明确要解决的核心问题,对方向达成共识,然后制定一个能够得到有效反馈的、风险更低的最小化实验,尽早开始实施,尽早交付客户,得到定性定量反馈后,再修正方向开展下一步最小的实验。领导者需要在所有的投资决策与方案中提倡"眼光远大、步步为营和快速学习"的探索式工作方式,拒绝长周期、大计划带来的虚荣感,拒绝大的数字化投资议题,要求将其拆分为更短周期、低风险的投资,每次提供小批量的、增量的预算。

6. **坚持少做,注重优质有效**。应对不确定性,适应性的领导者应当在所有的事项上提倡少做而优质有效,并以此指导决策。以产品为例,保持简单、简洁,拒绝那些多而不用或不受欢迎的部分,要做就要做到让客户觉得有用,做到带给人愉悦的体验感。如果暂时做不到,那就先不做。流程也是如此,不要过早制定过于复杂的流程,保持克制,从最简化最基础的流程开始。如果是有效的,就要确保做到极致,贯彻到每一项适合的行动,而不是制定了很多流程,却没有几项措施真正被贯彻到位,那样不如不要求。这个目标有时候是反直觉的,现实中,不同的人总是有不同的想法,总是有驱动力增加更多更复杂的东西,这时候果断行使否决权就是领导者的重要工作。这与允许团队自主创新实验并不矛盾,因为自主创新也需要先实验,需要先以安全的方式基于小范围客户衡量成效,如果实验不能证明其真实效果,就需要停下来,不能大范围开放出去。

7. **辩证法,运用矛盾的两面**。驾驭复杂性,就要有辩证的看待问题的方式,而不是绝对化。如图 20.5 所示,在复杂系统的管理中,会同时存在很多矛盾的两面,例如,本书多次提到的要放权而不要控制,是否任何具体的事项领导都不应该参与控制?前面提到的鼓励多样性而不要过度单一优化,是否组织就不需要制定任何标准和规范?提倡在做出决策时要以数据为依据,那是否就不考虑任何主观的因素?要建立面向业务的去中心化网状领域团队结构,是否就不应该有任何集中式的管理?这些就是矛盾体辩证的两面。这种矛盾两面的选择,和生产环境不应当发生事故,应当持续稳定这一具有绝对性答案的问题不同,矛盾辩证的两面没有绝对的对错,而是要看情况,具体问题具体分析。

复杂性带来不确定性,但复杂系统的局部也有相对的确定性环境;在长期高度不确定不可预测的发展中,也可能存在短时间里的可预测性。这就决定了具有适应性的领导者不会将管理的原则绝对化。中国政府,既坚定地坚持变革与开放,同时又维护社会的稳定,一切都是为实现民族复兴和人民安康这个使命和目标服务。同样,适应性的领导者,要实现业务和产品的快速发展和增长,实现规模化创新,也需要在不同场景下发挥不同方式的优点,既需要自上而下的战略性创新投资,也需要自下而上的全员创新探索;既需要允许多样化的流程创新,也需要在成熟的业务场景中采用更标准化的、证明最有效的技术和工作方式;既要以目标驱动让团队自主寻找解决方案并提供支持,也需要在影响重大的战略性投资上,领导者作为专家更深入地跟进,亲自参与协调和决策,推动确定方向的工作有高执行力。不要偏执地面对任何问题都保持同一种管理策略,这是对卓越领导力的挑战和更高要求。

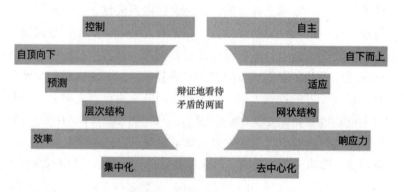

图 20.5 辩证看待矛盾的两面

8. **引领持续变革**。热力学第二定律提出了著名的"熵增"理论,它应用于对复杂系统的管理认知,得出结论:任何一个封闭系统如果缺少了与外界环境的"负熵"交换,就必然导致内部的混乱加剧,这是必然规律。换句话说,一个企业在建立了特定的制度和文化后,如果不再改变,经历一段时间后必然走向效率低下、组织僵化、适应力下降的结果。就像比尔·盖茨所说:"微软离破产只有十八个月。"企业领导者要保持组织活力、创新力和适应力，就永远不能满足于过去的成就，要保持对未来不确定性的敬畏。对抗"熵增"理论的悲观结局，唯一的策略就是推动组织持续的学习和变革，不断地与外界交换信息。高适应性领导者要能够英勇无畏，永远不要让组织"长期稳定"下来。要保持开放，引领变革，建立精益过程组、教练团队和实践社区这样的组织，就像华为 2012 实验室曾经承担的使命。[①] 在管理方式上、技术上不断地吸纳外界更新的思想和方法，系统性地推动持续改进甚至转型。在业务上，同时投资于三条地平线，支持创新和自我颠覆。随着业务发展，让组织结构也随时调整而非固定不变。只有这样，才能打造出高适应力的数字化企业。

思　考

1. 威权型文化与官僚型文化是否注定失败？为什么需要生机型文化？
2. 作为企业领导者，如果组织还不具备生机型文化，要开始改变，第一步怎么做？最重要的是要在哪些地方以身作则？

---

① 编注：主要研究方向有新一代通信、云计算、音频视频分析、数据挖掘、机器学习等，主要面向未来 5～10 年的发展方向，二级部门包括中央硬件工程学院海思、研发能力中心及诺亚方舟实验室等。

第 21 章

开始转变

打造组织适应力,应对未来数字化挑战,本书前面所总结的在产品创新、组织治理、组织文化方面的诸多原则和方法,如果不在落地实践中应用,永远都是空中楼阁,永远不知道是否适合您或如何适配您的组织。不要犹豫了,没有第二条路可以走,从今天就应当马上开始转变,观望、怀疑和踟蹰不前只会让您的组织在未来竞争中处于劣势。

如何开始转变呢?常见的组织转型有自上而下或自下而上两种策略。如果转型的原始动力来自上层,企业最高层领导的认知已经发生了改变,无论是为了短期出政绩还是其他原因,常常转变的过程就像一场风暴式的运动。转型首先开始于顶层设计和全公司大量的宣导,比如首先转变组织结构和岗位设置。从一开始引入或建立一套看似完整的制度框架,然后要求各基层遵照新的管理流程执行,将转型本身的工作变成 KPI 考核,以此来强力地推进变革。

自上而下的转型,有三利三弊,如表下所示。

利	弊
影响力大,往往容易得到各层级所有员工的高度重视。	其他企业的成功经验或框架都是经过长期的适应和调整总结出的适合特定场景的最佳方式,借鉴到自己的组织中往往需要一个适配的过程。自上而下运动式的转型,新的体制设计缺少实验验证和反馈调整,往往难以有效落地,容易流于形式。

(续表)

利	弊
因为动力来自上层，容易让各个不同关联部门、职能部门都参与进来，制度层的转变容易突破。作为转型推动的执行者，往往拿着尚方宝剑，在转型前期势如破竹。	以本书谈到的各种方法为例，方法实践的背后有其管理思维的转变，需要员工能力（如产品设计能力）和组织能力（如工具平台）的支撑。自上而下的转型往往在落地时遭遇基层的不理解，这不是通过几场培训宣导能解决的。配套需要的能力不足，这导致基层员工有时会无所适从，一段时间里工作都不知道该怎么开展，整个转型的过程就像对一个老旧的遗留系统进行全面重写，存在很大的风险。
整个组织要完成全部的转型周期更短（至少形式上是如此）。	自上而下的运动式转型，往往更多关注的是管理层问题，而不是以解决一线的问题和困难为中心，使得基层容易带着应付的心理，上有政策，下有对策。

另一种策略是自下而上，往往原始动力来自个别有想法、有远见的部门负责人，他们从行业里发现了一些好的东西，希望在组织内部尝试和推动。但是，由于所管辖的范围有限，影响力不高，只能先在自己管辖的局部职能范围内推动。或者，虽然是公司层面在推动，但因为对新方式还存在疑虑，担心风险，同时自身对有效转型所需的条件理解不充分，于是选择在个别影响很小的，局部的职能内进行试点，期望通过局部试点的经验积累再逐步扩大范围和影响，最终产生整个组织的变革。

这种从小团队、局部职能试点开始的转型，同样有三利三弊，如表21-2所示。

利	弊
相比前者，这种方式若策略得当，在早期更聚焦解决一线团队的问题，容易被员工所接受，更易落地。	这种策略，在早期很难得到高层、业务及其他职能的广泛关注和支持，影响力小，要逐步推动前行，转型的周期很长。
基于实验进行调整，在小范围试点过程中触碰并逐步解决各种未曾预料的适配问题，稳扎稳打，风险小。	道路艰辛，坚持不易。在从小团队试点到逐步扩展的过程中，很容易因为组织人事、关键责任人的调整或关键支持者的关注点转移而中断或放缓，非常考验变革推动者的信仰和毅力。
如果是组织级推动的自下而上转型，结合试点过程，能够有充裕时间同步对所需的工具进行改造升级，有效支撑新的工作方式规模化。	由于影响力小，往往较难撬动必要的其他转变，例如人事管理、绩效、财务预算制度、采购流程等方面的必要改变；更重要是，数字化转型往往从科技开始，缺少业务部门的充分参与和理解，缺少业务部门的数字化思维转变。由于这些局限性，导致转型在业务层面、在企业高管层面很难看到实际成效，要从局部转型到全局性深层次组织变革实现跨越极其困难。

面向领域和成效的转型策略(端到端业务切片式转型)

积累了在很多公司里推动转型的经验,虽然根据企业的不同环境条件,自上而下、自下而上两种转型策略有时候不得不采纳。但更成功的,对企业来说更成果显著的转型是一种面向业务领域(业务线或产品线)、面向成效的转型策略。

要能比较全面地、有成效地落地本书中原则与方法,实现转型或改进,需要由一个具有影响力的转型领导小组来主导,可以是企业内负责持续变革的领导机构,或者具有足够授权和广泛代表性的精益过程组(LPG)。为推动转型,该领导小组需要尽早得到企业高层的支持,建立起清晰的转型愿景与目标,并在组织内宣讲。这样才可能更顺利地让不同职能及干系人参与进来共同协商,更容易得到支持为试点领域打开必要的绿灯。

作为试点起步,要选择合适的、相对完整的、面向业务的领域为试点单元。所谓合适,早期试点应当选择那些主要业务和科技侧负责人有迫切改变现状意愿的,并在企业内有代表性和影响力的。他们的意愿可能是来自其领导者的远见,也可能是来自外部竞争压力带来的生存与发展危机。转型的范围要覆盖从想法到用户的端到端价值流,包括试点业务领域内对服务体系持续设计、持续交付负责的所有职能。转型涉及的相关群体包括两类。

转型的领域团队

由业务侧代表、产品、营销运营、体验设计、开发、质量和运维等构成业务科技融合的跨职能领域团队,可能再细分为多个具体的产品团队,这是早期转型试点的主体。之所以不建议以更小的团队为试点,因为一个领域内多个团队之间往往关联紧密,有很多跨团队的专题和特性,仅仅个别团队参与试点必然受到周边强依赖团队的制约,几乎不可能产生真正意义上的业务和产品成效,改变的只是局部的过程。较为理想是 60 到 100 人左右的规模,也视情况而定。

如图 21.1 所示,面向成效的转型是在企业的一个业务领域单元内进行的全方位的转变,不是仅仅在一个职能的局部进行优化,那样产生不了效果。尤其是业务一定要深度参与,这远不止是科技团队的事情。转变可能涉及的方面如下。

- 领域内部进一步面向业务和产品建立跨职能团队结构。

- 引入目标驱动管理，以业务和产品成效、团队能力提升为关键目标。
- 在领域范围内建立价值驱动的数字化投资组合管理、产品组合管理。
- 在各个产品和投资专题上引入以客户为中心的产品设计与运营方法。
- 各个跨职能团队采用敏捷的方式尽早、持续交付价值。
- 引入以自动化为主的工程技术实践，完善内建质量体系。
- 开始以可演进性架构为目标的遗留系统重构。
- 实施超越预算，为专题和产品常规需求提供两种不同模式的投资，跟踪成本。

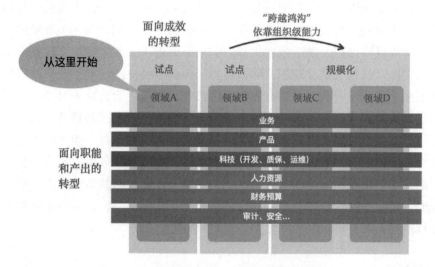

图 21.1　面向领域和成效，端到端业务切片式转型

切记，不要一开始就全面要求，把所有的方法砸向团队。要坚持以问题和成效驱动，既有方向引导，也要因地制宜。首先开展调研，根据领域的现状和最显著的痛点，制定一个以解决痛点为起始，定制化的、逐步展开的转型计划；然后，在转变过程中持续收集团队反馈和数据。同时，从转型第一天开始，就尝试在领域内发现和培养未来可能持续辅导团队改进的内部教练人选。

相关管理职能

在第一个业务领域的试点过程中，必定触及到一些组织的现有制度冲突和能力瓶颈，例如绩效考核制度的不适配和工具平台支持的能力不足等。因此，不要忽视了职能的影响力。从一开始设置转型愿景和目标开始，就要尽可能将其他相关管理职能的代表邀请进来，例如项目管理、人事、财务、审计、安全和组织级工具平台等。一些组织在转型中可能仍保留了解决方案、开发、运维等职能线负责人和职能线对资源的管理职责，这些职能线负责人也必须一开始就邀请进来。这一类人在早期转型时主要是参与学习，了解新的思维和工作方式，并提供必要的支持。要给他们充分宣讲新的工作方式，帮助他们充分理解。

试点领域应当是一个管理的特区，就像中国早期开放的经济特区，需要在多数的公司管理制度、流程上开绿灯，打破约束。在转型中，当遇到原有制度或管理方法的阻碍和瓶颈时，转型领导小组或 LPG 应积极地与相关职能协商，共同找到既风险可控又能适配新工作方式的临时解决方案。例如，要在整个业务领域实施动态投资组合管理，那么在特区内就需要一定程度上改变原有的预算分配和成本跟踪方式，需要财务部门将该领域作为一个特区来对待，而不是要求团队继续遵循以前不合适新方法的预算管理框架。当旧的管理工具不支持新的协作方式，可以允许试点领域暂时不采用组织级的工具，而为试点选择一套更合适的新工具。人事或职能线的绩效考核，在试点领域可以不用遵循一致的标准，而是采用领域内新的评估反馈方式，并在需要和其他非试点领域横向比较时，给勇于探索管理创新的领域团队成员适当的倾斜，以调动他们的积极性和打消对未来不确定性的顾虑，这是合情合理的。

跨越鸿沟

以类似的方式继续在第二个、第三个领域进行试点。建议在早期试点中选择有不同代表性的领域，例如，分别选择代表公共渠道的、直接客户服务领域的、通用业务领域或数字化基础设施平台的领域。在不同类型的领域中必然会遇到不同问题和挑战，通过解决这些问题为在更大范围推广积累经验。

也许在两三个领域试点后，组织对新的方式有了充分的理解，具备了的信心，想要开始规模化推广。这就到了一个非常关键的时期，很多的转型都在这个阶段遇到了巨大障碍，甚至失败。在杰弗里·摩尔（Geoffrey Moore）的《跨越鸿沟》一书里，描述了在组织中推行新技术和新方式时一个常见的规律。当新事物从小众走向大众化的过程中，往往需要跨越一个危险期，被形容为"跨越鸿沟"，如图 21.2 展现的区域。

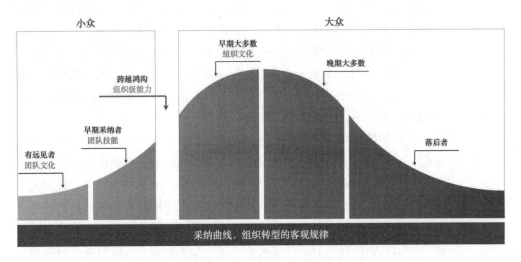

图 21.2　新技术采纳曲线与跨越鸿沟

面对新事物，一个组织内部总会存在不同态度的群体。一些人很有远见、未雨绸缪，并愿意承担风险，对于新事物有强烈的学习和探索意愿。这是我们在转型早期要努力去寻找的志同道合者。还有一类人，可能是出于眼前的利益需要，例如外在的竞争压力，或者在经过了一定的说服影响后，有比较开放的心态拥抱新事物，愿意在新事物还未得到充分证明的情况下较早开始尝试。这两类人是转型早期试点的优选，但加起来在组织内通常也只是少数派。一个组织中大多数的人是随大流的，只要当前的业务不出问题，不会很主动地拥抱新事物来改变当下习以为常的工作方法，要么是不愿意改变习惯，要么是担心风险。要让他们做出改变，往往需要更具有说服力的证据和需要确保不用为转变付出过高的成本，承担太大的风险。要让小众的试点顺利进入规模化能够被大多数人所接受，要能够顺利"跨越鸿沟"，关键是要伴随着早期试点过程构建起"组织级能力"。

- 多个成功案例的示范效应。新的方式在早期的试点中带来显著的、看得到的成效，良好的反馈，是能够进一步规模化的基础。不仅是变革引领者可以对案例进行宣传以产生更好的说服力，那些转型取得成效的远见者和早期采纳者本身也会成为传播者，在员工、管理者的相互交流中传递对新方式好的评价。
- 支持规模化推广的工具平台。工具是几乎所有好的管理方式走向规模化必不可少的一环。有远见者和早期采纳者看中新的理念和方法，在尝试新方法时即便没有顺手工具，用手工的 Excel 也可能解决问题。但对于数量更多的大众，如果新的方式给工作带来了不便，就会大大降低其转变的意愿。因此，当试点到第二个、第三个领域时，甚至从一开始，就要同步对工具平台进行改进，或引入新的合适工具。
- 横向管理职能开始适配新的管理方式。当要跨越鸿沟走向规模化时，需要新工作方式与人事、财务、安全、审计方面旧的管理制度之间的冲突已经有了良好的解决办法。不仅仅是临时方案，而是得到相应管理职能部门充分认可的，甚至已经融入其新管理制度中的可行操作，扫清其他领域负责人在这些方面的风险和利益上的顾虑。这一工作也应该在最晚第一个试点领域成功后就开始充分考虑，变革引领者需要与各个职能部门分别沟通，找到将新方式融入管理制度的解决方案，甚至充分合作为全新的方式制订一套面向未来的新制度。
- 教练团队与骨干人才培养机制。早期试点往往会通过聘请外部的专家对试点团队进行深入辅导，然而资深的外部专家不可能长期存在，也数量有限。为了支持跨越鸿沟走向规模化，必须有企业自身足够的内在改进力量为更多团队进行赋能，而不能到了规模化阶段就变成了依靠流程规范自上而下一刀切式的硬推模式，很容易招致抵触和失败。最好从第一个试点领域启动，就开始识别和确定未来内部教练的人选，伴随着试点开始观摩、学习和培养。同步于教练团队建设的，还需要建立针对产品负责人、交付负责人、领域架构师等骨干人才的培养机制。
- "势"。最后一点，在开始跨越鸿沟之前，以成功案例为基础，要开始进行广泛的宣讲，在组织内营造学习和改变的氛围。可以通过领导讲话、组织公司大会、分享会、线上社区宣传、海报、手册等方式，让改变的意义、迫切性和成功案例传递给每一个人，包围每一个人，让更多领域的负责人和团队成员意识到这是未来的方向，自己也应该赶紧行动起来。

衡量转型成效

在转变的过程中,需要持续地收集成效反馈,以目标成效的引导让转变的工作更加聚焦,以可衡量的成效来帮助管理者决策下一步该怎么做,是否要继续,这是任何投资管理需要遵循的共同原则。忽视成效而仅仅在过程上要求改变,很难让转变令人信服并持久,更难让转变跨越鸿沟扩散向整个组织。建议考虑从图 21.3 所示的四个方面来衡量转型与改进的成效。

图 21.3　横向转型成效的四种方式

1. 定性衡量 - 基于模型的评估

很多科技组织在转向敏捷开发时,为了评价团队的敏捷能力改进,定义了自己的敏捷成熟度、DevOps 成熟度评估模型。这和以往传统项目管理 CMMI 成熟度评估的最大区别是,不是仅仅根据对过程文档产出的检查来评估,而是由教练深入到团队中观察和访谈,甚至实际检查代码和测试用例以及流水线等的执行情况来进行评价。这是一种经过检验不错的定性衡量方式。类似,对于企业或业务领域的数字化转型,要评估其适应力和转型效果,也可以考虑从组织、文化、战略、投资、创新、模式、技术、交付八个维度来建立评估模型(图 21.4)。在转型启动的时候,做一次全面评估打分作为基线,并以此设定各个维度通过半年的改进需要达到的目标值。当转型启动半年后,可以通过再次成熟度复评来衡量改进效果。长期来看,企业也可以按半年或一年,定期进行评估来持续跟进转型效果,发现待改进问题。总的来说,这是一种基于过程与行为转变的评估方式,而不是基于最终业务结果。

图 21.4　评估数字化业务适应力的八个维度

2. 定性衡量 - 团队反馈

另一个有效的成效衡量方式是通过参与者的反馈评价：领域团队的业务侧、科技侧成员是否认同和认为新的方式比以往更好，愿意持续以新的方式工作下去。但这里需要注意，由于新的方法往往意味着给参与者的思维转变和能力提升提出更高的要求，甚至可能会动到一些人的原有利益和权力，好的管理方式未必会让每个人都满意和认同。尤其是在一个不合适的组织文化中，当大多数人的工作都没有面向有意义的目标，从管理到员工普遍缺乏开放的心态，那么对早期试点的选择和推行策略的考虑，就需要更加慎重，更讲究技巧，更考验变革者的智慧。

如果转型的时间太短，人们理解还不到位，缺乏足够时间的体会和反思，这时反馈是否满意并没有太大意义。同时，收集反馈的对象要有广泛的代表性，不同的身份。反馈不应该只是简单地询问是否满意，这样的问题无法指导行动，应当将反馈细化到各个不同的角度，例如产品价值是否在得到改善？工作是否更加高效？跨职能之间的协作是否更加顺畅？以类似这样的具体问题来收集反馈，能够更有意义地衡量转型效果，促进转型工作的下一步改进。

3. 定量衡量 - 关键效能指标

领域团队面向外部客户和团队的内部过程，其能力体现在研发效能和投资成效两个方面，因此对转型改进的效果也可以从这两方面进行衡量。对于研发效能，参考第 13 章给出的衡量响应力和稳健性的一系列量化指标，可以从中选择合适的指标用于衡量转型效果。

4. 定量衡量 - 关键业务成效指标

面向成效的转型，最重要的衡量一定是衡量伴随转型所发生的数字化业务成效。引入价值驱动的数字化投资组合管理，更好的创新与产品设计方法，更快的交付和反馈，更成熟的内建质量体系等，是否带来了最终客户和企业价值成效的改善？是否带来的更好的客户体验？参考第 11 章对成效衡量指标的设计。业务成效数据是否取得了理想的增长，不能直接等同于判断新的管理方式是否有效，这就和不能机械地依赖指标数据表现进行投资决策一样。但如果真的业务成效结果不理想甚至退步，变革的推动者确实应当认真地进行反思，是否改革真的走对了方向，或者采取的变革措施是否是组织真正的当务之急，是否有其他更应当优先解决的组织管理问题？变革推动者，不能为了变革而变革，而是要真正站在企业负责人、经营者的角度去思考变革，让变革真正为组织业务发展服务。

转型成功的关键因素

如何让每一个业务领域的转变能够成功并实现规模化，有很多关于转型步骤的论述。例如约翰·科特（John Kotter）在其著作《领导变革》中提出著名的"八步变革法"，是每一位致力于推动组织变革、精益敏捷转型、数字化转型的变革推动者需要学习的心经。在本书的最后，分享几点我个人认为确保转型成功最关键的因素。

1. 一致的愿景和目标

和本书谈论的数字化业务和产品创造过程一样，组织转型本身也是在打造"产品"，即组织自身，让所有参与者具有一致的愿景和目标是前提。很多时候，失败的根源在于转型的参与方，不同职能部门，在其中有各自不同的目的和利益，最终难以达成一致，无法形成合力，甚至相互阻碍。转型的领导者和推动者需要从一开始就为不同参与方树立起共同目标。

2. 业务必须参与，不只是科技的事

数字化转型的本质是业务转型，是结合数字化技术以新的思维、新的方式提供客户服务和改善组织运营管理。因此，数字化业务，其核心是要用数字化思维来武装业务人员，没有业务与科技的深度协同，仅仅是科技组织在推动数字化转型，离数字化的真正目的相差甚远。客户和业务是数字化产品开发的价值源头，本书一再强调的价值、成效，缺少业务的深度参与，将无从谈起，也会使科技团队自身的转变缺乏持续动力。

3. 强有力的转型领导团队，由高层负责

要落地本书所描述的一些变化，涉及组织的方方面面。要推动转型有效落地，必须有一个在组织中有影响力的转型领导团队，且由企业高层直接负责或充分授权。只有这样，才有可能同时将转型所涉及的各种职能部门拉到工作组中来，在遇到组织自身的阻碍和约束时，才有可能协调各方为特区打开绿灯，找到合适的解决办法大胆实验。否则，转型就很可能在组织结构、关键人员激励、考核办法、开发和运行环境等诸多的制约因素中束手束脚，产生不了真正的改变，让参与者最终失去信心而对转型本身产生怀疑。

4. 选择合适的先导特区

这一点毋庸置疑。在转型早期，对先导特区的选择要兼顾业务特征、风险和关键角色的积极性、认知能力。转型推动者找到有远见的、有开放心态且愿意持续学习的早期转型合作者，能使转型更容易取得成功。

5. 试点先行，快速建立成功示范

找到合适的早期转型实验的合作者，并在早期投入足够的精力和资源，确保快速建立起数个成功的示范和案例。这是扩大影响范围和吸引更多人参与进来并能形成"势"的关键。这就像新产品的推出要在早期产生口碑一样重要。转型的口碑，是影响到继续壮大发展下去并规模化到整个组织的重要影响因素。

6. 管理与技术并重

我见过太多组织转型侧重于管理流程和工作方式的转变，忽视了技术的转型，包括遗留系统的现代化架构重构、系统解耦、自动化工程技术和代码质量提升。可能是因为管理者不懂技术或者这些技术转变更困难，需要更多的投入，效果的回报周期更长。但不重视技术的转型，数字化业务管理的转型就缺乏支撑，要么在变快的过程中，产品质量下降影响客户体验进而直接影响业务结果；要么老旧的技术栈、系统的耦合和代码维护的高成本让软件系统达不到业务所需要的快速变化能力。既然数字化时代业务和科技要融合，管理者就需要理解，对技术和质量的投资不只是科技人员的事，而是影响到业务响应力和客户体验的重要因素。对技术、质量的投资，要和其他业务侧提出的投资放在一起进行动态管理和决策，明确价值并分配资源。

7. 创新与持续改善的生机型文化培育

这是第Ⅳ部分讨论的重点。当转型领导者和推动者在早期通过试点验证了新模式和新方法的适用性，且进行了必要的调整后，应当尽早启动文化宣导，逐步开始为长期的文化改变布局。刚开始，人们的感受可能更多是形式上的、肤浅的，但随着试点的扩展和持续的宣讲与研讨，人们天天耳濡目染，再加上成功案例的影响力扩散，更多的人会逐步开始思考和探求，从开始的怀疑逐步开始理解，然后拥抱。文化宣传和培育是必不可少的。不仅限于宣传的层面，更要尽早让人事部门参与进来，一起合作考虑对人员激励措施、考核制度和培养体系的打造，否则转型在走向规模化的阶段就会陷入缺乏后劲，难以持续的境地。毕竟在任何一个组织里，真正有远见和具备相当领导力的中层管理者是少数。这些少数管理者即便在面对很多约束和组织级能力不成熟的情况下也能够开拓进取，打破束缚，

推动事情向正确的方向前进。但大多数中层管理者更依赖于公司制度和环境的支持。

抓住转变的关键点，把功夫做到位，保持坚定的信念和平和的心态持之以恒，每一位有志于推动数字化转型与组织变革的引领者都有望取得卓越的成果！

思　考

1. 在传统企业中，如何影响业务使其从一开始就参与到转型过程中？
2. 如何判断转型试点何时为规模化扩散的最佳时机？如何为转型造势？
3. 如何从组织、文化、战略、投资、创新、商业模式、技术和交付这8个维度对企业现有的数字化业务管理成熟度及其适应力进行评估？

构建数字化业务能力

数字技术加速进步

体验经济

跨界竞争与颠覆者

国际国内政经环境

监管政策

由人构成的组织

关于今天和未来的100年，2017年达沃斯世界经济论坛（WEF）提出了"第四次工业革命"的概念，以此来描述正在开始的一场围绕数字与智能技术的新变革，它用"无限可能"来描述接下来的未知世界。在这场变革的浪头，据Innosight于2018年进行的"标普500指数企业平均寿命预测"，企业的平均寿命从1964年的33年缩短到了2017年的22年，预计到2027年将进一步缩短到12年。

数字化时代经济环境毫无疑问体现出了更高的复杂性与不确定性，每一家企业都面临着如何能够持续适应它的挑战。驱动不确定性升级的核心因素，一方面是加速发展的数字化技术，例如云计算、移动技术、IoT、机器学习、分布式计算等，甚至更具未来感的生物识别、脑机接口、量子计算等。那些掌握新技术的新兴科技企业快速成长起来挑战着传统行业既有商业模式。另一方面，现代社会发展趋势让社会权力因素从曾经的武力与资本，开始越来越多向个体与知识转移，加之由互联网引发的全球一体化趋势，消费者的可选择性极大丰富，不确定的体验感取代功能性越来越成为决定产品和服务竞争力的关键。除此以外，一如既往的国际政经环境加剧波动、监管政策变化，以及人作为科技型、创新型企业核心竞争力这些因素，叠加起来让这个时代的企业靠一项发明和一个长期计划能够持续繁荣的时间越来越短。

很多企业在数字化转型中迫切地想要找到"该做什么？"的答案，似乎找到了正确的、依托数字技术的新业务，转型就成功了。找到"该做什么"的答案当然重要，但不是全部。且不说这样的答案在今天多变的环境下本就难以回答，即便找到了也是短期的，很快就可能被替代。如同不断新陈代谢的有机体，企业面对不确定性要具有持续适应力，唯有持续产生能够得到客户与市场认可的创新！这里的"创新"不仅仅指颠覆式的替代，或满足从未被满足的新需求，也包括以可能更好的解决方案优化原有服务，即渐进式创新与改进。在数字化转型中，如何构建这样的组织能力是比一次性找到对的事情更需要回答的重要问题。

基于大量企业数字化转型的成功与失败经验，我们认为这取决于以下三项核心能力。

- **客户价值驱动（价值）** - 能够以同理心深入洞察客户心理，持续识别机会，遵循以客户价值优先、兼顾企业价值来制定战略和做出决策，以此建立起亲密客户关系。
- **创新商业模式（创新）** - 善于以新技术重塑业务流程，能将机会和创意转变成有吸引力的产品和服务，并持续运营实现增长。
- **缩短上市时间（快）** - 能够足够灵活地对机会快速做出响应，并在保证质量的前提下以更快的迭代速度将想法转变为产品和服务，并推向市场。

**客户价值驱动
（价值）**

洞察客户心理，以客户价值
引领建立亲密关系

**缩短上市时间
（快）**

持续加快向市场提供新
产品和服务的速度

**创新商业模式
（创新）**

以新技术重塑业务流程，
创造新商业机会

技术与业务无关
购买软件资产
软件被视为"高科技"

技术作为服务提供者
业务给IT提需求
IT作为"成本中心"

科技引领差异化优势
技术与业务的界限开始模糊
"互联网"化的IT

以技术为业务核心
技术重塑商业模式
IT与业务融合

业务科技融合趋势

将那些在数字化时代更具创新和竞争力的，和还未开始或正在转型中的企业作比较，会看到其业务与科技的关系有着很大差别。数字技术诞生时只是属于少数人涉足的高科技，与企业业务基本无关；到出现类似ERP、OA系统的企业信息化投资，数字技术用于支持运营，降本增效；再到依托互联网与移动应用的线上渠道成为主流获客与服务方式，数字技术成为商业竞争的差异化优势；今天，越来越多像网约车、智能理财顾问以及机器人等全新商业模式，其核心依托于数字技术，技术不再只是处于辅助和放大器的位置。

随着数字技术发展，应用场景的丰富，这样的融合势不可挡，问题是企业的管理如何能与之匹配，不至于阻碍创新。有多种不同形式、不同程度的融合。

1. **完全一体化**：不区分业务组织和科技组织，完全面向业务融为一体，目标高度一致，随时调整方向。
2. **融合协作**：业务与科技组织分开，但管理结构一一匹配，目标一致，共同面向客户，在价值流的各个环节融合协作。
3. **业务科技化**：传统业务部门引入更理解科技的专业人才，例如产品经理、数据科学家，能够主动思考数字化创新并形成解决方案，然后由独立的科技组织负责接收需求并交付软件。
4. **科技前置**：传统上被动接受业务需求的科技组织往前站，更多地与业务合作，更理解业务，引导或参与前期创新机会探索与方案设计，以共识驱动交付。

5. **自研或并购**：将原来依赖供应商的采购和外包，转变为由自建研发团队构建关键系统，或者直接并购科技公司，以此来改善科技对业务的支持，改善协作。

这几种融合形式都正在发生，有利于企业改善创新、价值与快的能力。越靠前的融合度越高、更敏锐且响应力更快，越靠后的难免内部摩擦更大，响应力越慢。企业高管应根据实际情况选择当前适合自身的治理模式，并致力于进一步加强融合。

以客户为中心

服务客户是企业最核心的活动，也应是实现经济价值的主要途径。在高度不确定性的经济环境中要具备持续适应力，持续创新，以客户为中心应当是首要原则！企业要有能力将这一句"标语"真正落实到经营的各个环节中去，而不只是作为营销口号。

1. **面向客户的组织**：业务与科技携手融合构成网状组织结构，这样的每一个组织单元，从公司、领域群、领域到团队，都应该是跨职能的，是面向其所服务客户群、价值闭环的，从持续发现机会、设计、交付到运营增长。

2. **制定体现客户价值的战略**：现代数字化业务需要树立面向客户与社会正向价值的使命，并以此选择战略，而非首先追求企业盈利，任何时候这都是最根本和长久的发展战略。

3. **深入洞察客户，探索创新机会**：无论是通过观察、调研、数据分析等手段，企业要有能力对目标和潜在客户形成同理心，深刻理解其特征、痛点与诉求，未讲出来的动机，从为客户创造价值出发识别出大量机会。

4. **围绕客户的体验设计**：产品即服务，服务客户的每一个触点环节都在带给客户体验感，从高效达成目标、过程感受、情绪影响等各个维度。企业要学会围绕每一个环节的客户体验来构建或重塑业务流程、交互方式。

5. **与客户共创**：进一步将客户邀请到新产品和服务的创新过程中，从设计到体验，再到运营增长，建立起亲密关系，努力允许客户个性化的诉求充分体现。

6. **开展客户实验**：针对每一次创新与改进，是否有效解决客户问题，是否得到客户认可，以实验的心态进行探索，而非过度依赖主观经验主义。

7. **倾听客户声音**：以线上或线下方式，持续主动地收集客户反馈，在符合产品定位的基础上，及时响应问题与期望。

8. **基于真实的客户成效数据制定决策**：每一步实验后，是继续、停止或转向？及时得到真实的客户成效数据，以数据为关键参考，制定科学决策。

9. **紧贴客户心理的运营策略**：真正洞察并抓住客户心理，是开展有效运营并实现增长的钥匙，获客、转化、激活、粘性、扩散和离开，围绕客户的全生命周期制定恰如其分的运营策略，建立与客户的亲密关系。

10. **尊重客户隐私与安全**：隐私与安全是底线，任何创新永远不要突破底线，符合道德的商业行为是在变化中保持长久适应力的前提。

适合数字技术的新型管理

随着业务与科技融合加速，包括调整结构让研发管理更多置于业务型组织内部，或更多以自研替代采购，这意味着曾经的业务型组织需要更多承担对数字技术团队、软件研发过程的管理。我们看到很多组织在转变中产生不小冲突与困惑，缺乏科技思维、从未经历过软件研发的高管仍倾向于传统的泰勒"科学管理"思想，以命令与控制、多层级、强职能化分工与强流程的方式管理数字化创新与研发，这严重阻碍了企业创造出真正满足用户需要、具有优秀体验并且保持技术领先的好产品、好服务。

大量历史经验与研究证明，软件开发不同于传统制造业，下面的四个关键特征使得数字化产品创新与研发需要适合该领域的、以"复杂系统"理论为基础的新思维，进而这样的管理思维需要投射到以数字化产品为基础的数字化业务管理中，以提高业务的持续创新能力与适应力。

1. **易变性**：软件是无形的，相比其它有形的物理产品它在任何时候都更易变，相对修改成本低，也正因此数字化创新得以层出不穷。
2. **智力产物**：到目前为止，软件设计与开发还是一项智力劳动，因而知识工作者的个体能动性与个体间的信息传递对成功至关重要。
3. **隐性质量**：软件的质量很难完全通过外在的观察有效评估，模型与代码的腐化在持续修改时会严重影响系统稳定性和业务响应速度。
4. **不确定性**：因为它易变并依赖于人，因而在外部环境的持续变化下，在与业务的关系越加融合的趋势下，软件研发是一项不确定性很高的创造过程，传统的"计划-执行"模式很难保障成功，需要更多采取"实验"的方式。

正因此，依托软件系统的数字化创新和业务发展需要一种更拥抱变化的新管理思维，并将人，尤其是专业技术人员，放在考虑的核心，建立起一种以信任与协作为基础、长期且持续改善的高绩效团队，实实在在构建以高度自动化为基础的内建质量体系，培育出以目标导向而非命令指挥式的，一种鼓励创新和实验的生机型文化。

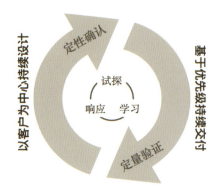

适应性领导力

适应复杂的、不确定的环境，驱动变革，打造持续演进的组织和业务，领导力永远扮演着第一位的作用。高管塑造一个企业的文化，部门领导者也可以影响一个小范围的亚文化。在组织的每一个层级，核心领导集体都应反思自身，以身作则，转变思维和行为模式，这是驱动组织变化最有效的途径。

各级领导者要能驾驭复杂性，在多变的环境中能够引领持续创新的业务并取得成功，应当更多具备下面这些行为模式。

1. **传递正向使命**：有意义的目的是驱动行为最强大和持久的力

量，领导者要传递出正向的和有感召力的使命和愿景。

2. **以目标驱动管理**：通过自上而下的命令与控制管理模式进行管理在复杂多变的系统中不可行。在组织的每一层级，就可衡量的目标达成共识，明确禁区（如隐私、安全），然后赋予更大的行动自主性，保持对目标成效的持续关注，在需要时给与支持和赋能，挑战并释放员工潜能。

3. **鼓励多样性**：在不确定的环境中，鼓励多样性是确保企业不在单一方向上过度优化，在单一模式上走向僵化的重要策略，包括业务、技术、流程、人才和文化各个方面，与标准化之间取得平衡。

4. **保持敏锐，持续管理机会**：不确定性也意味着随时浮现的机会，领导者必须驱动组织持续开展对行业、客户和自身的洞察，时刻保持敏锐，识别最有潜在价值的机会进行投资。

5. **鼓励探索和实验**：跳出过去"计划-执行"的习惯，拒绝长周期、大计划带来的虚荣感和安全感，更多采用"试探-学习-响应"的探索和实验行为模式，打造鼓励实验、允许失败的组织环境。

6. **坚持少做，并优质有效**：保持简单，无论在战略、产品、改进措施上坚持聚焦、少做；而做，就要做到位，做到产生真正成效，否则不要开始或者尽早停止。

7. **辩证思维，驾驭矛盾的两面**：依靠预测还是适应、集中化还是去中心化、追求效率还是响应力等等，在复杂系统中存在大量矛盾体，没有绝对对错，应以辩证的思维看待，且学会利用它，在不同的具体问题上采用合适的策略。

8. **引领持续变革**：推动组织持续地学习和变革，是保持创新活力、对抗"熵增"的唯一策略。领导者要能够英勇无畏，永远不要让组织"长期稳定"下来，保持开放，引领变革。

业务科技融合、以客户为中心、采纳更适合数字技术的新型管理和适应性领导力，是现代数字化企业得以构建创新、价值与快三项核心能力的基础和底层思维。

数字化业务管理十原则

	愿景与成效目标驱动 Vision & Outcome-Goal Oriented	
技术卓越 Technical Excellence	以客户为中心持续设计 Customer-centric Continuous Design	基于优先级持续交付 Priority-based Continuous Delivery
	探索新业务 Explore New Business / 拓展已验证业务 Exploit Validated Business / 演进成熟业务 Evolve Mature Business	
	有适应性、价值驱动的投资策略 Adaptive, Value-driven Investment Strategy	生机型文化
	动态预算和出资 Dynamic Budgeting & Funding / 基于能力的长期合作伙伴关系 Capability-based Long-term Partnership / 高响应力企业系统架构 Responsive Enterprise Architecture	
	面向业务的高响应力组织 Business-oriented, High Responsiveness Organization	

Thoughtworks 在帮助客户打造企业数字化业务中经历了诸多成功与失败，涉及方方面面，我们观察和切身感受到有很多因素在数字化转型与创新的道路上影响着最终的成果。将这些关键因素总结起来，归纳为企业现代数字化业务管理应当高度重视并遵循的十项原则，在《适应》一书中详细描述了原则背后的原因，展开讨论了将这些原则落地的实践方法。

原则一：
愿景与成效目标驱动

遵循"使命原则"，以使命、愿景与成效目标驱动管理，并赋予团队自主性，是在有不确定性的环境中能够让团队以最有利于组织的方式高效行动的最佳指挥方式，有利于激活并释放组织潜能。

行动指南（第 11、13、14 章）

1. 明确传递正向、鼓舞人心的使命和有雄心的商业愿景。
2. 在组织各个层级，清晰地定义能够指导行动的目标，上下要对齐。
3. 目标贵在聚焦。
4. 设计反映成效而非产出量的指标，来衡量目标进展和达成。
5. 目标要兼顾短期成效和长期影

响，兼顾价值创造与内部能力提升。
6. 赋予团队更多自主性探索如何达成目标
7. 明确不可违背的禁区。
8. 让各级目标在纵向、横向适当的范围内透明，以此促进沟通与协作。
9. 打造创业家精神，各组织单元充分对其成效结果担责。
10. 将短期目标达成与个人绩效评价解耦。

原则二：
面向业务的高响应力组织

企业从小变大，在越来越层级化和职能化的规模化过程中变的决策缓慢和信息传递低效，这严重阻碍了对环境的响应速度，创新被抑制。遵循"逆康威定律"的思想，企业需要理清业务、系统与组织结构之间的关系，并使之随业务变化保持动态，确保每一个组织单元都面向客户价值创造。

行动指南（第9、12章）

1. 对企业宏观业务结构进行建模与分层。
2. 围绕合理业务结构设计产品与系统架构，并以此形成组织结构。
3. 以领域、客群、平台与创新作为划分组织边界的依据。
4. 围绕粗粒度的业务领域建立领域团队，并赋予充分自主性，减少决策层级。
5. 围绕产品，由共同创造价值的各个角色构成小型跨职能敏捷团队，目标一致，并对产品全生命周期负责，作为构成组织的基本单元。
6. 每一个组织单元对其服务的客户价值与企业价值结果负责。
7. 组织结构是动态的，能随业务发展而变。
8. 建立跨团队的有效协作机制，提升跨组织重大举措的执行力，包括决策机制、目标与规划透明以及协作过程管理等。
9. 平衡各个组织单元的人员稳定性与流动性，利于组织长期发展。
10. 打造适当的资源池，为动态战略与投资提供高响应力人才支持。

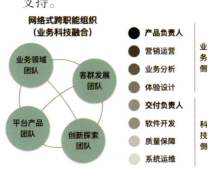

原则三：
以客户为中心持续设计

以"试探-学习-响应"的方式应对复杂性，是由为"持续设计"与"持续交付"两类活动构成的闭环，闭环转动的速度即对机会的响应速度。在持续设计环节，团队需要遵循"设计思维"与"精益创业"的原则有能力持续探索机会并将其转化为有吸引力的产品和服务。

行动指南（第4、5、6、7、11章）

1. 开展深入定性和定量客户研究，感知客户问题，是发现创新机会的根本途径。
2. 分析行业和竞品，借鉴既有想法是加速创新的辅助手段。
3. 围绕客户体验构建并改善服务体系，定位高价值机会，并以此驱动中、后台整体优化。
4. 数字产品负责人，是衔接业务与科技、数字化转型落地的关键角色。
5. 组建跨职能设计团队，甚至邀请客户、一线业务参与，结合业务、体验与技术因素，协作形成创新解决方案。
6. 定义产品解决方案与商业模式策略，用于支撑决策，建立共识并指引方向。
7. 制定尽早交付价值的路线图，然后开始实验并持续滚动规划。
8. 对复杂业务进行建模，抽象业务概念，以此指导产品架构与组织架构迭代。
9. 以满意度与增长为关键目标，围绕客户与产品生命周期持续设计运营举措。
10. 分别在商业、产品与核心流程不同层级设计数据指标，观测和验证方案有效性与市场增长的不确定性，持续学习。

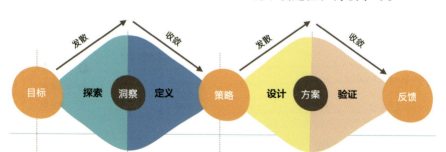

原则四：
基于优先级持续交付

加速实验闭环的另一半，要求长期的跨职能团队能够以"敏捷"与"DevOps"的方式持续交付价值。团队对产品的全生命周期负责，致力于通过加强的透明、协作与自动化提升流速与质量，鱼与熊掌兼得。

行动指南（第9、10章）

1. 交付负责人对产品团队的内部协作、交付效能负责，并驱动持续改进。
2. 团队以高流速与高质量作为关键目标，持续交付更高价值需求。
3. 进行专题、特性与故事的分层需求管理，在每一层建立快速反馈闭环。
4. 基于优先级建立动态排序的产品待办清单，从而快速适应变化，降低变更成本。
5. 基于产品特征与团队成熟度，选择 Scrum 或看板流动模式快速交付价值。
6. 建立全员质量与安全意识，并转变测试职责从发现缺陷为全过程质量保障，减少缺陷发生。
7. 基于增强的协作和高度自动化技术将质量与安全控制内建到价值流每一个环节。
8. 建立成熟的部署流水线，让构建到发布的过程高度自动化，并尽早检测有问题的变更，让代码随时处于可发布状态。
9. 采取更安全的发布策略，缩小潜在有问题变更的用户影响范围，并支持实验。
10. 从监控、分布式架构和容灾技术入手建立高度自动化的高可用运维体系。

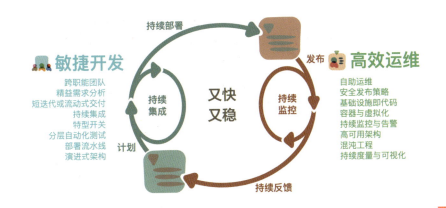

原则五：
适应性、价值驱动的投资策略

业务与产品的决策速度与低价值投资浪费更深刻地限制了企业应对不确定性的适应力。有必要将"动态战略"与"价值驱动管理"真正融入到业务管理中，实现"数据驱动决策"；且能够并行不悖地同时管理好处于创新不同生命周期阶段的投资。

行动指南（第14、15、17章）

1. 基于对内外部环境的持续洞察和差距分析，动态审视和调整业务战略。
2. 遵循二条地平线模型，同时兼顾对成熟业务、增长业务和未来探索的投资。
3. 考虑为探索期投资与增长、成熟期投资采取差异化的管理机制，甚至组织文化。
4. 将战略解码为投资机会和行动举措/专题，确保重大行动与愿景、战略对齐，作为投资决策的基本单元。
5. 为行动举措/专题建立投资的动态优先级列表或路线图，并能够基于反馈和进一步决策随时调整。

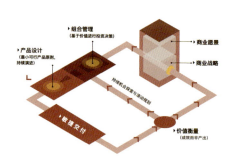

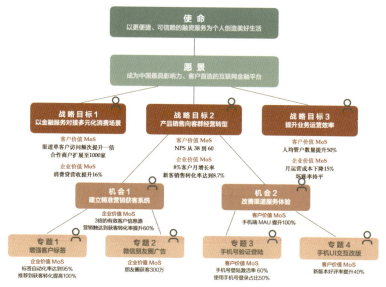

6. 通过建立投资分类和价值要素模型对投资专题进行更科学的优先级排序。
7. 为投资设计"成功衡量标准"指标，尽早反馈实际成效，让行动决策变得更加科学。
8. 由业务、产品与科技负责人共同构成"价值实现团队"，负责规划与管理数字化投资组合，对战略成效负责。
9. 召开定期价值评审会议，以数据驱动，频繁地审视和决策专题投资与资源分配
10. 在整个企业内部，为第三地平线探索建立更多元化的创新投资模式。

原则六：
动态预算和出资

充分释放动态战略与价值驱动管理的成效，企业有必要遵循"超越预算"思想，打破传统集中式、长周期的年度预算编制，代之以更面向成效的、更灵活动态的预算分配制度，降低预算管理成本；基于业务的不确定性程度，在战略引导与团队自主性之间取得恰当平衡。

行动指南（第 16、17 章）

1. 弱化或废除年度预算编制，将其目标设定、预测和资源分配的三重职责分离。
2. 以远粗近细的滚动预测替代内容标准一致的长周期预测，且定期调整。
3. 基于历史数据、业务趋势和战略调整，按不同投资类别建立预算分配比例的经济模型，而不是依赖详细计划。
4. 将长周期、大批次的资源分配改为以成效评审为基础的短周期、小批次分配。
5. 为战略性专题投资与 BAU 常规投资建立两种不同的预算分配模型。

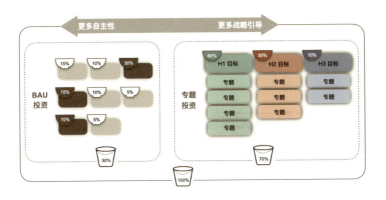

6. 将频繁的小批次预算资源分配权力下放到合适层级，例如领域团队。
7. 将 BAU 投资决策权力赋予一线产品团队，以投资上限与改进成效来制定决策。
8. 实时监控各维度的实际成本支出，与经济模型和预测作比较，及时处理异常。
9. 将成本支出结算到业务领域、产品、战略目标与专题投资，支持更科学基于投入产出的决策。
10. 为第三地平线的探索建立独立的预算池。

原则七：
基于能力的长期合作伙伴关系

所有系统都靠自己从头造轮子显然不是理性和经济的选择，套装软件、解决方案提供商和定制开发外包供应商可以加速企业数字化，但传统的采购与供应商关系严重制约了产品价值、质量与响应力，必须做出改变，建立基于能力的长期合作伙伴关系。

行动指南（第 2、19 章）

1. 权衡业务战略相关性和不确定性高低，明智地制定自研或采购决策。
2. 在采购决策因素中，更多基于专业的数字化创新与技术人才能力，而非低价。
3. 更多签订承诺人才稳定能力而非固定需求范围的合同，让范围可协商。
4. 与能力得到证明且文化匹配度高的供应商建立长期合作伙伴关系。
5. 当引入供应商，由自有人员与供应商建立联合团队，信任并一视同仁。
6. 在不确定性的探索中，让合作双方成为利益共同体，共同成长。

原则八：
高响应力企业系统架构

系统架构是数字化业务的底座，也是制约业务响应力的深层次因素，需要基于"领域驱动设计"与"演进式架构"思想来治理企业架构，并通过恰当的平台化策略沉淀资产、提升复用和加速创新。

行动指南（第 8、18 章）

1. 将可演进性作为指导架构治理的关键标准之一，在频繁修改中避免内部腐化。
2. 围绕业务领域模型划分系统和服务边界，将核心域的架构设计做到足够整洁。

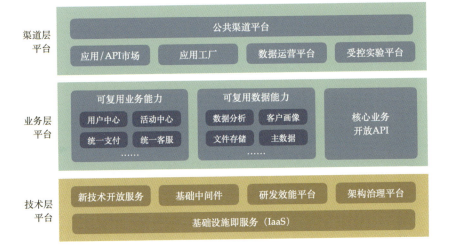

3. 致力于解耦，让不同产品或系统可独立测试、独立部署，随时可部署。
4. 领域架构师作为关键角色，以长期支撑业务发展为目标进行架构演进与守护，并将架构守护、偿还技术债融入流程。
5. 建立适应型函数，以自动化方式多维度持续监测识别架构问题。
6. 以平台化促进能力复用，赋能更快的业务创新和响应力，包括渠道层、业务层和技术层的平台化举措。
7. 平台是把双刃剑，以产品思维驱动平台建设，开发者体验与平台化架构是关键，保持克制。
8. 将数据资产管理作为关键任务，持续强化数据治理、分析与应用能力。
9. 以去中心化的方式治理可复用的业务能力、数据能力，激活内部生态。
10. 治理技术生态，选择适合企业业务形态的技术路线，提供易用、可信任的开发框架与组件库。

原则九：
技术卓越

丹·平克的内在驱动力因素揭示了知识型工作者的激励密码。随着科技逐渐成为业务核心，卓越的专业技术人才成为企业的核心资产，人才竞争愈加激烈。选、用、育、留优秀人才需要企业培育崇尚技术卓越的土壤，打造科技雇主品牌。

行动指南（第 19 章）

1. 自建研发团队，内化关键技术能力。
2. 优先获取和重视具有成长性思维的人才，并提供其快速成长空间和指导。
3. 鼓励发展 T 型人才与全栈工程师。
4. 建立较完善的人才能力评鉴体系。
5. 通过鼓励工程技术先进性，投资于开源、创新大赛与实践社区等举措打造技术卓越的土壤，重视技术影响力人才。
6. 让技术人才具有和管理人才同等可观的晋升空间。
7. 平衡运用内在、外在激励，尤其是内在激励，让人才卓越得以可持续。
8. 以反馈和成长为目的，进行频繁、综合性的个人绩效评价，与薪酬解绑。
9. 基于长期而非短期表现、个人能力水平和专业稀缺度决定薪酬。
10. 奖金用于奖励短期目标达成，给予整个组织、团队，而非个人。

原则十：
生机型文化

文化不是贴在墙上的标语，而是虽看不见但每个人都能体会到，并切实影响着每一次决策和行动的共同价值观。高适应力数字化企业需要培育生机型文化，并持续变革对抗"熵增"。有效的转变应当是通过改变行为来沉淀文化、价值观，而不是相反，并以面向成效的方式动态管理变革过程。

行动指南（第 20、21 章）

1. 培育具有成效目标导向、责任共担、信任并验证、信息透明、非追责的事后调查、开放学习与持续改进等特征的生机型文化。

2. 建立系统性的机制，将持续改进内化为组织的"元能力"，在各个层级发生。
3. 建立具有广泛代表性、充分授权的跨职能精益过程组，以改进成效驱动组织能力的端到端全局优化。
4. 发展内部教练组织，培养信使，以传播新思想与赋能为目的驱动组织成长。
5. 在纵向的业务领域、产品型组织内，建立横向基于能力的实践社区或能力中心，负责专业能力建设。
6. 加强领导力建设，领导者需要具备适应性领导力，以身作则，成为驱动变革的关键因素。
7. 以合适的业务领域为单位，所有职能参与其中，面向业务成效进行转型试点。
8. 构建组织级能力，以支持新技术、新方法的变革得以规模化，跨越鸿沟。
9. 建立合适的转型与改进成效指标，来衡量转型进展，以此动态调整转型策略。

定性衡量	模型评估	团队反馈
定量衡量	关键效能指标	关键业务成效指标

以上十条原则，我们认为将是在相当长时间内稳定不变的，除非数字化产品研发的生产力与生产关系发生了根本性的变化，例如人工智能完全可以替代人类将语义化的想法转变成优秀体验的软件。

然而，达成这些原则的具体方法，例如设计思维、Scrum、DevOps、EDGE 这些框架，必然随着时代而演变进化，且正在发生；构成这些框架的具体实践，例如客户旅程、部署流水线、精益价值树等方法和工具则会演变、替代地更快。没有放之四海而皆准的框架、实践，需要读者在理解原则的基础上找到最适合自己的，或者先参考《适应》这本书中所建议的一些。同时企业必须让持续改进、变革成为基因，"元能力"，而非一次次运动，在业务、产品、流程、技术的各个维度展开，持续适应环境变化。

数字化业务能力自评

那么我们当前的数字化业务能力现状如何呢？上图是一个模型帮助可以我们初步自评，共分为 8 个维度。其中左侧的四个维度主要是面向企业内部能力，而右侧四个维度主要是面向外部和客户。上面的四个维度属于企业治理范畴，下面的四个维度属于打造成功数字化业务需关注的产品管理范畴。

战略管理

- 战略：
  1. 是否有鼓舞人心的使命与愿景。
  2. 是否足够敏锐，实时掌握着客户、行业、新技术以及自身的现状与趋势。
  3. 是否多数人都理解清晰且聚焦、能够指导行动的数字化业务战略。
  4. 战略是否面向客户价值，并能基于实时反馈随时调整方向。
- 投资：
  5. 是否对成熟期、增长期和未来探索均能保证合理的投资。
  6. 是否有清晰的数字化投资组

合，以轻量级的、价值驱动的方式管理和决策。

7. 是否为战略性与BAU投资建立了差异化、不以长周期计划为基础的小批量低风险投资模型。
8. 是否投资分配的决策权下放到了更贴近客户的合适层级。

业务能力

- 创新：

9. 是否能够及时洞察客户，持续识别为客户创造价值并构建亲密关系的机会。
10. 是否具备将想法转变为成功产品和服务的卓越创新设计和运营能力。
11. 是否具备多元化的创新模式，能够在各个层级、以多种方式激发创新。
12. 是否将隐私、道德与安全标准纳入了所有创新设计中。

- 模式：

13. 商业模式是否基于最稳固的客户需求，并以技术为手段与客户构建起了有信任感和粘性的关系。
14. 是否建立了以较稳固价值链为基础的生态化商业模式，与合作伙伴有着良好、互惠的共生关系，实现了体验与数据整合。
15. 是否具有差异化优势，其优势确保业务增长处于一种正向的增强回路之中。
16. 是否产生多样化、健康可持续的盈利。

科技能力

- 技术：

17. 是否充分掌握了与业务战略和竞争力相关的关键技术，拥有相应的人才。
18. 是否充分掌握了数据技术，具备成熟的数据资产管理能力。
19. 是否具备可演进的企业系统架构、技术栈及其有效治理方式。
20. 是否在渠道、业务和技术各个层次具有成熟的、良好体验的数字化平台。

- 交付：

21. 是否需求及其价值、优先级信息能够在跨职能之间顺畅流动，充分共识。
22. 是否能够足够快速、频繁地迭代交付产品与服务。23. 是否构建起了基于协作和高度自动化的端到端内建质量体系。

24. 是否具备以自动化为基础，快速响应、高可用性的系统运维保障能力。

组织环境

- 组织：

    25. 是否企业主要由一系列网状的、面向客户和业务，并能够对其成效目标负责的跨职能团队构成。
    26. 是否当业务发生改变，组织结构能够容易地随之而变。
    27. 业务与科技能否目标一致、无间协作。
    28. 是否跨组织的重大举措能够高效协同，有执行力。

- 文化：

    29. 是否每个人都感受到尊重，认为企业遵循了一种以人为中心，以成效目标达成为导向的生机型文化。
    30. 是否具有崇尚创新和技术卓越的文化。
    31. 是否员工感受到内外平衡的激励措施，愿意为长期利益奋斗。
    32. 是否企业具备系统性的机制确保组织各个层级得以持续改进。

对该评估模型欢迎提出反馈意见。运用并对企业或某一个业务领域进行调研，对每一个维度的现状给出评分，识别差距和根因，以此自省当前的数字化业务能力高低。然后结合十条原则及其行动指南，找到转型所需要优先投资的改进措施。